资本市场涉税实务丛书 | 孙占辉 主编

企业 IPO 并购重组税收政策与实务案例分析

孙占辉 彭蕾 著

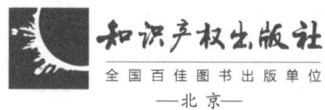

知识产权出版社
全国百佳图书出版单位
—北京—

图书在版编目（CIP）数据

企业 IPO 并购重组税收政策与实务案例分析 / 孙占辉，彭蕾著. -- 北京：知识产权出版社，2025.9. --（资本市场涉税实务丛书 / 孙占辉主编）. -- ISBN 978-7-5245-0017-9

Ⅰ . F812.423

中国国家版本馆 CIP 数据核字第 2025QP9840 号

内容提要

近年来，随着税收征管环境的改变，企业上市过程中涉税事项越来越受到审核机构的关注；而伴随着上市注册制改革，上市辅导机构也愈发关注上市企业的涉税风险。

本书用五个章节对企业并购重组的涉税事项做系统介绍：第一章对重组的概念体系及 IPO 过程中企业重组的审核重点做了介绍；第二章对企业重组所得税的基本内容做了介绍；第三章对常见的七种重组类型的涉税事项做了详细的分析；第四章对企业重组涉税的热点及争议问题做了分析；第五章结合近三年 IPO 企业案例对企业重组涉税政策的适用进行了分析。

本书可作为投资经理、律师、会计师、税务师等专业人士处理上述疑难问题的使用指南，也可以作为非专业人士了解上述相关涉税问题的参考书籍。

责任编辑：苑　菲　　　　　　　　责任印制：孙婷婷
封面设计：乾达文化

资本市场涉税实务丛书 / 孙占辉　主编

企业 IPO 并购重组税收政策与实务案例分析
QIYE IPO BINGGOU CHONGZU SHUISHOU ZHENGCE YU SHIWU ANLI FENXI

孙占辉　彭　蕾　著

出版发行：	知识产权出版社 有限责任公司	网　址：	http://www.ipph.cn
电　话：	010-82004826		http://www.laichushu.com
社　址：	北京市海淀区气象路50号院	邮　编：	100081
责编电话：	010-82000860转8769	责编邮箱：	laichushu@cnipr.com
发行电话：	010-82000860转8101	发行传真：	010-82000893
印　刷：	北京中献拓方科技发展有限公司	经　销：	新华书店、各大网上书店及相关专业书店
开　本：	787mm×1092mm　1/16	印　张：	33.75
版　次：	2025年9月第1版	印　次：	2025年9月第1次印刷
字　数：	565千字	定　价：	178.00元
ISBN 978-7-5245-0017-9			

出版权专有　侵权必究
如有印装质量问题，本社负责调换。

前　言

企业经营的竞争体现在多个方面，市场经济中企业最稀缺的资源是资本，所以在一定意义上企业之间的竞争也可以理解为对资本的竞争。资本市场能给企业的发展带来诸多便利，首先，上市公司可以通过资本市场的再融资功能获取企业快速增长所需的发展资金；其次，上市公司开展并购重组活动时可以使用自身股票作为支付手段，从而可以在避免支付现金的情况下达到快速扩张的目的；再次，上市公司的规范化运作使得其更容易取得上下游供应链及银行等金融机构的债务融资；最后，资本市场的聚光灯效应通过提升上市公司的知名度也有利于企业市场的快速发展。所以通过首次公开发行股票并上市（IPO）进入资本市场是许多企业及企业家的目标。

资本市场注册制改革以后，IPO企业的数量有了明显的增加，而在IPO过程中企业会基于多种原因发生重组的交易行为。我们对2021—2023年在上海证券交易所上市的141家企业的招股说明书进行分析，发现有53家企业公开披露了在IPO过程中发生的企业重组行为（部分企业因为重组行为未发生在报告期或者认为并不构成重大重组从而未予披露），企业重组交易的次数达到171次，其中同一控制下的企业重组交易为107次，非同一控制下的企业重组交易为64次，说明IPO过程中的企业进行重组主要集中于同一集团内部资源的整合；企业重组交易涉及的总金额达162.48亿元，其中以现金作为支付对价的金额达114.81亿元，以企业自身股份作为支付对价的金额仅为47.67亿元，说明非上市企业在重组交易中仍主要以现金作为支付手段；同一控制下企业重组主要是以减少企业上市过程中的关联交易、避免同业竞争以达到上市公司规范运作为目的；非同一控制下企业重组的动因主要集中于扩大企业规模、布局相关行业、拓展渠道及市场等。

企业重组交易具有交易结构复杂及交易金额重大等特点，所以企业必须关注重组交易过程中的税收成本，企业重组税制的复杂性又使得重组过程中的税收风险相比一般交易的税收风险更大，因此IPO过程中的重组交易的涉税问题也成为审核机构及中介服务机构关注的重点。

本书主要围绕企业重组的涉税问题及IPO审核重点展开，特别是对企业重组所得税的相关政策及政策理解和应用的内容进行了深入的分析，主要包括五个章节。

第一章对与企业重组相关的概念及企业IPO过程中对企业重组审核的重点做了介绍。由于企业重组并非一个规范的法律用语，为了便于后续对企业重组相关涉税政策的分析，在该部分对公司法、证券法、上市公司监管法律法规、财务管理法律法规及会计准则中与企业重组相关的概念进行了介绍和分析，同时也重点分析了税收法律法规特别是不同的税种之间对重组概念及重组类型的规范。

第二章对企业重组所得税的基本内容做了详细的分析。首先，介绍了企业重组所得税的两种不同待遇，从所得税角度而言，企业重组交易中当事各方需要解决的三个核心所得税问题是重组交易中重组资产的损益是否在重组交易发生时得以确认、重组交易中取得的重组资产如何确定其计税基础及重组交易中的净营业亏损如何结转利用，根据税收政策对这三个核心问题规范的不同，各国将企业重组所得税待遇分为一般性税务处理（亦称之为应税重组或即期确认待遇）和特殊性税务处理（亦称之为免税重组或递延确认待遇），本书对不同税收待遇中的上述三个核心问题做了系统的介绍和分析。其次，由于特殊性税务处理可以使企业取得一定程度的税收利益，所以在政策制定中需要同时兼顾鼓励企业并购重组的价值取向及防止企业以重组之形行避税之实的反避税价值取向，根据企业重组特殊性税务处理的理论依据，企业重组所得税特殊性税务处理需要同时满足股东利益连续、营业企业继续及合理商业目的要件，本书对特殊性税务处理需要满足的共性要件进行了深入的分析。最后，对重组所得税管理中的一些重要概念进行了探讨和分析。

第三章对不同类型的企业重组交易涉税问题进行了分析。在该部分内容中，以企业所得税中重组类型的分类为背景，围绕企业法律形式改变、债务重组、股权收购、资产收购、企业合并、企业分立及资产划转七种类型的重组交易，对各类型重组的具体概念、所得税一般性税务处理和特殊性税务处理的具体内容及重组交易中涉及的其他税种待遇做了对比分析。由于我国规范企业重组所得税的《财政部 国家税务总局关于企业重组业务企业所得税处理若干问题的通知》（财税〔2009〕59号）对各类型重组的企业所得税规范较为原则化，因此在实务中会存在一些争议问题，本书在该部分对可能存在的争议内容做了尽可能的详尽分析和示例，如在企业合并交易中，虽然财税〔2009〕59号对合并方利用被合并方可结转弥补的亏损做了规范，但关于如何填写合并方在重组完成年度及以后年度的纳税申报表，财税〔2009〕59号及后续的税收规范性文件中并未对该问题予以明确，本书通过示例的方式举例说明了其所得税申报表的填写方式，从而便于读者在实务中更加准确及合理地应用政策。

第四章对企业重组所得税中的一些特殊问题进行了分析。虽然财税〔2009〕59号规范了企业重组所得税的主要内容，但是仍然存在着一些尚需进一步明确的内容。第一，国际资本的流动使得企业进行跨境重组的频率越来越高、金额越来越大，同时IPO企业存在着拆除前期搭建的红筹架构以实现私有化或者回归境内上市的需求，这就导致企业必然会发生跨境重组交易，而财税〔2009〕59号仅在第七条对跨境重组交易适用特殊性税务处理需要满足的要件做了原则性的规范，所以本书将跨境重组的具体交易类型及与之相关的所得税问题进行了分析。第二，三角重组是企业会计准则中常被提及的概念，企业基于经营决策效率或财务风险规避也会采用三角重组交易架构，但我国的重组所得税制度并未对三角重组的涉税处理作出规范，因此本书围绕三角重组交易的当事方、重组交易的具体类型、三角重组的动因及实务中可能遇到的问题展开了分析。第三，财税〔2009〕59号将重组交易中当事一方承担的债务作为非股权支付，若将承担的债务单纯理解为非股权支付，则在实务中会使得一些必要的重组交易因无法适用特殊性税务处理而无法完成，所以一些国家的重组税制中都会有债务承担的税收规则，本书在该部分对债务承担的税收规则进行了介绍和分析。第四，财税〔2009〕59号对企业重组交易中重组资产计税基础的确定方法做了规范，但对重组对价的分摊原则或者方法未能予以明确，特别是在重组交易存在超额溢价时，重组对价分摊结果对重组交易当事方都非常重要，导致实务中既存在利用收购对价分摊进行避税的行为，也存在因为收购对价分摊方法意见不同而产生的争议行为，本书结合比较研究的方法对该部分的内容做了介绍。第五，本章的最后部分对企业IPO过程中经常遇到的企业改制的涉税事项做了分析。

第五章结合案例对企业重组的税收政策做了分析。该部分案例均来自近三年已上市企业在招股说明书中披露的内容，并且招股说明书对案例所涉及的税收待遇也做了披露；通过对案例的研习既可以进一步加强对重组税收政策的理解，同时也可以根据税务机关对重组交易税收的审核加强对企业重组税收风险的管理。

本书主要适用于从事资本市场业务的税务师、律师、证券从业人员及拟上市公司的财务总监参考使用，也适合有意了解资本市场涉税业务的其他专业人士阅读。由于笔者水平有限，在写作过程中难免有对税收政策分析理解有不充分之处，也希望读者能够与笔者就书本中的观点进行沟通交流。

孙占辉

2025年于泉州

目　录

- 第一章　企业重组的概念及 IPO 审核　//1

　第一节　企业重组的概念　//1
　　　一、相关法律法规中企业重组的概念概述　//1
　　　二、税法中的企业重组概念　//18
　第二节　IPO 中企业重组的审核　//26
　　　一、主营业务是否重大变化　//26
　　　二、实际控制人是否发生变化　//28
　　　三、重组后申报时点监管要求　//31

- 第二章　企业重组业务企业所得税待遇分析　//32

　第一节　企业重组所得税主要规则　//32
　　　一、企业重组所得税待遇　//32
　　　二、资产转让损益确认规则　//34
　　　三、资产计税基础确认规则　//44
　　　四、净营业亏损结转弥补规则　//47
　第二节　特殊性税务处理的一般要件　//51
　　　一、股东利益连续要件　//51
　　　二、营业企业继续要件　//55
　　　三、商业目的要件　//61

四、多步骤交易原则 // 63

第三节　企业重组所得税征管 // 66

　　一、企业重组所得税的主要概念 // 66

　　二、企业重组所得税管理 // 75

第三章　不同类型重组的税收分析 // 88

第一节　法律形式改变 // 88

　　一、法律形式改变的概念和类型 // 88

　　二、法律形式改变的所得税处理 // 92

第二节　债务重组 // 96

　　一、债务重组的概念和方式 // 96

　　二、债务重组的一般性税务处理 // 102

　　三、债务重组的特殊性税务处理 // 106

　　四、债务重组所得税的其他问题 // 117

　　五、债务重组的其他税种处理 // 123

第三节　股权收购 // 126

　　一、股权收购的概念和类型 // 126

　　二、股权收购的一般性税务处理 // 133

　　三、股权收购的特殊性税务处理 // 135

　　四、股权收购的其他税种处理 // 149

　　五、反向购买的税务处理 // 153

　　六、存在自然人股东的税务处理 // 154

第四节　资产收购 // 160

　　一、资产收购的概念和类型 // 160

　　二、资产收购的一般性税务处理 // 162

　　三、资产收购的特殊性税务处理 // 164

　　四、资产收购的其他税种处理 // 171

第五节 企业合并 // 177

一、企业合并的概念及类型 // 177

二、企业合并的程序 // 183

三、企业合并所得税路径分析 // 186

四、企业合并的一般性税务处理 // 190

五、企业合并的特殊性税务处理 // 192

六、纵向吸收合并的特殊性税务处理 // 203

七、企业合并所得税的其他问题 // 212

八、企业合并的其他税种处理 // 219

第六节 企业分立 // 228

一、企业分立的概念 // 228

二、企业分立的类型 // 229

三、企业分立的程序 // 233

四、企业分立的所得税路径 // 236

五、企业分立的一般性税务处理 // 240

六、企业分立的特殊性税务处理 // 250

七、企业分立的其他税种处理 // 257

第七节 资产划转 // 263

一、资产划转的概念 // 263

二、资产划转的类型 // 268

三、资产划转的所得税路径 // 271

四、资产划转的特殊性税务处理 // 272

五、资产划转的一般性税务处理 // 283

六、资产划转的其他税种处理 // 290

七、资产划转涉税的其他问题 // 297

八、资产划转交易中的分立路径 // 310

第八节 企业重组中税收优惠管理 // 314

一、企业所得税优惠的类型 // 314

二、企业重组的所得税优惠管理 // 320

● 第四章　企业重组的其他涉税问题 // 328

第一节　跨境重组 // 328
　　一、跨境重组的类型 // 328
　　二、跨境重组适用特殊性税务处理要件 // 338
　　三、跨境重组特殊性税务处理的税收待遇 // 340
　　四、跨境重组特殊性税务处理的税收管理 // 342
　　五、外商投资企业的合并、分立 // 346

第二节　三角重组 // 350
　　一、三角重组的概念 // 350
　　二、三角重组的类型 // 352
　　三、三角重组的所得税待遇 // 357

第三节　附带债务的企业重组 // 357
　　一、当前重组所得税制的规范 // 357
　　二、债务承担引发的实务问题 // 358
　　三、债务承担规则的建议 // 361

第四节　重组对价分摊规则 // 367
　　一、重组对价的概念及构成 // 367
　　二、重组对价分摊 // 372
　　三、资产转让损益分摊 // 382

第五节　公司制改制涉税分析 // 387
　　一、公司制改制的概念和类型 // 387
　　二、公司制改制的会计处理 // 400
　　三、公司制改制企业的涉税处理 // 405
　　四、公司制改制企业股东的涉税处理 // 415

第六节　国有企业改制上市　// 417

一、国有企业改制上市的要件　// 417

二、国有企业改制上市税收待遇　// 420

● 第五章　企业重组实务案例分析　// 423

第一节　资产收购——TY 科技股份公司　// 423

一、企业基本情况　// 423

二、企业重组基本情况　// 423

三、涉税分析　// 425

第二节　组合重组——WK 智造股份公司　// 428

一、企业基本情况　// 428

二、企业重组基本情况　// 428

三、企业重组涉税分析　// 438

第三节　股权收购——ZL 科技股份公司　// 448

一、企业基本情况　// 448

二、企业重组基本情况　// 448

三、企业重组涉税分析　// 451

第四节　资产收购——FW 科技股份公司　// 455

一、企业基本情况　// 455

二、企业重组的基本情况　// 455

三、企业重组的涉税分析　// 458

第五节　股权收购——FY 生物股份公司　// 460

一、企业基本情况　// 460

二、企业重组基本情况　// 460

三、企业重组涉税分析　// 462

第六节　反向吸收合并——LY 技术股份公司　// 464

一、企业基本情况　// 464

二、企业重组基本情况 // 465

三、企业重组涉税分析 // 469

第七节 跨境重组——CL 科技股份公司 // 472

一、企业基本情况 // 472

二、企业重组基本情况 // 472

三、企业重组涉税分析 // 475

第八节 企业分立——BF 电气股份公司 // 477

一、企业基本情况 // 477

二、企业分立基本情况 // 478

三、企业重组涉税分析 // 481

第九节 涉外股权收购——HS 科技股份公司 // 483

一、企业基本情况 // 483

二、股权收购基本情况 // 483

三、股权收购涉税披露 // 487

四、股权收购涉税分析 // 488

第十节 股权收购一般性税务处理——DX 医疗股份公司 // 491

一、企业基本情况 // 491

二、股权收购基本情况 // 491

三、股权收购涉税分析 // 496

第十一节 集团内架构调整——FLD 科技股份公司 // 499

一、企业基本情况 // 499

二、重组基本情况 // 500

三、重组涉税分析 // 503

四、集团架构调整的税收规划 // 504

第十二节 跨境重组——LY 电子股份公司 // 506

一、企业基本情况 // 506

二、跨境重组基本情况 // 506

三、企业重组涉税披露 // 510

四、涉税分析　//512

第十三节　业务合并中的资产重组——ZR 股份公司　//515

　　一、企业基本情况　//515

　　二、企业重组基本情况　//516

　　三、业务合并涉税分析　//519

　　四、股权收购涉税分析　//522

参考文献　//523

第一章 企业重组的概念及 IPO 审核

企业在 IPO 过程中可能会基于避免同业竞争、减少关联交易等原因对实际控制人控制下的相关资产或业务进行重组，也可能会基于扩大企业规模、健全产业链及布局相关行业而实施规模扩张的并购重组，还可能基于聚焦主业、剥离无效资产等原因进行资产或业务剥离的收缩型重组。与企业日常经营活动中的相关交易或事项相比，企业重组具有交易金额大、涉及利益相关方多、对企业影响较为深远等特征，是相关法律法规及 IPO 监管审核的重点，所以在对企业重组的相关税收待遇进行分析前，应当先了解相关法律法规对企业重组的定义及 IPO 监管审核中对企业重组行为的关注重点。本章分为两节，第一节分析了目前相关法律法规对重组概念的定义，从而明确企业重组并非一个严格意义上的规范性概念，在不同的法律规范体系中其内涵和外延是有所不同的；第二节重点分析了企业重组行为对 IPO 相关要件的影响，特别是对企业主营业务持续性和实际控制人稳定性的影响。

第一节 企业重组的概念

一、相关法律法规中企业重组的概念概述

我国没有制定单独的用于规范企业重组行为的法律法规，对企业重组的相关规范及其概念散见于各单项的法律法规中，与企业重组相关的法律法规主要有以下 8 部。

（一）公司法

公司已成为现代商事主体采用的主要的法律形式，当代公司法通常包括三个方面的制度：投融资及其退出的法律制度、公司治理的法律制度和公司并购重组的法律制度。但《中华人民共和国公司法》（1993年12月29日第八届全国人民代表大会常务委员会第五次会议通过，2023年12月29日第十四届全国人民代表大会常务委员会第七次会议第二次修订，以下简称《公司法》）中并没有直接使用企业重组的概念，而是对企业资本运作的基本模式做了规范；《公司法》规范的与企业重组相关的资本运作模式主要有：增资、减资、股权转让及企业合并、分立和解散等，主要内容见表1-1-1。

表1-1-1 《公司法》规范的资本运作主要模式

事项	主要内容
增资	**第四十八条** 股东可以用货币出资，也可以用实物、知识产权、土地使用权、股权、债权等可以用货币估价并可以依法转让的非货币财产作价出资；但是，法律、行政法规规定不得作为出资的财产除外。 对作为出资的非货币财产应当评估作价，核实财产，不得高估或者低估作价。法律、行政法规对评估作价有规定的，从其规定。 **第二百二十七条** 有限责任公司增加注册资本时，股东在同等条件下有权优先按照实缴的出资比例认缴出资。但是，全体股东约定不按照出资比例优先认缴出资的除外。 股份有限公司为增加注册资本发行新股时，股东不享有优先认购权，公司章程另有规定或者股东会决议决定股东享有优先认购权的除外 **第二百二十八条** 有限责任公司增加注册资本时，股东认缴新增资本的出资，依照本法设立有限责任公司缴纳出资的有关规定执行。 股份有限公司为增加注册资本发行新股时，股东认购新股，依照本法设立股份有限公司缴纳股款的有关规定执行
减资	**第二百二十四条** 公司减少注册资本，应当编制资产负债表及财产清单。 公司应当自股东会作出减少注册资本决议之日起十日内通知债权人，并于三十日内在报纸上或者国家企业信用信息公示系统公告。债权人自接到通知之日起三十日内，未接到通知的自公告之日起四十五日内，有权要求公司清偿债务或者提供相应的担保。 公司减少注册资本，应当按照股东出资或者持有股份的比例相应减少出资额或者股份，法律另有规定、有限责任公司全体股东另有约定或者股份有限公司章程另有规定的除外。 **第二百二十五条** 公司依照本法第二百一十四条第二款的规定弥补亏损后，仍有亏损的，可以减少注册资本弥补亏损。减少注册资本弥补亏损的，公司不得向股东分配，也不得免除股东缴纳出资或者股款的义务。 依照前款规定减少注册资本的，不适用前条第二款的规定，但应当自股东会作出减少注册资本决议之日起三十日内在报纸上或者国家企业信用信息公示系统公告。 公司依照前两款的规定减少注册资本后，在法定公积金和任意公积金累计额达到公司注册资本百分之五十前，不得分配利润

续表

事项	主要内容
股权转让	**第八十四条** 有限责任公司的股东之间可以相互转让其全部或者部分股权。 股东向股东以外的人转让股权的，应当将股权转让的数量、价格、支付方式和期限等事项书面通知其他股东，其他股东在同等条件下有优先购买权。股东自接到书面通知之日起三十日内未答复的，视为放弃优先购买权。两个以上股东行使优先购买权的，协商确定各自的购买比例；协商不成的，按照转让时各自的出资比例行使优先购买权。公司章程对股权转让另有规定的，从其规定。 **第八十八条** 股东转让已认缴出资但未届出资期限的股权的，由受让人承担缴纳该出资的义务；受让人未按期足额缴纳出资的，转让人对受让人未按期缴纳的出资承担补充责任。 未按照公司章程规定的出资日期缴纳出资或者作为出资的非货币财产的实际价额显著低于所认缴的出资额的股东转让股权的，转让人与受让人在出资不足的范围内承担连带责任；受让人不知道且不应当知道存在上述情形的，由转让人承担责任。 **第一百五十七条** 股份有限公司的股东持有的股份可以向其他股东转让，也可以向股东以外的人转让；公司章程对股份转让有限制的，其转让按照公司章程的规定进行。 **第一百五十八条** 股东转让其股份，应当在依法设立的证券交易场所进行或者按照国务院规定的其他方式进行
股权回购	**第八十九条** 有下列情形之一的，对股东会该项决议投反对票的股东可以请求公司按照合理的价格收购其股权： （一）公司连续五年不向股东分配利润，而公司该五年连续盈利，并且符合本法规定的分配利润条件； （二）公司合并、分立、转让主要财产； （三）公司章程规定的营业期限届满或者章程规定的其他解散事由出现，股东会通过决议修改章程使公司存续。 自股东会决议作出之日起六十日内，股东与公司不能达成股权收购协议的，股东可以自股东会决议作出之日起九十日内向人民法院提起诉讼。 公司的控股股东滥用股东权利，严重损害公司或者其他股东利益的，其他股东有权请求公司按照合理的价格收购其股权。 公司因本条第一款、第三款规定的情形收购的本公司股权，应当在六个月内依法转让或者注销。 **第一百六十一条** 有下列情形之一的，对股东会该项决议投反对票的股东可以请求公司按照合理的价格收购其股份，公开发行股份的公司除外： （一）公司连续五年不向股东分配利润，而公司该五年连续盈利，并且符合本法规定的分配利润条件； （二）公司转让主要财产； （三）公司章程规定的营业期限届满或者章程规定的其他解散事由出现，股东会通过决议修改章程使公司存续。 自股东会决议作出之日起六十日内，股东与公司不能达成股份收购协议的，股东可以自股东会决议作出之日起九十日内向人民法院提起诉讼。 公司因本条第一款规定的情形收购的本公司股份，应当在六个月内依法转让或者注销。 **第一百六十二条** 公司不得收购本公司股份。但是，有下列情形之一的除外：

续表

事项	主要内容
股权回购	（一）减少公司注册资本； （二）与持有本公司股份的其他公司合并； （三）将股份用于员工持股计划或者股权激励； （四）股东因对股东会作出的公司合并、分立决议持异议，要求公司收购其股份； （五）将股份用于转换公司发行的可转换为股票的公司债券； （六）上市公司为维护公司价值及股东权益所必需。 公司因前款第一项、第二项规定的情形收购本公司股份的，应当经股东会决议；公司因前款第三项、第五项、第六项规定的情形收购本公司股份的，可以按照公司章程或者股东会的授权，经三分之二以上董事出席的董事会会议决议。 公司依照本条第一款规定收购本公司股份后，属于第一项情形的，应当自收购之日起十日内注销；属于第二项、第四项情形的，应当在六个月内转让或者注销；属于第三项、第五项、第六项情形的，公司合计持有的本公司股份数不得超过本公司已发行股份总数的百分之十，并应当在三年内转让或者注销
合并	第二百一十八条　公司合并可以采取吸收合并或者新设合并。 一个公司吸收其他公司为吸收合并，被吸收的公司解散。两个以上公司合并设立一个新的公司为新设合并，合并各方解散。 第二百一十九条　公司与其持股百分之九十以上的公司合并，被合并的公司不需经股东会决议，但应当通知其他股东，其他股东有权请求公司按照合理的价格收购其股权或者股份。 公司合并支付的价款不超过本公司净资产百分之十的，可以不经股东会决议；但是，公司章程另有规定的除外。 公司依照前两款规定合并不经股东会决议的，应当经董事会决议。 第二百二十条　公司合并，应当由合并各方签订合并协议，并编制资产负债表及财产清单。公司应当自作出合并决议之日起十日内通知债权人，并于三十日内在报纸上或者国家企业信用信息公示系统公告。债权人自接到通知之日起三十日内，未接到通知的自公告之日起四十五日内，可以要求公司清偿债务或者提供相应的担保。 第二百二十一条　公司合并时，合并各方的债权、债务，应当由合并后存续的公司或者新设的公司承继
分立	第二百二十二条　公司分立，其财产作相应的分割。 公司分立，应当编制资产负债表及财产清单。公司应当自作出分立决议之日起十日内通知债权人，并于三十日内在报纸上或者国家企业信用信息公示系统公告。 第二百二十三条　公司分立前的债务由分立后的公司承担连带责任。但是，公司在分立前与债权人就债务清偿达成的书面协议另有约定的除外

续表

事项	主要内容
解散清算	**第二百二十九条** 公司因下列原因解散： （一）公司章程规定的营业期限届满或者公司章程规定的其他解散事由出现； （二）股东会决议解散； （三）因公司合并或者分立需要解散； （四）依法被吊销营业执照、责令关闭或者被撤销； （五）人民法院依照本法第二百三十一条的规定予以解散。 公司出现前款规定的解散事由，应当在十日内将解散事由通过国家企业信用信息公示系统予以公示。 **第二百三十一条** 公司经营管理发生严重困难，继续存续会使股东利益受到重大损失，通过其他途径不能解决的，持有公司百分之十以上表决权的股东，可以请求人民法院解散公司。 **第二百三十二条** 公司因本法第二百二十九条第一款第一项、第二项、第四项、第五项规定而解散的，应当清算。董事为公司清算义务人，应当在解散事由出现之日起十五日内组成清算组进行清算。 清算组由董事组成，但是公司章程另有规定或者股东会决议另选他人的除外。 清算义务人未及时履行清算义务，给公司或者债权人造成损失的，应当承担赔偿责任。 **第二百三十三条** 公司依照前条第一款的规定应当清算，逾期不成立清算组进行清算或者成立清算组后不清算的，利害关系人可以申请人民法院指定有关人员组成清算组进行清算。人民法院应当受理该申请，并及时组织清算组进行清算。 公司因本法第二百二十九条第一款第四项的规定而解散的，作出吊销营业执照、责令关闭或者撤销决定的部门或者公司登记机关，可以申请人民法院指定有关人员组成清算组进行清算。 **第二百三十六条** 清算组在清理公司财产、编制资产负债表和财产清单后，应当制订清算方案，并报股东会或者人民法院确认。 公司财产在分别支付清算费用、职工的工资、社会保险费用和法定补偿金，缴纳所欠税款，清偿公司债务后的剩余财产，有限责任公司按照股东的出资比例分配，股份有限公司按照股东持有的股份比例分配。 清算期间，公司存续，但不得开展与清算无关的经营活动。公司财产在未依照前款规定清偿前，不得分配给股东
破产清算	**第二百三十七条** 清算组在清理公司财产、编制资产负债表和财产清单后，发现公司财产不足清偿债务的，应当依法向人民法院申请破产清算。 人民法院受理破产申请后，清算组应当将清算事务移交给人民法院指定的破产管理人

（二）企业兼并暂行办法

《国家体制改革委员会 国家计划委员会 财政部 国家国有资产管理局关于企

业兼并的暂行办法》（体改经〔1989〕38号，以下简称《企业兼并暂行办法》，已于2018年2月6日废止）第一条规定："本办法所称企业兼并，是指一个企业购买其他企业的产权，使其他企业失去法人资格或改变法人实体的一种行为。不通过购买方式实行的企业之间的合并，不属于本办法规范。"

《企业兼并暂行办法》第四条规定了企业兼并的主要形式："①承担债务式，即在资产与债务等价的情况下，兼并方以承担被兼并方债务为条件接收其资产。②购买式，即兼并方出资购买被兼并方企业的资产。③吸收股份式，即被兼并企业的所有者将被兼并企业的净资产作为股金投入兼并方，成为兼并方企业的一个股东。④控股式，即一个企业通过购买其它企业的股权，达到控股，实现兼并。"

虽然《企业兼并暂行办法》规范的是企业兼并行为，但从其第四条对企业兼并主要形式的分类而言，其规范的企业兼并实质仍然是资产收购交易和股权收购交易，只是收购的方式有所不同；同时，文件中提出不通过购买方式实行的企业之间的合并，不属于文件所规范的兼并，即不需要支付对价的企业之间的合并不是该文件所规范的兼并概念。

根据《企业兼并暂行办法》的规定，企业兼并的类型如图1-1-1所示。

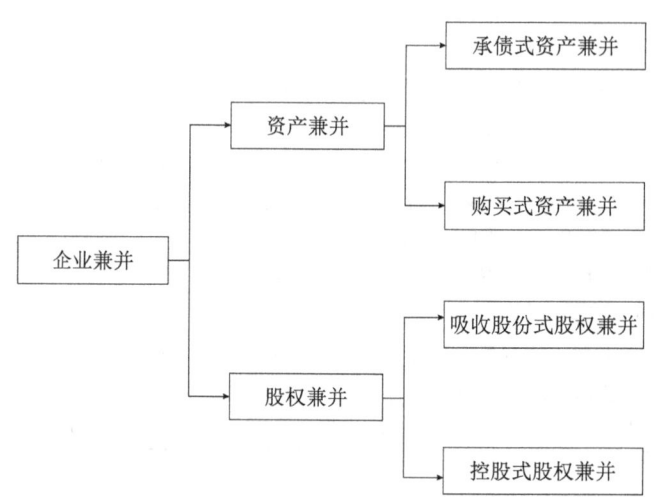

图1-1-1 《企业兼并暂行办法》规范的兼并类型

其中，资产兼并是指以被兼并企业的资产为标的实施的一种企业兼并行为，根据兼并企业是否需要额外支付现金等兼并对价，又将其分为承债式的资产兼并和购买式的资产兼并。股权兼并是指以被兼并企业股东持有的被兼并企业股权为标的实施的另一种企业兼并行为,根据兼并方取得被兼并方股权方式的不同又将其分为吸收股份式股权兼并和控股式股权兼并,其中吸收股份式股权兼并实质上是以股权作为对价的股权收购。

(三)外国投资者并购境内企业暂行规定

1. 外资并购境内企业一般规定

《商务部 国务院国有资产监督管理委员会 国家税务总局 国家工商行政管理总局 中国证券监督管理委员会 国家外汇管理局 关于外国投资者并购境内企业的规定》(商务部令 2009 年第 6 号,以下简称《外资并购境内企业规定》)对外国投资者并购境内企业的方式及程序做了规范。《外资并购境内企业规定》第二条规定:"本规定所称外国投资者并购境内企业,系指外国投资者购买境内非外商投资企业(以下称'境内公司')股东的股权或认购境内公司增资,使该境内公司变更设立为外商投资企业(以下称'股权并购');或者,外国投资者设立外商投资企业,并通过该企业协议购买境内企业资产且运营该资产,或,外国投资者协议购买境内企业资产,并以该资产投资设立外商投资企业运营该资产(以下称'资产并购')。"

《外资并购境内企业规定》所规范的"并购"包括"股权并购"和"资产并购"两种方式,这两种方式的主要区别见表 1-1-2。

表 1-1-2 股权并购和资产并购的区别

事项	股权并购	资产并购
交易标的	被并购企业的股权	被并购企业的资产
交易对象	被并购企业的股东/被并购企业	被并购企业
交易分类	转让式并购:外国投资者购买境内非外商投资企业股东的股权,属于存量股权交易。 增资式并购:外国投资者认购境内非外商投资企业的增资,属于增量股权交易。	购买式并购:外国投资者设立外商投资企业,并通过该企业协议购买境内企业资产且运营该资产。 设立式并购:外国投资者协议购买境内资产,并以该资产设立外商投资企业且运营该资产。
债权债务承担	并购前境内企业的债权债务由并购后的外商投资企业承担	并购前境内企业的债权债务由其自身承担,与并购后的外商投资企业无关

续表

事项	股权并购	资产并购
被并购企业性质	在并购交易完成后，被并购企业由非外商投资企业变为外商投资企业	并购交易完成后，被并购企业性质不发生变化，仍然是非外商投资企业
对外公告	—	出售资产的境内企业应当在投资者向审批机关报送申请文件之前至少15日，向债权人发出通知书，并在全国发行的省级以上报纸上公告
债权债务的特殊约定	外国投资者、被并购境内企业、债权人及其他当事人可以对被并购境内企业的债权债务的处置另行达成协议，但是该协议不得损害第三人利益和社会公共利益。债权债务的处置协议应报送审批机关	
关联收购审批	境内公司、企业或自然人以其在境外合法设立或控制的公司名义并购与其有关联关系的境内的公司，应报商务部审批	

2. 以股权为支付手段的收购

《外资并购境内企业规定》第四章对外国投资者以股权作为支付手段并购境内公司的相关程序做了规定。第二十七条规定："本章所称外国投资者以股权作为支付手段并购境内公司，系指境外公司的股东以其持有的境外公司股权，或者境外公司以其增发的股份，作为支付手段，购买境内公司股东的股权或者境内公司增发股份的行为。"第二十八条规定："本章所称的境外公司应合法设立并且其注册地具有完善的公司法律制度，且公司及其管理层最近3年未受到监管机构的处罚；除本章第三节所规定的特殊目的公司外，境外公司应为上市公司，其上市所在地应具有完善的证券交易制度。"

在以股权为支付手段的收购交易中，收购完成后外国投资者取得了境内企业的权益，所以实质上实现了境内企业权益向境外转移的目的，同时由于外国投资者以其原持有的或者增发的股权作为支付手段，所以在交易类型上可分为增资型股权收购和换股型股权收购。其中增资型股权收购是指境内（外）企业的投资者以其持有的境内（外）企业的权益对境外（内）企业进行增资，在这一交易完成后境外投资者取得境内企业的控制权，典型的交易架构如图1-1-2所示；换股型股权收购是指境外企业的股东以其持有的境外企业的股权交换境内企业股东持有的境内企业的股权，在交易完成后境外企业的股东实现对境内企业的控制，典型的交易架构如图 1-1-3 所示。

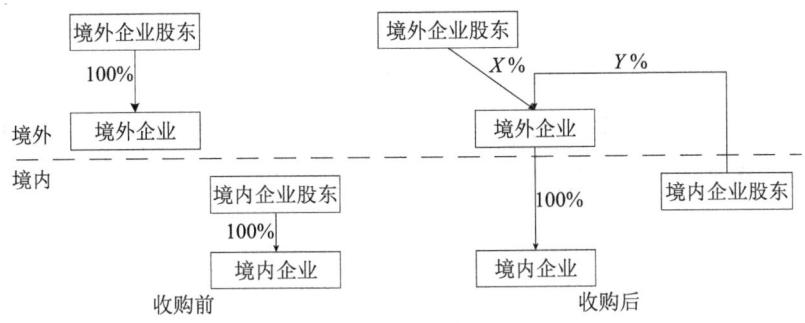

图 1-1-2　增资型股权收购

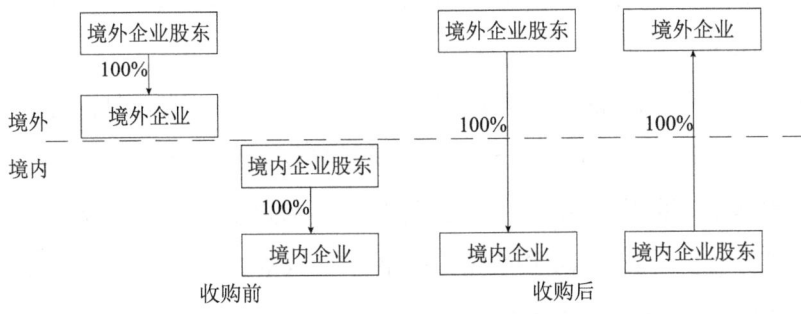

图 1-1-3　换股型股权收购

综上，外资并购境内企业的方式与前述企业兼并的方式相类似，主要类型如图 1-1-4 所示。

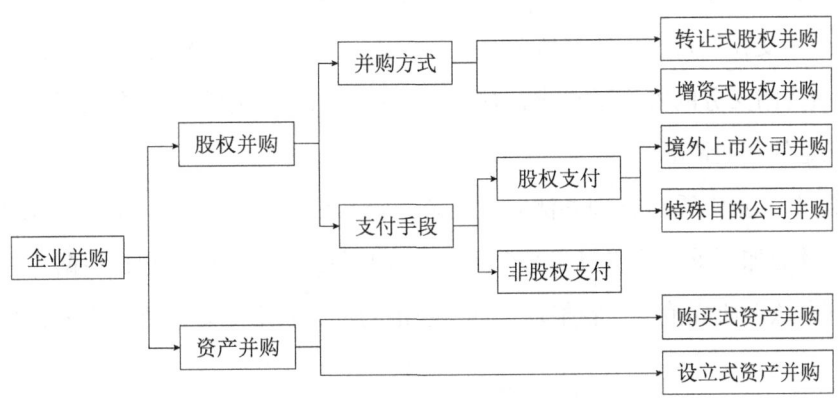

图 1-1-4　外资并购境内企业类型

注：根据《外资并购境内企业规定》，特殊目的公司是指中国境内公司或自然人为实现以其实际拥有的境内公司权益在境外上市而直接或间接控制的境外公司。

（四）上市公司重大资产重组管理办法

《上市公司重大资产重组管理办法》（证监会令第214号，以下简称《重大重组管理办法》）对上市公司重大资产重组的概念、原则、标准、程序、信息披露及发行股份购买资产等行为进行了规范。

1. 资产重组的类型

《重大重组管理办法》第二条规定："本办法适用于上市公司及其控股或者控制的公司在日常经营活动之外购买、出售资产或者通过其他方式进行资产交易达到规定的标准，导致上市公司的主营业务、资产、收入发生重大变化的资产交易行为（以下简称重大资产重组）。"

所以《重大重组管理办法》规范的资产重组主体包括上市公司自身、上市公司的控股股东或者上市公司控制的公司；资产重组交易的标的为企业的"资产"，而交易的方式则包括"购买""出售"及"其他方式"；与企业日常经营活动中的购买资产（如采购原材料、采购固定资产等）和出售资产（如销售产品、处置闲置的固定资产等）不同，资产重组是发生在企业日常经营活动之外的一种资产交易。

《重大重组管理办法》第十四条规定，资产重组中的资产包括"股权"和"非股权资产"；第十五条规定，《重大重组管理办法》第二条所称通过其他方式进行资产交易，包括："（一）与他人新设企业、对已设立的企业增资或者减资；（二）受托经营、租赁其他企业资产或者将经营性资产委托他人经营、租赁；（三）接受附义务的资产赠与或者对外捐赠资产；（四）中国证监会根据审慎监管原则认定的其他情形。"

所以，《重大重组管理办法》所规范的资产重组并不局限于资产重组的交易类型，其更加侧重于重组行为对企业财务状况和经营成果的影响；根据《重大重组管理办法》所规范的内容整理，其所规范的资产重组交易包括图1-1-5所示的类型。

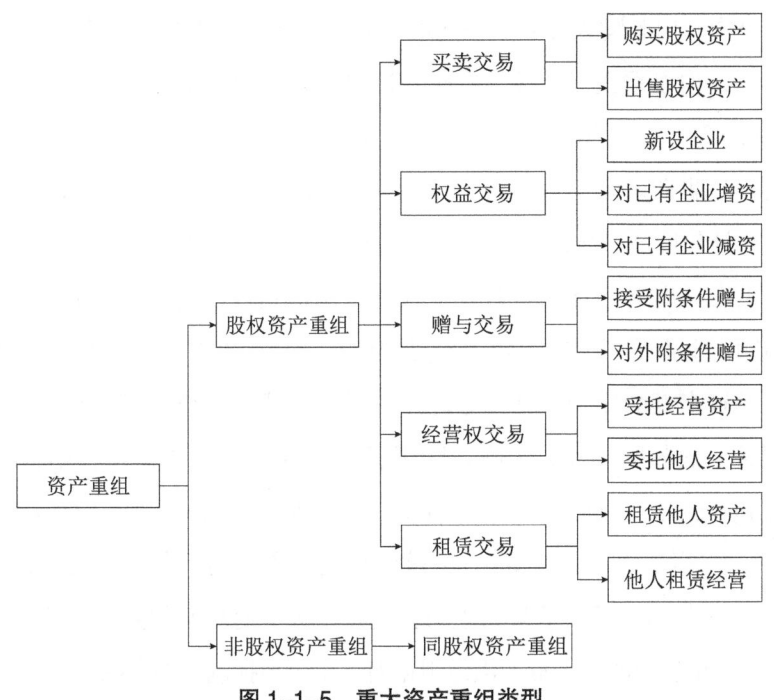

图 1-1-5　重大资产重组类型

2.重大资产重组交易

《重大重组管理办法》第十二条对上市公司重大资产重组标准进行了规范，第十三条对上市公司控制权发生变更的重大资产重组（也被称为借壳上市）标准进行了规范。简言之，前者在判断重大性时采用了百分之五十的标准，而后者则采用了百分之一百的标准。

《重大重组管理办法》第十二条规定："上市公司及其控股或者控制的公司购买、出售资产，达到下列标准之一的，构成重大资产重组：（一）购买、出售的资产总额占上市公司最近一个会计年度经审计的合并财务会计报告期末资产总额的比例达到百分之五十以上；（二）购买、出售的资产在最近一个会计年度所产生的营业收入占上市公司同期经审计的合并财务会计报告营业收入的比例达到百分之五十以上，且超过五千万元人民币；（三）购买、出售的资产净额占上市公司最近一个会计年度经审计的合并财务会计报告期末净资产额的比例达到百分之五十以上，且超过五千万元人民币。"

《重大重组管理办法》第十三条规定："上市公司自控制权发生变更之日起

三十六个月内，向收购人及其关联人购买资产，导致上市公司发生以下根本变化情形之一的，构成重大资产重组，应当按照本办法的规定履行相关义务和程序：（一）购买的资产总额占上市公司控制权发生变更的前一个会计年度经审计的合并财务会计报告期末资产总额的比例达到百分之一百以上；（二）购买的资产在最近一个会计年度所产生的营业收入占上市公司控制权发生变更的前一个会计年度经审计的合并财务会计报告营业收入的比例达到百分之一百以上；（三）购买的资产净额占上市公司控制权发生变更的前一个会计年度经审计的合并财务会计报告期末净资产额的比例达到百分之一百以上；（四）为购买资产发行的股份占上市公司首次向收购人及其关联人购买资产的董事会决议前一个交易日的股份的比例达到百分之一百以上；（五）上市公司向收购人及其关联人购买资产虽未达到第（一）至第（四）项标准，但可能导致上市公司主营业务发生根本变化；（六）中国证监会认定的可能导致上市公司发生根本变化的其他情形。"

综上，上市公司的重大资产重组根据对上市公司控制权的影响，可以分为未构成借壳的重大资产重组和构成借壳的重大资产重组，两者的标准如图1-1-6所示。

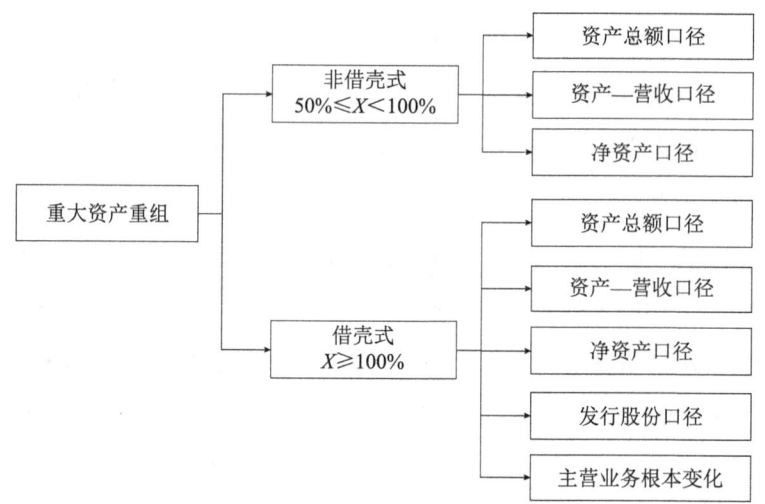

图1-1-6 重大资产重组类型及口径

（五）上市公司收购管理办法

《上市公司收购管理办法》（2006年证监会令第35号公布，2014年证监会令第 108 号修订,以下简称《收购管理办法》)对涉及收购上市公司的交易内容做了规范。《收购管理办法》第五条规定:"收购人可以通过取得股份的方式成为一个上市公司的控股股东,可以通过投资关系、协议、其他安排的途径成为一个上市公司的实际控制人,也可以同时采取上述方式和途径取得上市公司控制权。"

《收购管理办法》和前述《重大重组管理办法》都是规范上市公司重大交易的规范性文件,但两者在交易标的、交易对象和交易结果上存在如表 1-1-3 所示的区别。

表 1-1-3 《重大重组管理办法》和《收购管理办法》的差异

事项	重大重组管理办法	收购办法
交易标的	上市公司拥有的资产	上市公司对外发行的股份
交易当事方	上市公司自身往往作为当事方参加交易,同时上市公司的控股股东或者上市公司控制的公司也可能参与交易	往往是上市公司的股东或者实际控制人作为交易当事方
交易结果	最终导致上市公司的主营业务、资产、收入发生重大变化。 在借壳式重组交易下也会导致上市公司实际控制人发生变更	最终导致上市公司的控股股东或者实际控制人发生变更

所以,《重大重组管理办法》是对涉及上市公司资产层面重大交易的规范,在资产层面发生重大交易时也可能会发生控制权层面的变化;而《收购管理办法》是对上市公司控制权层面交易的规范。根据对上市公司控制权收购标的及方式的不同,上市公司收购的具体方式包括图 1-1-7 所示的类型。

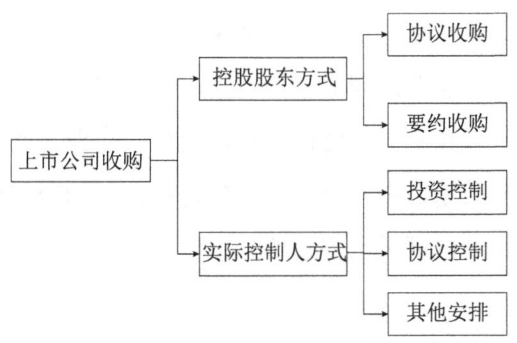

图 1-1-7 上市公司收购路径

（六）非上市公众公司的重组和收购

除前述规范上市公司重大资产重组和上市公司收购的部门规章外，中国证券监督管理委员会（以下简称"证监会"）还针对股票在全国中小企业股份转让系统（以下简称"全国股转系统"）公开转让的公众公司（以下简称"非上市公众公司"）的企业重组和收购分别制定了《非上市公众公司重大资产重组管理办法》（2023年证监会令第213号）和《非上市公众公司收购管理办法》（2014年证监会令第102号，2020年证监会令第166号修订），其所规范的非上市公众公司的资产重组概念与上市公司的重大资产重组概念相同，在此不再赘述。

（七）国有企业产权无偿划转管理暂行办法

《国有企业产权无偿划转管理暂行办法》（国资发产权〔2005〕239号，以下简称《划转暂行办法》）对企业国有产权无偿划转行为进行了规范。《划转暂行办法》第二条规定："本办法所称企业国有产权无偿划转，是指企业国有产权在政府机构、事业单位、国有独资企业、国有独资公司之间的无偿转移。国有独资公司作为划入或划出一方的，应当符合《中华人民共和国公司法》的有关规定。"

《划转暂行办法》规定，企业国有产权无偿划转应当做好可行性研究；划转双方在可行性研究的基础上，按照内部决策程序进行审议，并形成书面决议。其中，划入方（划出方）为国有独资企业的，应当由总经理办公会议审议；已设立董事会的，由董事会审议；划入方（划出方）为国有独资公司的，应当由董事会审议；尚未设立董事会的，由总经理办公会议审议。企业国有产权在同一国资监管机构所出资企业之间无偿划转的，由所出资企业共同报国资监管机构批准；企业国有产权在不同国资监管机构所出资企业之间无偿划转的，依据划转双方的产权归属关系，由所出资企业分别报同级国资监管机构批准；企业国有产权在所出资企业内部无偿划转的，由所出资企业批准并抄报同级国资监管机构。

根据国有企业无偿划转标的的不同，可以将国有企业产权划转分为资产划转和股权划转两类。

(八)企业改制司法解释

为了审理与企业改制相关的民事纠纷案件,最高人民法院根据《中华人民共和国民法典》(2020年5月28日第十三届全国人民代表大会第三次会议通过,以下简称《民法典》)、《公司法》《中华人民共和国全民所有制工业企业法》和《中华人民共和国民事诉讼法》等法律法规制定了《关于审理与企业改制相关的民事纠纷案件若干问题的规定》(法释〔2003〕1号,2020年12月31日最高人民法院审判委员会第1823次会议修正,以下简称《企业改制若干规定》)。《企业改制若干规定》将平等民事主体之间发生的产权制度改造分为图1-1-8所示类型。

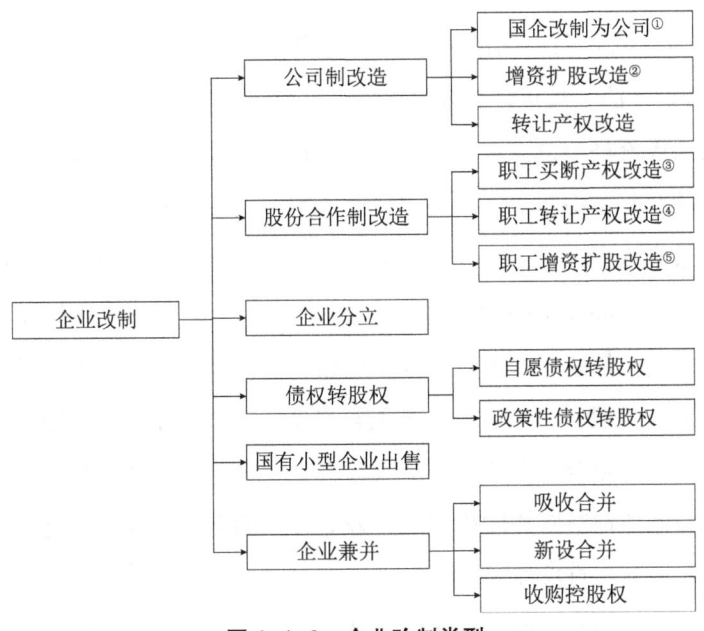

图1-1-8 企业改制类型

注:①国企改制为公司,是指国有企业依《公司法》整体改造为国有独资有限责任公司。
②增资扩股改造、转让产权改造,是指企业通过增资扩股或者转让部分产权,实现他人对企业的参股,将企业整体改造为有限责任公司或者股份有限公司。
③职工买断产权改造,是指在清理企业的资产和债权债务、对原企业资产进行评估的基础上,以企业总资产减去总负债后的净资产价值为购买价格,由企业的职工出资买断原企业的产权,成为改制企业的股东,从而兼具改制企业股东和职工的双重身份。
④职工转让产权改造,是企业与职工共建式改造,即保留原企业部分产权所有关系,其余企业

产权向职工转让,形成职工个人持有的股份,将原企业改造成为企业与职工共同组建的股份合作制企业。

⑤职工增资扩股改造,是指企业通过职工在原企业资本基础上增加投资,持有企业股份,来改变企业资本结构。具体实施一般是将原企业进行产权界定、评估,量化后折合成股份,同时向职工募集资金,扩大资产规模,完成企业股份合作制改造。

(九)总结

从上述相关法律法规对企业重组概念及类型的规范,可知企业重组有如下特征。

第一,企业重组并非一个规范法律用语。在不同的法律法规中使用的名称也有所不同,上述与其相关的概念包括了并购、兼并、资产重组、收购、划转及改制改组等。

第二,同一概念在不同的法律规范体系中其内涵也是有所不同的。例如,《企业兼并暂行办法》规定,企业兼并是指一个企业购买其他企业的产权,使其他企业失去法人资格或改变法人实体的一种行为,并且明确不通过购买方式实行的企业之间的合并,不属于该办法规范的基本;而最高人民法院民事审判庭第二庭编著的《最高人民法院关于企业改制司法解释条文精释及案例解析》中提及:法学中企业兼并(merger)有广义和狭义之分,广义的企业兼并与经济学中的企业兼并概念相同(是指一些可以导致企业相关联的行为,包括企业吸收合并、新设合并、控股、参股、干部兼任、托管经营等),狭义的企业兼并则指企业合并和控股这样直接导致企业主体资格消灭或者企业被绝对控制的情形;最高人民法院关于企业改制的司法解释所规定的企业兼并指的是狭义的企业兼并,即企业新设合并、吸收合并、直接控股三种形式。

第三,企业重组与企业日常经营活动的关系。企业的日常经营活动是指企业为完成其经营目标所从事的经常性活动及与之相关的活动,如生产企业的采购、研发、生产、销售、人力资源管理等属于企业的日常经营活动;除此之外,商品流通企业销售商品、保险公司签发保单、咨询公司提供咨询服务、软件企业为客户开发软件、安装公司提供安装服务、商业银行对外贷款、租赁公司出租资产等,都是企业的日常经营活动。而企业重组是在此之外发生的与企业资产相关的活动,与企业的日常经营活动相比,两者存在如表1-1-4所示的一些主要区别。

表 1-1-4　企业重组与企业日常经营活动的区别

事项	日常经营活动	企业重组活动
发生频率	经常性发生	偶然性
交易规模	交易规模较小	交易规模较大
交易标的	交易标的主要是企业用于销售的产品或者服务	交易标的往往是与企业生产经营有关的固定资产或者无形资产
决策方式	在决策主体上，往往由企业的部门负责人决策即可，如企业的采购由采购部门决策，企业的销售由销售部门决策；在决策流程上也较为简单，通常有既定的决策流程	在决策主体上往往由企业的董事会决策，甚至需要企业的股东会决策；在决策流程上较为复杂，特别是对于涉及国有企业、国有资产的重组交易
对企业经营的影响	仅会影响到企业当期的经营情况	不仅影响企业当期的经营，还会对企业的未来发展产生影响
对企业损益的影响	影响企业当期的损益，并且属于企业的经常性损益	可能不会对企业当期的损益产生影响，即使影响当期损益也属于非经常性损益

第四，企业重组交易的形式。企业重组交易的形式是指企业重组交易对外的表现方式，既可以是企业的资产交易，也可以是企业的股权交易。前者表现为企业层面的交易，如企业的资产收购；后者表现为企业股东层面的交易，如企业的股权收购；部分交易同时表现为企业层面和股东层面的交易，如企业的合并、分立等。

第五，企业重组交易的本质。企业重组交易在形式上是企业资产（包括股权资产和非股权资产）的交易，但是资产交易的背后往往伴随着资本运作，如公司的合并、分立、股权或资产的收购等，因此企业重组在本质上是企业资本运作的一种方式，只是这种资本运作方式与常见的股权创设、股权转让、企业解散相比，具有更加复杂的交易方式，往往伴随着业务拆分的交易关系。

第六，企业重组与《公司法》的关系。虽然《公司法》并未对企业重组作出单独的定义和规范，但是由于公司已成为当今社会主要的商事主体，所以企业重组在行为本质上需要遵循《公司法》的相关规定，企业重组的各种形式已在《公司法》中给予了规范，如公司的设立，公司注册资本的增加和减少，公司的合并、分立及解散等。

二、税法中的企业重组概念

(一) 税法中重组的概念

和上述民商事法律法规中对企业重组概念的规定相类似,税法也未对企业重组概念作出统一的定义,甚至企业重组一词也较少出现在税收法律文件中,而更多的是通过税收规范性文件对企业重组概念或者类型进行规范,与之相关的主要概念包括如下5类。

1. 企业重组

《财政部 国家税务总局关于企业重组业务企业所得税处理若干问题的通知》(财税〔2009〕59号,以下简称"财税〔2009〕59号文")使用"企业重组"的概念,其第一条规定:"本通知所称企业重组,是指企业在日常经营活动以外发生的法律结构或经济结构重大改变的交易,包括企业法律形式改变、债务重组、股权收购、资产收购、合并、分立等。"

财税〔2009〕59号文使用"企业重组"一词,对其概念做了概括性的规定,通过列举的方式对企业重组的类型做了规范。

2. 资产重组

《国家税务总局关于纳税人资产重组有关增值税问题的公告》(国家税务总局公告2011年第13号,以下简称"2011年第13号公告")、《国家税务总局关于纳税人资产重组有关营业税问题的公告》(国家税务总局公告2011年第51号,以下简称"2011年第51号公告")、《国家税务总局关于纳税人资产重组增值税留抵税额处理有关问题的公告》(国家税务总局公告2012年第55号,以下简称"2012年第55号公告")、《国家税务总局关于纳税人资产重组有关增值税问题的公告》(国家税务总局公告2013年第66号,以下简称"2013年第66号公告")及《财政部 国家税务总局关于全面推开营业税改征增值税试点的通知》(财税〔2016〕36号,以下简称"财税〔2016〕36号文")等文件是规范企业资产重组行为中增值税、营业税的税收规范性文件。

上述规范性文件中并未使用"企业重组"概念,而是使用"资产重组"的概念,这可能是基于增值税、营业税的征收对象是企业的"资产";但是文件仅提及"在资产重组过程中，通过合并、分立、出售、置换等方式，将全部或者部分实物资产及与其相关联的债权、负债（或债务）和劳动力一并转让给其他单位和个人的行为"，但对"资产重组"概念的内涵及外延并未予以明确，因此导致实务中"资产重组"这一概念的"重组标的"及"重组方式"容易在纳税人与税务机关之间产生争议。

3. 企业改制

《财政部 国家税务总局关于企业改制上市资产评估增值企业所得税处理政策的通知》（财税〔2019〕62号，以下简称"财税〔2019〕62号文"）是规范国有企业改制上市过程中资产评估增值有关企业所得税的政策。

上述文件使用了"企业改制"的概念，但并未对"企业改制"的概念或者其基本要件作出明确规定，而是通过文件所规范的"企业改制"交易类型对其做了一定程度的说明。财税〔2019〕62号文规定："本通知所称国有企业改制上市，应属于以下情形之一：1. 国有企业以评估增值资产，出资设立拟上市的股份有限公司；2. 国有企业将评估增值资产，注入已上市的股份有限公司；3. 国有企业依法变更拟上市的股份有限公司。"

4. 改制重组

《财政部 国家税务总局关于企业改制重组有关土地增值税政策的通知》（财税〔2015〕5号，以下简称"财税〔2015〕5号文"）、《财政部 国家税务总局关于继续实施企业改制重组有关土地增值税政策的通知》（财税〔2018〕57号，以下简称"财税〔2018〕57号文"）、《财政部国家税务总局关于继续实施企业改制重组有关土地增值税政策的公告》（财政部 税务总局公告2023年第51号，以下简称"2023年第51号公告"）、《财政部国家税务总局关于继续实施企业、事业单位改制重组有关契税政策的公告》（财政部 税务总局公告2023年第49号，以下简称"2023年第49号公告"）和《财政部 国家税务总局关于企业改制重组及事业单位改制有关印花税政策的公告》（财政部 国家税务总局公告2024年第14号，以下简称"2024年第14号公告"）是规范企业改制重组中土地增值税、契税和印花税的规范性文件，其使用了"改制重组"的概念。

与"资产重组"规范性文件相同，虽然上述税收规范性文件使用了"改制重组"一词,但并未对"改制重组"的概念作出明确规定,而仅仅是列举了企业"改制重组"的类型,并且三个税种的规范性文件对企业"改制重组"类型的规定也并不相同,具体见表1-1-5。

表1-1-5 企业改制重组的类型

序号	改制重组类型	土地增值税	契税	印花税
1	整体改制/企业改制	整体改制,是指不改变原企业的投资主体,并承继原企业权利、义务的行为。包括非公司制企业改制为有限责任公司或股份有限公司,有限责任公司变更为股份有限公司,股份有限公司变更为有限责任公司	企业改制,企业按照《公司法》有关规定整体改制,包括非公司制企业改制为有限责任公司或股份有限公司,有限责任公司变更为股份有限公司,股份有限公司变更为有限责任公司	企业改制,具体包括非公司制企业改制为有限责任公司或者股份有限公司,有限责任公司变更为股份有限公司,股份有限公司变更为有限责任公司
2	企业合并	按照法律规定或者合同约定,两个或两个以上企业合并为一个企业	两个或两个以上的公司,依照法律规定、合同约定,合并为一个公司	是指两个或两个以上的公司,依照法律规定、合同约定,合并为一个公司。包括母公司与其全资子公司相互吸收合并
3	企业分立	按照法律规定或者合同约定,企业分设为两个或两个以上与原企业投资主体相同的企业	公司依照法律规定、合同约定分立为两个或两个以上与原公司投资主体相同的公司	是指公司依照法律规定、合同约定分立为两个或两个以上与原投资主体相同的公司
4	投资	单位、个人在改制重组时以房地产作价入股进行投资	以出让方式或国家作价出资(入股)方式承受原改制重组企业划拨用地	(一)企业债权转股权;(二)其他资产或股权出资
5	企业破产	—	企业依照有关法律规定实施破产	破产清算

续表

序号	改制重组类型	土地增值税	契税	印花税
6	资产划转	—	（一）县级以上人民政府或国有资产管理部门按规定进行行政性调整、划转国有土地、房屋权属； （二）同一投资主体内部所属企业之间土地、房屋权属的划转，包括母公司与其全资子公司之间，同一公司所属全资子公司之间，同一自然人与其设立的个人独资企业、一人有限公司之间土地、房屋权属的划转； （三）母公司以土地、房屋权属向其全资子公司增资，视同划转	（一）县级以上人民政府或者其所属具有国有资产管理职责的部门按规定对土地使用权、房屋等建筑物和构筑物所有权、股权进行行政性调整； （二）同一投资主体内部划转土地使用权、房屋等建筑物和构筑物所有权、股权。 同一投资主体内部，包括母公司与其全资子公司之间，同一公司所属全资子公司之间，同一自然人与其设立的个人独资企业、一人有限公司、个体工商户之间
7	债权转股权	—	经国务院批准实施债权转股权	（一）一般的债权转股权； （二）经国务院批准实施的重组项目中发生的债权转股权
8	股权（股份）转让	—	股权（股份）转让	—

所以，企业"改制重组"这一概念在不同税种的税收规范性文件中，其内涵和外延也是不同的。

5. 转制重组

《财政部 国家税务总局关于企业改革中有关契税政策的通知》（财税〔2001〕161号，以下简称"财税〔2001〕161号文"，于2003年8月20日废止）对企业改革中有关转制重组的契税政策进行了规范，在之后的《财政部 国家税务总局关于企业改制重组若干契税政策的通知》（财税〔2003〕184号，以下简称"财税〔2003〕184号文"，于2008年12月31日废止）中将其称为"改制重组"。

根据财税〔2001〕161号文的规定，企业改革中的转制重组类型主要包括"公司制改造""企业合并""企业分立""股权重组"和"企业破产"等类型,但是对"改革""转制重组"及"股权重组"等概念的内涵也未予以清晰的规范。

(二)企业重组的类型

1. 不同税种下重组类型

通过前述不同税种的税收规范性文件对企业重组概念的分析可知,不同税种对企业重组所使用的概念是不同的,且各税种之间并没有协调企业重组或资产重组的概念,甚至对于企业发生的相同类型的交易在不同税收规范性文件中给出的定义也是不同的。

若根据目前各主要税种的税收规范性文件对企业重组所涉及的交易类型进行分类,具体可分为表1-1-6所示的类型。

表1-1-6　重组交易主要类型表

交易类型	企业重组－企业所得税	资产重组－增值税	改制重组－土地增值税	改制重组－契税	企业改制－印花税
法律形式改变	■				
债务重组	■				■
股权收购	■				
资产收购	■				
合并	■	■	■	■	■
分立	■	■	■	■	■
股权转让	■①			■	
非货币投资	■②		■⑦	■⑧	■
资产/股权划转	■③			■	■
无偿划转	■			■⑨	
全民所有制企业改制为国有独资公司或者国有全资子公司	■④				

22

续表

交易类型	企业重组－企业所得税	资产重组－增值税	改制重组－土地增值税	改制重组－契税	企业改制－印花税
非公司制企业改制为有限责任公司/股份有限公司			■	■	■
有限责任公司变更为股份有限公司			■	■	■
股份有限公司变更为有限责任公司			■	■	■
事业单位按国家规定改制为企业				■	■
出售		■			
置换		■⑤			
企业破产				■	■
行政性调整、划转				■	■
债权转股权				■⑩	■
新设企业					■
其他		■⑥			

注：①②根据财税〔2009〕59号文第七条的规定，股权转让和非货币性资产投资属于跨境重组中的重组交易类型。

③根据《财政部 国家税务总局关于促进企业重组有关企业所得税处理问题的通知》（财税〔2014〕109号，以下简称"财税〔2014〕109号文"）第三条的规定，企业股权、资产划转属于企业重组的类型之一。

④根据《国家税务总局关于全民所有制企业公司制改制企业所得税处理问题的公告》（国家税务总局公告2017年第34号，以下简称"2017年第34号公告"）规定："全民所有制企业改制为国有独资公司或者国有全资公司，属于财税〔2009〕59号文件第四条规定的'企业发生其他法律形式简单改变'。"

⑤根据2011年第13号公告、2012年第55号公告、2013年第66号公告及财税〔2016〕36号文等资产重组增值税的相关政策，置换属于企业资产重组的一种方式，但文件并没有对置换的具体概

念作出规范。

⑥根据上述有关企业重组增值税的相关规范，企业资产重组的类型不仅包括合并、分立、出售、置换等四种方式，还包括以其他方式将"全部或者部分资产以及与其相关联的债权、负债和劳动力一并转让给其他单位和个人"的行为。

⑦根据财税〔2015〕5号文及《财政部税政司 国家税务总局财产行为税司关于企业改制重组土地增值税政策的解读》的规定，在2015年1月1日以后出台的土地增值税政策"主要是对原有企业改制重组土地增值税优惠政策的规范与整合"，具体而言，"一是延续了企业以房地产作价投资、企业兼并相关土地增值税优惠政策"。所以本书认为企业以不动产投资入股的行为属于企业改制重组的类型之一。

⑧根据2023年第49号公告第六条的规定："母公司以土地、房屋权属向其全资子公司增资，视同划转，免征契税。"所以以不动产对外增资的行为属于契税的重组行为之一，但是不包括以不动产新设公司的行为。

⑨根据《财政部 国家税务总局关于自然人与其个人独资企业或一人有限责任公司之间土地房屋权属划转有关契税问题的通知》（财税〔2018〕142号，以下简称"财税〔2018〕142号文"）的规定，自然人与其个人独资企业、一人有限责任公司之间土地、房屋权属的无偿转属于同一投资主体内部土地、房屋权属的无偿划转，可比照财税〔2003〕184号的规定不征收契税。

⑩根据2023年第49号公告第七条的规定："经国务院批准实施债权转股权的企业，对债权转股权后新设立的公司承受原企业的土地、房屋权属，免征契税。"此处仅规范了"债权转股权"，为区别于财税〔2009〕59号文中的"债务重组"，将其作为重组类型之一单独予以列示。

2. 企业重组类型的分类

从上述对不同税种企业重组类型的分析可知，从不同税种角度和企业行为角度而言，企业重组可以分为多种类型，但为了便于对企业重组行为的涉税情况展开分析，本书主要采用财税〔2009〕59号文对企业重组类型的分类。选择这种分类标准的主要原因为：首先，财税〔2009〕59号文对企业重组概念既做了一般性的规定，也明确了企业重组的类型，是目前税收规范体系内对企业重组概念介绍较为规范的文件；其次，本书后续关于企业重组涉税的分析也是重点围绕企业所得税展开的，在此基础上也会兼顾重组交易过程中涉及的其他税种；最后，相比于其他税种，所得税（包括企业所得税和个人所得税）领域是重组税收理论应用最多的领域。

除了采用财税〔2009〕59号文对企业重组的分类外，为了便于读者对企业重组概念有更深入的了解，本书还将企业重组从如下的角度做了分类：从企业重组业务发生时企业是否持续经营，将企业重组分为持续经营下的企业重组和非持续经营下的企业重组；其中持续经营下的企业重组又根据重组行为对企业资产或经营规模的影响，将其分为扩张型的企业重组、收缩型的企业重组和维持型的企业重组。以此为标准的企业重组类型分类不仅包括了财税〔2009〕59号文中的企业重组类型，同时也将实务中遇到的其他类型的企业重组类型囊括在内，具体如图1-1-9所示。

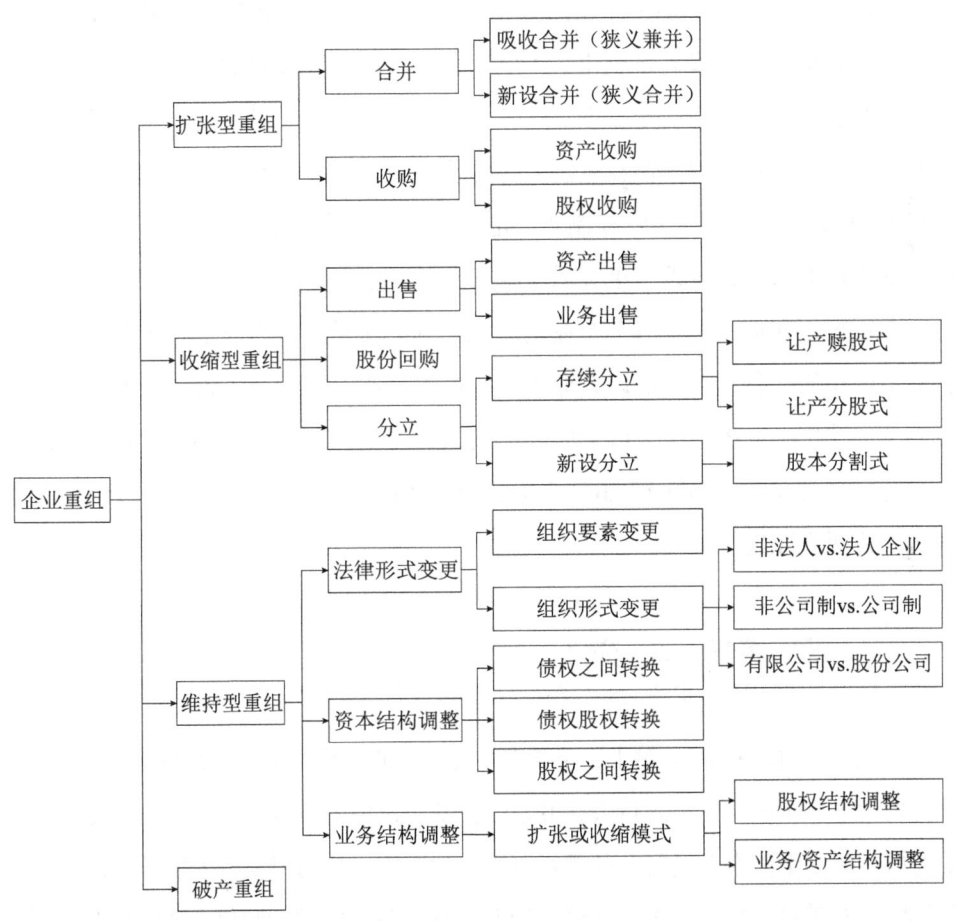

图1-1-9 企业重组类型

第二节　IPO 中企业重组的审核

《首次公开发行股票注册管理办法》（证监会令第 205 号，以下简称《首发注册管理办法》）第十二条规定："发行人业务完整，具有直接面向市场独立持续经营的能力：（二）主营业务、控制权和管理团队稳定，首次公开发行股票并在主板上市的，最近三年内主营业务和董事、高级管理人员均没有发生重大不利变化；首次公开发行股票并在科创板、创业板上市的，最近二年内主营业务和董事、高级管理人员均没有发生重大不利变化；首次公开发行股票并在科创板上市的，核心技术人员应当稳定且最近二年内没有发生重大不利变化；发行人的股份权属清晰，不存在导致控制权可能变更的重大权属纠纷，首次公开发行股票并在主板上市的，最近三年实际控制人没有发生变更；首次公开发行股票并在科创板、创业板上市的，最近二年实际控制人没有发生变更。"

企业重组在形式上是有关企业资产或业务的交易，而本质上是企业或者投资者资本运作的一种方式，所以企业重组既可能会影响到企业主营业务的变化，也可能会影响到企业控股股东或者实际控制人的变更，因此监管部门对企业首次公开发行股票并上市（Initial Public Offerings，IPO）过程中发生的并购重组行为也是从上述两方面进行关注。

一、主营业务是否重大变化

《首发注册管理办法》第十二条要求发行人业务完整，主营业务在规定的时间内没有发生重大不利变化。发行人在 IPO 前会基于避免同业竞争、减少关联交易等目的对同一控制下的企业进行业务或者资产上的重组，从而对发行人的业务形成一定的影响，对于这种影响是否会导致发行人主营业务发生重大变化，证监会在《证券期货法律适用意见第 3 号——〈首次公开发行股票并上市管理办法〉第十二条发行人最近 3 年内主营业务没有发生重大变化的适用意见》（证监会公告〔2008〕22 号，以下简称《证券期货法律适用意见第 3 号》）中分不同情况进行了明确。

（一）同一控制下重组的判定

《证券期货法律适用意见第 3 号》规定："发行人对同一公司控制权人下相同、类似或相关业务进行重组，多是企业集团为实现主营业务整体发行上市、降低管理成本、发挥业务协同优势、提高企业规模经济效应而实施的市场行为。从资本市场角度看，发行人在发行上市前，对同一公司控制权人下与发行人相同、类似或者相关的业务进行重组整合，有利于避免同业竞争、减少关联交易、优化公司治理、确保规范运作，对于提高上市公司质量，发挥资本市场优化资源配置功能，保护投资者特别是中小投资者的合法权益，促进资本市场健康稳定发展，具有积极作用。"

如果发行人在报告期（最近三年，下同）内存在对同一公司控制权人下相同、类似或相关业务进行重组同时符合下列条件的，视为主营业务没有发生重大变化。

1. 控制时间

被重组方应当自报告期期初起即与发行人受同一公司控制权人控制，如果被重组方是在报告期内新设立的，应当自成立之日即与发行人受同一公司控制权人控制。

2. 业务性质

被重组进入发行人的业务与发行人重组前的业务具有相关性（相同、类似行业或同一产业链的上下游）。

3. 重组方式

重组方式遵循市场化原则，包括但不限于以下方式：①发行人收购被重组方股权；②发行人收购被重组方的经营性资产；③公司控制权人以被重组方股权或经营性资产对发行人进行增资；④发行人吸收合并被重组方。

（二）对 IPO 申报管理的影响

发行人在报告期内对同一公司控制权人下相同、类似或相关业务进行重组，《证券期货法律适用意见第 3 号》根据对发行人资产总额、营业收入或利润总额的影响程度不同，分别适用了不同的申报管理要求，具体如下。

1. 达到或超过100%的

被重组方重组前一个会计年度末的资产总额或前一个会计年度的营业收入或利润总额达到或超过重组前发行人相应项目100%的，为便于投资者了解重组后的整体运营情况，发行人重组后运行一个会计年度后方可申请发行。

2. 达到或超过50%的

被重组方重组前一个会计年度末的资产总额或前一个会计年度的营业收入或利润总额达到或超过重组前发行人相应项目50%，但不超过100%的，保荐机构和发行人律师应当按照相关法律法规对首次公开发行主体的要求，将被重组方纳入尽职调查范围并发表相关意见，还应提交会计师关于被重组方的有关文件及与财务会计资料相关的其他文件。

3. 达到或超过20%的

被重组方重组前一个会计年度末的资产总额或前一个会计年度的营业收入或利润总额达到或超过重组前发行人相应项目20%的，申报财务报表至少包含重组完成后的最近一期财务报表。

4. 相关数据口径计算

在计算上述的指标时，若被重组方重组前一个会计年度与重组前发行人存在关联交易的，资产总额、营业收入、利润总额按照扣除该等交易后的口径计算。

发行人提交首发申请文件前一个会计年度或一期内发生多次重组行为的，重组对发行人资产总额、营业收入或利润总额的影响应累计计算。

二、实际控制人是否发生变化

《公司法》第二百六十五条规定："（二）控股股东，是指其出资额占有限责任公司资本总额超过百分之五十或者其持有的股份占股份有限公司股本总额超过百分之五十的股东；出资额或者持有股份的比例虽然低于百分之五十，但依其出资额或者持有的股份所享有的表决权已足以对股东会的决议产生重大影响的股东。（三）实际控制人，是指通过投资关系、协议或者其他安排，能够实际支配公司行为的人。"

公司的实际控制人可以通过股东会来决定和实质影响公司的经营方针、决策和经营管理层的任免，从而对公司的经营业务具有重大影响，一旦公司实际控制人发生变化，公司的经营方针和政策、组织机构运作及业务运营都可能发生重大变化，从而给发行人的持续发展和盈利能力带来重大影响，因此实际控制人的稳定是 IPO 审核的重点之一。从立法意图看，《首发注册管理办法》第十二条要求发行人最近两年或三年实际控制人没有发生变更，旨在以公司控制权稳定为标准，判断公司是否具有持续发展、持续盈利的能力，以便投资者在对公司的持续发展和盈利能力拥有较为明确预期的情况下作出投资决策。

《证券期货法律适用意见第 17 号——〈首次公开发行股票注册管理办法〉第十二条、第十三条、第三十一条、第四十四条、第四十五条和〈公开发行证券的公司信息披露内容和格式准则第 57 号——招股说明书〉第七条有关规定的适用意见》（证监会公告〔2023〕14 号，以下简称《证券期货法律适用意见第 17 号》）对发行人控制权变更及国有股权重组对控制权的影响做了规范。

（一）实际控制人的判定

实际控制人是指拥有公司控制权、能够实际支配公司行为的主体。发行人股权较为分散但存在单一股东控制比例达到百分之三十的情形的，若无相反的证据，原则上应当将该股东认定为控股股东或者实际控制人。

存在下列情形之一的，保荐机构、发行人律师应当进一步说明是否存在通过实际控制人认定规避发行条件或者监管并发表专项意见：①公司认定存在实际控制人，但其他持股比例较高的股东与实际控制人持股比例接近；②公司认定无实际控制人，但第一大股东持股接近百分之三十，其他股东比例不高且较为分散。

（二）控制权变动的判定

发行人及中介机构通常不应以股东间存在代持关系、表决权让与协议、一致行动协议等为由，认定公司控制权未发生变动。

发行人实际控制人为单名自然人或者有亲属关系的多名自然人，实际控制人去世导致股权变动，股份受让人为继承人的，通常不视为公司控制权发生变更。

其他多名自然人为实际控制人，实际控制人之一去世的，保荐机构及发行人律师应当结合股权结构、去世自然人在股东大会或者董事会决策中的作用、对发行人持续经营的影响等因素综合判断公司控制权是否发生变更。

当发行人主张多人共同拥有公司控制权的，如果发行人最近三十六个月（主板）或者二十四个月（科创板、创业板）内持有、实际支配公司股份表决权比例最高的主体发生变化，且变化前后的主体不属于同一实际控制人，视为公司控制权发生变更。发行人最近三十六个月（主板）或者二十四个月（科创板、创业板）内持有、实际支配公司股份表决权比例最高的主体存在重大不确定性的，比照前述规定执行。

（三）国有股权重组时控制权变更的判定

1. 不视为控制权变更情形

因国有资产监督管理需要，国务院或者省级人民政府国有资产监督管理机构无偿划转直属国有控股企业的国有股权或者对该等企业进行重组等导致发行人控股股东发生变更的，如果符合以下情形，可视为公司控制权没有发生变更：①有关国有股权无偿划转或者重组等属于国有资产监督管理的整体性调整，经国务院国有资产监督管理机构或者省级人民政府按照相关程序决策通过，且发行人能够提供有关决策或者批复文件；②发行人与原控股股东不存在构成重大不利影响的同业竞争或者大量的关联交易，没有故意规避《首发注册管理办法》规定的其他发行条件；③有关国有股权无偿划转或者重组等对发行人的经营管理层、主营业务和独立性没有重大不利影响。

按照国有资产监督管理的整体性调整，国务院国有资产监督管理机构直属国有企业与地方国有企业之间无偿划转国有股权或者重组等导致发行人控股股东发生变更的，比照上述规定执行，但是应当经国务院国有资产监督管理机构批准并提交相关批复文件。

2. 控制人变更情形

不属于上述两种情形的国有股权无偿划转或者重组等导致发行人控股股东发生变更的，视为公司控制权发生变更。

三、重组后申报时点监管要求

《监管规则适用指引——发行类第 7 号》(以下简称《发行类第 7 号指引》)规定实施重大资产重组后申请向不特定对象发行证券的公司,申报时其报告期法定报表须符合发行条件。实施重大资产重组前,如果发行人符合向不特定对象发行证券条件且重组未导致公司实际控制人发生变化的,申请向不特定对象发行证券时不需要运行一个完整的会计年度。

其中,重组时点是指标的资产完成过户的时点,并不涉及新增股份登记及配套融资完成与否。

第二章 企业重组业务企业所得税待遇分析

之所以将企业重组业务的企业所得税待遇（如无特别说明，下述的所得税是指企业所得税）单独进行分析，一方面是由于企业重组交易涉及多个税种，其中所得税有着较为成熟的理论体系，基于此我国规范企业重组所得税的财税〔2009〕59号文对企业重组的涉税规范较其他税种有着相对完善的体系；另一方面是由于本书对企业重组税收政策的分析也是以企业所得税为主要内容并以此展开分析的。在本章，首先对企业重组业务所得税中涉及的损益确认规则、计税基础确定规则及亏损结转弥补规则进行了介绍；其次对企业重组所得税特殊性税务处理的一般要件和多步骤交易原则进行了分析；最后对企业重组所得税税收征管中的一些主要概念和税务管理的内容进行了介绍。

第一节 企业重组所得税主要规则

一、企业重组所得税待遇

（一）企业重组所得税主要涉税问题

《中华人民共和国企业所得税法实施条例》（2007年12月6日中华人民共和国国务院令第512号公布，2019年4月23日《国务院关于修改部分行政法规的决定》修订，以下简称《企业所得税法实施条例》）第七十五条规定："除国务院财政、税务主管部门另有规定外，企业在重组过程中，应当在交易发生时确认有关资产的转让所得或者损失，相关资产应当按照交易价格重新确定计税基础。"

从《企业所得税法实施条例》第七十五条的规定可知，企业发生重组行为时，企业所得税涉及的核心问题主要有下面三个方面的内容。

1. 资产转让损益确认

资产转让损益确认是指在企业重组交易过程中重组当事方是否需要在重组交易当期确认重组过程中涉及相关资产的转让所得或损失。根据《企业所得税法实施条例》第七十五条的规定，交易当事方原则上应当在重组交易发生时确认资产转让的所得或损失，只有在国务院财政、税务主管部门另有规定时才可以不在重组交易当期确认相关资产的转让所得或损失。

2. 资产计税基础确定

资产计税基础确定是指在企业重组交易中，重组当事方特别是重组资产的取得方如何确定所取得资产的计税基础，同时也包括被收购方如何确定取得重组交易对价的计税基础。根据《企业所得税法实施条例》第七十五条的规定，重组当事各方原则上应当按照重组交易价格即资产的公允价格确认取得资产的计税基础，只有在例外的情况下才可以按照其他的规则确定所取得资产的计税基础。

3. 净营业亏损跨主体结转弥补

《中华人民共和国企业所得税法》（2007年3月16日第十届全国人民代表大会第五次会议通过，2018年12月29日第十三届全国人民代表大会常务委员会第七次会议修正，以下简称《企业所得税法》）第十八条规定："企业纳税年度发生的亏损，准予向以后年度结转，用以后年度的所得弥补，但结转年限最长不得超过五年。"

虽然《企业所得税法实施条例》第七十五条并未规范企业重组过程中未弥补亏损结转弥补的相关内容，但是由于企业的未弥补亏损可用于抵减当期的应纳税所得额从而降低企业当期应缴纳的企业所得税，因此企业可结转的未弥补亏损额实质上是存在税收价值的，是企业重组交易各方关注的内容之一，甚至有些企业重组的主要目的是获得亏损弥补的税收利益。一般情况下企业的亏损只能由产生亏损的企业自身弥补，但在企业重组过程中可能会发生亏损在不同的纳税人之间结转弥补的情形，这即企业重组税收规则对亏损弥补的特殊性规定。

（二）重组所得税待遇的分类

根据企业重组交易中重组当事各方就上述三个主要涉税问题待遇的不同，可以将重组分为应税重组或免税重组（或称之为所得递延重组）。财税〔2009〕59号文第三条规定："企业重组的税务处理区分不同条件分别适用一般性税务处理规定和特殊性税务处理规定。"所以我国财税〔2009〕59号文将企业重组的所得税待遇分为一般性税务处理和特殊性税务处理，其中一般性税务处理对应前述应税重组，特殊性税务处理对应前述免税重组或递延重组。

两种所得税税务处理差异的核心是企业重组过程中相关资产潜在收益（资产公允价值大于计税基础的部分）或潜在损失（资产公允价值小于计税基础的部分）是否需要在重组交易当期予以确认，并进而影响重组资产计税基础的确定及未结转弥补亏损是否可以跨主体结转弥补的规则。具体差异见表2-1-1。

表 2-1-1　企业重组所得税待遇对比分析表

项目	一般性税务处理	特殊性税务处理
资产转让损益	即期确认：在重组交易发生当期确认重组资产的转让所得或者损失	递延确认：在重组交易发生当期不确认资产转让所得或损失，而是递延至处置重组过程中取得的适格对价时再予以确认。分期确认：重组资产已实现的资产转让所得并不在重组交易发生当期一次性确认，而是在若干个纳税年度内分期确认
资产计税基础	成本税基：按照取得重组资产的公允价值作为其计税基础	替代税基或结转税基：按照换出资产或者换入资产的原有计税基础作为取得重组资产或重组对价的计税基础
净营业亏损	不可跨主体结转弥补：重组一方的净营业亏损只能由其自身向后依法结转弥补，不得结转至重组另一方弥补	可跨主体结转弥补：重组一方的净营业亏损可以按照一定的规则结转至重组其他当事方弥补

二、资产转让损益确认规则

资产在转让或者处置过程中公允价值超过计税基础的部分为资产处置收益，公允价值小于计税基础的部分为资产处置损失；根据在所得税中企业确认资产处置损益时间的不同可将其分为如下三种规则。

（一）即期确认规则

即期确认是指资产转让或处置损益（以下统称"资产转让所得"）在实现的当期一次性计入应纳税所得额。例如，《国家税务总局关于企业取得财产转让等所得企业所得税处理问题的公告》（国家税务总局公告2010年第19号，以下简称"2010年第19号公告"）规定："企业取得财产（包括各类资产、股权、债权等）转让收入、债务重组收入、接受捐赠收入、无法偿付的应付款收入等，不论是以货币形式、还是非货币形式体现，除另有规定外，均应一次性计入确认收入的年度计算缴纳企业所得税。"

对于一次性计入当期应纳税所得额的资产转让所得，根据其所得税缴纳方式的不同又可以分为如下几种类型。

1. 减免所得

减免所得是指对企业资产转让所得予以免征或者按照比例减少征收的一种所得税待遇。例如，《企业所得税法实施条例》规定："一个纳税年度内，居民企业技术转让所得不超过500万元的部分，免征企业所得税；超过500万元的部分，减半征收企业所得税。"《财政部 国家税务总局 科技部 国家知识产权局关于中关村国家自主创新示范区特定区域技术转让企业所得税试点政策的通知》（财税〔2020〕61号，以下简称"财税〔2020〕61号文"）规定："在中关村国家自主创新示范区特定区域内注册的居民企业，符合条件的技术转让所得，在一个纳税年度内不超过2000万元的部分，免征企业所得税；超过2000万元部分，减半征收企业所得税。"

2. 分期纳税

分期纳税是指对纳税人转让财产应缴纳的所得税，并不在所得确认的当年度一次性缴纳，而是分若干期缴纳，主要的政策如下。

《财政部 国家税务总局关于个人非货币性资产投资有关个人所得税政策的通知》（财税〔2015〕41号，以下简称"财税〔2015〕41号文"）规定："个人以非货币性资产投资，属于个人转让非货币性资产和投资同时发生。个人应在发生上述应税行为的次月 15 日内向主管税务机关申报纳税。纳税人一次性缴税有困难的,可合理确定分期缴纳计划并报主管税务机关备案后,自发生上述应税行为之日起不超过 5 个公历年度内(含)分期缴纳个人所得税。"

《财政部 国家税务总局关于将国家自主创新示范区有关税收试点政策推广到全国范围实施的通知》(财税〔2015〕116 号,以下简称"财税〔2015〕116 号文")规定:"自 2016 年 1 月 1 日起,全国范围内的中小高新技术企业以未分配利润、盈余公积、资本公积向个人股东转增股本时,个人股东一次缴纳个人所得税确有困难的,可根据实际情况自行制定分期缴税计划,在不超过 5 个公历年度内(含)分期缴纳,并将有关资料报主管税务机关备案。"

3. 递延纳税

递延纳税是指纳税人依法应当缴纳的所得税并不在确认当年度缴纳,而是递延至未来某一时间或某一行为发生时再予以缴纳,此种情况下递延的并非纳税人的应纳税所得额,而是纳税人应缴纳的税款。主要的政策如下。

(1)非居民企业分配利润境内再投资。

《财政部 国家税务总局 国家发展改革委 商务部关于境外投资者以分配利润直接投资暂不征收预提所得税政策问题的通知》(财税〔2017〕88 号,以下简称"财税〔2017〕88 号文")和《财政部 国家税务总局 国家发展改革委 商务部关于扩大境外投资者以分配利润直接投资暂不征收预提所得税政策适用范围的通知》(财税〔2018〕102 号,以下简称"财税〔2018〕102 号文")规定,对境外投资者从中国境内居民企业分配的利润,直接投资于鼓励类投资项目,凡符合规定条件的,实行递延纳税政策,暂不征收预提所得税;境外投资者通过股权转让、回购、清算等方式实际收回暂不征收预提所得税政策待遇的直接投资,在实际收取相应款项后 7 日内,按规定程序向税务部门申报补缴递延的税款。

(2)不动产投资信托基金(REITs)设立。

《财政部国家税务总局关于基础设施领域不动产投资信托基金(REITs)试点税收政策的公告》(财政部 国家税务总局公告 2022 年第 3 号,以下简称"2022 年第 3 号公告")规定:"设立基础设施 REITs 前,原始权益人向项目公司划转基础设施资产相应取得项目公司股权,适用特殊性税务处理,即项目公司取得基础设施资产的计税基础，以基础设施资产的原计税基础确定；原始权益人取得项目公司股权的计税基础，以基础设施资产的原计税基础确定。原始权益人和项目公司不确认所得，不征收企业所得税。基础设施REITs设立阶段，原始权益人向基础设施REITs转让项目公司股权实现的资产转让评估增值，当期可暂不缴纳企业所得税，允许递延至基础设施REITs完成募资并支付股权转让价款后缴纳。"

所以，对于基础设施REITs在设立过程中，原始权益人转让其持有项目公司股权的所得，在转让环节并不立即缴纳企业所得税，而是可以递延至基础设施信托募集完成并支付股权转让价款后缴纳，但对于此处的支付是指部分支付还是全部支付完毕，文件并未予以明确。

4. 延期纳税

延期纳税与分期纳税、递延纳税存在相似之处，三者都要求纳税人在所得确认的当期不缴纳或不一次性缴纳所得税；但三者之间也是存在差别的。与递延纳税相比，延期纳税的纳税时间是确定的且并非基于未来某一行为的发生；与分期纳税相比，延期纳税情况下税款通常是一次性缴纳，而分期纳税时，分期内纳税人在各期缴纳税款的金额可能相等也可能不等。

延期纳税的政策主要有《财政部 国家税务总局关于上市公司股权激励有关个人所得税政策的公告》（财政部 国家税务总局公告2024年第2号，以下简称"2024年第2号公告"），该公告规定："境内上市公司授予个人的股票期权、限制性股票和股权奖励，经向主管税务机关备案，个人可自股票期权行权、限制性股票解禁或取得股权奖励（以下简称行权）之日起，在不超过36个月的期限内缴纳个人所得税。纳税人在此期间内离职的，应在离职前缴清全部税款。"

（二）分期确认规则

分期确认是指对已经实现的资产转让所得并不在实现当期一次性计入当年度的应纳税所得额，而是分期计入相应年度的应纳税所得额。我国目前所得税制中关于所得分期确认的政策主要见表2-1-2。

表 2-1-2　分期确认所得政策表

序号	情形	政策内容
1	企业非货币性资产投资	《财政部 国家税务总局关于非货币性资产投资企业所得税政策问题的通知》（财税〔2014〕116 号，以下简称"财税〔2014〕116 号文"）规定：居民企业以非货币性资产对外投资确认的非货币性资产转让所得，可在不超过 5 年期限内，分期均匀计入相应年度的应纳税所得额，按规定计算缴纳企业所得税
2	债务重组	财税〔2009〕59 号文第六条第（一）项规定：企业债务重组确认的应纳税所得额占该企业当年应纳税所得额 50% 以上，可以在 5 个纳税年度的期间内，均匀计入各年度的应纳税所得额
3	跨境重组中的对外投资	财税〔2009〕59 号文第八条规定：本通知第七条第（三）项所指的居民企业以其拥有的资产或股权向其 100% 直接控股关系的非居民企业进行投资，其资产或股权转让收益如选择特殊性税务处理，可以在 10 个纳税年度内均匀计入各年度应纳税所得额

（三）递延确认规则

递延确认规则又被称为不确认规则，所谓不确认并非对资产转让所得不予确认，而是在所得实现的当期不予立即确认，对已实现的所得递延至未来某一事项发生时再予以确认。我国目前资产转让所得递延确认的政策主要包括如下三大类。

1. 企业重组中的递延确认

企业重组中的递延确认规则主要见于财税〔2009〕59 号文和财税〔2014〕109 号文的规定，具体见后续章节的详细分析。

2. 资产置换中的递延确认

资产置换递延确认是指一方以其所持有的资产交换另一方所持有的特定资产的交易中，在满足特定要件时对换出资产已实现的损益不予即期确认的一种所得税规则。我国所得税制中适用资产置换递延确认规则的情形主要见表 2-1-3。

表2-1-3 资产置换递延确认情形表

序号	情形	政策内容
1	资产重组中的股权置换	《国家税务总局关于发布〈企业重组业务企业所得税管理办法〉的公告》（国家税务总局公告2010年第4号，以下简称"2010年第4号公告"）将财税〔2009〕59号文中的"控股企业"解释为"是指由本企业直接持有股份的企业"，致使在部分企业重组交易类型中的股权置换可以适用递延确认税收待遇
2	政策性搬迁的土地置换	《国家税务总局关于发布〈企业政策性搬迁所得税管理办法〉的公告》（国家税务总局公告2012年第40号，以下简称"2012年第40号公告"）第十三条规定：企业搬迁中被征用的土地，采取土地置换的，换入土地的计税成本按被征用土地的净值，以及该换入土地投入使用前所发生的各项费用支出，为该换入土地的计税成本，在该换入土地投入使用后，按《企业所得税法》及其实施条例规定年限摊销
3	政策性搬迁的资产置换	《国家税务总局关于企业政策性搬迁所得税有关问题的公告》（国家税务总局公告2013年第11号，以下简称"2013年第11号公告"）第二条规定：企业政策性搬迁被征用的资产，采取资产置换的，其换入资产的计税成本按被征用资产的净值，加上换入资产所支付的税费（涉及补价，还应加上补价款）计算确定

3.股权创设中的递延确认

股权创设是指投资者以其持有的非货币性资产投资于其他单位或者通过其他方式从被投资单位取得增发股权的行为；股权创设对投资者而言是以非货币性资产或者其他资源进行投资的行为，对于被投资企业而言属于以增发的股权进行融资的行为。纳税人以非货币性资产进行投资，从经济角度而言仅仅改变了持有资产的方式，从原有的直接持有转变为通过股权间接持有，因此隐藏在资产中的潜在收益或者潜在损失可不予确认。

根据现有的税收政策，纳税人以非货币性资产进行投资，除了前述的分期纳税和分期确认所得的税收待遇外，对于表2-1-4所示的股权创设情形，可以适用递延确认待遇。

表 2-1-4 股权创设适用递延确认的情形

序号	情形	政策内容
1	技术入股	《财政部 国家税务总局关于完善股权激励和技术入股有关所得税政策的通知》(财税〔2016〕101号,以下简称"财税〔2016〕101号文")第三条规定:(一)企业或个人以技术成果投资入股到境内居民企业,被投资企业支付的对价全部为股票(权)的,企业或个人可选择继续按现行有关税收政策执行,也可选择适用递延纳税优惠政策。选择技术成果投资入股递延纳税政策的,经向主管税务机关备案,投资入股当期可暂不纳税,允许递延至转让股权时,按股权转让收入减去技术成果原值和合理税费后的差额计算缴纳所得税。(二)企业或个人选择适用上述任一项政策,均允许被投资企业按技术成果投资入股时的评估值入账并在企业所得税前摊销扣除
2	非上市公司股权激励	财税〔2016〕101号文第一条规定:非上市公司授予本公司员工的股票期权、股权期权、限制性股票和股权奖励,符合规定条件的,经向主管税务机关备案,可实行递延纳税政策,即员工在取得股权激励时可暂不纳税,递延至转让该股权时纳税
3	集体所有制企业改制	《国家税务总局关于企业改组改制过程中个人取得的量化资产征收个人所得税问题的通知》(国税发〔2000〕60号,以下简称"国税发〔2000〕60号文")规定:根据国家有关规定,允许集体所有制企业在改制为股份合作制企业时可以将有关资产量化给职工个人。为了支持企业改组改制的顺利进行,对于企业在这一改革过程中个人取得量化资产的有关个人所得税问题,现明确如下:二、对职工个人以股份形式取得的拥有所有权的企业量化资产,暂缓征收个人所得税;待个人将股份转让时,就其转让收入额,减除个人取得该股份时实际支付的费用支出和合理转让费用后的余额,按"财产转让所得"项目计征个人所得税
4	不动产投资信托基金(REITs)设立	2022年第3号公告规定:设立基础设施REITS前,原始权益人向项目公司划转基础设施资产相应取得项目公司股权,适用特殊性税务处理,即项目公司取得基础设施资产的计税基础,以基础设施资产的原计税基础确定;原始权益人取得项目公司股权的计税基础,以基础设施资产的原计税基础确定。原始权益人和项目公司不确认所得,不征收企业所得税

【示例 2-1-1】

甲公司为境内居民企业,2022年6月30日以表2-1-5中所列资产对乙公司进行增资,取得乙公司增发的公允价值为1 000.00的股份;2024年5月甲公司将持有乙公司的股份全部转让给第三方,转让价格为1 500.00。

表 2-1-5　非货币投资信息表

资产类别	计税基础	公允价值	处置收益
机器设备	200.00	220.00	20.00
不动产	300.00	500.00	200.00
专利	100.00	280.00	180.00
合计	600.00	1 000.00	400.00

涉税分析：

对于甲公司以其所持有的资产对外投资获取乙公司增发股份的事项，就其投资过程中的资产转让所得可以适用即期确认所得的税收规则，也可以适用分期确认所得的非货币性资产投资税收规则，还可以适用递延确认所得的资产收购重组税收规则（若满足特殊性税务处理的其他要件），表 2-1-6 分析了在不同的所得确认规则下，甲公司在将所取得的股权转让前历年所应确认的所得，其中假定甲公司在采用非货币性资产投资分期确认税收规则时，选择按照 5 年期间分期确认资产转让所得。

表 2-1-6　资产交易历年所得计算表

确认规则	2021 年	2022 年	2023 年	2024 年	合计
即期确认	400.00	0	0	500.00	900.00
分期确认	80.00	80.00	80.00	660.00	900.00
递延确认	0	0	0	900.00	900.00

从表 2-1-6 可以看出，不同的所得确认规则并没有减少甲公司在以非货币性资产投资行为过程中所应确认的资产转让所得，仅仅改变了资产转让所得确认的时间。若考虑货币时间价值的影响，分期确认规则和递延确认规则使企业仅仅获得了即期确认所得下实际缴纳的企业所得税（若当年度有应纳税所得额）的货币时间价值，因此在一定意义上而言分期确认规则和递延确认规则并不是税收优惠政策，这种所得确认规则对企业是否最有利，需要结合企业的具体情况判定。

(四)我国重组税制的主要规定

1. 所得确认的规则

规范我国重组业务企业所得税的文件主要是财税〔2009〕59号文,该文件根据企业重组业务满足条件的不同,将企业重组的税务处理分为一般性税务处理和特殊性税务处理,其中一般性税务处理中重组当事方应当在企业重组交易当期确认资产转让所得或损失;企业重组所得税适用特殊性税务处理的,其重组损益确认的规范主要见表2-1-7。

表2-1-7 企业重组特殊性税务处理损益确认规则

序号	损益确认规则	具体规定
1	分期确认	(一)债务重组 企业债务重组确认的应纳税所得额占该企业当年应纳税所得额50%以上,可以在5个纳税年度的期间内,均匀计入各年度的应纳税所得额。 (二)跨境投资 居民企业以其拥有的资产或股权向其100%直接控股关系的非居民企业进行投资,其资产或股权转让收益如选择特殊性税务处理,可以在10个纳税年度内均匀计入各年度应纳税所得额
2	递延确认	重组交易各方对交易中股权支付暂不确认有关资产的转让所得或损失的,其非股权支付仍应在交易当期确认相应的资产转让所得或损失

从表2-1-7可知,我国的重组所得税制中,对一般性税务处理适用资产转让损益的即期确认规则,而在特殊性税务处理中,区分重组交易类型及重组对价方式的不同分别适用资产处置损益的即期确认规则、分期确认规则和递延确认规则。

对企业重组交易中所得确认规则的具体分析可见第三章的内容。

2. 收益金额确认规则

企业重组交易适用所得税特殊性税务处理,仅对其中股权支付对价部分所对应的资产处置所得适用分期确认或递延确认规则,对于非股权支付对价部分仍然应当采用即期确认规则,但对于非股权支付部分所对应的资产处置收益金额的确认又有两种不同的观点:一种观点是将重组当事方取得的非股权支付金额全额确认资产处置收益,但确认的收益总金额不超过重组资产本应当确认的收益金额;

另一种观点是以重组资产的总体收益为基础，根据非股权支付金额占支付总金额的比例计算确认当期应确认的资产处置收益。

【示例2-1-2】

甲公司以增发股份的方式收购乙公司的资产，乙公司被收购资产的计税基础为300.00，公允价值为1 000.00，甲公司增发股份的公允价值为900.00，差额部分以现金方式支付。

涉税分析：

示例中，乙公司在重组交易中实现的资产转让收益为700.00（1 000.00-300.00），若企业重组所得税适用递延确认规则，乙公司应如何确认资产转让收益？

观点一：由于乙公司取得非股权支付金额为100.00，未超过所实现的收益总金额，所以非股权支付部分应全额确认为当期损益。即乙公司在企业重组当期确认的收益为100.00，递延确认的收益为600.00（700.00-100.00）。

观点二：虽然乙公司取得的非股权支付金额未超过已实现的收益金额，但仍应当按照非股权对价占企业重组交易整体对价的比例划分即期确认的收益和递延确认的收益；由于非股权支付占整体对价的比例为10%（100.00÷1 000.00×100%），而乙公司在重组中实现的收益金额为700.00，所以乙公司在企业重组交易当期应当确认的收益金额为70.00（700.00×10%），递延确认的收益为630.00（700.00-70.00）。

财税〔2009〕59号文第六条第（六）项规定：重组交易各方按本条（一）至（五）项规定对交易中股权支付暂不确认有关资产的转让所得或损失的，其非股权支付仍应在交易当期确认相应的资产转让所得或损失，并调整相应资产的计税基础。

非股权支付对应的资产转让所得或损失＝（被转让资产的公允价值－被转让资产的计税基础）×（非股权支付金额÷被转让资产的公允价值）

所以，财税〔2009〕59号文对企业重组交易中重组收益金额的确认采用的是观点二的方法。

三、资产计税基础确认规则

《企业所得税法实施条例》第二章第四节对资产计税基础的确定做了详细的规范,但并未对资产计税基础的概念作出说明;根据《企业所得税法实施条例》的规定,资产计税基础包括初始计税基础和调整后计税基础。根据《企业所得税法实施条例》第五十六条的规定,企业的各项资产以历史成本为计税基础,历史成本是指企业取得该项资产时实际发生的支出;企业持有各项资产期间资产增值或者减值,除国务院财政、税务主管部门规定可以确认损益外,不得调整该资产的计税基础。所以资产初始计税基础是指资产的历史成本,而调整后计税基础是指资产的初始计税基础经过折旧摊销及资产已确认的内在收益或者内在损失调整后的金额,即

调整后计税基础=初始计税基础-税前扣除的折旧、摊销+资产已确认的收益-资产已确认的损失 （2-1-1）

企业取得资产计税基础(以下简称"税基")的确定规则有如下三种。

（一）成本税基规则

成本税基规则是指以取得资产的公允价值为该资产的计税基础,这是计税基础确定的一般规则。《企业所得税法实施条例》第二章第四节"资产的税务处理"中,企业取得固定资产、生物资产、无形资产、投资资产等资产计税基础的确定规则均是成本税基规则。

成本税基规则主要适用于资产转让所得即期确认和分期确认的情形,在特殊情况下也适用于所得递延确认的情形。

（二）替代税基规则

替代税基规则是资产转让所得适用递延确认规则时适用的一种计税基础确定规则。具体是指企业以非现金资产换取其他资产时,以换出资产的计税基础作为换入资产的计税基础或以此为基础确定换入资产的计税基础。

在资产转让所得适用递延确认规则时,换出资产的潜在收益(资产公允价

值超过资产计税基础的部分）或潜在损失（资产计税基础超过资产公允价值的部分）并未在交易发生当期予以确认，在这种情况下为了能够将所换出资产的潜在损益予以递延，换入资产的计税基础以换出资产的原有计税基础确定，确保以后年度处置换入资产时，换出资产所递延确认的损益可以得到确认。

【示例 2-1-3】

甲公司以其持有的计税基础为 300.00、公允价值为 500.00 的资产 A 换取乙公司持有的计税基础为 100.00、公允价值为 500.00 的资产 B。双方对交易中资产转让所得均采用递延确认规则；假定不考虑流转税、取得资产后的折旧影响及双方在后期处置取得资产时的公允价值仍为 500.00。

涉税分析：

示例中，甲公司处置资产 A 已实现的收益为 200.00（500.00-300.00）；乙公司处置资产 B 已实现的收益为 400.00（500.00-100.00）；若两者均采用递延确认规则，在处置资产时不确认资产转让所得，而待处置换入的资产时再予以确认，整个交易过程中资产转让所得确认金额见表 2-1-8。

表 2-1-8 资产转让所得计算表

项目	资产交换时确认的所得	处置换入资产时确认的所得			确认的所得金额合计
		计税基础	公允价值	转让所得	
甲公司	0	300.00	500.00	200.00	200.00
乙公司	0	100.00	500.00	400.00	400.00

所以在替代税基规则下，甲公司取得换入资产 B 的计税基础既不按照其公允价值 500.00 确定，也不按照资产 B 原有计税基础 100.00 确定，而是以甲公司所交换出的资产 A 的原有计税基础 300.00 确定。这种计税基础的替代，使得甲公司因处置换出资产 A 而递延确认的所得在处置换入资产 B 时可以得到确认。

（三）结转税基规则

和替代税基规则相同，结转税基规则也是资产转让所得适用递延确认规则时的一种税基确定方法，在该税基规则下企业取得资产的计税基础以该资产的原有计税基础确定。这种税基确定规则主要适用于交易一方以自身增发股权作为支付对价的情形，此时交易一方并未以任何形式的资产作为支付对价，而是以自身股权作为支付对价，而作为支付对价的自身权益工具就增发企业而言并无计税基础的概念，无法使用替代税基规则，所以这种情况下应当使用结转税基规则。

【示例2-1-4】

甲公司以增发股份的方式收购乙公司的资产，被收购资产的计税基础为200.00，公允价值为600.00，假设资产收购满足企业重组特殊性税务处理的要件。

涉税分析：

示例中，由于企业重组交易满足特殊性税务处理要件，所以交易双方可适用递延确认规则，乙公司取得公司甲增发股权的计税基础采用替代税基规则，以乙公司被收购资产的原有计税基础100.00确定；甲公司取得乙公司资产的计税基础，不能适用成本税基规则，也无法适用替代税基规则，而只能适用结转税基规则，以该资产的原有计税基础100.00作为甲公司取得该资产的计税基础。

（四）我国重组税制的主要规定

财税〔2009〕59号文规定，企业重组所得税适用一般性税务处理的，重组当事方应当以取得资产的公允价值作为其计税基础；企业重组所得税适用特殊性税务处理的，取得重组资产的当事一方确定资产计税基础的规则主要见表2-1-9。

表2-1-9　企业重组特殊性税务处理计税基础确定规则

序号	重组类型	具体规定
1	债务重组	企业发生债权转股权业务，对债务清偿和股权投资两项业务暂不确认有关债务清偿所得或损失，股权投资的计税基础以原债权的计税基础确定

续表

序号	重组类型	具体规定
2	股权收购	（一）被收购企业的股东取得收购企业股权的计税基础，以被收购股权的原有计税基础确定。 （二）收购企业取得被收购企业股权的计税基础，以被收购股权的原有计税基础确定
3	资产收购	（一）转让企业取得受让企业股权的计税基础，以被转让资产的原有计税基础确定。 （二）受让企业取得转让企业资产的计税基础，以被转让资产的原有计税基础确定
4	企业合并	（一）合并企业接受被合并企业资产和负债的计税基础，以被合并企业的原有计税基础确定。 （二）被合并企业股东取得合并企业股权的计税基础，以其原持有的被合并企业股权的计税基础确定
5	企业分立	（一）分立企业接受被分立企业资产和负债的计税基础，以被分立企业的原有计税基础确定。 （二）被分立企业的股东取得分立企业的股权（以下简称"新股"），如需部分或全部放弃原持有的被分立企业的股权（以下简称"旧股"），"新股"的计税基础应以放弃"旧股"的计税基础确定。如不需放弃"旧股"，则其取得"新股"的计税基础可从以下两种方法中选择确定：直接将"新股"的计税基础确定为零；或者以被分立企业分立出去的净资产占被分立企业全部净资产的比例先调减原持有的"旧股"的计税基础，再将调减的计税基础平均分配到"新股"上

所以在我国的重组所得税制中，企业重组所得税适用一般性税务处理时采用成本税基规则，而企业重组所得税适用特殊性税务处理时，在所得采用递延确认规则时采用替代税基规则或结转税基规则，在所得采用分期确认规则时则采用成本税基规则。

四、净营业亏损结转弥补规则

（一）净营业亏损结转弥补规则

净营业亏损又称经营亏损，是指企业当年度的收入总额不足以弥补当年度扣除项目总金额时所形成的亏损数额；企业发生的营业亏损可以弥补企业实现的应纳税所得额，但是根据不同的角度，营业亏损结转弥补的方式也有所不同。

1. 结转弥补的时间

根据营业亏损结转弥补的时间不同，可以将亏损的结转弥补分为向前结转弥补和向后结转弥补。

向前结转弥补是指允许企业当年度发生的营业亏损弥补企业以前年度的应纳税所得额，在这种亏损结转弥补的方式下，需要退还企业以前年度已申报缴纳的企业所得税。向后结转弥补是指企业当年度发生的营业亏损只能弥补企业亏损发生以后年度的应纳税所得额。

无论营业亏损是向前结转弥补还是向后结转弥补，结转弥补的期限都不是无限期的，而是要在税收法律规定的期限内结转弥补，超过规定期限的尚未结转弥补的亏损则不再允许企业结转弥补。

2. 结转弥补的主体

根据营业亏损结转弥补主体的不同，可以将亏损结转弥补分为自身结转弥补和跨主体结转弥补。

自身结转弥补是指某一企业发生的营业亏损只能用该企业产生的应纳税所得额予以弥补，其中根据纳税申报主体的不同又可以分为单企业自身结转弥补和集团结转弥补。跨主体结转弥补是指某一企业发生的营业亏损可以结转至其他企业弥补，在集团纳税申报的情况下可以将营业亏损结转至企业集团之外的其他企业弥补。

3. 结转弥补的金额

企业发生的营业亏损在不同的纳税主体之间结转弥补时，其可结转弥补的金额可以分为全额结转弥补和限额结转弥补。

其中全额结转弥补是指企业发生的营业亏损可以全额或按照既定比例分配的金额结转至其他纳税主体进行弥补；限额结转弥补是指企业发生的营业亏损只能按照一定方法计算的限额在其他纳税主体中予以结转弥补。

由于企业应纳税所得源自企业的营业活动，所以在限额结转的方式下往往基于如下假设：所结转的营业活动在营业亏损剩余可结转弥补期限内按照一定的收益率计算的应纳税所得额即是该亏损结转弥补的限额。

（二）我国重组税制的主要规定

《企业所得税法》第十八条规定："企业纳税年度发生的亏损，准予向以后年度结转，用以后年度的所得弥补，但结转年限最长不得超过五年。"第五十二条规定："除国务院另有规定外，企业之间不得合并缴纳企业所得税。"

虽然国家税务总局针对房地产开发企业因土地增值税清算而导致的经营亏损无法向以后年度结转弥补的情形，规定了可以退还以前年度缴纳的企业所得税，具体见表2-1-10，但这种因当年度亏损退还以前年度所得税，是针对房地产开发企业土地增值税预征导致的土地增值税无法在相应年度的应纳税所得额中扣除，从而致使以前年度多缴纳企业所得税的情况，并非允许亏损向以前年度结转弥补。

表2-1-10　房地产企业亏损结转弥补规则

文件	具体规定
《国家税务总局关于房地产开发企业注销前有关企业所得税处理问题的公告》（国家税务总局公告2010年第29号，以下简称"2010年第29号公告"）	（一）房地产开发企业（以下简称企业）按规定对开发项目进行土地增值税清算后，在向税务机关申请办理注销税务登记时，如注销当年汇算清缴出现亏损，应当按照以下方法计算出其在注销前项目开发各年度多缴的企业所得税税款，并申请退税。 （二）企业按规定对开发项目进行土地增值税清算后，在向税务机关申请办理注销税务登记时，如注销当年汇算清缴出现亏损，但土地增值税清算当年未出现亏损，或尽管土地增值税清算当年出现亏损，但在注销之前年度已按税法规定弥补完毕的，不执行本公告
《国家税务总局关于房地产开发企业土地增值税清算涉及企业所得税退税有关问题的公告》（国家税务总局公告2016年第81号，以下简称"2016年第81号公告"）	（一）企业按规定对开发项目进行土地增值税清算后，当年企业所得税汇算清缴出现亏损且有其他后续开发项目的，该亏损应按照税法规定向以后年度结转，用以后年度所得弥补。后续开发项目，是指正在开发以及中标的项目。 （二）企业按规定对开发项目进行土地增值税清算后，当年企业所得税汇算清缴出现亏损，且没有后续开发项目的，可以按照以下方法，计算出该项目由于土地增值税原因导致的项目开发各年度多缴企业所得税税款，并申请退税

所以我国的所得税制中，企业发生的亏损只能向后结转弥补，而且除另有规定外，只能由该企业自身结转弥补。

1.营业亏损结转弥补的基本规定

在企业重组交易中，可能会出现纳税主体灭失（如被合并企业、新设分立下的被分立企业），纳税主体新设（如新设合并下的合并企业、企业分立中的分立企业）及纳税主体在集团内的增加（如股权收购）等情况。如前文所述，企业重组所得税适用一般性税务处理的，由于资产收益已在重组交易发生时得以实现并确认，企业的营业亏损已用重组资产实现的收益予以弥补，因此不得结转至其他主体弥补；但在企业重组所得税适用特殊性税务处理时，由于与重组资产相关的收益并未予以确认，所以应当对企业营业亏损结转弥补的事项予以规范，财税〔2009〕59号文及2010年第4号公告对企业重组交易过程中亏损弥补的主体及金额等做了较为详细的规范，具体见表2-1-11。

表2-1-11　企业重组特殊性税务处理亏损结转弥补规则

事项	具体规定
结转主体	（一）企业合并适用特殊性税务处理的，被合并企业的亏损可由合并企业结转弥补。 （二）企业分立适用特殊性税务处理的，被分立企业的亏损可由分立企业结转弥补
结转金额	（一）企业合并 可由合并企业弥补的被合并企业亏损的限额=被合并企业净资产公允价值×截至合并业务发生当年年末国家发行的最长期限的国债利率。 （二）企业分立 被分立企业未超过法定弥补期限的亏损额可按分立资产占全部资产的比例进行分配，由分立企业继续弥补
结转期限	第二十六条《通知》第六条第（四）项所规定的可由合并企业弥补的被合并企业亏损的限额，是指按《税法》规定的剩余结转年限内，每年可由合并企业弥补的被合并企业亏损的限额。 ——2010年第4号公告

所以在我国的重组所得税制中，只有企业合并和企业分立两种重组类型会涉及营业亏损在不同纳税人之间结转弥补的情形；在结转弥补的期限上也仅限于结转前营业亏损剩余的可结转弥补期限；对于可结转弥补的金额，企业合并中的金额采用了与合并资产相关的投资收益率计算方法，其中收益率采用合并业务发生当年年末国家发行的最长期限国债利率；在企业分立中则没有对结转弥补的限额作出规定，仅仅对可结转弥补亏损的分摊做了规定，分摊至分立企业的亏损并不受到类似企业合并中利润率的限制。

2.营业亏损结转弥补的期限

虽然《企业所得税法》规定企业营业亏损结转弥补的期限为五年，但国家为了鼓励企业的科技投入，对不同类型企业营业亏损结转弥补的年限做了不同的规范，具体见表2-1-12。

表2-1-12　营业亏损结转弥补期限表

结转期限	适用企业类型	主要政策依据
五年	一般企业	《企业所得税法》第十八条
八年	（一）受新型冠状病毒感染影响的困难企业 （二）电影行业企业	（一）《财政部国家税务总局关于支持新型冠状病毒感染的肺炎疫情防控有关税收政策的公告》（财政部国家税务总局公告2020年第8号） （二）《财政部国家税务总局关于电影等行业税费支持政策的公告》（财政部国家税务总局公告2020年第25号）
十年	（一）符合条件的高新技术企业 （二）符合条件的科技型中小企业 （三）线宽小于130纳米（含）的集成电路生产企业	（一）《财政部国家税务总局关于延长高新技术企业和科技型中小企业亏损结转年限的通知》（财税〔2018〕76号） （二）《国家税务总局关于延长高新技术企业和科技型中小企业亏损结转弥补年限有关企业所得税处理问题的公告》（国家税务总局公告2018年第45号） （三）《财政部国家税务总局国家发展改革委 工业和信息化部关于促进集成电路和软件产业高质量发展企业所得税政策的公告》（财政部国家税务总局国家发展改革委 工业和信息化部公告2020年第45号）

第二节　特殊性税务处理的一般要件

财税〔2009〕59号文第三条规定："企业重组的税务处理区分不同条件分别适用一般性税务处理规定和特殊性税务处理规定。"作为收益递延确认的一种税收待遇，企业重组所得税特殊性税务处理在理论上需要同时满足股东利益连续要件、营业企业继续要件及合理商业目的要件。

一、股东利益连续要件

（一）股东利益连续要件概述

企业重组中资产转让所得适用递延确认的理论基石为"实质课税原则"，即企业重组仅仅是投资者利益在重组后主体中的一种延续，企业重组仅仅改变了投资者持有资产的方式,在重组前后投资者利益并没有发生根本性改变。所以,投资者利益连续是企业重组所得税适用特殊性税务处理的要件之一。由于企业重组交易中取得适格对价的主体常常是被收购企业的股东,因此该要件又常被称为股东利益连续;在诸如资产收购和债务重组的债权转股权(以下简称"债转股")重组交易中,取得适格对价的主体并非股东,但适用所得税特殊性税务处理时仍然要满足利益连续要件;本书不区分取得适格对价主体的身份,统一将其称为股东利益连续要件。该要件主要内容如下。

1. 股东利益连续的性质要求

企业的股东根据不同标准可以有多种分类,如根据股东所享有权利的不同可以分为普通股股东和优先股股东;根据股东持有公司股权比例的不同可以分为控股股东、非控股股东、大股东和小股东;根据股东持有公司股权时间长短的不同可以分为历史股东和非历史股东;根据股东法律主体的不同可分为自然人股东、法人股东和非法人企业股东等。股东利益连续的性质要求是指重组交易中被收购企业什么性质股东的利益得以连续、可以使得重组交易适用特殊性税务处理。

2. 股东利益连续的质量要求

股东利益连续的质量要求是指在重组交易中收购方以何种对价作为支付方式时可以确保股东利益连续,这一要求解决的是收购企业重组对价的支付方式问题,其中可以使得股东利益连续的支付对价又被称为适格对价。

企业重组所得税理论认为特殊性税务处理下的企业重组仅仅是股东利益在重组后主体中的连续,所以具有表决权的普通股可以确保股东利益连续;若股东被收购股权为优先股的,则收购方以优先股作为支付对价时也可以确保该部分股东利益的连续。

3. 股东利益连续的数量要求

股东利益连续的数量要求是指企业重组交易中收购方以多大比例的适格对价作为重组对价支付方式可以确保股东利益的连续;如果存在两种以上适格对价(如普通股、适格优先股或者永续债等)时,对于混合对价中各适格对价的支付比例是否存在数量要求。

在企业重组交易中被收购方会更偏向于获得现金形式的支付对价,所以股东利益连续的数量要求体现了国家对企业重组的鼓励态度,该比例越低,企业重组交易越容易适用特殊性税务处理,交易双方会更易于在重组对价上达成一致意见,从而使得企业重组在同等条件下更容易开展;反之,该比例越高,越会阻碍企业重组交易的开展。

4. 股东利益连续的时间要求

股东利益连续的时间要求是指被收购企业股东利益在重组前和重组后多长时间内保持连续。

其中重组前股东利益连续主要是指是否允许被收购企业股东在重组前处置其持有的被收购企业股权;从另一个方面而言,是指特殊性税务处理对被收购企业股东持有被收购企业股权的时间是否有最短持股期限的要求,如重组前被收购企业回购股东持有的股权、重组前被收购企业股东转让股权及新股东在被收购企业重组前的突击入股是否会影响企业重组所得税待遇。

重组后股东利益连续主要是指被收购企业股东在重组交易后多长时间内不得处置其获得的适格对价,是对被收购企业股东在重组交易后持有适格对价最短时间的要求。

股东利益连续的时间要求是反避税规则在重组所得税制中的体现,主要是为了防止通过重组前的突击入股及重组后通过有计划的变现适格对价从而规避股东利益连续的质量和数量要求。

5. 股东利益连续的方式要求

股东利益连续的方式要求是指在重组交易中被收购企业股东如何保持股东利益连续,或者在什么样的情况下会使得股东利益不连续。具体又可以分为如下两个方面。

一方面是重组交易的对价。在股东利益连续质量要求中可知,收购方以具有表决权的股权作为支付对价时可以确保股东利益连续,但这种股份是否只能是收购方自身的表决权股份,以收购方母公司的表决权股份作为收购对价时,是否满足股东利益连续要件。这种利益连续方式是针对重组交易对价而言的,实质上也可以将其归入股东利益连续质量要求中。

另一个方面是集团内处置收购对价。在股东利益连续时间要求中可知,被收购企业股东在重组交易完成后的特定时间内不能转让其所取得的适格对价,但当被收购企业股东在收购完成后通过另一个非事先规划的集团内部重组交易处置其持有的适格对价时,这种处置是否会导致股东利益不连续。

(二)我国重组所得税制中股东利益连续要件

财税〔2009〕59号文及2010年第4号公告等税收规范性文件对企业重组所得税适用特殊性税务处理时的股东利益连续要件做了明确规范,具体内容见表2-2-1。

表2-2-1 税收规范性文件中股东利益连续要件

项目	财税〔2009〕59号文	2010年第4号公告
性质要求	企业重组中取得股权支付的原主要股东,在重组后连续12个月内,不得转让所取得的股权	《通知》第五条第(五)项规定的原主要股东,是指原持有转让企业或被收购企业20%以上股权的股东
质量要求	本通知所称股权支付,是指企业重组中购买、换取资产的一方支付的对价中,以本企业或其控股企业的股权、股份作为支付的形式	《通知》第二条所称控股企业,是指由本企业直接持有股份的企业
数量要求	重组交易对价中涉及股权支付金额符合本通知规定比例。收购企业/受让企业/(被合并)企业股东/被分立企业股东在该股权收购/资产收购/企业合并/企业分立发生时的股权支付金额不低于其交易支付总额的85%	—
时间要求	企业在重组发生前后连续12个月内分步对其资产、股权进行交易,应根据实质重于形式原则将上述交易作为一项企业重组交易进行处理。企业重组中取得股权支付的原主要股东,在重组后连续12个月内,不得转让所取得的股权	《通知》第五条第(三)和第(五)项所称"企业重组后的连续12个月内",是指自重组日起计算的连续12个月内
方式要求	本通知所称股权支付,是指企业重组中购买、换取资产的一方支付的对价中,以本企业或其控股企业的股权、股份作为支付的形式。企业重组中取得股权支付的原主要股东,在重组后连续12个月内,不得转让所取得的股权	《通知》第二条所称控股企业,是指由本企业直接持有股份的企业

从表 2-2-1 对股东利益连续要件的规定可知，我国重组所得税制中并没有对股东性质作出较为严格的限制，仅仅从股东持股比例角度做了要求；在利益连续的质量要求上，适格对价不仅包括重组当事方自身的股权，还包括其直接持有股份的企业股权，这为股权置换交易所得税适用特殊性税务处理提供了可能，但这种适格对价并不能确保股东利益连续；在股东利益连续数量上，除债务重组外的其他重组交易均采用了85%的比例标准，但是对于混合对价支付方式中的内部比例要求则没有作出规范；在股东利益连续时间上，对重组交易前的股东利益连续没有单独作出规范，而将其纳入分步交易原则进行判断，对重组交易后的股东利益连续则采用了"一刀切"的12个月的标准；在股东利益连续方式上，先将通过收购企业母公司股权连续的方式排除在外，对于重组交易后的连续仅要求不得转让所取得的股权，但对于"转让"的具体内涵并没有作出规范，所以对于重组后集团内的再次重组调整是否符合股东利益连续没有明确的判定标准。

二、营业企业继续要件

（一）营业企业继续要件概述

如果说适格对价方式及其比例是从股东利益连续的形式上作出的要求，那么营业企业继续要件则是从股东利益连续的实质性方面作出的要求，其构成内容主要如下。

1. 营业继续的质量要求

营业继续的质量解决的是重组标的问题，企业重组所得税理论认为企业重组所得税可以适用所得递延确认待遇的原因之一是：重组是企业营业的一种继续，而并非单纯的资产交易。所以企业重组的标的是企业所从事的一个营业，而非单纯的资产；企业的营业根据从事或经营时间长短的不同分为历史性营业和非历史性营业，根据企业从事方式的不同分为积极性的营业和消极性的营业，其中可以适用所得递延确认待遇的营业应当是企业积极从事的历史性营业。

2. 营业继续的数量要求

营业继续的数量要求是指重组标的应当达到原有营业的多大比例方可满足营业企业继续，如同股东利益连续中的数量要求对企业重组的影响一样，这一比例过高会阻碍企业正当的重组行为，但过低又容易致使纳税人利用重组从事避税活动。

3. 营业继续时间的要求

和股东利益连续要件相类似，营业企业继续是否也存在时间的限制，这一限制从重组前业务角度考虑则是前述的营业性质中的历史性营业；从重组后业务角度考虑则是重组后营业连续时间的要求。

4. 企业继续方式的要求

营业企业继续的方式是指企业重组过程中取得重组业务的一方应当以何种方式从事营业或者使用资产才可以满足营业企业继续要件。其一，在理论上有两种确保营业继续的方式：一种是业务继续性，是指取得营业资产的一方应当继续从事该营业或营业的重大部分，这种方式可以确保重组业务或资产的形式连续，其中继续营业的重大部分应当根据交易的所有事实和情况进行判定；另一种是重大资产继续性，是指取得营业资产的一方在无法继续从事该业务时，应当在自身的业务中使用重组资产的重大部分，从而确保原有经营性资产实质上的连续，其中对于重大部分的判定也需要结合所有的事实和情况进行判断；同时这种资产使用又可以分为积极使用和消极使用两种方式。其二，与股东利益连续方式相同，当收购方将取得的重组标的在集团内再次进行重组时，是否影响营业企业继续要件，是营业企业继续要件需要明确的。

（二）我国重组所得税制中营业企业继续要件

1. 营业企业继续要件的基本规定

财税〔2009〕59号文、2010年第4号公告及财税〔2014〕109号文对企业重组所得税适用特殊性税务处理时的营业企业继续要件做了规范，具体见表2-2-2。

表 2-2-2　现有规范性文件中的营业企业继续要件

项目	财税〔2009〕59 号文 / 财税〔2014〕109 号文	2010 年第 4 号公告
营业性质要求	股权收购，是指一家企业（以下称为收购企业）购买另一家企业（以下称为被收购企业）的股权，以实现对被收购企业控制的交易。 资产收购，是指一家企业（以下称为受让企业）购买另一家企业（以下称为转让企业）实质经营性资产的交易。 合并，是指一家或多家企业（以下称为被合并企业）将其全部资产和负债转让给另一家现存或新设企业（以下称为合并企业），实现两个或两个以上企业的依法合并。 分立，是指一家企业（以下称为被分立企业）将部分或全部资产分离转让给现存或新设的企业（以下称为分立企业），实现企业的依法分立	《通知》第一条第（四）项所称实质经营性资产，是指企业用于从事生产经营活动、与产生经营收入直接相关的资产，包括经营所用各类资产、企业拥有的商业信息和技术、经营活动产生的应收款项、投资资产等
营业数量要求	被收购、合并或分立部分的资产或股权比例符合本通知规定的比例。 股权收购/资产收购，收购企业/受让企业购买/收购的股权/资产不低于被收购/转让企业全部股权/资产的 50%（2013 年 12 月 31 日前的比例为 75%）	—
继续时间要求	企业在重组发生前后连续 12 个月内分步对其资产、股权进行交易，应根据实质重于形式原则将上述交易作为一项企业重组交易进行处理。 企业重组后的连续 12 个月内不改变重组资产原来的实质性经营活动	《通知》第五条第（三）和第（五）项所称"企业重组后的连续 12 个月内"，是指自重组日起计算的连续 12 个月内
继续方式要求	企业重组后的连续 12 个月内不改变重组资产原来的实质性经营活动	—

2. 营业企业继续要件的分析

通过表 2-2-2 可以看出，我国企业重组所得税制虽然对营业企业继续要件的各项要素都做了规范，但对于其中部分要素仍存在需要进一步明确的内容。

（1）质量要求。

在股权收购交易中，由于被收购企业股东的利益本身是通过股权投资实现的，所以股权可以满足营业继续质量要求；在企业合并中，合并企业取得了被合并企业全部的资产和负债，重组标的也可以满足营业继续的质量要求；在资产收购交易中，虽然财税〔2009〕59号文明确了收购标的为"实质经营性资产"，且2010年第4号公告对"实质经营性资产"做了进一步的规范，但仍然未明确此处的"实质经营性资产"是否需要构成一项业务，特别是当资产收购的标的为股权资产而且该股权资产不满足股权收购概念时，如何判断股权资产是否属于"实质经营性资产"也未明确；在企业分立中，财税〔2009〕59号文仅提出将"资产分离转让"给分立企业，对于所"分离"的资产是否需要符合"实质经营性资产"或者"业务"要求，也未予以明确。

所以，我国重组所得税制中并未对营业企业继续的质量要求作出完善的规范。

（2）数量要求。

财税〔2009〕59号文对资产收购和股权收购交易中的重组标的数量做了明确的规范，要求所收购的资产或股权不低于全部资产或股权的50%以上；企业合并由于取得了被合并企业全部资产，所以实质上相当于100%的数量要求；由于企业分立是全部或部分资产的分离，对于所分离资产满足质量要求即可。

（3）时间要求。

营业企业继续的时间要求和股东利益连续的时间要求是相同的，对于重组前的连续通过分步交易原则判断，对重组后的连续则限定为重组交易完成后的连续12个月。

（4）方式要求。

财税〔2009〕59号文对营业企业继续的方式仅仅提出"不改变重组资产原来的实质性经营活动"。首先，这里的"原来的实质性经营活动"是对重组标的资产的"营业连续性"要求还是"资产连续性"要求，文件并未予以明确。其次，若重组标的仅体现为资产时，对于资产的"实质性经营活动"是指资产"重组前的状态"，还是该资产"积极使用情况下的状态"，若被分立企业将部分闲置的资产分离至新设的分立企业，合并企业将被合并企业原用于出租的资产在合并后用于自身的生产经营，是否符合"不改变重组资产原来的实质性经营活动"。再次，在股权收购重组交易中，如何认定被收购股权原来的实质经营性活动，将其用于集团内的再次重组，是否满足营业企业继续要件，文件也未予以明确。最后，如何界定"改变"重组资产原来的实质经营性活动,若收购方取得被收购企业实质经营性资产后,继续了营业的重大部分或者使用了资产的重大部分,仅对其中与所从事业务不相关的资产进行了处置,这种处置是否属于"改变了重组资产原来的实质经营性活动",在文件中也没有予以明确。

所以,我国的重组所得税制对于营业企业继续的方式也还存有较多并未明确的内容。

(三)会计准则中的"业务"概念

一些国家或地区的重组所得税制要求企业重组交易标的为"积极的贸易或营业",我国的财税〔2009〕59号文将其以"资产"或"实质经营性资产"替代,两者之间还是有着较大的差异,我国有关企业重组或资产重组的税收规范性文件中(不仅限于规范企业所得税的税收规范性文件)也没有提出"业务"的概念,而是在《企业会计准则》及其相关的文件中对"业务"这一概念作出了规范。

《企业会计准则第20号——企业合并》(财会〔2006〕3号,以下简称《企业合并准则》)第三条规定:"涉及业务的合并比照本准则规定处理。"《〈企业会计准则第20号——企业合并〉应用指南》(财会〔2006〕18号,以下简称《企业合并准则应用指南》)提出:"业务是指企业内部某些生产经营活动或资产的组合,该组合一般具有投入、加工处理过程和产出能力,能够独立计算其成本费用或所产生的收入,但不构成独立法人资格的部分。比如,企业的分公司、不具有独立法人资格的分部等。"

《企业会计准则解释第13号》(财会〔2019〕21号)在"关于企业合并中取得的经营活动或资产的组合是否构成业务的判断"中对业务的判断又进一步予以了规范。

1. 构成业务的要素

合并方在合并中取得的生产经营活动或资产的组合(以下简称"组合")构成业务,通常应具有下列三个要素。

(1)投入,指原材料、人工、必要的生产技术等无形资产及构成产出能力的机器设备等其他长期资产的投入。

(2)加工处理过程,指具有一定的管理能力、运营过程,能够组织投入形成产出能力的系统、标准、协议、惯例或规则。

（3）产出，包括为客户提供的产品或服务、为投资者或债权人提供的股利或利息等投资收益，以及企业日常活动产生的其他收益。

2.构成业务的判断条件

合并方在合并中取得的组合应当至少同时具有一项投入和一项实质性加工处理过程，且二者相结合对产出能力有显著贡献，该组合才构成业务。合并方在合并中取得的组合是否有实际产出并不是判断其构成业务的必要条件。

企业应当根据产出的下列情况分别判断加工处理过程是否实质性的。

（1）该组合在合并日无产出的，同时满足下列条件的加工处理过程应判断为是实质性的：①该加工处理过程对投入转化为产出至关重要；②具备执行该过程所需技能、知识或经验的有组织的员工，且具备必要的材料、权利、其他经济资源等投入，如技术、研究和开发项目、房地产或矿区权益等。

（2）该组合在合并日有产出的，满足下列条件之一的加工处理过程应判断为是实质性的：①该加工处理过程对持续产出至关重要，且具备执行该过程所需技能、知识或经验的有组织的员工；②该加工处理过程对产出能力有显著贡献，且该过程是独有、稀缺或难以取代的。

企业在判断组合是否构成业务时，应当从市场参与者角度考虑是否可以将其作为业务进行管理和经营，而不是根据合并方的管理意图或被合并方的经营历史来判断。

3.集中度测试

集中度测试是非同一控制下企业合并的购买方在判断取得的组合是否构成一项业务时，可以选择采用的一种简化判断方式。进行集中度测试时，如果购买方取得的总资产的公允价值几乎相当于其中某一单独可辨认资产或一组类似可辨认资产的公允价值的，则该组合通过集中度测试，应判断为不构成业务，且购买方无须按照上述构成业务的判断条件的规定进行判断；如果该组合未通过集中度测试，购买方仍应按照上述判断条件的规定进行判断。

购买方应当按照下列规定进行集中度测试。

（1）计算确定取得的总资产的公允价值。取得的总资产不包括现金及现金等价物、递延所得税资产，以及受递延所得税负债影响形成的商誉。

（2）单独可辨认资产。单独可辨认资产是企业合并中作为一项单独可辨认资产予以确认和计量的一项资产或资产组。如果资产（包括租赁资产）及其附着物分拆成本重大，应当将其一并作为一项单独可辨认资产，如土地和建筑物。

（3）一组类似资产。企业在评估一组类似资产时，应当考虑其中每项单独可辨认资产的性质及其与管理产出相关的风险等。下列情形通常不能作为一组类似资产：①有形资产和无形资产；②不同类别的有形资产，如存货和机器设备；③不同类别的可辨认无形资产，如商标权和特许权；④金融资产和非金融资产；⑤不同类别的金融资产，如应收款项和权益工具投资；⑥同一类别但风险特征存在重大差别的可辨认资产等。

三、商业目的要件

（一）商业目的要件概述

企业重组所得税的所得递延确认规则是国家为鼓励企业开展正当重组活动在税收政策上的一种价值体现，但若企业重组行为的主要目的是避税，那么即使满足所得递延确认的其他要件也不能适用所得税特殊性税务处理，所以满足合理商业目的要件是企业重组所得税可以适用所得递延确认的核心要件。

合理商业目的要件要求企业重组业务不以规避税收为主要目的，但并不禁止企业重组业务具有商业目的的同时追求税收利益。也即企业可以通过调整企业重组的交易内容和方式达到降低税收成本的目的，但是重组交易不能是企业单纯追求税收利益的手段。

（二）我国重组所得税制中商业目的要件

1. 财税〔2009〕59号文的规定

财税〔2009〕59号文对企业重组所得税适用特殊性税务处理一般要件的第五条第（一）项规定："具有合理商业目的，且不以减少、免除或者推迟缴纳税款为主要目的。"但对于合理商业目的具体判定标准或者商业目的的内涵并未有进一步的解释。

2010年第4号公告和《国家税务总局关于企业重组业务企业所得税征收管理若干问题的公告》(国家税务总局公告2015年第48号,以下简称"2015年第48号公告")要求企业在提交企业重组所得税适用特殊性税务处理申请或申报时应按照表2-2-3所示的方面逐条说明企业重组具有合理的商业目的。

表2-2-3 合理商业目的分析因素表

2010年第4号公告	2015年第48号公告
第十八条 企业发生重组业务,按照《通知》第五条第(一)项要求,企业在备案或提交确认申请时,应从以下方面说明企业重组具有合理的商业目的: (一)重组活动的交易方式。即重组活动采取的具体形式、交易背景、交易时间、在交易之前和之后的运作方式和有关的商业常规; (二)该项交易的形式及实质。即形式上交易所产生的法律权利和责任,也是该项交易的法律后果。另外,交易实际上或商业上产生的最终结果; (三)重组活动给交易各方税务状况带来的可能变化; (四)重组各方从交易中获得的财务状况变化; (五)重组活动是否给交易各方带来了在市场原则下不会产生的异常经济利益或潜在义务; (六)非居民企业参与重组活动的情况	五、企业重组业务适用特殊性税务处理的,申报时,应从以下方面逐条说明企业重组具有合理的商业目的: (一)重组交易的方式; (二)重组交易的实质结果; (三)重组各方涉及的税务状况变化; (四)重组各方涉及的财务状况变化; (五)非居民企业参与重组活动的情况

2.企业所得税法的规范

对"不具有合理商业目的"交易的税收后果进行重新评价是反避税规则中的一项重要原则,我国的《企业所得税法》及其实施条例对其也有具体的规定,其中与"不具有合理商业目的"相关的主要内容见表2-2-4。

表2-2-4 不具有合理商业目的相关内容

相关文件	具体内容
《企业所得税法》	第四十七条 企业实施其他不具有合理商业目的的安排而减少其应纳税收入或者所得额的,税务机关有权按照合理方法调整
《企业所得税法实施条例》	第一百二十条 企业所得税法第四十七条所称不具有合理商业目的,是指以减少、免除或者推迟缴纳税款为主要目的

续表

相关文件	具体内容
《企业所得税法实施条例释义》[①]	具体而言,"不具有合理商业目的"的安排应当满足以下三个条件：一是必须存在一个安排,是指人为规划的一个或者一系列行动或者交易；二是企业必须从该安排中获取"税收利益",即减少企业的应纳税收入或者所得额。因为如果没有或者不知道"安排"是否减少其应纳税收入或者所得额的,则认为不能断定其适用本条,进而不能对其进行调整。三是企业将获取税收利益作为其从事某种安排的唯一或者主要目的

注：①《中华人民共和国企业所得税法实施条例》立法起草小组. 中华人民共和国企业所得税法实施条例释义及适用指南 [M]. 北京：中国财政经济出版社,2007：375.

四、多步骤交易原则

(一) 多步骤交易原则概述

为了利用企业重组所得税特殊性税务处理待遇,企业可能会将一项应税交易(即适用所得税一般性税务处理的交易)拆分成多个单独的交易,而被拆分的每一个或者若干个单独交易可适用所得税特殊性税务处理；这种情况下如何对企业拆分的多个单独交易的税收后果进行评价,是多步骤交易原则需要解决的问题。

多步骤交易原则又被称为分步交易原则,是基于"实质课税原则"产生的一项税收征管原则,指在判断一项交易的税收后果时,不能简单地依据企业单个的交易活动进行判定,而是需要将企业发生的多个交易活动综合进行分析,并以此来判定交易的税收后果。

多步骤交易原则的重点在于如何判断企业的多个行为应当合并为一个行为,一些国家的税法在其司法实践中采用如下一些测试：有约束力承诺测试、相互依存测试及最终效果测试。其中有约束力承诺测试是指当企业的交易存在一个有着约束力的承诺或者协议时,依据该承诺或协议所被拆分的各个交易活动应当被判定为一个交易行为；相互依存测试是指如果一个交易的各个步骤之间是相互依存的,以至于如果该一系列步骤中的一个交易没有实现其他事项也不会产生任何意义,则该一系列的活动应当被视为一个交易活动；最终效果测试是指如果有证据显示企业进行一系列活动的目的在于达成某个特定的效果或者结果,并且每一个独立的步骤都是为了最终达成该效果或结果而服务,则这一系列的活动应当被视为一个交易活动。

(二) 我国税收法规中的多步骤交易原则

1. 所得税中的多步骤原则

财税〔2009〕59号文首次提出了在企业重组活动中应当适用多步骤交易原则,2010年第4号公告和2015年第48号公告对多步骤交易原则的应用进行了细化,具体内容见表2-2-5。

表2-2-5　多步骤交易原则

文件	主要内容
财税〔2009〕59号文	第十条　企业在重组发生前后连续12个月内分步对其资产、股权进行交易,应根据实质重于形式原则将上述交易作为一项企业重组交易进行处理
2010年第4号公告	第三十二条　根据《通知》第十条规定,若同一项重组业务涉及在连续12个月内分步交易,且跨两个纳税年度,当事各方在第一步交易完成时预计整个交易可以符合特殊性税务处理条件,可以协商一致选择特殊性税务处理的,可在第一步交易完成后,适用特殊性税务处理。主管税务机关在审核有关资料后,符合条件的,可以暂认可适用特殊性税务处理。第二年进行下一步交易后,应按本办法要求,准备相关资料确认适用特殊性税务处理。(已废止) 第三十三条　上述跨年度分步交易,若当事方在首个纳税年度不能预计整个交易是否符合特殊性税务处理条件,应适用一般性税务处理。在下一纳税年度全部交易完成后,适用特殊性税务处理的,可以调整上一纳税年度的企业所得税年度申报表,涉及多缴税款的,各主管税务机关应退税,或抵缴当年应纳税款
2015年第48号公告	六、企业重组业务适用特殊性税务处理的,申报时,当事各方还应向主管税务机关提交重组前连续12个月内有无与该重组相关的其他股权、资产交易情况的说明,并说明这些交易与该重组是否构成分步交易,是否作为一项企业重组业务进行处理。 七、根据财税〔2009〕59号文件第十条规定,若同一项重组业务涉及在连续12个月内分步交易,且跨两个纳税年度,当事各方在首个纳税年度交易完成时预计整个交易符合特殊性税务处理条件,经协商一致选择特殊性税务处理的,可以暂时适用特殊性税务处理,并在当年企业所得税年度申报时提交书面申报资料。 在下一纳税年度全部交易完成后,企业应判断是否适用特殊性税务处理。如适用特殊性税务处理的,当事各方应按本公告要求申报相关资料;如适用一般性税务处理的,应调整相应纳税年度的企业所得税年度申报表,计算缴纳企业所得税

从表 2-2-5 我国重组所得税制对多步骤交易原则的规范来看，我国重组所得税的多步骤交易原则具有如下特点：其一，在立法价值取向上，2010 年第 4 号公告对多步骤交易原则更多的是规范因交易时间较长而导致一项企业重组业务拆分多个步骤时如何适用特殊性税务处理，其在本质上是从鼓励企业重组角度展开的，而并非基于反避税目的而设置的条款；2015 年第 48 号公告在第六条考虑了反避税的要求，但是对于如何判断分步交易及如何将多个步骤的交易"作为一项重组业务"及其税收后果如何进行评价等均未予以明确；其二，在对多步骤交易原则的具体应用上，我国重组所得税制采用客观标准，即以重组交易完成后连续12 个月内的交易为标准，对超过 12 个月时间的步骤拆分不再直接适用该原则。

2. 其他税种下的多步骤交易原则

在财税〔2009〕59 号文提出所得税的多步骤交易原则后，国家税务总局在其他税种的规范性文件中也提出并应用了多步骤交易原则，这类原则的应用既有鼓励企业重组的目的，也有反避税的目的，主要政策见表 2-2-6。

表 2-2-6　其他税种下的多步骤交易原则

文件	主要内容
增值税	纳税人在资产重组过程中，通过合并、分立、出售、置换等方式，将全部或者部分实物资产以及与其相关联的债权、负债经多次转让后，最终的受让方与劳动力接收方为同一单位和个人的，仍适用《国家税务总局关于纳税人资产重组有关增值税问题的公告》（国家税务总局公告 2011 年第 13 号）的相关规定，其中货物的多次转让行为均不征收增值税。 ——2013 年第 66 号公告
个人所得税	第九条　纳税人按照合同约定，在满足约定条件后取得的后续收入，应当作为股权转让收入。 ——《股权转让所得个人所得税管理办法（试行）》（国家税务总局公告 2014 年第 67 号，以下简称"2014 年第 67 号公告"）

（三）企业会计准则中的多步骤交易原则

多步骤交易原则是基于"实质重于形式原则"衍生出来的一项原则，除了在相关税收法律法规中应用外，在企业会计核算中也存在着多步骤交易原则。

我国企业会计准则中并未提及"多步骤交易"，而是使用了"一揽子交易"

的概念，但两者的内涵是相近的，都是如何判断多个步骤完成的交易属于实质上的一项交易。《企业会计准则应用指南汇编（2024）》（财政部会计司编写组编写）在"合并财务报表"中对一揽子交易的判断标准进行了规范："在合并财务报表上，首先，应当结合分步交易的各个步骤的协议条款，以及各个步骤中所分别取得的股权比例、取得对象、取得方式、取得时间以及取得对价等信息来判断分步交易是否属于一揽子交易。"如果各项交易的条款、条件以及经济影响符合以下一种或多种情况的，通常应当将多次交易事项作为一揽子交易进行会计处理：

（1）这些交易是同时或者在考虑了彼此影响的情况下订立的；

（2）这些交易整体才能达成一项完整的商业结果；

（3）一项交易的发生取决于至少一项其他交易的发生；

（4）一项交易单独看是不经济的，但是和其他交易一并考虑时是经济的。

第三节　企业重组所得税征管

一、企业重组所得税的主要概念

在企业重组所得税制中，为了准确地确定重组交易各方的税收待遇，需要对一些重要概念予以了解，主要包括如下概念。

（一）股权支付和非股权支付

财税〔2009〕59号文第五条规定，企业重组享受特殊性税务处理的，"重组交易对价中涉及股权支付金额符合本通知规定比例"。所以判断并准确计算企业重组交易中股权支付的金额和比例是判定企业重组所得税税收待遇的重点。

财税〔2009〕59号文第二条对企业重组交易中的股权支付和非股权支付的概念做了明确的界定："股权支付，是指企业重组中购买、换取资产的一方支付的对价中，以本企业或其控股企业的股权、股份作为支付的形式；非股权支付，是指以本企业的现金、银行存款、应收款项、本企业或其控股企业股权和股份以外的有价证券、存货、固定资产、其他资产以及承担债务等作为支付的形式。"

1. 控股企业

根据财税〔2009〕59号文规定，以控股企业的股权作为支付对价的属于股权支付，2010年第4号公告第六条规定："《通知》第二条所称控股企业，是指由本企业直接持有股份的企业。"

首先，控股企业是指"由重组企业直接持有股份"的企业，而非"直接持有重组企业股份"的企业，因此以母公司股权、股份作为支付对价的，并不属于财税〔2009〕59号文中的股权支付；其次，对"控股企业"的持股方式为"直接持有"，并不包括"间接持有"的方式；最后，对于重组前后"直接持有股份的比例"并没有作出限制性规定，即此处的"直接持有股份"是否需要在支付前达到或者支付后仍然达到"控股"的要求，在2010年第4号公告中并未予以明确。

2. 股份种类

《公司法》第一百四十三条规定："股份的发行，实行公平、公正的原则，同类别的每一股份应当具有同等权利。"第一百四十四条规定："公司可以按照公司章程的规定发行下列与普通股权利不同的类别股：（一）优先或者劣后分配利润或者剩余财产的股份；（二）每一股的表决权数多于或者少于普通股的股份；（三）转让须经公司同意等转让受限的股份；（四）国务院规定的其他类别股。公开发行股份的公司不得发行前款第二项、第三项规定的类别股；公开发行前已发行的除外。"

国务院于2013年发布了《国务院关于开展优先股试点的指导意见》（国发〔2013〕46号），证监会据此制定了《优先股试点管理办法》（证监会令第209号），《优先股试点管理办法》规定上市公司可发行优先股，非上市公众公司可以向特定对象发行优先股，并且在第七章"回购与并购重组"中对在并购重组中使用优先股作为支付手段做了规范。

除了优先股外，公司发行的同一种类的股票在表决权上也可以作出不同的安排，如《上海证券交易所科创板股票上市规则（2024年4月修订）》（上证发〔2024〕52号，以下简称《科创板股票上市规则》）对"表决权差异安排"做了详细的规范；而部分的企业在《招股说明书》也中披露了表决权的差异安排情况，如奥比中光（688322）在《招股说明书》中披露IPO前发行了A/B股，其中除股东大会特定事项的表决中每份 A 类股份享有的表决权数量应当与每份 B 类股份的表决权数量相同以外,每份 A 类股份拥有的表决权数量为每份 B 类股份拥有的表决权的 5 倍,每份 A 类股份的表决权数量相同。

财税〔2009〕59 号文对股权支付中的"股权"并未限定其类型,所以对于发行人以普通股之外的类别股,如以优先股或者存在表决权差异的股份作为支付对价时是否仍然可以适用特殊性税务处理,财税〔2009〕59 号文及其后续的规范性文件并未予以明确。

3. 股份比例

股份比例是指企业重组完成后获取股权支付一方持有支付股权对价一方股权比例是否存在限制。财税〔2009〕59 号文规定,企业重组业务所得税适用特殊性税务处理时,股权支付金额不低于重组交易总金额的 85%,这一比例是指重组交易总金额中股权支付的具体比例,但是对于重组后取得股权支付一方在重组交易完成后持有支付股权对价一方的比例并没限制,所以企业重组交易适用特殊性税务处理对支付股权对价一方所支付的股权对价占其自身股权的比例并没有限制。

4. 组合对价

根据财税〔2009〕59 号文的规定,重组一方以本企业或其控股企业的股权、股份作为支付形式的,属于股权支付;但是当企业存在组合支付时,如资产收购重组交易中,受让企业部分以自身增发的股份作为支付对价,同时以其直接持有的其他企业的股份作为支付对价,在这种情况下是否对同为股份支付对价方式的不同"股份比例"有所限制,财税〔2009〕59 号文并未予以明确,但从文件自身和后续的规范性文件而言,并没有限制股权支付中存在组合支付的方式。

5. 债务承担

债务承担是指企业重组业务中,企业收购的资产存在与之相关联的债务,如收购的资产已被用于抵押贷款、收购的资产是企业以融资租赁方式取得的、与收购资产相对应的采购款项尚未完全支付。对于企业在收购资产的同时承担与所收购资产相关的负债,根据财税〔2009〕59 号文的规定属于非股权支付。

对于企业重组业务中的债务承担问题将在后续的专题中予以特别说明。

(二) 重组当事方和重组主导方

财税〔2009〕59号文第十一条规定:"企业发生符合本通知规定的特殊性重组条件并选择特殊性税务处理的,当事各方应在该重组业务完成当年企业所得税年度申报时,向主管税务机关提交书面备案资料,证明其符合各类特殊性重组规定的条件。企业未按规定书面备案的,一律不得按特殊重组业务进行税务处理。"

2010年第4号公告第十六条规定:"企业重组业务,符合《通知》规定条件并选择特殊性税务处理的,应按照《通知》第十一条规定进行备案;如企业重组各方需要税务机关确认,可以选择由重组主导方向主管税务机关提出申请,层报省税务机关给予确认。"2015年第48号公告将上述规定修改为,企业重组业务适用特殊性税务处理的,重组各方应在该重组业务完成当年,办理企业所得税年度申报时,分别向各自主管税务机关报送《企业重组所得税特殊性税务处理报告表及附表》和申报资料。合并、分立中重组一方涉及注销的,应在尚未办理注销税务登记手续前进行申报。重组主导方申报后,其他当事方向其主管税务机关办理纳税申报。申报时还应附送重组主导方经主管税务机关受理的《企业重组所得税特殊性税务处理报告表及附表》(复印件)。

重组当事方是指企业重组业务对其相关的税收利益产生影响,且选择适用特殊性税务处理时需要在年度所得税申报时按照规定向主管税务机关报送《企业重组所得税特殊性税务处理报告表及附表》的重组各当事方;所以准确界定重组当事方既有助于确定各当事方在企业重组业务过程中履行其自身的义务,也便于税务机关对企业重组业务适用特殊性税务处理时的征管。在2015年第48号公告实施之前,企业重组所得税选择适用特殊性税务处理时,需要事先取得税务机关的确认,且应当由重组主导方向税务机关提出申请;2015年第48号公告之后取消了企业重组选择特殊性税务处理需要税务机关事先确认的程序,但是由于重组其他方在进行年度所得税纳税申报时需要向主管税务机关提交重组主导方经主管税务机关受理的相关资料,因此在税务征管过程中仍然需要准确地判断重组主导方。

根据财税〔2009〕59号文和2015年第48号公告的规定,企业重组交易中不同类型重组的当事方和主导方见表2-3-1。

表 2-3-1　不同类型重组的当事方和主导方

重组方式	重组当事方	重组主导方
债务重组	债务人、债权人	债务人
股权收购	收购方、转让方及被收购企业	股权转让方，涉及两个或两个以上股权转让方，由转让被收购企业股权比例最大的一方作为主导方（转让股权比例相同的可协商确定主导方）
资产收购	收购方、转让方	资产转让方
合并	合并企业、被合并企业及被合并企业股东	被合并企业，涉及同一控制下多家被合并企业的，以资产最大的一方为主导方
分立	分立企业、被分立企业及被分立企业股东	被分立企业

根据表 2-3-1 所示，股权收购重组的主导方为股权转让方，涉及两个或两个以上股权转让方的，由转让被收购企业股权比例最大的一方为主导方。2015 年第 48 号公告规定股权收购的当事方是自然人的，按照个人所得税的相关规定进行税务处理。由于目前个人所得税的税收政策并未对个人适用特殊性税务处理作出规定，所以若以个人为重组主导方时（持股比例最大），由于个人无法办理也无动力办理特殊性税务处理申报，由此导致重组其他方也无法提供主导方的《企业重组特殊性税务处理报告表及附表》；所以本书认为重组主导方应当是指缴纳企业所得税的单位，并不包括境内个人所得税的自然人及不作为所得税纳税主体的合伙企业。

（三）重组完成年度和重组日

1. 一般规定

财税〔2009〕59 号文第十一条要求符合规定的特殊性税务处理条件并选择特殊性税务处理的，当事各方应在该重组完成当年企业所得税年度申报时，向主管税务机关提交书面备案资料。2015 年第 48 号公告规定："财税〔2009〕59 号文件第十一条所称重组业务完成当年，是指重组日所属的企业所得税纳税年度。"

除上述规定外，财税〔2009〕59 号文关于企业重组所得税特殊性税务处理要件中的股东利益连续要件和营业企业继续要件都有"企业重组后连续 12 个月"的要求；2010 年第 4 号公告第十九条规定："《通知》第五条第（三）和第（五）项所称'企业重组后连续12个月内',是指自重组日起计算的连续12个月内。"

由此可见,重组完成年度是重组当事各方对特殊性税务处理进行税务申报及报送相关资料的时间;而重组日既是确定重组完成年度的时间,也是确定重组交易是否符合特殊性税务处理要件中连续时间要件的起始日,所以企业重组交易需要准确地确定重组日。2010年第4号公告和2015年第48号公告均对企业重组的重组日做了明确的规定,《国家税务总局关于资产(股权)划转企业所得税征管问题的公告》(国家税务总局公告2015年第40号,以下简称"2015年第40号公告")对企业划转重组交易下的重组日也做了规定,具体见表2-3-2。

表2-3-2 不同类型重组的重组日

重组类型	2010年第4号公告	2015年第48/40号公告
债务重组	以债务重组合同或协议生效日为重组日	以债务重组合同(协议)或法院裁定书生效日为重组日
股权收购	以转让协议生效且完成股权变更手续日为重组日	以转让合同(协议)生效且完成股权变更手续日为重组日。关联企业之间发生股权收购,转让合同(协议)生效后12个月内尚未完成股权变更手续的,应以转让合同(协议)生效日为重组日
资产收购	以转让协议生效且完成资产实际交割日为重组日	以转让合同(协议)生效且当事各方已进行会计处理的日期为重组日
企业合并	以合并企业取得被合并企业资产所有权并完成工商登记变更日期为重组日	以合并合同(协议)生效、当事各方已进行会计处理且完成工商新设登记或变更登记日为重组日。按规定不需要办理工商新设或变更登记的合并,以合并合同(协议)生效且当事各方已进行会计处理的日期为重组日
企业分立	以分立企业取得被分立企业资产所有权并完成工商变更登记日期为重组日	以分立合同(协议)生效、当事各方已进行会计处理且完成工商新设登记或变更登记日为重组日
资产划转	—	股权或资产划转完成日,是指股权或资产划转合同(协议)或批复生效,且交易双方已进行会计处理的日期

2.企业合并日

资产收购、企业合并、企业分立和资产(股权)划转中的重组日要件都包括企业"已进行会计处理"。根据《企业合并准则》第三条的规定:"涉及业务的合并比照本准则规定处理。"而《企业合并准则应用指南》第一条规定，企业合并的方式包括控股合并、吸收合并和新设合并；所以财税〔2009〕59号文中的股权收购、资产收购、企业合并及资产划转都可以适用《企业合并准则》，通常认为企业分立是企业合并的反向操作，因此在会计处理上也可以参照适用《企业合并准则》。

《企业合并准则》将企业合并分为同一控制下的企业合并和非同一控制下的企业合并；《企业合并准则应用指南》第二条规定："企业应当在合并日或购买日确认因企业合并而取得的资产、负债；合并日或购买日是指合并方或购买方实际取得对被合并方或被购买方控制权的日期，即被合并方或被购买方的净资产或生产经营决策的控制权转移给合并方或购买方的日期。"根据《企业合并准则应用指南》的规定，若同时满足表2-3-3所示条件的，通常可认为实现了控制权的转移。

表2-3-3 企业合并购买日判断标准

条件	主要内容
内部审批	企业合并合同或协议已获得股东大会等内部权力机构通过
外部审批	按照规定，合并事项需要经过国家有关主管部门审批的，已获得相关部门的批准
财产权交接	参与合并各方已办理必要的财产权交接手续，从而在法律上保障有关风险和报酬的转移
价款支付	合并方或购买方已支付了购买价款的大部分（一般应超过50%），并且有能力、有计划支付剩余款项
风险和收益	合并方或购买方实际上已经控制了被购买方的财务和经营政策，享有相应的收益并承担相应的风险

如果企业合并涉及一次以上交易的，如通过分阶段取得股份最终实现合并，企业应于每一交易日确认对被投资企业的各单项投资。其中，"交易日"是指合并方或购买方在自身的账簿和报表中确认对被投资单位投资的日期；分步实现的企业合并中，购买日是指按照有关标准判断购买方最终取得对被购买方企业实际控制权的日期。

(四) 原主要股东和实质经营性资产

1. 原主要股东

财税〔2009〕59号文第五条第（五）项关于企业重组适用特殊性税务处理的要件规定："企业重组中取得股权支付的原主要股东，在重组后连续12个月内，不得转让所取得的股权。"所以我国企业重组所得税制中的股东利益连续要件对重组后持续时间的要求仅限于原主要股东。2010年第4号公告第二十条规定："《通知》第五条第（五）项规定的原主要股东，是指原持有转让企业或被收购企业20%以上股权的股东。"

首先，财税〔2009〕59号文中的原主要股东仅有最低持股比例20%的要求，对于持有股权的时间则没有要求。其次，由于间接持股的股东并不构成企业重组的"当事方"，因此这里的持股方式仅包括"直接持股"。再次，根据2010年第4号公告的规定，这里的持股比例是指持有转让企业或被收购企业股权的比例，并非指在企业重组交易后持有收购企业股权的比例。从次，虽然2010年第4号公告仅提及"转让企业或被收购企业20%以上股权的股东"，但同样适用于企业合并中被合并企业的股东及企业分立中被分立企业的股东。最后，"原主要股东"并不受股东法律主体性质的限制，对于合伙企业股东、自然人股东同样需要受到持股时间的限制。这一方面是因为财税〔2009〕59号文和2010年第4号公告均未对"原主要股东"的法律主体性质作出限制；另一方面2015年第48号公告明确了重组当事方可以为自然人，也明确了自然人作为当事方的所得税待遇，但是在要求当事方提供"原主要股东不得转让所取得股权的承诺书"时也未限制其法律主体性质。此外，股东利益连续要件对重组交易后持股时间作出限制的主要原因是为了防止当事方利用企业重组的特殊性税务处理及多步骤交易从事避税行为，而这种避税行为并不仅限于法人股东，其他性质的股东同样会有此种行为。

2. 实质经营性资产

财税〔2009〕59号文规定资产收购是指购买"实质经营性资产"的一种企业重组交易，所以如何判定资产收购交易中的交易标的是否属于"实质经营性资产"是判定交易是否是资产收购重组的前提。

2010年第4号公告第五条规定:"《通知》第一条第(四)项所称实质经营性资产,是指企业用于从事生产经营活动、与产生经营收入直接相关的资产,包括经营所用各类资产、企业拥有的商业信息和技术、经营活动产生的应收款项、投资资产等。"

2010年第4号公告对实质经营性资产的概念侧重于"资产"的概念,与《企业合并准则》中的"业务"是存在差异的,有关会计准则中"业务"概念的描述可见前述章节的内容。由于财税〔2009〕59号文、2010年第4号公告及后续的税收规范性文件中并未对"实质经营性资产"的判定标准予以明确,因此本书认为在财政部和国家税务总局进一步规范之前,并不能以会计准则中"业务"的概念对财税〔2009〕59号文中的"实质经营性资产"作出限制,而应当根据实际情况结合2010年第4号公告的规定进行分析判定。

(五)同一控制

财税〔2009〕59号文第六条第(四)项规定"同一控制下且不需要支付对价的企业合并"可以选择适用特殊性税务处理,所以对"同一控制"概念的界定是判断企业合并重组交易能否适用特殊性税务处理的关键。2010年第4号公告对"同一控制"的概念做了进一步的说明,《企业合并准则》也对"同一控制"的概念做了规范,两者对"同一控制"概念的解释对比见表2-3-4。

表2-3-4 同一控制概念对比表

项目	2010年第4号公告	企业合并准则①
基本概念	第二十一条 《通知》第六条第(四)项规定的同一控制,是指参与合并的企业在合并前后均受同一方或相同的多方最终控制,且该控制并非暂时性的	第五条 参与合并的企业在合并前后均受同一方或相同的多方最终控制且该控制并非暂时性的,为同一控制下的企业合并
同一方	—	是指对参与合并的企业在合并前后均实施最终控制的投资者。 最终控制的一方通常是指企业集团的母公司

续表

项目	2010年第4号公告	企业合并准则①
相同多方	能够对参与合并的企业在合并前后均实施最终控制权的相同多方，是指根据合同或协议的约定，对参与合并企业的财务和经营政策拥有决定控制权的投资者群体	相同的多方，通常是指根据投资者之间的协议约定，在对被投资单位的生产经营决策行使表决权时发表一致意见的两个或两个以上的投资者
非暂时性	在企业合并前，参与合并各方受最终控制方的控制在12个月以上，企业合并后所形成的主体在最终控制方的控制时间也应达到连续12个月	控制并非暂时性，是指参与合并的各方在合并前后较长的时间内受同一方或相同的多方最终控制。较长的时间通常指1年以上（含1年）
判断原则	—	应综合构成企业合并交易的各方面情况，按照实质重于形式的原则进行判断。通常情况下，同一控制下的企业合并是指发生在同一企业集团内部企业之间的合并，同受国家控制的企业之间发生的合并，不应仅仅因为参与合并各方在合并前后均受国家控制而将其作为同一控制下的企业合并
示例	—	同一控制下的企业合并一般发生于企业集团内部、如集团内母子公司之间、子公司与子公司之间等

注：①根据《企业会计准则第20号——企业合并》《〈企业会计准则第20号——企业合并〉应用指南》及《企业会计准则讲解2010》中有关同一控制下企业合并相关内容整理。

从表2-3-4可以看出，2010年第4号公告中的"同一控制"和《企业合并准则》中的"同一控制"概念并没有严格意义上的差别：其一都是从"最终控制"的角度而言的，并不要求受到"直接投资者"的最终控制；其二并不要求最终控制方与企业之间存在投资关系，最终控制方可能基于协议等形成这种控制。

二、企业重组所得税管理

（一）特殊性税务处理的一般规定

企业重组所得税符合特殊性税务处理要件从而选择适用特殊性税务处理时，

财税〔2009〕59号文、2010年第4号公告、2015年第40号公告和2015年第48号公告等税收规范性文件均对交易各方及主管税务机关的相关所得税事项做了规范，具体见表2-3-5。

表2-3-5 区分不同主体的所得税管理

主体	主要内容
重组当事各方	1. 提交资料 十一、企业发生符合本通知规定的特殊性重组条件并选择特殊性税务处理的，当事各方应在该重组业务完成当年企业所得税年度申报时，向主管税务机关提交书面备案资料，证明其符合各类特殊性重组规定的条件。企业未按规定书面备案的，一律不得按特殊重组业务进行税务处理。 ——财税〔2009〕59号文 2. 申报管理 四、企业重组业务适用特殊性税务处理的，除财税〔2009〕59号文件第四条第（一）项所称企业发生其他法律形式简单改变情形外，重组各方应在该重组业务完成当年，办理企业所得税年度申报时，分别向各自主管税务机关报送《企业重组所得税特殊性税务处理报告表及附表》和申报资料。合并、分立中重组一方涉及注销的，应在尚未办理注销税务登记手续前进行申报。 重组主导方申报后，其他当事方向其主管税务机关办理纳税申报。申报时还应附送重组主导方经主管税务机关受理的《企业重组所得税特殊性税务处理报告表及附表》（复印件）。 ——2015年第48号公告 五、企业资产/股权划转适用特殊性税务处理，交易双方应在企业所得税年度汇算清缴时，分别向各自主管税务机关报送《居民企业资产（股权）划转特殊性税务处理申报表》和相关资料（一式两份）。 ——2015年第40号公告 3. 分期确认的专项说明 八、企业发生财税〔2009〕59号文件第六条第（一）项规定的债务重组，应准确记录应予确认的债务重组所得，并在相应年度的企业所得税汇算清缴时对当年确认额及分年结转额的情况做出说明。 九、企业发生财税〔2009〕59号文件第七条第（三）项规定的重组，居民企业应准确记录应予确认的资产或股权转让收益总额，并在相应年度的企业所得税汇算清缴时对当年确认额及分年结转额的情况做出说明。 ——2015年第48号公告 4. 第二年的情况说明 第二十九条 适用《通知》第五条第（三）项和第（五）项的当事各方应在完成重组业务后的下一年度的企业所得税年度申报时，向主管税务机关提交书面情况说明，以证明企业在重组后的连续12个月内，有关符合特殊性税务处理的条件未发生改变。 ——2010年第4号公告

续表

主体	主要内容
重组当事各方	六、交易双方应在股权或资产划转完成后的下一年度的企业所得税年度申报时，各自向主管税务机关提交书面情况说明，以证明被划转股权或资产自划转完成日后连续12个月内，没有改变原来的实质性经营活动。 ——2015年第40号公告 5.资料保管 **第三十四条** 企业重组的当事各方应该取得并保管与该重组有关的凭证、资料，保管期限按照《征管法》的有关规定执行。 ——2010年第4号公告
重组主导方	**第十六条** 企业重组业务，符合《通知》规定条件并选择特殊性税务处理的，应按照《通知》第十一条规定进行备案；如企业重组各方需要税务机关确认，可以选择由重组主导方向主管税务机关提出申请，层报省税务机关给予确认。 ——2010年第4号公告（该条款已废止） 四、企业重组业务适用特殊性税务处理的，除财税〔2009〕59号文件第四条第（一）项所称企业发生其他法律形式简单改变情形外，重组各方应在该重组业务完成当年，办理企业所得税年度申报时，分别向各自主管税务机关报送《企业重组所得税特殊性税务处理报告表及附表》和申报资料。合并、分立中重组一方涉及注销的，应在尚未办理注销税务登记手续前进行申报。 重组主导方申报后，其他当事各方向其主管税务机关办理纳税申报。申报时还应附送重组主导方经主管税务机关受理的《企业重组所得税特殊性税务处理报告表及附表》（复印件）。 ——2015年第48号公告
主管税务机关	1.跟踪监管及统计 **第三十一条** 各当事方的主管税务机关应当对企业申报或确认适用特殊性税务处理的重组业务进行跟踪监管，了解重组企业的动态变化情况。发现问题，应及时与其他当事方主管税务机关沟通联系，并按照规定给予调整。 ——2010年第4号公告 十一、税务机关应对适用特殊性税务处理的企业重组做好统计和相关资料的归档工作。各省、自治区、直辖市和计划单列市税务局应于每年8月底前将《企业重组所得税特殊性税务处理统计表》上报税务总局（所得税司）。 ——2015年第48号公告 九、交易双方的主管税务机关应对企业申报适用特殊性税务处理的股权或资产划转加强后续管理。 ——2015年第40号公告

续表

主体	主要内容
主管税务机关	2. 台账管理 八、企业发生财税〔2009〕59号文件第六条第（一）项规定的债务重组…… 主管税务机关应建立台账，对企业每年申报的债务重组所得与台账进行比对分析，加强后续管理。 九、企业发生财税〔2009〕59号文件第七条第（三）项规定的重组…… 主管税务机关应建立台账，对居民企业取得股权的计税基础和每年确认的资产或股权转让收益进行比对分析，加强后续管理。 ——2015年第48号公告 3. 加强评估和检查 十、适用特殊性税务处理的企业，在以后年度转让或处置重组资产（股权）时，主管税务机关应加强评估和检查，将企业特殊性税务处理时确定的重组资产（股权）计税基础与转让或处置时的计税基础及相关的年度纳税申报表比对，发现问题的，应依法进行调整。 ——2015年第48号公告

税务机关对企业重组业务所得税适用特殊性税务处理的管理方式由最初的事先备案管理转为事后申报管理。财税〔2009〕59号文和2010年第4号公告均要求企业需要就适用特殊性税务处理要件的资料进行备案并且需要税务机关确认。《国务院关于取消非行政许可审批事项的决定》（国发〔2015〕27号）取消了"企业符合特殊性税务处理规定条件业务的核准"，所以2015年第48号公告中对企业重组所得税特殊性税务处理的管理采用了自行申报的模式，同时强化了税务机关的后续管理。

（二）分步骤交易重组的税务管理

根据财税〔2009〕59号文第十条、2010年第4号公告第三十三条及2015年第48号公告第七条的规定，一项重组业务涉及在连续12个月内分步交易的，其所得税管理内容如下。

1. 首年适用特殊性税务处理的

2015年第48号公告第七条规定："若同一项重组业务涉及在连续12个月内分步交易，且跨两个纳税年度，当事各方在首个纳税年度交易完成时预计整个交易符合特殊性税务处理条件，经协商一致选择特殊性税务处理的，可以暂时适用特殊性税务处理，并在当年企业所得税年度申报时提交书面申报资料。在下一纳税年度全部交易完成后，企业应判断是否适用特殊性税务处理。如适用特殊性税务处理的，当事各方应按本公告要求申报相关资料；如适用一般性税务处理的，应调整相应纳税年度的企业所得税年度申报表，计算缴纳企业所得税。"

所以，对于企业重组交易分步骤完成的，在第一年判断适用特殊性税务处理后可按照特殊性税务处理进行纳税申报，此时适用特殊性税务处理的纳税申报可由企业自行判定，无须税务机关同意；第二年交易完成后应根据实际情况再进行判断，若符合特殊性税务处理要件的，则企业应当按照规定申报相关资料，若不符合特殊性税务处理要件的，则需要追溯调整相应年度的纳税申报并计算缴纳企业所得税。

2. 首年适用一般性税务处理的

2010年第4号公告第三十三条规定，对于分步交易的企业重组，若当事方在首个纳税年度不能预计整个交易是否符合特殊性税务处理条件，应适用一般性税务处理。在下一个纳税年度全部交易完成后，适用特殊性税务处理的，可以调整上一纳税年度的企业所得税年度申报表，涉及多缴税款的，各主管税务机关应退税，或抵缴当年应纳税款。

所以对于企业重组交易分步骤完成而当事方在第一年无法判定其是否满足特殊性税务处理要件的，应当按照一般性税务处理进行纳税申报；若第二年交易完成后符合特殊性税务处理要件的，也应当追溯调整交易发生当年度的所得税申报表。

（三）处置重组资产时的税务管理

企业重组所得税适用特殊性税务处理时，由于资产转让方在重组交易发生当期并不确认其取得股权对价所对应的资产处置收益，而是待处置所取得股权对价时再予以确认，所以对于取得重组资产的一方应当以替代税基或者结转税基作为重组资产的计税基础。这种处理方式会导致企业会计核算与税务处理的差异，因此需要加强重组资产及股权对价的后续管理。

2015年第48号公告第十条第一款规定："适用特殊性税务处理的企业，在以后年度转让或处置重组资产（股权）时，应在年度纳税申报时对资产（股权）转让所得或损失情况进行专项说明，包括特殊性税务处理时确定的重组资产（股权）计税基础与转让或处置时的计税基础的比对情况，以及递延所得税负债的处理情况等。"

所以，重组当事方在后期处置适用特殊性税务处理待遇的重组资产时，应当对重组资产的计税基础进行准确计算，并对处置的所得或损失情况进行专项的说明。

（四）后期情形变动时的税务管理

企业重组业务所得税选择适用特殊性税务处理需要满足规定的要件，这些要件中有些是与企业后续运营相关的，企业后期运营过程中重组各方的相关事实发生变动可能导致原有的企业重组业务所得税不再满足特殊性税务处理的要件，对于这种情形下应当如何进行税务管理，2010 年第 4 号公告第三十条和 2015 年第 40 号公告第七条均做了详细的规范，具体见表 2-3-6。

表 2-3-6　情形变化后企业所得税处理表

项目	2010 年第 4 号公告	2015 年第 40 号公告
适用情形	当事方的其中一方在规定时间内发生生产经营业务、公司性质、资产或股权结构等情况变化，致使重组业务不再符合特殊性税务处理条件	交易一方在股权或资产划转完成日后连续 12 个月内发生生产经营业务、公司性质、资产或股权结构等情况变化，致使股权或资产划转不再符合特殊性税务处理条件
变化当事方	发生变化的当事方应在情况发生变化的 30 天内书面通知其他所有当事方	发生变化的交易一方应在情况发生变化的 30 日内报告其主管税务机关，同时书面通知另一方
主导方	主导方在接到通知后 30 日内将有关变化通知其主管税务机关	—
其他方	—	另一方应在接到通知后 30 日内将有关变化报告其主管税务机关
重新申报	上述情况发生变化后 60 日内，应按照《通知》第四条的规定调整重组业务的税务处理。原交易各方应各自按原交易完成时资产和负债的公允价值计算重组业务的收益或损失，调整交易完成纳税年度的应纳税所得额及相应的资产和负债的计税基础，并向各自主管税务机关申请调整交易完成纳税年度的企业所得税年度申报表。逾期不调整申报的，按照《征管法》的相关规定处理	上述情况发生变化后 60 日内，原交易双方应按照公告第八条第（一）项规定进行税务处理，同时交易双方应调整划转完成纳税年度的应纳税所得额及相应股权或资产的计税基础，向各自主管税务机关申请调整划转完成纳税年度的企业所得税年度申报表，依法计算缴纳企业所得税

由于企业重组特殊性税务处理要件中的股东利益连续和营业企业继续对重组完成后重组企业的股东及重组企业自身有一定期限的限制，因此当其后续的一些变动导致企业不再满足上述要件而无法适用特殊性税务处理时，应当对企业重组适用一般性税务处理，包括按照公允价值确认取得重组资产的计税基础及确认企业重组交易过程中的应纳税所得额；对于重组交易由特殊性税务处理转为一般性税务处理的，交易各方应当调整重组完成当年度的企业所得税申报表并依法缴纳企业所得税，而不能仅调整相关事项发生年度的应纳税所得额及纳税申报表。

（五）各类型重组纳税申报及资料提交

财税〔2009〕59号文、2010年第4号公告、财税〔2014〕109号文、2015年第40号公告及2015年第48号公告对企业发生的各种类型企业重组所得税适用特殊性税务处理时应当提交的报告表及应当提交的资料做了较为明确具体的规定。

1. 债务重组

企业发生债务重组适用所得税特殊性税务处理的，应当按照表2-3-7所示的要求进行纳税申报。

表2-3-7 债务重组纳税申报及资料清单

项目	主要内容
申报表	（一）申报时间：年度所得税汇算清缴时 （二）填写表格： ① A105000《企业纳税调整项目明细表》 ② A105100《企业重组及递延纳税事项调整明细表》
报告表	（一）提交时间：年度所得税汇算清缴时 （二）提交主体：当事各方 （三）提交报表： ① 企业重组所得税特殊性税务处理报告表（主表） ② 企业重组所得税特殊性税务处理报告表（债务重组）
申报资料	（一）提交时间：年度所得税汇算清缴时 （二）提交主体：当事各方 （三）提交资料：

续表

项目	主要内容
申报资料	① 债务重组的总体情况说明，包括债务重组方案、基本情况、债务重组所产生的应纳税所得额，并逐条说明债务重组的商业目的；以非货币性资产清偿债务的，还应包括企业当年应纳税所得额情况。 ② 清偿债务或债权转股权的合同（协议）或法院裁定书，需有权部门（包括内部和外部）批准的，应提供批准文件。 ③ 债权转股权的，提供相应股权评估报告或其他公允价值证明；以非货币性资产清偿债务的，提供相应资产评估报告或其他公允价值证明。 ④ 重组当事各方一致选择特殊性税务处理并加盖当事各方公章的证明资料。 ⑤ 债权转股权的，还应提供市场监管部门等有权机关登记的相关企业股权变更事项的证明材料。 ⑥ 重组前连续12个月内有无与该重组相关的其他股权、资产交易，与该重组是否构成分步交易、是否作为一项企业重组业务进行处理情况的说明。 ⑦ 按会计准则规定当期应确认资产（股权）转让损益的，应提供按税法规定核算的资产（股权）计税基础与按会计准则核算的相关资产（股权）账面价值的暂时性差异专项说明

2. 股权收购

企业发生股权收购重组业务适用所得税特殊性税务处理时，应当按照表2-3-8 所示的要求进行纳税申报。

表 2-3-8　股权收购纳税申报及资料清单

项目	主要内容
申报表	（一）申报时间：年度所得税汇算清缴时 （二）填写表格： ① A105000《企业纳税调整项目明细表》 ② A105100《企业重组及递延纳税事项调整明细表》
报告表	（一）提交时间：年度所得税汇算清缴时 （二）提交主体：当事各方 （三）提交报表： ① 企业重组所得税特殊性税务处理报告表（主表） ② 企业重组所得税特殊性税务处理报告表（股权收购）

续表

项目	主要内容
申报资料	（一）提交时间：年度所得税汇算清缴时 （二）提交主体：当事各方 （三）提交资料： ①股权收购业务总体情况说明，包括股权收购方案、基本情况，并逐条说明股权收购的商业目的。 ②股权收购业务合同（协议），需有权部门（包括内部和外部）批准的，应提供批准文件。 ③相关股权评估报告或其他公允价值证明。 ④12个月内不改变重组资产原来的实质性经营活动、原主要股东不转让所取得股权的承诺书。 ⑤市场监管部门等有权机关登记的相关企业股权变更事项的证明材料。 ⑥重组当事各方一致选择特殊性税务处理并加盖当事各方公章的证明资料。 ⑦涉及非货币性资产支付的，应提供非货币性资产评估报告或其他公允价值证明。 ⑧重组前连续12个月内有无与该重组相关的其他股权、资产交易，与该重组是否构成分步交易、是否作为一项企业重组业务进行处理情况的说明。 ⑨按会计准则股东当期应确认资产（股权）转让损益的，应提供按税法规定核算的资产（股权）计税基础与按会计准则规定核算的相关资产（股权）账面价值的暂时性差异的专项说明

3. 资产收购

企业发生资产收购重组业务适用所得税特殊性税务处理时，应当按照表2-3-9所示的要求进行纳税申报。

表2-3-9 资产收购纳税申报及资料清单

项目	主要内容
申报表	（一）申报时间：年度所得税汇算清缴时 （二）填写表格： ① A105000《企业纳税调整项目明细表》 ② A105100《企业重组及递延纳税事项调整明细表》
报告表	（一）提交时间：年度所得税汇算清缴时 （二）提交主体：当事各方 （三）提交报表： ①企业重组所得税特殊性税务处理报告表（主表） ②企业重组所得税特殊性税务处理报告表（资产收购）

续表

项目	主要内容
申报资料	（一）提交时间：年度所得税汇算清缴时 （二）提交主体：当事各方 （三）提交资料： ① 资产收购业务总体情况说明，包括资产收购方案、基本情况，并逐条说明资产收购的商业目的。 ② 资产收购业务合同（协议），需有权部门（包括内部和外部）批准的，应提供批准文件。 ③ 相关资产评估报告或其他公允价值证明。 ④ 被收购资产原计税基础的证明。 ⑤ 12个月内不改变资产原来实质性经营活动、原主要股东不转让所取得股权的承诺书。 ⑥ 市场监管部门等有权机关登记的相关企业股权变更事项的证明材料。 ⑦ 重组当事各方一致选择特殊性税务处理并加盖当事各方公章的证明资料。 ⑧ 涉及非货币性资产支付的，应提供非货币性资产评估报告或其他公允价值证明。 ⑨ 重组前连续12个月内有无与该重组相关的其他股权、资产交易，与该重组是否构成分步交易、是否作为一项重组业务进行处理情况的说明。 ⑩ 按会计准则规定应确认资产（股权）转让损益的，应提供按税法规定核算的资产（股权）计税基础与按会计准则规定核算的相关资产（股权）账面价值的暂时性差异专项说明。

4.企业合并

企业发生合并重组业务适用所得税特殊性税务处理时，应当按照表2-3-10所示的要求进行纳税申报。

表2-3-10 企业合并纳税申报及资料清单

项目	主要内容
申报表	（一）申报时间：年度所得税汇算清缴时 （二）填写表格： ① A105000《企业纳税调整项目明细表》 ② A105100《企业重组及递延纳税事项调整明细表》
报告表	（一）提交时间： ① 合并中存续企业在年度所得税汇算清缴时 ② 合并中注销企业在办理注销税务登记前 （二）提交主体：当事各方 （三）提交报表： ① 企业重组所得税特殊性税务处理报告表（主表） ② 企业重组所得税特殊性税务处理报告表（企业合并）

续表

项目	主要内容
申报资料	（一）提交时间： ① 合并中存续企业在年度所得税汇算清缴时 ② 合并中注销企业在办理注销税务登记前 （二）提交主体：当事各方 （三）提交资料： ① 企业合并的总体情况说明，包括合并方案、基本情况，并逐条说明企业合并的商业目的。 ② 企业合并协议或决议，需有权部门（包括内部和外部）批准的，应提供批准文件。 ③ 企业合并当事各方的股权关系说明，若属同一控制下且不需要支付对价的合并，还需要提供在合并前，参与合并各方受最终控制方的控制在12个月以上的证明材料。 ④ 被合并企业净资产、各单项资产和负债账面价值和计税基础等相关资料。 ⑤ 12个月内不改变资产原来实质性经营活动、原主要股东不转让所得股权的承诺书。 ⑥ 市场监管部门等有权机关登记的相关企业股权变更事项的证明材料。 ⑦ 合并企业承继被合并企业相关所得税事项（包括尚未确认的资产损失、分期确认收入和尚未享受期满的税收优惠政策等）情况说明。 ⑧ 涉及可由合并企业弥补被合并企业亏损的，需要提供合并日净资产公允价值证明材料及主管税务机关确认的亏损弥补情况说明。 ⑨ 重组当事各方一致选择特殊性税务处理并加盖当事各方公章的证明资料。 ⑩ 涉及非货币性资产支付的，应提供非货币性资产评估报告或其他公允价值证明。 ⑪ 重组前连续12个月内有无与该重组相关的其他股权、资产交易，与该重组是否构成分步交易、是否作为一项企业重组业务进行处理情况的说明。 ⑫ 按会计准则规定当期应确认资产（股权）转让损益的，应提供按税法规定核算的资产（股权）计税基础与按会计准则规定核算的相关资产（股权）账面价值的暂时性差异专项说明

5. 企业分立

企业发生分立重组业务适用所得税特殊性税务处理时，应当按照表2-3-11所示的要求进行纳税申报。

表2-3-11 企业分立纳税申报及资料清单

项目	主要内容
申报表	（一）申报时间：年度所得税汇算清缴时 （二）填写表格： ① A105000《企业纳税调整项目明细表》 ② A105100《企业重组及递延纳税事项调整明细表》

续表

项目	主要内容
报告表	（一）申报时间： ① 分立中存续企业在年度所得税汇算清缴时 ② 分立中注销企业在办理注销税务登记前 （二）申报主体：当事各方 （三）报表： ① 企业重组所得税特殊性税务处理报告表（主表） ② 企业重组所得税特殊性税务处理报告表（企业分立）
申报资料	（一）提交时间： ① 分立中存续企业在年度所得税汇算清缴时 ② 分立中注销企业在办理注销税务登记前 （二）提交主体：当事各方 （三）提交资料： ① 企业分立的总体情况说明，包括分立方案、基本情况，并逐条说明企业分立的商业目的。 ② 被分立企业董事会、股东会（股东大会）关于企业分立的决议，需有权部门（包括内部和外部）批准的，应提供批准文件。 ③ 被分立企业的净资产、各单项资产和负债账面价值和计税基础等相关资料。 ④ 12个月内不改变资产原来的实质性经营活动、原主要股东不转让所取得股权的承诺书。 ⑤ 市场监管部门等有权机关认定的分立和被分立企业股东股权比例证明材料；分立后，分立和被分立企业工商营业执照复印件。 ⑥ 重组当事各方一致选择特殊性税务处理并加盖当事各方公章的证明资料。 ⑦ 涉及非货币性资产支付的，应提供非货币性资产评估报告或其他公允价值证明。 ⑧ 分立企业承继被分立企业所分立资产相关所得税事项（包括尚未确认的资产损失、分期确认收入和尚未享受期满的税收优惠政策等）情况说明。 ⑨ 若分立企业尚有未超过法定弥补期限的亏损，应提供亏损弥补情况说明、被分立企业重组前净资产和分立资产公允价值的证明材料。 ⑩ 重组前连续12个月内有无与该重组相关的其他该股权、资产交易，与该重组是否构成分步交易、是否作为一项企业重组业务进行处理情况的说明。 ⑪ 按会计准则规定当期应确认资产（股权）转让损益的，应提供按税法规定核算的资产（股权）计税基础与按会计准则规定核算的相关资产（股权）账面价值的暂时性差异专项说明

6.资产划转

企业发生资产划转重组业务适用所得税特殊性税务处理时，应当按照表2-3-12所示的要求进行纳税申报。

表 2-3-12　资产划转纳税申报及资料清单

项目	主要内容
申报表	（一）申报时间：年度所得税汇算清缴时 （二）填写表格： ① A105000《企业纳税调整项目明细表》 ② A105100《企业重组及递延纳税事项调整明细表》
报告表	（一）申报时间：年度所得税汇算清缴时 （二）申报主体：资产划转交易各方 （三）提交报表：居民企业资产（股权）划转特殊性税务处理申报表
申报资料	（一）提交时间：年度所得税汇算清缴时 （二）提交主体：资产划转交易各方 （三）提交资料： ①股权或资产划转总体情况说明，包括基本情况、划转方案等，并详细说明划转的商业目的。 ②交易双方或多方签订的股权或资产划转合同（协议），需有权部门（包括内部和外部）批准的，应提供批准文件。 ③被划转股权或资产账面净值和计税基础说明。 ④交易双方按账面净值划转股权或资产的说明（需附会计处理资料）。 ⑤交易双方均未在会计上确认损益的说明（需附会计处理资料）。 ⑥12个月内不改变被划转股权或资产原来实质性经营活动的承诺书

第三章 不同类型重组的税收分析

第一章介绍了不同法律法规对企业重组概念的规范及其分类，税法作为一个独立的部门法律体系，在协调其他法律概念的同时应当有其自身的概念体系，在企业所得税中，财税〔2009〕59号文和财税〔2014〕109号文建立了企业所得税的重组概念体系，本部分以各重组类型的企业所得税分析为重点，同时对重组交易中涉及的其他税种进行分析，所以在重组概念上使用的是企业所得税的概念体系。

财税〔2009〕59号文第一条规定："本通知所称企业重组，是指企业在日常经营活动以外发生的法律结构或经济结构重大改变的交易，包括企业法律形式改变、债务重组、股权收购、资产收购、合并、分立等。"财税〔2014〕109号文将股权、资产划转（以下统称"资产划转"）也作为企业重组类型之一，因此本章将针对这七种类型企业重组的税收进行分析。

第一节 法律形式改变

一、法律形式改变的概念和类型

财税〔2009〕59号文第一条第（一）项规定："企业法律形式改变，是指企业注册名称、住所以及企业组织形式等的简单改变，但符合本通知规定其他重组的类型除外。"所以企业法律形式改变这种重组类型首先需要与财税〔2009〕59号文规定的其他重组类型相区分，若一项企业重组交易符合财税〔2009〕59号文规定的其他重组类型定义，则不适用法律形式改变这一重组交易类型。

根据财税〔2009〕59号文的规定，企业法律形式改变这一企业重组类型具体又包括如下类型。

（一）注册名称改变

2022年3月1日起实施的《中华人民共和国市场主体登记管理条例》（国务院令第746号，以下简称《市场主体登记管理条例》）规定，名称属于我国各类市场主体的一般登记事项，并且一个市场主体只能登记一个名称，经登记的市场主体名称受法律保护。《企业名称登记管理规定》（国务院令第734号）规定："企业只能登记一个企业名称，企业名称受法律保护。"

《中华人民共和国税收征收管理法》（1992年9月4日第七届全国人民代表大会常务委员会第二十七次会议通过，2015年4月24日第十二届全国人民代表大会常务委员会第十四次会议修正）第十五条规定："企业，企业在外地设立的分支机构和从事生产、经营的场所，个体工商户和从事生产、经营的事业单位（以下统称从事生产、经营的纳税人）自领取营业执照之日起三十日内，持有关证件，向税务机关申报办理税务登记。"第十六条规定："从事生产、经营的纳税人，税务登记内容发生变化的，自工商行政管理机关办理变更登记之日起三十日内或者在向工商行政管理机关申请办理注销登记之前，持有关证件向税务机关申报办理变更或者注销税务登记。"

《中华人民共和国税务登记管理办法》（2003年12月17日国家税务总局令第7号公布，2019年7月24日国家税务总局令第48号修正，以下简称《税务登记管理办法》）第十二条规定："纳税人在申报办理税务登记时，应当如实填写税务登记表。税务登记表的主要内容包括：（一）单位名称、法定代表人或者业主姓名及其居民身份证、护照或者其他合法证件的号码；（二）住所、经营地点；（三）登记类型；（四）核算方式；（五）生产经营方式；（六）生产经营范围；（七）注册资金（资本）、投资总额；（八）生产经营期限；（九）财务负责人、联系电话；（十）国家税务总局确定的其他有关事项。"第十六条规定："纳税人税务登记内容发生变化的，应当向原税务登记机关申报办理变更税务登记。"

所以企业名称是企业注册登记的基本事项之一，同时也是企业税务登记的主要内容；企业改变注册名称的应当向登记机关及原税务登记机关办理变更登记，这种企业名称改变的事项属于法律形式改变的类型之一。

（二）住所变更

根据《市场主体登记管理条例》的规定，"住所或者主要经营场所"为市场主体的一般登记事项，其中"住所"登记事项适用于公司、非公司企业法人及农民专业合作社（联合社）；"主要经营场所"适用于前述市场主体的分支机构及合伙企业、个人独资企业、个体工商户及外国公司分支机构。《市场主体登记管理条例》第二十四条规定："市场主体变更登记事项，应当自作出变更决议、决定或者法定变更事项发生之日起30日内向登记机关申请变更登记。"

我国的企业所得税属于法人所得税制，因此只有住所变更属于企业重组中法律形式改变的类型，对于非法人组织主要经营场所的变更并不适用财税〔2009〕59号文的规范。

（三）企业组织形式简单改变

组织形式是指企业存在的形态和类型，我国并没有单独规范企业组织形式的法律法规，根据《民法典》的规定，我国民事主体分为自然人、法人和非法人组织，其中法人组织和非法人组织的类型主要见表3-1-1。

表3-1-1 民事主体类型表

组织形式	类型	种类	主要/常见类型
法人	营利法人	公司法人	（一）有限责任公司 （二）股份有限公司
		企业法人	（一）全民所有制企业 （二）集体所有制企业 （三）农村集体所有制企业
		其他营利法人	（一）营利性民办学校 （二）营利性医疗机构
	非营利法人	事业单位法人	由国家机关举办或者其他组织利用国有资产举办的，从事教育、科技、文化、卫生等活动的社会服务组织

续表

组织形式	类型	种类	主要/常见类型
法人	非营利法人	社会团体法人	中国公民自愿组成，为实现会员共同意愿，按照其章程开展活动的非营利性社会组织
		捐助法人	基金会：是指利用自然人、法人或者其他组织捐赠的财产，以从事公益事业为目的的非营利性法人
			社会服务机构：（一）慈善组织；（二）民办非营利性学校；（三）民办非营利性医院；（四）民办非营利性养老院等
			宗教活动场所：具有法人资格的寺院、宫观、清真寺、教堂及其他
	特别法人	机关法人	有独立经费的机关和承担行政职能的法定机构
		农村集体经济组织法人	（一）农民专业合作社 （二）经济联合社 （三）其他
		城镇农村的合作经济组织法人	—
		基层群众性自治组织法人	（一）居民委员会 （二）村民委员会
非法人组织	个人独资企业		依法在中国境内设立，由一个自然人投资，财产为投资者个人所有，投资人以其个人财产对企业债务承担无限责任的经营实体
	合伙企业		（一）普通合伙企业：自然人、法人和其他组织依法在中国境内设立的，由普通合伙人组成，合伙人对合伙企业债务承担无限连带责任。 （二）有限合伙企业：自然人、法人和其他组织依法在中国境内设立的，由普通合伙人和有限合伙人组成，普通合伙人对合伙企业债务承担无限连带责任，有限合伙人以其认缴的出资额为限对合伙企业债务承担责任
	不具有法人资格的专业服务机构		（一）依法登记领取我国营业执照的中外合作经营企业、外资企业； （二）依法成立的社会团体分支机构、代表机构； （三）依法设立并领取营业执照的法人的分支机构； （四）依法设立并领取营业执照的商业银行、政策性银行和非银行金融机构的分支机构； （五）依法登记领取营业执照的乡镇企业、街道企业； （六）其他

尽管财税〔2009〕59号文使用了"企业"一词，但这里的"企业"与表3-1-1中企业的概念并不相同，也非仅指表3-1-1中的"公司法人"和"企业法

人"。由于财税〔2009〕59号文是规范"企业所得税纳税人"的重组行为,根据《企业所得税法》的规定:"在中华人民共和国境内,企业和其他取得收入的组织(以下统称企业)为企业所得税的纳税人。"所以财税〔2009〕59号文中的"企业组织形式"仅指涉及企业所得税纳税主体的各类企业和组织的法律形式。

对"企业组织形式简单改变"这一重组类型的具体内涵和外延,财税〔2009〕59号文并未予以进一步说明,但从文件后续对该类型重组行为所得税一般性税务处理和特殊性税务处理的规范而言,应当既包括"法人组织形式"和"非法人组织形式"之间的转换,也包括法人组织形式内部的"公司法人"和"非公司企业法人"之间的转换,还包括公司法人组织形式内部的"有限责任公司"与"股份有限公司"之间的转换。

二、法律形式改变的所得税处理

根据财税〔2009〕59号文的规定,企业法律形式改变实质上并不存在所得税特殊性税务处理,但为了区别财税〔2009〕59号文第四条对其所得税事项的规定,同时也为了统一企业重组所得税待遇的类型,本书仍然将其区分为一般性税务处理规定和特殊性税务处理规定。

(一)一般性税务处理

财税〔2009〕59号文第四条第(一)项规定:"企业由法人转变为个人独资企业、合伙企业等非法人组织,或将登记注册地转移至中华人民共和国境外(包括港澳台地区),应视同企业进行清算、分配,股东重新投资成立新企业。企业的全部资产以及股东投资的计税基础均应以公允价值为基础确定。"

因此,企业法律形式改变的所得税一般性税务处理的主要内容如下。

1. 适用情形

一般性税务处理主要适用于如下两种情形,一种是企业由法人组织转变为非法人组织;另一种是企业登记注册地转移至中华人民共和国境外(包括我国港澳台地区)。

《企业所得税法》第一条规定:"个人独资企业、合伙企业不适用本法。"所以法人企业和非法人企业在企业层面的所得税待遇是不相同的，当企业由法人形式转变为非法人形式时，转变后企业纳税身份已经发生改变，在企业层面不再缴纳企业所得税，而是由投资者或者由合伙人根据自身的纳税人身份缴纳企业所得税或个人所得税，所以这种情况的企业法律形式改变应当适用所得税一般性税务处理。

《企业所得税法》根据企业注册地和实际管理机构双重标准将企业分为居民企业和非居民企业，同时规定境内注册居民企业以登记注册地为纳税地点；所以当境内居民企业登记注册地转移至境外时，不仅其所适用的商事法律法规发生改变，导致企业的所得税纳税人身份也可能发生变化，因此对于这种情况的企业的法律形式改变，也应当适用所得税一般性税务处理。

2.所得税待遇

企业法律形式改变适用所得税一般性税务处理的，其所得税处理包括企业层面的所得税处理和投资者（股东）层面的所得税处理，具体又涉及表3-1-2所示三个主体的所得税事项。

表 3-1-2　法律形式改变一般性税务处理待遇表

主体	所得税处理
改变前企业	应视同改变前企业进行清算、分配，具体可按照《财政部 国家税务总局关于企业清算业务企业所得税处理若干问题的通知》（财税〔2009〕60号，以下简称"财税〔2009〕60号文"）的规定进行所得税处理
股东/投资者	应视同股东重新投资成立新企业，具体为： （一）视同改变前的主体进行清算、分配，股东取得的清算分配所得按照《企业所得税法》或者《中华人民共和国个人所得税法》（1980年9月10日第五届全国人民代表大会第三次会议通过，2018年8月31日第十三届全国人民代表大会常务委员会第五次会议修正，以下简称《个人所得税法》）的相关规定进行税务处理。 （二）对于取得改变后企业的投资，应当以视同清算、分配取得财产的公允价值作为取得投资的计税基础
改变后企业	改变后企业取得改变前企业的资产、负债的计税基础应当以该资产、负债的公允价值为基础确定

（二）特殊性税务处理

财税〔2009〕59号文第四条第（一）项规定："企业发生其他法律形式简单改变的，可直接变更税务登记，除另有规定外，有关企业所得税纳税事项（包括亏损结转、税收优惠等权益和义务）由变更后企业承继，但因住所发生变化而不符合税收优惠条件的除外。"

这是财税〔2009〕59号文对企业法律形式改变这一重组交易类型作出的不同于上述所得税一般性税务处理的规范，本书将其称为企业法律形式改变的特殊性税务处理。

1.适用情形

根据财税〔2009〕59号文的规定，企业发生的其他法律形式简单改变，可适用该税收待遇，但对于"其他法律形式简单改变"的具体内容并没有明确。

本书认为，除"法人组织转变为非法人组织"外的法人组织形式内部之间的组织形式的变更，如"非公司制企业改制为有限责任公司或股份有限公司，有限责任公司变更为股份有限公司，股份有限公司变更为有限责任公司"等，都属于"其他法律形式简单改变"，可以适用财税〔2009〕59号文规定的税收待遇。国家税务总局在2017年第34号公告中对其中部分形式变更的性质做了规范，该公告第一条规定，全民所有制企业改制为国有独资公司或者国有全资子公司，属于财税〔2009〕59号文件第四条规定的"企业发生其他法律形式简单改变"的情形。

对于企业发生的公司制改制的具体税收分析，可见后续专题的内容。

2.所得税待遇

财税〔2009〕59号文规定，企业发生其他法律形式简单改变的，可直接变更税务登记，除另有规定外，有关企业所得税纳税事项（包括亏损结转、税收优惠等权益和义务）由变更后企业承继，但因住所发生变化而不符合税收优惠条件的除外。

因此，对于企业发生法律形式改变适用特殊性税务处理时，企业可直接进行税务登记变更，变更前企业有关的纳税事项由变更后的企业承继，具体包括：①变更前企业依法可结转弥补的亏损由变更后的企业在剩余可弥补期限内继续结转弥补；②变更前后资产的计税基础不变；③变更前企业适用的税收优惠可由变更后的企业继续享受，但该税收优惠属于特定区域的税收优惠且变更后的企业因住所变更无法再满足该要件时，该税收优惠不再享受；④变更前企业的其他税收属性由变更后的企业承继。

《企业所得税法》主要是以产业为主制定企业所得税优惠政策，但仍有如表3-1-3 所示的针对地区性的所得税优惠政策。

表 3-1-3　地区性所得税优惠政策表

地区	具体内容
服务贸易创新发展试点地区	在服务贸易创新发展试点地区，符合条件的技术先进型服务企业减按 15% 的税率征收企业所得税。 ——《财政部 国家税务总局 商务部 科技部 国家发展改革委关于在服务贸易创新发展试点地区推广技术先进型服务企业所得税优惠政策的通知》（财税〔2016〕122 号）
西部大开发地区	对设在西部地区的鼓励类产业企业减按 15% 的税率征收企业所得税；对设在赣州市的鼓励类产业的内资企业和外商投资企业减按 15% 的税率征收企业所得税。 ——《财政部 海关总署 国家税务总局关于深入实施西部大开发战略有关税收政策问题的通知》（财税〔2011〕58 号） ——《国家税务总局关于深入实施西部大开发战略有关企业所得税问题的公告》（国家税务总局公告 2012 年第 12 号） ——《财政部 海关总署 国家税务总局关于赣州市执行西部大开发税收政策问题的通知》（财税〔2013〕4 号）
新疆困难地区	对在新疆困难地区新办的，属于《新疆困难地区重点鼓励发展产业企业所得税优惠目录》范围内的企业，自取得第一笔生产经营收入所属纳税年度起，第一年至第二年免征企业所得税，第三年至第五年减半征收企业所得税。 ——《财政部 国家税务总局关于新疆困难地区新办企业所得税优惠政策的通知》（财税〔2011〕53 号）
新疆喀什、霍尔果斯	对在新疆喀什、霍尔果斯两个特殊经济开发区内新办的，属于《新疆困难地区重点鼓励发展产业企业所得税优惠目录》范围内的企业，自取得第一笔生产经营收入所属纳税年度起，五年内免征企业所得税。 ——《财政部 国家税务总局关于新疆喀什、霍尔果斯两个特殊经济开发区企业所得税优惠政策的通知》（财税〔2011〕112 号）
广东横琴、福建平潭、深圳前海	对设在横琴新区、平潭综合实验区和前海深港现代服务业合作区的鼓励类产业企业减按 15% 的税率征收企业所得税。 ——《财政部 国家税务总局关于广东横琴新区、福建平潭综合实验区、深圳前海深港现代化服务业合作区企业所得税优惠政策及优惠目录的通知》（财税〔2014〕26 号）

续表

地区	具体内容
上海自贸试验区临港新片区	对新片区内从事集成电路、人工智能、生物医药、民用航空等关键领域核心环节相关产品（技术）业务，并开展实质性生产或研发活动的符合条件的法人企业，自设立之日起 5 年内减按 15% 的税率征收企业所得税。 ——《财政部 国家税务总局关于中国（上海）自贸试验区临港新片区重点产业企业所得税政策的通知》（财税〔2020〕38 号）
海南自由贸易港	对注册在海南自由贸易港并实质性运营的鼓励类产业企业，减按 15% 的税率征收企业所得税。 ——《财政部 税务总局关于海南自由贸易港企业所得税优惠政策的通知》（财税〔2020〕31 号）

第二节　债务重组

一、债务重组的概念和方式

（一）债务重组的概念

财税〔2009〕59 号文将债务重组作为企业重组的类型之一，除了财税〔2009〕59 号文外，《企业会计准则第 12 号——债务重组》（财会〔2006〕3 号，以下简称《旧债务重组准则》）也对企业债务重组的相关概念及类型做了规范，财政部于 2019 年 5 月 6 日对原有的债务重组准则修订后发布了《企业会计准则第 12 号——债务重组》（财会〔2019〕9 号，以下简称《债务重组准则》）对债务重组概念的内涵和外延做了修订。表 3-2-1 对上述不同规范下债务重组的概念做了对比分析。

从表 3-2-1 可以看出，财税〔2009〕59 号文的债务重组概念与《旧债务重组准则》中债务重组的概念相类似，都具有两个基本的特征：其一，在债务重组产生的原因上，两者均是以债务人发生财务困难为前提，债务人发生财务困难，是指因债务人出现资金周转困难、经营陷入困境或者其他原因，导致其无法或者没有能力按原定条件偿还债务；其二，在债务重组的结果方面，两者均要求债权人作出让步，这种让步既可以是债务清偿金额上的让步，如减免债务人应当偿还的债务本金或者利息；也可以是债务清偿时间上的让步，如延长债务人清偿债务的时间或者由原有的一次性清偿修改为分期清偿；还可以是债务清偿方式上的让步，如由原有的货币清偿修改为以货物清偿或者将债权人的债权转为对债务人的投资等。

表 3-2-1　债务重组概念对比表

财税〔2009〕59号文	《旧债务重组准则》	《债务重组准则》
债务重组，是指在债务人发生财务困难的情况下，债权人按照其与债务人达成的书面协议或者法院裁定书，就其债务人的债务作出让步的事项	第二条　债务重组，是指在债务人发生债务困难的情况下，债权人按照其与债务人达成的协议或者法院的裁定作出让步的事项	第二条　债务重组，是指在不改变交易对手方的情况下，经债权人和债务人协定或法院裁定，就清偿债务的时间、金额或方式等重新达成协议的交易。 第四条　本准则适用于所有债务重组，但下列各项适用其他相关会计准则： （二）通过债务重组形成企业合并的，适用《企业会计准则第20号——企业合并》。 （三）债权人或债务人中的一方直接或间接对另一方持股且以股东身份进行债务重组的，或者债权人与债务人在债务重组前均受同一方或相同的多方最终控制，且该债务重组的交易实质是债权人或债务人进行了权益性分配或接受了权益性投入的，适用权益性交易的有关会计处理规定

与《旧债务重组准则》相比，《债务重组准则》对债务重组概念的规范更为清晰：首先，不再强调债务重组过程中债务人的财务困难及债权人对债务人的让步，只要债权人与债务人就清偿债务的时间、金额或方式重新达成协议的，均属于对原有债务的重组；其次，由于债务重组要求不改变交易对手，所以若债权人或者债务人根据《民法典》进行债权转让或者债务转移，由于交易双方已经发生了变更，所以并不属于《债务重组准则》中的债务重组；再次，《债务重组准则》排除了债权人和债务人之间基于特殊关系的协议变更，若债权人和债务人之间存在特殊的股权投资关系，双方的这种特殊关系可能致使其发生的交易属于权益性交易而非债务重组交易；最后，若债务重组的交易构成业务合并的，则应当属于企业合并的相关范畴，也并非《债务重组准则》规范的债务重组。

（二）债务重组的途径

财税〔2009〕59号文及会计准则规定，债务重组可以由债权人和债务人协商一致后进行，也可以通过法院裁定而进行。《民法典》第五百零九条规定："当事人应当按照约定全面履行自己的义务。"第五百四十三条规定："当事人协商一致，可以变更合同。"这是对合同之债的履行和变更作出的规范，根据该规定，债权人和债务人之间可以就债权的履行时间、履行地点和履行方式等作出变更。

法院裁定的债务重组主要是债务人在破产时，法院依据《中华人民共和国企业破产法》(2006年8月27日第十届全国人民代表大会常务委员会第二十三次会议通过，以下简称《企业破产法》)的相关规定对企业破产重整、破产和解及破产清算中的债务履行作出规定的行为，虽然此时的债务重组并非由债权人和债务人之间的合意达成，但法院的裁定对双方均具有约束力，我国《企业破产法》与此相关的主要内容见表3-2-2。

表3-2-2 《企业破产法》债务履行的主要内容

事项	主要内容
破产重整	**第八十一条** 重整计划草案应当包括下列内容：（一）债务人的经营方案；（二）债权分类；（三）债权调整方案；（四）债权受偿方案；（五）重整计划的执行期限；（六）重整计划执行的监督期限；（七）有利于债务人重整的其他方案。 **第九十二条** 经人民法院裁定批准的重整计划，对债务人和全体债权人均有约束力。 **第九十四条** 按照重整计划减免的债务，自重整计划执行完毕时起，债务人不再承担清偿责任
破产和解	**第一百条** 经人民法院裁定认可的和解协议，对债务人和全体和解债权人均有约束力。 **第一百零二条** 债务人应当按照和解协议规定的条件清偿债务。 **第一百零六条** 按照和解协议减免的债务，自和解协议执行完毕时起，债务人不再承担清偿责任
破产清算	**第一百一十三条** 破产财产在优先清偿破产费用和共益债务后，依照下列顺序清偿：（一）破产人所欠职工的工资和医疗、伤残补助、抚恤费用，所欠的应当划入职工个人账户的基本养老保险、基本医疗保险费用，以及法律、行政法规规定应当支付给职工的补偿金；（二）破产人欠缴的除前项规定以外的社会保险费用和破产人所欠税款；（三）普通破产债权 **第一百二十条** 破产人无财产可供分配的，管理人应当请求人民法院裁定终结破产程序 **第一百二十一条** 管理人应当自破产程序终结之日起十日内，持人民法院终结破产程序的裁定，向破产人的原登记机关办理注销登记

（三）债务重组的方式

财税〔2009〕59号文并未就企业债务重组的具体方式做明确的规范，而是在文中列举了以非货币性资产清偿债务、债转股和以低于债务金额清偿三种方式；本书结合《债务重组准则》的相关规定，将债务重组的具体方式分为如图3-2-1所示的种类。

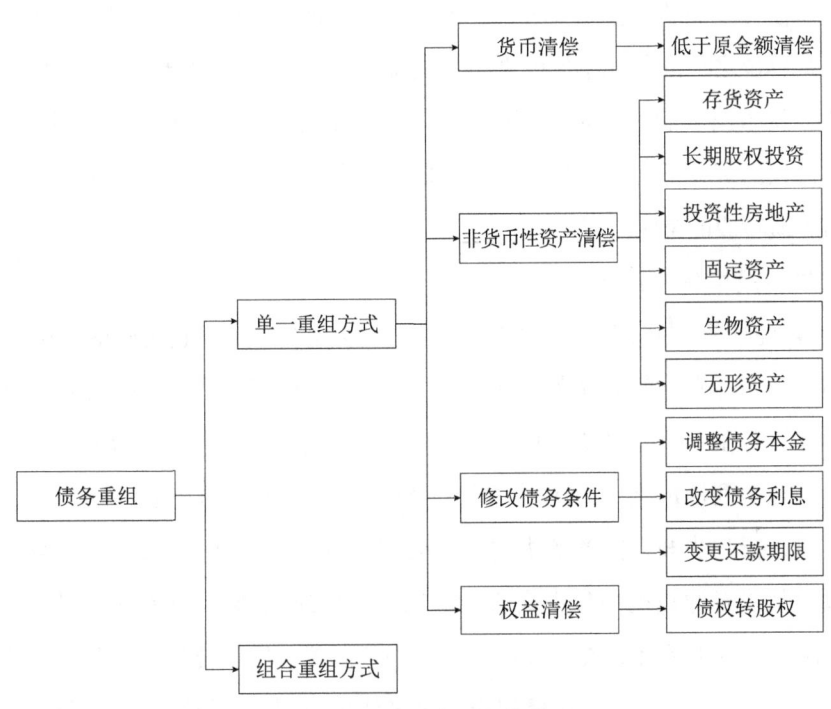

图 3-2-1　债务重组方式

（四）债转股的相关规定

由于财税〔2009〕59号文对债转股的特殊性税务处理与其他债务重组方式下的特殊性税务处理有所差异，因此将其单独予以说明。

1. 债转股的概念

财税〔2009〕59号文将债转股作为可适用特殊性税务处理的债务重组类型之一，但并未对债转股的概念作出规定。《公司债权转股权登记管理办法》[国家工商行政管理总局令第57号,已被《公司注册资本登记管理规定》(国家工商行政管理总局令第64号)废止]第二条规定:"本办法所称债权转股权,是指债权人以其依法享有的对在中国境内设立的有限责任公司或者股份有限公司(以下统称公司)的债权,转为公司股权,增加公司注册资本的行为。"

从上述概念可以看出,债转股与债权出资相比,相同点都是股东以债权作为出资的方式,但不同的是债转股是股东以持有的债务人的债权转为对债务人的出资,所以债转股的结果会导致公司注册资本的增加;而债权出资则是股东以持有的被投资单位之外的其他单位或者个人的债权作为对公司的出资,当以债权出资作为股东认缴出资的方式时,债权出资并不会导致被投资单位注册资本的增加,所以以债权出资并不必然导致被投资单位注册资本的增加。图3-2-1中的权益清偿即属于债转股的重组方式。

2.债转股中债权的要求

《公司注册资本登记管理规定》(已被2022年3月1日起实施的《中华人民共和国市场主体登记管理条例实施细则》废止)第七条规定:"债权人可以将其依法享有的对在中国境内设立的公司的债权,转为公司股权。转为公司股权的债权应当符合下列情形之一:(一)债权人已经履行债权所对应的合同义务,且不违反法律、行政法规、国务院决定或者公司章程的禁止性规定;(二)经人民法院生效裁判或者仲裁机构裁决确认;(三)公司破产重整或者和解期间,列入经人民法院批准的重整计划或者裁定认可的和解协议。用以转为公司股权的债权有两个以上债权人的,债权人对债权应当已经作出分割。债权转为公司股权的,公司应当增加注册资本。"

《中华人民共和国市场主体登记管理条例实施细则》(国家市场监督管理总局令第52号,以下简称《市场主体登记实施细则》)第十三条规定:"依法以境内公司股权或者债权出资的,应当权属清楚、权能完整,依法可以评估、转让,符合公司章程规定。"

所以债转股中的债权主要是合同之债,但并不限于购销合同之债,对于其他的合同之债也可以转为对公司的股权,但该债权不得违反法律、行政法规、国务院决定或者公司章程的禁止性规定。

3. 债转股的内部决策程序

《公司法》第五十九条规定:"股东会行使下列职权:(五)对公司增加或者减少注册资本作出决议。"第六十六条第三款规定:"股东会作出修改公司章程、增加或者减少注册资本的决议,以及公司合并、分立、解散或者变更公司形式的决议,应当经代表三分之二以上表决权的股东通过。"第一百一十六条第三款规定:"股东会作出修改公司章程、增加或者减少注册资本的决议,以及公司合并、分立、解散或者变更公司形式的决议,应当经出席会议的股东所持表决权的三分之二以上通过。"

所以,对于企业债转股的,应当由债务人的股东会以特别决议的方式通过内部决策程序。

4. 债转股中的评估和验资

《公司债权转股权登记管理办法》第七条规定:"用以转为股权的债权,应当经依法设立的资产评估机构评估。债权转股权的作价出资金额不得高于该债权的评估值。"第八条规定:"债权转股权应当经依法设立的验资机构验资并出具验资证明。验资证明应当包括下列内容:(一)债权的基本情况,包括债权发生时间及原因、合同当事人姓名或者名称、合同标的、债权对应义务的履行情况;(二)债权的评估情况,包括评估机构的名称、评估报告的文号、评估基准日、评估值;(三)债权转股权的完成情况,包括已签订债权转股权协议、债权人免除公司对应债务、公司相关会计处理;(四)债权转股权依法须报经批准的,其批准的情况。"

2013年12月28修订后的《公司法》不再要求"股东缴纳出资后,必须经依法设立的验资机构验资并出具证明",因此债转股也不再要求出具验资报告。

《市场主体登记实施细则》未要求债转股必须经依法设立的资产评估机构评估,但是《公司法》第四十八条第二款规定:"对作为出资的非货币财产应当评估作价,核实财产,不得高估或者低估作价。法律、行政法规对评估作价有规定的,从其规定。"所以依据《公司法》的规定,在企业发生债转股的债务重组类型时,应当对转为股权的债权进行评估。

二、债务重组的一般性税务处理

(一)债务重组的涉税问题

根据财税〔2009〕59号文对债务重组的定义,债务重组的结果是债权人对债务人作出让步,债权人因该让步形成了债务重组损失,而债务人则因债权人对其的让步产生了债务重组收益。所以债务重组一般性税务处理的涉税问题如下。

第一,债权人的涉税问题。其一是债权人因在债务重组过程中对债务人让步而形成的债务重组损失如何在企业所得税前扣除;其二是债权人取得债务人用于偿还债务的非货币性资产的计税基础如何确定。

第二,债务人的涉税问题。其一是债务人因债权人让步而实现的债务重组收益如何申报缴纳企业所得税;其二是债务人以非货币性资产清偿债务时非货币性资产潜在收益或损失确认的涉税问题。

(二)债务重组所得税处理

《企业所得税法》及其实施条例及多个税收规范性文件对企业债务重组的所得税涉税问题进行了规范,主要内容见表3-2-3。

表3-2-3 债务重组所得税法律法规

文件	主要内容
《企业所得税法实施条例》	**第二十五条** 企业发生非货币性资产交换,以及将货物、财产、劳务用于捐赠、偿债、赞助、集资、广告、样品、职工福利或者利润分配等用途的,应当视同销售货物、转让财产或者提供劳务,但国务院财政、税务主管部门另有规定的除外。 第五十八条、六十二条、六十六条、七十一条、七十二条规定,以债务重组取得的各项资产,以该资产的公允价值和支付的相关税费为取得资产的计税基础

续表

文件	主要内容
财税〔2009〕59号文	四、企业重组，除符合本通知规定适用特殊性税务处理规定的外，按以下规定进行税务处理： （二）企业债务重组，相关交易应按以下规定处理： 1. 以非货币资产清偿债务，应当分解为转让相关非货币性资产、按非货币性资产公允价值清偿债务两项业务，确认相关资产的所得或损失。 2. 发生债权转股权的，应当分解为债务清偿和股权投资两项业务，确认有关债务清偿所得或损失。 3. 债务人应当按照支付的债务清偿额低于债务计税基础的差额，确认债务重组所得；债权人应当按照收到的债务清偿额低于债权计税基础的差额，确认债务重组损失
《国家税务总局关于贯彻落实企业所得税法若干税收问题的通知》（国税函〔2010〕79号，以下简称"国税函〔2010〕79号文"）	二、关于债务重组收入确认问题 企业发生债务重组，应在债务重组合同或协议生效时确认收入的实现
2010年第19号公告	一、企业取得财产（包括各类资产、股权、债权等）转让收入、债务重组收入、接受捐赠收入、无法偿付的应付款收入等，不论是以货币形式、还是非货币形式体现，除另有规定外，均应一次性计入确认收入的年度计算缴纳企业所得税
《国家税务总局关于发布〈企业资产损失所得税税前扣除管理办法〉的公告》（国家税务总局公告2011年第25号，以下简称"2011年第25号公告"）	第二十二条 企业应收及预付款项坏账损失应依据以下相关证据材料确认：（一）相关事项合同、协议或说明；（六）属于债务重组的，应有债务重组协议及其债务人重组收益纳税情况说明

从表3-2-3可以看出，在债务重组所得税适用一般性税务处理时，债务重组交易双方应当按照如下规定进行处理。

1. 债权人税务处理

债权人在债务重组所得税适用一般性税务处理时，应当按照如下规则进行所得税处理。

（1）债务重组损失涉税处理。

债权人在债务重组过程中因对债务人作出让步而形成债务重组损失的，应当按照收到的债务清偿的金额低于债权计税基础的部分确认债务重组损失,其中债务清偿金额是指债务人用于清偿债务的货币资金数额、非货币性资产的公允价值或者用于清偿债务的权益的公允价值;对债权人因应收及预付款项形成的债务重组损失,根据2011年第25号公告的规定,应当根据债务重组协议及债务人已就债务重组收益纳税情况的说明作为确认债务重组损失在企业所得税前扣除的资料;对应收及预付款项之外的其他债权的债务重组损失,应当按照2011年第25号公告第六章有关"投资损失的确认"的相关规定进行所得税处理。

(2)取得资产计税基础确定。

债权人在债务重组过程中取得的债务人用于清偿债务的非货币性资产或者用于清偿债务增发的权益,应当以非货币性资产或者权益的公允价值和支付的相关税费作为资产或投资的计税基础。

2. 债务人税务处理

债务人在债务重组所得税适用一般性税务处理时,应当按照如下规则进行所得税处理。

(1)债务重组收入确认。

债务人应当在债务重组合同或协议生效时确认债务重组收入的实现,通过法院裁定的债务重组,应当以法院裁定书生效日确认债务重组收入的实现。

(2)债务重组所得计量。

债务人确认的债务重组所得金额以支付的债务清偿金额低于重组债务计税基础的差额确认,其中债务人以非货币性资产清偿债务的,其清偿金额以非货币性资产的公允价值确认;债务人以增发权益工具清偿债务的,清偿金额以增发权益工具的公允价值确认。

(3)债务重组所得纳税申报。

债务人确认的债务重组所得,应当在债务重组收入确认当年度一次性计入确认收入的年度计算缴纳企业所得税。

(4)非货币性资产处置损益。

债务人以非货币性资产清偿债务时,应当视同销售非货币性资产,非货币性资产的公允价值与其计税基础之间的差额确认为资产处置收益或损失。

【示例 3-2-1】

甲公司年末应付供应商的材料款合计为 25 000 000.00 元，其中应付乙公司材料款 10 000 000.00 元，应付丙公司材料款 15 000 000.00 元。由于甲公司经营困难无法及时偿付上述款项，经与各债权人协商后达成如下的债务清偿协议：以账面价值为 7 000 000.00 元，计税基础为 6 000 000.00 元，公允价值为 8 000 000.00 元的货物清偿应付乙公司的材料款；丙公司由于看好甲公司未来发展，同意甲公司增发公允价值为 10 000 000.00 元的普通股偿还债务。假定该债务重组不满足适用所得税特殊性税务处理的其他要件，上述的金额均为不含税金额，相关的所得税处理不考虑流转税及其附加税费的影响。

涉税分析：

由于甲公司与债权人的债务重组不满足所得税特殊性税务处理的要件，因此应当适用一般性税务处理。

对于债务人而言：甲公司以非货币性资产清偿应付乙公司的债务，非货币性资产公允价值超过资产计税基础的部分 2 000 000.00 元（8 000 000.00－6 000 000.00）应确认为资产处置所得；用于清偿债务的非货币性资产公允价值与所清偿债务计税基础（与账面价值相同）之间的差额 2 000 000.00 元（10 000 000.00－8 000 000.00）为甲公司因实施债务重组而实现的债务重组所得。甲公司以增发自身股权的方式清偿应付丙公司的债务，增发股权的公允价值与所清偿债务计税基础（与账面价值相同）之间的差额 5 000 000.00 元（10 000 000.00－5 000 000.00）为甲公司因债务重组而实现的债务重组所得。

对于债权人乙公司而言：其取得的甲公司用于清偿债务的存货的计税基础以其公允价值 8 000 000.00 元确定；存货公允价值与其持有的甲公司债权计税基础之间的差额 2 000 000.00 元（8 000 000.00－6 000 000.00）应确认为债务重组损失，按照规定在企业所得税前扣除。

对于债权人丙公司而言：其取得甲公司增发的股权计税基础以该股权的公允价值 10 000 000.00 元确定；股权公允价值与其持有的甲公司债权计税基础之间的差额 5 000 000.00 元（10 000 000.00－15 000 000.00）应确认为债务重组损失，按照规定在企业所得税前扣除。

在债务重组过程中各方确认的债务重组所得或损失具体情况见表3-2-4。

表3-2-4 债务重组所得或损失计算表 单位：元

当事方		债务人（甲公司）		债权人（乙公司/丙公司）	
		资产处置所得	债务重组所得	资产计税基础	债务重组损失
债权人	乙公司	2 000 000.00	2 000 000.00	8 000 000.00	2 000 000.00
	丙公司	0	5 000 000.00	10 000 000.00	5 000 000.00

纳税申报：

甲公司在年度所得税汇算清缴时应按如下方式填写纳税申报表。

申报表A105100《企业重组及递延纳税事项纳税调整明细表》"债务重组-一般性税务处理"：非货币性资产清偿债务的"账载金额"为3 000 000.00元，"税收金额"为4 000 000.00元，"纳税调整金额"为1 000 000.00元。债转股的"账载金额"为5 000 000.00元，"税收金额"为5 000 000.00元，"纳税调整金额"为0元。

申报表A105000《纳税调整项目明细表》"特殊调整事项"的"账载金额"为8 000 000.00元，"税收金额"为9 000 000.00元，"调增金额"为1 000 000.00元。

三、债务重组的特殊性税务处理

（一）特殊性税务处理要件

财税〔2009〕59号文第五条对企业重组适用特殊性税务处理的要件做了规范，具体为股东利益连续要件、营业企业继续要件和合理商业目的要件。

由于债务重组的标的是债权人对重组企业的债权，并不涉及任何一方实质经营性资产，所以无须满足营业企业继续要件；根据财税〔2009〕59号文第六条第（一）项关于企业债务重组特殊性税务处理的具体规定，并非所有的债务重组特殊性税务处理都需要满足股权支付的要件；2015年第48号公告附件《企业重组所得税特殊性税务处理报告表》的填报说明中也提及，特殊性税务处理条件，债务重组中重组所得超过50%的，只需要填写"具有合理商业目的，且不以减少、免除或者推迟缴纳税款为主要目的"；债转股的，除需要填写上述条件外还需要填写"企业重组中取得股权支付的原主要股东，在重组后连续 12 个月内，不得转让所取得的股权"。

所以债务重组所得税适用特殊性税务处理时，并不要求符合财税〔2009〕59 号文第五条规定的所有要件，具体满足的要件应当以第六条第（一）项的规定为准。

（二）债务重组特殊性税务处理

财税〔2009〕59 号文第六条第（一）项对债务重组所得税适用特殊性税务处理的具体内容进行了规范，根据债务重组类型的不同给予了分期确认和递延确认两种税收待遇，具体见表 3-2-5。

表 3-2-5　债务重组特殊性税务处理

税收待遇	适用情形	具体内容
分期确认待遇	债权转股权外的债务重组方式	企业债务重组确认的应纳税所得额占该企业当年应纳税所得额 50% 以上，可以在 5 个纳税年度的期间内，均匀计入各年度的应纳税所得额
递延确认待遇	债权转股权的债务重组方式	企业发生债权转股权业务，对债务清偿和股权投资两项业务暂不确认有关债务清偿所得或损失，股权投资的计税基础以原债权的计税基础确定。企业的其他相关所得税事项保持不变

1. 分期确认待遇

（1）应当满足的要件。

根据财税〔2009〕59 号文第六条第（一）项的规定，适用所得分期确认待遇的债务重组需要满足表 3-2-6 所示的两个条件。

表 3-2-6　分期确认待遇要件表

要件	具体内容
重组类型	债权转股权之外的债务重组类型，如以低于债务的货币资金清偿债务，以非货币性资产清偿债务或者修改债务条件
债务重组确认的应纳税所得额占该企业当年应纳税所得额 50% 以上	其一，该企业当年应纳税所得额包含债务重组确认的应纳税所得额；其二，债务重组确认的应纳税所得额应当仅包含债务重组所得，即债务人重组债务的计税基础超过债务人用于清偿债务资产的公允价值的金额，并不包括债务人以非货币性资产清偿债务时按规定确认的资产处置所得

（2）分期确认待遇的具体内容。

企业债务重组满足所得税特殊性税务处理要件适用分期确认待遇的，交易各方应按表3-2-7所示的规则进行所得税处理。

表3-2-7　债务重组分期确认所得税规则

当事方	具体内容
债务人	债务重组确认的应纳税所得额，可以在5个纳税年度的期间内，均匀计入各年度的应纳税所得额： 首先，可分期确认的所得额仅限于债务重组确认的应纳税所得额，即重组债务计税基础超过用于清偿债务资产公允价值的差额部分。 其次，分期确认待遇是由债务人选择执行的，而非在满足上述要件后必须按该规则执行。 再次，分期的年度为固定的5个纳税年度，而非不超过5个年度。 最后，分期方式为均匀计入，而非由债务人自行确定计入各纳税年度的应纳税所得额
债权人	与债重组所得税一般性税务处理相同，即： 其一，债权人应当将重组债权计税基础超过债务人实际清偿金额之间的差额确认为债务重组损失，并按照财产损失税前扣除的规定在所得税前扣除。 其二，债权人取得债务人用于偿债的非货币性资产的计税基础以其公允价值确定，而非按照其原有计税基础和债务人分期确认的应纳税所得额逐年调整其计税基础

虽然财税〔2009〕59号文对所得分期确认待遇下债权人取得的债务人用于偿还债务的非货币性资产计税基础的确定方法及债权人债务重组损失的所得税处理并未予以明确，但是由于债务重组所得分期确认仅限于债务人，不影响债权人所得税处理，所以债权人应当按照上述表格中的内容进行所得税处理。

【示例3-2-2】

案例基本情况同示例3-2-1，甲公司当年度利润表的利润总额为12 000.000.00元，假设除债务重组纳税调整外，无其他纳税调整事项。

涉税分析：

债务人甲公司当年度利润总额为12 000 000.00元，由于甲公司以非货币性资产清偿乙公司债务时，按资产账面价值确认的资产处置所得为1 000 000.00

元（8 000 000.00－7 000 000.00），而按照资产计税基础确认的资产处置所得为 2 000 000.00 元（8 000 000.00－6 000 000.00），所以由此调整后甲公司当年度的应纳税所得额为 13 000 000.00 元；甲公司以增发自身股份的方式清偿丙公司债务，按照《债务重组准则》确认的债务重组所得为 5 000 000.00 元（15 000 000.00－10 000 000.00），与按照财税〔2009〕59号文确认的债务重组所得相同，所以不存在税会差异。

甲公司在债务重组过程中确认的债务重组所得为 7 000 000.00 元（2 000 000.00+5 000 000.00），占企业当年度应纳税所得额的比例为 53.85%（7 000 000.00÷13 000 000.00×100%），超过了 50%，所以甲公司对于债务重组所得 7 000 000.00 元可以在 5 个纳税年度内均匀计入各年度的应纳税所得额。

纳税申报：

假定甲公司在年度纳税申报时选择按 5 个纳税年度分期确认债务重组所得，每年度应确认的债务重组所得为 1 400 000.00 元（7 000 000.00÷5）；其中甲公司因非货币性资产清偿债务而确认的应纳税所得额为 2 000 000.00 元，因债转股而确认的应纳税所得额为 5 000 000.00 元。甲公司在年度所得税汇算清缴时应按如下方式填写纳税申报表。

申报表 A105100《企业重组及递延纳税事项纳税调整明细表》"债务重组－特殊性税务处理"：非货币性资产清偿债务的"账载金额"为 3 000 000.00 元（10 000 000.00－7 000 000.00），"税收金额"为 400 000.00 元（2 000 000.00÷5），"纳税调整金额"为 －2 600 000.00 元。债转股的"账载金额"为 5 000 000.00 元（15 000 000.00－10 000 000.00），"税收金额"为 1 000 000.00 元（5 000 000.00÷5），"纳税调整金额"为 －4 000 000.00 元。

申报表 A105000《纳税调整项目明细表》"特殊调整事项"，若无其他调整事项时"账载金额"为 8 000 000.00 元，"税收金额"为 1 400 000.00 元，"调减金额"为 6 600 000.00 元。

申报表 A100000《中华人民共和国企业所得税年度纳税申报表（A类）》第 13 行"利润总额"为 12 000 000.00 元，第 15 行"纳税调整增加额"为 1 000 000.00 元，第 16 行"纳税调整减少额"为 6 600 000.00 元，第 19 行"纳税调整后所得"为 6 400 000.00 元（12 000 000.00+1 000 000.00－

6 600 000.00），第 23 行"应纳税所得额"为 6 400 000.00 元，第 25 行"应纳所得税额"为 1 600 000.00 元。

2. 递延确认待遇

（1）应当满足的要件。

根据财税〔2009〕59 号文第六条第（一）项的规定，企业发生债转股，对债务清偿和股权投资两项业务暂不确认有关债务清偿所得或损失。所以，债务重组中的递延确认待遇仅限于债转股的债务重组方式，这里的债转股是指"债务重组的方式为债转股"还是"债务重组中"的债转股方式，财税〔2009〕59 号文并没有予以明确。

本书认为此处的"债转股"是指债务重组的单一方式，在组合重组方式中，对于其中债转股的债务重组方式并不能单独适用该税收待遇，主要理由在于：首先，财税〔2009〕59 号文第六条第（一）项对该税收待遇的规范是单一条款规范，并没有将其作为债务重组的单一重组类型进行规范，若将其作为组合重组中的单一重组类型时，其描述应当是"其中债权转股权业务，对债务清偿和股权投资两项业务暂不确认有关债务清偿所得或损失，股权投资的计税基础以原债权的计税基础确定"；其次，2010 年第 4 号公告第四条规定"同一重组业务的当事各方应采取一致税务处理原则，即统一按一般性或特殊性税务处理"，所以在债务重组过程中交易各方也应当采用一致性的所得税处理原则；最后，2015 年第 48 号公告附件《企业重组所得税特殊性税务处理报告表（债务重组）》的填报方式中，对于"除债转股方式外的债务重组"和"债转股方式的债务重组"是作为并列方式提及的，而非将债转股作为组合方式提及，同时在确定其税收待遇时的"债务人暂不确认的债务重组所得"计算方式也是以重组债务整体的计税基础确定，而非仅仅以"债权转股权"所涉及的"重组债务计税基础"确定。

同时本书认为对于"债务重组方式"应当以债务人与单个债权人达成的债务重组协议为准，所以对于示例 3-2-1 所示的案例，若甲公司与乙公司和丙公司分别签订债务重组协议，或者在一项债务重组协议中分别就不同债权人分别约定不同重组方式的权利义务，则对于丙公司而言，应当可以适用所得递延确认的待遇。

(2）递延确认待遇的具体内容。

根据财税〔2009〕59号文第六条第（一）项的规定，企业采用债转股债务重组方式选择适用所得税特殊性税务处理时，当事各方应当按照表3-2-8所示的规则进行所得税处理。

表3-2-8　债务重组递延确认所得税规则

当事方	具体内容
债务人	其一，债务人对用于清偿债务的股权的公允价值低于重组债务计税基础的部分，在当期不确认相应的债务重组所得。 其二，债务人的其他相关所得税事项保持不变
债权人	首先，债权人对债务人用于清偿债务的股权公允价值低于重组债权计税基础的部分，在债务重组当期不确认相应的债务重组损失。 其次，债权人取得债务人用于清偿债务的股权计税基础以重组债权的原计税基础确定。 最后，债权人原有的其他相关所得税事项保持不变

在债务重组采用所得递延确认待遇时，债权人没有确认债务重组损失，而是通过替代税基规则将重组债权的潜在损失在以后处置取得清偿债务的股权时再予以确认，因此对债权人而言属于债务重组损失的递延确认；但是对于债务人而言，由于在债务重组过程中其并没有取得任何的经营性资产，仅仅以其增发的股权清偿了债务，因此对于债务人未确认的债务重组所得并没有办法在以后的期间内予以确认，所以对债务人而言，此情形下的债务重组所得并非递延确认，而是永久的不予确认。

【示例3-2-3】

假定在示例3-2-1中甲公司增发公允价值18 000 000.00元的普通股偿还乙公司及丙公司的欠款，其他事项保持不变。

涉税分析：

由于债务人甲公司与债权人乙公司和丙公司采用债转股的方式进行债务重组，根据财税〔2009〕59号文的规定，若满足递延确认其他要件的，债务人和债权人可按如下规则进行所得税纳税申报：

债务人甲公司：甲公司在债务重组过程中实现的债务重组所得为 7 000 000.00 元（25 000 000.00 - 18 000 000.00），对于该债务重组所得，甲公司可暂不予以确认；同时甲公司的其他所得税事项保持不变。

债权人乙公司和丙公司：乙公司和丙公司在此次债务重组过程中共实现的债务重组损失为 7 000 000.00 元，对于该债务重组损失，乙公司和丙公司在债务重组当期均不予确认，而是待其处置取得甲公司股权时再予以确认；乙公司取得甲公司的股权以 10 000 000.00 元为计税基础，丙公司取得甲公司的股权以 15 000 000.00 元为计税基础；乙公司和甲公司的其他所得税事项保持不变。

由于财税〔2009〕59 号文并未对甲公司暂不确认的 7 000 000.00 元债务重组所得何时转回确认进行明确，所以该部分的债务重组所得将一直免于缴纳企业所得税。

纳税申报：

债务人甲公司应当就该债务重组业务按照如下方式填写纳税申报表。

申报表 A105100《企业重组及递延纳税事项纳税调整明细表》"债务重组 - 特殊性税务处理（递延纳税）"：债转股的"账载金额"为 7 000 000.00 元，"税收金额"为 0 元，"纳税调整金额"为 -7 000 000.00 元。

申报表 A105000《纳税调整项目明细表》"特殊调整事项"，若无其他调整事项时"账载金额"为 7 000 000.00 元，"税收金额"为 0 元，"调减金额"为 7 000 000.00 元。

申报表 A100000《中华人民共和国企业所得税年度纳税申报表（A 类）》第 13 行"利润总额"为 12 000 000.00 元，第 16 行"纳税调整减少额"为 7 000 000.00 元，第 19 行"纳税调整后所得"为 5 000 000.00 元，第 23 行"应纳税所得额"为 5 000 000.00 元，第 25 行"应纳所得税额"为 1 250 000.00 元。

（三）分期确认待遇的其他问题

1. 可分期确认的条件

财税〔2009〕59 号文第六条第（一）项规定："企业债务重组确认的应纳税所得额占该企业当年应纳税所得额 50% 以上，可以在 5 个纳税年度的期间内，均匀计入各年度的应纳税所得额。"对于上述规范中的"企业债务重组确认的应纳税所得额"实务中有两种不同的理解,一种理解如上文债务重组分期确认待遇所分析,"债务重组确认的应纳税所得额"仅包括"债务重组所得";另一种理解认为此处的"债务重组确认的应纳税所得额"包括"资产转让所得"和"债务重组所得"。

本书认为,为了体现国家鼓励企业正当重组的立法价值取向,此处的"债务重组确认的应纳税所得额"理解为包括"资产转让所得"在内的所得金额更为合适。首先,国家给予债务人分期确认所得待遇的主要理论依据是纳税必要资金原则,在债务人以非货币性资产清偿债务时,虽然债务人实现并确认了资产转让所得和债务重组所得,但两种所得都没有取得实现的货币资金,所以对其中的资产转让所得和债务重组所得都应当给予分期确认待遇,而不应当区分所得性质给予差别化处理。其次,财税〔2009〕59号文使用的是"企业债务重组确认的应纳税所得额",应当是指在债务重组交易过程中确认的应纳税所得额,而并非指特定的某种性质的所得,根据财税〔2009〕59号文第四条第(二)项的规定"以非货币资产清偿债务,应当分解为转让相关非货币性资产、按非货币性资产公允价值清偿债务两项业务,确认相关资产的所得或损失",所以在债务重组交易中,债务人同时实现并确认了资产转让所得和债务重组所得,这两种所得都是"企业债务重组确认的"。最后,财税〔2009〕59号文之前,规范债务重组所得税处理的《企业债务重组业务所得税处理办法》(2003年国家税务总局令第6号公布,以下简称"国家税务总局令第6号",已废止)第八条规定"企业在债务重组业务中因以非现金资产抵债或因债权人的让步而确认的资产转让所得或债务重组所得,如果数额较大,一次性纳税确有困难的,经主管税务机关核准,可以在不超过5个纳税年度的期间内均匀计入各年度的应纳税所得额",可适用分期确认待遇的所得包括"资产转让所得"和"债务重组所得",因此从政策延续性而言,财税〔2009〕59号文中的"企业债务重组确认的所得"也应当包括两种性质的所得。

2. 可分期确认的所得额

财税〔2009〕59号文第六条是规范企业重组特殊性税务处理的条款,第六条规定"企业重组符合本通知第五条规定条件的,交易各方对其交易中的股权支付部分,可以按以下规定进行特殊性税务处理";第六条第(一)项是对债务重组适用特殊性税务处理的具体规定,第六条第(一)项第一款规定"企业债务重组确认的应纳税所得额占该企业当年应纳税所得额50%以上,可以在5个纳税年度的期间内,均匀计入各年度的应纳税所得额"。

上述是关于债务重组特殊性税务处理分期确认待遇的具体规范,但是在可以"分期确认"的所得额性质上,除了前述的理解为"债务重组所得"观点外,实务中还有另外的一种观点:由于财税〔2009〕59号文第六条明确规定"交易各方对其交易中的股权支付部分,可以按以下规定进行特殊性税务处理",所以债务重组交易中可适用分期确认的所得也仅限于"企业债务重组所得"中股权支付对应的金额,对非股权支付对应的所得仍然应当按照财税〔2009〕59号文第六条第(六)项规定的方法计算所得或损失,并在重组交易当期一次性予以确认。根据财税〔2009〕59号文第二条的规定,股权支付包括"本企业或其控股企业的股权",债务重组中以"本企业股权"作为支付属于"债转股",应适用财税〔2009〕59号文第六条第(一)项第二款的递延确认待遇,所以分期确认待遇中的股权支付仅指债务人以其"控股企业股权或股份"作为债务重组对价的情形。

在这种理解方式下,债务重组特殊性税务处理的所得税待遇如图3-2-2所示。

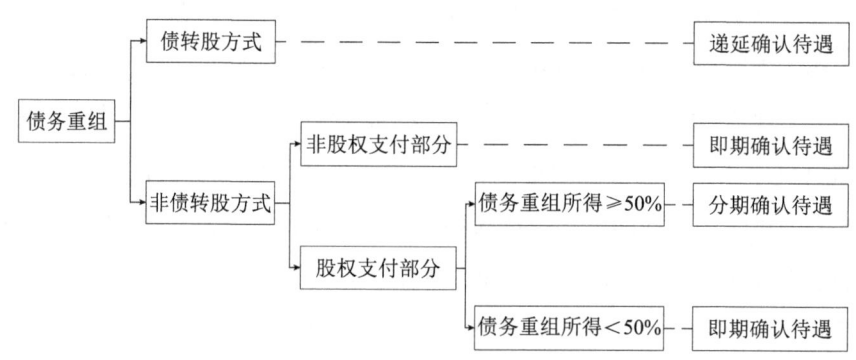

图 3-2-2 债务重组所得税待遇

在图3-2-2所示的债务重组所得税待遇中,与前述对债务重组所得税特殊性税务处理的分析相比,差别在于当债务人以非货币性资产清偿债务时,对于确认的"债务重组所得"应当进一步区分为股权支付对应的债务重组所得和非股权支付对应的债务重组所得,其中非股权支付对应的债务重组所得应当在重组交易当期一次性确认,股权支付对应的债务重组所得只有在"企业债务重组确认的应纳税所得额占该企业当年度应纳税所得额50%以上"时才可以适用分期确认的所得税待遇,否则也应当在企业重组交易当期一次性确认。

【示例3-2-4】

A公司因采购原材料应付B公司货款金额为1 000.00万元,现由于A公司财务困难无法按时偿付该款项,经A公司与B公司协商后确定如下债务重组方案:A公司以其拥有的账面价值(与计税基础相同)为400.00万元,公允价值为600.00万元的存货及持有的子公司20%股权用于清偿债务,用于偿还债务的子公司股权计税基础为100.00万元,公允价值为200.00万元。在债务重组协议签订后A公司及时交付了用于偿债的货物,同时也就子公司的股权办理了工商变更登记手续;A公司当年的应纳税所得额为300.00万元。

涉税分析:

在该案例中,债务人A公司以非货币性资产清偿债务,根据财税〔2009〕59号文第二条及2010年第4号公告的规定,A公司以其持有的子公司股权清偿债务属于股权支付,在不考虑流转税及印花税等交易税费的情况下A公司应当按照如下方式进行所得税处理。

A公司以存货偿还债务应当确认的存货销售所得＝600.00-400.00＝200.00(万元)。

A公司以持有的子公司股权偿还债务应当确认的投资收益金额＝200.00-100.00＝100.00(万元)。

A公司实现的债务重组所得金额＝1 000.00-(600.00+200.00)＝200.00(万元)。

由于A公司在债务重组方式中股权支付金额为200.00万元,非股权支付金额为600.00万元,按照财税〔2009〕59号文第六条第(六)项的规定,A公司在债务重组中非股权支付部分应当确认的债务重组所得金额应当按照如下公式计算：

非股权支付对应的债务重组所得＝（1 000.00-800.00）×（600.00÷800.00）
＝150.00（万元）。

股权支付对应的债务重组所得＝200.00-150.00＝50.00（万元）。

A公司当年债务重组确认的应纳税所得额占其当年度应纳税所得额的比例为66.67%（200.00÷300.00×100%），所以股权支付部分对应的债务重组所得50.00万元可在5个纳税年度内，均匀计入各年度的应纳税所得额，债务重组当年可计入的应纳税所得额为10.00万元（50.00÷5），纳税调整减少金额为40.00万元，当年度调整后的应纳税所得额为260.00万元（300.00-40.00）。

上述的所得税处理方法是按照前述对可分期确认所得的金额仅限于股权支付对应的金额的理解方式下的计算过程。虽然财税〔2009〕59号文第六条在总体规定上明确了"交易各方对其交易中的股权支付部分，可以按以下规定进行特殊性税务处理"，但是对于上述的这种处理方式，本书并不认可，主要理由如下。

第一，如前所述，对所得给予分期确认待遇的主要理论依据是纳税必要资金原则，即纳税人虽然实现了所得但是并未取得现金，所以并无实际的纳税能力，基于此给予纳税人分期确认所得分期缴纳企业所得税的待遇，在债务重组交易中无论是股权支付还是非股权支付，对债务人而言都是未能取得现金流入的所得，并不应当给予差别化税收待遇。

第二，2015年第48号公告在对不同重组类型的《企业重组所得税特殊性税务处理报告表》的设计中，除债务重组之外的其他重组交易均单独体现股权支付金额和非股权支付金额，并且需要计算非股权支付对应的资产转让所得或损失，但是在债务重组的报告表中并不体现股权支付金额和非股权支付金额及非股权支付对应的资产转让所得或损失，这从另一个侧面可以说明对债务重组所得的分期确认待遇并不需要区分股权支付和非股权支付。

第三，财税〔2009〕59号文之前规范债务重组税收处理的国家税务总局令第6号也并未将可以适用分期确认待遇的债务重组所得再进一步区分为股权支付对应部分和非股权支付对应部分。

第四，对于财税〔2009〕59号文第六条总体要求的描述，本书更倾向于属于立法技术的瑕疵。因为这种瑕疵不仅出现在此处，如对债务重组适用特殊性税务处理是否需要完全符合财税〔2009〕59号文第五条的要件曾经也有争议，从字面含义而言需要同时满足第五条规范的要件，但并不符合理论上的要求，因此在2015年第48号公告的填表说明中对该问题进行了规范；基于此本书认为对于只有股权支付对应的债务重组所得可以适用分期确认待遇也可以理解为一种立法技术的瑕疵。

第五，实务中很多债务重组的方案采用的都是以非货币性资产清偿债务，而且由于有限责任公司股权的估值和流动性问题，极少出现债务人以所持有股权作为债务清偿的标的，这种情况下债务重组并不存在股权支付，若按照上述的理解方法，全部的债务重组所得均需要在重组交易当期确认所得缴纳企业所得税，这与鼓励企业重组的立法价值取向也不相符。

四、债务重组所得税的其他问题

（一）未发生财务困难的债务重组

财税〔2009〕59号文定义的债务重组是指"在债务人发生财务困难的情况下"债权人与债务人达成的债务重组协议，财税〔2009〕59号文规定债权人应当按照收到的债务清偿额低于债权计税基础的差额，确认债务重组损失。实务中除了债务人发生财务困难的债务重组外，债务人未发生财务困难时也有可能基于多种原因而和债权人达成债务重组协议并且债权人作出让步。对这种情况下的债务重组，交易当事各方应当如何进行所得税处理，财税〔2009〕59号文及其他的税收规范性文件并未予以明确，本书拟对其所得税处理进行分析。

1. 债务人的所得税处理

债务人未发生财务困难的情况下与债权人达成债务重组协议并且债权人对债务人作出让步的，债务人在交易过程中实现了所得。由于这种债务重组并非在"债务人发生财务困难的情况下"发生的，所以债务人的债务重组所得不能适用财税〔2009〕59号文规定的特殊性税务处理待遇，即债务人对债务重组所得应当在债务重组交易当期一次性确认,而不能适用分期确认或者递延确认的所得税待遇。

2. 债权人的所得税处理

债权人因在债务重组交易中对债务人作出让步而产生了损失,对于此类损失是否可以在企业所得税前扣除,实务中有两种不同的观点,一种观点认为由于债务人并未发生财务困难,所以并不符合财税〔2009〕59号文债务重组的定义,债权人因对债务人作出让步而形成的债务重组损失应作为捐赠支出,不得在企业所得税前扣除;另一种观点认为这种情形下债权人发生的债务重组损失可以在企业所得税前扣除。本书认为第二种所得税处理观点较为合理,主要理由如下。

第一,财税〔2009〕59号文明确了债务重组所得税的处理,但文件的重点是对债务人债务重组所得在不同所得税待遇下的所得税处理,即一般性税务处理适用即期确认待遇和特殊性税务处理适用分期确认待遇或递延确认待遇;对债权人因债务重组确认的债务重组损失并未区分不同的所得税待遇而给予差别化处理,所以在债务人未发生财务困难的情况下债权人确认的债务重组损失所得税处理并不能直接适用财税〔2009〕59号文的规范。

第二,债权人因债务重组产生债务重组损失的所得税扣除,应当按照《财政部 国家税务总局关于企业资产损失税前扣除政策的通知》(财税〔2009〕57号,以下简称"财税〔2009〕57号文")和2011年第25号公告的规定进行所得税处理。财税〔2009〕57号文规定,企业与债务人达成债务重组协议,减除可收回金额后确认无法收回的应收、预付款项,可以作为坏账损失在计算应纳税所得额时扣除;2011年第25号公告规定企业应收及预付款项坏账损失属于债务重组的,应有债务重组协议及其债务人重组收益纳税情况说明作为相关证据材料确认,并以此在企业所得税前扣除。

无论是财税〔2009〕57号文还是2011年第25号公告,均未对其中"债务重组"的概念和类型作出明确规定,所以对其是否仅适用于"债务人发生财务困难"的债务重组是有争议的;《企业所得税法》第八条规定"企业实际发生的与取得收入有关的、合理的支出,包括成本、费用、税金、损失和其他支出,准予在计算应纳税所得额时扣除";《企业所得税法实施条例》第二十七条规定"企业所得税法第八条所称有关的支出，是指与取得收入直接相关的支出"，所以对于债权人因债务重组产生的损失，如果属于"与取得收入有关的、合理的支出"，应当允许债权人在所得税前扣除，并不能因为其不符合财税〔2009〕59号文的债务重组定义而不允许其扣除，只是要按照2011年第25号公告规定的要求提供税前扣除的证据资料。

第三，《民法典》第六百五十七条规定"赠与合同是赠与人将自己的财产无偿给予受赠人，受赠人表示接受赠与的合同"，赠与合同是单务合同、诺成合同。《民法典》第五百四十三条规定"当事人协商一致，可以变更合同"。合同变更包括合同主体的变更和合同内容的变更，其中合同内容的变更通常包括合同标的物在质量、数量、履行条件、合同价款、合同所附条件或期限、合同担保、违约责任、解除条件及争议解决的方案等内容的变更，也可以包括合同的从给付义务、附随义务的变更。

合同变更是改变原合同关系，并非建立新的法律关系；而赠与合同是独立的合同关系。债务人未发生财务困难的情况下与债权人达成的债务重组协议，本质上是债权人与债务人就之前已签订合同履行方式的变更，并非债权人对债务人就特定财产单独签订的"赠与合同"，因此并不能将债权人的债务重组损失视为捐赠进行所得税处理。

第四，若将财税〔2009〕57号文和2011年第25号公告规定的债务重组理解为"债务人发生财务困难"的债务重组，则在税收规范性文件未对债务人未发生财务困难时的债务重组损失所得税处理予以规范时，根据《国家税务总局关于发布〈中华人民共和国企业所得税年度纳税申报表（A类，2017年版）〉的公告》（国家税务总局公告2017年第54号，以下简称"2017年第54号公告"）在表A100000《中华人民共和国企业所得税年度纳税申报表（A类）填报说明》中的规定："企业在计算应纳税所得额及应纳所得税时，企业会计处理与税收规定不一致的，应当按照税收规定计算。税收规定不明确的，在没有明确规定之前，暂按国家统一会计制度计算。"

《债务重组准则》定义的债务重组并未限定债务人发生财务困难，根据《债务重组准则》的规定，债权人受让金融资产的，金融资产初始确认时应当以其公允价值计量,金融资产确认金额与债权终止确认日账面价值之间的差额,计入"投资收益"科目;债权人受让非金融资产的,受让的非金融资产以放弃债权的公允价值及取得资产的相关税费作为成本,放弃债权的公允价值与账面价值之间的差额,计入"投资收益";债务重组采用修改其他条款方式进行的,如果修改其他条款导致全部债权终止确认,债权人应当按照修改后的条款以公允价值初始计量重组债权,重组债权的确认金额与债权终止确认日账面价值之间的差额,计入"投资收益"科目。所以根据《债务重组准则》的规定,在债务人未发生财务困难时,债权人因债务重组而产生的损失应计入当期损益,并通过"投资收益"科目进行核算。

第五,若债权人与债务人利用债务重组进行避税行为的,应当根据《企业所得税法》第四十七条、《企业所得税法实施条例》第一百二十条和《一般反避税管理办法(试行)》(国家税务总局令第32号)的规定进行所得税处理,而非一概不允许债权人将此类债务重组产生的债务重组损失予以在企业所得税前扣除。

(二)关联方之间的债务重组

国家税务总局令第6号将债务重组区分为关联企业之间的债务重组和非关联企业之间的债务重组,其中关联企业之间发生的不符合特定条件的含有让步条款的债务重组,原则上债权人不得确认重组损失,而应当视为捐赠,债务人应当确认捐赠收入;如果债务人是债权人的股东,债权人所作的让步应当推定为企业对股东的分配,按照《国家税务总局关于企业股权投资业务若干所得税问题的通知》(国税发〔2000〕118号)第一条第(二)项的规定处理。

财税〔2009〕59号文不再将企业之间发生的债务重组区分为关联企业之间的债务重组和非关联企业之间的债务重组,所以对于关联企业之间发生的债务重组应当按照如下规则进行所得税处理。

1.债务人的所得税处理

关联企业之间的债务重组符合财税〔2009〕59号文规定的特殊性税务处理要件的,债务人对于确认的债务重组所得可以适用财税〔2009〕59号文的分期确认待遇或者递延确认待遇;否则债务人对实现的债务重组所得应当适用即期确认待遇。

2. 债权人的所得税处理

对于关联企业之间发生的债务重组交易，债权人因对债务人让步而产生的债务重组损失应当按照2011年第25号公告第四十五条的规定进行所得税处理："企业按独立交易原则向关联企业转让资产而发生的损失，或向关联企业提供借款、担保而形成的债权损失，准予扣除，但企业应作专项说明，同时出具中介机构出具的专项报告及其相关的证明材料。"

所以关联企业之间的债务重组交易，若符合独立交易原则的，债权人确认的债务重组损失可以在企业所得税前扣除，否则债权人确认的债务重组损失不得在企业所得税前扣除。

（三）与自然人之间的债务重组

当企业债务重组的债权人为自然人时，如何进行所得税处理，财税〔2009〕59号文并未予以明确，本书拟从如下两个方面对此种情形下债务重组所得税的处理进行分析。

1. 是否影响债务人的所得税待遇

当债务重组的债权人为自然人时，是否影响债务人适用财税〔2009〕59号文的所得税待遇，实务中有两种观点：一种观点认为由于2015年第48号公告仅规定"重组交易中，股权收购中转让方、合并中被合并企业股东和分立中被分立企业股东，可以是自然人"，但并未规定"债务重组的债权人"可以是自然人，所以当债务重组的债权人是自然人时，债务人不可以适用财税〔2009〕59号文规定的分期确认待遇和递延确认待遇；另一种观点则认为无论债权人是否是自然人，债务人都可以适用财税〔2009〕59号文的特殊性税务处理待遇。

本书认为，债权人为自然人时，不应当影响债务人适用财税〔2009〕59号文特殊性税务处理的待遇，主要理由如下。

首先，虽然2015年第48号公告并未明确"债务重组的债权人可以是自然人"，但是财税〔2009〕59号文和2015年第48号公告也并未禁止"债务重组的债权人可以是自然人"。

其次，通过 2015 年第 48 号公告允许股权收购中转让方、合并中被合并企业股东和分立中被分立企业股东可以是自然人的规定可知，企业重组交易当事一方为自然人时，并不影响其他重组当事方的所得税待遇，因此当债务重组中债权人为自然人时，并不因此影响债务人的所得税待遇。

再次，如前所述，财税〔2009〕59 号文中的一致性处理原则是指当重组交易各方都适用企业所得税待遇时，交易各方应当根据重组交易的要件统一适用一般性税务处理或者特殊性税务处理，但是当重组交易当事一方不适用企业所得税时，并不影响其他方的所得税待遇。

最后，财税〔2009〕59 号文主要是对重组交易中的应纳税所得递延确认要件进行规范的，而财税〔2009〕59 号文对债务重组定义明确了在债务重组交易中债权人对债务人作出了让步，所以在债务重组交易中债权人是产生损失的一方，其所得税处理并不应当影响实现重组所得的债务人的所得税处理。

2. 自然人的所得税处理

当债务重组中的债权人为自然人时，其所得税处理应当区分债务人以非债转股方式进行债务重组和以债转股方式进行债务重组两种类型。

当债务人企业以非货币性资产清偿债务时，财税〔2009〕59 号文规定债务重组交易应当分解为债务人转让相关非货币性资产、按非货币性资产公允价值清偿债务两项业务，所以作为债权人的自然人应当将重组债权的账面价值与取得的用于偿债的非货币性资产公允价值之间的差额确认为债务重组损失。只是我国目前的《个人所得税法》及其实施条例不允许自然人发生的损失在计算应纳税所得额时扣除，所以自然人股东应当按照如下规则进行所得税处理：对于取得的用于清偿债务的非货币性资产以该非货币性资产的公允价值作为其计税基础；债权人不确认在债务重组交易中的债务重组损失。

当债务人企业采用债转股方式进行债务重组时，财税〔2009〕59 号文规定债务重组交易应当分解为债务人债务清偿和债权人股权投资两项业务，作为债权人的自然人取得的债务人为偿债而增发股份的计税基础应当以股权的公允价值为基础确定，而非以财税〔2009〕59 号文规定的以重组债权原计税基础确定；同时债权人不确认在债务重组交易中的债务重组损失。

五、债务重组的其他税种处理

债务重组中债务人以非货币性资产清偿债务的，除了前述企业所得税涉税事项外还可能涉及其他的税种，与之相关的税收政策主要如下。

（一）增值税

根据《中华人民共和国增值税暂行条例》（1993 年 12 月 13 日中华人民共和国国务院令第 134 号公布，2017 年 11 月 19 日中华人民共和国国务院令第 691 号修订，以下简称《增值税暂行条例》）及其实施细则、财税〔2016〕36 号文的规定，债务人以货物或者应税服务偿还债务的属于有偿销售货物或者应税劳务（以下统称"销售货物"），应当缴纳增值税。

对债务人在计算偿债货物的销项税额时，如何确定销售货物的销售额，上述的法律法规及规范性文件并未予以明确。本书认为应当以用于偿债的货物的公允价值作为其销售额，而不应当以所清偿债务的金额作为计算增值税的销售额，主要原因是在债务重组过程中债权人往往会对债务人作出让步，这表现为债务人用于清偿债务的货物的公允价值低于其所清偿债务的金额；若以所清偿债务的金额作为计算货物增值税的销售额，则会将债权人对债务人作出让步的那部分经济利益纳入增值税的征税范围，这与《增值税暂行条例》及财税〔2016〕36 号文中对于销售额的确定方法相违背，从而会导致债务人多缴纳增值税。

（二）消费税

债务重组过程中债务人以应税消费品清偿债务的，除应当缴纳增值税外，根据《中华人民共和国消费税暂行条例》（1993 年 12 月 13 日中华人民共和国国务院令第 135 号发布，2008 年 11 月 5 日国务院第 34 次常务会议修订，以下简称《消费税暂行条例》）及其实施细则的规定还应当缴纳消费税。

根据《国家税务总局关于印发〈消费税若干具体问题的规定〉的通知》（国税发〔1993〕156 号，以下简称"国税发〔1993〕156 号文"）的规定，纳税人以应税消费品抵偿债务的，应当以纳税人同类应税消费品的最高销售价格作为计税依据计算消费税。

(三)土地增值税

土地增值税是对转让房地产并取得收入的单位和个人征收的一种财产税。债务重组过程中债务人以房地产清偿债务时,还会涉及不动产应当缴纳的土地增值税。截至目前,以房地产偿还债务涉及的土地增值税相关法律法规及税收规范性文件见表 3-2-9。

表 3-2-9 房地产偿还债务土地增值税法律法规

文件	主要内容
《国家税务总局关于房地产开发企业土地增值税清算管理有关问题的通知》(国税发〔2006〕187 号,以下简称"国税发〔2006〕187 号文")	三、非直接销售和自用房地产的收入确定 (一)房地产开发企业将开发产品用于职工福利、奖励、对外投资、分配给股东或投资人、抵偿债务、换取其他单位和个人的非货币性资产等,发生所有权转移时应视同销售房地产,其收入按下列方法和顺序确认: 1. 按本企业在同一地区、同一年度销售的同类房地产的平均价格确定; 2. 由主管税务机关参照当地当年、同类房地产的市场价格或评估价值确定
《土地增值税清算管理规程》(国税发〔2009〕91 号,以下简称"国税发〔2009〕91 号文")	第十九条 非直接销售和自用房地产的收入确定 (一)房地产开发企业将开发产品用于职工福利、奖励、对外投资、分配给股东或投资人、抵偿债务、换取其他单位和个人的非货币性资产等,发生所有权转移时应视同销售房地产,其收入按下列方法和顺序确认: 1. 按本企业在同一地区、同一年度销售的同类房地产的平均价格确定; 2. 由主管税务机关参照当地当年、同类房地产的市场价格或评估价值确定

所以,债务重组中债务人以房地产抵偿债务的,在计算债务人应当缴纳的土地增值税时,并非以债务人清偿债务的金额作为该房地产的收入,而是以该房地产的公允价值作为收入额计算缴纳土地增值税。

(四)契税

契税是纳税人因承受土地、房屋权属而缴纳的一项税收,当债务人以土地、房屋用于偿还债务时,债权人应当就取得土地、房屋权属的行为缴纳契税。与之相关的法律法规主要见表 3-2-10。

表 3-2-10　抵偿债务契税法律法规

文件	主要内容
《中华人民共和国契税法》（2020 年 8 月 11 日中华人民共和国主席令第 52 号通过，2021 年 9 月 1 日起施行，以下简称《契税法》）	第二条　…… 以作价投资（入股）、偿还债务、划转、奖励等方式转移土地、房屋权属的，应当依照本法规定征收契税。 第四条　契税的计税依据： （一）土地使用权出让、出售，房屋买卖，为土地、房屋权属转移合同确定的成交价格，包括应交付的货币以及实物、其他经济利益对应的价款
《财政部 国家税务总局关于贯彻实施契税法若干事项执行口径的公告》（财政部 国家税务总局公告 2021 年第 23 号，以下简称"2021 年第 23 号公告"）	二、关于若干计税依据的具体情形 （四）土地使用权及所附建筑物、构筑物等（包括在建的房屋、其他建筑物、构筑物和其他附着物）转让的，计税依据为承受方应交付的总价款。 （六）房屋附属设施（包括停车位、机动车库、非机动车库、顶层阁楼、储藏室及其他房屋附属设施）与房屋为同一不动产单元的，计税依据为承受方应交付的总价款，并适用与房屋相同的税率；房屋附属设施与房屋为不同不动产单元的，计税依据为转移合同确定的成交价格，并按当地确定的适用税率计税。 （七）承受已装修房屋的，应将包括装修费用在内的费用计入承受方应交付的总价款。 （九）契税的计税依据不包括增值税
2023 年第 49 号公告	七、债权转股权 经国务院批准实施债权转股权的企业，对债权转股权后新设立的公司承受原企业的土地、房屋权属，免征契税
《财政部 税务总局关于继续实施银行业金融机构、金融资产管理公司不良债权以物抵债有关税收政策的公告》（财政部 税务总局公告 2023 年第 35 号）	三、对银行业金融机构、金融资产管理公司接收抵债资产免征契税

所以债务重组中债务人以土地、房屋偿还债务，承受土地、房屋权属的债权人应当依法缴纳契税；企业以债权转股权，债转股后原有的企业并不注销，原有企业的土地、房屋权属并不发生转移，因此无须缴纳契税；若在债转股过程中存在新设公司行为的，对于新设公司承受原企业土地、房屋权属，应当依法征收契税，但若债转股行为是由国务院批准，则新设企业承受原企业土地、房屋权属时免征契税。

（五）印花税

《中华人民共和国印花税法》（2021年6月10日中华人民共和国主席令第89号通过，以下简称《印花税法》）规定："在中华人民共和国境内书立应税凭证、进行证券交易的单位和个人，为印花税的纳税人，应当依照本法规定缴纳印花税。"其中应税凭证是指《印花税法》所附《印花税税目税率表》列明的合同、产权转移书据和营业账簿。

根据《印花税税目税率表》列示，产权转移书据包括股权转让书据（不包括应缴纳证券交易印花税的），且转让包括买卖（出售）、继承、赠与、互换、分割等；对产权转移书据应当按照价款的万分之五计算缴纳印花税；营业账簿根据实收资本（股本）、资本公积合计金额的万分之二点五计算缴纳印花税。

为支持企业改制重组，财政部和国家税务总局在2024年第14号公告中对企业债权转股权行为中的印花税政策给予了进一步的明确："企业债权转股权新增加的实收资本（股本）、资本公积合计金额，应当按规定缴纳印花税。对经国务院批准实施的重组项目中发生的债权转股权，债务人因债务转为资本而增加的实收资本（股本）、资本公积合计金额，免征印花税。"

所以在债务重组过程中，如果涉及书立应税凭证的，应当依照上述的规定缴纳印花税；对于以债权转股权方式进行债务重组的，债务人应当依法缴纳营业账簿的印花税，但对于经国务院批准实施重组项目中发生的债权转股权，可免征印花税。

第三节 股权收购

一、股权收购的概念和类型

（一）股权收购的概念

财税〔2009〕59号文第一条第（三）项规定："股权收购，是指一家企业（以下称为收购企业）购买另一家企业（以下称为被收购企业）的股权，以实现对被收购企业控制的交易。收购企业支付对价的形式包括股权支付、非股权支付或两者的组合。"

所以股权收购的概念具有如下特征。

1. 收购主体

财税〔2009〕59号文规范的股权收购是指"一家企业"购买另一家企业股权的行为，这里的收购主体是作为企业所得税纳税主体的"企业"，不包括依法不适用企业所得税的"个人独资企业""合伙企业"及"自然人"。

其中"一家企业"的内涵在实务中有两种不同的观点：第一种观点认为财税〔2009〕59号文中的"一家企业"是从股权收购交易当事方而言的，指作为股权收购协议当事方的一个企业；第二种观点认为财税〔2009〕59号文中的"一家企业"是从股权收购完成后的"实现对被收购企业控制"的目的而言的，此处的"一家企业"并非单纯指一个交易当事方，而是指在股权收购交易完成后能够实现对被收购企业控制的最终控制方。

本书认为，财税〔2009〕59号文中的"一家企业"应当按照第一种观点理解。因为从字面角度无法将"一家企业"理解为"多个收购方的实际控制人"，而且2015年第48号公告在附表《企业重组所得税特殊性税务处理报告表（股权收购）》的表格设计中只有一个"股权收购方"，而"股权转让方"则有多个行次，并且填表说明也指出，若一笔股权收购交易涉及两个以上股权转让方的，应自行增加行次填写。由于该表格是股权收购交易适用特殊性税务处理时作为重组主导方的股权转让方报送主管税务机关的表格，应体现股权收购交易的整体情况，从其对"股权收购方"的要求也可以说明财税〔2009〕59号文中的"一家企业"不包括多个收购方的情形。

2. 收购标的

其一，股权收购的标的为被收购企业的股权，这是股权收购与资产收购相比最大的差异。但是被收购企业的股权对于被收购企业股东而言又是其持有的一项资产，对于被收购企业的股东而言，股权收购又会构成资产收购。所以在涉及收购标的为股权的重组交易中，从不同的当事方角度看重组交易类型可能是不同的。

其二，由于在股权收购交易完成后需要达到对被收购企业的控制，所以这里的股权应当是具有表决权的股权,并不包括企业发行的诸如优先股等不具有表决权的股权。

3. 收购方式

所谓收购方式是指通过什么路径取得对被收购企业的控制权。财税〔2009〕59号文中的股权收购只能是通过取得被收购企业已经存在的股权而取得其控制权,而并不能通过增加对被收购企业的投资而取得其控制权,所以在股权收购重组交易前后,被收购企业的注册资本和实收资本并不会发生变化。这与《外资并购境内企业规定》中将股权并购区分为转让式收购和增资式收购不同,财税〔2009〕59号文中的股权收购方式并不包括增资式收购。

4. 收购数量

财税〔2009〕59号文第六条第(二)项规定:"股权收购,收购企业购买的股权不低于被收购企业全部股权的75%。"财税〔2014〕109号文第一条将上述内容调整为:"股权收购,收购企业购买的股权不低于被收购企业全部股权的50%。"

对于上述条款中股权收购交易所购买的股权比例的理解,实务中有两种不同的观点:观点一认为这一比例是指在单次的股权收购交易中收购企业购买的被收购企业股权的比例,若在一次股权收购交易中,收购企业购买的股权比例达不到上述要求的,则该股权收购交易不得适用特殊性税务处理待遇;观点二认为这一比例是指收购企业最终取得的被收购企业股权的比例,并非指在一次股权收购交易中收购企业购买的被收购企业股权的比例。

例如,A公司原本持有B公司35%的股权,在一次交易中A公司又收购了B公司20%的股权,交易完成后A公司持有B公司55%的股权。假定A公司收购B公司20%股权的交易满足股权收购特殊性税务处理的其他要件,则该次交易是否可以适用财税〔2009〕59号文的特殊性税务处理?根据观点一,由于该次股权收购交易中收购企业购买的股权比例并未达到50%,所以不能适用企业所得税的特殊性税务处理待遇;但是根据观点二,A公司在此次股权收购后取得了B公司55%的股权,超过了全部股权的50%,所以可以适用财税〔2009〕59号文的特殊性税务处理待遇。

本书认为,股权收购重组交易适用特殊性税务处理时,收购企业购买的股权比例是指单次股权收购交易中收购方购买的被收购企业的股权比例,并非指股权收购交易完成后持有的被收购企业股权的比例。主要理由如下。

第一,财税〔2009〕59 号文第六条第(二)项在规范股权收购适用特殊性税务处理要件时,使用的是"收购企业购买的股权不低于被收购企业全部股权的 50%",而非使用"收购企业购买后持有的股权不低于被收购企业全部的 50%",所以这里的股权比例是指单次股权收购交易中所购买的股权比例。

第二,收购企业通过多次交易购买的股权超过被收购企业全部股权 50% 的,分次交易中的每一次交易是否可以适用特殊性税务处理待遇,应当根据财税〔2009〕59 号文第十条的分步骤交易原则进行判定。

第三,2015 年第 48 号公告对股权收购交易适用特殊性税务处理向主管税务机关报送的《企业重组所得税特殊性税务处理报告表(股权收购)》中,也是要求企业填写"股权收购方购买的股权占被收购企业全部股权的比例",而非"股权收购方持有的股权占被收购企业全部股权的比例"。

5. 收购结果

财税〔2009〕59 号文的股权收购是指能够实现对被收购企业控制的交易。

其一,文件本身并没有对"控制"的概念作出具体的规范,但根据财税〔2009〕59 号文及财税〔2014〕109 号文对股权收购中所收购股权数量的要求,此处的"控制"是指持有被收购企业 50% 以上表决权的情况。而对"控制"概念的具体内涵,本书认为可参考《企业会计准则第 33 号——合并财务报表》(财会〔2014〕10 号,以下简称《合并报表准则》)对控制的定义:"是指投资方拥有对被投资方的权力,通过参与被投资方的相关活动而享有可变回报,并且有能力运用对被投资方的权力影响其回报金额。"

其二,对于控制是结果还是状态,通过前述对收购数量的分析可知,这里的控制应当是一种结果,即指由股权收购交易所导致的后果,而并非指在股权收购交易完成后所保持的一种状态,所以收购企业购买子公司少数股权的交易并不能适用财税〔2009〕59 号文规定的股权收购特殊性税务处理待遇。

6. 支付方式

根据财税〔2009〕59 号文的规定,股权收购交易对价支付方式包括股权支付、非股权支付或者两者的组合；其中股权支付包括收购企业自身的股权和其控股企业的股权。

（二）股权收购的类型

本书根据股权收购，交易中收购企业支付收购对价方式的不同，将股权收购分为如下三种类型。

1. 购买式股权收购

购买式股权收购，是指在股权收购交易中，收购企业以非股权支付方式作为股权收购对价支付方式，常见的是以现金作为收购对价支付方式。在购买式股权收购交易完成后，收购企业取得被收购企业的控制权，而被收购企业股东则通过转让被收购企业股权取得现金。

典型的购买式股权收购在收购前后的股权结构如图 3-3-1 所示。

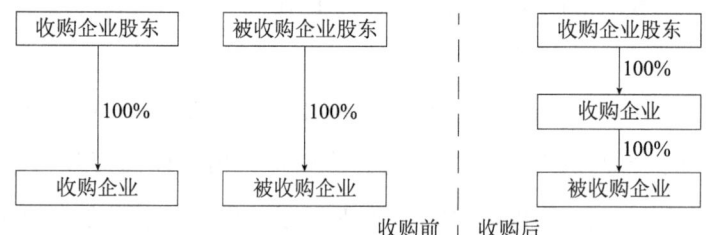

图 3-3-1　购买式股权收购交易

图 3-3-1 所示的结构图仅为收购前收购企业未持有被收购企业股权，而在收购后被收购企业股东全部退出被收购企业的情形，实务中收购企业可能在收购前即持有被收购企业股权或者收购企业仅收购被收购企业部分股权，收购完成后被收购企业股东仍然持有被收购企业股权。

2. 增资式股权收购

增资式股权收购，是指收购企业以自身增发的股权作为收购对价支付方式的一种股权收购类型，在收购完成后收购企业的注册资本增加了。从收购企业角度看，这种股权收购方式也可以视为被收购企业股东以其持有的被收购企业股权对收购企业进行的"增资"，所以这里的"增资"是指收购企业的增资，而非被收购企业的增资。

增资式股权收购交易完成后，收购企业取得了被收购企业的控制权，而被收购企业的股东则取得了收购企业的股权；这种股权收购交易类型常见于集团内的股权结构调整或者上市公司（包含拟上市公司）实施的扩张式收购交易。

增资式股权收购在收购前后常见的股权结构如图 3-3-2 所示。

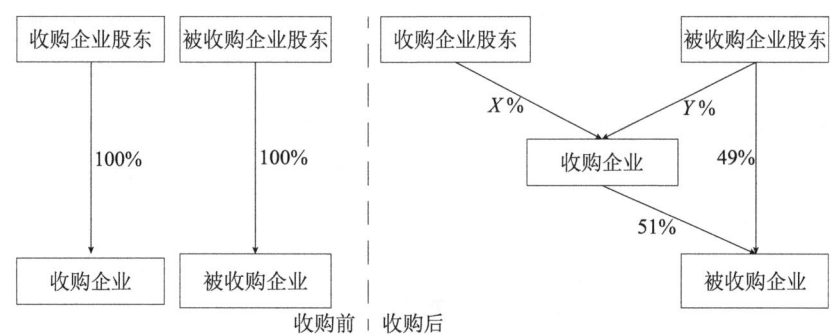

图 3-3-2　增资式股权收购交易（一）

在图 3-3-2 模式下，被收购企业股东在收购后仍然持有被收购企业的股权，但已不再拥有对被收购企业的控制权，若被收购企业股东以其持有的被收购企业 100% 股权对收购企业进行增资，则其在交易前后的股权结构如图 3-3-3 所示。

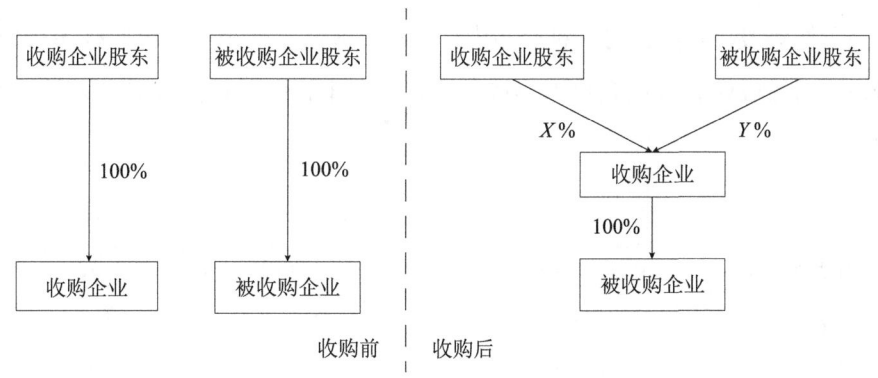

图 3-3-3　增资式股权收购交易（二）

3. 置换式股权收购

置换式股权收购，是指收购企业以其直接持有其他企业的股权作为收购对价支付方式的一种股权收购类型。在这种股权收购交易模式下，收购完成后，收购企业取得了被收购企业的控制权，而被收购企业股东则取得了收购企业直接持有的其他企业的股权，交易的结构类似于收购企业以其直接持有的控股企业的股权与被收购企业股东持有的被收购企业股权进行的"置换"。

置换式股权收购常见的交易模式如图3-3-4所示。

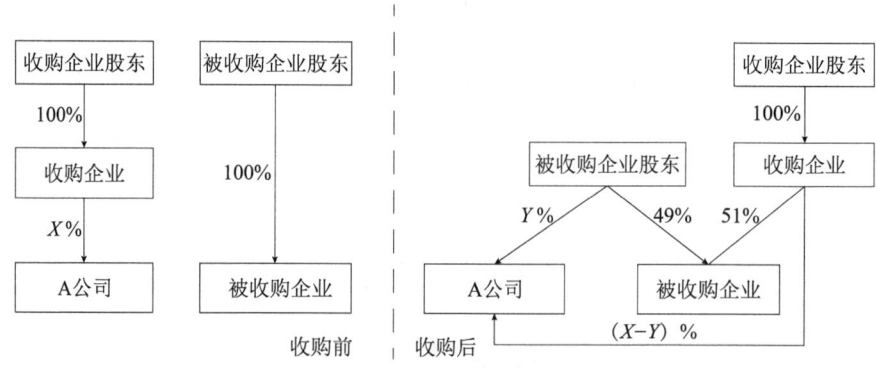

图3-3-4　置换式股权收购交易（一）

图3-3-4中的A公司为收购企业直接持有股份的企业（即财税〔2009〕59号文中的控股企业），由于2010年第4号公告并未明确收购企业持有A公司股份的最低数量要求，所以A公司并非一定为收购企业的子公司，同时在收购完成后收购企业仍然可以持有A公司的股份。

在置换式股权收购的另一种交易中，收购完成后收购企业不再持有A公司的股份，同时被收购企业股东也不再持有被收购企业股份，其交易结构如图3-3-5所示。

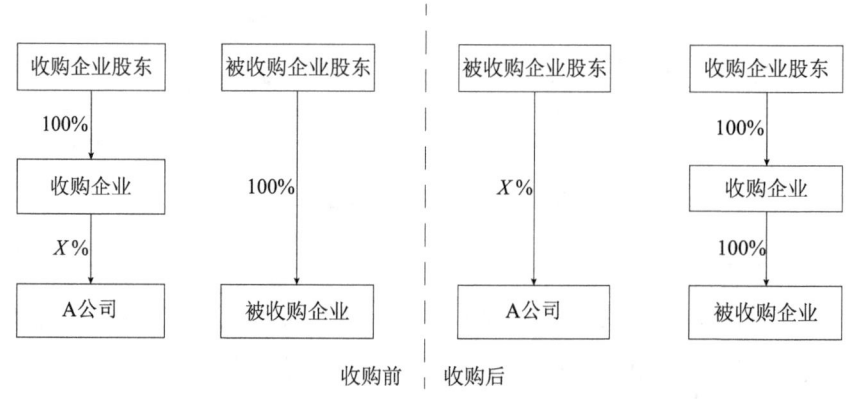

图3-3-5　置换式股权收购交易（二）

二、股权收购的一般性税务处理

股权收购重组交易若无法满足财税〔2009〕59号文第五条规定的特殊性税务处理的要件，则应当适用一般性税务处理。根据财税〔2009〕59号文第四条第（三）项的规定，股权收购所得税一般性税务处理中交易各方应当按照如下规则进行税务处理。

（一）转让方

转让方是指被收购企业的股东。在股权收购交易中，转让方通过转让被收购企业股权取得收购方支付的对价，转让方应做如下税务处理。

第一，转让方应当在股权收购交易发生时按照如下计算公式确认股权转让所得或损失：

股权转让所得（或损失）＝被收购股权的公允价值－被收购股权的计税基础

（3-3-1）

第二，在收购方以非货币性资产作为股权收购对价支付方式，转让方应以该非货币性资产的公允价值为基础确定其计税基础。

（二）收购方

股权收购交易适用一般性税务处理时，收购方应当做如下税务处理。

第一，收购方取得被收购企业股权的计税基础以其公允价值确定。

第二，若收购方在股权收购中以非货币性资产为支付对价的，对于该非货币性资产公允价值与计税基础之间的差额应确认为资产处置所得或损失，即

非货币性资产转让所得（或损失）＝非货币性资产的公允价值－非货币性资产的计税基础

（3-3-2）

（三）被收购企业

虽然2015年第48号公告将被收购企业作为股权收购当事方，但是对被收购企业而言，股权收购重组交易仅仅是其股东层面发生的变动，通常情况下并不涉

及被收购企业相关权利义务的变动，因此根据财税〔2009〕59号文的规定，在股权收购业务适用一般性税务处理中，被收购企业无须进行相应的所得税处理，其相关所得税事项原则上保持不变。

【示例3-3-1】

甲公司持有A有限责任公司100%的股权，所持有股权的计税基础为1 000.00万元。乙公司基于发展战略拟以现金方式收购甲公司持有的A公司60%的股权，双方协商确定60%股权的收购价格为2 000.00万元；股权收购交易前后A公司的股权结构如图3-3-6所示。

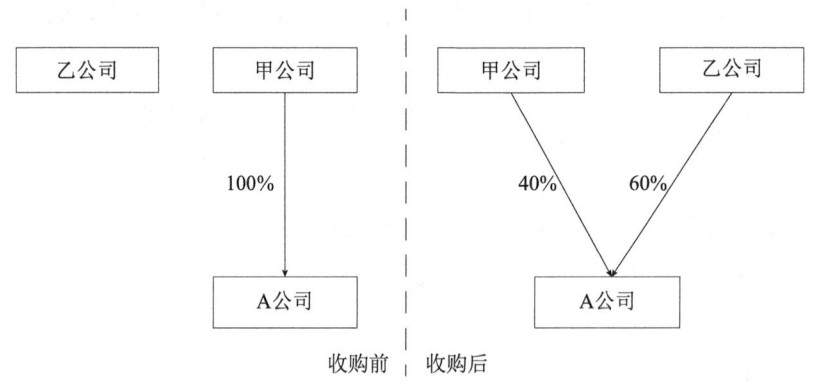

图3-3-6　收购前后股权结构

涉税分析：

在本案例中，乙公司收购的标的为A公司的股权，收购比例为60%，在收购后可以实现对A公司的控制，因此该交易属于股权收购重组交易；但是由于收购方乙公司支付的对价全部为现金，不符合财税〔2009〕59号文规定的特殊性税务处理要件中的股权支付比例要件，所以该股权收购重组交易所得税无法适用特殊性税务处理，只能适用一般性税务处理。

在一般性税务处理方式下，交易各方的所得税处理见表3-3-1。

表 3-3-1 股权收购一般性税务处理

重组当事方	所得税处理
转让方——甲公司	（1）应在当期确认的股权转让所得为 1 400.00 万元（2 000 − 1 000 × 60%） （2）持有 A 公司剩余 40% 股权的计税基础为 400.00 万元
收购方——乙公司	取得 A 公司 60% 股权的计税基础为 2 000.00 万元
被收购企业——A 公司	不进行相应的所得税处理，且其相关所得税事项保持不变

三、股权收购的特殊性税务处理

（一）特殊性税务处理的要件

第二章第二节对企业重组所得税适用特殊性税务处理应当满足的一般性要件做了说明，股权收购重组交易所得税适用特殊性税务处理除应当满足前述的一般性要件外，还应满足如下条件。

1. 收购股权比例

财税〔2009〕59 号文第六条第（二）项规定，股权收购适用特殊性税务处理的，收购企业购买的股权不低于被收购企业全部股权的 75%；为了进一步鼓励企业通过兼并重组做大做强，国务院在《关于进一步优化兼并重组市场环境的意见》（国发〔2014〕14 号，以下简称"国发〔2014〕14 号文"）中要求"修订完善兼并重组企业所得税特殊性税务处理的政策，降低收购股权占被收购企业全部股权的比例限制"，所以财税〔2014〕109 号文规定，自 2014 年 1 月 1 日起该比例调整为"不低于被收购企业全部股权的 50%"。

对于上述收购股权的比例，应当从如下几个方面理解。

首先，所收购股权比例是指股权收购重组交易本身所收购的股权比例，而并非指可以适用"特殊性税务处理"的股权的比例，如当被收购企业存在自然人股东、合伙企业股东或者契约型股东时，只要被收购股权的总数量达到上述股权比例，则视为满足该要件，而并非要求收购法人股东所持的股权比例达到上述的 75% 或者 50% 以上。

其次，由于在股权收购后需要实现对被收购方的控制，所以此处股权比例应当是指拥有决策权的股权的比例。

最后，如前述的分析，除适用财税〔2009〕59号文的分步骤交易原则外，此处的股权比例应当是指单次股权收购的比例，并非指企业收购后所持有的被收购企业股权的比例。

2. 股权支付比例

财税〔2009〕59号文第六条第（二）项规定，收购企业在该股权收购发生时的股权支付金额不低于其交易支付总额的85%。

首先，在计算股权支付比例时，股权支付金额和交易支付总额均是以公允价值进行计量的，而非以账面价值计量。

其次，此处的股权支付比例并没有限定股权的类型，对于企业以不具有表决权的优先股用作股权支付对价的，是否可以适用特殊性税务处理，本书认为因为特殊性税务处理应当满足股东利益连续这一要件，在以不具有表决权的优先股作为支付对价时并不能满足股东利益连续要件，因此这里的股权支付应当是指具有表决权的股权。

最后，财税〔2009〕59号文规定收购方自身股权或其控股企业股权均属于股权支付方式，所以在重组交易中可能同时存在"自身股权"或"控股企业股权"的混合股权支付对价，对于混合对价支付方式下，是否视为满足股权支付比例要件，财税〔2009〕59号文及后续的税收规范性文件均未予以明确，本书认为在财政部和国家税务总局的规范性文件未对该对价支付方式作出明确限制时，混合对价支付方式应当视为满足股权支付方式的要件。

例如，甘肃祁连山水泥集团股份有限公司（股票代码：600720，以下简称"祁连山公司"）在2023年1月11日披露的《重大资产置换及发行股份购买资产并募集配套资金暨关联交易报告书（草案）（修订稿）》中披露祁连山公司拟收购中国交通建设股份有限公司持有的中交公路规划设计院有限公司100%股权、中交第一公路勘察设计研究院有限公司100%股权、中交第二公路勘察设计研究院有限公司100%股权和中国城乡控股集团有限公司持有的中国市政工程西南设计研究总院有限公司100%股权、中国市政工程东北设计研究总院有限公司100%

股权和中交城市能源研究设计院有限公司100%股权；此处股权收购对价之一为祁连山公司持有的甘肃祁连山水泥集团有限公司100%股权，差额部分为祁连山公司增发的股票，所以祁连山公司此次股权收购中的股权支付对价实质为组合对价。对于此次股权收购交易祁连山公司披露："本次重大资产置换及发行股份购买资产，已严格按照《关于企业重组业务企业所得税处理若干问题的通知》（财税〔2009〕59号）及配套文件的要求进行处理，应符合特殊性税务处理的要求。"

（二）转让方的所得税处理

股权收购重组交易所得税适用特殊性税务处理时，转让方应当按照如下规则进行所得税处理。

1. 股权转让损益的确认

转让方在股权收购重组交易中，对于所转让股权已实现的股权转让所得或损失应当根据收取的支付对价方式不同做不同的所得税处理：对于股权支付部分不确认股权转让所得或损失，对于非股权支付部分，则应当按照如下公式计算非股权支付部分对应的股权转让所得或损失：

非股权支付对应的股权转让所得或损失=（被转让股权的公允价值－被转让股权的计税基础）×（非股权支付金额÷被转让股权的公允价值）　　（3-3-3）

2. 取得支付对价计税基础的确定

（1）计税基础确定规则。

转让方在股权收购重组交易适用特殊性税务处理中取得收购方支付的股权收购对价计税基础应当以替代税基规则为主，即转让方取得收购方支付对价的计税基础应当以所转让股权经调整后的计税基础为基础确定，其中调整事项主要是转让方因收到非股权支付对价而确认的股权转让所得或损失金额。所以转让方应当按照如下公式确定收购对价的总计税基础：

取得收购对价总计税基础=被收购股权原有计税基础+非股权支付部分已确认的股权转让所得－非股权支付部分已确认的股权转让损失　　（3-3-4）

（2）不同支付对价的计税基础。

转让方在股权收购交易中可能收到收购方多种对价支付方式，如取得现金支付、非货币性资产支付及股权支付,对于存在多种支付方式的,应当如何确定不同支付对价的计税基础,财税〔2009〕59号文及后续的规范性文件均未予以明确。参考一些国家或地区的通行做法,本书认为应当按照如下顺序和方法确定不同对价的计税基础。

首先,对于现金对价应当以收取的现金价值作为其计税基础。

其次,对于收到的非货币性资产,包括会计上的现金等价物等非现金资产,应当以非货币性资产的公允价值作为其在转让方的计税基础。

最后,对于收到的股权支付对价,应当以取得收购对价总计税基础扣除前述各项资产计税基础后的余额确定;若转让方取得两种以上股权支付对价的,应当按照取得股权支付对价的公允价值比例就上述的金额进行分配。

所以转让方应当按照如下公式计算确定取得股权对价的计税基础:

取得股权对价的计税基础=被收购股权原有计税基础+非股权支付已实现的股权转让所得-非股权支付已实现的股权转让损失-非股权支付对价的计税基础

(3-3-5)

(三)收购方的所得税处理

股权收购重组交易所得税适用特殊性税务处理时,收购方应当按照如下规则进行所得税处理。

1. 取得股权计税基础确定

收购方在股权收购交易中取得被收购企业股权的计税基础应当采用结转税基规则,即以被收购股权原有的计税基经过在股权收购过程中确认的股权转让所得或损失调整后的金额确定,具体按照如下公式计算:

被收购股权的计税基础=被收购股权原有计税基础+非股权支付对应的股权转让所得-非股权支付对应的股权转让损失 (3-3-6)

2. 支付对价转让损益确认

收购方在股权收购交易中存在以非货币性资产作为支付对价方式的,非货币性资产公允价值与其计税基础之间的差额应当确认为当期损益。具体按如下公式计算:

非货币性资产转让所得或损失=非货币性资产公允价值-非货币性资产计税基础 (3-3-7)

此处的非货币性资产确认的资产转让所得或损失与转让方按照财税〔2009〕59号文第六条确认的非股权支付对应的资产转让所得或损失是存在差异的：首先，两者主体不同，非货币性资产转让所得或损失确认的主体是收购方，而非股权支付对应的资产转让所得或损失确认的主体是转让方。其次，两者对应的标的不同，非货币性资产转让所得或损失对应的是用作支付对价的非货币性资产，而非股权支付对应的资产转让所得或损失对应的则是转让方所转让的股权。最后，两者对计税基础的影响不同，非货币性资产转让所得或损失用于调整作为支付对价的非货币性资产的计税基础，而非股权支付对应的资产转让所得或损失则用于调整作为收购标的股权的计税基础。

【示例3-3-2】

案例基本情况同示例3-3-1，但乙公司以增发的公允价值为1 800.00万元的普通股及公允价值为200.00万元、计税基础为150.00万元的存货作为支付对价；股权收购交易前后的股权结构如图3-3-7所示。

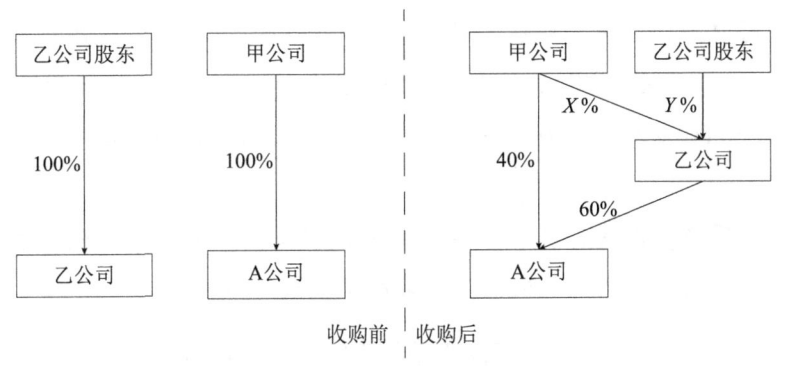

图3-3-7　收购前后股权结构

涉税分析：

在该股权收购重组交易中，乙公司股权支付的比例为90%（1 800.00÷2 000.00×100%），满足特殊性税务处理的85%比例要求，若满足所得税特殊性税务处理的其他要件时，则该股权收购重组交易可以适用特殊性税务处理，交易双方应当按照如下规则进行所得税处理。

（1）转让方甲公司。

甲公司在重组交易中实现的股权转让所得为1 400.00万元（2 000.00−600.00）；但对应的股权支付对价部分的股权转让所得并不在重组交易当期确认，对应非股权支付部分应当按照如下公式计算股权转让所得：

非股权支付的股权转让所得＝（2 000.00−600.00）×（200.00÷2 000.00）＝140.00（万元）。

因此甲公司在股权收购重组交易当期确认的股权转让所得为140.00万元，递延确认的股权转让所得为1 260.00万元（1 400.00−140.00）。

甲公司取得乙公司收购对价的计税基础应按表3-3-2所示的方法确定。

表3-3-2　收购对价计税基础确定表

项目	金额/万元
①被转让股权原有计税基础	600.00
②非股权支付对应的股权转让所得	140.00
③收购对价总计税基础（①＝②＋③）	740.00
④存货计税基础	200.00
⑤股权支付计税基础（⑤＝①−④）	540.00

甲公司取得乙公司增发股权的计税基础为540.00万元，该股权的公允价值为1 800.00万元，甲公司在后期处置该股权时应当确认的股权转让所得为1 260.00万元（1 800.00−540.00），与甲公司递延确认的股权转让所得相同。

所以对甲公司而言，其在股权收购所得税适用一般性税务处理和特殊性税务处理的不同阶段所确认的资产转让所得见表3-3-3。

表3-3-3　转让方不同税收待遇所得对比表

项目	一般性税务处理/万元	特殊性税务处理/万元
重组交易发生时	1 400.00	140.00
转让股份支付对价时	0	1 260.00
合计	1 400.00	1 400.00

从表3-3-3可以看出，在股权收购交易中，转让方无论是选择所得税一

般性税务处理还是特殊性税务处理，其确认的资产转让所得总金额是相同的，仅仅是所得确认的时间有所不同。

（2）收购方乙公司。

其一，乙公司取得A公司股权的计税基础应当以该股权原有计税基础经调整后确定，如前所述该股权原有计税基础为600.00万元，股权收购中非股权支付部分确认的股权转让所得为140.00万元，因此乙公司取得A公司股权的计税基础为740.00万元（600+140.00）。

其二，乙公司在股权收购交易中以存货作为股权支付对价，应当确认存货的处置所得为50.00万元（200.00-150.00）。

从收购方乙公司角度，在不同的税收待遇下其取得股权计税基础及后期转让所取得股权的收益见表3-3-4。

表3-3-4 转让方不同税收待遇所得对比表

项目	一般性税务处理/万元	特殊性税务处理/万元
收购股权公允价值	2 000.00	2 000.00
收购股权计税基础	2 000.00	740.00
后期处置所得	0	1 260.00

从表3-3-4可以看出，收购方乙公司适用所得税特殊性税务处理，后期转让所收购股权的应纳税所得额相比适用一般性税务处理后期转让所收购股权的应纳税所得额要多出1 260.00万元；该金额恰为转让方在特殊性税务处理中递延确认的所得，因此对收购方而言，选择适用所得税特殊性税务处理并非一种最优的税收待遇。

（四）置换式股权收购的所得税处理

1. 基本规定

根据财税〔2009〕59号文第六条的规定，股权收购企业所得税适用特殊性税务处理时，收购企业取得被收购企业股权的计税基础，以被收购股权的原有计税基础确定。即采用结转税基规则确定取得被收购企业股权的计税基础。

收购方以自身股权作为支付对价的，由于增发的股权本身没有计税基础，所以采用结转税基规则是没有问题的，但收购方以控股企业的股权作为支付对价时，若仍然采用结转税基规则确定收购股权的计税基础，将可能导致收购方在收购前后的税负发生变化。下面通过示例予以说明。

【示例3-3-3】

案例基本情况同示例3-3-2，乙公司以其持有的B公司40%的股权作为支付对价，该股权的公允价值为2 000.00万元，计税基础为1 400.00万元；股权收购交易前后的股权架构如图3-3-8所示。

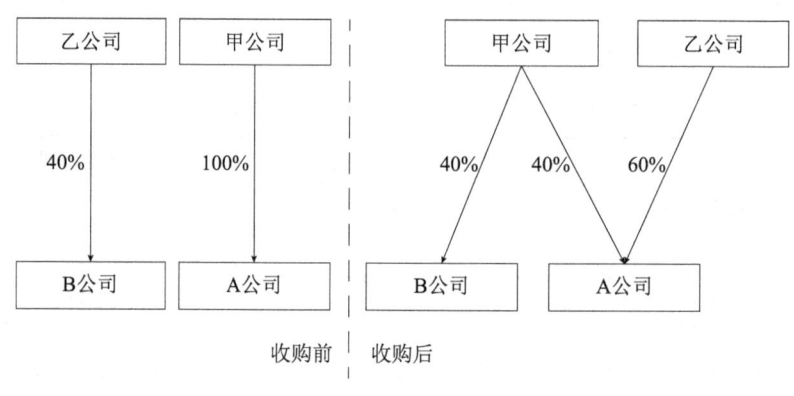

图3-3-8　收购前后股权结构

涉税分析：

收购方乙公司以其直接持有的B公司股权作为支付对价属于财税〔2009〕59号文中的"控股企业的股权"，在其他条件满足特殊性税务处理要件时，该股权收购重组交易可适用特殊性税务处理。

对于乙公司取得A公司60%股权的计税基础应当如何确定，实务中有两种观点。

观点一：采用结转税基规则，即以所收购A公司股权的原有计税基础经调整后的金额确定，由于转让方甲公司在股权收购交易中并未确认损益，因此，乙公司取得A公司股权的计税基础为600.00万元。

观点二：采用替代税基规则，即乙公司取得A公司股权的计税基础以乙公司作为支付对价的B公司股权的原有计税基础经调整后的金额确定，由于乙公司在股权收购交易中并未确认转让 B 公司股权的损益，因此，乙公司取得 A 公司股权的计税基础为 1 400.00 万元。

在这两种观点下，乙公司取得 A 公司股权的计税基础是有差异的，这种差异将导致乙公司在后期处置 A 公司股权时所确认的收益不同，具体见表3-3-5。

表3-3-5　不同税基规则下转让所得对比表

项目	结转税基规则／万元	替代税基规则／万元
A 公司股权公允价值	2 000.00	2 000.00
A 公司股权计税基础	600.00	1 400.00
后期处置所得	1 400.00	600.00

乙公司处置 A 公司股权的收益本质是乙公司以 B 公司股权作为收购对价支付方式时尚未确认的收益，通过表3-3-5可知，与直接处置 B 公司股权的收益相比，在结转税基规则下所确认的收益与直接处置 B 公司股权的收益是不同的，这主要是由 A 公司股权计税基础与 B 公司股权计税基础不同导致的。本书认为从税收公平角度考虑，在置换式股权收购交易模式下，收购方确认被收购股权的计税基础，应当采用替代税基规则，即以用作支付对价的控股企业股权的计税基础作为取得被收购股权的计税基础。

2.混合股权支付对价计税基础

在股权收购重组交易中，收购方支付股权对价的方式可能不会单独以其自身股权作为对价方式，也不会单独以其持有的控股企业股权作为对价方式，而是同时以自身股权和控股企业股权的组合对价作为支付方式。

例如，在前述祁连山公司（600720）的股权收购重组交易中，既存在以收购方增发的自身股权为支付对价方式，也存在以其所持有的控股企业股权为支付对价方式，在这种混合对价支付方式下如何确定所取得被收购企业股权的计税基础，在实务中也存在多种观点，各观点的具体内容总结见表3-3-6。

表 3-3-6 混合对价方式下取得股权计税基础确定方法

观点	具体内容
结转税基规则	仅以被收购股权原有的计税基础作为收购方持有该股权的计税基础
替代税基规则	仅以作为股权收购支付对价的控股公司股权的原有计税基础作为取得被收购股权的计税基础
混合税基规则	区分支付对价方式的不同分别采用结转税基规则和替代税基规则,并按照如下方法确定取得股权的计税基础: (一)将收购方支付股权收购对价中的股权支付部分区分为以自身股权支付和控股公司股权支付两部分; (二)将被收购股权根据收购方支付对价公允价值的比例区分为收购方以自身增发股份为对价收购的股权和以控股企业股权为对价收购的股权; (三)根据财税〔2009〕59号文的规定确定被收购股权的调整后计税基础,并且对于调整后的计税基础按照第(二)项的比例进行分配; (四)对收购方以控股公司股权作为支付对价收购的股权,以控股公司股权原有计税基础作为取得被收购企业股权的计税基础; (五)对收购方以增发自身股份作为支付对价收购的股权,以被收购股权对应的调整后计税基础作为收购方持有该股权的计税基础

当股权收购交易过程中收购方仅以增发自身股权作为支付对价时,采用结转税基规则符合财税〔2009〕59号文的相关规定;当收购方仅以其持有的控股公司股权作为支付对价时,采用替代税基规则虽然不符合财税〔2009〕59号文的字面规范,但符合税收中性原则;当收购方同时采用上述两种股份作为股权支付对价时,本书认为应当采用混合税基规则,即区分股权支付对价的方式分别采用结转税基规则和替代税基规则。

【示例 3-3-4】

案例基本情况同示例 3-3-3,在收购交易中乙公司以如下方式支付收购对价:①增发的公允价值为 800.00 万元的自身股份;②持有的计税基础为 600.00 万元、公允价值为 1 000.00 万元的 B 公司股权,乙公司持有 B 公司股权的比例为 40%;③持有的计税基础为 100.00 万元、公允价值为 200.00 万元的专利权。

股权收购交易前后 A 公司的股权结构如图 3-3-9 所示。

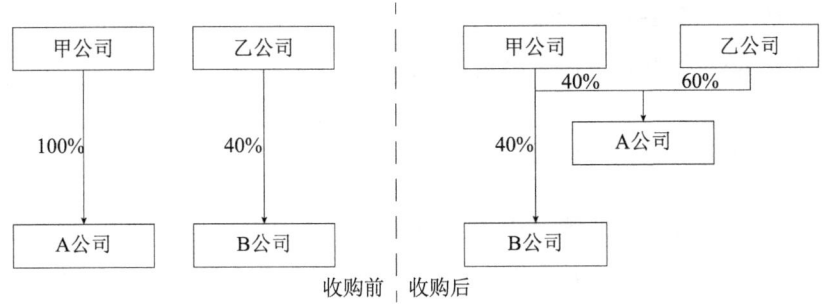

图 3-3-9 收购前后股权结构

涉税分析：

在该案例中，乙公司股权支付比例为 90%（1 800.00÷2 000.00×100%），所以若满足所得税特殊性税务处理其他要件的，该股权收购交易可以适用特殊性税务处理。

根据表 3-3-6，乙公司取得 A 公司 60% 股权的计税基础有如表 3-3-7 所示的三种计税方法。

表 3-3-7 乙公司持有 A 公司 60% 股权计税基础计算表

观点	具体内容
结转税基规则	（一）甲公司转让 A 公司 60% 股权对应的计税基础为 600.00 万元 （二）甲公司收取的非股权支付部分的股权转让所得金额为 股权转让所得=（2 000.00-600.00）×（200.00÷2 000.00）=140.00（万元） （三）A 公司 60% 股权的调整后计税基础为 740.00 万元（600.00+140.00） （四）乙公司持有 A 公司 60% 股权的计税基础为 740.00 万元
替代税基规则	（一）乙公司持有的 B 公司股权的计税基础为 600.00 万元 （二）乙公司持有的 A 公司 60% 股权的计税基础以 B 公司股权计税基础确定，即乙公司持有 A 公司 60% 股权的计税基础为 600.00 万元
混合税基规则	（一）乙公司同时采用了自身股份作为支付对价和以控股公司股份作为支付对价，就股权支付对价内部而言，其中自身股份对价支付方式的占比为 44.44%（800.00÷1 800.00×100%）；控股公司股份对价支付方式的占比为 55.56% （二）A 公司 60% 股权调整后的计税基础为 740.00 万元。其中乙公司增发自身股权对价分摊的计税基础为 328.86 万元（740.00×44.44%）；控股公司股份对价分摊的计税基础为 411.14 万元 （三）乙公司以持有的 B 公司股权作为支付对价取得股权的计税基础以 B 公司股权的原有计税基础确定，乙公司收购的该部分股权的计税基础为 600.00 万元 （四）乙公司以增发自身股份作为支付对价取得股权的计税基础以该部分股权调整后的计税基础确定，乙公司收购的该部分股权的计税基础为 328.86 万元 （五）乙公司收购的 A 公司 60% 股权的计税基础为 928.86 万元（600.00+328.86）

本书认为，乙公司收购的甲公司60%股权的计税基础既不是740.00万元，也不是600.00万元，而是928.86万元。

（五）集团公司的股权收购

1. 集团公司股权收购的概念和类型

集团公司股权收购（以下简称"集团公司收购"）是指由一个集团内的多个关联主体作为共同的收购企业购买被收购企业的股权，以实现对被收购企业控制的交易。在集团公司收购中，作为交易当事方的收购企业不是一家企业，而是由多个企业构成的联合体，根据多个收购企业之间的关系又可以将集团公司收购分为集团母子公司的收购和集团兄弟公司的收购。

集团母子公司的收购是指由集团母公司和集团子公司作为共同的收购企业购买被收购企业50%以上的股权，从而实现对被收购企业的控制，具体的交易结构如图3-3-10所示。

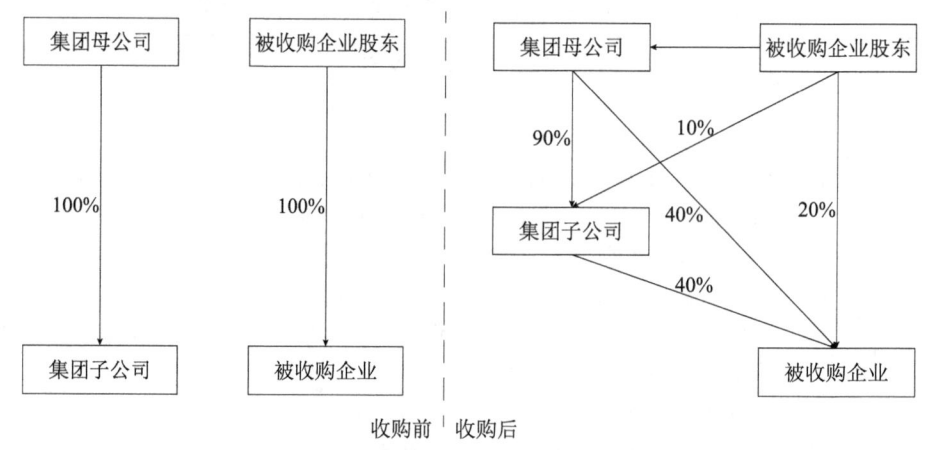

图3-3-10 集团公司内母子公司的股权收购

图3-3-10中，收购企业为集团母公司和集团子公司的联合体，在股权收购交易中集团母公司购买被收购企业40%的股权，集团子公司购买被收购企业40%的股权，集团母公司和集团子公司分别以自身增发的股权作为收购对价，假设在交易完成后被收购企业股东持有集团子公司10%的股权。从集团母公司和集团子公司单一主体而言，所购买的股权均未达到被收购企业全部股权的50%，

不能适用财税〔2009〕59号文的特殊性税务处理；但是从集团母公司角度其实际控制的被收购企业股权已达到其全部股权的80%，超过特殊性税务处理所要求的被收购企业全部股权的50%。

集团兄弟公司的收购是指由集团内受同一主体控制的兄弟公司作为共同的收购企业购买被收购企业50%以上股权，从而实现对被收购企业的控制。在股权收购交易中根据支付收购对价方式的不同又可以分为图3-3-11和图3-3-12两种类型。

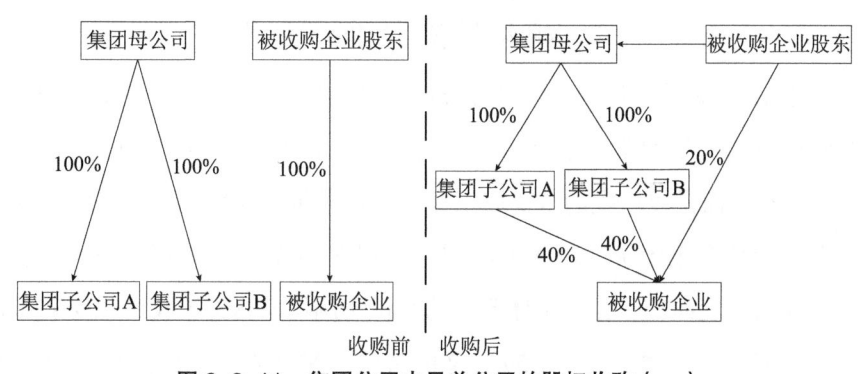

图3-3-11 集团公司内兄弟公司的股权收购（一）

图3-3-11中，收购企业为集团子公司A和集团子公司B的联合体，在股权收购交易中集团子公司A购买被收购企业40%的股权，集团子公司B购买被收购企业40%的股权，并且都是以集团母公司增发的股份作为收购对价，在收购交易完成后被收购企业股东持有集团母公司的股权。从集团子公司A和集团子公司B的角度而言，任一主体购买的股权比例均未达到被收购企业全部股权的50%，不能适用财税〔2009〕59号文的特殊性税务处理；但是从集团母公司的角度，其实际控制的被收购企业股权已达到其全部股权的80%，超过特殊性税务处理所要求的被收购企业全部股权的50%。

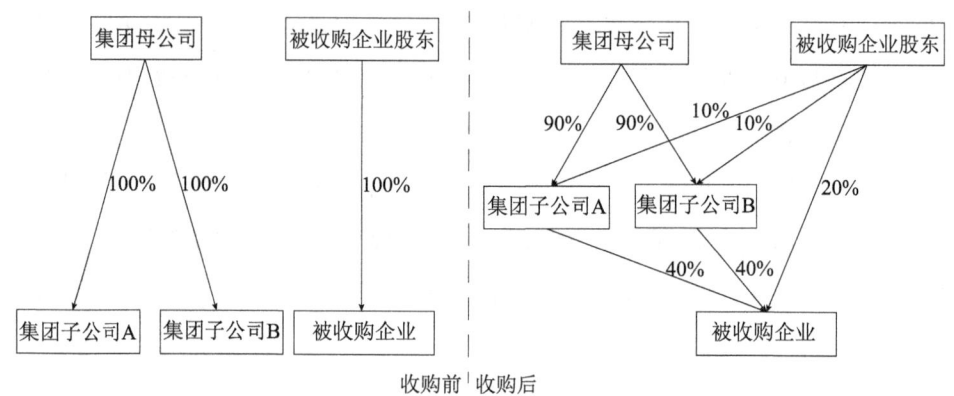

图 3-3-12　集团公司内兄弟公司的股权收购（二）

图 3-3-12 是另外一种的集团兄弟公司的股权收购交易模式。与图 3-3-11 相比，在股权收购交易中集团子公司 A 和集团子公司 B 并不以集团母公司的股权作为支付对价，而是以增发的自身股权作为支付对价，在重组交易完成后被收购企业股东直接持有集团子公司 A 和集团子公司 B 的股权。从集团子公司 A 和集团子公司 B 的角度而言，任一主体购买的股权比例均未达到被收购企业全部股权的 50%，不能适用财税〔2009〕59 号文的特殊性税务处理；虽然从集团母公司的角度，其实际控制的被收购企业股权已达到其全部股权的 80%，但在这种交易模式下集团母公司并非股权收购的交易当事方。

2. 集团公司收购是否可适用特殊性税务处理

在集团公司收购的交易模式下，收购企业为多个企业构成的联合体，从单个企业角度而言都不满足特殊性税务处理的股权比例要件，但从最终控制方而言是满足股权比例要件的，在这种情形下股权收购交易是否可以适用财税〔2009〕59 号文的特殊性税务处理，实务中也存在争议。

本书认为，对于集团公司股权收购，应该以单个企业的股权收购交易判断是否可以适用股权收购特殊性税务处理，而不应当从集团母公司层面进行判断，主要理由如下。

首先，如前述股权收购概念分析，财税〔2009〕59 号文所规范的股权收购主体是"一家企业"，而非"一个企业集团内的企业联合体"。

其次，集团公司收购适用特殊性税务处理需要解决股东利益连续问题，图

3-3-10 和图 3-3-11 的交易结构均以集团母公司股权作为收购对价。这种情况下以集团子公司作为重组交易主体，属于典型的三角股权收购问题，在财税〔2009〕59 号文关于股权支付概念下，三角股权收购不能适用特殊性税务处理；以集团母公司作为重组交易主体，则涉及营业企业继续方式，根据财税〔2009〕59 号文的营业企业继续方式的规范，在集团内转移所收购资产或股权并不满足财税〔2009〕59 号文的营业企业继续要件，所以不能适用特殊性税务处理待遇。

最后，在集团公司股权收购交易中，由于集团母公司除了直接持有被收购企业股权外，还通过集团子公司间接持有被收购企业股权，所以还需要确定集团母公司购买被收购企业全部股权比例的问题。当集团子公司并非 100% 控股子公司的情形下，是以集团母公司所能够控制的被收购企业股权比例确定还是以集团母公司实际享有的被收购企业权益比例确定，在当前的税收规范性文件中也未予以明确。

所以，在我国重组所得税制尚未就三角重组、集团内营业企业继续规则进行完善前，集团公司股权收购交易是否可以适用特殊性税务处理，需要从单个主体而非集团母公司的角度对交易的税收待遇进行判断。

四、股权收购的其他税种处理

股权收购重组业务除了涉及企业所得税外，根据当事方及交易标的的不同，还可能会涉及如下税种。

（一）个人所得税

如果被收购企业股东（即转让方）为自然人的，在股权收购中便会涉及个人所得税的相关处理，其相关的涉税事项如下。

1. 是否影响企业所得税的处理

2015 年第 48 号公告第一条第二款及第三款规定："重组交易中，股权收购中转让方、合并中被合并企业股东和分立中被分立企业股东，可以是自然人。当事各方中的自然人应按个人所得税的相关规定进行税务处理。"

所以当企业重组业务中的当事方存在自然人时并不影响重组交易适用所得税特殊性税务处理，其中自然人当事方应当按照个人所得税的相关规定进行税务处理。

2. 个人所得税的处理

股权收购重组交易中，若转让方为自然人的，该自然人股东应当适用股权转让的个人所得税待遇，若收购方以增发自身股权或持有的控股企业股权作为支付对价（以下称"适格对价"）的，则自然人股东可以适用非货币性资产投资的个人所得税待遇，两者的差别主要见表3-3-8。

表3-3-8　股权收购自然人税收待遇

项目	非适格对价	适格对价
适用规范性文件	《股权转让所得个人所得税管理办法（试行）》（国家税务总局公告2014年第67号）	《财政部 国家税务总局关于个人非货币性资产投资有关个人所得税政策的通知》（财税〔2015〕41号）
定义	本办法所称股权转让是指个人将股权转让给其他个人或法人的行为，包括以下情形：（一）出售股权；（五）以股权对外投资或进行其他非货币性交易	本通知所称非货币性资产投资，包括以非货币性资产出资设立新的企业，以及以非货币性资产出资参与企业增资扩股、定向增发股票、股权置换、重组改制等投资行为
所得性质	财产转让所得	财产转让所得
适用税率	20%	20%
所得计算	股权转让收入减除股权原值和合理费用后的余额为应纳税所得额；合理费用是指股权转让时按照规定支付的有关税费	非货币性资产转让收入减除该资产原值及合理税费后的余额；合理税费是指纳税人在非货币性资产投资过程中发生的与资产转移相关的税金及合理费用
所得确认	一次性确认财产转让所得	一次性确认财产转让所得
纳税义务发生时间	具有下列情形之一的，应依法在次月15日内申报：（一）受让方已支付或部分支付股权转让价款的；（二）股权转让协议已签订生效的；（三）受让方已经实际履行股东职责或者享受股东权益的；（四）国家有关部门判决、登记或公告生效的；（五）本办法第三条第四至第七项行为已完成的；（六）税务机关认定的其他有证据表明股权已发生转移的情形	取得被投资企业股权之日的次月15日内申报或办理分期缴纳备案

续表

项目	非适格对价	适格对价
税款缴纳	应依法在次月 15 日内向主管税务机关申报纳税	应在发生应税行为的次月 15 日内申报纳税。纳税人一次性缴税有困难的，可在应税行为之日起不超过 5 个公历年度内（含）分期缴纳个人所得税
税款缴纳	以受让方为扣缴义务人	纳税人自行申报缴纳
主管税务机关	被投资企业所在地税务机关	被投资企业所在地税务机关

（二）增值税

企业在 IPO 过程中发生的股权收购业务，收购标的通常为非上市公司股权，根据财税〔2016〕36 号文的规定，纳税人发生"金融商品转让"业务应当缴纳增值税，而金融商品转让是指转让外汇、有价证券、非货物期货和其他金融商品所有权的业务活动；其他金融商品转让包括基金、信托、理财产品等各类资产管理产品和各种金融衍生品的转让。

所以，若企业股权收购重组业务的标的为非金融商品的，无须缴纳增值税。

（三）土地增值税

根据《中华人民共和国土地增值税暂行条例》（1993 年 12 月 13 日中华人民共和国国务院令第 138 号发布，2011 年 1 月 8 日中华人民共和国国务院令第 588 号修改，以下简称《土地增值税暂行条例》）及其实施细则的规定，土地增值税的征税对象是房地产转让行为，而股权收购交易中交易标的为被投资企业股权，并非房地产，所以对股权收购重组交易不应当征收土地增值税。

除上述一般性规定外，针对纳税人以转让股权形式转让不动产的行为，国家税务总局曾经发布多个税收规范性文件明确应当征收土地增值税，具体见表 3-3-9，所以在股权收购实务中，应当充分分析交易的各项要件是否适用此类规范性文件，并就此类规范性文件是否得以执行与主管税务机关进行充分沟通，以避免股权收购中的土地增值税涉税风险。

表 3-3-9　股权转让土地增值税规范性文件

文件	主要内容
《国家税务总局关于陕西省电力建设投资开发公司转让股权征税问题的批复》（国税函〔1997〕700 号）	二、关于土地增值税问题 对陕西省电力建设投资开发公司将其拥有的部分股权转让的行为，暂不征收土地增值税
《国家税务总局关于以转让股权名义转让房地产行为征收土地增值税问题的批复》（国税函〔2000〕687 号）	鉴于深圳市能源集团有限公司和深圳能源投资股份有限公司一次性共同转让深圳能源（钦州）实业有限公司 100% 的股权，且这些以股权形式表现的资产主要是土地使用权、地上建筑物及附着物，经研究，对此应按土地增值税的规定征税
《国家税务总局关于土地增值税相关政策问题的批复》（国税函〔2009〕387 号）	鉴于广西玉柴营销有限公司在 2007 年 10 月 30 日将房地产作价入股后，于 2007 年 12 月 6 日、18 日办理了房地产过户手续，同月 25 日即将股权进行了转让，且股权转让金额等同于房地产的评估值。 因此，我局认为这一行为实质上是房地产交易行为，应按规定征收土地增值税
《国家税务总局关于天津泰达恒生转让土地使用权土地增值税征缴问题的批复》（国税函〔2011〕415 号）	经研究，同意你局关于"北京国泰恒生投资有限公司利用股权转让方式让渡土地使用权，实质是房地产交易行为"的认定，应依照《土地增值税暂行条例》的规定，征收土地增值税

从表 3-3-9 可以看出，虽然股权收购交易的标的并非土地增值税的征税对象，但国家税务总局在多个文件中对企业特定情形下的股权转让行为视为实质转让房地产的行为征收土地增值税，因此企业应当结合股权收购交易的所有事实对其土地增值税的涉税进行分析。

（四）契税

《契税法》规定："在中华人民共和国境内转移土地、房屋权属，承受的单位和个人为契税的纳税人，应当依照本法规定缴纳契税。"股权收购重组交易的标的为被收购企业股权，并不涉及土地、房屋权属的变更，所以不应当缴纳契税。这一点在 2023 年第 49 号公告第九条进行了明确："在股权（股份）转让中，单位、个人承受公司股权（股份），公司土地、房屋权属不发生转移，不征收契税。"

（五）印花税

《印花税法》规定："在中华人民共和国境内书立应税凭证、进行证券交易的单位和个人，为印花税的纳税人，应当依照本法规定缴纳印花税。"其中应税凭证是指印花税法所附《印花税税目税率表》列明的合同、产权转移书据和营业账簿。

根据《印花税税目税率表》列示，产权转移书据包括股权转让书据（不包括应缴纳证券交易印花税的），且转让行为包括买卖（出售）、继承、赠与、互换、分割等；对产权转移书据应当按照价款的万分之五计算缴纳印花税。

股权收购重组交易标的为股权，交易双方签订的相关协议属于印花税法的应税凭证，交易双方应当根据所签订合同金额的万分之五计算缴纳印花税。

五、反向购买的税务处理

（一）反向购买的概念

我国的重组所得税制中并没有"反向重组"的概念，因此也不存在"反向购买"的概念。但是"反向购买"这一概念又常见于证监会及财政部的相关规范性文件中，因此需要就该类交易的涉税问题进行分析。

反向购买在资本市场中又被称为"借壳上市"，是指在交易过程中，上市公司向非上市公司的股东定向增发股票从而收购其持有的非上市公司股权，非上市公司的股东以非上市公司的股权（或经营性资产）认购上市公司增发的股票，从而在交易完成后成为上市公司的控股股东，非上市公司取得上市地位。在该交易中发行权益性证券的上市公司虽然是法律上的母公司，但由于在收购完成后其实际控制人发生了变更，在会计上又被称为被购买方，所以这种交易结构被称为"反向购买"。

反向购买交易前后的股权结构如图3-3-13所示。

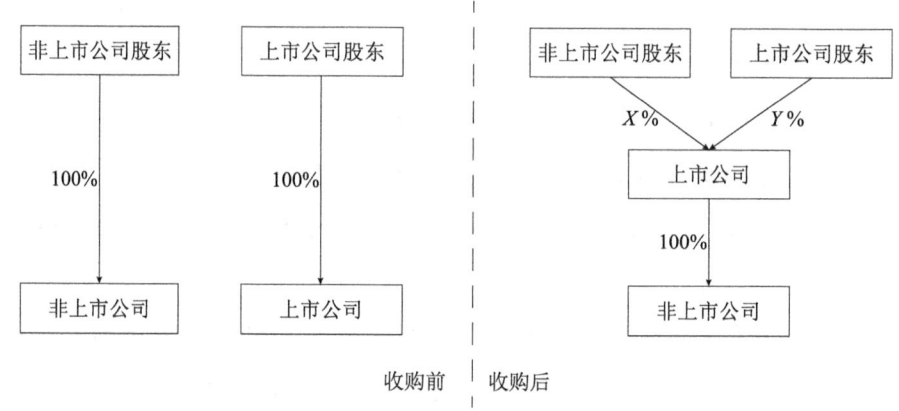

图 3-3-13 反向购买交易前后股权结构

（二）反向购买的税收处理

从图 3-3-13 可以看出，反向购买与一般意义上的股权收购在交易结构上并没有差别，只是收购的主体及收购后的结果方面存在一些差异。其一，反向购买常见于上市公司与非上市公司之间的股权收购；其二，在收购完成后非上市公司股东取得了上市公司的控制权，从而可以将自身原有的资产置入上市公司，以实现资产上市的目的。

由于反向购买与一般意义上股权收购交易结构没有差别，所以其税收处理与股权收购交易也是相同的。

六、存在自然人股东的税务处理

2015 年第 48 号公告规定，股权收购交易中转让方可以是自然人，对于自然人股东应当按照个人所得税的相关规定进行税务处理；根据前述股权收购交易中个人所得税的分析，自然人股东的存在并不会影响股权收购交易适用所得税特殊性税务处理，自然人股东的个人所得税根据取得对价的不同可以适用规范股权转让个人所得税的 2014 年第 67 号公告，或者适用规范非货币性资产投资个人所得税的财税〔2015〕41 号文，但具体如何影响当事各方的所得税处理，相应的税收规范性文件并未予以明确。本书结合财税〔2009〕59号文、2014年第67号公告和财税〔2015〕41号文对存在自然人股东的股权收购重组交易当事各方的所得税进行分析。

【示例3-3-5】

B公司为A公司、C公司和自然人甲依据《公司法》发起设立的有限责任公司，注册资本及实收资本均为1 000.00万元。其中A公司投资成本200.00万元，持有B公司20%的股权；C公司投资成本200.00万元，持有B公司20%的股权，自然人甲投资成本600.00万元，持有B公司60%的股权。A公司在IPO过程中为减少与B公司之间的关联交易，拟收购C公司和自然人甲持有的B公司80%的股权。经资产评估机构评估后，B公司100%股权的公允价值为2 000.00万元，A公司以增发的公允价值为400.00万元的股权作为对价收购C公司持有的B公司20%的股权，以增发公允价值为1 000.00万元的股权和现金200.00万元为对价收购自然人甲持有的B公司60%的股权，收购完成后A公司持有B公司100%的股权。

在股权收购交易前后B公司的股权架构如图3-3-14所示。

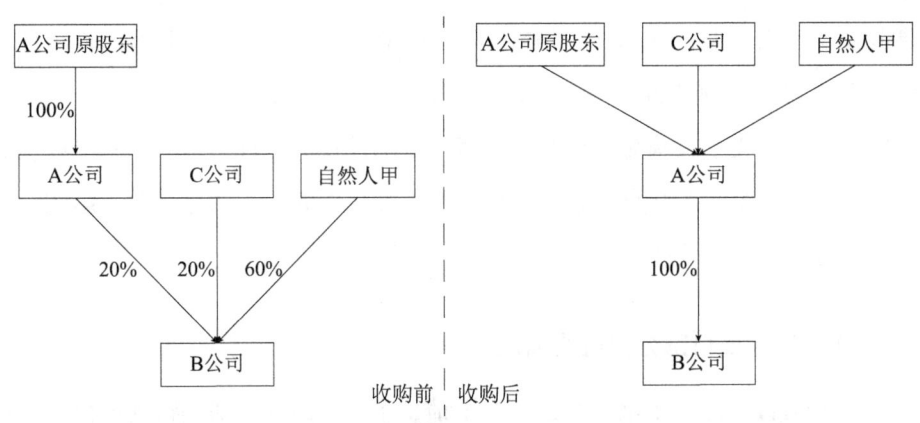

图3-3-14　B公司股权收购前后结构

（一）是否影响适用特殊性税务处理

如前述对企业重组特殊性税务处理要件的分析，在判定企业重组交易是否可以适用特殊性税务处理时，不能以单个重组当事方进行分析，而应当以该次重组交易的所有当事方的交易事实进行分析。在示例 3-3-5 中，收购企业 A 公司在收购交易完成后取得了对 B 公司的控制，所以符合财税〔2009〕59 号文股权收购的定义。在分析股权收购交易是否可以适用特殊性税务处理时，不能单纯地以 C 公司或者自然人甲的交易条件为依据，也不能分别以 C 公司和自然人甲的交易条件为依据，而应当以该次股权收购交易中所有当事方的交易条件为依据。

示例 3-3-5 中 A 公司购买 B 公司 80% 的股权，超过特殊性税务处理所要求的 50% 比例要件；A 公司股权收购交易总金额为 1 600.00 万元，其中以增发自身股权为支付方式的金额为 1 400.00 万元，以现金支付支付的金额为 200.00 万元，股权支付比例为 87.5%（1 400.00 ÷ 1 600.00 × 100%），超过特殊性税务处理所要求的 85% 比例要件，如果其他情形满足财税〔2009〕59 号文的特殊性税务处理要件，则整个股权收购交易可以适用特殊性税务处理。

示例中若以不同纳税身份的股东分别进行分析：在以适用企业所得税的 C 公司交易条件判定时，虽然交易中股权支付比例为 100%，但是由于所收购的股权仅为全部股权的 20%，不满足特殊性税务处理要求的 50% 比例要件，因此股权收购交易无法适用特殊性税务处理；在以适用个人所得税的自然人甲的交易条件判定时，其股权收购比例为 60%，超过特殊性税务处理所要求的 50% 比例要件，但是股权支付比例为 83.33%（1 000.00 ÷ 1 200.00 × 100%），不满足特殊性税务处理所要求的 85% 比例要件，因此也无法适用特殊性税务处理。

所以在判定股权收购交易是否可以适用特殊性税务处理待遇时，不能以被收购企业的单个股东或者某类别股东进行分析，即自然人股东的存在并不影响交易是否适用特殊性税务处理。

（二）非股权支付部分损益的确认

财税〔2009〕59 号文第六条第（六）项规定，重组交易适用特殊性税务处理时，交易各方对交易中股权支付暂不确认有关资产的转让所得或损失的，其非股权支付仍应在交易当期确认相应的资产转让所得或损失，并调整相应资产的计税基础。其中确认资产转让所得或损失的公式为非股权支付对应的资产转让所得或损失=（被收购股权的公允价值－被收购股权的计税基础）×（非股权支付金额÷被收购股权的公允价值）　　（3-3-8）

当股权收购重组交易中存在自然人股东时，其中非股权支付部分对应的资产转让所得或损失在实务中有如下两种确认方法。

1. 整体交易法

整体交易法是指对重组交易中非股权支付部分应当确认的资产转让所得或损失不区分交易当事方的纳税人身份，以重组交易整体进行考虑，即将重组交易中的交易总额分为股权支付和非股权支付，对其中非股权支付部分按照财税〔2009〕59号文的规定计算对应的资产转让所得或损失。

就上述示例而言，股权收购交易中被收购股权的公允价值为1 600.00万元，计税基础为800.00万元；股权收购交易总金额中股权支付部分为1 400.00万元，非股权支付部分为200.00万元。非股权支付对应的资产转让所得或损失金额为

非股权支付对应的资产转让所得或损失=（1 600.00－800.00）×（200.00÷1 600.00）=100.00（万元）

综上，在整体交易法下非股权支付应当确认的股权转让所得金额为100.00万元，在对确认的股权转让所得进行分配时，由于C公司取得的对价全部为股权支付，所以非股权支付部分确认的股权转让所得应全部分配给自然人甲。

2. 股东交易法

在股东交易法下，应将被收购企业股东按照其纳税人身份的不同分为可适用财税〔2009〕59号文特殊性税务处理的股东和不适用财税〔2009〕59号文特殊性税务处理的股东。只有适用企业所得税的股东才可以按照财税〔2009〕59号文第六条第（六）项的规定区分股权支付和非股权支付分别确认对应的资产转让所得或损失；不适用企业所得税的股东应当按照其适用的税收法律法规确认对应的资产转让所得或损失。

就上述示例而言，股权收购交易中转让方为C公司和自然人甲，其中C公司为企业所得税纳税人，可以适用财税〔2009〕59号文第六条第（六）项的规定，由于其取得的对价全部为股权支付，所以可不在重组交易当期确认资产转让所得或损失。虽然自然人甲取得了非股权支付，由于其并非企业所得税的纳税

人，无法适用财税〔2009〕59号文的特殊性税务处理，因此也不能按照财税〔2009〕59号文第六条第（六）项的规定计算非股权支付对应的资产转让所得或损失，而应当适用个人所得税的相关规定进行税务处理。

本书认为，在确认重组交易非股权支付对应的资产转让所得或损失时应当采用股东交易法。其一，财税〔2009〕59号文第六条第（六）项区分不同对价支付方式而对资产转让所得或损失进行不同税务处理的主要依据是所得递延确认待遇，我国目前的重组所得税制中能够适用所得递延确认待遇的主体仅限于企业所得税纳税人，对于非企业所得税纳税人由于无法适用财税〔2009〕59号文的递延确认待遇，自然也无法适用财税〔2009〕59号文第六条第（六）项规定的非股权支付对应的资产转让损益确认规则。其二，财税〔2009〕59号文第六条第（六）项规定的是"重组交易各方"的确认规则，这里的重组交易各方应当是指单独的某一当事方，而并非仅区分收购方和转让方两方。

（三）自然人股东的所得税处理

如前所述，股权收购交易中存在自然人股东的，自然人股东应当按照个人所得税的相关规定进行税务处理。当自然人股东取得非股权支付对价时，其实质是股权转让交易，所以应当适用规范股权转让个人所得税的2014年第67号公告；当自然人股东取得股权支付对价时，其实质是非货币性资产投资，可以适用规范非货币性资产投资个人所得税的财税〔2015〕41号文；但是当自然人股东同时取得股权支付和非股权支付时，如何适用财税〔2015〕41号文进行所得税处理在实务中有以下两种不同的观点。

1. 整体交易观

在整体交易观中，对于自然人股东取得的股权支付和非股权支付不能进行交易拆分，应当作为一项非货币性资产投资交易，对于其中现金对价应当视为财税〔2015〕41号文第四条的"现金补价"优先用于缴税，现金不足以缴纳的个人所得税部分，可分期选择缴纳。

就示例3-3-5而言，自然人甲在股权收购交易中适用财税〔2015〕41号文时，如不考虑股权收购交易中的印花税及其他费用，自然人甲因非货币性资产投资应当确认的"股权转让所得"总金额为600.00万元（1 200.00 – 600.00），应当缴纳的个人所得税金额为120.00万元（600.00×20%），由于在交易过程中取得的现金补价金额为200.00万元，足以缴纳个人所得税，所以自然人甲在股权收购交易过程中应当缴纳的个人所得税120.00万元应当一次性缴纳，不能再适用分期缴税的税收待遇。

2. 可拆分交易观

股权收购交易中的自然人股东同时取得股权支付和非股权支付时，在可拆分交易观下，被收购的股权可以拆分为两项交易，取得股权对价的部分可视为自然人股东以股权对外投资，可适用规范非货币性资产投资个人所得税的财税〔2015〕41号文；取得非股权对价的部分可视为自然人股东转让股权，可适用规范股权转让个人所得税的2014年第67号公告。

就上述示例而言，自然人甲在股权收购交易中被收购的股权总比例为60%，取得股权对价的金额为1 000.00万元，现金对价的金额为200.00万元。对于其中取得股权对价的部分可视为自然人甲以其持有的B公司50%的股权对A公司进行投资，应确认的股权转让所得金额为500.00万元（1 000.00 – 500.00），应缴纳的个人所得税金额为100.00万元（500.00×20%），由于在交易过程中并未取得现金对价，所以自然人甲可以选择自发生重组行为之日起不超过5个公历年度内（含）分期缴纳；对于其中取得现金对价的部分可视为自然人甲转让其持有的B公司10%的股权，其应当确认的股权转让所得金额为100.00万元（200.00 – 100.00），应缴纳个人所得税金额为20.00万元（100.00×20%），由自然人甲按照2014年第67号公告的规定缴纳。

可见在两种不同的观点下，自然人股东确认的股权转让所得总金额是没有差别的，但是在重组交易当期实际缴纳的个人所得税金额有所不同。就上述示例而言，适用整体交易观时，自然人甲在重组交易当期实际缴纳的个人所得税金额为120.00万元；而在可拆分交易观下，自然人甲在重组交易当期实际缴纳的个人所得税金额为20.00万元。

财税〔2015〕41号文规范了个人以"非货币性资产"进行投资的个人所得税处理，但是对用于投资的"非货币性资产"单位或者"一项交易"的判定条件并没有进一步予以明确。当用于投资的非货币性资产（如不动产、知识产权等）无法进行拆分时,其投资取得的对价也不可以进行拆分,其中的现金应当视为"现金补价"优先用于缴纳个人所得税;但是当用于投资的非货币性资产为可拆分资产(如有限责任公司股权、股份有限公司股票等)时,是否允许将非货币性资产投资交易进行拆分,财税〔2015〕41号文也未予以规范;本书认为财税〔2015〕41号文并未对可拆分资产适用"分期缴税待遇"的"非货币性资产投资行为"作出明确限定,因此应当允许纳税人对可分割的非货币性资产投资按照拆分后的"一项行为"确定其适用的税收待遇。

(四)收购企业取得被收购股权的计税基础

在股权收购交易中,无论被收购企业的股东中是否存在自然人股东,对于收购企业而言,在股权收购交易适用特殊性税务处理时,其取得被收购企业股权计税基础都应当以被收购股权原有计税基础确定,同时被收购企业股东持有股权的损益已在当期确认的,应当同步调整其所持有股权的计税基础。

第四节　资产收购

一、资产收购的概念和类型

(一)资产收购的概念

财税〔2009〕59号文第一条第(四)项规定:"资产收购,是指一家企业(以下称为受让企业)购买另一家企业(以下称为转让企业)实质经营性资产的交易。受让企业支付对价的形式包括股权支付、非股权支付或两者的组合。"

资产收购与股权收购交易相比在收购标的和交易对手方面存在着差异,但在交易支付方式上是相同的。

1. 收购标的

资产收购的标的为转让企业的实质经营性资产,根据2010年第4号公告的规定,实质经营性资产是指企业用于从事生产经营活动、与产生经营收入直接相关的资产,包括经营所用各类资产、企业拥有的商业信息和技术、经营活动产生的应收款项、投资资产等。

首先，财税〔2009〕59号文中的实质经营性资产不同于《企业合并准则》中的"业务"，其概念的内涵要小于"业务"概念的内涵，所以重组所得税制中的资产收购概念与会计准则中"业务合并"的概念是存在差异的。

其次，由于2010年第4号公告将投资资产也视为实质经营性资产，所以在股权收购交易中若所收购的股权对转让企业而言满足实质经营性资产的概念，则这种交易下会出现股权收购与资产收购交易方式的竞合。

最后，资产收购的标的是企业的实质经营性资产，与一般意义上的资产购买有着区别，资产购买的标的通常表现为企业的单项资产或者资产组合。

2.交易对手

资产收购的交易对手是转让企业，具体是指企业所得税的纳税主体，所以收购个人独资企业或者合伙企业实质经营性资产的交易并不是财税〔2009〕59号文所规范的资产收购交易。股权收购的交易对手则是被收购股权的持有人，其并非一定是企业所得税的纳税人。

（二）资产收购的类型

资产收购与股权收购仅仅在收购标的上存在差异，在支付方式上是相同的，所以根据受让企业支付资产收购对价方式的不同也可以将其分为购买式资产收购、增资式资产收购和置换式资产收购。三种资产收购类型所对应的支付方式以及在收购前后的股权结构与前述股权收购重组交易是相似的，具体可见前述内容的分析。

（三）资产收购与股权收购的区别

资产收购和股权收购是企业重组交易中常见的两种企业重组交易类型，都是企业在扩张战略中采用的并购重组方式，在这两种重组交易方式下，收购方都可以取得其拟获得的资产或者资源，但两种交易类型在表3-4-1所示方面仍然存在着差异。

表 3-4-1　资产收购与股权收购对比分析表

项目	资产收购	股权收购
交易对象	转让企业	被收购企业股东
交易标的	转让企业的实质经营性资产	被收购企业的股权
取得资产的方式	直接取得	通过收购股权方式间接取得
涉及税种	根据资产的不同，涉及如下的税种：增值税、土地增值税、契税、印花税、企业所得税	根据被收购企业股东身份不同，涉及如下税种：企业所得税、个人所得税、印花税
债务承担	转让企业的债务由转让企业独立承担，与收购方无关，收购方不会产生潜在债务风险	被收购企业的债务虽然由被收购企业独立承担，但对于被收购企业未披露的潜在债务、侵权债务、历史经营中的债务仍然会给收购方造成潜在损失

如前所述，当股权作为收购标的时，对于被收购企业而言属于股权收购；但对于被收购企业的股东而言，则属于资产收购。所以对股权收购重组交易，根据重组当事方的不同，其重组交易类型的认定也可能不同。

二、资产收购的一般性税务处理

资产收购重组交易不满足所得税特殊性税务处理的要件时，资产收购交易各方应当按照一般性税务处理进行所得税申报。

（一）转让企业的所得税处理

资产收购重组交易适用一般性税务处理时，转让企业应当按照如下规则进行所得税处理。

首先，在资产收购交易当期应当确认资产转让所得或损失，具体金额为所转让资产的公允价值与其计税基础之间的差额。

其次，转让企业取得受让企业用于支付资产收购对价的资产应当以其公允价值确定其计税基础。

最后，转让企业其他相关的所得税事项保持不变。

（二）受让企业的所得税处理

受让企业在资产收购重组交易适用所得税一般性税务处理时，其所得税事项主要如下。

其一，受让企业取得被收购的实质经营性资产的计税基础应当以该资产的公允价值为基础确定。

其二，若受让企业在资产收购重组交易中存在以非货币性资产作为支付对价的，对于该非货币性资产公允价值与其计税基础之间的差额应当确认为资产转让所得或损失。

【示例3-4-1】

甲公司为扩大自身的产能欲收购乙公司的实质经营性资产，被收购资产的计税基础为3 500.00万元，公允价值为5 000.00万元，乙公司资产总额的公允价值为8 000.00万元；甲公司以其所持有的待售固定资产作为支付对价，该固定资产的计税基础为4 500.00万元，公允价值为5 000.00万元。

涉税分析：

虽然甲公司收购乙公司实质经营性资产占乙公司资产总额的比例为62.5%（5 000.00÷8 000.00×100%），但由于甲公司在资产收购中的股权支付比例为0%，并不满足资产收购所得税特殊性税务处理中的股权支付要件，所以该资产收购交易应适用一般性税务处理，交易各方的所得税处理如下。

（1）转让企业乙公司。

首先，乙公司应当在资产收购重组交易当期将被收购资产公允价值与其计税基础之间的差额确认为资产转让所得1 500.00万元（5 000.00-3 500.00）；其次，乙公司取得甲公司作为收购对价的固定资产应当以其公允价值5 000.00万元作为计税基础在税前计算折旧或摊销扣除；最后，由于乙公司的纳税人身份并未发生变化，因此其所得税事项保持不变。

（2）受让企业甲公司

其一，甲公司在此次资产收购业务中取得乙公司的实质经营性资产应当以其公允价值5 000.00万元作为计税基础；其二，由于甲公司以其所拥有的固定资产作为支付对价，所对于该固定资产应当确认资产转让所得为500.00万元（5 000.00-4 500.00）。

三、资产收购的特殊性税务处理

（一）特殊性税务处理的要件

资产收购适用所得税特殊性税务处理，除需要满足财税〔2009〕59号文第五条规定的一般要件外，根据财税〔2009〕59号文第六条第（三）项及财税〔2014〕109号文的规定，还需要满足如下特定要件。

1.收购资产的比例

收购资产的比例是指在资产收购重组交易中所收购的资产总额占被收购企业全部资产总额的比例，这一比例主要是为了满足营业企业继续要件的数量要求。

其一，收购资产比例的计算应当以资产的公允价值为计算口径，而非以资产的账面价值；其二，对于收购资产比例的要求，在2013年12月31日及之前受让企业收购的资产不低于转让企业全部资产的75%，2014年1月1日及之后受让企业收购资产的比例不低于转让企业全部资产的50%"。

2.股权支付的比例

股权支付比例是指在资产收购重组交易中，受让企业股权支付对价占交易支付总金额的比例，这一比例主要是为了满足股东利益连续要件的要求。

根据财税〔2009〕59号文的要求，资产收购适用所得税特殊性税务处理，股权支付金额不低于其交易支付总额的85%，对股权支付比例的具体要求同股权收购重组交易适用所得税特殊性税务处理中股权支付比例的要件。

（二）转让企业的所得税处理

资产收购适用特殊性税务处理的，转让企业应当按如下规则进行所得税处理。

1. 资产转让所得或损失

资产收购适用特殊性税务处理的，转让企业应当对已实现的资产转让所得区分受让企业支付重组对价方式分别进行处理：对受让企业股权支付部分暂不确认相关的资产转让所得或损失；对非股权支付部分，转让企业应按照如下公式计算非股权支付对应的资产转让所得或损失：

非股权支付对应的资产转让所得＝（被收购资产的公允价值－被收购资产的计税基础）×（非股权支付金额÷被收购资产的公允价值）　　　（3-4-1）

2. 取得收购对价的计税基础

资产收购适用特殊性税务处理时，转让企业取得受让企业支付对价的计税基础应当采用替代税基规则。

其一，以所转让资产经调整后的计税基础作为取得收购对价的总计税基础；其二，收购对价存在多种形式的，其中非股权支付对价的计税基础应当以其公允价值为基础确定，其中股权支付对价的计税基础以总计税基础扣除非股权支付对价部分计税基础后的余额确定，所以股权支付对价的计税基础具体计算如下：

取得股权支付的计税基础＝被转让资产原有计税基础＋非股权支付已实现的资产转让所得－非股权支付已实现的资产转让损失－取得非股权支付对价的计税基础

（3-4-2）

转让方确定支付对价计税基础的进一步分析可见股权收购部分的内容。

（三）受让企业的所得税处理

资产收购重组交易适用特殊性税务处理时，受让企业应按如下规则进行所得税处理。

其一，受让企业取得被收购资产的计税基础应当采用结转税基规则，即以被收购资产在转让企业原有的计税基础经调整后的金额确定。

其二，若受让企业在资产收购重组交易中存在以非货币性资产作为重组交易对价的，应当就该非货币性资产的公允价值与计税基础之间的差额确认为资产转让所得或损失。

【示例 3-4-2】

基本情况同示例 3-4-1，甲公司以其增发的公允价值为 4 500.00 万元的普通股及计税基础为 300.00 万元，公允价值为 500.00 万元的设备作为支付对价。

涉税分析：

在该案例中，甲公司收购乙公司资产占乙公司资产总额的比例为 62.5%（5 000.00÷8 000.00×100%），符合财税〔2014〕109 号文要求的 50% 以上；同时甲公司股权支付比例占交易总额的比例为 90%（4 500.00÷5 000.00×100%）；若其他条件满足财税〔2009〕59 号文第五条的内容，则该资产收购交易所得税可选择适用特殊性税务处理；交易各方所得税处理如下。

（1）转让企业乙公司。

转让企业乙公司在资产收购重组交易中实现的资产转让所得为 1 500.00 万元（5 000.00-3 500.00），但仅对于非股权支付部分对应的资产转让所得在重组交易发生当期确认，对于股权支付部分则不在交易发生当期确认，而是递延至乙公司处置取得的甲公司股权时予以确认。

所以乙公司在资产收购重组交易中确认的资产转让损益见表 3-4-2。

表 3-4-2　乙公司资产转让损益计算表

项目	金额/万元
①转让资产的公允价值	5 000.00
②转让资产的计税基础	3 500.00
③实现的资产转让所得（③=①-②）	1 500.00
④非股权支付对应的资产转让所得	150.00
⑤递延确认的资产转让所得（⑤=③-④）	1 350.00

注：非股权支付对应的资产转让所得=（5 000.00-3 500.00）×（500.00÷5 000.00）=150.00（万元）。

乙公司取得甲公司支付重组对价的计税基础采用替代税基规则，对于支付对价中的非股权支付部分的计税基础以其公允价值确定。乙公司取得甲公司支付对价的计税基础应当按照表 3-4-3 所示的方法确认。

表 3-4-3　乙公司取得收购对价计税基础计算表

项目	金额/万元
①被转让资产原有计税基础	3 500.00
②非股权支付对应的资产转让所得	150.00
③收购对价总计税基础（①=②+③）	3 650.00
④取得设备对价计税基础	500.00
⑤取得股权支付计税基础（⑤=①-④）	3 150.00

乙公司取得甲公司股权支付的计税基础为 3 150.00 万元，该股权支付的公允价值为 4 500.00 万元，乙公司在后期处置该股权对价时应确认的股权转让所得为 1 350.00 万元（4 500.00 - 3 150.00）。

表 3-4-4 对比了资产收购重组交易采用一般性税务处理和特殊性税务处理下转让方乙公司确认的资产转让所得的情况。

表 3-4-4　不同税收待遇下资产转让所得确认表

项目	一般性税务处理/万元	特殊性税务处理/万元
重组交易发生当期确认金额	1 500.00	150.00
转让取得股份支付对价时确认金额	0	1 350.00
确认金额合计	1 500.00	1 500.00

从表 3-4-4 可以看出，资产收购交易所得税适用一般性税务处理和特殊性税务处理两种方式下，转让企业确认的资产转让所得总额并不会变动，仅仅是所得确认的时间发生了变化。

（2）受让企业甲公司。

甲公司对收购的乙公司实质经营性资产计税基础应当采用结转税基规则，即以该实质经营性资产原有计税基础经调整后的金额确定，所以甲公司取得被收购资产的总体计税基础为 3 650.00 万元（3 500.00+150.00）。

甲公司在此次资产收购过程中以设备作为支付对价，对于设备公允价值超过其计税基础的部分应当在重组交易当期确认为资产处置所得，所以甲公司应当确认的资产转让所得为 200.00 万元（500.00 - 300.00）。

对于甲公司而言，其所收购资产的公允价值为 5 000.00 万元，若不考虑资产公允价值变动及在使用期间资产折旧摊销等的影响，甲公司后期处置该资产时，在资产收购重组交易当期所得税适用一般性税务处理和特殊性税务处理下资产转让所得计算见表 3-4-5。

表 3-4-5　不同税收待遇下资产转让所得确认表

项目	一般性税务处理 / 万元	特殊性税务处理 / 万元
资产公允价值	5 000.00	5 000.00
资产计税基础	5 000.00	3 650.00
资产转让所得	0	1 350.00

从表 3-4-5 可以看出，甲公司资产收购重组交易适用特殊性税务处理，相比一般性税务处理而言在后期处置资产（或者通过资产计税基础计提折旧摊销）时会多确认资产转让所得（或企业的经营所得），这部分确认的金额为转让企业乙公司在所得税适用特殊性税务处理时递延确认的所得，这从另一个角度也说明特殊性税务处理对于受让企业而言并非一定是最优选择。

（四）置换式资产收购的所得税处理

置换式资产收购是指受让企业以其控股企业股权作为支付对价且符合特殊性税务处理的资产收购重组交易。对于置换式资产收购重组交易所得税存在的问题及其处理方式与置换式股权收购相类似，具体可见前述内容。

（五）持股企业之间资产收购的税务处理

如前所述，资产收购重组交易适用特殊性税务处理的要件之一是"受让企业收购的资产不低于转让企业全部资产的 50%"，当转让企业与受让企业之间不存在持股关系时，这一资产收购比例较为容易判断，但是受让企业与转让企业之间存在持股关系时，特别是转让企业持有受让企业股权的，这一资产收购比例在实务中存在争议，这种情况下资产收购的交易结构如图 3-4-1 所示。

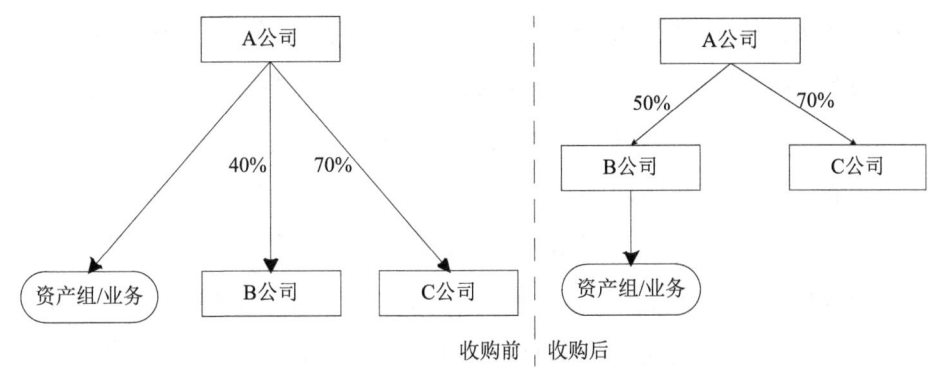

图 3-4-1　资产收购交易前后结构

在图 3-4-1 所示的资产收购交易中，受让企业 B 公司收购转让企业 A 公司持有的资产组/业务（以下简称"实质经营性资产"），转让企业 A 公司除了持有 B 公司 40% 股权外还持有 C 公司 70% 的股权，在资产收购交易完成后 A 公司持有 B 公司 50% 的股权。对于这种转让企业持有受让企业股权的资产收购交易，在判断"受让企业收购的资产不低于转让企业全部资产的 50%"这一特殊性税务处理要件时，实务中在如下两个方面存在争议。

1. 个别报表还是合并报表

财税〔2014〕109 号文规定，资产收购适用特殊性税务处理时"受让企业收购的资产不低于转让企业全部资产的 50%"，当转让企业为需要编制合并报表的母公司时，"转让企业全部资产"是指母公司个别财务报表的全部资产还是母公司合并财务报表的全部资产，财税〔2009〕59 号文和财税〔2014〕109 号文均未予以明确，实务中对此也有两种不同的观点。

本书认为，在确定受让企业收购资产的比例时，应当以转让企业个别财务报表的数据为准，而不应当以其合并财务报表的数据为准。首先，财税〔2009〕59 号文限定资产收购中所收购资产比例主要是基于营业企业继续规则，而营业企业继续规则是指转让企业的"营业企业"继续，所以应当以转让企业自身的口径为计算标准；其次，转让企业编制合并财务报表时，将纳入合并范围的子公司的其他股东也纳入合并财务报表的范围，并通过"少数股东权益"核算，而其所对应的资产也体现在转让企业合并财务报表中，这在一定程度上增加了转让企业的资产总额，从而相比个别财务报表将使得资产收购重组交易更难达到"全部资产的 50%"比例要件，不利于资产收购交易适用特殊性税务处理，与鼓励企业正当重组交易的价值取向不相符；再次，虽然《企业会计准则第 2 号——长期股权投资》（财会〔2014〕14 号，以下简称《长期股权投资准则》）规定对纳入合并范围的子公司的长期股权投资采用成本法进行后续核算，但是在判定受让企业收购全部资产的比例时，对转让企业的资产总额采用公允价值计量，所以个别财务报表的资产总额可以客观反映转让企业所拥有或者控制的资源总额；最后，2015 年第 48 号公告附件《企业重组所得税特殊性税务处理报告表（资产收购）》中要求资产转让方按照资产大类填写所转让资产的相关信息，这里的资产应当是指资产转让方单独拥有所有权的资产，而非其合并财务报表层面的资产。

2. 是否包含受让方股权资产

转让企业持有受让企业股权的情况下，在计算被收购资产占转让企业全部资产的比例时，转让企业的全部资产是否包括其所持有的受让企业股权的价值。如图 3-4-1 所示的案例中，B 公司收购 A 公司的实质经营性资产，在计算该实质经营性资产占 A 公司全部资产比例时，A 公司全部资产是否包括其所持有的 B 公司股权的价值，在实务中也存在两种不同的观点。

"转让企业全部资产"从字面理解，应当是指转让企业所有资产的公允价值，包括转让企业持有受让企业股权的公允价值。但是本书认为当转让企业持有受让企业股权时，计算"转让企业全部资产"时应当扣除转让企业持有的受让企业股权的价值，主要原因是企业重组所得税特殊性税务处理要求被收购资产达到一定比例是基于营业企业继续规则，只有被收购资产达到转让企业资产的重大部分时才可以确保转让企业在被收购资产上利益的实质连续，财税〔2009〕59 号文及财税〔2014〕109 号文将这一比例限定为"全部资产的 50%"，但是当转让企业持有受让企业股权时，其所持有的受让企业股权的利益已经得以连续，所以在考虑转让企业利益连续时，不应当将该部分已经得以连续的利益重复计算在内，否则会因为该部分已连续利益计算在"转让企业全部资产"价值中，不利于资产收购重组交易适用特殊性税务处理，特别是当转让企业持有受让企业股权价值本身占比较大时，这种计算方法与鼓励企业重组的价值取向不符。

四、资产收购的其他税种处理

（一）增值税

1. 一般规定

根据《增值税暂行条例》及财税〔2016〕36号文的规定，在中华人民共和国境内销售货物或者加工、修理修配劳务，销售服务、无形资产、不动产及进口货物的，应当缴纳增值税。因此资产收购重组业务涉及的资产交易应当依法缴纳增值税，但满足下述不征税情形的除外。

2. 不征税待遇

为了鼓励企业的并购重组行为，财政部和国家税务总局对企业资产重组中涉及的增值税给予了不同的税收待遇，具体的税收规范性文件见表3-4-6。

表3-4-6 资产重组增值税不征税待遇涉税文件

文件	主要内容
2011年第13号公告	纳税人在资产重组过程中，通过合并、分立、出售、置换等方式，将全部或者部分实物资产以及与其相关联的债权、负债和劳动力一并转让给其他单位和个人，不属于增值税的征税范围，其中涉及的货物转让，不征收增值税
2013年第66号公告	纳税人在资产重组过程中，通过合并、分立、出售、置换等方式，将全部或者部分实物资产以及与其相关联的债权、负债经多次转让后，最终的受让方与劳动力接收方为同一单位和个人的，仍适用《国家税务总局关于纳税人资产重组有关增值税问题的公告》（国家税务总局公告2011年第13号）的相关规定，其中货物的多次转让行为均不征收增值税。资产的出让方需将资产重组方案等文件资料报其主管税务机关
财税〔2016〕36号文附件2《营业税改征增值税试点有关事项的规定》	在资产重组过程中，通过合并、分立、出售、置换等方式，将全部或者部分实物资产以及与其相关联的债权、负债和劳动力一并转让给其他单位和个人，其中涉及的不动产、土地使用权转让行为，不征收增值税

通过表3-4-6可知，资产重组交易在满足特定要件时，对其中的货物、不动产及土地使用权可适用增值税不征税待遇，具体如下。

（1）不征税理论依据。

资产重组增值税不征税的主要理论依据是TOGC（Transfers of going concerns，

即持续经营前提下的业务转让规则）。适用该规则不征收增值税需要同时满足：一是转让的标的通常应当构成一项业务，而非单项的资产或资产组；二是转让方在转让前应是能够独立地运营该业务；三是该转让的业务在转让前和转让后应当处于实际的运营状态；四是购买方在转让后应当使用这些资产或者从事与其相类似的业务，而不能再将其予以转让，这一点类似于企业重组特殊性税务处理待遇要件中的营业企业继续要件。

（2）重组交易方式。

可适用增值税不征税待遇的资产重组交易方式虽然上述文件仅列举了合并、分立、出售、置换四种方式，但并不仅限于此四种交易方式，对于其他的资产重组交易方式若能够满足资产连同相关的债权、负债和劳动力一并转让的，也可以适用增值税不征税待遇。

（3）业务接收方。

无论以何种方式进行资产重组，对于资产重组交易中的资产、债权、负债和劳动力的接收方应当为同一个单位和个人，若将上述的不同要素分别转移给不同的单位和个人，则不满足不征税待遇的要件。

（4）多步骤交易。

在资产重组交易中，对于业务接收方为同一方的要件，仅要求最终的接收方为同一方，对于重组交易采用多步骤的，允许企业在多个交易步骤中对涉及的资产交易适用不征税待遇，而且对于该多次转让并没有时间的限制，但要求纳税人将相关的资产重组方案报税务机关，以便能够确定其属于"一次"重组交易。

（5）不征税的适用范围。

在资产重组交易过程中不征收增值税的范围仅限于"货物""不动产"及"土地使用权"，对除此之外的资产是否可以适用不征税待遇，在实务中是存在争议的。

3. 留抵税额是否一并转移

资产重组适用上述增值税不征税待遇时，与所转移资产相关的尚未抵扣完的进项税额（留抵税额）是否属于"与其相关联的债权"，从而需要一并转移？

2012年第55号公告的解读中明确：留抵税额，实际上是纳税人对国家的债权。这种债权虽然是由企业购进货物、劳务而产生的，但债权并非与货物直接相关的，而根据 2012 年第 55 号公告的规定，增值税一般纳税人的留抵税额只有在满足特定条件时才可以结转至其他纳税人抵扣，所以在资产重组过程中并不需要将与所转移货物相关的留抵税额一并转移。

4. 留抵税额可否抵扣

根据《增值税暂行条例》及财税〔2016〕36 号文的规定，增值税一般纳税人已取得扣税凭证的进项税额只有在表 3-4-7 所示的情况下才不可抵扣。

表 3-4-7　不可抵扣进项税额情形

序号	具体情形
1	用于简易计税方法计税项目、免征增值税项目、集体福利或者个人消费的购进货物、劳务、服务、无形资产和不动产
2	非正常损失后的购进货物，以及相关的劳务和交通运输服务
3	非正常损失的在产品、产成品所耗用的购进货物（不包括固定资产）、劳务和交通运输服务
4	国务院规定的其他项目

纳税人发生资产重组不征收增值税的情形，并不属于上述的简易计税项目、免税项目，所以与重组资产相关的留抵税额可继续在资产重组当事一方抵扣。

5. 增值税发票开具

对于企业发生资产重组行为适用增值税不征税待遇如何开具发票的问题，《国家税务总局关于营改增试点若干征管问题的公告》（国家税务总局公告 2016 年第 53 号，以下简称"2016 年第 53 号公告"）做了明确规定。该文件第九条规定："《国家税务总局关于全面推开营业税改征增值税试点有关税收征收管理事项的公告》（国家税务总局公告 2016 年第 23 号）附件《商品和服务税收分类与编码（试行）》中的分类编码调整以下内容，纳税人应将增值税税控开票软件升级到最新版本（V2、0、11）：（十一）增加⑥'未发生销售行为的不征税项目'，用于纳税人收取款项但并未发生销售货物、应税劳务、服务、无形资产或不动产的情形。"其中包括：607：资产重组涉及的不动产；608：资产重组涉及的土地使用权；616：资产重组涉及的动产。

所以企业资产重组涉及不征收增值税的，纳税人可以按要求开具不征税发票。

6. 技术转让增值税

根据上述规定，企业重组交易中涉及货物、土地使用权和不动产转移，在满足规定要件时可适用不征收增值税的待遇，但除土地使用权之外的其他无形资产转移并不能适用上述不征税待遇。

财税〔2016〕36号文附件3《营业税改征增值税试点过渡政策的规定》第一条第（二十六）款规定，纳税人提供技术转让的，免征增值税，其中技术转让是指《销售服务、无形资产、不动产注释》中"转让技术"范围内的业务活动；同时明确纳税人申请免征增值税时，须持技术转让书面合同到纳税人所在地省级科技主管部门进行认定，并持有关的书面合同和科技主管部门审核意见证明文件报主管税务机关备查。

《销售服务、无形资产、不动产注释》中仅明确"技术，包括专利技术和非专利技术"，但是对"技术转让"的概念并未予以定义；财税〔2016〕36号文之前的《财政部 国家税务总局关于将铁路运输和邮政业纳入营业税改征增值税试点的通知》（财税〔2013〕106号，已废止）明确："技术转让，是指转让者将其拥有的专利和非专利技术的所有权或者使用权有偿转让他人的行为。"

因此，资产收购重组交易中，被收购资产涉及专利技术和非专利技术的，可以按照财税〔2016〕36号文的规定适用免征增值税的相关政策。

（二）土地增值税

1. 基本规定

2023年第51号公告规定："单位、个人在改制重组时以房地产作价入股进行投资，对其将房地产转移、变更到被投资的企业，暂不征收土地增值税。"上述改制重组有关土地增值税政策不适用于房地产转移任意一方为房地产开发企业的情形。

企业资产收购重组交易中，若增资式资产收购重组交易满足2023年第51号公告其他要件的，可适用暂不征收土地增值税的税收待遇。

2. 改制重组的要件

2023年第51号公告将暂不征收土地增值税的"以房地产作价入股进行投资"限定于"改制重组时"，但文件对"改制重组"概念的内涵并未予以明确。本书拟从该条款的历史形成中进行分析，以期对"改制重组"概念的内涵做进一步的分析。

与企业改制重组有关的土地增值税规范性文件见表3-4-8。

表3-4-8 房地产投资土地增值税规范性文件

文件	主要内容
《财政部 国家税务总局关于土地增值税一些具体问题规定的通知》（财税字〔1995〕48号，以下简称"财税字〔1995〕48号文"）	一、关于以房地产进行投资、联营的征免税问题 对于以房地产进行投资、联营的，投资、联营的一方以土地（房地产）作价入股进行投资或作为联营条件，将房地产转让到所投资、联营的企业中时，暂免征收土地增值税。对投资、联营企业将上述房地产再转让的，应征收土地增值税。 ——根据财税〔2015〕5号文的规定，该条款自2015年1月1日起废止
《财政部 国家税务总局关于土地增值税若干问题的通知》（财税〔2006〕21号，以下简称"财税〔2006〕21号文"）	五、关于以房地产进行投资或联营的征免税问题 对于以土地（房地产）作价入股进行投资或联营的，凡所投资、联营的企业从事房地产开发的，或者房地产开发企业以其建造的商品房进行投资和联营的，均不适用《财政部、国家税务总局关于土地增值税一些具体问题规定的通知》（财税字〔1995〕048号）第一条暂免征收土地增值税的规定。 ——根据财税〔2015〕5号的规定，该条款自2015年1月1日起废止
财税〔2015〕5号文	四、单位、个人在改制重组时以国有土地、房屋进行投资，对其将国有土地、房屋权属转移、变更到被投资的企业，暂不征土地增值税
财税〔2018〕57号文	四、单位、个人在改制重组时以房地产作价入股进行投资，对其将房地产转移、变更到被投资的企业，暂不征土地增值税
《财政部 国家税务总局关于继续实施企业改制重组有关土地增值税政策的公告》（财政部 国家税务总局公告2021年第21号，以下简称"2021年第21号公告"）	四、单位、个人在改制重组时以房地产作价入股进行投资，对其将房地产转移、变更到被投资的企业，暂不征土地增值税
2023年第51号公告	四、单位、个人在改制重组时以房地产作价入股进行投资，对其将房地产转移、变更到被投资的企业，暂不征收土地增值税

可见，2023年第51号公告延续了2021年第21号公告、财税〔2018〕57号文和财税〔2015〕5号文的政策内容，历次文件中关于以房地产作价入股进行投资的行为，对其适用的要件并未予以修改，仅是做了用词的修改。2015年财政部税政

司、国家税务总局财产行为税司关于企业改制重组土地增值税政策（财税〔2015〕5号）的解读第二条"这次出台的政策与以往企业投资、兼并相关的土地增值税政策相比，有什么变化"中提及："此次出台的企业改制重组土地增值税政策，主要是对原有企业改制重组土地增值税优惠政策的规范与整合。具体而言，一是延续了企业以房地产作价投资、企业兼并相关土地增值税优惠政策，二是规范了企业兼并相关土地增值税政策表述，将兼并纳入合并，三是增加了享受土地增值税优惠的企业改制重组形式，将企业公司制改造、企业分立两种形式纳入优惠范围。"

本书认为2023年第51号公告是用于规范企业"改制重组"过程中土地增值税的问题，对于企业改制重组的形式，从财税〔2015〕5号文的解读中可知，相比于财税字〔1995〕48号文和财税〔2006〕21号文关于土地增值税的优惠政策，"公司制改造和企业分立两种形式"是"增加的企业改制重组形式"；而"以房地产作价投资"原本就是企业改制重组的形式之一，属于"延续"的政策内容；企业"合并"则是对原有的"企业兼并"形式的一种规范。所以土地增值税规范性文件中的企业"改制重组"形式应当包括如下四种：公司制改造、企业合并、企业分立和房地产投资入股。

所以本书认为，企业资产收购重组交易中的增资式收购交易模式，如果转让企业和受让企业都不是房地产开发企业的，可以适用改制重组暂不征收土地增值税的税收待遇。

（三）契税

《契税法》第一、第二条规定："在中华人民共和国境内转移土地、房屋权属，承受的单位和个人为契税的纳税人，应当依照本法规定缴纳契税。本法所称转移土地、房屋权属，是指下列行为：（一）土地使用权出让；（二）土地使用权转让，包括出售、赠与、交换；（三）房屋买卖、赠与、互换。……以作价投资（入股）、偿还债务、划转、奖励等方式转移土地、房屋权属的，应当依照本法规定征收契税。"

2023年第49号公告第六条规定："母公司以土地、房屋权属向其全资子公司增资，视同划转，免征契税。"

所以在资产收购重组交易中，实质经营性资产存在土地、房屋的，受让企业应当就取得的土地、房屋依据《契税法》的规定缴纳契税；但在同时满足以下条件时可以免征契税。

其一，交易双方为母子公司关系，且母公司持有子公司 100% 的股权。

其二，交易仅限于母公司以土地、房屋权属向全资子公司增资，不包括母公司以土地、房屋权属设立全资子公司的行为，也不包括母公司以土地、房屋权属缴纳其认缴的出资额或者置换原认缴的出资额。

第五节　企业合并

一、企业合并的概念及类型

（一）企业合并的概念

企业合并，是指两个或两个以上公司合并为一个公司的行为。《公司法》、财税〔2019〕59 号文及《企业合并准则》分别从法律、企业重组所得税及会计准则角度对企业合并的概念做了规范，具体见表 3-5-1。

表 3-5-1　企业合并概念

文件	主要内容
《公司法》	第二百一十八条　公司合并可以采取吸收合并或者新设合并。 一个公司吸收其他公司为吸收合并，被吸收的公司解散。两个以上公司合并设立一个新的公司为新设合并，合并各方解散
财税〔2009〕59 号文	合并，是指一家或多家企业（以下称为被合并企业）将其全部资产和负债转让给另一家现存或新设企业（以下称为合并企业），被合并企业股东换取合并企业的股权或非股权支付，实现两个或两个以上企业的依法合并
《企业合并准则》	第二条　企业合并，是指将两个或者两个以上单独的企业合并形成一个报告主体的交易或事项。 企业合并分为同一控制下的企业合并和非同一控制下的企业合并。 第三条　涉及业务的合并比照本准则规定处理

从表 3-5-1 可以看出，会计准则下的企业合并概念是从会计报告主体的角度进行定义的，包括法律主体变动的企业合并和法律主体未发生变动但由于投资

关系发生变动从而导致报告主体变动的合并，同时也包括业务层面的合并，所以会计准则下企业合并概念的内涵最为宽泛；根据《企业合并准则应用指南》的说明，企业合并的形式包括控股合并、吸收合并和新设合并。财税〔2009〕59号文的合并是指企业的"依法合并"，所以其概念和《公司法》中关于公司合并的概念是相同的，都是从企业法律主体变动的角度进行规范的。

（二）企业合并的类型

企业合并根据不同的分类标准可以分为不同的类型，本书主要基于财税〔2009〕59号文的涉税因素将企业合并从如下角度进行分类。

1.吸收合并和新设合并

根据企业合并完成后原合并企业的法律主体是否存续可以将企业合并分为吸收合并和新设合并。

《国家工商行政管理总局关于做好公司合并分立登记支持企业兼并重组的意见》（工商企字〔2011〕226号，以下简称"工商企字〔2011〕226号文"）第二条第（一）项规定："公司合并可以采取两种形式：一种是吸收合并，指一个公司吸收其他公司后存续，被吸收公司解散；另一种是新设合并，指两个或者两个以上公司归并为一个新公司，原有各公司解散。"《关于外商投资企业合并与分立的规定》（外经贸部 工商总局令2001年第8号，商务部令2015年第2号修订，以下简称《外资企业合并与分立规定》）第三条规定："本规定所称合并，是指两个以上公司依照公司法有关规定，通过订立协议而归并成为一个公司。公司合并可以采取吸收合并和新设合并两种形式。吸收合并，是指公司接纳其他公司加入本公司，接纳方继续存在，加入方解散。新设合并，是指两个以上公司合并设立一个新的公司，合并各方解散。"

吸收合并和新设合并在合并前后合并企业和被合并企业的股权结构如图3-5-1所示。

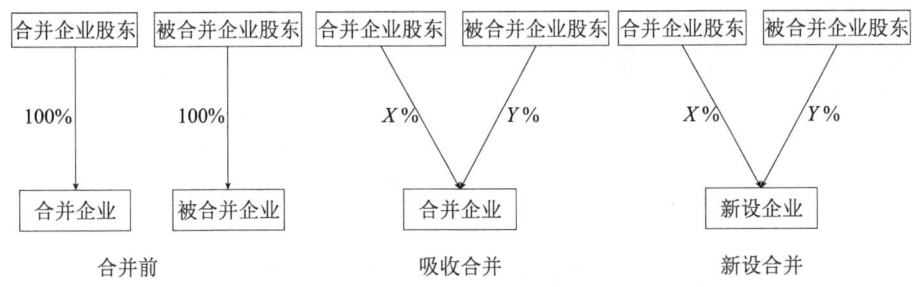

图 3-5-1 吸收合并和新设合并结构

在吸收合并中,被合并企业法律主体在合并后予以消灭,需要办理注销登记手续,存续后的合并企业需要办理变更登记手续;在新设合并中,合并前的企业在合并后法律主体均予以消灭,需要办理注销登记手续,而合并后的企业则需要办理新设登记手续。

2. 同一控制下企业合并和非同一控制下企业合并

同一控制下企业合并和非同一控制下的企业合并是企业会计准则中对企业合并的一种分类,财税〔2009〕59号文在判定企业合并是否可以适用特殊性税务处理时也使用了同一控制下企业合并的概念,所以本书将其作为企业合并的分类标准之一。

这种企业合并分类是以合并双方在合并前后是否存在"同一控制"为判断标准的,2010年第4号公告和企业会计准则都明确了同一控制的概念,表3-5-2对其做了对比分析。

表 3-5-2 同一控制概念对比分析

项目	2010 年第 4 号公告	企业合并准则[①]
基本概念	同一控制,是指参与合并的企业在合并前后均受同一方或相同的多方最终控制,且该控制并非暂时性的	参与合并的企业在合并前后均受同一方或相同的多方最终控制且该控制并非暂时性的,为同一控制下的企业合并
同一方	—	是指对参与合并的企业在合并前后均实施最终控制的投资者。 最终控制的一方通常是指企业集团的母公司

续表

项目	2010年第4号公告	企业合并准则①
相同多方	是指根据合同或协议的约定，对参与合并企业的财务和经营政策拥有决定控制权的投资者群体	相同的多方，通常是指根据投资者之间的协议约定，在对被投资单位的生产经营决策行使表决权时发表一致意见的两个或两个以上的投资者
非暂时性	在企业合并前，参与合并各方受最终控制方的控制在12个月以上，企业合并后所形成的主体在最终控制方的控制时间也应达到连续12个月	控制并非暂时性，是指参与合并的各方在合并前后较长的时间内受同一方或相同的多方最终控制。较长的时间通常指1年以上（含1年）
控制	—	控制，是指投资方拥有对被投资方的权力，通过参与被投资方的相关活动而享有可变回报，并且有能力运用对被投资方的权力影响其可变回报②
判断原则	—	应综合构成企业合并交易的各方面情况，按照实质重于形式的原则进行判断。通常情况下，同一控制下的企业合并是指发生在同一企业集团内部企业之间的合并，同受国家控制的企业之间发生的合并，不应仅仅因为参与合并各方在合并前后均受国家控制而将其作为同一控制下的企业合并
示例	—	同一控制下的企业合并一般发生于企业集团内部，如集团内母子公司之间、子公司与子公司之间等

注：①相关内容主要源自《企业会计准则第20号——企业合并》和《企业合并准则应用指南》。
②控制的概念源自《企业会计准则第33号——合并财务报表》。

从表3-5-2中可以看出，2010年第4号公告和《企业合并准则》对同一控制概念的规定是相同的，都要求合并前后受同一方或相同多方的最终控制，且该控制并非暂时性的。由于同一控制下的企业合并仅以最终控制为要件，并不以直接控制为要件，因此同一控制下的企业合并根据合并企业与被合并企业之间的关系可分为母子公司之间的合并和兄弟公司之间的合并。

母子公司之间的合并根据合并后保留主体的不同可分为母公司吸收合并子公

司和子公司吸收合并母公司两种交易方式,具体如图 3-5-2 所示。

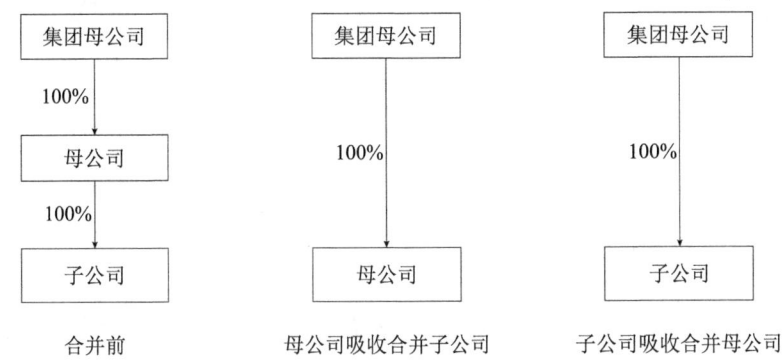

图 3-5-2　母子公司吸收合并结构

集团内兄弟公司之间合并根据合并后存续主体的不同可分为吸收合并和新设合并两种类型,其合并前后的股权结构如图 3-5-3 所示。

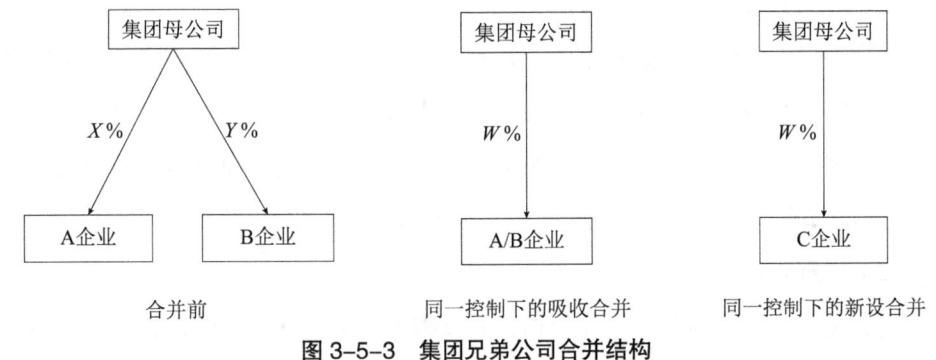

图 3-5-3　集团兄弟公司合并结构

3. 直接合并和三角合并

根据在合并过程中支付合并对价主体的不同,可以将企业合并分为直接合并和三角合并。

直接合并是指在合并过程中被合并企业股东取得合并企业的股权对价,其具体的交易方式如前述图 3-5-1 所示;三角合并是指合并企业并非以自身的股权作为支付对价,而是以母公司的股权作为支付对价,其常见的交易结构如图 3-5-4 所示。

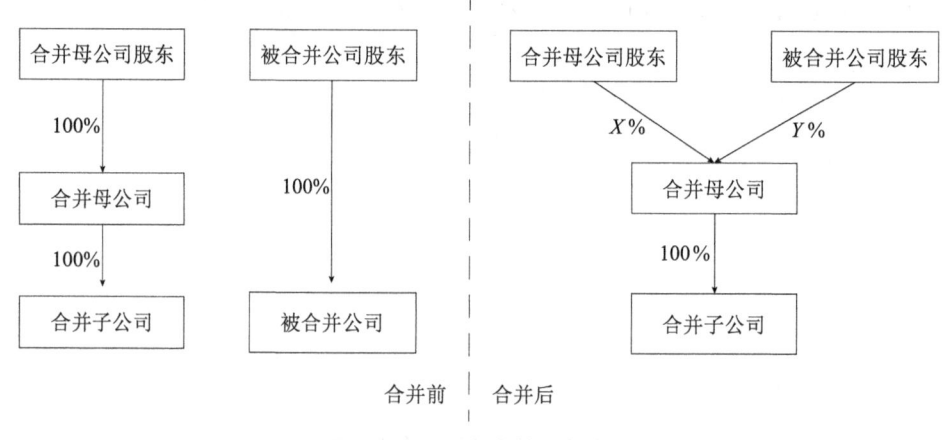

图 3-5-4 三角合并交易结构

图 3-5-4 所示的三角合并是三角吸收合并的交易结构图,除此之外还存在三角新设合并的合并方式。实务中采用三角合并的主要原因如下。

(1) 基于决策便利性。

在合并母公司股东人数较多时,特别是合并母公司为公众公司时,其合并交易的决策需要交由股东会作出,且需要征得多数股东的同意,这往往会影响决策的效率,因此为了提高企业合并决策的效率,由合并母公司设立合并子公司,合并子公司从事的企业合并交易决策由合并母公司完成即可。

(2) 规避风险。

根据《公司法》的规定,在公司合并过程中,被合并公司的债权、债务由合并公司承继,当被合并企业存在较多的潜在债务时,为了规避被合并企业债务对合并母公司的影响,合并母公司往往会通过设立合并子公司来完成公司合并,从而将相应的风险隔离在合并子公司中。

(3) 被合并公司当地政策要求。

如果被合并公司所在地的法律法规或者政策要求完成合并后必须在当地设立公司,则合并母公司往往会采用设立合并子公司的方式完成企业合并交易。

二、企业合并的程序

（一）企业合并的法定程序

《公司法》对公司合并的法律程序做了较为详尽的规定，具体如下。

1. 签订合并协议

公司合并，应当由合并各方签订合并协议。根据《公司法》第五十九条、第六十六条、第六十七条、第一百一十六条及第一百二十条的规定，一般情况下公司合并方案制定属于董事会的职权，而公司合并方案需要由股东会作出决议；其中有限责任公司应当经代表三分之二以上表决权的股东通过，股份有限公司应当经出席会议的股东所持表决权的三分之二以上通过。

根据《公司法》第二百一十九条的规定，如下两种情形的公司合并可以不经股东会决议，而是经董事会决议：①公司与其持股百分之九十以上的公司合并，被合并的公司不需经股东会决议，但应当通知其他股东，其他股东有权请求公司按照合理的价格收购其股权或者股份。②公司合并支付的价款不超过本公司净资产百分之十的，可以不经股东会决议；但是，公司章程另有规定的除外。

根据《中华人民共和国企业国有资产法》（2008年10月28日中华人民共和国主席令第5号通过，以下简称《国有资产法》）的规定，国有独资企业、国有独资公司的合并除根据国有资产法和有关法律、行政法规及企业章程的规定，由履行出资人职责的机构决定的以外，国有独资企业由企业负责人集体讨论决定，国有独资公司由董事会决定。重要的国有独资企业、国有独资公司、国有资本控股公司的合并，履行出资人职责的机构在作出决定或向其委派参加国有资本控股公司股东会会议、股东大会会议的股东代表作出指示前，应当报请本级人民政府批准。

根据《外资企业合并与分立规定》的规定，外商投资企业合并协议应当包括如下内容：①合并协议各方的名称、住所、法定代表人；②合并后公司的名称、住所、法定代表人；③合并后公司的投资总额和注册资本；④合并形式；⑤合并协议各方债权、债务的承继方案；⑥职工安置办法；⑦违约责任；⑧解决争议的方式；⑨签约日期、地点；⑩合并协议各方认为需要规定的其他事项。

2. 编制资产负债表及财产清单

公司合并协议经股东会审议通过后，应当编制资产负债表及财产清单，分别就公司当前的流动资产、应收款项、存货、固定资产、无形资产等编制财产清单，同时列明公司的负债情况。

3. 通知和公告债权人

企业合并，应当自作出合并决议之日起十日内通知债权人，并于三十日内在报纸上或者国家企业信用信息公示系统公告；债权人自接到通知书之日起三十日内，未接到通知书的自公告之日起四十五日内，可以要求公司清偿债务或者提供相应担保。公司合并时，合并各方的债权、债务，应当由合并后存续的公司或者新设的公司承继。

4. 办理工商登记

《公司法》第三十六条规定："公司营业执照记载的事项发生变更的，公司办理变更登记后，由公司登记机关换发营业执照。"《市场主体登记管理条例》规定，市场主体变更规定的备案事项的，应当自作出变更决议、决定或者法定变更事项发生之日起30日内向登记机关办理备案；市场主体因解散需要终止的，应当依法向登记机关申请注销登记。

因此公司合并后，存续合并中存续的公司应当办理变更登记，被吸收合并的公司应当办理注销登记；新设合并中被合并公司应当办理注销登记，新设立的公司应当办理新设登记。

5. 外商投资企业信息报告

根据《外商投资信息报告办法》（商务部 国家市场监督管理总局令2019年第2号）的规定，企业合并涉及外商投资企业的，应当依法办理外商投资企业信息报告。

外国投资者在中国境内设立外商投资企业，应于办理外商投资企业设立登记时通过企业登记系统提交初始报告。外国投资者提交初始报告，应当报送企业基本信息、投资者及其实际控制人信息、投资交易信息等信息。

初始报告的信息发生变更，涉及企业变更登记（备案）的，外商投资企业应于办理企业变更登记（备案）时通过企业登记系统提交变更报告。不涉及企业变更登记（备案）的，外商投资企业应于变更事项发生后 20 个工作日内通过企业登记系统提交变更报告。企业根据章程对变更事项作出决议的，以作出决议的时间为变更事项的发生时间；法律法规对变更事项的生效条件另有要求的，以满足相应要求的时间为变更事项的发生时间。外商投资企业提交变更报告，应当报送企业基本信息、投资者及其实际控制人信息、投资交易信息等信息的变更情况。

外商投资企业注销或者转为内资企业的，在办理企业注销登记或者企业变更登记后视同已提交注销报告，相关信息由市场监管部门推送至商务主管部门，外商投资企业无须另行报送。

（二）企业合并后注册资本的确定

工商企字〔2011〕226 号文和《外资企业合并与分立规定》对企业合并后公司的注册资本、股东出资份额及未足额缴纳的注册资本等事项做了规定。

1. 注册资本

内资企业因合并而存续或新设的公司，其注册资本、实收资本数额由合并协议约定，但不得高于合并前各公司的注册资本之和、实收资本之和；合并各方之间存在投资关系的，计算合并前各公司的注册资本之和、实收资本之和时，应当扣除所对应的注册资本、实收资本数额。

外资企业股份有限公司之间合并或者公司合并后为有限责任公司的，合并后公司的注册资本为原公司注册资本额之和；有限责任公司与股份有限公司合并后为股份有限公司的，合并后公司的注册资本为原有限责任公司净资产额根据拟合并的股份有限公司每股所含净资产额折成的股份额与原股份有限公司股份总额之和。

所以内资企业合并后注册资本及实收资本不得高于合并前公司注册资本、实收资本之和；外资企业合并后为有限责任公司的，其注册资本为合并前公司注册资本之和；外资企业合并后为股份有限公司的，其股本总额需要将原有的有限责任公司净资产额进行折算。

2. 股东出资份额

股东出资份额是指合并前各公司股东在合并后公司中的出资比例。

根据工商企字〔2011〕226号文的规定，内资企业因合并而存续或新设的公司，其股东（发起人）的出资比例、认缴或者实缴的出资额，由合并协议约定。法律、行政法规或者国务院决定规定公司合并涉及出资比例、认缴或者实缴的出资额必须报经批准的，应当经过批准。

外资企业根据规定合并的，各方投资者在合并后的公司的股权比例，根据国家有关规定，由投资者之间协商或根据资产评估机构对其在原公司股权价值的评估结果，在合并后的公司合同、章程中确定，但外国投资者的股权比例不得低于合并后公司注册资本的25%。

3. 分公司及子公司处理

工商企字〔2011〕226号文规定，因合并而解散的公司有分公司的，应当在合并协议中载明分公司的处置方案；处置方案中载明分公司注销的，应当在公司合并前办理分公司注销登记；处置方案中载明分公司归属于存续或新设的公司的，可以按照分公司名称变更程序办理分公司隶属关系的变更登记。

因合并而解散的公司持有其他有限责任公司股权的，应当在合并协议中载明其持有股权的处置方案；处置方案中载明通过股权转让或者减资方式退出的，应当在公司合并前办理股权所在有限责任公司的股东转让股权或者注册资本、实收资本变更登记；处置方案中载明股权归属于存续或者新设的公司的，可以在公司合并后办理股权所在有限责任公司的股东变更登记。

三、企业合并所得税路径分析

企业合并所得税路径分析是指从所得税角度，对企业合并交易过程中的交易主体、交易对象及交易步骤等进行的分析。

（一）交易主体

关于企业合并的交易主体有两种观点。一种观点认为企业合并是合并企业与被合并企业股东之间的交易，理由之一是财税〔2009〕59号文在企业合并中明确"被合并企业股东换取合并企业的股权或非股权支付"，所以企业合并是被合并企业股东将被合并企业的净资产交付给合并企业以换取合并企业的对价。另一种观点认为企业合并是合并企业与被合并企业之间的交易。

本书认为，企业合并是合并企业与被合并企业之间的交易，首先，根据《公司法》的规定，公司作为法人有独立的财产权，可依法对其自身的财产作出处置，股东只能处置其拥有的对公司投资形成的股权，也可依据法律的规定对公司的重大事项拥有表决权，但不能直接处置公司所独立拥有的财产；其次，《公司法》规定，合并是一个公司吸收"其他公司"或者"两个以上公司合并"，其交易的主体中并不存在被合并公司股东，之所以需要由合并公司与被合并公司股东作出决议是因为公司合并属于公司的重大事项，属于法定的股东会职权内容，但交由股东会决议并不能表示其交易主体为股东；最后，财税〔2009〕59号文对合并的定义为"一家或多家企业（以下称为被合并企业）将其……转让给另一家现存或新设企业（以下称为合并企业）"，交易主体也是合并企业与被合并企业，并不涉及被合并企业股东。

（二）交易对象

关于企业合并的交易对象也存在两种观点。一种观点认为企业合并的交易对象是被合并企业的净资产，主要理由是《企业合并准则应用指南》规定，吸收合并，是指合并方（或购买方）通过企业合并取得被合并方（或被购买方）的全部净资产，合并后注销被合并方（或被购买方）的法人资格，被合并方（或被购买方）原持有的资产、负债，在合并后成为合并方（或购买方）的资产、负债。另一种观点认为企业合并的交易对象是被合并企业的全部资产和负债，主要理由是企业合并的主体是合并企业和被合并企业，就被合并企业而言其只能以其所拥有的资产和承担的债务参与企业合并交易，而净资产并不是被合并企业的一项资产，同时《公司法》规定，公司合并应当编制资产负债表及财产清单，并且明确合并各方的债权、债务由合并后的存续公司或新设公司承继，因此企业合并的交易对象是被合并企业的资产和负债。

本书认为，在所得税视角下企业合并的交易对象是被合并企业的资产和负债，主要原因是财税〔2009〕59号文将企业合并定义为："合并，是指一家或多家企业（以下称为被合并企业）将其'全部资产和负债'转让给另一家现存或新设企业（以下称为合并企业），被合并企业股东换取合并企业的股权或非股权支付，实现两个或两个以上企业的依法合并。"所以财税〔2009〕59号文也认为企业合并的交易对象是被合并企业的"全部资产和负债"。

（三）交易步骤

对企业合并的交易主体和交易对象进行分析后，可以将企业合并的交易路径拆分为如下三个步骤。

第一步，合并企业以股权支付或非股权支付为对价取得被合并企业的全部资产和负债；该交易步骤完成后合并企业取得被合并企业的全部资产和负债，而被合并企业仅持有合并企业支付的股权或非股权合并对价。

第二步，被合并企业将取得的合并对价分配给被合并企业股东，用于交换被合并企业股东持有的被合并企业的股权；该交易步骤完成后被合并企业股东持有合并企业的股权或非股权对价，而被合并企业仅持有自身的股权。

第三步，被合并企业解散清算。

在上述交易步骤下吸收合并的交易路径如图3-5-5所示。

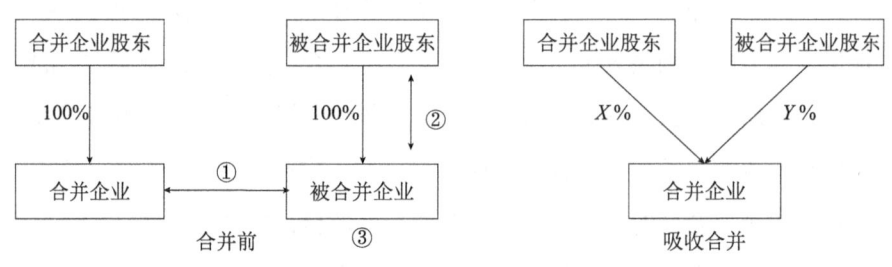

图3-5-5　吸收合并交易路径

注：①合并企业以股权支付或者非股权支付作为合并对价，取得被合并企业的全部资产和负债，在该交易完成后，合并企业持有被合并企业的全部资产和负债，而被合并企业仅持有合并企业支付的股权对价或非股权对价。

②被合并企业将取得的合并企业的股权或非股权支付对价交换被合并企业股东持有的被合并企业的股权，在该交易完成后，被合并企业的股东取得了合并企业的股权或非股权支付对价，而被合并企业仅持有自身的股份。

③被合并企业注销清算。

在上述交易步骤下新设合并的交易路径如图 3-5-6 所示。

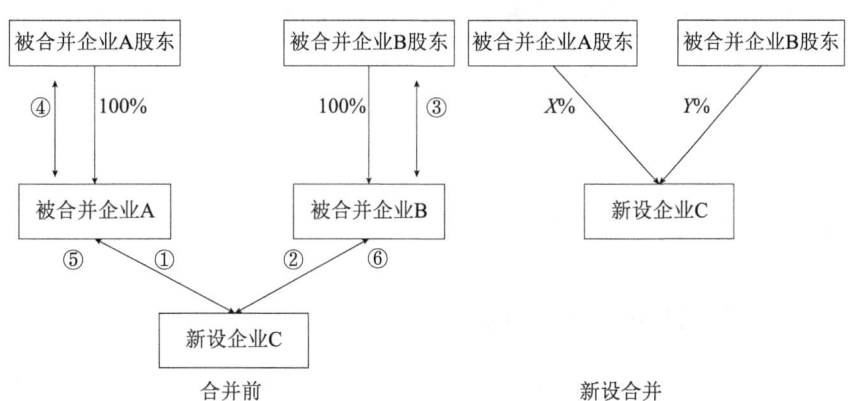

图 3-5-6　新设合并交易路径

注：①②新设企业 C 以其股权支付作为合并对价取得被合并企业 A 和被合并企业 B 的全部资产和负债，在该交易完成后，新设企业 C 持有被合并企业 A 和 B 的全部资产和负债，而被合并企业 A 和 B 则持有新设企业 C 的股权支付。
③④被合并企业 A 和被合并企业 B 将其取得的新设企业 C 的股权交换被合并企业股东持有的被合并企业原有的股权，在该交易完成后，被合并企业 A 的股东和被合并企业 B 的股东持有新设企业 C 的股权，而被合并企业 A 和被合并企业 B 则仅持有自身的股权。
⑤⑥被合并企业 A 和被合并企业 B 解散清算。

（四）企业合并所得税事项

基于企业合并的上述交易路径，2010 年第 4 号公告和 2015 年第 48 号公告将企业合并的当事方确定为合并企业、被合并企业和被合并企业股东。由此企业合并各当事方的所得税事项主要如下。

首先，对于合并企业，其通过支付对价在企业合并中取得被合并企业的全部资产和负债。所以合并企业要确定其取得的被合并企业资产和负债的计税基础；同时若合并企业以非货币性资产作为合并对价的（吸收合并交易中），还涉及非货币性资产转让所得或损失的确认。

其次，对于被合并企业，其将全部的资产和负债转让给合并企业并取得合并企业的股权或非股权支付。所以被合并企业要先确定是否确认转让资产和负债的所得或损失；然后要确定其取得合并企业股权支付或非股权支付的计税基础。

最后，对于被合并企业股东，其以持有的被合并企业股权交换合并企业的股权支付或非股权支付。所以被合并企业股东需要先确定是否因放弃被合并企业股权而确认股权转让所得或损失；然后要确定取得合并企业股权支付或非股权支付的计税基础。

四、企业合并的一般性税务处理

（一）一般性税务处理的基本规定

企业合并交易不满足所得税特殊性税务处理要件时，应当对企业合并交易适用一般性税务处理，结合前述企业合并的交易路径分析并根据财税〔2009〕59号文的规定，企业合并一般性税务处理的主要内容见表3-5-3。

表3-5-3　企业合并一般性税务处理

当事方	所得税处理
合并企业	（一）合并企业应当以公允价值确定其在合并中取得的被合并企业各项资产和负债的计税基础。 （二）合并企业在企业合并中确认的被合并企业的资产并不以其账面资产为基础，包括被合并企业账面未确认但满足资产确认条件的其他资源。 （三）合并企业以非货币性资产作为合并对价的，应当确认该非货币性资产的转让所得或损失
被合并企业	（一）被合并企业应当按照企业清算进行相应的所得税处理。 （二）被合并企业应当确认在企业合并中因转让资产和负债而产生的所得或损失。 （三）被合并企业取得合并企业的股权或非股权支付对价，应当以其公允价值为计税基础。 （四）被合并企业原有的亏损由被合并企业在清算过程中弥补，不得结转至合并企业弥补
被合并企业股东	（一）被合并企业股东应当按照企业清算进行相应的所得税处理。 （二）被合并企业股东为法人的，根据财税〔2009〕60号文的规定，其从被合并企业取得的所得，其中相当于被合并企业累计未分配利润和盈余公积按股东所占股份比例计算的部分，应确认为股息所得；剩余资产减除股息所得后的余额，超过或低于股东投资成本的部分，应确认为股东的投资转让所得或损失。 （三）被合并企业股东为自然人的，其从被投资企业取得的各项所得，按照"财产转让所得"项目适用的规定计算缴纳个人所得税。 （四）被合并企业股东取得的被合并企业支付的各项资产（包括合并企业的股权支付和非股权支付及被合并企业的保留资产）应当以其公允价值为计税基础

（二）企业合并一般性税务处理的示例

【示例 3-5-1】

A 公司拟吸收合并 B 公司，已知 B 公司各项资产、负债及净资产的计税基础和公允价值见表 3-5-4，假定其可结转弥补的亏损与账面亏损相一致；B 公司的股东均为法人股东，持有 B 公司股权的计税基础为 2 000.00 万元；该交易发生的年度为 2020 年度。

表 3-5-4　被合并企业资产负债清单

项目	计税基础 / 万元	公允价值 / 万元	处置损益 / 万元
应收款项	200.00	200.00	0
存货	600.00	750.00	150.00
固定资产	750.00	800.00	50.00
无形资产——X	150.00	300.00	150.00
无形资产——Y	0	300.00	300.00
合计	1 700.00	2 350.00	650.00
负债	500.00	500.00	0.00
实收资本	2 000.00	1 850.00	650.00
未分配利润	−800.00		
负债和净资产合计	1 700.00	2 350.00	650.00

合并中 A 公司取得 B 公司所有的资产和负债，应支付的合并对价公允价值为 1 850.00 万元。A 公司以持有的计税基础为 500.00 万元，公允价值为 800.00 万元的固定资产及增发公允价值为 1 050.00 万元的普通股作为企业合并对价。

涉税分析：

由于 A 公司在吸收合并 B 公司过程中的股权对价支付比例为 56.76%（1 050.00÷1 850.00×100%），不满足企业合并特殊性税务处理中的股权支付比例要件，所以该企业合并交易不能选择适用特殊性税务处理，而应当适用一般性税务处理；当事各方的所得税处理见表 3-5-5。

表 3-5-5 一般性税务处理当事各方所得税处理

当事方	所得税处理
合并企业——A 公司	（一）A 公司在企业合并中用作合并对价的固定资产应当确认资产转让所得 300.00 万元（800.00−500.00）。 （二）A 公司取得的被合并企业 B 公司各项资产和负债的计税基础以其公允价值确认，包括被合并企业 B 公司账面上未确认的无形资产——Y
被合并企业——B 公司	（一）B 公司应当按照清算进行相应的所得税处理：第一，应当确认企业清算过程中的资产处置所得 650.00 万元（2 350.00−1 700.00）；第二，由于 B 公司可结转弥补的亏损金额为 800.00 万元，所以 B 公司应确认的清算所得为 0 万元，应缴纳的清算期间企业所得税为 0 万元。 （二）B 公司尚未弥补完的亏损 150.00 万元不可结转至 A 公司弥补。 （三）B 公司取得 A 公司作为合并对价的固定资产以其公允价值 800.00 万元为计税基础；取得 A 公司股权对价的计税基础为 1 050.00 万元
被合并企业股东——B 公司股东	（一）B 公司股东应当按照清算进行所得税处理。 （二）B 公司股东取得 B 公司分配的 A 公司股权应以其公允价值 1 050.00 万元为计税基础；取得 B 公司分配的 A 公司的固定资产应当以其公允价值 800.00 万元为计税基础 （三）B 公司股东为法人股东，清算分配时 B 公司的未分配利润为亏损，因此确认的股息所得为 0 万元，取得分配金额的公允价值为 1 850.00 万元；低于其持有 B 公司股权的计税基础 2 000.00 万元，应确认的资产损失金额为 150.00 万元（2 000.00−1 850.00），对于确认的资产损失可在法人股东当期的企业所得税前扣除

五、企业合并的特殊性税务处理

（一）特殊性税务处理的要件

根据财税〔2009〕59 号文第六条的规定，企业合并适用特殊性税务处理除了需要满足第五条的一般性要件之外，还需要满足如下要件之一。

1.股权支付比例要件

财税〔2009〕59 号文第六条第（四）项规定，企业合并适用特殊性税务处理时，企业股东在企业合并发生时取得的股权支付金额不低于其交易支付总额的 85%。

首先，此处的企业股东是指被合并企业的股东；其次，股权支付金额是指合并企业以其自身股权或其控股企业股权作为支付对价的金额；最后，交易支付总额是指在企业合并交易中合并企业应当支付的合并对价（即被合并企业净资产）总金额，而并非指合并企业取得的被合并企业资产的总金额。

从前述企业合并的交易路径可知，企业合并的交易对象是被合并企业全部的资产和负债；但此处所要求的股东利益连续要件并不是从被合并企业角度要求的，而是从被合并企业股东角度进行的规范，所以被合并企业原有的负债性质及其金额大小并不会影响到企业合并中股东利益连续要件的判定，也即在企业合并重组交易中，合并企业所承担的被合并企业的负债仍然被视为被合并企业取得的非股权支付，但该非股权支付并不影响企业合并交易过程中股权支付比例的计算。

2.同一控制且不需要支付对价的企业合并

根据财税〔2009〕59号文第六条第（四）项的规定，同一控制下且不需要支付对价的企业合并，可以选择适用特殊性税务处理。

根据前述对同一控制下企业合并的分析，本书认为同一控制下企业合并包括横向的兄弟公司之间的合并，也包括纵向的母子公司之间的合并；但能够享受特殊性税务处理的同一控制下的企业合并还需要满足不需要支付对价的要件。

这里不需要支付对价的主体是合并企业（向被合并企业支付）还是被合并企业（向被合并企业股东支付），2010年第4号公告并未予以明确；而接受对价的主体是被合并企业的股东还是被合并企业的实际控制人，文件也未予以明确；同时不需要支付对价的具体判定标准文件也未予以明确。本书认为，此处的不需要支付对价是指企业合并中的合并企业无须就企业合并向被合并企业支付任何形式的股权支付或非股权支付，所以其交易形式主要是同受一方或多方100%控制的兄弟公司之间的合并，对于100%直接持股的母子公司之间的合并并不属于不需要支付对价的企业合并，具体分析可见后续的分析。

（二）合并企业的所得税处理

企业合并适用特殊性税务处理时，合并企业应当按照如下规则进行所得税处理。

1.非货币性资产转让所得或损失

企业合并适用特殊性税务处理仅要求股权支付比例不低于85%，所以合并企业仍然可以使用非货币性资产作为合并对价支付方式。对于合并企业以非货币性资产作为合并对价的，应当按照如下公式确认非货币性资产的转让所得或损失：

非货币性资产转让所得或损失＝非货币性资产的公允价值－非货币性资产的计税基础 (3-5-1)

2. 取得被合并企业资产的计税基础

合并企业取得被合并企业资产和负债的计税基础应当以其原有的计税基础确定，具体应当以被合并企业持有的被合并资产原有计税基础经在企业重组中确认的资产处置损益调整后的金额确定，即

取得被合并资产计税基础＝被合并资产原有计税基础＋确认的非股权支付对应的资产转让所得－确认的非股权支付对应的资产转让损失 (3-5-2)

（三）被合并企业的所得税处理

企业合并适用特殊性税务处理时，被合并企业应当按照如下规则进行所得税处理。

1. 被合并资产转让所得或损失

被合并企业在合并中将自身所有的资产、负债概括式地让与合并企业，所以已实现了被合并资产的资产转让所得或损失。根据财税〔2009〕59号文第六条的规定，企业合并适用特殊性税务处理时，被合并企业对交易中股权支付暂不确认有关的资产转让所得或损失，仅就其取得的非股权支付部分确认资产转让所得或损失，具体为

非股权支付对应的资产转让所得或损失＝（被合并资产的公允价值－被合并资产的计税基础）×（非股权支付金额÷被合并资产的公允价值） (3-5-3)

在按照上述公式计算非股权支付对应的资产转让所得或损失时应当注意如下两个问题。

其一，虽然企业合并中交易的对象是被合并企业的全部资产和负债，但是由于负债本身是取得资产的资金来源之一，所以计算资产转让所得或损失时应当以资产金额为准，并不能以净资产金额计算。

其二，在确定非股权支付金额时，财税〔2009〕59号文将交易一方承担另一

方债务的金额视为非股权支付,所以本书认为在按照上述公式计算非股权支付对应的资产转让所得或损失时,其中的非股权支付金额与计算是否适用特殊性税务处理要件的股权支付金额概念并不相同,此处的非股权支付是从被合并企业层面考虑的,所以应当包括合并企业承担的债务金额,具体可见本书后续债务承担规则部分的分析。

2. 取得合并对价计税基础

财税〔2009〕59号文并未规定特殊性税务处理时被合并企业取得合并企业支付的合并对价计税基础的问题,这主要是由于被合并企业在企业合并后予以解散,其取得的合并对价在解散清算过程中一并作为对价支付给被合并企业股东,而被合并企业股东在确定取得合并对价计税基础上采用的是替代税基规则,所以无须确定被合并企业取得合并对价的计税基础。

3. 分配合并对价所得或损失

根据前述的分析,企业合并交易的环节之一是被合并企业将取得的合并对价支付给被合并企业股东,从而换取被合并企业股东持有的股权。在这一交易过程中被合并企业若存在将非股权对价或者被合并企业未被合并企业合并的资产分配给被合并企业股东的行为,则被合并企业应当确认该部分资产处置的所得或损失。其中分配合并企业非股权支付对价部分的,由于该非股权支付对价已经按照公允价值作为其计税基础,所以在分配过程中不会产生所得或损失;但是对于被合并企业原持有的未被合并企业受让的资产(若法律允许),应当在分配时确认该部分资产的转让所得或损失,具体为所分配资产的公允价值与其计税基础之间的差额。

(四)被合并企业股东的所得税处理

根据前述对企业合并交易路径的分析,企业合并中被合并企业股东通过股权交换取得合并企业支付的股权对价或非股权对价,其所得税事项主要如下。

1. 股权转让所得或损失

被合并企业股东通过股权交换实现了股权转让所得,但对于合并企业股权支付对应的部分不在合并交易当期确认,仅对非股权支付部分应当按照如下公式计

算股权转让所得或损失:

非股权支付对应的股权转让所得或损失=(被交换股权的公允价值-被交换股权的计税基础)×(非股权支付金额÷被交换股权的公允价值) (3-5-4)

由于该环节的当事方为被合并企业股东而非被合并企业,所以上述被交换股权是指被合并企业股东持有的被合并企业的原股权。

2.取得合并对价计税基础

被合并企业股东取得的分配对价应当按照替代税基规则确定其计税基础。即以原持有的被合并企业股权的计税基础确定,同时对于已按照上述的公式计算确认的股权转让所得或损失应当调整其持有的被合并企业股权的计税基础。

(五)被合并企业亏损结转弥补

企业合并适用特殊性税务处理时被合并企业对于取得的股份支付部分并未确认资产转让所得或损失,所以被合并企业原有的尚未结转弥补的亏损作为企业层面的税收属性可以在纳税主体之间进行结转,即被合并企业尚未弥补的亏损可以结转至合并企业弥补。

财税〔2009〕59号文规定,可由合并企业弥补的被合并企业亏损的限额按照如下公式计算:

可由合并企业弥补的被合并企业亏损的限额=被合并企业净资产公允价值×截至合并业务发生当年年末国家发行的最长期限的国债利率 (3-5-5)

首先,在计算上述限额时,被合并企业净资产应当以公允价值计量,并非按照其账面价值。

其次,财税〔2009〕59号文和后续的规范性文件并未明确计算被合并企业净资产公允价值的时间,本书认为应当以合并协议确定的合并基准日的时间为准,因为该日期往往是合并交易双方明确被合并企业价值的日期;若由于合并双方为关联方并未明确基准日的,则应当以合并协议生效的日期为准。

再次,根据2010年第4号公告第二十六条的规定,上述的限额是指按《企业所得税法》规定的剩余结转年限内,每年可由合并企业弥补的被合并企业亏损的限额,而非可结转弥补的被合并企业每年度亏损限额。

最后，上述公式中被合并企业可结转弥补的亏损应当是被合并企业就非股权支付对应的资产转让所得或损失调整后的亏损金额。

（六）企业合并特殊性税务处理的示例

【示例 3-5-2】

案例基本情况同示例 3-5-1，但是 A 公司支付合并对价的方式为：以持有的计税基础为 170.00 万元，公允价值为 185.00 万元的债券作为一部分的支付对价，差额部分通过增发公允价值为 1 665.00 万元的普通股支付；另已知企业合并当年度年末国家发行的最长期限的国债利率为 4.5%；B 公司可结转弥补的亏损金额为 525.00 万元，其中：2017 年度 225.00 万元、2018 年度 130.00 万元、2019 年度 170.00 万元。

A 公司在吸收合并前并无可结转弥补的亏损额，其吸收合并后的 2021 年度、2022 年度、2023 年度和 2024 年度的应纳税所得额分别为 40.00 万元、100.00 万元、60.00 万元、180.00 万元。

涉税分析：

该案例中合并企业支付的对价中股权支付比例为 90%（1 665.00÷1 850.00×100%），若满足特殊性税务处理的其他要件，那么此企业合并交易可适用特殊性税务处理。

1. 合并当事方的所得税处理

在所得税特殊性税务处理中，合并当事各方的所得税处理见表 3-5-6。

表 3-5-6　企业合并交易各方所得税处理

当事方	所得税处理
被合并企业——B公司	（一）被合并企业对于股权支付部分不确认资产转让所得，但是对于非股权支付部分应当按照如下公式确认资产转让所得①： 企业合并中非股权支付对应的资产转让所得=（2 350.00–1 700.00）×（685.00÷2 350.00）=189.47（万元） （二）被合并企业取得的合并企业合并对价的总计税基础以替代税基规则确定，即以转出资产的原有计税基础确定，但是由于合并对价在合并中被立即分配给被合并企业股东，被合并企业股东在确定取得合并对价的计税基础时也采用替代税基规则，所以此处不再对被合并企业取得合并对价计税基础的计算过程进行介绍②
合并企业——A公司	（一）对于合并企业 A 公司以其持有的债券作为支付对价的，应当确认非货币性资产转让所得 15.00 万元（185.00–170.00） （二）合并企业取得的被合并企业各项资产和负债的计税基础，以被合并企业原有的计税基础确定，由于被合并企业在企业合并中确认的非股权支付部分的资产转让所得为 189.47 万元，所以合并企业取得被合并企业资产的计税基础总金额为 1 889.47 万元（1 700.00+189.47），该计税基础应当在取得的各项资产之间进行合理的分摊。 （三）根据财税〔2009〕59 号文的规定，在企业合并适用特殊性税务处理时，被合并企业合并前的相关所得税事项由合并企业承继
被合并企业股东	（一）被合并企业股东对于取得的非股权支付对价，应当按照如下公式计算其股权转让所得或损失③： 被合并企业股东取得非股权支付部分确认的资产转让所得=（1 850.00–2 000.00）×（185.00÷1 850.00）=–15.00（万元） 所以，被合并企业股东应当确认 15.00 万元的股权转让损失。 （二）被合并企业股东取得合并企业合并对价的计税基础为持有的被合并企业股权的原有计税基础经确认非股权支付对应的资产转让所得或损失调整后的金额，即 1 985.00 万元（2 000.00–15.00），其中取得的债券资产的计税基础为 185.00 万元，取得 A 企业股权的计税基础计算公式如下： 取得股权支付的计税基础=持有的被合并企业股权的原计税基础＋确认的非股权支付对应的资产转让所得－确认的非股权支付对应的资产转让损失－取得的非股权支付的计税基础=2 000.00＋0－15.00－185.00＝1 800.00（万元）④

注：①虽然财税〔2009〕59 号文将企业重组交易中承担的债务视为非股权支付，但本书认为对于承担的债务应当区分不同的性质分别进行所得税处理，其中承担债务与所收购资产直接相关时并不将其作为非股权支付，因此在计算非股权支付对应的资产转让所得或损失时，应当以承担债务之外的非股权支付计算。

②在确定被合并企业取得合并企业股权计税基础时，虽然采用替代税基规则，但应当考虑所承担负债对股权计税基础确定的影响。

③被合并企业在合并中取得对价的公允价值为 1 850.00 万元，由于被合并企业在合并中并未因企业

合并缴纳企业所得税,被合并企业取得的上述对价全部分配给被合并企业股东,所以被合并企业股东取得的分配对价公允价值为 1 850.00 万元,若被合并企业在企业合并中因取得对价缴纳企业所得税的,在计算被合并企业股东取得对价的公允价值时应当考虑缴纳所得税对其分配合并中取得对价值的影响。

④被合并企业股东在一般性税务处理中因企业合并应当确认的股权转让损失金额为 150.00 万元(1 850.00-2 000.00);在特殊性税务处理中,企业合并当期确认的资产转让损失金额为 15.00 万元,递延确认的资产转让损失金额为 135.00 万元(1 665.00-1 800.00),损失的总金额仍然为 150.00 万元,与一般性税务处理下的损失金额相同。

2.被合并企业亏损的结转弥补

(1)被合并企业可结转弥补的亏损。

被合并公司 B 公司在合并发生当期确认的资产转让所得为 189.47 万元,若不考虑其他事项的影响,被合并企业可结转弥补的亏损明细见表 3-5-7。

表 3-5-7 被合并企业可结转弥补亏损明细

行次	项目	年度	可弥补亏损/万元	本年度弥补的亏损/万元	可结转下一年度弥补的亏损/万元
1	第一年	2015	0	—	—
2	第二年	2016	0	—	—
3	第三年	2017	−225.00	189.47	−35.53
4	第四年	2018	−130.00	0.00	−130.00
5	第五年	2019	−170.00	0.00	−170.00
6	本年	2020	189.47	189.47	−335.53

通过表 3-5-7 可知,被合并企业可结转弥补的亏损总金额为 −335.53 万元,对于该亏损总额,可全部结转至合并企业弥补,但每年度可由合并企业弥补的亏损限额需要受到财税〔2009〕59 号文的限制。

(2)合并企业每年弥补的亏损金额。

根据财税〔2009〕59 号文的规定,每年可由 A 公司弥补的 B 公司的亏损限额=1 850.00×4.5%=83.25(万元)。

所以 A 公司在吸收合并完成后的每年度可结转弥补的亏损金额见表 3-5-8、表 3-5-9、表 3-5-10 和表 3-5-11。

A 公司 2021 年度弥补亏损明细见表 3-5-8。

表 3-5-8　A 公司 2021 年度企业所得税弥补亏损明细表（简表）

序号	项目	年度	当年境内所得额/万元	合并转入的亏损额/万元①	当年亏损额/万元	当年待弥补亏损额/万元	用本年度所得弥补的亏损/万元②	当年可结转以后年度亏损额/万元
1	前五年	2016	—	—	—	—	—	—
2	前四年	2017	—	−35.53	—	−35.53	35.53	0
3	前三年	2018	—	−130.00	—	−130.00	4.47	−125.53
4	前二年	2019	—	−170.00	—	−170.00	—	−170.00
5	前一年	2020	—	—	—	—	—	—
6	本年度	2021	40.00	−335.53	—	−335.53	40.00	—
7			可结转以后年度弥补的亏损额合计					−295.53

注：①被合并企业转入的亏损应当是被合并企业按照《企业所得税法》及其实施条例等规定在剩余年限内可结转弥补的亏损总金额，而非被合并企业可结转弥补亏损的限额。

②根据财税〔2009〕59 号文的规定，每年可由合并企业弥补的被合并企业亏损限额为 83.25 万元，2021 年度合并企业当年度的应纳税所得额仅为 40.00 万元，所以当年度实际可弥补的亏损金额为 40.00 万元，其中弥补 2017 年度亏损额 35.53 万元，弥补 2018 年度亏损额 4.47 万元。

通过表 3-5-8 可知，当合并企业当年度的应纳税所得额小于按照财税〔2009〕59 号文计算的当年度可弥补被合并企业亏损限额时，应当以实际的应纳税所得额为弥补限额。

A 公司 2022 年度弥补亏损明细见表 3-5-9。

表 3-5-9　A 公司 2022 年度企业所得税弥补亏损明细表（简表）

序号	项目	年度	当年境内所得额/万元	合并转入的亏损额/万元①	当年亏损额/万元	当年待弥补亏损额/万元	用本年度所得弥补的亏损②/万元	当年可结转以后年度亏损额①/万元
1	前五年	2017	—	—	—	—	—	—
2	前四年	2018	—	−125.53	—	−125.53	83.25	−42.28
3	前三年	2019	—	−170.00	—	−170.00	—	−170.00
4	前二年	2020	—	—	—	—	—	—
5	前一年	2021	—	—	—	—	—	—
6	本年度	2022	100.00	−295.53	—	−295.53	83.25	—
7			可结转以后年度弥补的亏损额合计					−212.28

注：①可由合并企业结转弥补的被合并企业亏损限额仅仅是在合并后每一纳税年度在合并企业可弥补的被合并企业亏损的最高限额，而并非被合并企业可结转至合并企业弥补的亏损的总额，因此对于被合并企业可弥补亏损超过限额的部分如果仍然在可结转弥补期限内的，仍然可以由合并企业结转弥补。

②虽然2018年度被合并企业可结转弥补的亏损总金额为125.53万元，合并企业在当年度的所得额为100.00万元，并未超过当年度可结转弥补的亏损总金额，但是根据财税〔2009〕59号文规定可以由合并企业弥补的被合并企业亏损限额为83.25万元，因此在2022年度合并企业可结转弥补的被合并企业亏损仅能为83.25万元，剩余部分16.75万元应当在当年度缴纳企业所得税；若合并企业仍然有可结转弥补亏损的，该部分的所得仍然可以弥补合并企业自身可结转弥补的亏损额。

通过表3-5-9可知，合并企业当年度的应纳税所得额超过按照财税〔2009〕59号文计算的可弥补的被合并企业亏损限额时，当年度实际弥补的被合并企业亏损以上述限额为准；超过限额部分的所得应在当年度由合并企业缴纳企业所得税。

A公司2023年度弥补亏损明细见表3-5-10。

表3-5-10　A公司2023年度企业所得税弥补亏损明细表（简表）

序号	项目	年度	当年境内所得额/万元	合并转入的亏损额/万元	当年亏损额/万元	当年待弥补亏损额/万元	用本年度所得弥补的亏损①/万元	当年可结转以后年度亏损额/万元
1	前五年	2018	—	−42.28	—	−42.28	42.28	—
2	前四年	2019	—	−170.00	—	−170.00	17.72	−152.28
3	前三年	2020	—	—	—	—	—	—
4	前二年	2021	—	—	—	—	—	—
5	前一年	2022	—	—	—	—	—	—
6	本年度	2023	60.00	−212.28	—	−212.28	60.00	—
7	可结转以后年度弥补的亏损额合计							−152.28

注：①虽然A公司2023年度可结转弥补的被合并企业亏损限额为83.25万元，但是由于A公司2023年度的应纳税所得额仅为60.00万元，因此当年度实际弥补的亏损金额为60.00万元，其中弥补被合并企业结转的2018年度的亏损金额为42.28万元，弥补被合并企业结转的2019年度的亏损金额为17.72万元。

A公司2024年度弥补亏损明细见表3-5-11。

表 3-5-11　A 公司 2024 年度企业所得税弥补亏损明细表（简表）

序号	项目	年度	当年境内所得额/万元	合并转入的亏损额/万元	当年亏损额/万元	当年待弥补亏损额/万元①	当年可结转以后年度亏损额/万元②
1	前五年	2019	—	−152.28	—	−152.28	—
2	前四年	2020					
3	前三年	2021					
4	前二年	2022					
5	前一年	2023					
6	本年度	2024	180.00	−152.28	—	−152.28	—
7			可结转以后年度弥补的亏损额合计				—

注：①同 2022 年度亏损弥补。尽管 2024 年 A 公司所得额为 180.00 万元，但是由于 A 公司每年可结转弥补 B 公司亏损限额为 83.25 万元，因此本年度实际可弥补的 B 公司亏损金额为 83.25 万元。

②对 B 公司 2019 年度亏损而言，2024 年为其 5 年弥补期限的最后一年，在本年度尚未弥补完的亏损 69.03 万元不得再结转至以后纳税年度弥补，所以本年度可结转以后年度弥补的亏损金额为 0 万元。

3. 被合并企业亏损结转弥补总结

通过示例 3-5-2 分析的合并企业每一纳税年度的亏损弥补明细表可知，示例 3-5-2 中被合并企业亏损转由合并企业弥补的具体情况见表 3-5-12。

表 3-5-12　被合并企业亏损结转弥补明细表　　单位：万元

年份	亏损总额/所得额	2021 年度 40.00	2022 年度 100.00	2023 年度 60.00	2024 年度 180.00	合计 380.00
2017 年度	−35.53	−35.53	—	—	—	−35.53
2018 年度	−130.00	−4.47	−83.25	−42.28	—	−130.00
2019 年度	−170.00	—	—	−17.72	−83.25	−100.97
弥补亏损总额		−40.00	−83.25	−60.00	−83.25	−266.50
弥补亏损后所得		0	16.75	0	96.75	113.50

从表 3-5-12 可以看出，在企业合并重组交易中，被合并企业亏损结转弥补具有如下特征。

（1）被合并企业每年度可结转弥补的亏损金额可以全额结转至合并企业，由合并企业以合并后每年度的应纳税所得额弥补。

（2）虽然被合并企业可结转弥补的亏损可以全额结转至合并企业，但可以由合并企业以其合并后的应纳税所得额结转弥补的被合并企业的亏损需要受到财税〔2009〕59号文的限制。

（3）合并企业当年度的应纳税所得额小于计算的被合并企业结转弥补亏损限额的，应当以合并企业当年度实际应纳税所得额作为被合并企业亏损弥补的金额。

（4）合并企业当年度的应纳税所得额大于计算的被合并企业结转弥补亏损限额的，应当以计算的限额作为当年度实际弥补亏损的金额。

（5）合并企业自身存在可结转以后年度弥补的亏损的，在同一纳税年度合并企业可结转弥补亏损与被合并企业可结转弥补亏损在所得税属性上并无区别，都可以由合并企业以后年度的应纳税所得额弥补，但弥补的亏损总金额不得超过按如下公式计算的金额：

当年度可弥补的亏损总金额＝合并企业该年度可结转弥补的亏损金额＋计算的被合并企业可结转弥补亏损限额　　　　　　　　　　　　（3-5-6）

（6）在确定可弥补的合并企业亏损和被合并企业亏损时，两者无结转弥补顺序上的差异。

六、纵向吸收合并的特殊性税务处理

（一）纵向吸收合并的类型

纵向吸收合并是指相互之间存在持股关系的两个公司按照《公司法》的规定完成的吸收合并。根据合并的方向可将纵向吸收合并分为持股公司合并被持股公司的向上纵向吸收合并和被持股公司合并持股公司的向下纵向吸收合并；根据合并双方之间是否构成母子公司关系可以分为母子公司之间的纵向吸收合并和非母子公司之间的纵向吸收合并；根据子公司是否属于全资子公司可以将母子公司之间的纵向吸收合并进一步分为全资母子公司之间的纵向吸收合并（如图3-5-7所示）和非全资母子公司之间的纵向吸收合并（如图3-5-8和图3-5-9所示）。

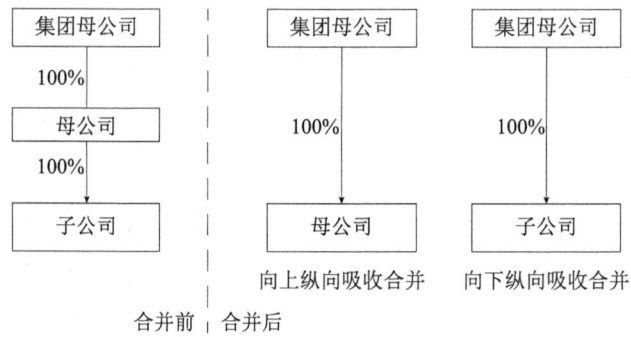

图 3-5-7 纵向吸收合并类型一

图 3-5-7 所示的是全资母子公司之间的纵向吸收合并，包括母公司吸收合并全资子公司的向上纵向吸收合并和全资子公司吸收合并母公司的向下纵向吸收合并。

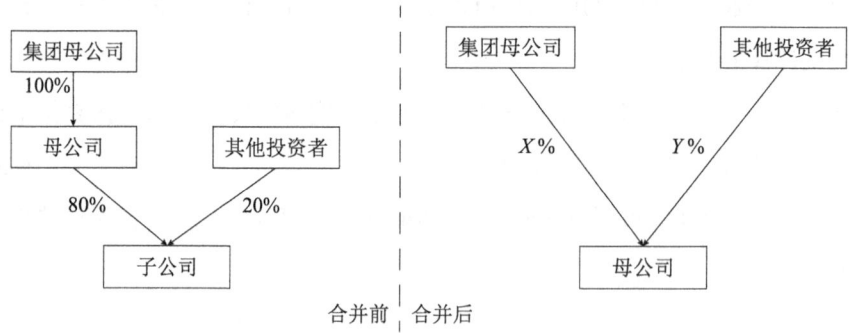

图 3-5-8 非全资母子公司向上纵向吸收合并

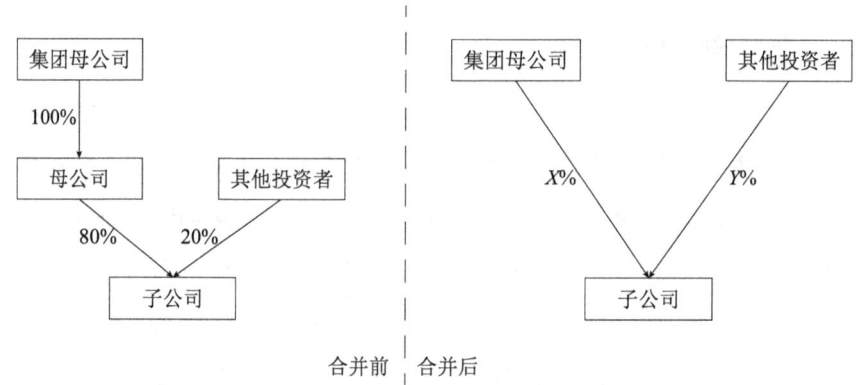

图 3-5-9 非全资母子公司向下纵向吸收合并

图 3-5-8 所示的是非全资母子公司之间母公司吸收合并子公司的向上纵向吸收合并，吸收合并后子公司的其他投资者持有母公司的股权。图 3-5-9 所示的是非全资母子公司之间子公司吸收合并母公司的向下纵向吸收合并，吸收合并后子公司的其他投资者持股不变，而母公司的股东直接持有子公司股权。

（二）全资母子公司纵向吸收合并

如图 3-5-7 所示，全资母子公司之间纵向吸收合并交易分为向上纵向吸收合并和向下纵向吸收合并两种类型。

1. 向上纵向吸收合并

全资母子公司向上纵向吸收合并是指由母公司吸收合并全资子公司，吸收合并完成后母公司的法律主体保留，子公司的法律主体灭失。

（1）企业所得税待遇。

关于母公司吸收合并全资子公司的企业所得税待遇在实务中有如下三种不同的观点。

观点一：母公司吸收合并全资子公司属于"同一控制下且不需要支付对价的企业合并"，因此在满足企业合并特殊性税务处理的其他要件时，可以适用所得税特殊性税务处理待遇。

观点二：母公司吸收合并全资子公司属于"股权支付比例为100%"的吸收合并交易，若满足企业合并特殊性税务处理的其他要件时，可以适用所得税特殊性税务处理待遇。

观点三：母公司吸收合并全资子公司属于子公司解散清算，并不属于财税〔2009〕59号文规范的企业重组行为，应当按照财税〔2009〕60号文的规定进行所得税处理，不能适用财税〔2009〕59号文的特殊性税务处理。

本书认为，母公司吸收合并全资子公司是企业合并与子公司解散清算的竞合，两者的法律结果是相同的，都是母公司取得子公司的所有资产和负债、子公司的法律主体归于消灭。但是在企业所得税的税收待遇上并不能单纯地适用上述某一种观点，而应当在分析交易的法律性质后进行判定。根据《公司法》的规定，公司合并属于公司应当解散的情形之一，但与其他解散情形相比也有不同的地方：如公司合并解散时无须按照《公司法》的规定履行清算程序，公司合并时被合并公司的债权、债务由合并后的公司承继，所以没有强制的债务清偿义务等。在分析交易的法律形式后再对交易的所得税待遇进行判断：当交易的法律形式为吸收合并时，应当进一步结合财税〔2009〕59号文对交易适用特殊性税务处理的要件进行分析，若交易不满足特殊性税务处理要件（如无法满足合并后的营业企业继续要件）而适用一般性税务处理的，则应适用观点三的企业清算所得税待遇，否则应当适用观点一或者观点二的特殊性税务处理待遇；当交易的法律形式为子公司解散的，可直接适用观点三的所得税待遇。

（2）股东利益连续要件分析。

关于母公司吸收合并全资子公司的交易中，如何满足股东利益连续要件有前述的观点一和观点二两种不同的观点；并且在观点二中关于母公司股权支付方式又有"母公司以其自身的股权作为支付对价"和"母公司以其持有的被合并子公司股权作为支付对价"两种观点。

上述的两种观点都是财税〔2009〕59号文规定的企业合并适用特殊性税务处理的要件，并且在形式上也符合母公司吸收合并全资子公司的情形。如适用"同一控制下且不需要支付对价企业合并"观点的，在合并交易中母公司既是合并方，同时又是被合并方的股东，在合并交易中其所拥有的权益并没有任何的增加，而且在前面对"同一控制"概念进行分析时可知，"同一控制"是从实际控制人角度而言的，并非从合并交易双方直接持股的股东角度而言的，所以母公司吸收合并全资子公司满足"同一控制下且不需要支付对价的企业合并"要件。财税〔2009〕59号文规定股权支付包括本企业的股权和控股企业的股权，2010年第4号公告将"控股企业"解释为"直接持有股权的企业"，所以母公司吸收合并子公司时，母公司以其持有的被合并子公司的股权作为支付对价满足"股权支付"的概念，所以符合财税〔2009〕59号文关于股权支付方式及比例的要求。根据前述关于企业合并交易路径的分析可知，在交易中作为合并方的母公司以自身的股权作为支付对价支付给被合并的子公司，在全资子公司注销时将其取得的母公司的股权又交还给母公司，从而导致母公司的股权在最终结果上并未增加，但在交易拆分过程中母公司是存在以自身股权作为支付对价的，因此也满足财税〔2009〕

59号文中关于股权支付方式及比例的要求。

虽然上述不同的解释都可以使得此种类型的合并交易符合财税〔2009〕59号文中股东利益连续一般要件的要求,但考虑到后续非全资子公司的吸收合并及非子公司的吸收合并,本书认为应当将交易方式理解为母公司以自身的股权作为重组交易对价,主要理由如下。

首先,根据交易拆分过程分析,企业合并交易中合并企业以股权支付或者非股权支付作为合并对价取得被合并企业的全部资产和负债,被合并企业再将取得的对价分配给被合并企业股东以换取其持有的被合并企业股权;若理解为合并企业以持有的被合并企业股权作为合并对价,则后续被合并企业将合并对价分配后会形成母公司再次持有子公司股权的情形,与实际情况不符;若理解为被合并企业不再分配合并对价而直接注销清算,则与交易拆分的路径不符。所以在这种交易结构中合并企业是以自身股权作为合并对价的。

其次,根据交易拆分过程分析,母公司在吸收合并后持有自身的股权,从交易路径分析,母公司的注册资本及实收资本都应当增加;但工商企字〔2011〕226号规定,支持公司在合并中自主约定注册资本数额,合并各方之间存在投资关系的,计算合并前各公司的注册资本之和、实收资本之和时,应当扣除投资所对应的注册资本、实收资本数额。所以母公司吸收合并子公司的,合并后母公司持有的自身股权应当办理减资手续,减少的注册资本数额为母公司持有的子公司的注册资本及实收资本金额,这与合并后母公司注册资本及实收资本金额与合并前母公司的注册资本及实收资本金额相等的事实相符。

最后,母公司将交易拆分过程中取得的自身股权办理减资,并不属于财税〔2009〕59号文所规定的"主要股东在重组后连续12个月内转让所取得的股权"的情形,交易仍然满足股东利益连续要件。

综上,本书认为母公司吸收合并全资子公司属于母公司以自身股权作为支付对价的企业合并,若没有其他非股权支付,则股权支付比例为100%,满足财税〔2009〕59号文所规范的股东利益连续要件的要求。

(3)营业企业继续要件分析。

母公司吸收合并全资子公司后获得了子公司全部的资产和负债,在营业企业继续要件的判断上与一般情形下的企业合并是相同的,财税〔2009〕59号文要求合并企业在合并交易完成后的12个月内不改变被合并资产原来的实质性经营活动,所以若母公司在吸收合并子公司后的连续12个月内没有改变子公司相关营业活动的,则满足财税〔2009〕59号文所要求的营业企业继续要件。

(4)所得税处理规则。

由于母公司吸收合并子公司的交易结果与一般情形下企业合并的交易结果有所不同,所以适用特殊性税务处理时交易各方的所得税处理与一般情形下的企业合并也有所不同,其具体的所得税处理规则见表3-5-13。

表3-5-13 向上纵向吸收合并所得税处理

交易当事方	所得税处理
被合并企业——子公司	由于在重组交易中取得合并企业100%股权支付,所以在合并交易发生当期不确认被合并资产的转让所得或损失
合并企业——母公司	取得被合并企业资产和负债的计税基础,以被合并资产和负债的原有计税基础确定
被合并企业股东——母公司	由于母公司在吸收合并中将取得的股权支付注销,所以不存在相关股权计税基础的问题
集团母公司	由于在吸收合并中集团母公司并非重组交易当事方,所以其持有母公司股权的计税基础并不发生变化

【示例3-5-3】

A集团公司持有B公司100%的股权,B公司持有C公司100%的股权,B公司注册资本及实收资本为3 000.00万元,C公司注册资本及实收资本为2 000.00万元。A集团公司因战略计划拟由B公司吸收合并C公司,并由合并后的B公司继续经营C公司原有的业务。合并基准日C公司的资产、负债及净资产相关数据见表3-5-14。

表 3-5-14　合并基准日相关数据　　　　　　　　单位：万元

项目	账面价值	计税基础	公允价值
资产	8 000.00	7 900.00	12 000.00
负债	3 500.00	3 500.00	3 500.00
净资产	4 500.00	—	8 500.00

涉税分析：

本案例中，作为母公司的 B 公司吸收合并全资子公司 C 公司，在吸收合并后继续从事 C 公司原有的业务，所以合并交易可以适用特殊性税务处理，交易各方的所得税处理如下。

首先，由于 C 公司在吸收合并交易中并未取得非股权支付，所以 C 公司在合并交易中无须确认已实现的 4 100.00 万元（12 000.00−7 900.00）资产转让所得。

其次，合并后 B 公司的注册资本及实收资本仍然为 3 000.00 万元，取得 C 公司资产的计税基础以原有的计税基础 7 900.00 万元确定。

最后，集团母公司 A 持有 B 公司股权的计税基础不发生变化。

2. 向下纵向吸收合并

全资母子公司向下纵向吸收合并是指由全资子公司吸收合并母公司，吸收合并完成后母公司法律主体消灭，子公司的法律主体保留。在纵向吸收合并交易中作为合并方的子公司以自身的股权作为合并对价取得被合并方母公司的资产和负债，被合并方在后续解散清算过程中将其持有的合并方的股权交还给被合并方的股东，即集团母公司；由于合并企业的股东与被合并企业为同一主体，在合并交易完成后合并企业股东的法律主体也予以消灭。

本书认为，向下纵向吸收合并的交易路径与一般情形下的企业合并是相同的，被合并企业股东的投资利益可以在合并后的企业中存续，若交易满足特殊性税务处理其他要件时，合并交易可以适用特殊性税务处理；与向上纵向吸收合并交易所不同的是，被合并企业股东持有合并后子公司股权的计税基础应当采用替代税基规则而非结转税基规则确定，即集团母公司持有子公司股权的计税基础以其持有母公司股权的原有计税基础确定。

【示例3-5-4】

案例基本情况同示例3-5-3所示,假定合并交易由全资子公司C公司吸收合并母公司B公司,吸收合并后C公司法律主体保留,B公司的法律主体消灭,合并基准日B公司相关资产和负债的数据与表3-5-14相同;合并前B公司的相关业务由合并后的C公司继续经营。

涉税分析:

该案例属于全资母子公司间的向下纵向吸收合并,合并交易中股权支付比例为100%,满足股东利益连续要件;B公司的业务由合并后的C公司继续经营,满足营业企业继续要件,所以合并交易可以适用特殊性税务处理,交易各方应当按照如下规则进行所得税处理。

首先,被合并企业B公司在合并交易中并未取得非股权支付,所以不在重组交易当期确认已实现的资产转让所得4 100.00万元(12 000.00-7 900.00)。

其次,合并后C公司的注册资本及实收资本为3 000.00万元,C公司取得被合并企业资产的计税基础以其原计税基础7 900.00万元确定。

最后,集团母公司A持有合并后C公司股权的计税基础以其持有的B公司股权计税基础确定。

(三)非全资母子公司纵向吸收合并

非全资母子公司纵向吸收合并是指在吸收合并交易中母公司并非子公司100%直接持股的股东,子公司存在其他少数股东。非全资母子公司纵向吸收合并前后的股权结构除了如前述图3-5-8、图3-5-9所示外,还可以如图3-5-10、3-5-11所示。

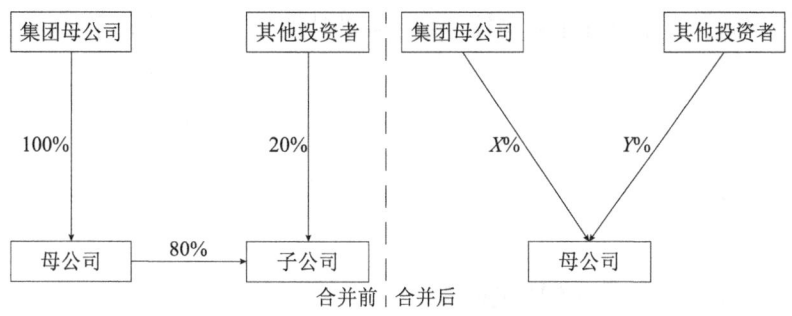

图 3-5-10 非全资母子公司向上纵向吸收合并

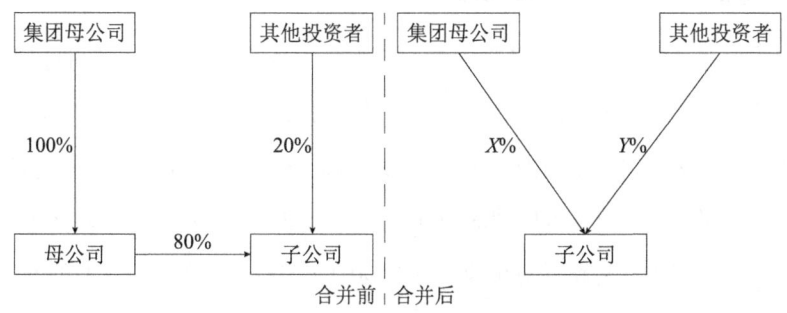

图 3-5-11 非全资母子公司向下纵向吸收合并

通过图 3-5-10、图 3-5-11 所示的纵向吸收合并交易结构，可以看出在合并交易中合并企业以自身股权作为支付对价取得被合并企业的全部资产和负债，同时被合并企业在后续交易中将其取得的合并对价分配给被合并企业的股东并交换股东持有的被合并企业股权，只是交易中的被合并企业与合并企业存在持股关系。

根据前述全资母子公司吸收合并的所得税分析可知，纵向吸收合并交易是合并方增发股份作为合并交易对价与将收到的自身股份再通过减资注销相结合的一个过程，满足特殊性税务处理中的股东利益连续要件，若同时满足特殊性税务处理的其他要件时，纵向吸收合并交易可以适用所得税特殊性税务处理；交易各方的所得税处理与全资母子公司纵向吸收合并交易中各方的所得税处理相同。

（四）非母子公司纵向吸收合并

非母子公司纵向吸收合并是指合并方与被合并方之间存在持股关系，但两者之间并不构成母子公司关系，其具体的交易结构与图 3-5-10、图 3-5-11 所示的交易结构相同,只是合并企业与被合并企业的持股比例未达到母子公司的持股比例关系。

非母子公司吸收合并的所得税分析及所得税处理的具体内容与非全资母子公司吸收合并的分析相同,具体可见前述内容,在此不再赘述。

七、企业合并所得税的其他问题

(一)非股权支付的所得税处理

财税〔2009〕59号文第六条第(六)项规定,<u>企业重组交易中的股权支付暂不确认有关资产的转让所得或损失,其中非股权支付部分应在交易当期确认相应的资产转让所得或损失,并调整相应资产的计税基础</u>。企业合并交易中存在非股权支付对价时,如何影响交易各方的所得税处理,财税〔2009〕59号文并未予以明确,本书拟结合企业合并的交易路径对企业合并交易中非股权支付的所得税处理进行分析。

1. 非股权支付的来源

企业合并交易中的非股权支付,是指被合并企业股东在合并交易中除取得合并企业的股权对价外还存在现金、实物等非股权对价。对于被合并企业股东取得的非股权对价的来源有两种观点:一种观点认为企业合并中的非股权对价只能来源于合并企业;另一种观点认为企业合并中的非股权对价还可能来源于被合并企业自身资产中未被合并企业吸收合并的部分,如将被合并企业的部分现金资产连同合并企业的股权支付对价一并分配给被合并企业股东。

本书认为,根据《公司法》的规定,企业合并是两个或多个公司合并为一个公司的行为,在合并交易中合并企业概括承受被合并企业的所有资产、负债及其他相关的法律关系;合并交易完成后被合并企业的法律主体予以消灭,所以在合并交易中并不存在合并企业仅取得被合并企业部分资产、同时将剩余的资产分配给被合并企业股东的情形。所以当被合并企业股东在企业合并交易中取得非股权对价时,该对价属于合并企业支付给被合并企业的合并对价,但对应的资产可能来自被合并企业原有的资产。

2. 非股权支付的所得税处理

清楚了企业合并交易中非股权对价的来源后,非股权支付如何影响重组交易各方的所得税处理便较为容易分析:根据企业合并交易拆分路径可知,企业合并先是由合并企业支付合并对价取得被合并企业的全部资产和负债;然后被合并企业将取得的合并对价分配给被合并企业股东并换回被合并企业股东持有的股权。所以合并交易中存在两次支付行为:第一次是由合并企业支付给被合并企业;第二次是由被合并企业支付给被合并企业股东。这两次的支付对重组交易各方的所得税影响是不同的。

(1)合并企业与被合并企业层面的影响。

财税〔2009〕59号文规定企业重组交易中承担的债务属于非股权支付,而企业合并交易的交易对象为被合并企业的资产,而非其净资产,所以若合并企业在交易中存在非股权支付的,对于因企业合并而承担的被合并企业债务也应当作为企业层面的非股权支付,对于该部分的非股权支付应当按照如下所得税规则进行处理。

其一,被合并企业应当确认非股权支付对应的资产转让所得或损失,并且调整对应资产的计税基础。

其二,合并企业取得被合并企业各项资产的计税基础以其原计税基础确定,同时根据该部分资产已确认资产转让所得或损失调整资产原有的计税基础。

(2)对被合并企业股东的影响。

被合并企业股东在企业合并交易中取得非股权支付的,对于该非股权支付应当按照财税〔2009〕59号文第六条第(六)项的规定计算股权转让所得或损失,同时调整其取得合并企业股权支付对价的计税基础。

【示例3-5-5】

A公司是一家从事电子产品制造的企业,由居民企业B公司100%持股,B公司持有A公司股权的计税基础为3 000.00万元。C公司也是一家从事电子产品制造的企业,C公司为了进一步扩大生产规模,拟通过吸收合并的方式取得A公司的各项生产业务;被合并企业A公司在合并基准日的报表数据如表 3-5-15 所示。

表3-5-15　合并基准日 A 公司简易财务报表　　　单位：万元

项目	账面价值	计税基础	公允价值
货币资金	200.00	200.00	200.00
应收账款	450.00	450.00	450.00
存货	600.00	500.00	750.00
土地及不动产	2 500.00	2 300.00	5 000.00
设备资产	1 800.00	1 600.00	2 400.00
专利权	300.00	300.00	1 500.00
资产合计	5 850.00	5 350.00	10 300.00
应付账款	900.00	900.00	900.00
应付职工薪酬	210.00	210.00	210.00
应交税费	180.00	180.00	180.00
负债合计	1 290.00	1 290.00	1 290.00
实收资本	3 000.00	3 000.00	0
留存收益	1 560.00	—	0
净资产	4 560.00	—	9 010.00

在合并交易中，C 公司以增发公允价值为 8 810.00 万元的股权和 200.00 万元的货币资金作为合并对价。

涉税分析：

在示例 3-5-5 的吸收合并交易中，被合并企业 A 公司的股东 B 公司取得的股权支付对价金额为 8 810.00 万元，交易支付总额应当以被合并企业股东层面的 9 010.00 万元计算，而非以被合并企业层面的 10 300.00 万元计算，因此交易中的股权支付比例为 97.78%（8 810.00÷9 010.00×100%），满足〔2009〕59 号文要求的股权支付比例超过交易支付总额 85% 的要求；若交易满足特殊性税务处理的其他要件，则可适用特殊性税务处理。交易中各方对非股权支付 200.00 万元的所得税处理如下。

（1）被合并企业 A 公司的所得税处理。

判断企业合并交易是否符合特殊性税务处理的股东利益连续要件时，是以被合并企业股东层面的股权支付比例计算的，但根据前述对合并交易的业务拆分路径可知，该非股权支付不仅影响被合并企业股东，首先影响的是合并企业与被合并企业。对合并企业C公司而言，在合并交易中除支付 8 810.00 万元的股权支付及 200.00 万元的货币资金外，还承担了A公司 1 290.00 万元的负债。所以A公司的交易总金额为 10 300.00 万元，其中股权支付金额 8 810.00 万元，非股权支付金额 1 490.00 万元（200.00+1 290.00）；对于其中非股权支付部分应当按照财税〔2009〕59号文第六条第（六）项的规定计算资产转让所得或损失，具体为

非股权支付对应的资产转让所得＝（10 300.00−5 350.00）×（1 490.00÷10 300.00）＝716.07（万元）

对于上述的资产转让所得应当计入A公司当期应纳税所得额申报缴纳企业所得税，同时调整相应资产的计税基础。

（2）合并企业C公司的所得税处理。

合并企业C公司在交易中取得A公司的全部资产和负债，其计税基础应当以资产和负债在A公司的原有计税基础确定，同时对于A公司在交易中确认的资产转让所得或损失应同时调整资产的计税基础，所以C公司取得A公司资产的计税基础为 6 066.07 万元（5 350.00+716.07），负债的计税基础为 1 290.00 万元。

（3）被合并企业股东B公司的所得税处理。

被合并企业股东B公司在合并交易中除取得股权支付外还存在非股权支付，对于取得的非股权支付应当按照财税〔2009〕59号文第六条第（六）项的规定计算资产转让所得或损失，具体为

非股权支付对应的股权转让所得＝（9 010.00−3 000.00）×（200.00÷9 010.00）＝133.41（万元）

同时B公司取得合并企业C公司股权支付的计税基础应当以其持有的被合并企业股权原计税基础确定，具体为

取得C公司股权计税基础＝3 000.00+133.41−200.00＝2 933.41（万元）

3.异议股东回购的所得税影响

异议股东回购是指被合并企业股东对提交股东会表决的公司合并决议持反对意见时,根据《公司法》第八十九条、第一百六十一条及第一百六十二条的规定由公司回购异议股东持有合并企业或被合并企业股权的行为。以被合并企业为例,实务中除由被合并企业回购异议股东持有的股权外,还存在由合并企业的关联方或与合并交易双方无关联关系的第三方以现金收购异议股东所持有的股权,即企业合并交易中异议股东的现金选择权,规范上市公司现金选择权的规范性文件主要是深圳证券交易所于2012年修订后的《上市公司重大资产重组信息披露工作备忘录第六号——上市公司现金选择权业务指引(试行)》《科创板上市公司自律监管指南第10号——现金选择权》和其于2008年制定的《深圳证券交易所现金选择权业务指引》。本书对不同主体回购异议股东股权对企业合并交易适用特殊性税务处理待遇的影响做逐一分析。

(1)被合并企业回购股权。

企业合并交易中,被合并企业于合并业务发生前回购异议股东持有的被合并企业股权,将导致被合并企业发行在外的股权数量发生变动,虽然财税〔2009〕59号文第十条要求企业在重组发生前连续12个月内分步对其资产、股权进行交易,应根据实质重于形式原则将上述交易作为一项企业重组交易进行处理,但由于企业合并交易中合并企业取得了被合并企业全部的资产和负债,而被合并企业通常是以现金或现金等价物回购异议股东股权,并不会对被合并企业原有的业务构成影响,所以被合并企业回购异议股东股权并不影响交易中股东利益连续要件和营业企业继续要件的判定,在进行所得税分析时应当将被合并企业回购股权的行为与企业合并视为两个交易行为分别判断其所得税待遇。

(2)非关联方现金回购股权。

在现金选择权的模式下,如果由与合并企业没有关联关系的独立第三方为异议股东提供现金以回购其持有的被合并企业股权,由于在后续的合并交易中独立第三方回购的被合并企业股权仍会交换为合并企业的股权对价,而财税〔2009〕59号文并未对重组前股东利益连续作出限制,因此非关联方提供现金选择权取得被合并企业股权的,不影响股东利益连续要件中的股东性质,其所支付给被合并企业异议股东的现金并不视为非股权支付，应当将被合并企业股东转让股权与企业合并视为两个交易行为分别判断其所得税待遇。

（3）合并企业及其关联方现金回购股权。

若由合并企业或者合并企业的关联方提供现金回购被合并企业异议股东的股权，则其支付给被合并企业异议股东的现金应当被视为合并重组交易中的非股权支付对价，在判断企业合并交易是否符合特殊性税务处理的股权支付比例要件时应当考虑该部分现金选择权的影响。

（二）亏损结转弥补的其他涉税问题

财税〔2009〕59号文第六条第（四）项规定，企业合并适用特殊性税务处理时，被合并企业的亏损可结转至合并企业继续弥补，但可由合并企业弥补的被合并企业亏损的限额为被合并企业净资产公允价值和截至合并业务发生当年年末国家发行的最长期限的国债利率乘积。

实务中关于被合并企业亏损结转弥补还存在如下一些特殊问题。

1. 亏损企业吸收合并盈利企业

财税〔2009〕59号文对合并企业结转利用被合并企业亏损的金额作出了限制，实务中为了规避对亏损结转弥补的限制，交易双方会对企业合并的交易结构作出调整，即由原来的盈利企业吸收合并亏损企业转变为由亏损企业吸收合并盈利企业，由于财税〔2009〕59号文仅对亏损企业作为被合并企业时的亏损结转弥补做了限制，当亏损企业为合并企业时其亏损结转弥补并不受到财税〔2009〕59号文第六条第（四）项的限制。

对于亏损企业吸收合并盈利企业，合并企业合并前的亏损在合并后的企业弥补是否应当受到限制，实务中存在两种不同的观点。第一种观点认为吸收合并后合并企业的股东结构已经发生了变化，企业营业亏损的税收属性除与亏损年度相关外，还与投资者相关，当投资者发生较大变化时，亏损企业的投资者利益已经发生了变化；同时企业亏损与产生亏损的企业资产或业务密切相关，亏损只能由产生亏损的资产或业务在以后年度的盈利予以弥补；所以变化后的亏损企业利用变化前亏损企业的亏损应当同样受到限制。第二种观点则认为在亏损企业吸收合并盈利企业时，由于合并企业的法律主体并未发生变化，所以其亏损结转利用不应受到限制。

本书认同上述第二种观点，因为企业重组所得税理论中确实存在亏损企业投资者发生重大变化后原有亏损企业的净营业亏损结转弥补应当受到限制的观点，但财税〔2009〕59号文只明确限制了被合并企业亏损在合并后企业弥补的金额限制，对合并企业亏损在合并后企业的结转弥补并未加以限制，所以当企业此种交易结构的安排不存在避税目的时，不应当将财税〔2009〕59号文关于亏损结转弥补限制的适用范围扩大，而且这种扩大应用不利于作为行政相对人的纳税人。

2.增大被合并企业净资产价值

根据财税〔2009〕59号文的规定，可结转由合并后企业弥补的被合并企业亏损与被合并企业净资产公允价值有关，实务中当被合并企业存在未弥补亏损时，其净资产价值往往已经低于其账面价值，甚至有些被合并企业净资产公允价值已接近于负数。在这种情况下按照国家发行的最长期限的国债利率计算亏损限额时，被合并企业的亏损往往得不到弥补。于是实务中会出现在合并交易发生前对被合并企业进行增资以增加被合并企业净资产公允价值的情况，对于这种情况是按照增资前还是增资后被合并企业净资产公允价值计算亏损弥补限额，本书认为应当根据财税〔2009〕59号文第十条的"分步交易原则"及第五条的"合理商业目的"规则对合并前的增资行为进行判断：若合并前的增资行为与企业合并行为并非同一项交易，并且增资行为并非基于税收规避目的，则应当以增资后的被合并企业净资产公允价值计算亏损弥补限额，否则应当以增资前的被合并企业净资产公允价值计算亏损弥补限额。

（三）企业再次合并后亏损弥补

企业再次合并是指亏损企业在被吸收合并后，存续或新设的合并企业在一段时间后又被其他的企业吸收合并。例如，存在未弥补亏损的B公司被A公司吸收合并后，吸收合并后的存续企业为A公司；在第一次吸收合并后的第三年A公司又被上市公司C公司吸收合并。

企业再次被合并后，再次被合并的A公司可结转至合并企业C公司弥补的亏损应当如何计算确定？若在第二次合并业务发生时，A 公司的亏损都来自第一次合并交易中的 B 公司，那么是以 A 公司的公允价值和第二次合并当年年末国家发行的最长期限的国债利率计算，还是仍然按照 B 公司在第一次合并时的公允价值和第一次合并当年年末国家发行的最长期限的国债利率计算？当第二次合并业务发生时，A 公司的亏损除了来自第一次合并交易中的 B 公司外，还存在自身可结转弥补的亏损时，可结转弥补的亏损又应当如何计算？财税〔2009〕59 号文并未予以明确。

本书认为，由于企业重组特殊性税务处理中亏损结转弥补的主要理论基础是经营连续规则，结转至合并企业弥补的亏损只能由产生这些亏损的营业所产生的收益予以弥补，而且这种收益采用了拟制收益的计算方法。所以企业再次合并中，可结转至合并企业弥补的被合并企业的亏损也应当受到经营连续规则的限制。具体应当区分第二次企业合并交易中被合并企业亏损的构成，以上述示例中的企业为例：若 A 公司的亏损全部来自第一次企业合并中的 B 公司，则仍然应当以第一次合并交易中的 B 公司净资产公允价值和第一次合并当年年末国家发行的最长期限的国债利率计算可由 C 公司弥补的亏损限额；若除此之外还存在 A 公司自身尚未弥补的亏损，对该部分亏损应当以第二次合并时 A 公司净资产公允价值超过第一次合并时 B 公司净资产公允价值的差额和第二次合并当年年末国家发行的最长期限的国债利率计算可结转至 C 公司弥补的 A 公司的亏损限额，并将可结转弥补的 B 公司亏损限额和 A 公司亏损限额之和作为可结转至 C 公司弥补的亏损限额的总金额。当企业发生多次合并交易时，亏损结转弥补应当按照上述的方法分析计算确定。

八、企业合并的其他税种处理

（一）个人所得税

企业合并交易中，被合并企业的股东可能是自然人，根据 2015 年第 48 号公告的规定，重组当事方存在自然人时并不影响其他当事方的所得税处理，其中自然人当事方应当按照《个人所得税法》的相关规定进行税务处理。

1. 一般性税务处理

财税〔2009〕59号文规定，企业合并适用一般性税务处理时，被合并企业及被合并企业股东都应按清算进行所得税处理。但对于个人从被投资企业取得的清算所得如何进行所得税处理，《个人所得税法》及其实施条例均未予以明确。

财税〔2009〕60号文是规范企业清算所得税的规范性文件，其中有关"被清算企业的股东"的所得税处理上位法依据是《企业所得税法实施条例》第十一条，因此不能直接适用于自然人股东的所得税处理。《国家税务总局关于个人终止投资经营收回款项征收个人所得税问题的公告》（国家税务总局公告2011年第41号，以下简称"2011年第41号公告"）规定："个人因各种原因终止投资、联营、经营合作等行为，从被投资企业或合作项目、被投资企业的其他投资者以及合作项目的经营合作人取得股权转让收入、违约金、补偿金、赔偿金及以其他名目收回的款项等，均属于个人所得税应税收入，应按照'财产转让所得'项目适用的规定计算缴纳个人所得税。"

所以对于企业合并适用一般性税务处理的，自然人股东取得合并企业的股权支付或非股权支付，应当按照"财产转让所得"项目计算缴纳个人所得税，具体计算为

应纳税所得额 = 取得的股权支付、非股权支付公允价值 - 持有被合并企业股权计税基础 - 支付的相关税费 　　　　　　　　　　　　　　（3-5-7）

2. 特殊性税务处理

财税〔2009〕59号文规定，企业合并适用特殊性税务处理的，被合并企业股东可适用递延纳税待遇，其取得合并企业股权的计税基础，以其原持有的被合并企业股权的计税基础确定。但财税〔2009〕59号文是规范企业重组业务过程中企业所得税的规范性文件，并不能直接适用于自然人股东；而我国的《个人所得税法》《中华人民共和国个人所得税法实施条例》（1994年1月28日中华人民共和国国务院令第142号发布，2018年12月18日中华人民共和国国务院令第707号修订，以下简称《个人所得税法实施条例》）及其规范性文件并未对企业重组交易过程中个人股东适用递延纳税待遇作出规范，根据前述企业合并交易路径的分析，企业合并适用特殊性税务处理时个人股东应当确认股权转让所得或损失，其

具体的个人所得税处理可参照前述"股权收购"交易中个人所得税的相关分析。

(二) 增值税

企业合并交易过程中涉及货物、不动产、土地使用权及无形资产由被合并企业转移至合并企业，所以在合并交易过程中会涉及资产的增值税处理，与之相关的增值税规范性文件见表3-5-16。

表3-5-16 企业合并增值税规范性文件

文件	主要内容
2011年第13号公告	纳税人在资产重组过程中，通过合并、分立、出售、置换等方式，将全部或者部分实物资产以及与其相关联的债权、负债和劳动力一并转让给其他单位和个人，不属于增值税的征税范围，其中涉及的货物转让，不征收增值税
2012年第55号公告	增值税一般纳税人（以下称"原纳税人"）在资产重组过程中，将全部资产、负债和劳动力一并转让给其他增值税一般纳税人（以下称"新纳税人"），并按程序办理注销税务登记的，其在办理注销登记前尚未抵扣的进项税额可结转至新纳税人处继续抵扣
2013年第66号公告	纳税人在资产重组过程中，通过合并、分立、出售、置换等方式，将全部或者部分实物资产以及与其相关联的债权、负债经多次转让后，最终的受让方与劳动力接收方为同一单位和个人的，仍适用《国家税务总局关于纳税人资产重组有关增值税问题的公告》（国家税务总局公告2011年第13号）的相关规定，其中货物的多次转让行为均不征收增值税。资产的出让方需将资产重组方案等文件资料报其主管税务机关
财税〔2016〕36号文附件2《营业税改征增值税试点有关事项的规定》	一、营改增试点期间，试点纳税人[指按照《营业税改征增值税试点实施办法》（以下称《试点实施办法》）缴纳增值税的纳税人]有关政策。 (二) 不征收增值税项目。 5.在资产重组过程中，通过合并、分立、出售、置换等方式，将全部或者部分实物资产以及与其相关联的债权、负债和劳动力一并转让给其他单位和个人，其中涉及的不动产、土地使用权转让行为

所以在企业合并交易中，货物、不动产及土地使用权由被合并企业转移至合并企业的行为不征收增值税，对于其相关政策的具体分析可见本章第四节"资产收购"中有关增值税的相关内容。

与资产收购涉及增值税政策不同的是，在企业重组交易过程中被合并企业在合并重组后依法予以注销，根据2013年第66号公告的规定，若被合并企业存在尚未抵扣的增值税进项税额的，可以填写《增值税一般纳税人资产重组进项留抵税额转移单》将被合并企业尚未抵扣的进项税额转由合并企业继续抵扣。

(三) 土地增值税

企业合并交易中，被合并企业存在国有土地使用权、地上建筑物及其附着物（以下简称"房地产"）的，此类资产的转移还会涉及土地增值税问题。有关企业合并交易的土地增值税规范性文件见表 3-5-17。

表 3-5-17　企业合并土地增值税规范性文件

文件	主要内容
财税字〔1995〕48号文	三、关于企业兼并转让房地产的征免税问题 在企业兼并中，对被兼并企业将房地产转让到兼并企业中的，暂免征收土地增值税。 ——根据财税〔2015〕5 号文，该条款自 2015 年 1 月 1 日起废止
财税〔2015〕5 号文	二、按照法律规定或者合同约定，两个或两个以上企业合并为一个企业，且原企业投资主体存续的，对原企业将国有土地、房屋权属转移、变更到合并后的企业，暂不征土地增值税。 五、上述改制重组有关土地增值税政策不适用于房地产开发企业。 八、本通知执行期限为 2015 年 1 月 1 日至 2017 年 12 月 31 日
财税〔2018〕57 号文	二、按照法律规定或者合同约定，两个或两个以上企业合并为一个企业，且原企业投资主体存续的，对原企业将房地产转移、变更到合并后的企业，暂不征土地增值税。 五、上述改制重组有关土地增值税政策不适用于房地产转移任意一方为房地产开发企业的情形。 八、本通知所称投资主体存续，是指原企业出资人必须存在于改制重组后的企业，出资人的出资比例可以发生变动。 九、本通知执行期限为 2018 年 1 月 1 日至 2020 年 12 月 31 日
2021 年第 21 号公告	二、按照法律规定或者合同约定，两个或两个以上企业合并为一个企业，且原企业投资主体存续的，对原企业将房地产转移、变更到合并后的企业，暂不征土地增值税。 五、上述改制重组有关土地增值税政策不适用于房地产转移任意一方为房地产开发企业的情形。 七、纳税人享受上述税收政策，应按税务机关规定办理。 八、本公告所称投资主体存续，是指原企业出资人必须存在于改制重组后的企业，出资人的出资比例可以发生变动。 九、本公告执行期限为 2021 年 1 月 1 日至 2023 年 12 月 31 日

续表

文件	主要内容
2023年第51号公告	二、按照法律规定或者合同约定，两个或两个以上企业合并为一个企业，且原企业投资主体存续的，对原企业将房地产转移、变更到合并后的企业，暂不征收土地增值税。 五、上述改制重组有关土地增值税政策不适用于房地产转移任意一方为房地产开发企业的情形。 七、纳税人享受上述税收政策，应按相关规定办理。 八、本公告所称投资主体存续，是指原企业出资人必须存在于改制重组后的企业，出资人的出资比例可以发生变动。 九、本公告执行至2027年12月31日

根据表3-5-17中的税收规范性文件，企业合并重组交易中涉及不动产转移不征土地增值税需要满足的要件及无需满足的要件见表3-5-18。

表3-5-18　企业合并土地增值税要件明细表

项目	具体内容
应满足的要件	（一）企业合并为依照法律规定或者合同约定完成的，包括吸收合并和新设合并两种企业合并形式 （二）企业合并中涉及房地产转移的任意一方不能是房地产开发企业，此处仅要求房地产转移的任意一方不能是房地产开发企业，并未要求合并交易中不能存在房地产开发企业。例如，企业A吸收合并企业B和企业C，其中企业B为房地产开发企业但其尚未取得房地产，企业C为非房地产开发企业，其持有房地产资产，在该吸收合并中由于涉及土地转移的企业A和企业C都不是房地产开发企业，所以在满足其他要件时对被合并企业C将房地产政策转移至企业A可以适用暂不征土地增值税的政策。 （三）在吸收合并中原企业投资主体存续。其一，这里的原企业包括合并企业和被合并企业；其二，投资主体存续仅要求原企业出资人存在于合并后的企业，但出资人的出资比例可以发生变化，出资人出资比例变化可能是基于取得了非股权支付，也可能是出资人之间发生的股权转移等
无需满足的要件	（一）适用土地增值税暂不征税的企业合并仅要求企业依法合并即可，并不同增值税相关政策要求劳动力一并转移。 （二）由于投资者的持股比例可以发生变动，所以在企业合并交易过程中，股权支付比例达不到企业所得税特殊性税务处理要件时，仍然可以适用土地增值税不征税待遇。 （三）上述政策并不要求股东重组后利益连续时间要求，因此并不受取得合并企业股权后连续12个月内不得转让的限制。 （四）企业重组土地增值税不征税待遇并不限制重组后连续12个月不改变资产实质性经营活动

（四）契税

《契税法》规定在中华人民共和国境内转移土地、房屋权属，承受的单位和个人为契税的纳税人。企业合并交易中若存在土地、房屋权属转移的，合并企业应当依法缴纳契税，与企业合并交易相关的契税税收规范性文件见表3-5-19。

表3-5-19 企业合并契税规范性文件

文件	主要内容
财税〔2003〕184号文	三、企业合并 两个或两个以上的企业，依据法律规定、合同约定，合并改建为一个企业，对其合并后的企业承受原合并各方的土地、房屋权属，免征契税。 本通知自2003年10月1日起至2005年12月31日止执行
《财政部 国家税务总局关于延长企业改制重组若干契税政策执行期限的通知》（财税〔2006〕41号，以下简称"财税〔2006〕41号文"）	为继续支持企业改革，加快建立现代企业制度，企业改制重组涉及的契税政策，继续按照财税〔2003〕184号文件的有关规定执行，执行期限为2006年1月1日至2008年12月31日
《财政部 国家税务总局关于企业改制重组若干契税政策的通知》（财税〔2008〕175号，以下简称"财税〔2008〕175号文"）	三、企业合并 两个或两个以上的企业，依据法律规定、合同约定，合并改建为一个企业，且原投资主体存续的，对其合并后的企业承受原合并各方的土地、房屋权属，免征契税。 本通知执行期限为2009年1月1日至2011年12月31日
《财政部 国家税务总局关于企业事业单位改制重组契税政策的通知》（财税〔2012〕4号，以下简称"财税〔2012〕4号文"）	三、公司合并 两个或两个以上的公司，依据法律规定、合同约定，合并为一个公司，且原投资主体存续的，对其合并后的公司承受原合并各方的土地、房屋权属，免征契税。 十、其他 本通知所称企业、公司是指依照中华人民共和国有关法律法规设立并在中国境内注册的企业、公司。 本通知执行期限为2012年1月1日至2014年12月31日

续表

文件	主要内容
《财政部 国家税务总局关于进一步支持企业事业单位改制重组有关契税政策的通知》（财税〔2015〕37号，以下简称"财税〔2015〕37号文"）	三、公司合并 两个或两个以上的公司，依照法律规定、合同约定，合并为一个公司，且原投资主体存续的，对合并后公司承受原合并各方土地、房屋权属，免征契税。 十、有关用语含义 本通知所称企业、公司，是指依照我国有关法律法规设立并在中国境内注册的企业、公司。 本通知所称投资主体存续，是指原企业、事业单位的出资人必须存在于改制重组后的企业，出资人的出资比例可以发生变动。 本通知自2015年1月1日起至2017年12月31日执行
《财政部 国家税务总局关于继续实施企业事业单位改制重组有关契税政策的通知》（财税〔2018〕17号，以下简称"财税〔2018〕17号文"）	三、公司合并 两个或两个以上的公司，依照法律规定、合同约定，合并为一个公司，且原投资主体存续的，对合并后公司承受原合并各方土地、房屋权属，免征契税。 十、有关用语含义 本通知所称企业、公司，是指依照我国有关法律法规设立并在中国境内注册的企业、公司。 本通知所称投资主体存续，是指原企业、事业单位的出资人必须存在于改制重组后的企业，出资人的出资比例可以发生变动。 本通知自2018年1月1日起至2020年12月31日执行
《财政部 国家税务总局关于继续执行企业事业单位改制重组有关契税政策的公告》（财政部 国家税务总局公告2021年第17号，以下简称"2021年第17号公告"）	三、公司合并 两个或两个以上的公司，依照法律规定、合同约定，合并为一个公司，且原投资主体存续的，对合并后公司承受原合并各方土地、房屋权属，免征契税。 十、有关用语含义 本公告所称企业、公司，是指依照我国有关法律法规设立并在中国境内注册的企业、公司。 本公告所称投资主体存续，是指原改制重组企业、事业单位的出资人必须存在于改制重组后的企业，出资人的出资比例可以发生变动。 十一、本公告自2021年1月1日起至2023年12月31日执行

续表

文件	主要内容
2023年第49号公告	三、公司合并 两个或两个以上的公司，依照法律规定、合同约定，合并为一个公司，且原投资主体存续的，对合并后公司承受原合并各方土地、房屋权属，免征契税。 十、有关用语含义 本公告所称企业、公司，是指依照我国有关法律法规设立并在中国境内注册的企业、公司。 本公告所称投资主体存续，企业改制重组的，是指原改制重组企业的出资人必须存在于改制重组后的企业；事业单位改制的，是指履行国有资产出资人职责的单位必须存在于改制后的企业。出资人的出资比例可以发生变动。 十一、本公告执行期限为2024年1月1日至2027年12月31日

由表3-5-19可知，2003年10月1日后发生的企业合并交易，合并企业承受被合并企业原有的土地、房屋权属的，免征契税，但是应当满足如下要件。

第一，该企业合并应当是依据法律规定或者合同约定进行的，包括企业的吸收合并和新设合并两种类型。

第二，自2009年1月1日起要求企业合并中的原投资主体存续，而对投资主体存续的概念直至财税〔2015〕37号文中才首次予以明确，即改制重组企业原出资人必须存在于改制重组后的企业，但出资人的出资比例可以发生变动。

第三，企业合并免征契税的税收待遇仅限于境内公司之间的合并，并不适用于境内企业与境外企业发生的合并。

（五）印花税

企业合并交易中，一方面会涉及合并企业与被合并企业注册资本的变动，另一方面也会因合并中交易双方履行企业合并协议而发生资产在合并企业与被合并企业之间转移的事项，因此在企业合并交易中也会涉及印花税的相关问题。

规范企业重组印花税的政策主要是2024年第14号公告。

根据《印花税法》和该公告的规定，企业合并交易中的印花税问题主要如下。

1. 资金账簿的印花税

2024年第14号公告规定："企业改制重组以及事业单位改制过程中成立的新企业，其新启用营业账簿记载的实收资本（股本）、资本公积合计金额，原已缴纳印花税的部分不再缴纳印花税，未缴纳印花税的部分和以后新增加的部分应当按规定缴纳印花税。"同时该公告规定企业重组包括合并、分立、其他资产或股权出资和划转、债务重组等。

所以在企业改制重组过程中成立的新企业，若其实收资本（股本）、资本公积合计金额已在改制重组前的企业缴纳了印花税，则不用再重复缴纳印花税，此处的"新企业"必须是"在改制重组过程中"成立的新企业，但是对"新企业"这一概念的具体内涵是指在改制重组过程中"新设立的企业"，还是仅用于区别改制重组前的"原企业"，公告中并未予以明确。如果是前者，就企业合并而言，仅在"新设合并"这一重组交易类型中存在"新企业"，而"吸收合并"由于需要办理企业的变更登记，所以并不存在"新企业"。

本书认为，这里的"新企业"应当仅用于区别"企业改制重组以及事业单位改制"前的企业。第一，文件并未使用"新设立的企业"这一概念，说明这里的"新企业"并非单指"新设立的企业"，应当同时包括其他的"新企业"。第二，根据文件的规定，企业改制重组的具体类型包括非公司制企业改制为有限责任公司或者股份有限公司、有限责任公司变更为股份有限公司、股份有限公司变更为有限责任公司、合并、分立、其他资产或股权出资和划转、债务重组等。若将此处的"新企业"理解为"新设立的企业"，那么只有新设合并、存续分立、新设分立这三种重组交易类型可适用不重复缴纳印花税的待遇，并不利于企业其他类型重组交易的开展。第三，以企业合并为例，新设合并和吸收合并在重组交易的经济实质上是相同的，但如果仅由于在吸收合并交易中不存在"新设立的企业"这一原因致使其无法享受不重复缴纳印花税的税收待遇，明显不符合税收公平原则。第四，将"新企业"理解为区别于改制重组前的原企业，是由于该政策仅限于"原已缴纳印花税的部分不再缴纳印花税"，并不会使得改制重组交易类型得以扩大，也并不会导致国家的税收流失。

所以企业合并中，合并后新设或存续企业记载资金的账簿所记载的征收印花的资金总额未超过合并前各企业合计已贴花部分的，可不再贴花。

2.尚未履行完毕合同的印花税

2024年第14号公告第二条规定："企业改制重组以及事业单位改制前书立但尚未履行完毕的各类应税合同，由改制重组后的主体承继原合同权利和义务且未变更原合同计税依据的，改制重组前已缴纳印花税的，不再缴纳印花税。"

所以在企业合并重组交易中，可不再缴纳印花税的合同应当同时满足如下条件：首先，该类合同是在企业合并前已签订的合同；其次，该类合同截至企业合并发生时尚未履行完毕；再次，在企业合并中仅变更合同主体，合同的其他条款并未变动；最后，不再缴纳印花税的合同是指企业合并交易发生前已经缴纳印花税的合同，对企业合并前应缴纳但尚未缴纳印花税的合同，在企业合并后应当由合并后的主体缴纳印花税。

3.产权转移书据的印花税

2024年第14号公告第三条规定，对企业合并交易过程中书立的产权转移书据，免征印花税。根据《印花税法》的规定，应当缴纳印花税的应税凭证是指《印花税税目税率表》列明的合同、产权转移书据和营业账簿。而《印花税税目税率表》所列"产权转移书据"包括：土地使用权、房屋等建筑物和构筑物所有权转让书据（不包括土地承包经营权和土地经营权转移），股权转让书据（不包括应缴纳证券交易印花税的）和商标专用权、著作权、专利权、专有技术使用权转让书据。

所以在企业合并重组交易中，若涉及上述所列产权转移书据的，可免于征收印花税。

第六节　企业分立

一、企业分立的概念

（一）公司法下的企业分立

《公司法》对公司合并和分立的相关事项做了规范，但并未给出公司分立的概念，仅在第二百二十二条规定："公司分立，其财产作相应的分割。"

原国家工商行政管理总局在工商企字〔2011〕226号文中对公司分立的形式做了规范，但也未明确公司分立的概念，其规定："公司分立可以采取两种形式：一种是存续分立，指一个公司分出一个或者一个以上新公司，原公司存续；另一种是解散分立，指一个公司分为两个或者两个以上新公司，原公司解散。"商务部在《外资企业合并与分立规定》中明确了公司分立的概念，其规定："本规定所称分立，是指一个公司依照公司法有关规定，通过公司最高权力机构决议分成两个以上的公司。"

所以，虽然公司法等相关法律法规中并未明确公司分立的概念，但是在工商企字〔2011〕226号文和《外资企业合并与分立规定》中对于公司分立类型的规定中均明确分立的公司应为"新的公司"，也即公司分立中只能向"新的公司"进行财产的分割，而不能向"现存的公司"做财产分割。

（二）企业所得税法下的企业分立

财税〔2009〕59号文规定："分立，是指一家企业（以下称为被分立企业）将部分或全部资产分离转让给现存或新设的企业（以下称为分立企业），被分立企业股东换取分立企业的股权或非股权支付，实现企业的依法分立。"

财税〔2009〕59号文明确了企业分立的概念，同时也规范了企业分立的路径。企业分立是被分立企业资产的交易，但同时也涉及被分立企业股东，根据财税〔2009〕59号文的规定，分立企业既可以是新设企业也可以是现存企业；所以企业重组中分立概念的内涵相比原国家工商行政管理总局和商务部规范性文件中公司分立概念的内涵而言是宽泛的。

二、企业分立的类型

（一）公司法下的分立类型

《公司法》没有明确公司分立的类型，但是工商企字〔2011〕226号文和《外资企业合并与分立规定》明确了公司分立的类型包括存续分立和解散分立，具体见表3-6-1。

表 3-6-1 公司分立的类型

类型	工商企字〔2011〕226 号文	《外资企业合并与分立规定》
存续分立	指一个公司分出一个或者一个以上新公司,原公司存续	是指一个公司分离成两个以上公司,本公司继续存在并设立一个以上新的公司
解散分立	指一个公司分为两个或者两个以上新公司,原公司解散	是指一个公司分解为两个以上公司,本公司解散并设立两个以上新的公司

根据上述对公司分立类型概念的描述,公司分立中的分立企业只能是新的企业而不能是现存企业,所以分立前后各方的股权结构如图 3-6-1 所示。

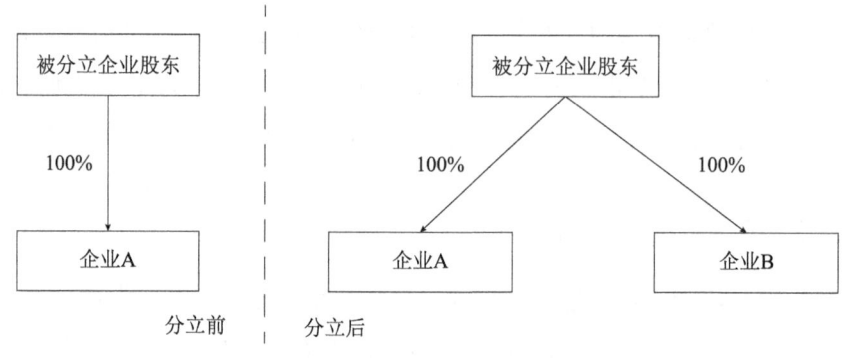

图 3-6-1 公司分立股权结构

(二)财税〔2009〕59 号文下的分立类型

财税〔2009〕59 号文所规范的企业分立既包括向新设企业的分立,也包括向现存企业的分立,其中向新设企业的分立与前述《公司法》下的企业分立类型相同,而向现存企业的分立根据分立后被分立企业法律主体是否保留也可以分为新设分立和解散分立,分立前后各方的股权结构如图 3-6-2 和 3-6-3 所示。

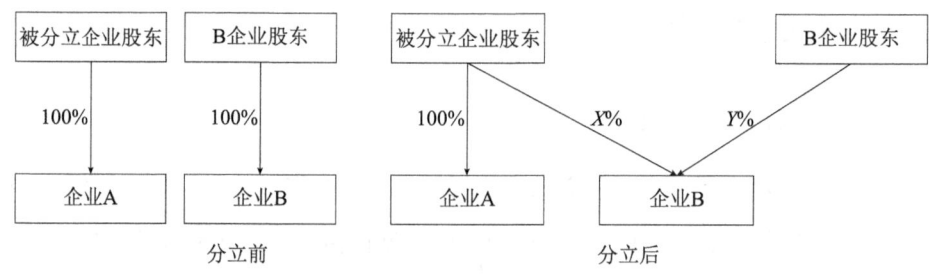

图 3-6-2 向现存企业的存续分立

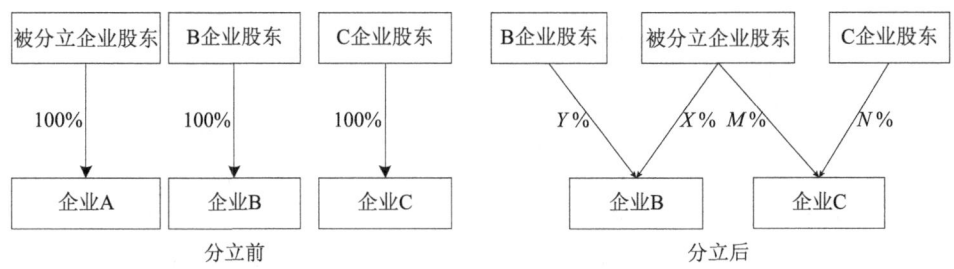

图 3-6-3　向现存企业的解散分立

从图 3-6-2 和图 3-6-3 看,向现存企业分立时,从股东角度看是被分立企业股东的一个投资行为,但其用于投资的资产既不是其自身所拥有的财产也不是其持有的被分立企业的股权,而是被分立企业将其持有的资产转移给分立企业,这也是企业分立与非货币性资产投资(包括被分立企业股东的非货币性资产投资和被分立企业的非货币性资产投资)所不同的地方。

(三)企业分立的其他分类

企业分立实质上是被分立企业将其持有的资产分配给股东的一种行为,但与一般意义上的股息分配或减资分配不同,在企业分立过程中资产并不直接分配给股东,而必须通过被分立企业所控制的公司股权分配来完成;所以企业分立在实质上与资产分配的效果是相同的。

根据企业分立过程中被分立企业所分离的资产的数量将其分为新设分立(全部资产分离)和存续分立(部分资产分离);在这两种分立类型中从被分立企业股东角度而言,还可以将企业分立进一步进行分类。

1. 股本分割式分立

股本分割式分立(Split up)又被称为"完全析产分股式分立",是新设分立的另一种称谓。具体的交易过程与前述新设分立相同,是指被分立企业将其全部的资产转移给两个或者两个以上的现存或者新设的企业,并将分立企业的股权分配给被分立企业股东的一种交易;被分立企业股东取得分立企业股权时可能按照原持有的被分立企业股权的比例,也可能按照不同的比例。其具体的交易类型如图 3-6-4 所示。

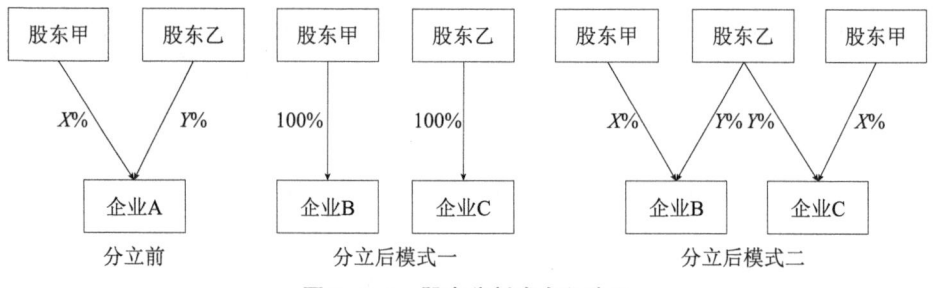

图 3-6-4　股本分割式企业分立

2. 让产赎股式分立

让产赎股式分立（Split off）是存续分立的一种类型，也被称为"子股换母股式分立"，是指被分立公司将部分资产（或部分营业）分离给一家或数家新设立或现成的受控子公司，然后将接受资产的受控子公司股权或股份分摊给被分立公司的部分或全部股东；在分配对价时，取得对价的被分立企业的股东需要放弃其所持有的被分立企业的原有股权，因此这种情况下并不会创造新的股权，即分立后公司的注册资本不会超过被分立企业原有的注册资本。

在让产赎股式分立中如果被分立企业将分立企业的股权分配给部分股东或者并不按照原有的比例分配给所有股东，则这种分配模式会产生股东分家的效果；如果被分立企业将分立企业的股权按照原有的股权比例分配给所有股东，则并不会产生股东分家的效果。

在股东分家类型下的让产赎股式分立中，分立前后当事各方的股权结构如图 3-6-5 所示。

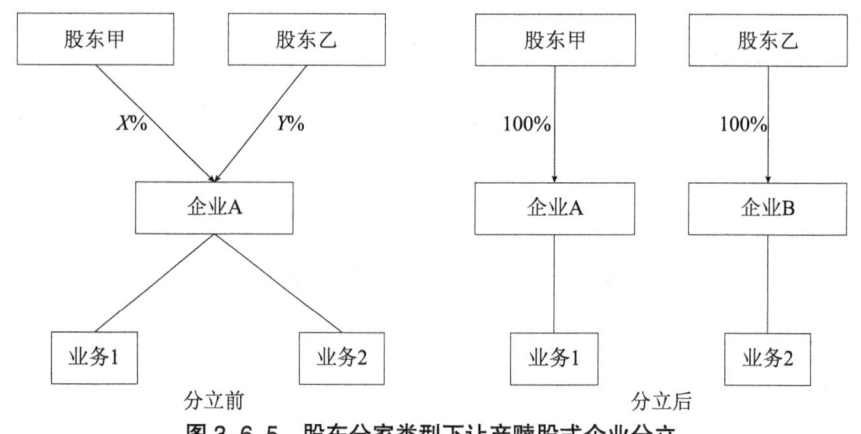

图 3-6-5　股东分家类型下让产赎股式企业分立

3. 让产分股式分立

让产分股式分立（Spin off）也是存续分立的一种类型，它是指被分立公司将部分资产（或部分营业）分离给一家或数家新设立或现成的受控子公司，然后将接受资产的受控子公司股权（或股份）分配给被分立公司股东；在分配对价时，取得对价的被分立企业的股东并不放弃其所持有的被分立企业的原有股权；此种分立类型的一个明显特征是通过分立创设了新的股权，即在分立后分立企业的注册资本总额超过了被分立企业原有的注册资本金额，同时由于被分立企业的股东并未放弃其所持有的被分立企业的原有股权，所以这种分配通常是对被分立企业的所有股东按照原有的持股比例进行分配的。

在让产分股式分立模式下，取得分立企业股权的被分立企业原股东并未放弃所持有的被分立企业的股权，所以在分立后分立企业的股权结构和原有的被分立企业的股权结构是相同的，具体如图3-6-6所示。

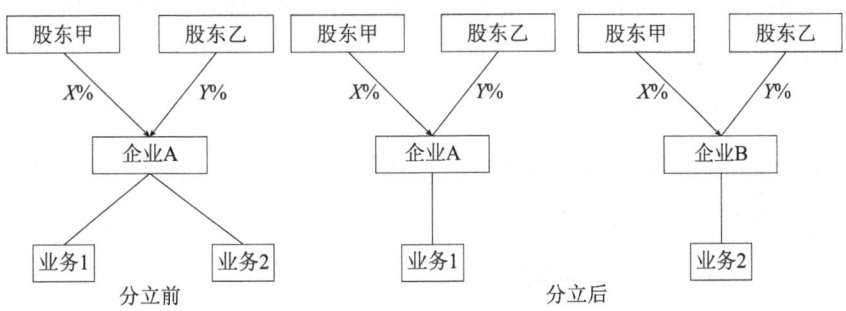

图 3-6-6　让产分股式企业分立

三、企业分立的程序

（一）企业分立的法定程序

根据《公司法》的规定，公司分立的主要程序事项如下。

1. 作出分立决议

根据《公司法》第五十九条、第六十六条、第六十七条、第一百一十六条及第一百二十条的规定，公司分立方案制定属于董事会的职权，而公司分立方案需要由股东会作出决议；其中有限责任公司分立应当经代表三分之二以上表决权的股东通过，股份有限公司分立应当经出席会议的股东所持表决权的三分之二以上通过。

根据《国有资产法》的规定，国有独资企业、国有独资公司的分立除根据国有资产法和有关法律、行政法规及企业章程的规定，由履行出资人职责的机构决定的以外，国有独资企业由企业负责人集体讨论决定，国有独资公司由董事会决定。重要的国有独资企业、国有独资公司、国有资本控股公司的分立，履行出资人职责的机构在作出决定或向其委派参加国有资本控股公司股东会会议、股东大会会议的股东代表作出指示前，应当报请本级人民政府批准。

根据《外资企业合并与分立规定》的规定，外商投资企业分立的，分立协议应包括下列主要内容：①分立协议各方拟定的名称、住所、法定代表人；②分立后公司的投资总额和注册资本；③分立形式；④分立协议各方对拟分立公司财产的分割方案；⑤分立协议各方对拟分立公司债权、债务的承继方案；⑥职工安置办法；⑦违约责任；⑧解决争议的方式；⑨签约日期、地点；⑩分立协议各方认为需要规定的其他事项。

2.编制资产负债表及财产清单

公司分立决议经股东会审议通过后，应当编制资产负债表以及财产清单，分别就被分立公司当前的流动资产、应收款项、存货、固定资产、无形资产等编制财产清单，同时列明公司的负债情况。

3.通知和公告债权人

企业分立，应当自作出分立决议之日起十日内通知债权人，并于三十日内在报纸上公告。公司分立前的债务由分立后的公司承担连带责任。但是，公司在分立前与债权人就债务清偿达成书面协议另有约定的除外。

与公司合并不同，由于《公司法》规定公司分立前的债务由分立后的公司承担连带责任，债权人的利益不会因公司分立受到影响，所以公司分立并不给予债权人要求公司清偿债务或者提供相应担保的权利。

4.办理工商登记

根据《市场主体登记管理条例》的规定，市场主体变更规定的备案事项的，应当自作出变更决议、决定或者法定变更事项发生之日起30日内向登记机关办理备案；市场主体因解散需要终止的，应当依法向登记机关申请注销登记。

所以在存续分立中存续的被分立公司应当办理变更登记，新设立的分立公司应当办理设立登记；在新设分立中被分立公司应当办理注销登记，而新设立的分立公司应当办理新设登记。

5. 外商投资企业信息报告

企业分立涉及外商投资企业的，应当依据《外商投资信息报告办法》的规定办理相关的初始报告、变更报告或注销报告，具体可参照企业合并交易中外商投资企业信息报告的相关规定。

（二）企业分立注册资本的确定

工商企字〔2011〕226号文和《外资企业合并与分立规定》对企业分立过程中的注册资本、股东出资份额及未足额缴纳的注册资本等事项做了明确规定。

1. 注册资本

工商企字〔2011〕226号文规定："支持公司自主约定注册资本数额。因分立而存续或者新设的公司，其注册资本、实收资本数额由分立决议或者决定约定，但分立后公司注册资本之和、实收资本之和不得高于分立前公司的注册资本、实收资本。"《外资企业合并与分立规定》则规定："分立后公司的注册资本额，由分立前公司的最高权力机构，依照有关外商投资企业法律、法规和登记机关的有关规定确定，但分立后各公司的注册资本额之和应为分立前公司的注册资本额。"

同企业合并相类似，在企业分立过程中也不能创设资本，但内资企业与外资企业对于企业分立后注册资本的规定存在一定的差异：内资企业分立后的注册资本、实收资本可以约定，但不得高于分立前的注册资本、实收资本，即内资企业可以在企业分立过程中进行减资；外商投资企业在分立后各公司的注册资本之和应等于分立前公司的注册资本额，所以外商投资企业在分立中不得减少注册资本。

2. 股东出资份额

股东的出资份额是指在企业分立后，被分立企业的原有股东在分立后企业出资的比例。

内资企业因分立而存续或新设的公司，其股东（发起人）的出资比例、认缴或者实缴的出资额，由分立决议约定。法律、行政法规或者国务院决定规定公司分立涉及出资比例、认缴或者实缴的出资额必须报经批准的，应当经过批准。

外资企业根据规定分立的，各方投资者在分立后公司的股权比例，由投资者在分立后的公司合同、章程中规定，但外国投资者的股权比例不得低于分立后公司注册资本的 25%。

所以在注册资本不能增加的情况下，被分立企业股东可以根据分离出去资产的公允价值及其所放弃的被分立企业股权公允价值的具体情况协商确定分立后股东的出资份额及持股比例。

3. 分公司及子公司处理

根据工商企字〔2011〕226 号文的规定，因分立而解散的公司有分公司的，应当在分立决议或者决定中载明分公司的处置方案；处置方案中载明分公司注销的，应当在公司分立前办理分公司注销登记；处置方案中载明分公司归属于存续或新设的公司的，可以按照分公司名称变更程序办理分公司隶属关系的变更登记。

被分立的公司持有其他有限责任公司股权的，应当在分立决议或者决定中载明其持有股权的处置方案；处置方案中载明通过股权转让或者减资方式退出的，应当在公司分立前办理股权所在有限责任公司的股东转让股权或者注册资本、实收资本变更登记；处置方案中载明股权归属于存续或者新设的公司的，可以在公司分立后办理股权所在有限责任公司的股东变更登记。

四、企业分立的所得税路径

（一）交易主体

财税〔2009〕59 号文规定："分立，是指一家企业（以下称为被分立企业）将部分或全部资产分离转让给现存或新设的企业（以下称为分立企业），被分立企业股东换取分立企业的股权或非股权支付，实现企业的依法分立。"

从上述企业分立的定义看，企业分立的交易主体在形式上涉及被分立企业、分立企业和被分立企业股东三方，但本书认为企业分立的交易主体实质上是被分立企业和被分立企业股东之间的一种交易：其一，企业分立仅需要被分立企业自身作出分立决议即可，并不需要分立企业同步作出决议；其二，分立企业虽然在企业分立交易中接受了被分立企业的资产，但随后将与该资产所对应的股权或者非股权支付分配给被分立企业的股东。因此企业分立在交易实质上达到了被分立企业将分离资产分配给股东的一种效果，只是这种分配方式不同于一般意义上的股息分配或者减资分配。

（二）交易对象

从财税〔2009〕59号文对企业分立的定义可知，企业分立的交易对象与企业合并的交易对象相同，是被分立企业的资产，即企业分立是被分立企业的资产向被分立企业股东进行转移的一项交易，但这种转移并不是直接转移，而是通过其他的方式，具体在后续的交易路径中将予以详细的分析。

（三）交易路径

1. 企业分立的一般路径分析

根据财税〔2009〕59号文对企业分立的定义可知企业分立的路径包括如下两个步骤。

第一，被分立企业将其全部或者部分的资产分离转让给现存或者新设的企业，现存或者新设的企业以其股权作为支付对价，在该步骤交易完成后被分立企业取得了现存或新设分立企业的控制权❶。

第二，被分立企业将其取得的分立企业的股权对价或者非股权对价支付给被分立企业的股东，以换取被分立企业股东持有的被分立企业的股权或者被分立企业的股东不支付任何对价。

---

❶ 我国的财税〔2009〕59号文并未明确向现存企业进行资产分离的要件，而《美国联邦税法》对分立型D型重组（类似于我国的企业分立）则明确了其要件：D型重组是指一个公司将其全部或部分资产向另一公司的转让，前提是在该转让以后，转让人，或者其中一个或者更多股东（包括在转让前属于股东的个体），或者其中的任何联合，控制了资产受让公司；同时必须满足下面这一条件：根据计划，上述资产受让公司的股票或有价证券在符合第354节、355节或者356节所规定条件的交易中进行分配。

2. 让产赎股式分立的交易路径

根据前述关于企业分立交易路径的描述，典型的让产赎股式分立的交易路径如图 3-6-7 所示。

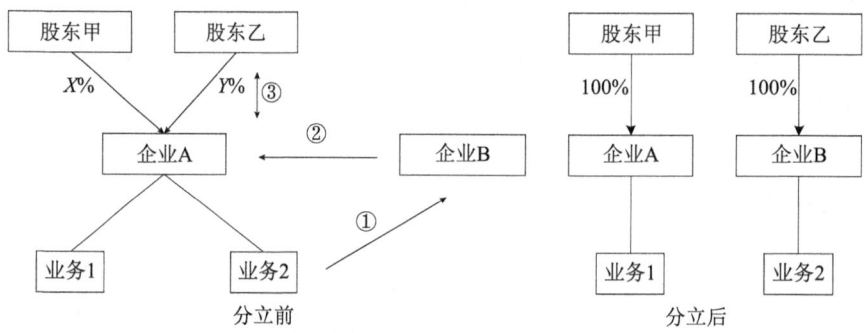

图 3-6-7　让产赎股式企业分立路径

注：①被分立企业 A 将其部分资产（即图中业务 2）分离给现存或者新设的企业 B。

②企业 B 以其自身的股权作为取得分离资产的对价，在该交易完成后企业 A 取得对企业 B 的控制权（当企业 B 为现存企业时）或者取得企业 B 的 100% 控股权（当企业 B 为新设企业时）。

③企业 A 将取得的企业 B 的股权分配给企业 A 的部分股东，同时该部分股东将其持有的企业 A 的股权交还给企业 A。

通过图 3-6-7 可知，在让产赎股式分立模式下，不仅在企业层面实现了业务的分离，而且同时在股东层面也实现了股东持股的分离。

3. 让产分股式分立的交易路径

在让产分股式分立模式下，企业分立交易的具体路径如图 3-6-8 所示。

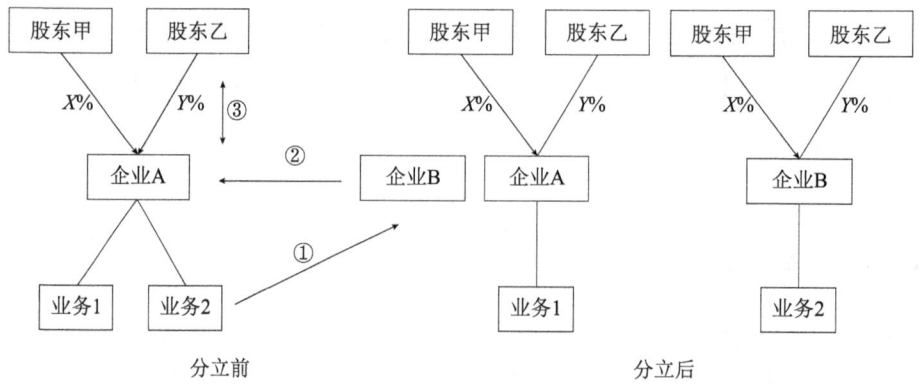

图 3-6-8　让产分股式企业分立路径

注：①被分立企业 A 将其部分资产（即图中业务 2）分离给现存或者新设的企业 B。

②企业 B 以其自身的股权作为取得分离资产的对价，在该交易完成后企业 A 取得企业 B 的控制权（当企业 B 为现存企业时）或者取得企业 B 的 100% 控股权（当企业 B 为新设企业时）。

③企业 A 将取得的企业 B 的股权分配给 A 企业的全部股东，获得 B 企业股权的股东不放弃其持有的 A 企业的股权。

通过图 3-6-8 可知，在让产分股式的分立模式下，企业分立仅仅是企业在业务层面的一种分离，而在股东层面并不会出现分离。

4.股本分割式分立的交易路径

图 3-6-9 描述了股本分割式分立交易模型下的具体交易路径。

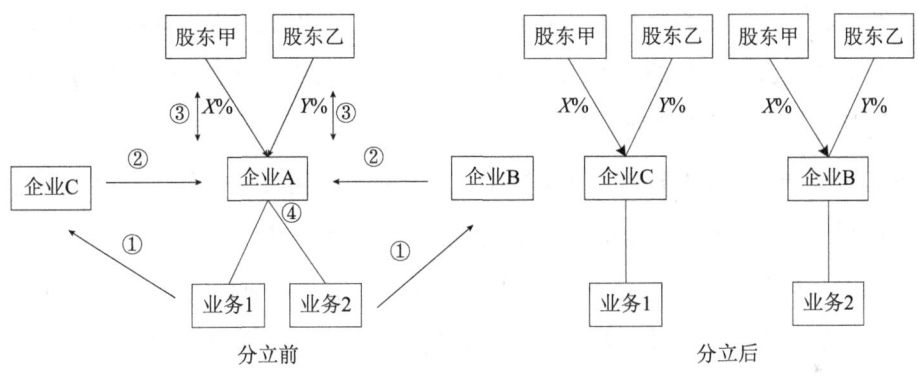

图 3-6-9　股本分割式企业分立路径

注：①被分立企业 A 将其全部资产和业务分离给现存或者新设的企业 B 和企业 C。

②企业 B 和企业 C 以其自身的股权作为取得分离资产的对价，在该交易完成后企业 A 取得企业 B 和企业 C 的控制权（当企业 B 和企业 C 为现存企业时）或者取得企业 B 和企业 C 的 100% 控股权（当企业 B 和企业 C 为新设企业时）。

③企业 A 将取得的企业 B 和企业 C 的股权分配给企业 A 的全部股东，获得企业 B 和企业 C 股权的股东需要放弃其持有的企业 A 的股权，同时原股东在新设分立企业的持股比例可能发生变动，也可能不发生变动。

④在完成上述事项后企业 A 仅持有自身的股权，此时企业 A 办理注销登记。

在股本分割式企业分立模式下，被分立企业可能实现了股东层面价值的重新分配，也可能并没有实现股东层面的价值重新分配，但是在企业层面已经实现了业务的分离。

(四)企业分立的所得税处理事项

从前述企业分立的交易路径可知,企业分立需要经过两个交易步骤:第一个步骤是被分立企业将资产分离给现存的或者新设的分立企业并获得股权支付;第二个步骤是被分立企业将获得的分立企业的股权分配给被分立企业的股东。这两个交易步骤也使得企业分立与一般意义上的非货币性资产投资(被分立企业角度)、资产收购(分立企业角度)及股息分配(被分立企业股东角度)是存在差别的,同时其相应的所得税事项也有所不同。

第一,就被分立企业而言,首先是在资产分离转移给分立企业并取得分立企业的股权支付对价时是否需要确认被分离资产的转让所得或损失;其次是如何确定取得分立企业股权对价的计税基础;最后是将获取的股权对价分配给被分立企业股东时如何进行相应的所得税处理。

第二,对分立企业而言,其一是取得被分立企业分离转移的资产是否需要确认收入;其二是如何确定取得被分立企业分离资产的计税基础。

第三,对被分立企业股东而言,其一是取得分立企业股权时如何确定所取得股权对价的计税基础;其二若被分立企业股东需要放弃其所持有的被分立股权的,如何确认所放弃被分立企业股权的转让所得或损失。

第四,被分立企业在分立后存续或者解散注销,其原有的相关所得税事项,特别是被分立企业存在未结转弥补亏损的,如何在分立企业及存续的被分立企业之间结转弥补。

五、企业分立的一般性税务处理

(一)交易各方的所得税处理

2015年第48号公告规定,在企业分立交易中,重组当事方包括被分立企业、分立企业和被分立企业股东。通过前述对企业分立交易路径的分析,企业分立适用所得税一般性税务处理时,根据财税〔2009〕59号文的规定,交易各方的所得税处理见表3-6-2。

表 3-6-2　企业分立一般性税务处理

当事方	所得税处理
被分立企业	（一）被分立企业将资产分离至分立企业的，应当就分离资产公允价值超过资产计税基础的部分确认资产转让所得或损失。 （二）取得分立企业股权对价应当按照公允价值作为其计税基础。 （三）被分立企业在分立后不再继续存在时，应当按照企业清算进行所得税处理。 （四）被分立企业未弥补完的亏损由被分立企业弥补，不得结转至分立企业弥补
分立企业	（一）分立企业取得被分立企业的资产应当以该资产的公允价值确定其计税基础。 （二）若是向现存企业进行资产分离且分立企业以非货币性资产作为分立对价的，应当确认非货币性资产的转让所得或损失
被分立企业股东	（一）在存续分立中，被分立企业股东取得的对价应当视同被分立企业分配进行税务处理。 （二）在新设分立中，被分立企业股东取得的对价按照被分立企业清算进行税务处理： ①法人股东取得的分配所得，其中相当于被分立企业累计未分配利润和累计盈余公积中按股东所占股份比例计算的部分，应确认为股息所得；剩余资产减除股息所得后的余额，超过或低于股东投资成本的部分，应确认为股东的投资转让所得或损失。 ②自然人股东取得的分配所得，应按照"财产转让所得"项目适用的规定计算缴纳个人所得税

（二）被分立企业股东涉税的一般规定

根据财税〔2009〕59号文的规定，在企业分立采用新设分立时，被分立企业股东应当按清算进行所得税处理，这一点是没有争议的；但是当企业分立采用存续分立模式时，被分立企业股东取得的对价应视同被分立企业分配进行处理，在实务执行中存在一定的争议。

企业对股东的分配是指企业将资产基于投资者的股东身份而转移给股东，在税收上根据公司向股东分配性质的不同，可以将分配进一步分为基于减资的分配、基于利润分配的分配和基于清算所做的分配，财税〔2009〕59号文中并未对公司分立中分配的性质做进一步的规范，或者对该种性质分配下的所得税待遇予以明确。

本书认为，在企业分立交易中，若被分立企业存续的，被分立企业股东在分立过程中取得的分立企业的股权或非股权对价应进一步根据被分立企业股东是否需要放弃被分立企业股权分别进行处理。

当被分立企业股东需要全部或部分放弃持有的被分立企业股权（让产赎股式分立和股本分割式分立）的，则其取得分立企业对价的行为属于股权回购的行为，由于我国的所得税制中并未在企业减资行为中确定视同股息分配的税收规则，所以在按照股权回购的税收规则进行税务处理时区分股东性质应当做如下的所得税处理：①对于法人股东，根据《国家税务总局关于企业所得税若干问题的公告》（国家税务总局公告2011年第34号，以下简称"2011年第34号公告"）的规定："其取得的资产中，相当于初始出资的部分，应确认为投资收回；相当于被投资企业累计未分配利润和累计盈余公积按减少实收资本比例计算的部分，应确认为股息所得；其余部分确认为投资资产转让所得。"②对于个人股东，根据2011年第41号公告和2014年第67号公告的规定，其取得的分配所得属于个人所得税应税收入，应按照"财产转让所得"项目适用的规定计算缴纳个人所得税。

被分立企业股东在企业分立交易中若不需要放弃持有的被分立企业股权的，则其取得分立企业对价的行为应当按照股息分配的税收规则进行处理。

由于个人所得税法对个人取得的财产转让所得和股息红利所得的适用的税率是相同的，所以上述两种情形下个人股东的所得税待遇是相同的；根据《企业所得税法》第二十六条第（二）项规定，符合条件的居民企业之间的股息、红利等权益性投资收益为免税所得，所以法人股东取得的股息所得和财产转让所得的税收待遇是不同的，基于此差别化的税收待遇，应当准确地界定法人股东取得所得的性质。本书认为，由于企业分立适用一般性税务处理时，被分立企业对于分离至分立企业的资产在分立交易当期已经确认了相应的资产转让所得或损失，所以在计算被分立企业法人股东从被分立企业取得的股息所得时，应当考虑该资产转让所得或损失的影响，而不应当仅仅以被分立企业账面核算的未分配利润为基础计算。

在确定资产转让所得或损失的具体影响金额时，又有两种不同观点：一种观点认为应当按照被分立企业股东放弃股权的比例计算资产转让所得或损失对其应当确认为股息所得的影响金额；另一种观点则认为分离资产确认的资产转让所得或损失在扣除所得税影响后的金额应全部归属于放弃股权的被分立企业股东。本书认为由于该类资产转让所得或损失的确认本身是基于分离资产而确认的，所以对于该部分的所得应当全部归属于放弃股权的被分立企业的股东。

（三）被分立企业股东涉税的其他问题

企业分立交易适用一般性税务处理的，根据财税〔2009〕59号文的规定，当被分立企业存续时被分立企业股东取得的对价视同被分立企业分配进行处理，根据前述对被分立企业股东所得税处理的分析，法人股东取得的所得应按照投资成本收回、留存收益分配及股权转让所得的顺序确定所得性质，但在实务中对不同所得金额的确定仍存在如下涉税争议。

1. 投资成本收回的金额

被分立企业股东取得的对价首先作为投资成本的收回，但是当被分立企业股东未全部放弃其所持有的被分立企业股权时，如何确定其收回投资成本的金额，在实务中有全额法和比例法两种观点。全额法是指以被分立企业股东持有被分立企业全部股权的计税基础作为确定其投资成本收回的限额，只要被分立企业股东取得的对价金额未超过其持有股权计税基础的，都视为投资成本的收回，不确认所得；比例法是指以被分立企业股东放弃的被分立企业股权的比例所对应的计税基础作为投资成本收回的限额。

本书认为，在确定被投资企业股东收回投资成本的限额时，应当采用比例法，因为企业分立不同于一般意义的企业减资，在被分立企业股东未全部放弃持有的被分立企业股权时，其交易实质是对被分立企业股东持有股权的一种分割，其在存续的被分立企业仍然持有股权时，应当将其持有股权的计税基础在继续持有的被分立企业股权和放弃的被分立企业股权之间进行分配，其中投资成本的收回以其所放弃的被分立企业股权计税基础确定。

2. 免税股息所得的金额

2011年第34号公告规定，减资交易中股东取得的对价超过投资成本收回的金额，相当于被分立企业累计未分配利润和累计盈余公积（以下简称"累计留存收益"）按减少实收资本比例计算的部分，应确认为股息所得。根据《企业所得税法》及其实施条例的规定，符合条件的居民企业之间的股息红利所得属于免税收入。

企业分立交易中，计算确定被分立企业股东的免税股息红利时，除了前述在计算基数上的不同观点外，实务中对于被分立企业账面上已有的留存收益如何计算免税的股息红利所得也有三种观点：①按照被分立企业全部留存收益为限额计算被分立企业股东应当确认的股息红利所得；②按照被分立企业全部留存收益和因企业分立而减少的实收资本比例计算的金额为限额计算被分立企业股东应当确认的股息红利所得；③按照企业分立方案确定的分配至分立企业的留存收益金额为限额计算被分立企业股东应当确认的股息红利所得。

即使在一般的减资交易中，根据2011年第34号公告的规定，也仅限于"被分立企业累计未分配利润和累计盈余公积按减少实收资本比例计算的部分，应确认为股息所得"，所以第一种观点不符合企业减资所得税税收政策的本意。第二种观点是2011年第34号公告政策的具体内容，但企业分立交易并不同于企业一般情形下的减资，一般情形的减资交易是股东与被投资企业之间的单一行为，并不涉及被投资企业所有者权益的分割。企业分立交易中，交易实质是对被分立企业资产、负债及所有者权益在被分立企业和分立企业之间（存续分立时）或者分立企业之间（新设分立时）的分割，财税〔2009〕59号文规定，被分立企业股东取得的对价视同分配进行税务处理，所以在国家税务总局对企业分立交易中分配的税收规则进行明确前，本书认为若分立方案对所有者权益的分割作出约定的，应当按照约定中分摊至分立企业的留存收益金额计算被分立企业股东应当确认的股息红利所得；若分立方案对所有者权益分割没有约定的，应按照2011年第34号公告的规定进行税务处理。

在采用上述观点进行所得税处理时应当注意如下两个方面的问题：第一，计算被分立企业股东应当确认的股息红利所得时，除了计算分立协议分配的留存收益金额外，还应当包括在企业分立交易适用一般性税务处理时被分立企业就分离资产因按照视同销售确认所得而产生的税后收益，否则对该部分税后收益会出现在被分立企业征收企业所得税后被分立企业股东视为股权转让所得再次征收企业所得税的重复征税行为；第二，应当注意被分立企业股东已就分配至分立企业的留存收益享受了免税待遇，在分立企业再次对该留存收益进行分配或者转增实收资本时，不应当再适用免税待遇，否则会出现该部分收益已增加了被分立企业股东持有股权的计税基础，通过分配适用免税待遇后降低股权公允价值再予以转让的避税行为。

3. 取得非股权支付的处理

根据财税〔2009〕59号文的规定，企业分立交易中被分立企业股东可能换取分立企业的股权或非股权支付，但在前述企业分立类型的分析中可知，我国当前规范公司分立的法规只允许向新设分立企业分离资产，而新设分立企业由于不存在其他资产，在交易过程中只能向被分立公司支付股权对价，并不会向被分立企业或被分立企业股东支付非股权对价，因此在企业分立实务中被分立企业股东并不会取得分立企业的非股权支付。

4. 取得被分立企业非股权支付的涉税处理

虽然被分立企业股东在分立交易中不会取得分立企业的非股权支付，但是当企业分立出现股东层面的分离时，如在"让产赎股式分立"或者"股本分割式分立"交易中，为了平衡原被分立企业股东在分立后各主体中的利益，可能会由被分立企业向被分立企业股东支付非股权支付对价；如当分立企业股权对价的公允价值小于被分立企业股东所放弃的被分立企业股权价值时，被分立企业可能向放弃股权的被分立企业股东支付补价。对于该部分补价的所得税处理财税〔2009〕59号文并未予以规范，实务中有如下两种观点。

观点一：对于该部分非股权支付，应当作为独立于企业分立交易的一项股息分配交易，即被分立企业向放弃被分立企业股权的股东进行利润分配，应当适用利润分配的相关税收规则。

观点二：对于该部分非股权支付，应当作为企业分立交易对价的组成部分，适用企业分立的相关税收规则。

本书认为，观点二的处理方式较为合理。其一，虽然该部分非股权支付对价并非来自分立企业，但该对价的支付原因是基于企业分立，是对被分立企业股东放弃被分立企业股权的一种补偿，应将其作为企业分立交易对价的组成部分；其二，若将该部分对价适用股息分配的税收规则，由于法人股东取得的股息分配可适用免税待遇，从而可能出现利用这种补价从事避税行为的企业分立交易。

5.取得其他股东补价的涉税处理

分立交易中，被分立企业股东除了从被分立企业取得补价外，还可能因为被分立企业没有足够的现金而由未放弃被分立企业股权的股东向放弃被分立企业股权的股东直接支付补价，对于这种补价的所得税处理，财税〔2009〕59号文也未予以明确。对于该补价的所得税处理在实务中也有两种观点：一种观点认为该补价属于支付补价股东对收到对价股东基于企业分立的赠与，该赠与由于不属于公益性捐赠，所以支付补价的股东不得在企业所得税前扣除，而收到补价的股东将其作为其他收入予以确认；另一种观点认为该补价与前述被分立企业支付补价相同，应当适用企业分立的税收规则。

本书认为，虽然该补价是由股东支付的，但是其本质上仍然是由于企业分立而产生的，可视为支付补价的股东以该补价对被分立企业投资，然后再由被分立企业支付给取得补价的股东，所以在所得税处理上应当增加支付补价股东对被分立企业股权投资的计税基础，收到补价的股东将其作为因企业分立而收到的对价。

（四）企业分立一般性税务处理的示例

【示例3-6-1】

A公司是一家由甲公司和乙公司依据《公司法》发起设立的有限责任公司，公司同时经营服装制造和红酒贸易两项业务。截至2022年6月30日两项业务的财务状况见表3-6-3

表3-6-3 被分立企业A公司财务状况表　　　　单位：万元

项目	服装生产	红酒贸易	其他	合计
货币资金	0	0	100.00	100.00
应收账款	500.00	400.00	0	900.00
存货	1 200.00	500.00	0	1 700.00
固定资产	1 000.00	800.00	200.00	2 000.00

续表

项目	服装生产	红酒贸易	其他	合计
无形资产	600.00	200.00	500.00	1 300.00
资产合计	3 300.00	1 900.00	800.00	6 000.00
短期借款	700.00	200.00	0	900.00
应付账款	600.00	300.00	200.00	1 100.00
负债合计	1 300.00	500.00	200.00	2 000.00
实收资本	0	0	2 000.00	2 000.00
其中：甲公司	0	0	1 000.00	1 000.00
乙公司	0	0	1 000.00	1 000.00
未分配利润	0	0	2 000.00	2 000.00
负债和权益合计	1 300.00	500.00	4 200.00	6 000.00

A公司的股东甲公司和乙公司因经营理念方面的差异致使公司股东会无法正常召开，同时董事会也陷于无法正常召开会议的状态，严重影响了A公司的正常经营活动。为此双方决定对A公司的业务进行分割，具体分割方式采用存续分立模式，即将A公司运营的红酒贸易业务通过分立设立新的B公司负责，同时股东乙退出A公司，而股东甲也不持有分立新设的B公司股权。

在分立前后各方的股权结构如图3-6-10所示。

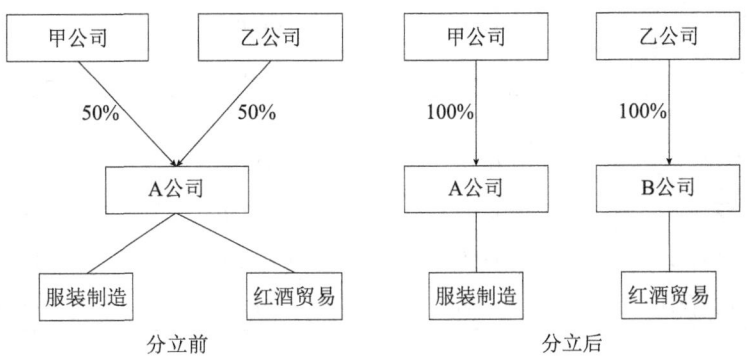

图3-6-10　分立前后股权结构

在企业分立过程中，A公司将与红酒贸易相关的资产和公允价值为800.00万元、计税基础为200.00万元的固定资产及100.00万元的现金分离至新设立的B公司，同时将B公司100%的股权支付给A公司的股东乙公司，再由股东甲公司向乙公司支付现金补价700.00万元，从而实现公司的分立；

分立时 A 公司表 3-6-3 中各项资产的评估价值见表 3-6-4。

表 3-6-4　各项业务公允价值表　　　　　　　　单位：万元

项目	服装生产	红酒贸易	其他	合计
资产价值	4 600.00	2 400.00	2 000.00	9 000.00
负债价值	1 300.00	500.00	200.00	2 000.00
净资产价值	3 300.00	1 900.00	1 800.00	7 000.00

分立交易完成后，A 公司原有资产的分配见表 3-6-5。

表 3-6-5　分立后企业财务状况表　　　　　　　　单位：万元

项目	服装生产	红酒贸易	合计
货币资金	0	100.00	100.00
应收账款	500.00	400.00	900.00
存货	1 200.00	500.00	1 700.00
固定资产	1 000.00	1 000.00	2 000.00
无形资产	1 100.00	200.00	1 300.00
资产合计	3 800.00	2 200.00	6 000.00
短期借款	700.00	200.00	900.00
预付账款	800.00	300.00	1 100.00
负债合计	1 500.00	500.00	2 000.00
实收资本	1 000.00	1 000.00	2 000.00
其中：甲公司	1 000.00	0	1 000.00
乙公司	0	1 000.00	1 000.00
未分配利润	1 300.00	700.00	2 000.00
所有者权益合计	2 300.00	1 700.00	4 000.00
负债和权益合计	3 800.00	2 200.00	6 000.00

涉税分析：

由于 A 公司在分立过程中股东层面也实现了分离，因此该企业分立交易不满足财税〔2009〕59 号文关于分立适用特殊性税务处理的要件，应当适用一般性税务处理，当事各方的所得税处理见表 3-6-6。

表 3-6-6　企业分立各方所得税处理情况表

当事方	所得税处理
被分立企业——A公司	（一）A公司对于分离出去资产（与分立业务相关的原有资产及不相关的固定资产及现金资产）的公允价值3 300.00万元（2 400.00+800.00+100.00）超过其计税基础2 200.00万元（1 900.00+200.00+100.00）的部分确认资产转让所得或损失。所以A公司在分立交易当期确认资产转让所得金额为1 100.00万元（3 300.00-2 200.00）。对该部分所得，若无可弥补亏损和其他扣除项目，A公司应当在分立交易当期缴纳企业所得税275.00万元，税后收益825.00万元。 （二）A公司取得分立企业B公司股权的计税基础以其公允价值确定，即以2 800.00万元作为取得股权的计税基础
分立企业——B公司	分立企业B公司应当按照如下规则进行所得税处理： （一）B公司取得被分立企业A公司分离资产的计税基础应当以其公允价值为基础确定，即新设的分立企业B公司取得A公司分离的资产应当以其公允价值3 300.00万元作为计税基础，取得的负债以其公允价值500.00万元为计税基础。 （二）B公司账面上按照会计核算的留存收益应当采用如下两种方式予以处理以避免后期重复适用免税股息待遇： （1）将该部分的留存收益予以资本化处理，计入资本公积。 （2）将该部分留存收益采用备查账的方式予以记录
被分立企业股东——乙公司	财税〔2009〕59号文仅规定乙公司在存续分立中取得分立企业B公司的股权应当视同被分立企业A公司的分配进行税务处理，但是对于分配的具体性质并未予以明确： （一）若将乙公司取得的上述分配所得视为股息分配，则根据《企业所得税法》第二十六条及《企业所得税法实施条例》第八十三条的规定，应当作为免税所得予以纳税申报。 （二）若将乙公司取得的上述分配视为股权回购（或减资）分配，那么对其分配的金额3 500.00万元（2 800.00+700.00）应当按照如下顺序确定其所得性质： （1）其中对应于乙公司放弃股权计税基础1 000.00万元的部分作为投资成本的收回，不确认乙公司的所得。 （2）其中相当于所分配的留存收益（700.00万元）和分立交易中实现的税后收益（825.00万元）部分，应当作为股息性质所得，作为乙公司的免税收入。 （3）乙公司取得的所得3 500.00万元超过上述两部分所得的部分975.00万元（3 500.00-1 000.00-700.00-825.00）应当作为乙公司的股权转让所得。 （三）乙公司取得分立企业B公司股权的计税基础以其公允价值2 800.00万元作为计税基础
被分立企业股东——乙公司	（四）乙公司持有B公司股权后，对B公司未资本化处理的留存收益，由于在企业分立交易中已视同分配并增加乙公司持有B公司股权计税基础，所以应当采用备查账的方式予以记录，避免在后期分配后再次适用免税待遇。否则会出现乙公司如下避税行为：将该部分账面留存收益予以分配并适用免税待遇后，再将所持有B公司股权予以转让，从而确认资产转让损失

续表

当事方	所得税处理
被分立企业股东——甲公司	由于甲公司在企业分立交易中并未取得所得，但向股东乙公司支付了700.00万元的现金补价，所以其所得税处理为： （一）对于甲公司支付乙公司的现金补价，应当增加其所持有的A公司股权计税基础，所以甲公司持有A公司股权计税基础为1 700.00万元。 （二）甲公司在企业分立交易中不确认所得，同时其相关所得税事项保持不变

六、企业分立的特殊性税务处理

（一）企业分立特殊性税务处理的要件

根据财税〔2009〕59号文的规定，企业分立交易选择适用特殊性税务处理的，除了要满足财税〔2009〕59号文第五条规定的一般要件外，还需要同时满足如下要件。

1. 股权比例要件

财税〔2009〕59号文第六条第（五）项规定，企业分立选择适用特殊性税务处理的，被分立企业所有股东按原持股比例取得分立企业的股权，此即股权比例要件。

但是对于该要件的进一步解释在财税〔2009〕59号文及后续的规范性文件中均未予以说明。当分立企业只有一个时，这种股权比例要求不会产生争议，但是当分立企业有多个时，对于股权比例要件则存在两种理解方式：第一种理解方式是被分立企业股东在每一家分立企业所持有的股权比例与其在被分立企业的持股比例相同；第二种理解方式是被分立企业股东在单个分立企业的持股比例可与其在被分立企业的持股比例不同，但是就所有分立企业持股比例合并计算而言需要与其在被分立企业的持股比例相同。

本书认为对股权比例要件的理解应当适用第一种理解方式，即此处的股权比例相同是指在分立后每一家分立企业的股权比例相同。

2. 股权支付比例要件

财税〔2009〕59号文第六条第（五）项规定，企业分立选择适用特殊性税务处理的,被分立企业股东在该企业分立发生时取得的股权支付金额不低于其交易支付总额的 85%。

此即企业分立的股权支付比例要件,和企业合并重组交易相似,股权支付比例是对被分立企业股东而言的,并非对被分立企业取得分立企业股权对价比例的限制。由于我国工商管理的规范性文件要求企业在分立过程中不能向现存的企业分立,所以这一要求本质上也是对被分立企业股东取得分立企业股权比例的要求;若允许向现存企业进行分立,则需要考虑被分立企业取得分立企业股权的比例(如是否需要对现存的分立企业形成控制),而根据财税〔2009〕59 号文的规范,在我国的重组所得税制中并没有对这一比例加以限制。

(二)被分立企业的所得税处理

在企业分立重组适用特殊性税务处理时,财税〔2009〕59 号文第六条第(五)项仅规定"被分立企业已分立出去资产相应的所得税事项由分立企业承继",但并未对被分立企业所得税事项予以进一步的明确,如被分立企业对分立出去资产是否需要确认资产转让所得或损失,如何确定取得分立企业股权的计税基础。

根据工商企字〔2011〕226 号文和《外资企业合并与分立规定》,我国公司法实践中不允许向现存企业进行分立,所以在企业分立交易中被分立企业取得分立企业 100% 的股权支付,根据财税〔2009〕59 号文关于重组交易中资产转让所得或损失确认的规定,被分立企业对于分离资产无须确认资产转让所得或损失,取得分立企业股权应以所分离资产的计税基础确定。当企业分立允许向现存企业分离资产且分立企业向被分立企业支付非股权对价的,被分立企业应当确认非股权支付对应的资产转让所得或损失。

企业分立交易中被分立企业将分立企业股权分配给被分立企业股东用于交换其持有的被分立企业股权时伴随非股权分配的,对于非股权分配部分应当确认资产转让所得或损失。

(三)分立企业的所得税处理

如前所述,由于我国目前公司法规范下,分立企业均为新设企业,所以在企业分立交易中的支付方式只能是股权支付,这种情况下分立企业接受被分立企业资产和负债的计税基础应采用结转税基规则,即以被分立企业分离资产和负债的原有计税基础确定;若分立企业允许为现存企业的,其取得资产计税基础仍然应采用结转税基规则,但当分立企业存在非货币性资产支付对价时,对该部分对价对应的分离资产计税基础的确定应当采用替代税基规则。

(四)被分立企业股东的所得税处理

1. 取得分立企业股权计税基础确定

财税〔2009〕59号文第六条第(五)项对企业分立适用特殊性税务处理模式下被分立企业股东取得分立企业股权计税基础做了较为详细的规范:"被分立企业的股东取得分立企业的股权(以下简称'新股'),如需部分或全部放弃原持有的被分立企业的股权(以下简称'旧股'),'新股'的计税基础应以放弃'旧股'的计税基础确定。如不需放弃'旧股',则其取得'新股'的计税基础可从以下两种方法中选择确定:直接将'新股'的计税基础确定为零;或者以被分立企业分立出去的净资产占被分立企业全部净资产的比例先调减原持有的'旧股'的计税基础,再将调减的计税基础平均分配到'新股'上。"

财税〔2009〕59号文区分两种情况分别规范了被分立企业股东取得分立企业股权计税基础的方法。其中"不需放弃旧股"是指被分立企业股东在取得分立企业股权时,无须放弃其在被分立企业原有的股权金额,这种情况下被分立企业的实收资本或股本并不会在分立前后发生变化,由于我国公司法配套文件规定企业分立不能在分立过程中创设资本,所以在我国当前的公司法规范下并不存在这种情形的企业分立。

对"放弃股权"的具体判定标准,财税〔2009〕59号文并未予以明确。当被分立企业在分立后股东比例发生变化的,对于持股比例减少的股东而言显然属于"放弃被分立企业股权";但是当被分立企业在分立后实收资本或股份只是总额减少但股东的股权比例并未减少时,这种"放弃实收资本或股本"的情形是否属于财税〔2009〕59号文中的"放弃被分立企业股权"的情形,财税〔2009〕59号文并未予以明确。

本书认为后一种情形也应当属于被分立企业股东"放弃旧股"的情形，因为"放弃旧股"包括数量上的放弃，而数量上的放弃不仅包括在放弃后各股东的持股比例发生变动的情况，还包括在放弃后各股东持股比例不变的情况；在这种情形下确定放弃旧股的计税基础时，可参考股权转让中确定所转让股权计税基础的规则，一般情况下应当按照所放弃股权占所持有股权总数的比例采用加权平均法确定所放弃股权的计税基础；其中所放弃股权的数量应当以股东持有被分立企业的股权数额或股票数量确定。

因此企业分立适用特殊性税务处理的，被分立企业股东取得分立企业股权应当采用替代税基规则，但是当被分立企业股东在放弃旧股时确认了所放弃股权的转让所得或损失时，应当调整取得股权的计税基础。

2.被分立企业股东资产转让所得

如前所述，在我国当前的公司法规范下，被分立企业股东在取得分立企业股权（即"新股"）时必须放弃其所持有的被分立企业股权（即"旧股"），若被分立企业股东放弃"旧股"时除取得"新股"对价外，还取得非股权支付对价的，根据财税〔2009〕59号文第六条第（六）项的规定，应当按照如下公式计算确认非股权支付对应的资产转让所得或损失：

非股权支付对应的股权转让所得或损失＝（所放弃股权的公允价值－所放弃股权的计税基础）×（非股权支付金额÷所放弃股权的公允价值）　　（3-6-1）

对于上述已确认的资产转让所得或损失，应当调整取得"新股"股权的计税基础；而对于上述股权转让所得或损失计算过程中应当注意的事项与企业合并交易过程中应当注意的事项相同，具体可见前述的分析。

（五）被分立企业亏损结转弥补

企业分立适用特殊性税务处理，被分立企业对分离至分立企业的资产并不即刻确认资产转让所得或损失，所以当被分立企业在分立时存在未弥补的净营业亏损时，是否需要因资产或营业被分割从而需要就该未弥补的净营业亏损在被分立企业（被分立企业存续时）和分立企业之间或者分立企业之间（当被分立企业注销时）进行分摊？本书认为被分立企业的亏损源自被分立企业所从事的业务，当被分立企业的业务因企业分立而发生分割时,与被分立企业业务相关的未弥补经营亏损应当在所分离的业务之间进行分割。

财税〔2009〕59号文第六条第(五)项规定:"被分立企业未超过法定弥补期限的亏损额可按分立资产占全部资产的比例进行分配,由分立企业继续弥补。"

所以,企业分立适用特殊性税务处理时被分立企业的亏损可分割至分立企业继续结转弥补,分割的依据是所分离资产公允价值的占比,而非所分离净资产公允价值的占比;对分配至分立企业的被分立企业原有的各项亏损,其所对应的时间属性如何确定,财税〔2009〕59号文并未予以明确。本书认为对分配至分立企业的被分立企业的亏损应当与被分立企业原有的未弥补亏损的时间属性相同,即被分立企业原有的各年度可结转至以后年度弥补的亏损都应当按照上述确定的分摊比例在被分立企业和分立企业之间进行分配。

(六)分立特殊性税务处理的示例

【示例3-6-2】

案例基本情况同示例3-6-1,A公司为优化其资源配置,将原有的红酒贸易业务剥离至新设的B公司时,B公司的股权结构与A公司相同,其他资产分配情况与示例3-6-1相同,具体见表3-6-7。

表3-6-7 资产分配情况表　　　　　　　　　　单位:万元

项目	服装制造	红酒贸易	合计
资产总额	3 050.00	2 100.00	5 150.00
负债总额	1 500.00	500.00	2 000.00
净资产额	1 550.00	1 600.00	3 150.00
其中:实收资本	2 000.00	2 000.00	4 000.00
未分配利润	-450.00	-400.00	-850.00

上述资产、负债及净资产在分配过程中的公允价值见表3-6-8。

表 3-6-8　各项业务公允价值表　　　　　　　　单位：万元

项目	服装制造	红酒贸易	合计
资产价值	4 250.00	2 750.00	7 000.00
负债价值	1 500.00	500.00	2 000.00
净资产价值	2 750.00	2 250.00	5 000.00

分立交易完成后各企业的股权结构如图 3-6-11 所示。

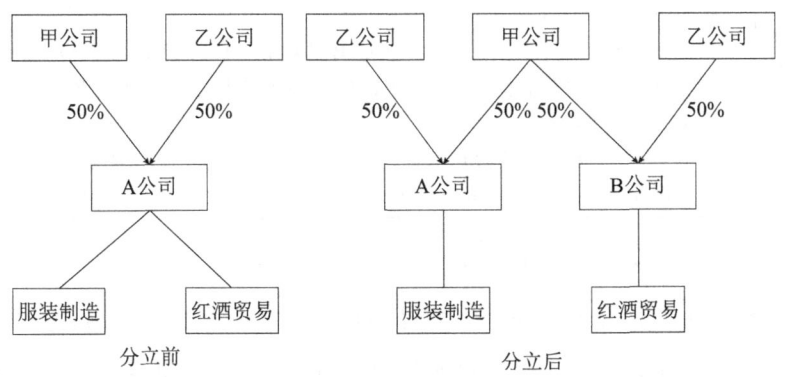

图 3-6-11　分立前后股权结构

涉税分析：

由于 A 公司在分立过程中，原股东在分立企业中的股权比例与在被分立企业中的股权比例是相同的，且被分立企业股东在企业分立过程中取得的股权支付比例为 100%，所以该企业分立重组业务可以选择适用特殊性税务处理。

1. 交易各方的所得税处理

在企业分立交易中当事各方的所得税处理见表 3-6-9。

表 3-6-9　企业分立各方所得税处理情况表

当事方	所得税处理
被分立企业——A 公司	（一）被分立企业 A 公司将红酒贸易的资产和负债连同其他相关资产分离至分立企业 B 公司时，获得 B 公司 100% 的股权支付，所以 A 公司在分立交易当期可不确认分离资产的转让所得或损失。 （二）由于 A 公司在取得 B 公司股权支付后立即分配给 A 公司的股东，所以可不对其取得 B 公司股权的计税基础予以确认

续表

当事方	所得税处理
分立企业——B公司	新设分立企业 B 公司在企业分立过程中取得红酒贸易项目资产和负债的计税基础以其原有的计税基础确定，即取得资产的计税基础为 2 100.00 万元，取得负债的计税基础为 500.00 万元
被分立企业股东——甲公司和乙公司	（一）由于在分立交易中，A 公司的注册资本由分立前的 4 000.00 万元降为 2 000.00 万元；而新设的分立企业 B 公司注册资本为 2 000.00 万元，所以被分立企业 A 公司的股东放弃"旧股"的比例为 50%，其所放弃旧股的计税基础为 2 000.00 万元。 （二）甲公司和乙公司取得分立企业 B 公司股权的计税基础以其所放弃被分立企业 A 公司股权的计税基础确定，所以甲公司和乙公司取得 B 公司股权的计税基础为 2 000.00 万元。 （三）由于甲公司和乙公司放弃被分立企业 A 公司股权时取得了 100% 股权支付，因此甲公司和乙公司并不确认其所"放弃旧股"的股权转让所得或损失

2.被分立企业未弥补亏损的分配

假设被分立企业 A 公司在分立前可结转以后期间弥补的亏损金额为 850.00 万元，具体为：分立前第一年的亏损金额为 200.00 万元，前第二年的亏损金额为 240.00 万元，前第三年的亏损金额为 260.00 万元，前第四年的亏损金额为 100.00 万元，前第五年的亏损金额为 50.00 万元。

对于上述的亏损金额应当按照 A 公司分离至 B 公司资产的公允价值占全部资产公允价值的比例在 A 公司和 B 公司之间进行分配。由于 A 公司分配至 B 公司资产的比例约为 39.29%（2 750.00÷7 000.00×100%），所以 A 公司各年度分配至 B 公司的亏损金额见表 3-6-10。

表 3-6-10　未弥补亏损分配汇总表　　　　　　　　单位：万元

年度	A 公司	B 公司	合计
前第五年度	30.35	19.65	50.00
前第四年度	60.71	39.29	100.00
前第三年度	157.85	102.15	260.00
前第二年度	145.70	94.30	240.00
前第一年度	121.42	78.58	200.00
合计	516.03	333.97	850.00

企业分立交易完成后，A公司可结转以后年度弥补的亏损金额为516.12万元，B公司可结转以后年度弥补的亏损金额为333.97万元，与企业分立交易过程中双方所分配的账面未分配利润金额是不同的。

根据财税〔2009〕59号文的规定，在企业分立交易中，被分立企业未弥补亏损的分割比例（以分立企业占比，本案例中为39.29%）既不同于双方对实收资本分割的约定（本案例中为50%），也不同于双方对净资产分配的比例（本案例中为45%）。

七、企业分立的其他税种处理

（一）个人所得税

与企业合并相同，企业分立重组业务中，被分立企业的股东也可能是自然人，对于被分立企业股东为自然人时，其个人所得税的处理与企业合并中被合并企业股东为个人时较为相近，但也存在一定的差异。

1. 一般性税务处理

财税〔2009〕59号文规定，企业分立适用一般性税务处理时，被分立企业股东的所得税处理根据被分立企业是否仍然存续而有所不同，当被分立企业继续存在时，被分立企业股东取得的对价应视同被分立企业分配进行处理；当被分立企业不再继续存在时，被分立企业股东应按照清算进行所得税处理。

对被分立企业不再存续时被分立企业股东按照清算进行所得税处理的具体内容可参照前述"企业合并"一般性税务处理中个人所得税的分析。对被分立企业存续，被分立企业股东取得的对价视同被分立企业分配的，如前所述财税〔2009〕59号文并未对"分配"的具体性质做规范。本书认为，由于我国当前公司法规范下企业分立不得创设资本，所以被分立企业股东取得分立企业对价时必须放弃其在被分立企业原有的资本数额，所以此处被分立企业股东取得的分配所得应当按照减资分配进行所得税处理。

由于个人从被投资企业取得的股息分配所得、减资分配所得和清算分配所得在税率适用上并无差异，但是在应纳税所得额的计算上存在较大的差异，所以在实务中应当与主管税务机关就分配所得的性质进行充分的沟通,从而避免由此导致的涉税风险。

2.特殊性税务处理

企业分立适用特殊性税务处理的,财税〔2009〕59号文区分被分立企业股东是否需要放弃被分立企业股权的情况对其所得税待遇做了区分处理,但不能直接适用于被分立企业股东为自然人时的情况,对于被分立企业股东为自然人的所得税处理可以参照"企业合并"及"股权收购"中的相关分析。

(二)增值税

企业分立交易中涉及货物、无形资产及不动产转移的增值税处理与企业合并中增值税处理政策是相同的,在税收待遇、税收待遇适用要件及注意事项上可以参照前述关于企业合并增值税的相关内容。

(三)土地增值税

企业分立交易中,被合并分立转移至分立企业的资产存在房地产的,还应当考虑此类资产转移涉及的土地增值税问题。

为鼓励企业兼并重组活动,财政部和国家税务总局制定了多个关于企业兼并重组土地增值税的规范性文件,其中与企业分立交易相关的土地增值税规范性文件见表3-6-11。

表3-6-11 企业分立土地增值税主要文件

文件	主要内容
财税〔2015〕5号文	三、按照法律规定或者合同约定,企业分设为两个或两个以上与原企业投资主体相同的企业,对原企业将国有土地、房屋权属转移、变更到分立后的企业,暂不征土地增值税。 五、上述改制重组有关土地增值税政策不适用于房地产开发企业。 七、企业按本通知有关规定享受相关土地增值税优惠政策的,应及时向主管税务机关提交相关房产、国有土地权证、价值证明等书面材料。 八、本通知执行期限为2015年1月1日至2017年12月31日

续表

文件	主要内容
财税〔2018〕57号文	三、按照法律规定或者合同约定，企业分设为两个或两个以上与原企业投资主体相同的企业，对原企业将房地产转移、变更到分立后的企业，暂不征土地增值税。 五、上述改制重组有关土地增值税政策不适用于房地产转移任意一方为房地产开发企业的情形。 七、企业在申请享受上述土地增值税优惠政策时，应向主管税务机关提交房地产转移双方营业执照、改制重组协议或等效文件，相关房地产权属和价值证明、转让方改制重组前取得土地使用权所支付地价款的凭据（复印件）等书面材料。 八、本通知所称不改变原企业投资主体、投资主体相同，是指企业改制重组前后出资人不发生变动，出资人的出资比例可以发生变动。 九、本通知执行期限为2018年1月1日至2020年12月31日
2021年第21号公告	三、按照法律规定或者合同约定，企业分设为两个或两个以上与原企业投资主体相同的企业，对原企业将房地产转移、变更到分立后的企业，暂不征土地增值税。 五、上述改制重组有关土地增值税政策不适用于房地产转移任意一方为房地产开发企业的情形。 七、纳税人享受上述税收政策，应按税务机关规定办理。 八、本公告所称不改变原企业投资主体、投资主体相同，是指企业改制重组前后出资人不发生变动，出资人的出资比例可以发生变动。 九、本公告执行期限为2021年1月1日至2023年12月31日
2023年第51号公告	三、按照法律规定或者合同约定，企业分设为两个或两个以上与原企业投资主体相同的企业，对原企业将房地产转移、变更到分立后的企业，暂不征收土地增值税。 五、上述改制重组有关土地增值税政策不适用于房地产转移任意一方为房地产开发企业的情形。 七、纳税人享受上述税收政策，应按相关规定办理。 八、本公告所称不改变原企业投资主体、投资主体相同，是指企业改制重组前后出资人不发生变动，出资人的出资比例可以发生变动。 九、本公告执行至2027年12月31日

从表3-6-11所列有关企业分立涉及的土地增值税政策可知如下四点。

1. 政策明确期

财税〔2015〕5号文首次明确了企业分立土地增值税不征税政策的适用，在此之前的规范性文件《财政部 国家税务总局关于土地增值税一些具体问题规定的通知》（财税字〔1995〕48号）仅规范了投资、联营、合作建房及兼并等形式的土地增值税涉税，直至财税〔2015〕5号文发布后才将企业分立纳入优惠范围。

2.不同于重组所得税要件

企业分立交易企业所得税适用特殊性税务处理，财税〔2009〕59号文规范了较为严格的条件，与这些条件相比，企业分立涉及的土地增值税政策则有所不同，两者具体对比见表3-6-12。

表3-6-12　企业分立土地增值税和企业所得税要件对比表

要件	企业所得税	土地增值税
持股比例	被分立企业所有股东按原持股比例取得分立企业的股权	分立企业投资主体与被分立企业投资主体相同，但投资者的持股比例可以发生变动
股权支付比例	被分立企业股东在企业分立发生时取得的股权支付金额不低于其交易支付总额的85%	未要求，但被分立企业股东必须存在于分立后企业
股东利益连续	被分立企业主要股东在分立后连续12个月内，不得转让取得分立企业的股权	未要求，被分立企业主要股东在分立后转让取得的分立企业股权的，不影响企业分立土地增值税的待遇
营业企业继续	分立企业和被分立企业均不改变原来的实质性经营活动	未要求，分立企业和被分立企业改变原来实质性经营活动的，不影响企业分立土地增值税待遇

3.适用主体

根据上述税收规范性文件的要求，土地增值税不征税待遇不适用于房地产转移任意一方为房地产开发企业的情形；与财税〔2006〕21号文仅限制"投资、联营企业从事房地产开发或者房地产开发企业以其建造的商品房进行投资和联营"不同，企业分立交易中土地增值税的上述政策也不适用于房地产开发企业以"非建造的商品房（如外购的房地产）"进行的分立；但是上述的税收规范性文件均未明确"房地产开发企业"的具体认定标准，实务中多数税务机关以企业是否持有《房地产开发企业资质证书》作为判定要件。

4.税收待遇性质

企业分立满足上述文件特定要件时，其中涉及国有土地、房屋权属转移的，暂不征收土地增值税，在财税〔2015〕5号文和财税〔2018〕57号文中，都将该土地增值税待遇视为一种税收优惠，并且在文件中明确了企业享受税收优惠应提交的相关资料；但在 2021 年第 21 号公告中不再将企业分立暂不征收土地增值税作为一项税收优惠处理，也不再明确应提交的资料，而仅要求企业按税务机关规定办理。

（四）契税

企业分立中，分立后新设企业承受被分立企业土地、房屋权属的，根据《契税法》的规定应当缴纳契税，与其他税种相同，国家对企业重组交易中涉及的契税也给予一系列优惠政策。企业分立涉及契税相关的税收规范性文件见表 3-6-13。

表 3-6-13　企业分立契税主要规范性文件

文件	主要内容
财税〔2003〕184 号文	四、企业分立 企业依照法律规定、合同约定分设为两个或两个以上投资主体相同的企业，对派生方、新设方承受原企业土地、房屋权属，不征收契税。 本通知自 2003 年 10 月 1 日起至 2005 年 12 月 31 日止执行
财税〔2006〕41 号文	为继续支持企业改革，加快建立现代企业制度，企业改制重组涉及的契税政策，继续按照财税〔2003〕184 号文件的有关规定执行，执行期限为 2006 年 1 月 1 日至 2008 年 12 月 31 日
财税〔2008〕175 号文	四、企业分立 企业依照法律规定、合同约定分设为两个或两个以上投资主体相同的企业，对派生方、新设方承受原企业土地、房屋权属，不征收契税。 本通知执行期限为 2009 年 1 月 1 日至 2011 年 12 月 31 日
财税〔2012〕4 号文	四、公司分立 公司依照法律规定、合同约定分设为两个或两个以上与原公司投资主体相同的公司，对派生方、新设方承受原企业土地、房屋权属，免征契税。 十、其他 本通知所称企业、公司是指依照中华人民共和国有关法律法规设立并在中国境内注册的企业、公司。 本通知执行期限为 2012 年 1 月 1 日至 2014 年 12 月 31 日

续表

文件	主要内容
财税〔2015〕37号文	四、公司分立 公司依照法律规定、合同约定分立为两个或两个以上与原公司投资主体相同的公司，对分立后公司承受原公司土地、房屋权属，免征契税。 十、有关用语含义 本通知所称企业、公司，是指依照我国有关法律法规设立并在中国境内注册的企业、公司。 投资主体相同，是指公司分立前后出资人不发生变动，出资人的出资比例可以发生变动。 本通知自2015年1月1日起至2017年12月31日执行
财税〔2018〕17号文	四、公司分立 公司依照法律规定、合同约定分立为两个或两个以上与原公司投资主体相同的公司，对分立后公司承受原公司土地、房屋权属，免征契税。 十、有关用语含义 本通知所称企业、公司，是指依照我国有关法律法规设立并在中国境内注册的企业、公司。 投资主体相同，是指公司分立前后出资人不发生变动，出资人的出资比例可以发生变动。 本通知自2018年1月1日起至2020年12月31日执行
2021年第17号公告	四、公司分立 公司依照法律规定、合同约定分立为两个或两个以上与原公司投资主体相同的公司，对分立后公司承受原公司土地、房屋权属，免征契税。 十、有关用语含义 本公告所称企业、公司，是指依照我国有关法律法规设立并在中国境内注册的企业、公司。 本公告所称投资主体相同，是指公司分立前后出资人不发生变动，出资人的出资比例可以发生变动。 十一、本公告自2021年1月1日起至2023年12月31日执行
2023年第49号公告	四、公司分立 公司依照法律规定、合同约定分立为两个或两个以上与原公司投资主体相同的公司，对分立后公司承受原公司土地、房屋权属，免征契税。 十、有关用语含义 本公告所称企业、公司，是指依照我国有关法律法规设立并在中国境内注册的企业、公司。 本公告所称投资主体存续，企业改制重组的，是指原改制重组企业的出资人必须存在于改制重组后的企业；事业单位改制的，是指履行国有资产出资人职责的单位必须存在于改制后的企业。出资人的出资比例可以发生变动。 十一、本公告执行期限为2024年1月1日至2027年12月31日

从上述规范性文件可知，自 2003 年 10 月 1 日起，企业分立交易中，分立后公司承受原公司土地、房屋权属，可以不征或者免征契税，但应当满足如下要件。

第一，该企业分立应当是依据法律规定或者合同约定进行的，整体上是指企业依法进行的分立，包括存续分立和新设分立。

第二，企业分立中，要求被分立企业的投资主体在分立后变更或者新设企业中存续，但原投资主体的持股比例可以发生变动。

第三，免征契税的企业分立仅限于境内公司的分立，不包括境外企业分立涉及境内的土地、房屋权属的转移变更。

（五）印花税

企业分立交易中的印花税涉税政策与企业合并交易中印花税涉税政策是相同的，具体可参考"企业合并"中的相关涉税分析。

第七节 资产划转

一、资产划转的概念

（一）公司法下的资产划转

我国《公司法》中并无资产划转的概念，因此也并无关于企业资产划转的相关程序性和实体性事项的规范。目前的法律规范体系关于资产划转的内容主要见于国有资产管理相关的法律法规中，主要法规见表 3-7-1。

表 3-7-1 资产划转的主要法律法规

文件	主要内容
《国有企业产权无偿划转管理暂行办法》（国资发产权〔2005〕239号）	**第二条** 本办法所称企业国有产权无偿划转，是指企业国有产权在政府机构、事业单位、国有独资企业、国有独资公司之间的无偿转移。 国有独资公司作为划入或划出一方的，应当符合《中华人民共和国公司法》的有关规定。 **第十二条** 企业国有产权在同一国资监管机构所出资企业之间无偿划转的，由所出资企业共同报国资监管机构批准。 企业国有产权在不同国资监管机构所出资企业之间无偿划转的，依据划转双方的产权归属关系，由所出资企业分别报同级国资监管机构批准。 **第十三条** 实施政企分开的企业，其国有产权无偿划转所出资企业或其子企业持有的，由同级国资监管机构和主管部门分别批准。 **第十四条** 下级政府国资监管机构所出资企业国有产权无偿划转上级政府国资监管机构所出资企业或其子企业持有的，由下级政府和上级政府国资监管机构分别批准。 **第十五条** 企业国有产权在所出资企业内部无偿划转的，由所出资企业批准并抄报同级国资监管机构
《国务院关于改革和完善国有资产管理体制的若干意见》（国发〔2015〕63号）	（十三）建立健全国有资本收益管理制度。……在改组组建国有资本投资、运营公司以及实施国有企业重组过程中，国家根据需要将部分国有股权划转社会保障基金管理机构持有，分红和转让收益用于弥补养老等社会保障资金缺口。 （十六）落实相关配套政策。落实和完善国有企业重组整合涉及的资产评估增值、土地变更登记和国有资产无偿划转等方面税收优惠政策，切实明确国有企业改制重组过程中涉及的债权债务承接主体和责任，完善国有企业退出的相关政策，依法妥善处理劳动关系调整和社会保险关系接续等相关问题
《国务院办公厅关于推动中央企业结构调整与重组的指导意见》（国办发〔2016〕56号）	三、重点工作 （三）重组整合一批。 推动专业化整合。在国家产业政策和行业发展规划指导下，支持中央企业之间通过资产重组、股权合作、资产置换、无偿划转、战略联盟、联合开发等方式，将资源向优势企业和主业企业集中。 （四）清理退出一批。 加大清理长期亏损、扭亏无望企业和低效无效资产力度。通过产权转让、资产变现、无偿划转等方式，解决三年以上无效益且未来两年生产经营难以好转的低效无效资产处置问题

续表

文件	主要内容
《国务院关于推进国有资本投资、运营公司改革试点的实施意见》（国发〔2018〕23号）	二、试点内容 （二）组建方式。 按照国家确定的目标任务和布局领域，国有资本投资、运营公司可采取改组和新设两种方式设立。根据国有资本投资、运营公司的具体定位和发展需要，通过无偿划转或市场化方式重组整合相关国有资本。 划入国有资本投资、运营公司的资产，为现有企业整体股权（资产）或部分股权。股权划入后，按现行政策加快剥离国有企业办社会职能和解决历史遗留问题，采取市场化方式处置不良资产和业务等。股权划入涉及上市公司的，应符合证券监管相关规定。 四、配套政策 （三）完善支持政策。严格落实国有企业重组整合涉及的资产评估增值、土地变更登记和国有资产无偿划转等方面税收优惠政策。简化工商税务登记、变更程序

从上述法律法规及规范性文件对划转的规范而言，公司法下资产划转有如下一系列特征。

其一，目前规范资产划转的相关政策仅出现在国有资产的相关管理规范中，主要是国家出资企业涉及的相关国有资产划转的事项。

其二，国有企业之间涉及的国有资产划转，通常是一种无偿的交易行为，即资产的划入方并不需要就所划入资产向资产的划出方支付任何形式的对价。

（二）税法中的资产划转

1. 税收法律法规中资产划转概念

我国税收法律法规中首次出现"划转"概念是在《契税法》中，《契税法》第二条第三款规定："以作价投资（入股）、偿还债务、划转、奖励等方式转移土地、房屋权属的，应当依照本法规定征收契税。"虽然《契税法》提出了"划转"的概念，而其后的税收规范性文件并未对划转概念的内涵作出明确的界定，但这表明在税收法律层面认可划转属于规范性用语。

除《契税法》外，其他税种的法律、行政法规中并未使用划转概念，而是在税收规范性文件中频繁地使用划转这一概念，相关的税收规范性文件主要见表3-7-2。

表 3-7-2　划转的税收规范性文件

税种	主要内容
企业所得税	三、关于股权、资产划转 对 100% 直接控制的居民企业之间，以及受同一或相同多家居民企业 100% 直接控制的居民企业之间按账面净值划转股权或资产，凡具有合理商业目的、不以减少、免除或者推迟缴纳税款为主要目的，股权或资产划转后连续 12 个月内不改变被划转股权或资产原来实质性经营活动，且划出方企业和划入方企业均未在会计上确认损益的，可以选择按以下规定进行特殊性税务处理： 1. 划出方企业和划入方企业均不确认所得。 2. 划入方企业取得被划转股权或资产的计税基础，以被划转股权或资产的原账面净值确定。 3. 划入方企业取得的被划转资产，应按其原账面净值计算折旧扣除。 ——财税〔2014〕109 号
企业所得税	五、关于税费处理问题 （二十四）在国有股权划转和接收过程中，划转非上市公司股份的，对划出方与划入方签订的产权转移书据免征印花税；划转上市公司股份和全国中小企业股份转让系统挂牌公司股份的，免征证券交易印花税；对划入方因承接划转股权而增加的实收资本和资本公积，免征印花税；涉及境内上市公司、全国中小企业股份转让系统挂牌的公司和境外上市公司非境外上市股份的，免收过户费。本办法印发前，划转双方已缴纳的上述税费由征收单位予以退还。 （二十五）国有股权划出方和划入方均不确认所得，不征收企业所得税，划入方取得已划入股权的企业所得税计税基础以划入股权的原计税基础确定。 ——《财政部 人力资源社会保障部 国资委 国家税务总局 证监会关于全面推开划转部分国有资本充实社保基金工作的通知》（财资〔2019〕49 号，以下简称"财资〔2019〕49 号文"）
企业所得税	一、设立基础设施 REITs 前，原始权益人向项目公司划转基础设施资产相应取得项目公司股权，适用特殊性税务处理，即项目公司取得基础设施资产的计税基础，以基础设施资产的原计税基础确定；原始权益人取得项目公司股权的计税基础，以基础设施资产的原计税基础确定。原始权益人和项目公司不确认所得，不征收企业所得税。 ——2022 年第 3 号公告
契税①	六、资产划转 对承受县级以上人民政府或国有资产管理部门按规定进行行政性调整、划转国有土地、房屋权属的单位，免征契税。 同一投资主体内部所属企业之间土地、房屋权属的划转，包括母公司与其全资子公司之间，同一公司所属全资子公司之间，同一自然人与其设立的个人独资企业、一人有限公司之间土地、房屋权属的划转，免征契税。 母公司以土地、房屋权属向其全资子公司增资，视同划转，免征契税。 2023 年第 49 号公告

注：①契税规范性文件自 2003 年即使用了划转的概念，在后续的内容中对其做了较为详尽的分析，所以此处仅列示了最近发布的税收规范性文件中的内容。

2. 企业重组所得税中划转的概念

后续内容对契税中划转的概念做了详细的分析，所以此处仅对企业重组所得税中划转的概念进行分析。

财税〔2014〕109 号文第三条提出了"股权、资产划转"的企业所得税处理规则，但并未明确"股权、资产划转"的概念；2015 年第 40 号公告对"划转股权或资产"的具体类型做了规范，但也未就资产划转的概念予以明确。

从财税〔2014〕109 号文及 2015 年第 40 号公告的内容来看，企业所得税中"股权或资产的划转"（以下简称"资产划转"）这一概念有如下基本特征。

其一，资产划转仅限于居民企业之间资产的划转，并不包括居民企业与非居民企业之间及非居民企业相互之间资产的划转，其中居民企业与非居民企业之间股权或资产划转的交易应当适用财税〔2009〕59 号文中有关跨境重组的相关内容。

其二，资产划转双方之间存在特定的持股关系，即划入方和划出方之间必须是 100% 的直接控制关系或受同一或相同多家 100% 直接控制关系。

3. 资产划转与划入的概念区分

企业所得税中除财税〔2014〕109 号文提出的资产划转的概念外，《国家税务总局关于企业所得税应纳税所得额若干问题的公告》（国家税务总局公告 2014 年第 29 号，以下简称"2014 年第 29 号公告"）中提出了"划入"的概念和类型，具体见表 3-7-3。

表 3-7-3 资产划入类型表

类型	主要内容
政府划入资产	一、企业接收政府划入资产的企业所得税处理 （一）县级以上人民政府（包括政府有关部门，下同）将国有资产明确以股权投资方式投入企业，企业应作为国家资本金（包括资本公积）处理。该项资产如为非货币性资产，应按政府确定的接收价值确定计税基础 （二）县级以上人民政府将国有资产无偿划入企业，凡指定专门用途并按《财政部 国家税务总局关于专项用途财政性资金企业所得税处理问题的通知》（财税〔2011〕70 号）规定进行管理的，企业可作为不征税收入进行企业所得税处理。其中，该项资产属于非货币性资产的，应按政府确定的接收价值计算不征税收入。 县级以上人民政府将国有资产无偿划入企业，属于上述（一）、（二）项以外情形的，应按政府确定的接收价值计入当期收入总额计算缴纳企业所得税。政府没有确定接收价值的，按资产的公允价值计算确定应税收入

续表

类型	主要内容
股东划入资产	二、企业接收股东划入资产的企业所得税处理 （一）企业接收股东划入资产（包括股东赠予资产、上市公司在股权分置改革过程中接收原非流通股股东和新非流通股股东赠予的资产、股东放弃本企业的股权，下同），凡合同、协议约定作为资本金（包括资本公积）且在会计上已做实际处理的，不计入企业的收入总额，企业应按公允价值确定该项资产的计税基础。 （二）企业接收股东划入资产，凡作为收入处理的，应按公允价值计入收入总额，计算缴纳企业所得税，同时按公允价值确定该项资产的计税基础

2014年第29号公告根据划入方主体的不同，将资产划入区分为"政府划入资产"和"股东划入资产"两种类型，其中"股东划入资产"和"资产划转"相比主要区别如下。

第一，"股东划入资产"仅要求划出方为划入方的股东，并不要求双方之间存在类似于"资产划转"的特定持股关系。

第二，根据2015年第40号公告的规定，资产划转的方向可以是横向，也可以是向下的纵向，还可以是向上的纵向；而2014年第29号公告规范的"股东划入资产"只能是向下的纵向划入资产。

二、资产划转的类型

2015年第40号公告对财税〔2014〕109号文所规范的"资产划转"的类型及对应的所得税待遇进行了规范，根据2015年第40号公告的规定，资产划转可以从不同的角度进行分类。

（一）以是否有对价进行分类

根据划入方在取得划入资产时是否需要向划出方支付对价，可以将资产划转分为有偿划转和无偿划转。无偿划转是指划入方无须向划出方支付对价的一种资产划转方式；有偿划转指划入方需要就取得划入资产而向划出方支付一定的对价，根据支付对价方式的不同又可以分为股权支付和非股权支付。

在这种分类情形下资产划转类型如图3-7-1所示。

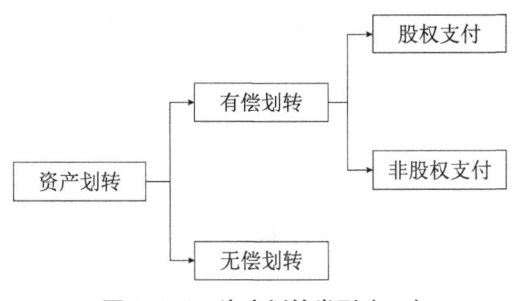

图 3-7-1　资产划转类型（一）

（二）以资产转移方向进行分类

根据资产划出方和划入方之间的持股关系，可以将资产划转分为纵向划转和横向划转。纵向划转是指资产划入方和划出方之间存在直接的持股关系，根据划转的方向又可以进一步分为母公司向子公司的划转（即"母对子划转"）和子公司向母公司的划转（即"子对母划转"）；横向划转是指资产的划出方和划入方并没有直接的持股关系，但是同受其他一方或多方的直接控制，一般被称为"子对子之间的划转"。

在这种分类方式下资产划转的类型如图 3-7-2 所示。

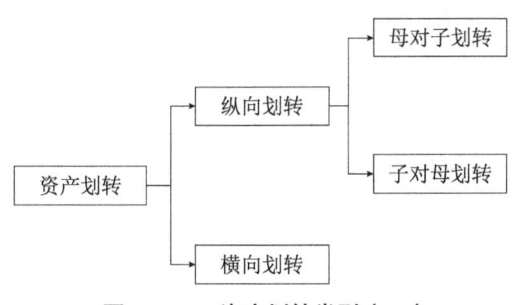

图 3-7-2　资产划转类型（二）

（三）以划转业务性质进行分类

我国当前的重组所得税制，除了财税〔2014〕109 号文和 2015 年第 40 号公告对企业资产划转进行规范以外，还在财资〔2019〕49 号文和 2022 年第 3 号公告中对特定情形下的资产划转进行了规范，如果将财税〔2014〕109 号文和 2015

年第 40 号公告规范的划转视为一般划转，其他的划转视为特殊划转，则资产划转还可以分为图 3-7-3 所示的类型。

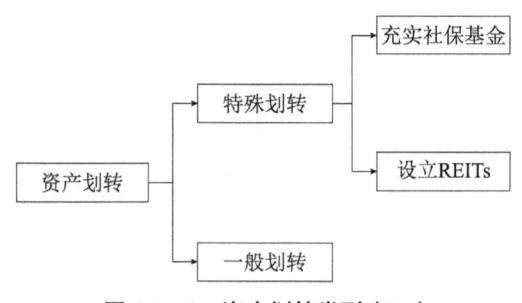

图 3-7-3　资产划转类型（三）

综上，资产划转可以从不同的角度做不同的分类，但在 2015 年第 40 号公告中对上述资产划转的适用仅规范了三个方向的四种类型，除此之外的划转并不能适用 2015 年第 40 号公告的企业所得税待遇。

所以结合上述有关特殊划转的类型，可以将我国目前重组所得税制下的资产划转做图 3-7-4 所示的分类。

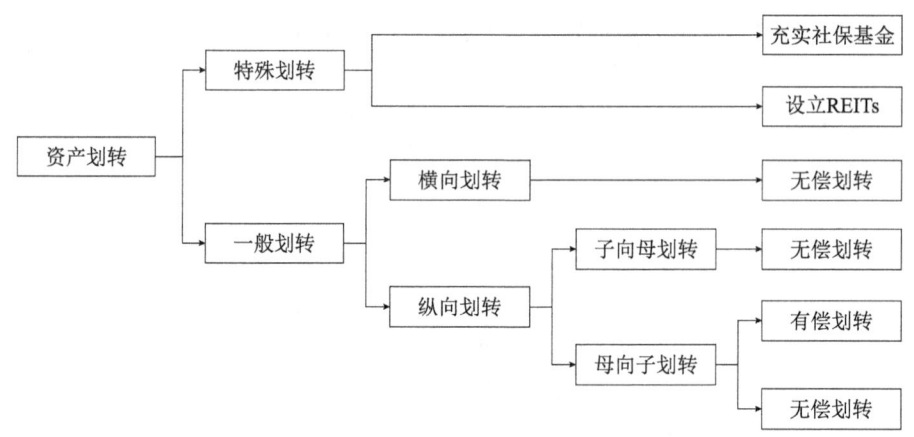

图 3-7-4　资产划转类型（四）

因此，我国当前重组所得税制中的资产划转具体分为六种类型，其中特殊划转包含两种类型；一般划转仅包括三个方向的四种类型，而其中有偿划转仅限于母公司向子公司的资产划转，除此之外的一般划转均为无偿划转。

三、资产划转的所得税路径

（一）资产划转的所得税路径

财税〔2014〕109号文并没有描述资产划转的路径，关于资产划转的所得税路径在实务中有两种不同的观点。一种观点认为2015年第40号公告中四种类型的资产划转所得税路径为：母公司向子公司的资产投入除特殊规定外应作为投资进行所得税处理；子公司向母公司基于股东身份给予的资产转移除特殊规定外应作为分配进行所得税处理；子公司与子公司之间基于受共同控制母公司的股权关系而给予的资产视为转出方向母公司的分配，同时母公司再以该资产向转入方投资进行所得税处理。另一种观点认为母公司向子公司无偿的资产转移及子公司向子公司基于受共同控制母公司的股权关系而给予的资产转移，由于在2015年第40号公告的会计处理中均出现了第三方当事方，因此其交易的路径实质是企业分立的交易路径，这种企业分立与财税〔2009〕59号文规范的企业分立是相同的。

虽然企业分立的观点较为符合重组所得税理论规范，但是与当前我国的民商事法律法规的内容并不相符，因此本书在后续章节对资产划转所得税的分析均是围绕第一种观点展开的，同时以单独的章节对第二种观点的所得税路径进行分析。

（二）资产划转的所得税问题

由于资产划转本质上仍然是企业资产交易的一种方式，所以资产划转的所得税问题与一般资产交易的所得税问题是相似的，所不同的是资产划转过程中因为存在无偿划转的情形，所以在所得税问题上存在一定的特殊性，其主要的所得税事项如下。

问题一，资产划转中，划出方是否需要确认所划出资产的转让所得或损失，或者在什么样的情况下可以不确认相应的资产转让所得或损失。

问题二，资产划转中，若划出方取得划入方对价的，应当如何确定取得对价的计税基础。

问题三，资产划转中，划入方在取得划入资产时是否需要确认所得及如何确定划入资产的计税基础。

问题四，资产划转中，划入方以非货币性资产作为对价的，是否需要确认该非货币性资产的转让所得或损失。

上述问题中，前两个问题是划出方涉及的所得税问题，后两个问题是划入方涉及的所得税问题。

四、资产划转的特殊性税务处理

根据资产划转所满足要件的不同，可以将资产划转的所得税处理分为一般性税务处理和特殊性税务处理，其主要规则与财税〔2009〕59号文关于企业重组一般性税务处理和特殊性税务处理的规则是相同的，但也存在一定的差别。

（一）特殊性税务处理的要件

根据财税〔2014〕109号文和2015年第40号公告的规定，资产划转适用特殊性税务处理，应当同时满足如下要件。

1. 居民企业

财税〔2014〕109号文规范的资产划转仅限于居民企业之间的资产划转，并不包括作为非企业的政府对企业的资产划转及非居民企业与居民企业之间的资产划转；前者适用2014年第29号公告资产划入的相关税收政策，而后者则适用财税〔2009〕59号文关于跨境重组的税收政策。

2. 持股关系

在资产划转适用特殊性税务处理中，划入方与划出方之间是100%直接控制关系，或者受同一或相同多家居民企业100%直接控制。

这里的控制是指100%的控股关系，并非超过50%的持股关系；同时，此处的持股方式只包括直接持股，并不包括间接持股，如母公司直接持有子公司100%的股权，子公司直接持有孙公司100%的股权，母公司对孙公司的资产划转虽然满足100%的控制关系，但并不满足直接控制关系，因此不能适用财税

〔2014〕109号文关于资产划转特殊性税务处理的相关税收待遇；在受同一或相同多家居民企业100%直接控制时，控制的主体只能是居民企业，并不包括受同一个或相同多个自然人100%直接控制的情况。

3.账面净值划转

资产划转适用特殊性税务处理的，划出方应当按资产的账面净值划转资产，结合后面关于资产划转损益确认的要件，这里的账面净值并非指资产的计税基础，而是指企业根据《企业会计准则》的相关规定核算的资产原值扣除累计折旧摊销及资产减值准备后的账面净值。

4.营业目的

适用特殊性税务处理的资产划转应当具有合理商业目的，不以减少、免除或者推迟缴纳税款为主要目的，这一要件与财税〔2009〕59号文规定的企业重组所得税适用特殊性税务处理的一般要件是相同的。

5.营业继续规则

财税〔2014〕109号文规定，股权或资产划转后连续12个月内不改变被划转股权或资产原来实质性经营活动，2015年第40号公告将其进一步明确为"是指自股权或资产划转完成日起连续12个月内不改变被划转股权或资产原来实质性经营活动"，其中"股权或资产划转完成日，是指股权或资产划转合同（协议）或批复生效，且交易双方已进行会计处理的日期"。这是企业重组一般要件中的营业企业继续规则在资产划转交易中的体现，但是何为"股权或资产原来实质性经营活动"，财税〔2014〕109号文并未予以明确。

2015年第40号公告在第七条对不满足特殊性税务处理的情形做了如下规定："交易一方在股权或资产划转完成日后连续12个月内发生生产经营业务、公司性质、资产或股权结构等情况变化，致使股权或资产划转不再符合特殊性税务处理条件……"从2015年第40号公告此处的表述可以看出，财税〔2014〕109号文中的不改变股权或资产原来实质性经营活动是指不改变企业的"生产经营业务、公司性质、资产结构和股权结构"等。

6.不确认损益

适用财税〔2014〕109号文特殊性税务处理的资产划转业务要求划出方企业

和划入方企业均未在会计上确认损益。此处未在会计上确认损益是指按照双方适用的企业会计准则不确认资产划出损益及资产划入损益。

(二) 特殊性税务处理的所得税内容

企业资产划转业务同时满足上述要件的，根据财税〔2014〕109号文的规定可以选择适用特殊性税务处理，交易双方的企业所得税处理规则如下。

1. 划出方企业

资产划转适用特殊性税务处理的，划出方企业可暂不确认所划转资产的转让所得或损失；划出方企业取得划入方企业的股权支付对价应当采用结转税基规则，即以划出资产的计税基础作为取得股权对价的计税基础。

2. 划入方企业

资产划转适用特殊性税务处理的，划入方企业对于取得的划转资产并不确认为当期所得；同时对于取得被划转股权或资产的计税基础，以被划转股权或资产的原账面净值确定，应按被划转资产原账面净值计算折旧扣除。

2015年第40号公告对上述划入方资产处置进一步明确为："'划入方企业取得被划转股权或资产的计税基础，以被划转股权或资产的原账面净值确定'，是指划入方企业取得被划转股权或资产的计税基础，以被划转股权或资产的原计税基础确定。'划入方企业取得的被划转资产，应按其原账面净值计算折旧扣除'，是指划入方企业取得的被划转资产，应按被划转资产的原计税基础计算折旧扣除或摊销。"

(三) 特殊性税务处理的税务管理

财税〔2014〕109号文提出了资产划转的所得税处理规则，2015年第40号公告则对资产划转适用特殊性税务处理的税务管理作出了具体的要求，主要如下。

1. 一致性处理原则

2015年第40号公告第四条规定："按照《通知》第三条规定进行特殊性税务处理的股权或资产划转，交易双方应在协商一致的基础上，采取一致处理原则统一进行特殊性税务处理。"

这一要求与财税〔2009〕59号文所规范的企业重组适用特殊性税务处理的原

则相一致，即重组交易当事各方应采取一致税务处理原则，即统一按一般性税务处理或特殊性税务处理。

2. 资料报送义务

2015年第40号公告对资产划转交易适用特殊性税务处理当年所得税汇算清缴申报时企业应当报送的资料进行了规范，其第五条规定："交易双方应在企业所得税年度汇算清缴时，分别向各自主管税务机关报送《居民企业资产（股权）划转特殊性税务处理申报表》（详见附件）和相关资料（一式两份）。相关资料包括：

"（1）股权或资产划转总体情况说明，包括基本情况、划转方案等，并详细说明划转的商业目的；

"（2）交易双方或多方签订的股权或资产划转合同（协议），需有权部门（包括内部和外部）批准的，应提供批准文件；

"（3）被划转股权或资产账面净值和计税基础说明；

"（4）交易双方按账面净值划转股权或资产的说明（需附会计处理资料）；

"（5）交易双方均未在会计上确认损益的说明（需附会计处理资料）；

"（6）12个月内不改变被划转股权或资产原来实质性经营活动的承诺书。"

3. 后续报告义务

资产划转适用特殊性税务处理的要件之一是12个月内不改变被划转股权或资产的实质性经营活动，所以2015年第40号公告第六条要求交易双方应在股权或资产划转完成后的下一年度的企业所得税年度申报时各自向主管税务机关提交书面情况说明，以证明被划转股权或资产自划转完成日后连续12个月内，没有改变原来的实质性经营活动。

4. 及时报告义务

资产划转交易完成后，若后续的情况发生变化导致资产划转交易不满足特殊性税务处理的，2015年第40号公告要求发生变化的交易一方应在情况发生变化时的30日内报告其主管税务机关，同时书面通知另一方，另一方应在接到通知后30日内将有关变化报告其主管税务机关。

（四）母对子有偿划转的特殊性税务处理

1. 母对子有偿划转的概念

2015 年第 40 号公告规定，母公司对子公司的有偿划转是指："100% 直接控制的母子公司之间，母公司向子公司按账面净值划转其持有的股权或资产，母公司获得子公司 100% 的股权支付。"

在该类型资产划转交易中，适用特殊性税务处理除了前述的一般要件之外，母公司仅能获得子公司 100% 的股权支付，这与财税〔2009〕59 号文中企业重组适用特殊性税务处理股权支付比例不低于 85% 有所不同。

母对子有偿划转交易中，母公司获得子公司 100% 的股权支付，规范企业重组所得税待遇的财税〔2009〕59 号文规定企业重组交易中的股权支付包括"本企业股权"和"其控股企业股权"两种，母对子有偿划转交易中"股权支付"的范畴是否也包括上述的两种，文件并未予以明确。本书认为，母对子有偿划转交易中母公司获得子公司 100% 的股权支付应当仅指子公司以"本企业股权"作为支付的情形，并不包括以"其控股企业股权"作为支付对价的情形，即母对子有偿划转交易只包括母公司对子公司"增资式"的划转，而不包括母公司与子公司"股权置换式"的划转。主要理由是：其一，财税〔2014〕109 号文制定的依据并非财税〔2009〕59 号文，所以在概念体系上并不受限于财税〔2009〕59 号文概念的规范；其二，2015 年第 40 号公告关于母对子有偿划转交易的所得税中也明确了"母公司按增加长期股权投资处理，子公司按接受投资（包括资本公积，下同）处理"，子公司的这种处理方式只有在"增资式"的划转交易中才会存在，在"股权置换式"交易中子公司的处理并非接受投资，而是处置资产。因此从体系解释而言母对子有偿划转交易中的"股权支付"应当仅指"子公司自身股权"而并不包括"子公司直接持有股份的企业的股权"。

母对子有偿划转交易中，母公司所划转股权或资产包含负债时是否影响交易双方适用特殊性税务处理，财税〔2014〕109 号文和 2015 年第 40 号公告也并未予以明确。本书认为，母公司划转股权或资产包含负债时并不必然导致交易不能适用特殊性税务处理，主要的理由是：首先，如前所述，"股份支付"概念的内涵并不受财税〔2009〕59号文的限制，在所划转资产附带必要性债务时并不应当将其所附带债务视为非股权支付；其次，财税〔2014〕109号文和2015年第40号公告并未对"资产划转"中"资产"概念的内涵作出限定，即此处的"资产"并不等同于财税〔2009〕59号文中的"实质经营性资产"，所以并不限定划出方以净资产进行划转的情形；最后，上述公司资产重组实务中资产划转交易的"资产"标的往往是构成业务的资产及与其相关联的负债，若以此认为资产划转交易不符合特殊性税务处理与国发〔2014〕14号文中的鼓励企业正当重组的价值追求也并不相符。有关企业重组交易中所附带债务对重组交易所得税待遇的影响可见后续债务承担规则章节的具体分析。

2. 母对子有偿划转的所得税处理

2015年第40号公告规定，母对子有偿资产划转中，母公司按增加长期股权投资处理，子公司按接受投资处理。母公司获得子公司股权的计税基础以划转股权或资产的原计税基础确定。

所以在此种类型下的资产划转交易中，交易各方的所得税处理规则见表3-7-4。

表3-7-4　母对子有偿划转所得税处理规则

主体	涉税事项	主要内容
母公司	交易性质	母公司按增加长期股权投资处理
	划出资产的损益确认	母公司不确认划出股权或资产的资产转让所得或损失
	取得股权支付对价的计税基础	母公司取得子公司股权支付的计税基础以划转股权或资产的原计税基础确定
子公司	交易性质	子公司按接受投资处理
	划入资产的损益确认	子公司对划入资产不确认为收入金额
	划入资产计税基础	子公司取得划入股权或资产的计税基础以划转股权或资产原计税基础确定
	税前折旧摊销计算	子公司按划转资产原计税基础计算在税前扣除的折旧摊销金额

(五)母对子无偿划转的特殊性税务处理

2015年第40号规定,母对子无偿划转是指:"100%直接控制的母子公司之间,母公司向子公司按账面净值划转其持有的股权或资产,母公司没有获得任何股权或非股权支付。"

根据2015年第40号公告的规定,母公司向子公司无偿划转股权或资产的所得税处理规则见表3-7-5。

表3-7-5 母对子无偿划转所得税处理规则

主体	涉税事项	主要内容
母公司	交易性质	母公司按冲减实收资本(包括资本公积,下同)处理
	划出资产的损益确认	母公司并不确认划出股权或资产的资产转让所得或损失
子公司	交易性质	子公司按接受投资处理
	划入资产的损益确认	子公司对划入资产并不确认为收入金额
	划入资产计税基础	子公司获得划转股权或资产的计税基础以划转股权或资产原计税基础确定
	税前折旧摊销计算	子公司按划转资产原计税基础计算在税前扣除的折旧摊销

根据上述母对子无偿划转的所得税规则,划出方母公司对划出的资产作为冲减实收资本的行为可以视为母公司与母公司股东之间的一项资本交易,视为母公司的股东收回母公司划出股权或资产账面净值的投资;划入方的子公司就取得资产按接受投资进行处理,但对于接受哪一方的投资,2015年第40号公告并未予以明确,但是由于母公司对划转资产并不作为对子公司的投资,所以子公司接受的投资主体也不应是母公司,从整体而言视为接受母公司股东的投资较为符合文件描述。

所以从上述母对子无偿划转的所得税处理规则可知2015年第40号公告对此种类型资产划转的交易路径分解如下:其一是母公司将划转资产以减资分配的方式交付给母公司股东,从而母公司需要就划出资产做冲减实收资本处理;其二母公司股东在收到划转资产后将该资产用于对子公司的投资,从而子公司作为接受投资处理。

根据上述对交易路径的描述，母对子无偿划转的交易路径如图 3-7-5 所示。

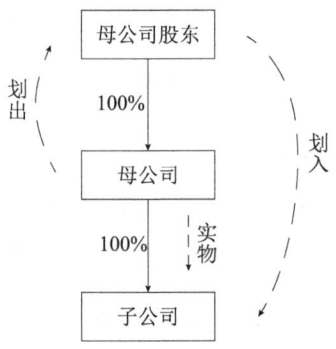

图 3-7-5　母对子无偿划转路径

本书认为在上述交易路径下，2015 年第 40 号公告仍需在如下方面进一步予以明确：首先，母公司对子公司无偿划转中交易各方并未办理工商变更登记，母公司如何减少其注册资本；其次，子公司和母公司的股东在对外的法律关系上并无直接的投资关系，所以如何增加母公司的股东对子公司的投资；最后，母公司股东在此种类型的资产划转中所得税如何进行处理，也是需要明确的。

（六）子对母无偿划转的特殊性税务处理

2015 年第 40 号公告规定，子公司对母公司的无偿划转是指："100% 直接控制的母子公司之间，子公司向母公司按账面净值划转其持有的股权或资产，子公司没有获得任何形式的股权或非股权支付。"

根据 2015 年第 40 号公告的规定，子对母无偿划转资产中交易各方的所得税处理见表 3-7-6。

表 3-7-6　子对母无偿划转所得税处理规则

主体	涉税事项	主要内容
母公司	交易性质	母公司按收回投资处理，或按接受投资处理
	划入资产的损益确认	母公司对划入资产并不确认为收入金额
	持有子公司股权计税基础	母公司应按划转股权或资产的原计税基础，相应调减持有子公司股权的计税基础

续表

主体	涉税事项	主要内容
母公司	划入股权或资产的计税基础	母公司取得划入股权或资产的计税基础以划转股权或资产原有的计税基础确定
	税前折旧摊销计算	母公司按划转资产原有计税基础计算在税前扣除的折旧摊销金额
子公司	交易性质	子公司按冲减实收资本处理
	划出资产的损益确认	子公司不确认划出资产的资产转让所得或损失

从表3-7-6所示的所得税处理规则看，2015年第40号公告将子公司对母公司的无偿划转视为一种分配，即子公司对母公司的资本偿还，并非股息分配，所以划出方子公司按冲减实收资本处理。但当所划转股权或资产的账面净值超过子公司实收资本时如何进行处理，2015年第40号公告并未予以明确。本书认为，在子对母无偿划转交易中，子公司并未办理《公司法》的减资程序，冲减实收资本与《公司法》及《企业会计准则》并不相符，实务中可首先冲减子公司的资本公积，资本公积不足以冲减的冲减留存收益，如此既可以解决子公司未办理减资程序的问题，又可以解决划转资产账面净值超过子公司实收资本金额的问题。

对于母公司收到子公司划入的资产，2015年第40号公告也将其视为母公司收回对子公司的投资进行所得税处理，同时也允许母公司按接受子公司投资进行所得税处理；但何种情况下作为收回投资处理，何种情况下作为接受投资处理，文件并未予以明确。本书认为，由于子公司在该种类型的资产划转中是作为冲减实收资本进行所得税处理的，母公司也应当作为收回投资进行所得税处理，否则就同一事项交易双方进行不同的所得税处理，在后续中既容易引起税企之间的涉税争议，也会加大税务管理成本；由于2015年第40号公告仅规范了子对母的无偿划转，若存在子对母的有偿划转，在这种交易类型下，母公司向子公司增发了股份，此时母公司可按接受投资进行所得税处理，而子公司应当将划出资产作为投资进行所得税处理。对于子公司划转资产的账面净值超过母公司持有子公司股权计税基础的部分，应当允许母公司将持有子公司股权计税基础调减至负数，在以后期间通过转让、减资或者清算等方式收回对子公司的投资时再将该部分金额确认为当期的所得。

（七）子对子无偿划转的特殊性税务处理

1. 子对子无偿划转的概念

2015 年第 40 号公告规定，子公司与子公司之间的无偿划转是指："受同一或相同多家母公司 100% 直接控制的子公司之间，在母公司主导下，一家子公司向另一家子公司按账面净值划转其持有的股权或资产，划出方没有获得任何股权或非股权支付。"

其一，子公司与子公司之间的无偿划转仅限于受同一或相同多家母公司 100% 直接控制的子公司之间的划转，对于同受 100% 间接控制的子公司之间的资产划转及同受自然人 100% 直接控制的公司之间或者同受国家 100% 直接控制的企业之间的资产划转，不能直接适用财税〔2014〕109 号文和 2015 年第 40 号公告规定的特殊性税务处理。

其二，资产划转的税收规范性文件并未明确母公司的概念，根据《合并报表准则》的规定，母公司是指控制一个或一个以上主体的主体。通常情况下一个子公司只能有一个母公司，所以 2015 年第 40 号公告规范的子公司与子公司之间的无偿划转应当是指受同一家母公司 100% 直接控制或者受相同多家公司 100% 直接控制的子公司之间的资产划转。

2. 子对子无偿划转的所得税处理

根据 2015 年第 40 号公告的规定，子公司与子公司之间无偿划转资产选择适用特殊性税务处理的，交易各方应按照表 3-7-7 所示的规则进行所得税处理。

表 3-7-7 子对子无偿划转所得税处理规则

主体	涉税事项	主要内容
划出子公司	交易性质	划出方按冲减所有者权益处理
	划出资产的损益确认	划出方不确认划出股权或资产的资产转让所得或损失
划入子公司	交易性质	划入方按接受投资处理
	划入资产的损益确认	划入方对划入资产并不确认为收入金额
	划入资产的计税基础	划入方以划转股权或资产的原计税基础作为划入资产的计税基础

主体	涉税事项	主要内容
划入子公司	划入资产税前折旧摊销扣除	划入方以划转资产原计税基础计算可在所得税前扣除的折旧和摊销

从表 3-7-7 所示的交易各方的所得税处理可知，子公司与子公司之间无偿划转资产的所得税交易路径与母对子无偿划转所得税交易路径相似：划出方企业对划出资产并不作为投资进行所得税处理，而是作为减少所有者权益进行所得税处理，在母对子无偿划转中明确为冲减实收资本，但在子公司与子公司之间无偿划转下，则仅明确冲减所有者权益，并未限定为实收资本；同时划入方作为接受投资进行所得税处理。

在上述资产划转适用特殊性税务处理中对于交易路径的描述并不十分清晰，但 2015 年第 40 号公告对子公司与子公司之间无偿划转适用一般性税务处理的规范为："母公司根据交易情形和会计处理对划出方按分回股息进行处理，或者按撤回或减少投资进行处理，对划入方按以股权或资产的公允价值进行投资处理；划入方按接受母公司投资处理。"

所以，子公司与子公司之间无偿划转资产的交易路径如图 3-7-6 所示。

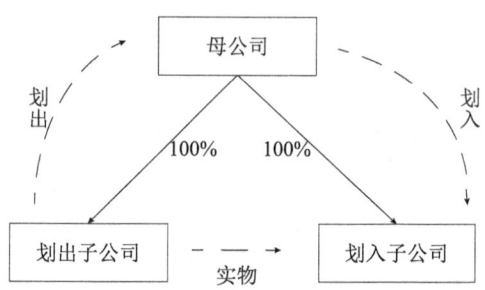

图 3-7-6　子对子无偿划转路径

从图 3-7-6 可以看出，子公司与子公司之间的无偿划转资产虽然形式上仅涉及划出子公司和划入子公司两方，但实际上还涉及其共同的母公司（或多家持股公司，统称为母公司），对于母公司在此种类型的资产划转中所得税如何处理，2015 年第 40 号公告并未予以明确。

五、资产划转的一般性税务处理

（一）适用一般性税务处理的情形

当企业之间的资产划转无法满足财税〔2014〕109号文规定的适用特殊性税务处理要件时，对资产划转业务应当适用一般性税务处理。2015年第40号公告规定，资产划转适用特殊性税务处理但交易一方在股权或资产划转完成日后连续12个月内发生生产经营业务、公司性质、资产或股权结构等情况变化，致使股权或资产划转不再符合特殊性税务处理条件的，发生变化的交易一方应在情况发生变化的30日内报告其主管税务机关，同时书面通知另一方；交易双方向各自主管税务机关申请调整划转完成纳税年度的企业所得税年度申报表，依法计算缴纳企业所得税。

所以，对于企业资产划转发生时即不满足特殊性税务处理要件及在发生时满足要件但在划转完成后12个月内发生上述事项变化的，资产划转交易都应当适用一般性税务处理。

（二）一般性税务处理的所得税管理

资产划转交易适用特殊性税务处理的，资产的划出方和划入方对于划出和划入资产均不确认相应的资产转让所得或损失，同时对于取得资产按照结转税基规则确定其计税基础。资产划转交易适用一般性税务处理的，资产划出方应当在交易当期确认相应的资产转让所得或损失，同时资产划入方对取得划转资产的计税基础采用成本税基规则，即以划转资产的公允价值作为其计税基础。

若资产划转交易发生时满足特殊性税务处理要件，但是后续事项发生变更需要转为一般性税务处理的，应当如何调整交易双方的纳税申报表？2015年第40号公告对此做了规定，即交易双方应当采用追溯调整的申报方式："交易双方应调整划转完成纳税年度的应纳税所得额及相应股权或资产的计税基础，向各自主管税务机关申请调整划转完成纳税年度的企业所得税年度申报表，依法计算缴纳企业所得税。"

（三）母对子有偿划转的一般性税务处理

母对子有偿划转交易完成日后连续 12 个月内情况发生变化导致资产划转交易不符合特殊性税务处理的，交易双方应当按照表 3-7-8 所示的规则进行所得税处理。

表 3-7-8　母对子有偿划转一般性税务处理

主体	涉税事项	主要内容
母公司	交易性质	母公司按投资处理，同时对划转资产视同销售处理
	划出资产的损益确认	母公司对划转资产公允价值与其计税基础之间的差额确认划转资产的转让所得或损失
	取得股权支付对价的计税基础	母公司按公允价值确认取得子公司长期股权投资的计税基础
子公司	交易性质	子公司按接受投资处理
	划入资产的损益确认	子公司对划入资产不确认为收入金额
	划入资产计税基础	子公司按公允价值确认划入股权或资产的计税基础

所以在这种类型的资产划转交易下，对母公司而言，虽然其在会计上未确认资产转让所得或损失，但是在企业所得税上需要根据视同销售的规则确认资产转让所得或损失；同时取得子公司股权对价的计税基础应按照划转股权或资产的公允价值确定。对子公司而言，取得母公司划转的股权或资产仍然作为接受投资处理，并不确认为当期的所得，但是对于取得划转资产或股权的计税基础应当以其公允价值确定。

（四）母对子无偿划转的一般性税务处理

母公司对子公司的无偿划转因后续情形发生变化而无法适用特殊性税务处理的，根据 2015 年第 40 号公告的规定，应当按照表 3-7-9 所示的规则进行所得税处理。

表 3-7-9 母对子无偿划转一般性税务处理

主体	涉税事项	主要内容
母公司	交易性质	未明确对子公司交易的性质，但对划转资产应按视同销售进行处理
	划出资产的损益确认	母公司对划转资产公允价值与其计税基础之间的差额确认划转资产的转让所得或损失
子公司	交易性质	未明确
	划入资产计税基础	子公司按公允价值确认划入股权或资产的计税基础

与母对子有偿划转中母公司按照划转资产公允价值增加对子公司长期股权投资的计税基础不同，在母对子无偿划转中，虽然母公司对划出资产仍然是按照视同销售进行所得税处理，但是其交易性质如何进行界定在文件中并未予以明确。

对比母公司对子公司的有偿划转和无偿划转，其所得税规则具体见表 3-7-10。

表 3-7-10 母对子划转资产所得税一般性税务处理

项目		母对子有偿划转	母对子无偿划转
母公司所得税处理	资产视同销售	母公司应按原划转完成时股权或资产的公允价值视同销售处理	母公司应按原划转完成时股权或资产的公允价值视同销售处理
	对子公司投资的处理	母公司应按公允价值确认取得长期股权投资的计税基础	—
子公司所得税处理	取得资产计税基础	子公司按公允价值确认划入股权或资产的计税基础	子公司按公允价值确认划入股权或资产的计税基础

相比于母对子有偿划转，母对子无偿划转未明确母公司可以按照公允价值增加对子公司投资的计税基础，所以在实务中会产生所谓的"计税基础丢失"的问题，即母公司对子公司持股的比例不变，仍然为 100%，但在资产由母公司划入子公司后，母公司并未增加对子公司持有股权的计税基础，也未调减持有子公司股权的比例；在母公司转让子公司股权时，所划入资产的价值体现在母公司持有的子公司股权价值中，但该部分价值并未体现在母公司持有子公司股权的计税基础中，由此导致在转让子公司股权时，对该部分价值需要征收企业所得税；而这部分价值中的划入资产增值部分已在母公司一般性税务处理中确认所得缴纳企业

所得税。所以导致对划入资产增值部分重复缴纳企业所得税，并且对划入资产的计税基础部分也征收了企业所得税。

（五）子对母无偿划转的一般性税务处理

当子公司对母公司的无偿划转不满足特殊性税务处理要件转而采用一般性税务处理的，2015年第40号公告第八条规定："子公司应按原划转完成时股权或资产的公允价值视同销售处理；母公司应按撤回或减少投资进行处理。"

子公司对母公司无偿划转的一般性税务处理中，母公司作为收回投资进行相应的处理，但是子公司的税收处理规则并没有规定清楚。文件仅规范了子公司对于划转资产应当确认资产转让所得或损失，但是对于划转资产如何影响其与母公司之间的投资关系，如是按照股息分配调整对母公司的可分配金额还是作为减资退出调整母公司投资的计税基础，文件并未予以明确。

本书认为，在资产划转适用一般性税务处理时，并不会改变资产划转交易的所得税路径，仅仅是划转资产潜在的所得或损失确认方法不同。所以对于交易双方的所得税处理规则，一般性税务处理未做规定的，应当参照特殊性税务处理规则的规定，由此，子对母无偿划转交易，母公司按照收回投资进行所得税处理，子公司应当按照母公司减资的税收规则进行所得税处理，这样一来可保持交易双方的所得税处理规则相一致。

（六）子对子无偿划转的一般性税务处理

资产划转的四种类型，从税收交易路径而言，母公司对子公司的有偿划转及子公司对母公司的无偿划转仅涉及资产划出方和资产划入方两方；但在母公司对子公司无偿划转及子公司与子公司之间无偿划转时，税收交易路径中除资产划出方和资产划入方外，还涉及了三方，即资产划出方的股东，在子公司与子公司之间无偿划转时是指划出方和划入方共同的股东。

根据2015年第40号公告的规定，若子公司与子公司之间无偿划转不满足特殊性税务处理的，其所得税一般性税务处理规则为："划出方应按原划转完成时股权或资产的公允价值视同销售处理；母公司根据交易情形和会计处理对划出方按分回股息进行处理，或者按撤回或减少投资进行处理，对划入方按以股权或资产的公允价值进行投资处理；划入方按接受母公司投资处理，以公允价值确认划入股权或资产的计税基础。"

与其他类型资产划转的交易路径相比，子公司与子公司之间无偿划转一般性税务处理对其交易路径做了较为详细的描述，而其所得税处理也采用了如下业务拆分的规则。

对于划出方子公司而言，对划出股权或资产按照视同销售处理，对划转资产公允价值超过资产计税基础的部分确认为资产转让所得或损失；同时根据交易情形和会计处理对母公司按照股息分配或者返还投资进行处理。

对母公司而言，将资产划转交易拆分为两个交易步骤：第一步是收到划出子公司划转的股权或资产；第二步是母公司将收到的股权或资产对划入子公司进行投资。其中第一步母公司根据交易的情形和会计处理按照取得股息分配或者收回投资的所得税处理规则予以处理；第二步则视为母公司对划入子公司的投资，所以应当增加对划入子公司股权的计税基础。

对于划入方子公司而言，取得被划转的股权或资产，应当视为接受母公司对其的投资，从而增加母公司对其投资的计税基础，同时以股权或资产的公允价值确认划入股权或者资产的计税基础。

（七）母对子无偿划转计税基础丢失的示例

【示例3-7-1】

A公司直接持有B公司100%的股权，同时持有C公司30%的股权，其中，持有B公司股权的计税基础为800.00万元，公允价值为1 300.00万元，持有C公司股权的计税基础为300.00万元，公允价值为500.00万元，为了进一步优化集团的持股架构，A公司将持有的C公司30%的股权无偿划转至B公司持有，划转前后的股权结构如图3-7-7所示。

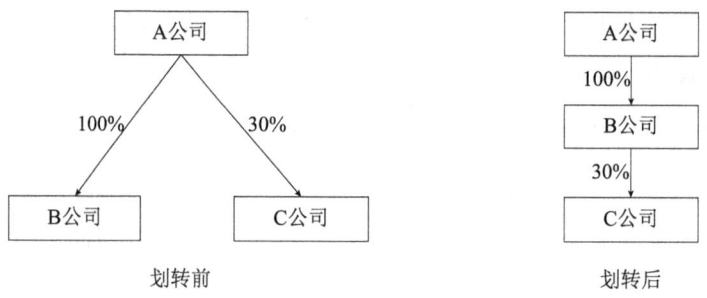

图 3-7-7　股权划转前后示意

若 A 公司在股权划转完成后的第 8 个月将持有的 B 公司 100% 的股权按照公允价值 1 800.00 万元（B 公司原有的公允价值 1 300.00 万元与划入的 C 公司 30% 股权的公允价值 500.00 万元之和）转让给 D 公司，转让后 A 公司不再持有 B 公司的股权，转让前后交易各方的股权结构如图 3-7-8 所示。

图 3-7-8　转让前后股权结构

1. B 公司股权公允价值

B 公司 100% 股权的公允价值在取得划入的 C 公司股权前为 1 300.00 万元；由于 C 公司 30% 股权的公允价值为 500.00 万元，所以 B 公司在取得 C 公司股权后资产价值增加 500.00 万元，由于对划入的 C 公司股权并不确认为 B 公司的负债，所以 B 公司股权的价值增加 500.00 万元，变为 1 800.00 万元（1 300.00+500.00）。

2. 交易双方所得税处理

A 公司在资产划转后第 8 个月将 B 公司股权转让，由于财税〔2014〕109 号文并未要求资产划转适用特殊性税务处理需要满足划转后的股东利益连续要件，所以此次股权转让并不违反划转后的股东利益连续要件。但是根据 2015 年第 40 号公告第七条的规定，此处股权转让导致交易一方中划入方的股权结构发生变化

（原来由 A 公司持股 100% 变为 D 公司持股 100%），所以资产划转交易不能再适用特殊性税务处理，根据 2015 年第 40 号公告的规定，交易各方应当按照如下规则进行所得税处理。

（1）划出方 A 公司在划出 C 公司股权时应当按照公允价值视同销售，确认股权转让所得 200.00 万元（500.00–300.00）。

（2）B 公司取得 C 公司 30% 股权的计税基础为 500.00 万元。

除上述事项外，2015 年第 40 号公告并未对交易中的其他事项予以明确。

3. 重复征税的产生

A 公司在转让 B 公司股权的时候，转让股权的公允价值为 1 800.00 万元，但所转让股权的计税基础是原来的 800.00 万元还是按照划入股权公允价值调整后的 1 300.00 万元（800.00+500.00），对于确定股权转让应纳税所得额是十分重要的。

根据 2015 年第 40 号公告中母对子无偿划转所得税的处理，根据是否调整 A 公司持有 B 公司股权的计税基础，A 公司转让 B 公司股权应确认的应纳税所得额计算见表 3-7-11。

表 3-7-11　A 公司股权转让所得计算表　　　　　　单位：万元

项目	不调整计税基础	调整计税基础
B 公司股权公允价值	1 800.00	1 800.00
B 公司股权计税基础	800.00	1 300.00
股权转让所得	1 000.00	500.00

从表 3-7-11 可以看出，在 A 公司无偿划转 C 公司股权至 B 公司时，B 公司股权公允价值增加了 500.00 万元，但若不调整所持有 B 公司股权计税基础，A 公司在后续股权转让交易中确认的股权转让所得将增加 500.00 万元。所以母对子无偿划转一般性税务处理中，若划转资产的公允价值不调整持有子公司股权计税基础，将导致对该划转资产公允价值在后期对母公司转让子公司股权时全额征收企业所得税，造成母公司层面的重复征税。

六、资产划转的其他税种处理

（一）增值税

根据财税〔2016〕36号文的规定，股权不属于金融商品，所以股权划转不涉及增值税；除股权之外的其他资产划转根据资产类型的不同其增值税涉税也有所不同。由于企业重组中的资产划转根据划出方是否取得对价将其分为有偿划转和无偿划转两种类型，因此增值税涉税问题也区分为这两种情形进行分析。

1.有偿划转增值税分析

根据《中华人民共和国增值税暂行条例实施细则》（2008年12月18日财政部 国家税务总局令第50号公布，2011年10月28日财政部令第65号修订，以下简称《增值税暂行条例实施细则》）和财税〔2016〕36号文规定，增值税中的有偿是指从购买方取得货币、实物或者其他经济利益；国家税务总局全面推开营改增督促落实领导小组办公室编制的《全面推开营改增业务操作指引》中的《〈营业税改征增值税试点实施办法〉解读》进一步明确其他经济利益是指非货币、货物形式的收益，具体包括无形资产（包括特许权）、股权投资、不准备持有至到期的债券投资、服务及有关权益等。

所以，对于企业之间有偿划转资产的，属于增值税的征税范围，应当以《增值税暂行条例》及财税〔2016〕36号文的相关规定计算缴纳增值税。

2.无偿划转增值税分析

根据《增值税暂行条例实施细则》第四条的规定，将自产、委托加工或者购进的货物无偿赠送其他单位或者个人的情况更应当视同销售；财税〔2016〕36号文附件1第十四条规定，单位或者个人向其他单位或者个人无偿提供服务、转让无形资产或者不动产的应当视同销售，但用于公益事业或者以社会公众为对象的除外。

由于财税〔2014〕109号文和2015年第40号公告所规范的资产划转并不属于以公益事业或社会公众为对象，所以对资产划转过程中涉及的货物、应税服务、无形资产及不动产均应当视同销售计算缴纳增值税。

3.资产重组不征税待遇分析

2011年第13号公告和财税〔2016〕36号文对资产重组的增值税做了规范：

在资产重组过程中，通过合并、分立、出售、置换等方式，将全部或者部分实物资产及与其相关联的债权、负债和劳动力一并转让给其他单位和个人，不属于增值税的征税范围，其中涉及的货物、不动产和土地使用权转让，不征收增值税。

对于企业资产划转涉及货物、不动产和土地使用权转让的，是否可以适用2011 年第 13 号公告和财税〔2016〕36 号文关于资产重组不征税待遇，在税收规范性文件中并未予以明确。本书认为，无论是有偿的资产划转还是无偿的资产划转，如果满足 2011 年第 13 号公告和财税〔2016〕36 号文规范的与资产相关联的债权、负债和劳动力一并转让的，则可以适用增值税的不征税待遇，主要的理由是：首先，上述的税收规范性文件中虽然只列举了"合并、分立、出售、置换"四种资产重组交易方式，但是并未明确其他资产重组交易类型不可以适用该税收规范性文件；其次，资产有偿划转中母公司取得了子公司 100% 股权支付，这在交易本质上与资产出售换取的货币或其他非货币性资产是相同的，资产出售可以适用不征税待遇，与资产出售相同的有偿划转也应当允许适用不征税待遇；再次，资产有偿划转在交易性质上类似于以划转的非货币性资产投资，而非货币性投资在交易路径上可分为出售划转的资产，然后再将资产出售所得用于对子公司的投资，其中资产出售属于上述规范性文件列举的交易类型，可适用不征税待遇，而以货币进行投资的行为本身并非增值税征税范围，所以资产有偿划转整体可适用不征税待遇；最后，若企业有偿划转资产满足要件可适用不征税待遇，对于无偿划转也不应当征收增值税，这类似于法律解释中的"举重以明轻"的解释，或者对于有偿划转可适用不征税待遇，而无偿划转按照视同销售行为进行政策适用后，也应当按照"销售"的规则适用不征税待遇。

（二）土地增值税

资产划转涉及土地使用权及地上建筑物的，根据《土地增值税暂行条例》及其实施细则的规定还涉及权属转移过程中该部分房地产的土地增值税问题，对于土地增值税的待遇也应当根据资产划转交易类型进行分析。

1. 资产有偿划转

《土地增值税暂行条例》第五条规定："纳税人转让房地产取得的收入，包括货币收入、实物收入和其他收入。"所以资产有偿划转中划出方取得的股权支付和非股权支付均属于划出方取得的收入,对于资产划转中的不动产应当缴纳土地增值税。

规范企业重组土地增值税的 2023 年第 51 号公告第四条规定:"单位、个人在改制重组时以房地产作价入股进行投资,对其将房地产转移、变更到被投资的企业,暂不征收土地增值税。"虽然上述规范性文件并未明确资产划转是否属于企业的改制重组行为,但根据前述资产收购交易中关于土地增值税的涉税分析可知,2023 年第 51 号公告第四条所规范的行为本质上是企业以房地产投资的行为,而企业在有偿划转交易中若取得子公司 100% 股权支付的,在交易本质上是母公司以划转资产对子公司的投资,所以应当允许适用资产重组土地增值税的暂不征税待遇。

2. 资产无偿划转

根据《中华人民共和国土地增值税暂行条例实施细则》(财法字〔1995〕6 号文,以下简称《土地增值税暂行条例实施细则》)第二条规定:"转让国有土地使用权、地上的建筑物及其附着物并取得收入,是指以出售或者其他方式有偿转让房地产的行为。不包括以继承、赠与方式无偿转让房地产的行为。"财税字〔1995〕48 号文对不征收土地增值税的赠与做了明确规定:①房产所有人、土地使用权所有人将房屋产权、土地使用权赠与直系亲属或承担直接赡养义务人的;②房产所有人、土地使用权所有人通过中国境内非营利的社会团体、国家机关将房屋产权、土地使用权赠与教育、民政和其他社会福利、公益事业的。

由于《土地增值税暂行条例》及其实施细则并未像增值税暂行条例那样规定视同销售的概念,而国税发〔2006〕187 号文规范的房地产开发企业视同销售房地产也仅限于"用于职工福利、奖励、对外投资、分配给股东或投资人、抵偿债务、换取其他单位和个人的非货币性资产等"行为。所以对于企业重组中的无偿划转行为是否应当征收土地增值税,实务中也有两种观点。一种观点认为土地增值税是对纳税人有偿转让房地产征收的一种税,在资产无偿划转过程中划出方的行为属于无偿转让房地产行为,并未取得收入,所以不应当征收土地增值税。另一种观点认为《土地增值税暂行条例实施细则》规定的可不征收土地增值税的无偿行为仅包括继承、赠与两种情况，企业之间无偿划转资产并不属于财税字〔1995〕48号文所规范的可以不征收土地增值税的"赠与"行为，所以对于企业之间无偿划转资产的行为应当征收土地增值税。

（三）契税

契税是我国的税收规范制度中首次提出划转概念的税种，自2003年10月1日以来，我国对资产划转涉及的契税一直给予了特殊的处理，并且每三年对政策给予延续。在此期间，对于资产划转的类型及涉及契税的具体征管内容也有所变动，具体政策见表3-7-12。

表3-7-12 资产划转契税政策

文件	主要内容
财税〔2003〕184号文	七、其他 政府主管部门对国有资产进行行政性调整和划转过程中发生的土地、房屋权属转移，不征收契税。 企业改制重组过程中，同一投资主体内部所属企业之间土地、房屋权属的无偿划转，不征收契税。 本通知自2003年10月1日起至2005年12月31日止执行
财税〔2006〕41号文	为继续支持企业改革，加快建立现代企业制度，企业改制重组涉及的契税政策，继续按照财税〔2003〕184号文件的有关规定执行，执行期限为2006年1月1日至2008年12月31日
财税〔2008〕175号文	七、其他 政府主管部门对国有资产进行行政性调整和划转过程中发生的土地、房屋权属转移，不征收契税。 企业改制重组过程中，同一投资主体内部所属企业之间土地、房屋权属的无偿划转，包括母公司与其全资子公司之间，同一公司所属全资子公司之间，同一自然人与其设立的个人独资企业、一人有限公司之间土地、房屋权属的无偿划转，不征收契税。 本通知执行期限为2009年1月1日至2011年12月31日
财税〔2012〕4号文	八、资产划转 对承受县级以上人民政府或国有资产管理部门按规定进行行政性调整、划转国有土地、房屋权属的单位，免征契税。 同一投资主体内部所属企业之间土地、房屋权属的划转，包括母公司与其全资子公司之间，同一公司所属全资子公司之间，同一自然人与其设立的个人独资企业、一人有限公司之间土地、房屋权属的划转，免征契税。 本通知执行期限为2012年1月1日至2014年12月31日

续表

文件	主要内容
财税〔2015〕37号文	六、资产划转 对承受县级以上人民政府或国有资产管理部门按规定进行行政性调整、划转国有土地、房屋权属的单位，免征契税。 同一投资主体内部所属企业之间土地、房屋权属的划转，包括母公司与其全资子公司之间，同一公司所属全资子公司之间，同一自然人与其设立的个人独资企业、一人有限公司之间土地、房屋权属的划转，免征契税。 本通知自2015年1月1日起至2017年12月31日止执行
财税〔2018〕17号文	六、资产划转 对承受县级以上人民政府或国有资产管理部门按规定进行行政性调整、划转国有土地、房屋权属的单位，免征契税。 同一投资主体内部所属企业之间土地、房屋权属的划转，包括母公司与其全资子公司之间，同一公司所属全资子公司之间，同一自然人与其设立的个人独资企业、一人有限公司之间土地、房屋权属的划转，免征契税。 本通知自2018年1月1日起至2020年12月31日止执行
2021年第17号公告	六、资产划转 对承受县级以上人民政府或国有资产管理部门按规定进行行政性调整、划转国有土地、房屋权属的单位，免征契税。 同一投资主体内部所属企业之间土地、房屋权属的划转，包括母公司与其全资子公司之间，同一公司所属全资子公司之间，同一自然人与其设立的个人独资企业、一人有限公司之间土地、房屋权属的划转，免征契税。 母公司以土地、房屋权属向其全资子公司增资，视同划转，免征契税。 十一、本公告自2021年1月1日起至2023年12月31日止执行
2023年第49号公告	六、资产划转 对承受县级以上人民政府或国有资产管理部门按规定进行行政性调整、划转国有土地、房屋权属的单位，免征契税。 同一投资主体内部所属企业之间土地、房屋权属的划转，包括母公司与其全资子公司之间，同一公司所属全资子公司之间，同一自然人与其设立的个人独资企业、一人有限公司之间土地、房屋权属的划转，免征契税。 母公司以土地、房屋权属向其全资子公司增资，视同划转，免征契税。 十一、本公告执行期限为2024年1月1日至2027年12月31日

根据表3-7-12中关于资产划转契税的相关规定，资产划转类型的不同，其适用契税差别化待遇的要件也有所不同。

1.行政划转行为

对于行政划转涉及的契税政策，以2012年1月1日为分界点，在此之前和在此之后政策的具体内容有了一定的变动，具体见表3-7-13。

表 3-7-13　行政划转契税政策对比表

事项	2012年1月1日前	2012年1月1日及之后
主导主体	政府主管部门	（一）县级以上人民政府 （二）国有资产管理部门
行政行为	行政性调整和划转	行政性调整和划转
行政依据	未明确	按规定（但未明确什么规定）
适用主体	未明确	承受国有土地、房屋权属的单位
涉税性质	不征收	免征

2. 企业划转行为

企业之间划转资产涉及的契税，也经历了由不征转为免征的过程，其需要满足的要件也经历了多次的变化，主要如下。

（1）划转主体。

免征契税的企业资产划转仅限于同一投资主体内部所属企业之间的划转，在2009年1月1日前对主体范围并未予以明确；2009年1月1日及之后将其明确为母公司与其全资子公司之间、同一公司所属全资子公司之间，同一自然人与其设立的个人独资企业、一人有限公司之间的土地、房屋权属划转。

（2）划转类型。

根据上述规范性文件可知，在2012年1月1日之前可以免征契税的划转仅限于企业之间的无偿划转；2012年1月1日及之后的资产划转不再仅限于无偿划转，对于企业之间资产的无偿划转和有偿划转均可以适用免征契税的待遇。

（3）划转概念。

自2003年10月1日起制定资产划转契税政策后，历年延续的税收规范性文件并未明确资产划转的概念，所以对企业以不动产投资入股的行为是否可适用资产划转的政策在实务中一直存在争议；直至2021年第17号公告明确母公司以土地、房屋权属向其子公司增资视同划转，该争议方结束。但应当注意的是该视同划转仅限于母公司以土地、房屋权属向子公司增资，并不包括母公司以土地、房屋权属设立子公司或缴纳其认缴的出资额的情形。

（四）印花税

2024年第14号公告首次对资产划转交易涉及的印花税政策做了明确的规定，具体见表3-7-14。

表3-7-14 资产划转印花税政策

税目	具体内容
营业账簿	企业改制重组以及事业单位改制过程中成立的新企业，其新启用营业账簿记载的实收资本（股本）、资本公积合计金额，原已缴纳印花税的部分不再缴纳印花税，未缴纳印花税的部分和以后新增加的部分应当按规定缴纳印花税
产权转移书据	对县级以上人民政府或者其所属具有国有资产管理职责的部门按规定对土地使用权、房屋等建筑物和构筑物所有权、股权进行行政性调整书立的产权转移书据，免征印花税。 对同一投资主体内部划转土地使用权、房屋等建筑物和构筑物所有权、股权书立的产权转移书据，免征印花税

根据2024年第14号公告的规定，企业重组交易主要涉及营业账簿的印花税和产权转移书据的印花税，其中有关营业账簿的印花税政策中关于"成立的新企业"的具体分析可参考"企业合并"中的相关涉税分析，此处仅对资产划转交易中产权转移书据的印花税内容进行详细分析。

1. 行政性调整

和资产划转交易契税政策相同，印花税政策也提及了行政性调整，但是并没有列明资产划转交易，所以对于行政性划转交易是否可以适用免征印花税的政策，在实务中会有争议。

本书认为，虽然2024年第14号公告并未单独提及行政性划转交易类型，而仅规范了"行政性调整书立的产权转移书据"；但由于在实务中政府及国有资产管理部门对资产或股权进行行政性调整的主要方式之一即为依据《企业国有产权无偿划转管理暂行办法》进行的无偿划转交易，所以此处的"行政性调整"应当包括政府依法作出的"无偿划转"交易。同时需要注意的是，可以免征印花税的产权转移书据仅包括对"土地使用权""房屋等建筑物和构筑物所有权"及"股权"所书立的产权转移书据，并不包括其他列明的产权转移书据。

2.企业划转

根据 2024 年第 14 号公告的规定,享受免征印花税的企业划转交易,应当同时满足如下要件。

(1)划转主体。

免征印花税的企业资产划转仅限于同一投资主体内部的划转,包括母公司与其全资子公司之间,同一公司所属全资子公司之间,同一自然人与其设立的个人独资企业、一人有限公司、个体工商户之间。

对于划转主体要件主要注意的是:第一,此处的企业、公司是指依照我国有关法律法规设立并在中国境内注册的企业、公司,并不包括境外的企业、公司;第二,对于非自然人股东的企业之间的资产划转,包括纵向划转和横向划转,但仅限于母公司与全资子公司之间及同一母公司所控制的全资子公司之间的资产划转,并不包括母公司与非全资子公司之间、同一公司所属的非全资子公司之间或者同一公司所属的全资非子公司之间的资产划转;第三,自然人投资者所成立的公司之间的划转,仅限于纵向划转,并不包括横向划转;第四,与契税政策相比,自然人与其所设立的企业之间的划转,包括自然人与其设立的个体工商户之间的资产划转。

(2)划转类型。

由于 2024 年第 14 号公告并没有限定资产划转的类型,所以可适用免征印花税的资产划转,包括有偿划转和无偿划转。

(3)产权转移书据类型。

可适用免征印花税的产权转移书据仅限于企业划转土地使用权、房屋等建筑物和构筑物所有权、股权所书立的产权转移书据,对于书立的其他产权转移书据,不能适用免征印花税的政策。

七、资产划转涉税的其他问题

(一)资产划转所得税的税制完善

财税〔2014〕109 号文和 2015 年第 40 号公告对资产划转涉及的企业所得

进行了规范，但是本书认为，关于资产划转企业所得税的相关规范在如下方面仍然需要进一步完善。

1. 明确资产划转的概念

财税〔2014〕109号文在企业所得税中首次提出了资产划转这一重组类型，但并未对资产划转的概念作出明确规定；2015年第40号公告也仅列举了四种适用特殊性税务处理的资产划转类型，也未明确资产划转概念。

由于资产划转已成为实务中使用频率最高的企业重组方式之一，所以明确资产划转概念的内涵及不同税种之间资产划转概念的协调，既有利于减少税企之间在资产划转交易中的涉税争议，也有利于提高纳税人的税法遵从度。

2. 通过会计规范所得税处理

2015年第40号公告第一条明确了资产划转适用特殊性税务处理的要件，该条款也同步规范了企业的账务处理，使用了诸如"增加长期股权投资""冲减实收资本""冲减所有者权益"等多个会计概念。

从所得税角度而言，资产划转涉税重点是当事方是否需要确认相应的资产转让所得或损失，以及取得对价或划转资产计税基础的确定。财税〔2014〕109号文对涉及该部分的内容做了具体规范，但2015年第40号公告却采用了会计的语言描述；同时财税〔2014〕109号文要求资产划转适用特殊性税务处理时"划出方企业和划入方企业均未在会计上确认损益"，对于这一涉税要件体现了"以会计核算为基础确定所得税处理"。

本书认为，企业会计核算需要遵循《企业会计准则》的相关要求，而所得税处理是以税收法律法规为基础，实务中应当允许两者之间存在差异，当两者存在差异时，对资产划转所得税的处理以税收规范性文件为主，但不应当"以会计核算方法"为前提要件决定企业所得税的处理。

3. 没有清晰界定交易当事方

财税〔2014〕109号文明确了资产划转适用特殊性税务处理的要件及其所得税待遇的具体内容，但是对于各种类型资产划转涉及的当事方并未予以明确，这导致在部分资产划转业务中无法确定所有当事方的所得税处理。例如，在母公司对子公司无偿划转交易类型中，母公司按冲减实收资本处理，子公司按接受投资处理，从其表述而言，母公司冲减实收资本表明交易当事方之一是母公司的股东；而子公司接受投资是接受母公司的投资还是接受母公司股东的投资并未予以明确，因此会导致后期出现所谓"计税基础丢失"的相关问题。

所以应当清晰界定资产划转交易类型中所得税涉及的当事方，从而便于明确当事各方在不同类型资产划转交易中的所得税处理规则。

4. 税收规则不统一

2015年第40号公告在子公司对母公司无偿划转的特殊性税务处理中，要求母公司按收回投资处理或者按接受投资处理，而子公司按冲减实收资本处理。如前述第2点所描述的，这一要求是对会计处理的规范还是对所得税规则的明确，并不是十分清晰，若是对企业所得税规则的明确，在母公司层面则有两种税收规则且并未明确不同税收规则的应用情形，而子公司层面仅作为冲减实收资本一种税收规则处理。这导致对同一个交易事项两个相关的主体在税收规则上不统一，从而较容易产生税企之间的争议。

5. 交易规则的描述不完整

2015年第40号公告第八条对原本适用特殊性税务处理的资产划转因后期情形变动转而适用一般性税务处理的所得税处理做了明确。对母公司向子公司划转股权或资产适用一般性税务处理的规则见表3-7-15。

表3-7-15 母对子划转资产一般性税务处理的规则

事项	处理规则
有偿划转	（一）母公司应按原划转完成时股权或资产的公允价值视同销售处理； （二）母公司按公允价值确认取得长期股权投资的计税基础； （三）子公司按公允价值确认划入股权或资产的计税基础
无偿划转	（一）母公司应按原划转完成时股权或资产的公允价值视同销售处理； （二）子公司按公允价值确认划入股权或资产的计税基础

从表3-7-15可以看出，母公司向子公司划转股权或资产，在有偿划转和无偿划转适用一般性税务处理时，2015年第40号公告对两种情形下所得税处理差别在于母公司对子公司长期股权投资计税基础的调整。

由于上述这种描述方式在实务中导致母对子无偿划转计税基础丢失的问题，而这个问题的产生一方面是由于交易当事方界定的问题，另一方面也是由对所得税规则描述不完善导致的，因此应当在清晰界定资产划转交易当事方的基础上完善各方的税收规则。

6. 2015年第40号公告对财税〔2014〕109号文的突破

财税〔2014〕109号文对企业资产划转适用特殊性税务处理的要件予以了明确，提出了营业企业继续规则，即"股权或资产划转后连续12个月内不改变被划转股权或资产原来实质性经营活动"。所以若划入方在取得划转股权或资产后12个月内改变了被划转股权或资产的实质性经营活动的，则应当适用一般性税务处理。

2015年第40号公告第七条进一步明确了交易一方在划转完成日后连续12个月不能再适用特殊性税务处理的"变化情形"，其中将"资产或股权结构等情况变化"作为不再符合特殊性税务处理的情形之一。文件并未明确"资产或股权结构变化"的具体主体，但是在实务中往往将划出方、划入方及被划转股权的企业"股权结构变化"都视为满足上述要件，从而应当由原有的特殊性税务处理转为一般性税务处理。

本书认为，2015年第40号公告的上述规定扩大解释了财税〔2014〕109号文对资产划转适用特殊性税务处理要件的适用范围。首先，财税〔2014〕109号文并未限制被划转股权或资产结构不得变化，2015年第40号公告将其作为特殊性税务处理限制性条件不符合财税〔2014〕109号文的规定；其次，企业资产结构在企业的生产经营过程中根据企业的投资策略、经营策略等发生变化是经常性的事项，而2015年第40号公告将其作为限制性事项将影响到企业的经营活动；再次，文件虽然限制股权结构变化，但并未明确是被划转股权企业的股权结构变化还是母公司或子公司股权结构的变化，但限制母公司股权结构或者被划转股权企业的股权结构变化并不符合企业重组特殊性税务处理中股东利益连续要件的要求；最后，股权结构变化的原因既有因股权转让变化也有因引入新的投资者而变化，不区分变化的具体原因而将其作为限制使用特殊性税务处理的情形将不利于企业正当重组行为的开展。

（二）非100% 控制企业间资产划转所得税

财税〔2014〕109 号文和 2015 年第 40 号公告规范了 100% 直接控制关系下的资产或股权划转，对于非 100% 直接控股关系的企业间资产划转所得税事项，国家税务总局在 2014 年第 29 号公告中对其所得税事项做了规范："企业接收股东划入资产（包括股东赠予资产、上市公司在股权分置改革过程中接收原非流通股股东和新非流通股股东赠予的资产、股东放弃本企业的股权，下同），凡合同、协议约定作为资本金（包括资本公积）且在会计上已做实际处理的，不计入企业的收入总额，企业应按公允价值确定该项资产的计税基础。企业接收股东划入资产，凡作为收入处理的，应按公允价值计入收入总额，计算缴纳企业所得税，同时按公允价值确定该项资产的计税基础。"

2014 年第 29 号公告规范了非 100% 控股企业间划转（包括赠予）资产时接收资产一方的所得税处理，即划入方取得被划转资产时，以该资产的公允价值作为其计税基础，但是对划入资产是否需要确认为收益则需要根据合同、协议的约定进行处理；若合同、协议约定作为资本金（包括资本公积）且会计上已做实际处理的，则划入方不计入收入总额，否则应当将划入资产的公允价值计入当期的收入总额计算缴纳企业所得税。

2014 年第 29 号公告仅规范了接收资产一方的所得税处理，但并未明确划出资产一方的所得税处理。本书认为，对于划出方应当根据交易的性质确定其所得税处理：若划转双方约定以划转资产进行投资的，则划出方应当按照投资的所得税规则进行所得税处理，其中涉及非货币性资产投资的可适用财税〔2014〕116 号文的相关政策规定；对于划出方赠予划入方的资产，根据《企业所得税法实施条例》第二十五条的规定，划出方应当按划转完成时资产的公允价值视同销售进行所得税处理。

（三）划入方引入投资者对税收待遇的影响

根据财税〔2014〕109 号文的要件，居民企业之间资产划转适用特殊性税务处理要求资产划出方与划入方为"100% 直接控制"关系，或者"受同一或相同多家居民企业 100% 直接控制"，同时要求"股权或资产划转后连续 12 个月内不改变被划转股权或资产原来实质性经营活动"。

在资产划转交易完成后的 12 个月内，资产划入方可能因经营原因引入其他投资者，导致划入方的股权结构发生变化，具体如图 3-7-9 所示。

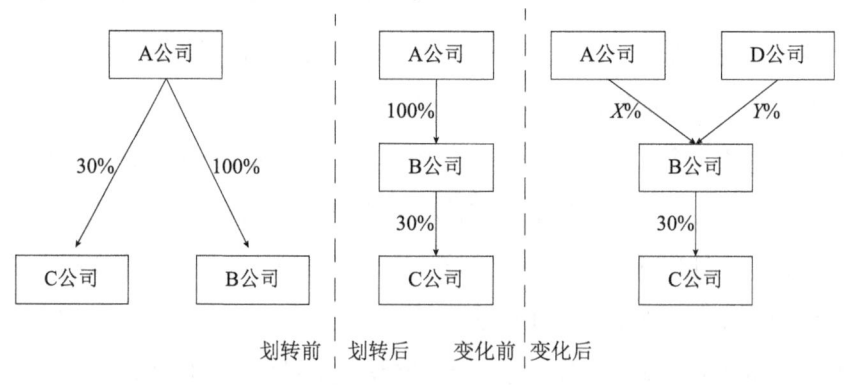

图 3-7-9　交易前后股权结构

从图 3-7-9 可以看出，在引入投资者后原资产划转交易中的资产划入方的股权结构发生了变化，这种变化是否属于 2015 年第 40 号公告第七条规定的"交易一方在股权或资产划转完成日后连续 12 个月内发生生产经营业务、公司性质、资产或股权结构等情况变化，致使股权或资产划转不再符合特殊性税务处理条件"情形，文件并未予以明确。实务中认为由于 B 公司股权结构发生了变化，所以不再符合资产划转特殊性税务处理中的"100% 直接控制"的要件，对原有的资产划转交易应当转为适用一般性税务处理。

本书认为，上述案例所示的情况不应当影响原来的资产划转交易适用特殊性税务处理。其一，虽然资产划入方 B 公司的股权结构在资产划转交易完成后的 12 个月内发生了变化，但是财税〔2014〕109 号文仅要求"股权或资产划转后连续 12 个月内不改变被划转股权或资产原来实质性经营活动"，并未对资产划转交易后交易双方的持股关系作出限制，如果从企业重组特殊性税务处理一般要件的股东利益连续要件而言，也仅限制在划转交易完成后 A 公司不得转让所持有 B 公司股权，但并不限制 B 公司引入其他投资者。其二，2015 年第 40 号公告第七条规定的关于股权结构变化的情况在 2010 年第 4 号公告中也有类似的规定，具体见表 3-7-16。

表 3-7-16 特殊性税务处理要件对比表

2010 年第 4 号公告	2015 年第 40 号公告
第三十条 当事方的其中一方在规定时间内发生生产经营业务、公司性质、资产或股权结构等情况变化，致使重组业务不再符合特殊性税务处理条件的，发生变化的当事方应在情况发生变化的 30 天内书面通知其他所有当事方。主导方在接到通知后 30 日内将有关变化通知其主管税务机关	七、交易一方在股权或资产划转完成日后连续 12 个月内发生生产经营业务、公司性质、资产或股权结构等情况变化，致使股权或资产划转不再符合特殊性税务处理条件的，发生变化的交易一方应在情况发生变化的 30 日内报告其主管税务机关，同时书面通知另一方。另一方应在接到通知后 30 日内将有关变化报告其主管税务机关

从表 3-7-16 中可以看出，对交易当事方在重组完成后"资产或股权结构变化"的限制在 2010 年第 4 号公告中也做了要求，但这并不表示当事一方的股权结构发生变化时必然导致重组业务适用一般性税务处理，而要根据资产或股权结构发生变化的具体原因及是否影响企业重组适用特殊性税务处理的要件进行具体分析。若在重组交易中取得股权支付的原主要股东在重组完成后转让其取得的股权对价导致交易方的股权结构发生变化，或者取得重组资产的一方处置取得的重组资产导致其资产结构发生变化，前者使得企业重组不再符合重组后的股东利益连续要件，后者改变了重组资产的实质性经营用途，都导致企业重组交易不再符合财税〔2009〕59 号文第五条规定的一般要件，应当将企业重组交易由原有的特殊性税务处理转为一般性税务处理。所以重组交易一方资产或股权结构发生变化并不必然导致重组交易不适用特殊性税务处理，只有在资产或股权结构发生变化导致企业重组不再符合特殊性税务处理要件时，才可以将企业重组转为适用一般性税务处理。

同理，在资产划转重组交易中，不能仅仅因为划入方在划转完成后连续 12 个月内股权结构发生变化就使得原有的资产划转交易适用一般性税务处理。本书认为，若资产划入方在资产划转交易完成后的 12 个月内引入投资者导致其股权结构发生变化的，除非有理由表明引入投资者是企业资产划转重组交易计划的一部分，否则不应当将引入投资者与资产划转重组交易合并考虑其所得税影响。

(四)是否需要满足股东利益连续要件

1. 基本规定

财税〔2014〕109号文将资产划转作为企业重组交易类型之一,并且明确了资产划转交易适用特殊性税务处理的要件,其规范的要件与财税〔2009〕59号文规范的企业重组适用特殊性税务处理的要件对比见表3-7-17。

表3-7-17 企业重组特殊性税务处理要件对比表

要件	财税〔2014〕109号文——资产划转	财税〔2009〕59号文——一般重组
合理商业目的	具有合理商业目的、不以减少、免除或者推迟缴纳税款为主要目的	具有合理的商业目的,且不以减少、免除或者推迟缴纳税款为主要目的
股东利益连续	—	(一)重组交易对价中涉及股权支付金额符合本通知规定比例。 (二)企业重组中取得股权支付的原主要股东,在重组后连续12个月内,不得转让所取得的股权
营业企业继续	股权或资产划转后连续12个月内不改变被划转股权或资产原来实质性经营活动	(一)被收购、合并或分立部分的资产或股权比例符合本通知规定的比例。 (二)企业重组后的连续12个月内不改变重组资产原来的实质性经营活动
其他	(一)100%直接控制的居民企业之间,以及受同一或相同多家居民企业100%直接控制的居民企业之间按账面净值划转股权或资产; (二)划出方企业和划入方企业均未在会计上确认损益	—

从表3-7-17可知,与财税〔2009〕59号文规定的一般重组交易适用特殊性税务处理要件对比,资产划转交易适用特殊性税务处理增加了交易双方持股关系的要件及会计损益确认的要件,但是并不需要满足股东利益连续要件。

其一,财税〔2014〕109号文并未要求资产划转交易适用特殊性税务处理需要满足股权支付比例,并且2015年第40号公告规范的四种适用特殊性税务处理的资产划转交易类型中,有三种类型的资产划转交易为无偿划转,即资产划出方并未取得资产划入方的任何交易对价;其二,财税〔2014〕109号文也没有类似财税〔2009〕59号文的"取得股权支付的原主要股东,在重组后连续12个月内,不得转让所取得的股权"的规范。

2.转让股权的所得税分析

2015年第40号公告第七条规定:"交易一方在股权或资产划转完成日后连续12个月内发生生产经营业务、公司性质、资产或股权结构等情况变化,致使股权或资产划转不再符合特殊性税务处理条件的,发生变化的交易一方应在情况发生变化的30日内报告其主管税务机关,同时书面通知另一方。"交易双方应当按照第八条规范的一般性税务处理进行所得税的纳税申报。

该条款中的"股权结构变化"是否是指资产划出方企业不得在划转完成日后连续12个月内转让所持有的资产划入方企业的股权,也即财税〔2009〕59号文中的股东利益连续要件?

本书认为,2015年第40号公告第七条的上述规定并非指资产划转交易适用特殊性税务处理应当满足股东利益连续要件。首先,2015年第40号公告是对财税〔2014〕109号文第三条资产划转交易的税收征收管理的文件,无法在财税〔2014〕109号文之外增加资产划转交易适用特殊性税务处理的要件,如表3-7-16所示,财税〔2014〕109号文并未将股东利益连续作为资产划转交易适用特殊性税务处理的要件,所以2015年第40号公告对股权结构的限制并非指股东利益连续要件。其次,资产划出方企业转让所持有的资产划入方企业的股权,可能导致交易不满足财税〔2014〕109号文所要求的"连续12个月内不改变被划转股权或资产原来实质性经营活动",此时资产划转交易不再满足特殊性税务处理的要件,应当按照一般性税务处理进行所得税申报,但这并非不满足股东利益连续要件,而是不满足财税〔2014〕109号文规范的营业企业继续要件。最后,第七条规范的"股权结构改变"不仅仅包括"资产划入方企业",还包括"资产划出方企业",所以其并非限定股东利益连续的内容,而仅仅是规范被划转股权或资产的"营业企业继续",并且这里的营业企业继续不仅包括资产划出方企业与划入方企业之间的直接继续,还包括划出方企业与划出方企业股东之间的间接继续,如划出方企业股东转让其持有的划出方企业股权导致资产划转交易不满足"连续12个月内不改变被划转股权或资产原来实质性经营活动"的,资产划转交易也应当由特殊性税务处理转为一般性税务处理。

综上，由于财税〔2014〕109号文并未将股东利益连续作为资产划转交易适用特殊性税务处理的要件，所以划出方企业转让持有的划入方企业股权并不必然导致资产划转交易不适用特殊性税务处理，而应当对导致股权结构变动的原因进行分析，并对其变动结果是否会使得资产划转交易不再符合特殊性税务处理的要件进行综合分析，从而对其税收待遇进行判断，而不应当认为所有的股权结构变动都会使得资产划转交易不再适用特殊性税务处理。

（五）会计处理是否为特殊性税务处理要件

如前所述，2015年第40号公告采用了会计语言对资产划转交易适用特殊性税务处理进行了规范，但是当交易一方并未按照公告所规范的规则进行会计处理时，资产划转交易是否可以适用特殊性税务处理？对此实务中有不同的观点。本书认为，若资产划转交易当事方并未按照2015年第40号公告所规范的会计处理方式进行核算的，并不必然影响资产划转交易适用特殊性税务处理。

首先，财税〔2014〕109号文明确了资产划转交易适用特殊性税务处理的具体要件，其中与会计处理相关的仅有"划出方企业和划入方企业均未在会计上确认损益"，并未将交易双方的会计处理作为交易适用特殊性税务处理的要件。

其次，2015年第40号公告规范的部分会计核算内容与《公司法》或《企业会计准则》相冲突，如母对子无偿划转交易中要求母公司按冲减实收资本处理、子对母无偿划转交易中要求子公司按冲减实收资本处理；在这两类资产划转交易中，划出方未按照《公司法》的规定办理减资程序，所以投资者的实际投资成本并未减少，而《企业会计准则附录——会计科目和主要账务处理》规定"实收资本科目核算企业接收投资者投入的实收资本"，因此2015年第40号公告有关会计核算的规范与《企业会计准则》的相关规定并不相符，也与《公司法》有关公司减资的程序性事项不符。

再次，2015年第40号公告第一条明确了适用特殊性税务处理的四种资产划转交易，同时规范了各类型下的会计处理，这种会计处理仅仅是资产划转交易适用特殊性税务处理的会计核算结果，而非交易适用特殊性税务处理的前提条件。

最后，2015年第40号公告第七条对资产划转交易完成后连续12个月内交易一方因特定情形变化导致资产划转交易不适用特殊性税务处理的内容做了列举规定，其中也没有与会计核算及其变更相关的内容。

所以当资产划转交易中的交易一方并未完全按照2015年第40号公告的规定进行会计处理时，并不必然导致资产划转交易不能适用特殊性税务处理，只有当交易双方的会计处理致使其中一方或双方在会计上确认了损益时，由于不再满足财税〔2014〕109号文规范的要件，资产划转交易应适用一般性税务处理。

（六）资产划转的会计处理

1. 企业之间的有偿划转

母公司对子公司有偿划转资产，实质上是母公司以非货币性资产对子公司进行的投资，应当按照《企业会计准则第2号——长期股权投资》（财会〔2014〕14号）的规定进行会计处理。

2. 企业之间的无偿划转

母公司向子公司无偿划转资产，财政部及证监会发布了多个文件对其会计处理进行了规范。

《财政部关于做好执行会计准则企业2008年年报工作的通知》（财会函〔2008〕60号）规定："企业接受的捐赠和债务豁免，按照会计准则规定符合确认条件的，通常应当确认为当期收益。如果接受控股股东或控股股东的子公司直接或间接的捐赠，从经济实质上判断属于控股股东对企业的资本性投入，应作为权益性交易，相关利得计入所有者权益（资本公积）。"

《上市公司执行企业会计准则监管问题解答（2009年第2期）》（会计部函〔2009〕60号）在问题"对于上市公司的控股股东、控股股东控制的其他关联方、上市公司的实质控制人对上市公司进行直接或间接的捐赠、债务豁免等单方面的利益输送行为，如何进行会计处理"中明确："由于交易是基于双方的特殊身份才得以发生，且使得上市公司明显的、单方面的从中获益，因此，监管中应认定为其经济实质具有资本投入性质，形成的利得应计入所有者权益。"

《企业会计准则解释第5号》（财会〔2012〕19号）在问题"企业接受非控

股股东（或非控股股东的子公司）直接或间接代为偿债、债务豁免或捐赠的，应如何进行会计处理"中明确："企业接受代为偿债、债务豁免或捐赠，按照企业会计准则规定符合确认条件的，通常应当确认为当期收益；但是，企业接受非控股股东（或非控股股东的子公司）直接或间接代为偿债、债务豁免或捐赠，经济实质表明属于非控股股东对企业的资本性投入，应当将相关利得计入所有者权益（资本公积）。"

因此，母公司对子公司无偿划转资产，包括不满足财税〔2014〕109号文的关联公司之间的无偿划转，通常应当将其作为权益性交易进行会计处理，取得被划转资产的一方应当将取得的利得计入所有者权益（资本公积），而不确认为当期损益。

3. 国有企业的无偿划转

财政部2016年制定了《规范"三去一降一补"有关业务的会计处理规定》（财会〔2016〕17号），对"三去一降一补"中"国有独资或全资企业之间无偿划拨子公司的会计处理"做了明确：

在"三去一降一补"工作中，有关企业集团出于深化国企改革或去产能、调结构等原因，按照国有资产监管部门（以下简称国资监管部门）的有关规定，对所属的子公司的股权进行集团之间的无偿划拨，……导致对被划拨企业的控制权从划出企业转移到划入企业的，应当进行以下会计处理：

（一）划入企业的会计处理。

1. 个别财务报表。被划拨企业按照国有产权无偿划拨的有关规定开展审计等，上报国资监管部门作为无偿划拨依据的，划入企业在取得被划拨企业的控制权之日，编制个别财务报表时，应当根据国资监管部门批复的有关金额，借记"长期股权投资"科目，贷记"资本公积（资本溢价）"科目（若批复明确作为资本金投入的，记入"实收资本"科目，下同）。

2. 合并财务报表。划入企业在取得被划拨企业的控制权后编制合并财务报表，一般包括资产负债表、利润表、现金流量表和所有者权益变动表等：

（1）合并资产负债表。划入企业应当以被划拨企业经审计等确定并经国资监管部门批复的资产和负债的账面价值及其在被划拨企业控制权转移之前发生的变动为基础，对被划拨企业的资产负债表进行调整，调整后应享有的被划拨企业资产和负债之间的差额，计入资本公积（资本溢价）。

（2）合并利润表。划入企业编制取得被划拨企业的控制权当期的合并利润表时，应包含被划拨企业自国资监管部门批复的基准日起至控制权转移当期期末发生的净利润。

（3）合并现金流量表。划入企业编制取得被划拨企业的控制权当期的合并现金流量表时，应包含被划拨企业自国资监管部门批复的基准日起至控制权转移当期期末产生的现金流量。

（4）合并所有者权益变动表。划入企业编制当期的合并所有者权益变动表时，应包含被划拨企业自国资监管部门批复的基准日起至控制权转移当期期末的所有者权益变动情况。合并所有者权益变动表可以根据合并资产负债表和合并利润表编制。

（二）划出企业的会计处理。

1.个别财务报表。划出企业在丧失对被划拨企业的控制权之日，编制个别财务报表时，应当按照对被划拨企业的长期股权投资的账面价值，借记"资本公积（资本溢价）"科目（若批复明确冲减资本金的，应借记"实收资本"科目，下同），贷记"长期股权投资（被划拨企业）"科目；资本公积（资本溢价）不足冲减的，依次冲减盈余公积和未分配利润。

2.合并财务报表。划出企业在丧失对被划拨企业的控制权之日，编制合并财务报表时，不应再将被划拨企业纳入合并财务报表范围，终止确认原在合并财务报表中反映的被划拨企业相关资产、负债、少数股东权益以及其他权益项目，相关差额冲减资本公积（资本溢价），资本公积（资本溢价）不足冲减的，依次冲减盈余公积和未分配利润。同时，划出企业与被划拨企业之间在控制权转移之前发生的未实现内部损益，应转入资本公积（资本溢价），资本公积（资本溢价）不足冲减的，依次冲减盈余公积和未分配利润。

八、资产划转交易中的分立路径

如前所述,母对子无偿划转及子对子无偿划转的所得税交易路径除了前述的"分配+投资"路径外,还有一种观点认为这两种资产划转类型下的所得税交易路径实质是"向现存企业分立"的交易路径,本部分对这种观点的具体内容做一介绍。

(一)向现存企业的分立

根据财税〔2009〕59号文对分立的定义,企业分立包括向现存企业分离资产和向新设企业分离资产,其中向现存企业分离资产的交易路径是:被分立企业首先将拟分离的资产转移至现存的分立企业,同时实现对分立企业的控制;然后被分立企业将取得的分立企业的股权分配给被分立企业的股东。交易完成后实现拟分离资产由被分立企业向被分立企业股东的转移,但是这种资产转移的表现形式并非资产所有权的直接转移,而是将分立企业的股权分配给被分立企业股东,被分立企业股东通过持有分立企业的股权从而间接持有分离资产的利益。

被分立企业向现存企业分立的股权结构如图3-7-10所示。

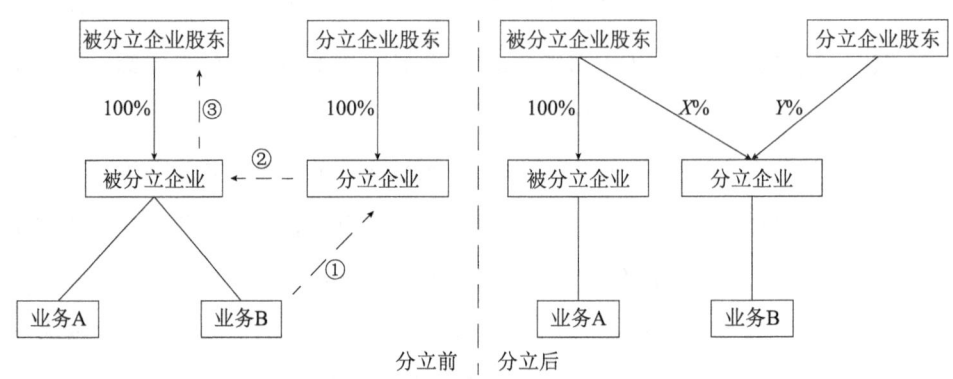

图3-7-10 向现存企业分立前后的结构

注:①被分立企业将拟分离的资产或业务B向现存的分立企业进行投资。

②分立企业以其增发的股份作为支付对价,被分立企业在资产分离后取得对分立企业的控制(这里的控制可以是在资产分离之前即已实现的控制)。

③被分立企业将其获得的分立企业的股权对价分配给被分立企业的股东,在分配交易完成后被分立企业股东持有分立企业的股权。

图 3-7-10 所示的向现存企业的分立中，被分立企业在分立交易前并未持有分立企业的股权，如果被分立企业在资产分离前即持有分立企业的控制权，也满足分立后对分立企业控制的要件。

（二）母对子无偿划转

1. 母对子无偿划转的交易路径

在向现存公司分立的交易路径下，母公司对子公司无偿划转的交易可视为母公司以持有的被划转资产向子公司投资并获得子公司股权支付，然后母公司再将获得的子公司股权分配给母公司的投资者；交易完成后，母公司的投资者持有对子公司的投资，同时获得了母公司的股息分配或者减少了对母公司投资的计税基础。由于母公司在将资产转移至子公司之前即已取得了对子公司的控制，所以满足企业分立交易路径中的控制要件；在母对子无偿划转交易中，母公司将子公司的股权对价支付给母公司的投资者后，母公司并未失去对子公司的控制。

这种交易方式下具体的交易路径如图 3-7-11 所示。

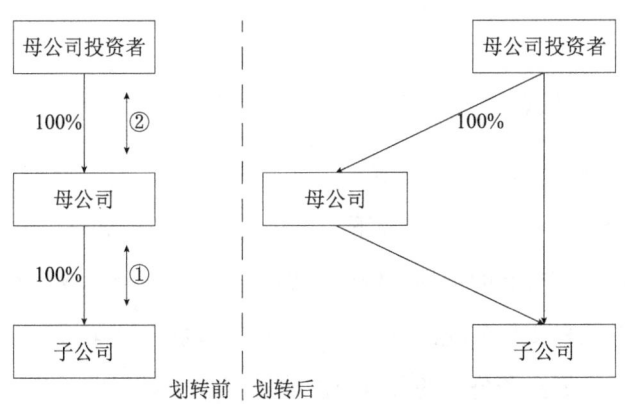

图 3-7-11　母对子无偿划转交易路径

注：①母公司以被划转资产对子公司投资，并获得子公司的股权支付。
②母公司将获得的子公司股权分配给母公司投资者。

图 3-7-11 所示的交易路径仅仅是从资产划转交易当事方持有股权计税基础角度对交易所做的描述，在实际交易中母公司的投资者在交易完成后并未持有子

公司的股权,也并非子公司工商登记的股东。

2.母对子无偿划转的所得税分析

在分立交易路径下的母对子无偿划转,交易当事方涉及资产划出方的母公司、资产划入方的子公司及母公司的股东三个当事方,在交易符合特殊性税务处理时交易各方的所得税处理如下。

首先,母公司对于划出资产在划转交易当期并不确认相应的资产转让所得或损失;母公司取得子公司股权的计税基础采用替代税基规则,即以所划出资产的原计税基础确定;母公司在将所持有的子公司股权分配给母公司股东时并不确认相应的资产转让所得或损失。

其次,子公司取得划入资产并不确认为当期的所得额;同时对于划入资产应当以该资产的原有计税基础作为划入方的计税基础。

最后,母公司的股东取得母公司分配的子公司股权,根据母公司股东是否需要放弃所持有的母公司股权视为取得股息分配所得或者减资分配所得;母公司股东取得子公司股权的计税基础根据母公司持有子公司股权计税基础或者母公司股东所放弃的母公司股权计税基础确定。

(二)子对子无偿划转

1.子对子无偿划转的交易路径

在向现存公司分立的交易路径下,子公司对子公司无偿划转交易中,可以视为划出子公司以其持有的被划转资产向划入子公司投资并取得其股权支付,然后再将其取得的股权支付分配给母公司。交易完成后母公司持有对划入子公司的投资,同时获得了划出子公司的股息分配或者减少了对划出子公司投资的计税基础。在严格的企业分立交易路径中划出子公司在将资产转移给划入子公司后应当取得对划入子公司的控制权,但在这种划转交易中根据划转资产的价值划出子公司可能无法取得对划入子公司的控制权,但这并不影响分立交易路径的成立;在划转完成后划出子公司将持有的划入子公司股权全部分配给母公司,因此交易完成后划出子公司不再持有划入子公司的股权。

这种划转交易类型下,具体的交易路径如图3-7-12所示。

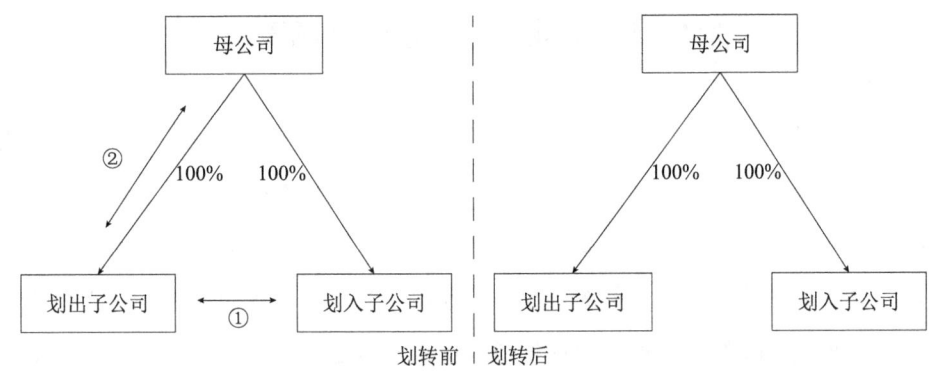

图 3-7-12 子对子无偿划转交易路径

注：①划出子公司以被划转资产对现存的划入子公司进行投资，并获得划入子公司 100% 的股权支付。

②划出子公司将获得的划入子公司股权分配给母公司。

2. 子对子无偿划转的所得税分析

在分立交易路径下的子对子无偿划转，交易当事方涉及资产划出子公司、资产划入子公司及母公司三个当事方，在交易符合特殊性税务处理时交易各方的所得税处理如下。

首先，划出子公司对于划出资产在划转交易当期并不确认相应的资产转让所得或损失；划出子公司取得划入子公司股权的计税基础采用替代税基规则，即以所划出资产的原计税基础确定；划出子公司在将所持有的划入子公司股权分配给母公司时并不确认相应的资产转让所得或损失。

其次，划入子公司取得划入资产并不确认为当期的所得额；同时对于划入资产应当以该资产的原有计税基础作为在划入方的计税基础。

最后，母公司取得划出子公司分配的划入子公司股权，根据母公司是否需要放弃所持有的划出子公司股权视为取得股息分配所得或者减资分配所得；母公司取得划入子公司股权的计税基础根据划出子公司持有的划入子公司股权计税基础或者母公司所放弃的划出子公司股权计税基础确定。

第八节 企业重组中税收优惠管理

企业重组本质上是对企业资产或者业务的一种重新组合，只是表现的方式或者重组的标的有所不同。例如，企业资产收购重组交易中的标的是企业的单个资产或者资产组；股权收购重组交易中的标的是被收购企业的股权；而企业合并和企业分立重组交易主要是业务的调整。企业重组当事方在重组前可能享受企业所得税的一些优惠政策，在重组后这种税收优惠政策是否仍然可以继续享受，是企业重组当事各方在重组方案实施过程中关注的内容之一，对此财税〔2009〕59号文在第九条做了基本的规范。

一、企业所得税优惠的类型

（一）按优惠方式的分类

《企业所得税法》在第四章"税收优惠"章节对企业可享受的企业所得税优惠政策进行了详细的规范，根据企业享受税收优惠方式的不同，可以将其分为收入型优惠、扣除型优惠、项目所得型优惠、企业型优惠、地区型优惠及资产型优惠，主要见表3-8-1。

表3-8-1 企业所得税优惠明细表

项目	主要内容
收入型优惠	第二十六条 企业的下列收入为免税收入： （一）国债利息收入； （二）符合条件的居民企业之间的股息、红利等权益性投资收益； （三）在中国境内设立机构、场所的非居民企业从居民企业取得与该机构、场所有实际联系的股息、红利等权益性投资收益； （四）符合条件的非营利组织的收入。 第三十三条 企业综合利用资源，生产符合国家产业政策规定的产品所取得的收入，可以在计算应纳税所得额时减计收入

续表

项目	主要内容
扣除型优惠	第三十条 企业的下列支出，可以在计算应纳税所得额时加计扣除： （一）开发新技术、新产品、新工艺发生的研究开发费用； （二）安置残疾人员及国家鼓励安置的其他就业人员所支付的工资。 第三十二条 企业的固定资产由于技术进步等原因，确需加速折旧的，可以缩短折旧年限或者采取加速折旧的方法
项目所得型优惠	第二十七条 企业的下列所得，可以免征、减征企业所得税： （一）从事农、林、牧、渔业项目的所得； （二）从事国家重点扶持的公共基础设施项目投资经营的所得； （三）从事符合条件的环境保护、节能节水项目的所得； （四）符合条件的技术转让所得； （五）本法第三条第三款规定的所得。
企业型优惠	第二十八条 符合条件的小型微利企业，减按20%的税率征收企业所得税。国家需要重点扶持的高新技术企业，减按15%的税率征收企业所得税。 第三十一条 创业投资企业从事国家需要重点扶持和鼓励的创业投资，可以按投资额的一定比例抵扣应纳税所得额
地区型优惠①	第二十九条 民族自治地方的自治机关对本民族自治地方的企业应缴纳的企业所得税中属于地方分享的部分，可以决定减征或者免征。自治州、自治县决定减征或者免征的，须报省、自治区、直辖市人民政府批准
资产型优惠	第三十四条 企业购置用于环境保护、节能节水、安全生产等专用设备的投资额，可以按一定比例实行税额抵免

注：①地区型的税收优惠除了《企业所得税法》第二十九条规定的满足自治地方所享有的税收优惠"立法权"外，还有多种针对特定地区特定行业给予的税收优惠政策，具体可参照表3-1-3所示的内容。

（二）按享受方式的分类

企业所得税的优惠政策除按照前述的优惠方式进行分类外，根据企业享受税收优惠政策方式的不同可分为整体性税收优惠政策及结构性税收优惠政策。

1. 整体性税收优惠政策

整体性税收优惠政策是指企业在享受企业所得税优惠政策时不区分所得性质或者不再区分所得的结构，而是就企业取得的全部生产经营所得均可享受企业所得税优惠政策。

根据整体性税收优惠政策依据的不同，可将其分为过渡性整体优惠政策及新的整体优惠政策。过渡性整体优惠政策主要是指在 2008 年 1 月 1 日前内外资企业所得税尚未统一时，我国就外商投资企业及部分内资企业制定的但在 2008 年后过渡实施的税收优惠政策；新的整体税收优惠政策是指依据《企业所得税法》就企业取得的全部生产经营所得均可享受的税收优惠政策。

过渡性整体税收优惠政策依据《企业所得税法》及《国务院关于实施企业所得税过渡优惠政策的通知》(国发〔2007〕39 号)的规定，具体见表 3-8-2；新整体性税收优惠政策主要是新企业所得税法下针对西部大开发、高新技术企业、小型微利企业及表 3-1-3 所示的部分地区型税收优惠政策，由于财税〔2009〕59 号文并未对新整体性税收优惠政策给予特殊性的规定，因此本书不再将其细化列举。

表 3-8-2　过渡性整体税收优惠政策

序号	文件名称	相关政策内容
1	《中华人民共和国外商投资企业和外国企业所得税法》第七条第一款	设在经济特区的外商投资企业、在经济特区设立机构、场所从事生产、经营的外国企业和设在经济技术开发区的生产性外商投资企业，减按 15% 的税率征收企业所得税
2	国务院关于上海外高桥、天津港、深圳福田、深圳沙头角、大连、广州、厦门象屿、张家港、海口、青岛、宁波、福州、汕头、珠海、深圳盐田保税区的批复(国函〔1991〕26 号、国函〔1991〕32 号、国函〔1992〕43 号、国函〔1992〕44 号、国函〔1992〕148 号、国函〔1992〕150 号、国函〔1992〕159 号、国函〔1992〕179 号、国函〔1992〕180 号、国函〔1992〕181 号、国函〔1993〕3 号等)	生产性外商投资企业，减按 15% 的税率征收企业所得税
3	《国务院关于在福建省沿海地区设立台商投资区的批复》(国函〔1989〕35 号)	厦门台商投资区内设立的台商投资企业，减按 15% 税率征收企业所得税；福州台商投资区内设立的生产性台商投资企业，减按 15% 税率征收企业所得税，非生产性台资企业，减按 24% 税率征收企业所得税
4	《国务院关于开发建设苏州工业园区有关问题的批复》(国函〔1994〕9 号)	在苏州工业园区设立的生产性外商投资企业，减按 15% 税率征收企业所得税

续表

序号	文件名称	相关政策内容
5	《广东省经济特区条例》(1980年8月26日第五届全国人民代表大会常务委员会第十五次会议批准施行)	广东省深圳、珠海、汕头经济特区的企业所得税率为15%
6	《对福建省关于建设厦门经济特区的批复》([80]国函字88号)	厦门经济特区所得税率按15%执行
7	《国务院关于鼓励投资开发海南岛的规定》(国发[1988]26号)	在海南岛举办的企业(国家银行和保险公司除外),从事生产、经营所得税和其他所得,均按15%的税率征收企业所得税
8	《中华人民共和国外商投资企业和外国企业所得税法》第七条第二款	设在沿海经济开放区和经济特区、经济技术开发区所在城市的老市区的生产性外商投资企业,减按24%的税率征收企业所得税
9	《国务院关于试办国家旅游度假区有关问题的通知》(国发[1992]46号)	国家旅游度假区内的外商投资企业,减按24%税率征收企业所得税
10	国务院关于进一步对外开放黑河、伊宁、凭祥、二连浩特市等边境城市的通知(国函[1992]21号、国函[1992]61号、国函[1992]62号、国函[1992]94号)	沿边开放城市的生产性外商投资企业,减按24%税率征收企业所得税
11	《国务院关于进一步对外开放南宁、昆明市及凭祥等五个边境城镇的通知》(国函[1992]62号)	允许凭祥、东兴、畹町、瑞丽、河口五市(县、镇)在具备条件的市(县、镇)兴办边境经济合作区,对边境经济合作区内以出口为主的生产性内联企业,减按24%的税率征收
12	国务院关于进一步对外开放南宁、重庆、黄石、长江三峡经济开放区、北京等城市的通知(国函[1992]62号、国函[1992]93号、国函[1993]19号、国函[1994]92号、国函[1995]16号)	省会(首府)城市及沿江开放城市的生产性外商投资企业,减按24%税率征收企业所得税
13	《中华人民共和国外商投资企业和外国企业所得税法》第八条第一款	对生产性外商投资企业,经营期在十年以上的,从开始获利的年度起,第一年和第二年免征企业所得税,第三年至第五年减半征收企业所得税

续表

序号	文件名称	相关政策内容
14	《中华人民共和国外商投资企业和外国企业所得税法实施细则》第七十五条第四项	在经济特区设立的从事服务性行业的外商投资企业，外商投资超过五百万美元，经营期在十年以上的，经企业申请，经济特区税务机关批准，从开始获利的年度起，第一年免征企业所得税，第二年和第三年减半征收企业所得税
15	《中华人民共和国外商投资企业和外国企业所得税法实施细则》第七十五条第六项	在国务院确定的国家高新技术产业开发区设立的被认定为高新技术企业的中外合资经营企业，经营期在十年以上的，经企业申请，当地税务机关批准，从开始获利的年度起，第一年和第二年免征企业所得税
16	《中华人民共和国外商投资企业和外国企业所得税法实施细则》第七十五条第六项 《国务院关于〈北京市新技术产业开发试验区暂行条例〉的批复》（国函〔1988〕74号）	设在北京市新技术产业开发试验区的外商投资企业，依照北京市新技术产业开发试验区的税收优惠规定执行。对试验区的新技术企业自开办之日起，三年内免征所得税。经北京市人民政府指定的部门批准，第四至六年可按15%或10%的税率，减半征收所得税
17	《中华人民共和国企业所得税暂行条例》第八条第一款	需要照顾和鼓励的民族自治地方的企业，经省级人民政府批准实行定期减税或免税的，过渡优惠执行期限不超过5年
18	《国务院关于实施〈国家中长期科学和技术发展规划纲要（2006—2020年）〉若干配套政策的通知》（国发〔2006〕6号）	国家高新技术产业开发区内新创办的高新技术企业经严格认定后，自获利年度起两年内免征所得税

2.结构性税收优惠政策

结构性税收优惠政策是指除上述整体性税收优惠政策之外的税收优惠政策，主要是指《企业所得税法》下企业所适用的税收优惠政策及过渡性项目税收优惠政策，其中新企业所得税法下的税收优惠政策具体见表3-8-1，过渡性项目税收优惠政策见表3-8-3。

表3-8-3 过渡性项目税收优惠政策

序号	文件名称	相关政策内容
1	《中华人民共和国外商投资企业和外国企业所得税法》第七条第三款	设在沿海经济开放区和经济特区、经济技术开发区所在城市的老市区或者设在国务院规定的其他地区的外商投资企业，属于能源、交通、港口、码头或者国家鼓励的其他项目的，可以减按15%的税率征收企业所得税
2	《中华人民共和国外商投资企业和外国企业所得税法实施细则》第七十三条第一款第一项	在沿海经济开放区和经济特区、经济技术开发区所在城市的老市区设立的从事下列项目的生产性外资企业，可以减按15%的税率征收企业所得税：技术密集、知识密集型的项目；外商投资在3000万美元以上，回收投资时间长的项目；能源、交通、港口建设的项目
3	《中华人民共和国外商投资企业和外国企业所得税法实施细则》第七十三条第一款第二项	从事港口、码头建设的中外合资经营企业，可以减按15%的税率征收企业所得税
4	《中华人民共和国外商投资企业和外国企业所得税法实施细则》第七十三条第一款第四项	在上海浦东新区设立的生产性外商投资企业，以及从事机场、港口、铁路、公路、电站等能源、交通建设项目的外商投资企业，可以减按15%的税率征收企业所得税
5	国务院关于进一步对外开放南宁、重庆、黄石、长江三峡经济开放区、北京等城市的通知（国函〔1992〕62号、国函〔1992〕93号、国函〔1993〕19号、国函〔1994〕92号、国函〔1995〕16号）	省会（首府）城市及沿江开放城市从事下列项目的生产性外资企业，减按15%的税率征收企业所得税：技术密集、知识密集型的项目；外商投资在3000万美元以上，回收投资时间长的项目；能源、交通、港口建设的项目
6	《国务院关于扩大外商投资企业从事能源交通基础设施项目税收优惠规定适用范围的通知》（国发〔1999〕13号）	自1999年1月1日起，将外资税法实施细则第七十三条第一款第（一）项第3目关于从事能源、交通基础设施建设的生产性外商投资企业，减按15%征收企业所得税的规定扩大到全国
7	《中华人民共和国外商投资企业和外国企业所得税法实施细则》第七十五条第一款第一项	从事港口码头建设的中外合资经营企业，经营期在15年以上的，经企业申请，所在地的省、自治区、直辖市税务机关批准，从开始获利的年度起，第一年至第五年免征企业所得税，第六年至第十年减半征收企业所得税

续表

序号	文件名称	相关政策内容
8	《中华人民共和国外商投资企业和外国企业所得税法实施细则》第七十五条第一款第二项	在海南经济特区设立的从事机场、港口、码头、铁路、公路、电站、煤矿、水利等基础设施项目的外商投资企业和从事农业开发经营的外商投资企业，经营期在15年以上的，经企业申请，海南省税务机关批准，从开始获利的年度起，第一年至第五年免征企业所得税，第六年至第十年减半征收企业所得税
9	《中华人民共和国外商投资企业和外国企业所得税法实施细则》第七十五条第一款第三项	在上海浦东新区设立的从事机场、港口、铁路、公路、电站等能源、交通建设项目的外商投资企业，经营期在15年以上的，经企业申请，上海市税务机关批准，从开始获利的年度起，第一年至第五年免征企业所得税，第六年至第十年减半征收企业所得税
10	《国务院关于鼓励投资开发海南岛的规定》（国发〔1988〕26号）	在海南岛举办的企业（国家银行和保险公司除外），从事港口、码头、机场、公路、铁路、电站、煤矿、水利等基础设施开发经营的企业和从事农业开发经营的企业，经营期限在十五年以上的，从开始获利的年度起，第一年至第五年免征所得税，第六年至第十年减半征收所得税。 在海南岛举办的企业（国家银行和保险公司除外），从事工业、交通运输业等生产性行业的企业经营期限在十年以上的，从开始获利的年度起，第一年和第二年免征所得税，第三年至第五年减半征收所得税。 在海南岛举办的企业（国家银行和保险公司除外），从事服务性行业的企业，投资总额超过五百万美元或者二千万人民币，经营期限在十年以上的，从开始获利的年度起，第一年免征所得税，第二年和第三年减半征收所得税

二、企业重组的所得税优惠管理

财税〔2009〕59号文和财税〔2014〕109号文将企业所得税中的企业重组类型分为企业法律形式改变、债务重组、股权收购、资产收购、合并、分立及资产划转七种类型，这七种类型企业重组交易都可能涉及企业所得税优惠政策延续的问题。其中法律形式改变重组交易主要涉及地区型企业所得税优惠政策，具体可见表 3-1-3；除此之外，本书将企业重组中的税收优惠政策分为资产交易的税收优惠、企业合并的税收优惠及企业分立的税收优惠三种类型。其中资产交易的税收优惠是指企业合并和企业分立重组交易之外的所有重组交易类型涉及的所得税优惠政策，包括债务重组、资产收购、股权收购及资产划转等重组交易。

（一）资产交易涉及的所得税优惠

1. 与资产相关的税收优惠的承继

《企业所得税法》第三十四条规定："企业购置用于环境保护、节能节水、安全生产等专用设备的投资额，可以按一定比例实行税额抵免。"《企业所得税法实施条例》第一百条规定："企业所得税法第三十四条所称税额抵免，是指企业购置并实际使用《环境保护专用设备企业所得税优惠目录》《节能节水专用设备企业所得税优惠目录》和《安全生产专用设备企业所得税优惠目录》规定的环境保护、节能节水、安全生产等专用设备的，该专用设备的投资额的 10% 可以从企业当年的应纳税额中抵免；当年不足抵免的，可以在以后 5 个纳税年度结转抵免。享受前款规定的企业所得税优惠的企业，应当实际购置并自身实际投入使用前款规定的专用设备；企业购置上述专用设备在 5 年内转让、出租的，应当停止享受企业所得税优惠，并补缴已经抵免的企业所得税税款。"

《财政部 国家税务总局关于执行环境保护专用设备企业所得税优惠目录、节能节水专用设备企业所得税优惠目录和安全生产专用设备企业所得税优惠目录有关问题的通知》（财税〔2008〕48 号）第五条规定："企业购置并实际投入适用、已开始享受税收优惠的专用设备，如从购置之日起 5 个纳税年度内转让、出租的，应在该专用设备停止使用当月停止享受企业所得税优惠，并补缴已经抵免的企业所得税税款。转让的受让方可以按照该专用设备投资额的 10% 抵免当年企业所得税应纳税额；当年应纳税额不足抵免的，可以在以后 5 个纳税年度结转抵免。"

所以，企业重组交易涉及上述专用设备转移的，若转出方对于上述设备实际使用年限不足 5 年的，应当停止享受企业所得税优惠并补缴已经抵免的企业所得税税款。对于取得上述专用设备的一方而言，其若满足专用设备投资抵免所得税相关要件的,可以自取得专用设备年度起享受抵免企业所得税的相关优惠政策。

2.与项目相关的税收优惠的承继

《企业所得税法实施条例》第八十九条规定:"依照本条例第八十七条和第八十八条规定享受减免税优惠的项目,在减免税期限内转让的,受让方自受让之日起,可以在剩余期限内享受规定的减免税优惠;减免税期限届满后转让的,受让方不得就该项目重复享受减免税优惠。"

同资产相关的所得税优惠政策只能由一方享受不同,与项目相关的所得税优惠政策可以在多方之间享受,但是其可享受的期限总体是不变的,且对于相关项目转出方而言并不需要补缴其已享受的企业所得税减免税金额。

(二)企业合并涉及的所得税优惠

企业合并重组交易中,被合并企业在合并后法律主体灭失,合并企业根据企业合并类型的不同可能存续也可能灭失,也即合并后的合并企业既可能是新设企业也可能是存续企业。所以企业合并重组交易中的所得税优惠政策首先是存续合并企业及法律主体灭失的被合并企业原有整体性税收优惠政策承继问题;同时企业合并交易过程中伴随着资产或者业务的转移,因此也会涉及与所转移资产或业务相关的税收优惠政策的承继问题。

与企业合并重组交易中税收优惠承继相关的政策主要见表3-8-4(部分为本书归纳)。

表3-8-4 企业合并税收优惠承继主要税收政策

合并当事方	税收优惠承继
《企业所得税法》第五十七条	本法公布前已经批准设立的企业,依照当时的税收法律、行政法规规定,享受低税率优惠的,按照国务院规定,可以在本法施行后五年内,逐步过渡到本法规定的税率;享受定期减免税优惠的,按照国务院规定,可以在本法施行后继续享受到期满为止,但因未获利而尚未享受优惠的,优惠期限从本法施行年度起计算。 法律设置的发展对外经济合作和技术交流的特定地区内,以及国务院已规定执行上述地区特殊政策的地区内新设立的国家需要重点扶持的高新技术企业,可以享受过渡性税收优惠,具体办法由国务院规定

续表

合并当事方	税收优惠承继
《企业所得税法实施条例》第八十九条	依照本条例第八十七条和第八十八条规定享受减免税优惠的项目，在减免税期限内转让的，受让方自受让之日起，可以在剩余期限内享受规定的减免税优惠；减免税期限届满后转让的，受让方不得就该项目重复享受减免税优惠
财税〔2009〕59号文第四条第四项	企业合并适用一般性税务处理的，被合并企业应当按照清算进行所得税处理
财税〔2009〕59号文第六条第四项	企业合并适用特殊性税务处理的，被合并企业合并前的相关所得税事项由合并企业承继
财税〔2009〕59号文第九条第一款	在企业吸收合并中，合并后的存续企业性质及适用税收优惠的条件未发生改变的，可以继续享受合并前该企业剩余期限的税收优惠，其优惠金额按存续企业合并前一年的应纳税所得额（亏损计为零）计算
2010年第4号公告第十五条	企业合并适用一般性税务处理，合并各方企业涉及享受《税法》第五十七条规定中就企业整体（即全部生产经营所得）享受的税收优惠过渡政策尚未期满的，仅就存续企业未享受完的税收优惠，按照《通知》第九条的规定执行；注销的被合并企业未享受完的税收优惠，不再由存续企业承继；合并而新设的企业不得再承继或重新享受上述优惠。合并各方企业按照《税法》的税收优惠规定和税收优惠过渡政策中就企业有关生产经营项目的所得享受的税收优惠承继问题，按照《实施条例》第八十九条规定执行
2010年第4号公告第二十八条	企业合并适用特殊性税务处理，对税收优惠政策承继处理问题，凡属于依照《税法》第五十七条规定中就企业整体（即全部生产经营所得）享受税收优惠过渡政策的，合并后的企业性质及适用税收优惠条件未发生改变的，可以继续享受合并前各企业剩余期限的税收优惠。合并前各企业剩余的税收优惠年限不一致的，合并后企业每年度的应纳税所得额，应统一按合并日各合并前企业资产占合并后企业总资产的比例进行划分，再分别按相应的剩余优惠计算应纳税额。合并前各企业按照《税法》的税收优惠规定以及税收优惠过渡政策中就有关生产经营项目所得享受的税收优惠承继处理问题，按照《实施条例》第八十九条规定执行

所以企业合并重组交易过程中，企业税收优惠政策承继的问题需要分如下两种类型。

1. 过渡性整体税收优惠承继

如前所述，由于过渡性整体税收优惠政策往往是与外商投资企业相关的，即与企业性质有关，而企业合并交易过程中由于重组当事方的股东结构可能发生变动,所以有可能使得存续的重组当事方企业性质发生变动,进而对其税收优惠政策的承继产生影响。

企业合并重组交易中过渡性整体税收优惠政策承继规则主要按表3-8-5所示执行。

表3-8-5 过渡性整体税收优惠政策承继

所得税待遇	当事方	税收优惠政策承继
一般性税务处理	存续合并企业	(一)企业性质及适用税收优惠条件未发生变化的: 可继续享受合并前该企业剩余期限的税收优惠,其优惠金额按照存续企业合并前一年的应纳税所得额(亏损为零)计算。 (二)企业性质或者适用税收优惠条件发生变化的: 不得继续享受合并前该企业剩余期限的税收优惠
	新设合并企业	由于为新设企业,所以不得承继被合并企业各方原有的剩余期限的税收优惠
	被合并企业	由于被合并企业按照清算所得税进行税务处理,因此其原有的税收优惠政策不得被合并后存续或者新设企业承继
特殊性税务处理	合并企业(包括存续合并企业和新设合并企业)	(一)企业性质及适用税收优惠条件未发生变化的: (1)可继续享受存续企业合并前剩余期限的税收优惠政策; (2)可承继享受灭失的被合并企业合并前剩余期限的税收优惠政策; (3)若各企业剩余税收优惠年限不一致的,按合并日各合并前企业资产占比对合并后每一年度的应纳税所得额进行分配。 (二)企业性质或者适用税收优惠条件发生变化的: 不得继续享受合并前该企业剩余期限的税收优惠
	被合并企业	(一)合并后存续或新设企业的企业性质及适用税收优惠条件未发生变化的: 税收优惠政策可由合并企业承继。 (二)合并后存续或新设企业的企业性质或适用税收优惠条件发生变化的: 税收优惠政策不可由合并企业承继

所以,从表3-8-5可以看出,企业合并交易无论适用一般性税务处理还是适用特殊性税务处理,对存续企业的影响是相同的;但是对于新设的合并企业及被合并企业原有的税收优惠政策是否可以承继则有所不同。

2.其他税收优惠承继

除上述过渡性整体税收优惠外,企业合并重组交易中其他税收优惠政策的承继问题，由于与企业性质无关，所以根据《企业所得税法实施条例》第八十九条的规定，无论合并后企业性质是否发生变化，都是由合并后企业在剩余期限内继续享受规定的减免税优惠；若企业合并发生时，合并当事方应享受的税收优惠已享受期满，则不得就该税收优惠政策由合并后的企业重复享受。企业合并中涉及与资产相关的税收优惠政策承继的，可见前述资产交易涉及的所得税优惠相关分析内容。

（三）企业分立涉及的所得税优惠

企业分立中的税收优惠政策承继与企业合并税收优惠政策承继相似，都需要区分过渡性整体税收优惠政策及《企业所得税法》下整体税收优惠政策及其他结构性税收优惠政策。

除《企业所得税法》第七十五条及《企业所得税法实施条例》第八十九条规定的企业税收优惠承继外，与企业分立重组交易税收优惠政策承继相关的税收政策主要见表 3-8-6（部分为本书归纳）。

表 3-8-6　企业分立税收优惠承继主要政策

合并当事方	税收优惠承继
财税〔2009〕59号第六条第五项	企业分立适用特殊性税务处理的，被分立企业已分立出去资产相应的所得税事项由分立企业承继
财税〔2009〕59号第九条第二款	在企业存续分立中，分立后的存续企业性质及适用税收优惠的条件未发生改变的，可以继续享受分立前该企业剩余期限的税收优惠，其优惠金额按该企业分立前一年的应纳税所得额（亏损计为零）乘以分立后存续企业资产占分立前该企业全部资产的比例计算
2010年第4号公告第十五条	企业分立适用一般性税务处理，分立企业涉及享受《税法》第五十七条规定中就企业整体（即全部生产经营所得）享受的税收优惠过渡政策尚未期满的，仅就存续企业未享受完的税收优惠，按《通知》第九条的规定执行；注销的被分立企业未享受完的税收优惠，不再由存续企业承继；分立新设的企业不得再承继或重新享受上述优惠。分立企业按照《税法》的税收优惠规定和税收优惠过渡政策中就企业有关生产经营项目的所得享受的税收优惠承继问题，按照《实施条例》第八十九条规定执行

续表

合并当事方	税收优惠承继
2010年第4号公告第二十八条	企业分立适用特殊性税务处理，对税收优惠政策承继处理问题，凡属于依照《税法》第五十七条规定中就企业整体（即全部生产经营所得）享受税收优惠过渡政策的，分立后的企业性质及适用税收优惠条件未发生改变的，可以继续享受分立前被分立企业剩余期限的税收优惠。分立前被分立企业按照《税法》的税收优惠规定以及税收优惠过渡政策中就有关生产经营项目所得享受的税收优惠承继处理问题，按照《实施条例》第八十九条规定执行

所以，与企业合并重组交易相同，企业分立重组交易中税收优惠政策承继也应分为如下两种情形。

1. 过渡性整体税收优惠承继

对于企业分立重组交易中，根据企业所得税税收待遇的不同分立重组当事各方的税收优惠承继见表3-8-7。

表3-8-7　过渡性税收优惠政策承继

所得税待遇	当事方	税收优惠政策承继
一般性税务处理	存续被分立企业	（一）企业性质及适用税收优惠条件未发生变化的： （1）可继续享受分立前该企业剩余期限的税收优惠； （2）其优惠金额按照如下公式计算： 优惠金额＝该企业分立前一年的应纳税所得额（亏损计为零）×（分立后存续企业资产÷分立前该企业全部资产） （二）企业性质或者适用税收优惠条件发生变化的： 不得继续享受分立前该企业剩余期限的税收优惠
	分立企业	由于为新设企业，所以不得承继被分立企业原有的剩余期限的税收优惠
特殊性税务处理	存续被分立企业	同一般性税务处理
	分立企业	不得继续享受被分立企业剩余期限的税收优惠

对于企业分立适用特殊性税务处理的，分立企业是否可以享受被分立企业过渡性税收优惠政策，财税〔2009〕59号文并未予以明确，但是本书认为基于如下原因分立企业不得享受被分立企业剩余期限的税收优惠。其一，虽然财税〔2009〕59号文第六条第五项规定被分立企业已分立出去资产相应的所得税事项由分立企业承继，2010年第4号公告第二十八条进一步明确该所得税事项包括未享受期

满的税收优惠政策，但此处的税收优惠应当仅仅是指与分立出去资产相关的税收优惠政策，并不包括与被分立企业相关的税收优惠政策。其二，《企业所得税法》第五十七条规定的过渡性税收优惠适用于"本法公布前已经批准设立的企业"，而分立企业是在企业分立重组交易过程中新设的企业，并不属于"企业所得税法公布前已经批准设立的企业"。

2. 其他税收优惠承继

企业分立重组交易过程中其他税收优惠承继的具体内容与企业合并重组交易过程中其他税收优惠承继的内容相同，具体的分析和应用可参照上述企业合并涉及所得税中的相关内容。

（四）高新技术企业重组的税收管理

《企业所得税法》第二十八条规定："国家需要重点扶持的高新技术企业，减按 15% 的税率征收企业所得税。"《企业所得税法实施条例》第九十三条规定，高新技术企业是指由国务院科技、财政、税务主管部门认定的拥有核心自主知识产权的符合条件的企业。

《科技部 财政部 国家税务总局关于修订印发〈高新技术企业认定管理办法〉的通知》（国科发火〔2016〕32号）第十七条规定："高新技术企业发生更名或与认定条件有关的重大变化（如分立、合并、重组以及经营业务发生变化等）应在三个月内向认定机构报告。经认定机构审核符合认定条件的，其高新技术企业资格不变，对于企业更名的，重新核发认定证书，编号与有效期不变；不符合认定条件的，自更名或条件变化年度起取消其高新技术企业资格。"第十九条规定，对于高新技术企业未按期报告与认定条件有关重大变化情况，由认定机构取消其高新技术企业资格，并通知税务机关按《中华人民共和国税收征收管理法》及有关规定，追缴企业发生前述行为之日所属年度已享受的高新技术企业税收优惠。

所以对于高新技术企业发生企业重组行为的，应当在重组行为发生的三个月内向高新技术企业认定机构报告，由认定机构对高新技术企业资格进行审核，否则企业自发生重组行为当年即不得再享受高新技术企业税收优惠。

第四章　企业重组的其他涉税问题

本书第二章对企业重组所得税中的一般共性问题进行了分析，第三章针对财税〔2009〕59号文及财税〔2014〕109号文规范的不同类型重组涉及的企业所得税及其他税收进行了分析。由于跨境重组交易的所得税在适用特殊性税务处理要件及税收待遇上与境内企业重组的所得税有所不同，因此对跨境重组交易的所得税问题予以了单独的分析；同时财税〔2009〕59号文虽然建立了企业重组所得税特殊性税务处理的一般规则，但仍有一些规则在实务中会存在争议，如实务中常见的三角重组所得税，附带债务对重组所得税待遇的影响，企业重组交易涉及的重组对价分摊、融资费用处理等，对这部分问题本书在分析相关交易性质的基础上提出了自身的观点；最后，由于企业改制也是实务中较为常见的重组类型之一，但是财税〔2009〕59号文和财税〔2014〕109号文并未对其进行明确的规范，本书在此部分结合当前的一些政策对其涉税问题也进行了分析。

第一节　跨境重组

一、跨境重组的类型

财税〔2009〕59号文第七条和第八条规范了跨境重组企业所得税适用特殊性税务处理应当满足的要件及跨境投资的所得税税收待遇，但是对跨境重组的概念并未予以明确；从其规范的内容可以看出，在企业重组交易中若交易当事方存在跨境主体或者企业重组交易标的涉及跨境转移的，都属于跨境重组。根据财税〔2009〕59号文第七条的规定，我国当前规范的可以适用企业重组特殊性税务处理的跨境重组交易包括如下四种类型。

(一) 外对外的跨境重组交易

财税〔2009〕59号文第七条第（一）项规定了非居民企业向其100%直接控股的另一非居民企业转让其拥有的居民企业股权的交易。在这种交易类型下，交易双方均为境外的非居民企业，与交易相关的各事项多数也是在境外完成，因此本书将其称为"外（境外非居民企业）对外（境外非居民企业）"的跨境重组交易，根据财税〔2009〕59号文的规定，外对外跨境重组交易只适用于股权转让交易。

1.股权转让双方

财税〔2009〕59号文要求"外对外"跨境重组交易适用特殊性税务处理"没有造成以后该项股权转让预提所得税负担变化"，所以此处的非居民企业是指境外的非居民企业，并不包括境外企业在境内设立的机构、场所等境内非居民企业。在这种类型跨境重组交易中，尽管交易的双方均为境外的非居民企业，但由于交易标的为居民企业股权，所以属于跨境重组交易。

在"外对外"的跨境重组交易中要求股权转让方"100%直接控股"股权受让方，所以股权转让双方为100%直接控股的母子公司关系，其中转让方为母公司，受让方为子公司。

2.转让标的企业

"外对外跨境重组"的交易标的是"居民企业股权"，此处的居民企业是否包括依据《国家税务总局关于境外注册中资控股企业依据实际管理机构标准认定为居民企业有关问题的通知》（国税发〔2009〕82号，以下简称"国税发〔2009〕82号文"）认定的非境内注册居民企业，财税〔2009〕59号文并未予以明确。

本书认为此处的居民企业并不包括非境内注册居民企业，主要理由是在财税〔2009〕59号文中要求此类交易的特殊性税务处理保持预提所得税负担没有变化，说明重组交易后的股权再次转让依据《企业所得税法》及其实施条例的规定应当征收预提所得税，根据《企业所得税法实施条例》第七条对于非居民企业所得来源地的规定，转让权益性投资资产"按照被投资企业所在地"确定所得来源地；

尽管国税发〔2009〕82号文对于非境内注册居民企业的税收待遇规定了"非境内注册居民企业的投资者从该居民企业分得的股息红利等权益性投资收益，根据实施条例第七条第（四）款的规定，属于来源于中国境内的所得，应当征收企业所得税"，但并未将其税收来源地的规则扩展至财产转让所得。所以本书认为，财税〔2009〕59号文第七条第（一）项规范的"外对外"跨境重组交易中的居民企业仅指境内注册居民企业，并不包括非境内注册居民企业。

3. 跨境重组交易结构

《国家税务总局关于非居民企业股权转让适用特殊性税务处理有关问题的公告》（国家税务总局公告2013年第72号，以下简称"2013年第72号公告"）规定，财税〔2009〕59号文第七条第（一）项规定的"转让"包括"因境外企业分立、合并导致中国居民企业股权被转让的情形"。所以"外对外"跨境重组类型不仅包括直接的股权转让交易，还包括通过合并、分立发生的间接股权作为行为，具体的交易结构可分为图4-1-1、图4-1-2和图4-1-3所示的三种类型。

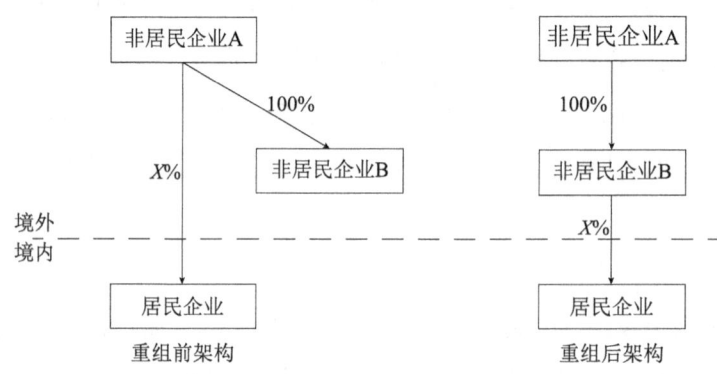

图4-1-1 外对外跨境重组交易类型（一）

在图4-1-1所示的交易类型中，境外非居民企业A公司将其持有的境内居民企业股权转让给A公司100%直接持股的境外非居民企业B公司，由于需要同时满足股东利益连续要件，因此这种情形实质上是境外非居民企业A公司以其持有的境内居民企业股权对境外非居民企业B公司进行的增资，其中境外非居民企业A公司持有境内居民企业股权并没有持股比例的限制。

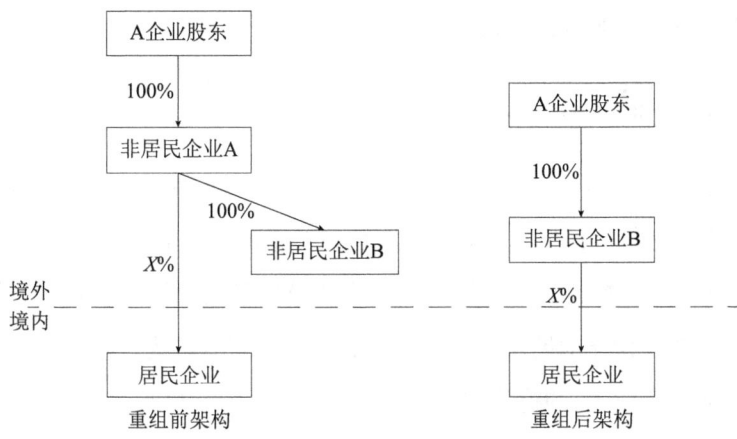

图 4-1-2 外对外跨境重组交易类型（二）

在图 4-1-2 所示的交易类型中，境外非居民企业 A 公司与其 100% 直接控股的境外非居民企业 B 公司合并，也即子公司吸收合并母公司，合并完成后境内居民企业的股权由原来的 A 公司持有转为由 B 公司持有。若境外非居民企业 A 公司与境外非居民企业 B 公司采用新设合并方式合并的，由于在合并后并未实现 A 公司持有境内居民企业股权转让给其 100% 控股的企业，因此并不属于此种类型的外转外跨境重组。

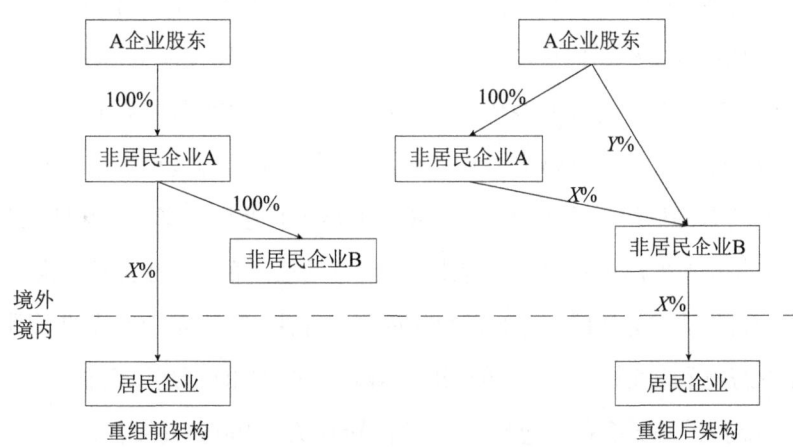

图 4-1-3 外对外跨境重组交易类型（三）

在图 4-1-3 所示的交易类型中，境外非居民企业 A 公司将其持有的境内居民企业股权向现存的由 A 公司 100% 直接持股的境外非居民企业 B 公司进行分立，分立后境外非居民企业 B 公司持有境内居民企业股权，但是分立后的 A 公司不再持有 B 公司 100% 的股权。

（二）外对内的跨境重组交易

财税〔2009〕59 号文第七条第（二）项规定了第二种类型的跨境重组交易，即："非居民企业向与其具有 100% 直接控股关系的居民企业转让其拥有的另一居民企业股权。"虽然如下文所分析的，此处受让股权的居民企业并非仅指境内居民企业，但为了便于对跨境重组的分类，本书仍将其称为"外（境外非居民企业）对内（居民企业）"的跨境重组交易。

1. 股权转让双方

在"外对内"的跨境重组中，股权转让方为非居民企业，与前述"外对外"跨境重组交易双方的分析相同，此处的非居民企业也仅指境外非居民企业；作为受让方的"居民企业"在财税〔2009〕59 号文中并未对其作出限定性要求，本书认为此处的"居民企业"应当同时包括"境内注册居民企业"和依据国税发〔2009〕82 号文认定的"非境内注册居民企业"。

其一，财税〔2009〕59 号文并未限定作为受让方的居民企业仅限于境内注册居民企业，尽管在 2013 年第 72 号公告关于非居民企业股权转让适用特殊性税务处理的程序性事项中规定外对内跨境重组交易由受让方向其所在地主管税务机关备案，但是程序性事项并非对财税〔2009〕59 号文重组交易类型要件的规范；其二，通过财税〔2009〕59 号文第七条第（一）项规范的"外对外"跨境重组交易可知，非居民企业将其持有的居民企业股权转让给境外非居民企业可以享受特殊性税务处理，非居民企业将持有的居民企业股权转让给境外注册居民企业，在交易结构上是完全相同的，而且受让方为居民企业时其税收更利于管辖。所以基于上述的原因本书认为该类型的跨境重组交易中受让方的居民企业包括非境内注册居民企业。

与"外对外"跨境重组交易要求股权转让方"100% 直接控股"股权受让方的关系不同，"外对内"跨境重组交易仅要求股权转让方与股权受让方"具有 100% 直接控股关系"。所以转让方与受让方虽然也是"100% 直接控股"的母子公司关系，但与"外对外"跨境重组交易中转让方只能是母公司不同，在"外对内"跨境重组交易中，转让方既可能是"100% 直接控股的母公司"，也可能是

"被100%直接控股的子公司"。

2.转让标的企业

在"外对内"的跨境重组中，转让标的为转让方持有的居民企业股权，虽然此处的居民企业并未限定为境内居民企业，但是如"外对外"跨境重组交易中所分析的，根据《企业所得税法》第三条及《企业所得税法实施条例》第七条的规定，境外非居民企业转让非境内注册居民企业股权并不构成我国境内的所得，我国并无对该交易的征税权，所以"外对内"跨境重组中的标的也仅限于非居民企业持有的境内居民企业股权。

3.跨境重组交易结构

2013年第72号公告规定因境外企业分立、合并导致中国居民企业股权被转让的情形仅限于前述"外对外"的跨境重组交易，并不适用"外对内"跨境重组交易，所以"外对内"的跨境重组交易的具体结构可分为图4-1-4、图4-1-5、图4-1-6和图4-1-7所示的四种类型。其中图4-1-4和图4-1-5所示的两种类型属于"母对子"的跨境重组，本质上是母公司对子公司的一种投资行为；图4-1-6和4-1-7所示的两种类型属于"子对母"的跨境重组，本质上是子公司对母公司的一种分配行为。

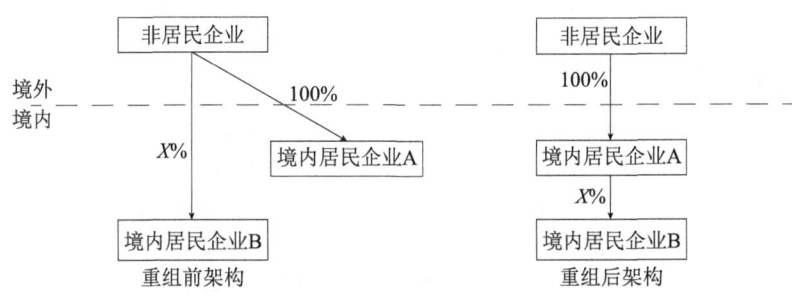

图4-1-4 外对内跨境重组交易类型（一）

在图4-1-4跨境重组交易类型中，非居民企业向被其100%直接控股的境内居民企业转让另一境内居民企业股权，股权转让标的企业和股权受让方均是境内居民企业，在该交易完成后非居民企业对被转让的境内居民企业的持股方式由原有的"直接持股"转变为通过"被其100%直接控股的境内居民企业间接持股"，这种持股方式的改变并不会造成被转让股权的税收管辖权发生变动，所以这种跨境重组属于由直接持股转变为间接持股的一种重组交易方式。

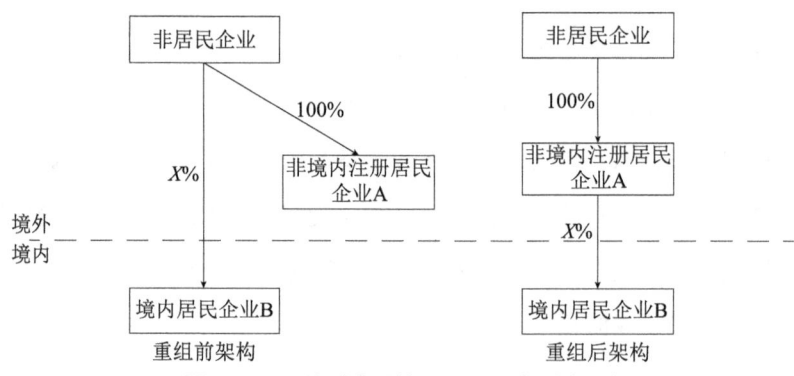

图 4-1-5　外对内跨境重组交易类型（二）

图 4-1-5 的跨境重组交易类型与图 4-1-4 的跨境重组交易类型相似，都是作为母公司的境外非居民企业以其持有的境内居民企业股权对"100% 直接控股"的居民企业投资，重组完成后非居民企业持有境内居民企业股权的方式由原来的直接持股转变为间接持股；图 4-1-5 所示的"外对内"跨境重组交易结构与图 4-1-1 所示的"外对外"跨境重组交易结构是相同的，所不同的是受让方的纳税人身份有所不同，但在税收待遇上两者是相同的。

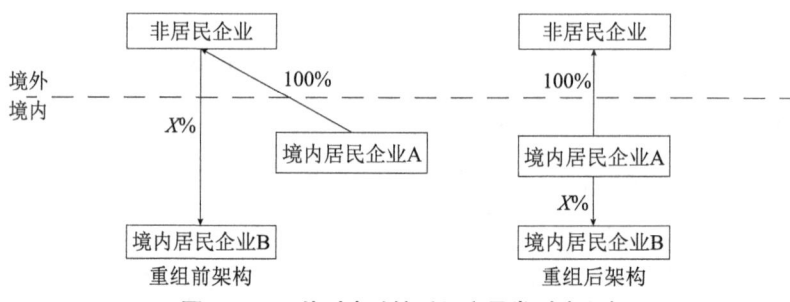

图 4-1-6　外对内跨境重组交易类型（三）

图 4-1-6 的跨境重组交易类型与图 4-1-4 的跨境重组交易类型在交易结构上很相似，所不同的是图 4-1-4 跨境重组是"非居民企业（母公司）"向"其 100% 直接控股"的"境内居民企业（子公司）"转让其持有的境内另一居民企业股权；而图 4-1-6 跨境重组是"非居民企业（子公司）"向"直接持有其 100% 股权"的"境内居民企业（母公司）"转让其持有的境内居民企业股权。在重组交易完成后从境内居民企业 A 公司的角度而言，其持有境内居民企业 B 公司股权的方式由原来的间接持

股转为直接持股；从境外非居民企业角度看，图4-1-6所示的交易本质上是境外非居民企业以持有的境内居民企业B公司股权对其母公司的一种分配行为。

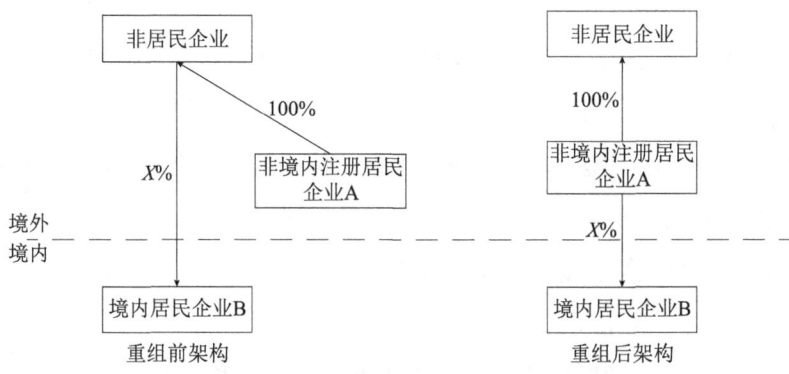

图 4-1-7　外对内跨境重组交易类型（四）

图4-1-7的跨境重组类型与图4-1-5的跨境重组类型相似，本质上也是作为子公司的非居民企业以其持有的境内居民企业股权对直接持有其100%股权的境外注册居民企业A公司进行的分配，在重组完成后境外注册居民企业A公司持有境内居民企业股权的方式由原来的间接持股转为直接持股。

（三）内对外的跨境重组交易

财税〔2009〕59号文第七条第（三）项规定了第三种类型的跨境重组交易："居民企业以其拥有的资产或股权向其100%直接控股的非居民企业进行投资。"如同第二种跨境重组交易，本书将此种类型的跨境重组交易称为"内（居民企业）对外（非居民企业）"的跨境重组交易。

1. 重组交易双方

"内对外"跨境重组交易中，被投资单位应当是境外非居民企业，而居民企业则没有予以规范。财税〔2009〕59号文第八条规范了内对外跨境重组特殊性税务处理的分期确认待遇，依据国税发〔2009〕82号文认定的非境内注册居民企业有着完全的纳税义务，但对于非货币性资产投资的所得税处理并不受到我国所得税的规范，因此"内对外"跨境重组交易中的居民企业仅包括境内居民企业。

2. 转让标的资产

"内对外"跨境重组中用于投资的资产包括居民企业持有的股权资产及非股权资产。其中股权资产根据被投资单位的性质包括境内居民企业的股权、境外非居民企业股权及非境内注册居民企业股权；而非股权资产则包括根据我国《公司法》及被投资单位所在国家或地区的公司法律规定可用于投资的资产，也包括境内居民企业拥有的位于境内的资产及所拥有的位于境外的资产；根据实际接受非股权资产的非居民企业主体性质，又包括境外非居民企业接受投资资产及境外非居民企业在境内的机构、场所接受投资资产。

3. 跨境重组交易结构

由于非股权资产的跨境重组实质上涉及资产所有权及物的转移，包括的情形较多，本书仅对实务中常见的居民企业以其持有的股权资产对境外非居民企业投资的交易结构进行分析，根据其持有的用于投资的股权资产的不同，"内对外"跨境重组的交易结构类型包括图4-1-8、图4-1-9和图4-1-10所示的三种类型。

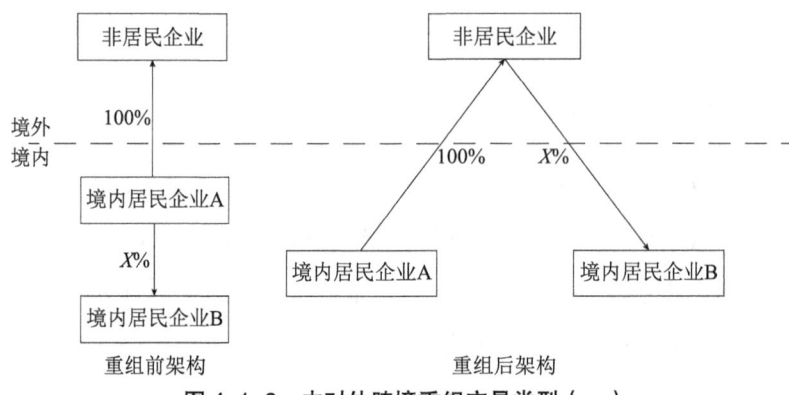

图4-1-8　内对外跨境重组交易类型（一）

在图4-1-8的跨境重组交易类型中，居民企业A公司以其持有的境内居民企业B公司的股权对境外非居民企业进行投资，从而实现了境内权益向境外的转移，重组交易完成后境内居民企业A公司持有境内居民企业B公司股权的方式由原来的直接持有转为间接持有。

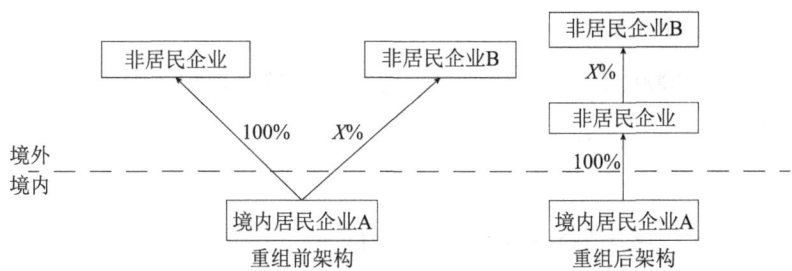

图 4-1-9 内对外跨境重组交易类型（二）

在图 4-1-9 的跨境重组交易类型中，境内居民企业 A 公司以其持有的境外非居民企业 B 公司的股权向其 100% 直接持股的另一境外非居民企业进行投资，重组交易完成后境内居民企业 A 公司持有境外非居民企业 B 公司股权的方式由原来的直接持股转为间接持股。

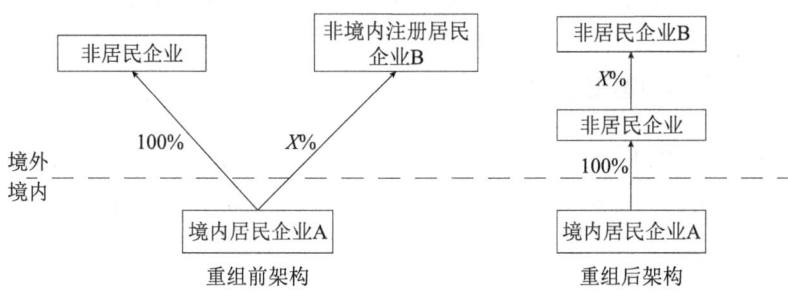

图 4-1-10 内对外跨境重组交易类型（三）

在图 4-1-10 的跨境重组交易类型中，境内居民企业 A 公司将其持有的非境内注册居民企业 B 公司的股权转让给其 100% 直接持股的境外非居民企业。重组交易完成后居民企业 A 公司持有非境内注册居民企业 B 公司股权的持股方式发生了变动，由于被转让股权的非境内注册居民企业 B 公司的投资者发生了变化，根据国税发〔2009〕82 号文的规定，B 公司的纳税人身份也会发生变动，由原来的非境内注册居民企业转变为境外非居民企业。

（四）其他类型跨境重组交易

除了前述三种类型的跨境重组交易外，根据财税〔2009〕59 号文第七条第（四）项的规定，其他类型的跨境重组交易若适用特殊性税务处理的，应当经财政部、国家税务总局核准。

由于财税〔2009〕59号文并未对跨境重组的概念作出规范,所以第七条第(四)项规定在实务中是较难执行的。

二、跨境重组适用特殊性税务处理要件

企业发生财税〔2009〕59号文第七条规范的"外对外""外对内"及"内对外"三种类型的跨境重组交易适用特殊性税务处理,除需要满足财税〔2009〕59号文第五条的股东利益连续、营业企业继续和商业目的三个基本要件外,财税〔2009〕59号文第七条针对上述三种类型的跨境重组交易适用特殊性税务处理作出了更为严格的要件,主要是交易双方持股方式及持股比例要求。

(一) 外对外跨境重组交易

根据财税〔2009〕59号文第七条第(一)项的规定,"外对外"跨境重组交易适用特殊性税务处理除了要满足财税〔2009〕59号文第五条规定的要件外,还应同时满足如下要件。

1. 交易主体及其关系

如前所述,"外对外"跨境重组交易中,重组交易双方均是境外非居民企业,并且股权转让方应当"100%直接控股"股权受让方。

其一,股权转让方与股权受让方是"100%直接控股"关系,不包括间接100%控股或者直接和间接100%控股;其二,与"外对内"跨境重组交易双方之间为"具有100%直接控股关系"不同,在"外对外"跨境重组交易中,股权转让方持有股权受让方100%股权,也即母公司向其全资子公司转让股权,并不包括全资子公司向母公司转让股权的情形。

2. 转让标的

"外对外"跨境重组交易中,被转让股权的居民企业仅限于境内注册居民企业,并不包括非境内注册居民企业。

3. 预提税负担不变化

根据《企业所得税法》第三条的规定，非居民企业取得来源于中国境内的所得应当依法缴纳预提所得税。我国与不同的国家或地区签订的双边或多边税收协定中针对不同性质所得的预提所得税可能会规定一些差异化政策，"外对外"跨境重组交易使得境内居民企业的股东发生了变化，可能会导致境外投资者的预提税负担有所变化，所以财税〔2009〕59号文第七条第（一）项规定，适用特殊性税务处理的"外对外"跨境重组交易"没有因此造成以后该项股权转让预提所得税负担变化"。

该要件中"预提税负担"不发生变化的所得仅限于"股权转让所得"，并不包括"股息红利所得"的"预提税负担"，根据2013年第72号公告的规定，股权转让后"股息红利所得"的"预提所得税负担"发生变化的，并不影响"外对外"跨境重组交易适用特殊性税务处理。

4. 股东利益连续期限要求

财税〔2009〕59号文第七条要求"外对外"跨境重组交易后"转让方非居民企业向主管税务机关承诺在3年（含3年）内不转让受让方非居民企业的股权"。相比于一般重组特殊性税务处理对于股东利益连续的时间要求为重组后连续12个月，"外对外"跨境重组交易要求重组后的股东利益连续时间为3年。

（二）外对内跨境重组交易

根据财税〔2009〕59号文第七条第二项规定，"外对内"跨境重组交易适用特殊性税务处理除满足财税〔2009〕59号文第五条规定的一般要件外，还需要同时满足如下要件。

1. 交易主体及其关系

在"外对内"跨境重组交易中，非居民企业是指境外非居民企业，居民企业则既包括境内居民企业，也包括非境内注册居民企业。

在"外对内"跨境重组交易中，仅要求股权转让方与股权受让方存在"100%直接控股关系"，但是对于控股的方向则没有明确的要求，既可以是转让方直接持有受让方100%股权，也可以是受让方直接持有转让方100%股权。

2. 标的企业

在"外对内"跨境重组交易中，被转让股权的居民企业仅限于境内注册居民企业，并不包括依据国税发〔2009〕82号文认定的非境内注册居民企业。

（三）内对外跨境重组交易

根据财税〔2009〕59号文第七条第（三）项的规定，"内对外"跨境重组交易适用特殊性税务处理除需要满足财税〔2009〕59号文第五条规定的一般要件外，还需要满足作为资产转让方的居民企业直接持有被投资企业100%股权这一要件。

三、跨境重组特殊性税务处理的税收待遇

财税〔2009〕59号文第七条明确了跨境重组适用特殊性税务处理应当满足的要件，但仅在第八条对第七条规范的"内对外"跨境重组交易的所得税待遇做了规范，"外对外"跨境重组交易及"外对内"跨境重组交易适用特殊性税务处理的规则并未在财税〔2009〕59号文中单独规定，对这两种类型跨境重组交易适用特殊性税务处理的，重组当事方应当按照财税〔2009〕59号文第六条的规定进行所得税处理。

具体而言，企业发生跨境重组交易时重组当事方的企业所得税待遇可分为如下两种类型。

（一）递延纳税待遇

递延纳税待遇主要适用于"外对外"跨境重组交易及"外对内"跨境重组交易，其交易各方的所得税处理与一般重组适用特殊性税务处理的递延纳税待遇相同，但由于跨境重组交易涉及不同国家或地区的税收协定待遇，因此在具体的所得税处理上也有着自身的特点。

1.转让方的所得税待遇

"外对外"跨境重组交易及"外对内"跨境重组交易适用特殊性税务处理时，股权转让方在重组交易发生当期不确认转让股权的所得或损失；同时以所转让股

权的原有计税基础作为取得受让方股权对价的计税基础。

2.受让方的所得税待遇

"外对外"跨境重组交易及"外对内"跨境重组交易适用特殊性税务处理时，受让方取得被转让的居民企业股权的计税基础以该居民企业原有计税基础确定。

3.被转让企业的税收待遇

对于被转让的境内居民企业而言，在企业重组交易前后仅仅是股东发生了变化，所以被转让企业原有的所得税事项并不发生变动，但若该所得税事项与被转让企业股东性质有关且重组后股东性质发生变化的，则该所得税事项不得在重组后的企业继续享受。

4.居民企业对外分配股息税收待遇

在"外对外"跨境重组交易中，重组完成后境内居民企业的投资者发生了变化，财税〔2009〕59号文第七条仅要求变更后"股权转让所得预提税负担"不发生变化；由于我国与不同国家或地区签订的税收协定中存在关于股息分配的税收优惠，若境内居民企业在跨境重组前存在未分配的利润，对于该未分配利润是适用重组前非居民企业所在国家或地区的税收协定待遇还是重组后非居民企业所在国家或地区的税收协定待遇，财税〔2009〕59号文并未予以明确。

对此问题2013年第72号公告做了明确规定：在"外对外"跨境重组交易中，转让方和受让方不在同一个国家或地区的，若被转让企业股权转让前的未分配利润在转让后分配给受让方的，不享受受让方所在国家（地区）与中国签订的税收协定（含税收安排）的股息减税优惠待遇，并且由被转让企业按税法相关规定代扣代缴企业所得税，到其所在地主管税务机关申报缴纳。

所以，因企业"外对外"跨境重组交易导致转让前后的未分配利润预提所得税负担发生变化的，对于重组前的未分配利润不得享受重组后的股息减税优惠待遇，这在一定程度上避免了企业通过此类企业重组交易改变股息分配税收待遇的避税型跨境重组交易。

（二）分期确认待遇

财税〔2009〕59号文第八条规定，对于第七条第（三）项的"内对外"跨境重组交易适用特殊性税务处理的，可以在 10 个纳税年度内均匀计入各年度应纳税所得额。

所以"内对外"跨境重组交易特殊性税务处理适用的是分期确认待遇，即用于投资的资产或股权已实现的资产转让所得并非在重组交易当期一次性确认，而是分 10 年等额确认；此种分期确认待遇不同于境内居民企业非货币性资产投资的分期确认待遇，"内对外"跨境重组交易中的分期确认只能按照 10 年分期，而非由纳税人选择分期的时间。

四、跨境重组特殊性税务处理的税收管理

（一）基本规定

由于跨境重组交易涉及境外主体，所以在适用特殊性税务处理时其税收征管方式也有别于一般类型下的企业重组交易，2010 年第 4 号公告第三十六条规定："发生《通知》第七条第（一）、（二）项规定的重组，适用特殊税务处理的，应按照《国家税务总局关于印发〈非居民企业所得税源泉扣缴管理暂行办法〉的通知》（国税发〔2009〕3 号）和《国家税务总局关于加强非居民企业股权转让所得企业所得税管理的通知》（国税函〔2009〕698 号）要求，准备资料。"2013 年第 72 号公告对非居民企业股权转让适用特殊性税务处理的管理做了具体的要求。

根据上述规范性文件的规定，非居民企业发生股权转让交易适用特殊性税务处理，在不同时期的所得税管理方式有所不同，具体见表 4-1-1。

表 4-1-1　非居民企业股权转让特殊性税务处理的所得税管理

期间	管理方式
2008.1.1—2013.12.11	九、非居民企业取得股权转让所得，符合财税〔2009〕59 号文件规定的特殊性重组条件并选择特殊性税务处理的，应向主管税务机关提交书面备案资料，证明其符合特殊性重组规定的条件，并经省级税务机关核准。 ——《国家税务总局关于加强非居民企业股权转让所得企业所得税管理的通知》（国税函〔2009〕698 号）

续表

期间	管理方式
2013.12.12—2015.5.31	二、非居民企业股权转让选择特殊性税务处理的，应于股权转让合同或协议生效且完成工商变更登记手续 30 日内进行备案。 七、非居民企业股权转让未进行特殊性税务处理备案或备案后经调查核实不符合条件的，适用一般性税务处理规定，应按照有关规定缴纳企业所得税。 ——2013 年第 72 号公告
2015.6.1 至今	三、非居民企业股权转让适用特殊性税务处理备案后经调查核实不符合条件的，应调整适用一般性税务处理，按照有关规定缴纳企业所得税。非居民企业股权转让适用特殊性税务处理未进行备案的，税务机关应告知其按本公告第二条、第三条的规定办理备案手续。 ——《国家税务总局关于修改〈非居民企业所得税核定征收管理办法〉等文件的公告》（国家税务总局公告 2015 年第 22 号）

从表 4-1-1 可以看出，非居民企业股权转让适用特殊性税务处理，所得税的征收管理由原有的事先核准管理转为事先备案管理，且在 2015 年 6 月 1 日前，对未事先备案的跨境重组在事后检查过程中因未能履行备案程序而应当如何进行税务处理，相关的规范性文件并未予以明确，在 2015 年 6 月 1 日及之后，对于未能事先备案的跨境重组交易在事后检查时符合特殊性税务处理要件但未备案的，可由企业在补充备案后适用特殊性税务处理。

（二）备案内容

2010 年第 4 号公告和 2013 年第 72 号公告对财税〔2009〕59 号文第七条规范的三种类型跨境重组的税务备案事项进行了明确的规范，分别从备案主体、备案时间、备案税务机关、备案资料等方面进行了明确，具体见表 4-1-2。

表 4-1-2 跨境重组特殊性税务处理备案管理主要事项表[①]

事项	"外对外"跨境重组	"外对内"跨境重组	"内对外"跨境重组
备案主导方	转让方完成备案	受让方完成备案	居民企业提交资料[②]
备案时间	股权转让合同或协议生效且完成工商变更登记手续 30 日内		未明确
备案税务机关	被转让企业所在地主管税务机关	受让方所在地主管税务机关	居民企业所在地主管税务机关

续表

事项	"外对外"跨境重组	"外对内"跨境重组	"内对外"跨境重组
备案资料	股权转让方、受让方或其授权代理人（以下简称备案人）办理备案时应提供以下资料： （一）《非居民企业股权转让适用特殊性税务处理备案表》； （二）股权转让业务总体情况说明，应包括股权转让的商业目的、证明股权转让符合特殊性税务处理条件、股权转让前后的公司股权架构图等资料； （三）股权转让业务合同或协议（外文文本的同时报送中文译本）； （四）工商等相关部门核准企业股权变更事项证明资料； （五）截至股权转让时，被转让企业历年的未分配利润资料； （六）税务机关要求的其他材料③。 以上资料已经向税务机关报送的，备案人可不再重复报送。其中以复印件向税务机关提交的资料，备案人应在复印件上注明"本复印件与原件一致"字样，并签字后加盖备案人印章；报送中文译本的，应在中文译本上注明"本译文与原文表述内容一致"字样，并签字后加盖备案人印章		（一）当事方的重组情况说明，申请文件中应说明股权转让的商业目的； （二）双方所签订的股权转让协议； （三）双方控股情况说明； （四）由评估机构出具的资产或股权评估报告。报告中应分别列示涉及的各单项被转让资产和负债的公允价值； （五）证明重组符合特殊性税务处理条件的资料，包括股权或资产转让比例，支付对价情况，以及12个月内不改变资产原来的实质性经营活动、不转让所取得股权的承诺书等③； （六）税务机关要求的其他材料
税务审核	主管税务机关应当自受理之日起30个工作日内就备案事项进行调查核实、提出处理意见，并将全部备案资料以及处理意见层报省（含自治区、直辖市和计划单列市，下同）税务机关	应区分以下两种情形予以处理： （一）受让方和被转让企业在同一省且同属国税机关或地税机关管辖的，按照"外对外"跨境重组交易的审核执行。 （二）受让方和被转让企业不在同一省的，受让方所在地省税务机关收到主管税务机关意见后30日内，应向被转让企业所在地省税务机关发出《非居民企业股权转让适用特殊性税务处理告知函》	未明确
审核处理	非居民企业股权转让适用特殊性税务处理备案后经调查核实不符合条件的，应调整适用一般性税务处理，按照有关规定缴纳企业所得税		未明确

续表

事项	"外对外"跨境重组	"外对内"跨境重组	"内对外"跨境重组
未备案的后果	2015年5月31日前：未进行特殊性税务处理备案的，适用一般性税务处理。 2015年6月1日起：非居民企业股权转让适用特殊性税务处理未进行备案的，税务机关应当告知其按照2013年第72号公告第二条、第三条的规定办理备案手续⑤		未明确

注：①"外对外"跨境重组交易及"外对内"跨境重组交易税收管理主要在2013年第72号公告中规范；"内对外"跨境重组交易税收管理主要在2010年第4号公告中规范。

②根据2010年第4号公告第三十七条的规定，发生财税〔2009〕59号文第七条第（三）项规定的重组，居民企业应当向其所在地主管税务机关报送资料。该公告并未将其作为备案管理，同时也未规定居民企业提供资料的时间。

③根据2010年第4号公告第三十六条的规定，财税〔2009〕59号文第七条第（一）、（二）项规定的重组，适用特殊性税务处理的，应按照《国家税务总局关于印发〈非居民企业所得税源泉扣缴管理暂行办法〉的通知》（国税发〔2009〕3号）和《国家税务总局关于加强非居民企业股权转让所得企业所得税管理的通知》（国税函〔2009〕698号）要求，准备资料。自2017年12月1日起，上述两个规范性文件已被《国家税务总局关于非居民企业所得税源泉扣缴有关问题的公告》（国家税务总局公告2017年第37号，以下简称"2017年第37号公告"）所取代。

根据2017年第37号公告第十一条的规定："主管税务机关可以要求纳税人、扣缴义务人和其他知晓情况的相关方提供与应扣缴税款有关的合同和其他相关资料。扣缴义务人应当设立代扣代缴税款账簿和合同资料档案，准确记录非居民企业所得税扣缴情况。"

④由于财税〔2009〕59号文第五条并未对跨境重组中股权或资产收购比例有所要求，且财税〔2009〕59号文第七条第（三）项也未就用于投资的资产或股权比例作出限制，所以该项资料中的资产或股权转让比例、支付对价等情况应当仅仅是对重组方案内容描述性的要求，并非适用特殊性税务处理税收待遇限定性的要求。

⑤根据2013年第72号公告第七条的规定，非居民企业股权转让未进行特殊性税务处理备案或备案后经调查核实不符合条件的，适用一般性税务处理规定，应按照有关规定缴纳企业所得税。但是自2015年5月1日起施行的《国家税务总局关于修改〈非居民企业所得税核定征收管理办法〉等文件的公告》（国家税务总局公告2015年第22号）第三条将上述的条款进行了修改。

（三）重组前未分配利润管理

在"外对外"跨境重组交易中，境外非居民企业将其持有的居民企业股权转让给另一境外非居民企业，转让方与受让方可能并不在同一国家或地区，而我国与不同的国家或地区签订的税收协定或税收安排对于利润分配有不同的适用税率，在这种情况下由于财税〔2009〕59号文并未将利润分配预提所得税负担变化作为"外对外"跨境重组交易适用特殊性税务处理的要件之一，因此对于重组前的未分配利润分配给新的非居民企业应当如何确定适用税率将成为"外对外"跨境重组交易后续税务管理的内容之一。

为此，2013年第72号公告第八条规定："非居民企业发生股权转让属于《通知》第七条第（一）项情形且选择特殊性税务处理的，转让方和受让方不在同一国家或地区的，若被转让企业股权转让前的未分配利润在转让后分配给受让方的，不享受受让方所在国家（地区）与中国签订的税收协定（含税收安排）的股息减税优惠待遇，并由被转让企业按税法相关规定代扣代缴企业所得税，到其所在地所得税主管税务机关申报缴纳。"

五、外商投资企业的合并、分立

（一）外商投资企业合并分立的概念

外商投资企业是指2021年12月31日及之前依据《中华人民共和国中外合资经营企业法》（1979年7月1日第五届全国人民代表大会第二次会议通过，2016年9月3日第十二届全国人民代表大会常务委员会第二十二次会议修正）、《中华人民共和国中外合作经营企业法》（1988年4月13日第七届全国人民代表大会第一次会议通过，2017年11月4日第十二届全国人民代表大会常务委员会第三十次会议修正）及《中华人民共和国外资企业法》（1986年4月12日第六届全国人民代表大会第四次会议通过，2016年9月3日第十二届全国人民代表大会常务委员会第二十二次会议修正）的规定设立的外商投资企业或者2022年1月1日及之后依据《中华人民共和国外商投资法》（2019年3月15日第十三届全国人民代表大会第二次会议通过）的规定设立的外商投资企业。

外商投资企业的合并、分立是指外商投资企业依据法律规定或者合同的约定依法进行的企业合并、企业分立行为，其具体的交易方式与前述企业合并、企业分立的交易方式相同，所不同的是外商投资企业合并和分立涉及境外的投资者。

图4-1-11和4-1-12是典型的外商投资企业合并与外商投资企业分立的模式。

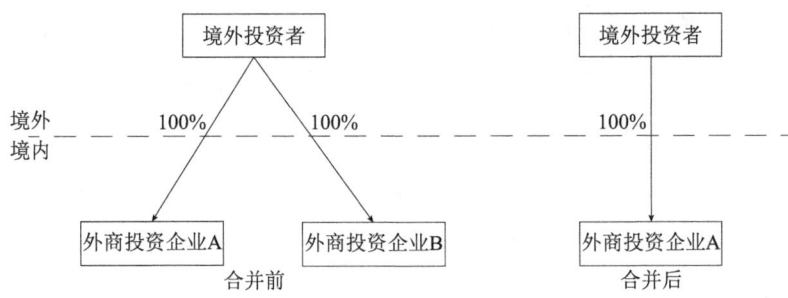

图 4-1-11 外商投资合并交易类型

图 4-1-11 是一种最为典型的外商投资企业吸收合并交易类型图，在该类型中，外商投资企业 A 公司吸收合并外商投资企业 B 公司，吸收合并后外商投资企业 A 公司存续，外商投资企业 B 公司注销；吸收合并完成后外商投资企业 A 公司的股东并不发生变动。

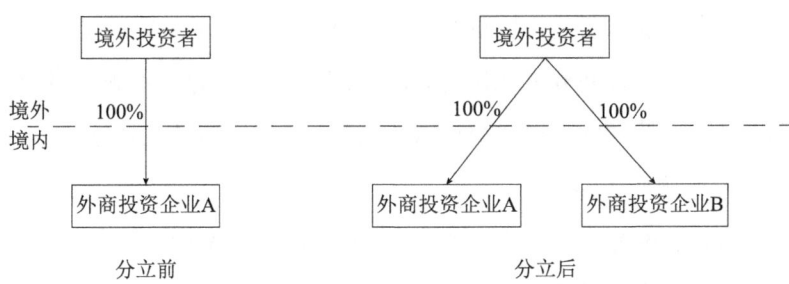

图 4-1-12 外商投资企业分立交易类型

图 4-1-12 是一种典型的外商投资企业存续分立的交易类型图，在该类型中，外商投资企业 A 公司存续分立为外商投资企业 A 公司和外商投资企业 B 公司，分立后的 A 公司和 B 公司股权结构与分立前的 A 公司相比未发生变化。

（二）外商投资企业合并分立特殊性税务处理要件

外商投资企业发生合并分立重组交易企业所得税适用特殊性税务处理除了满足财税〔2009〕59 号文第五条规定的要件外，是否还需要满足财税〔2009〕59 号文第七条规定的要件，在实务中存在一定的争议。

一种观点认为外商投资企业的合并分立重组交易除了满足财税〔2009〕59 号文第五条规定的一般要件外，还应当满足第七条规定的要件。其理由是财税

〔2009〕59号文第七条是规范跨境重组适用特殊性税务处理的条款，而外商投资企业合并分立由于交易当事一方为境外主体，所以属于跨境重组交易，而且根据企业合并与分立拆分的交易路径分析都涉及权益在境内外的转移，因此应当适用第七条规范的要件。另一种观点认为外商投资企业合并分立重组交易适用特殊性税务处理并不需要满足财税〔2009〕59号文第七条规定的要件，只需要满足第六条规定的对应重组类型的要件即可。

本书认为外商投资企业合并分立适用特殊性税务处理不应当适用财税〔2009〕59号文第七条规范的要件，主要理由如下。

1. 跨境重组的定义

虽然理论上认为企业重组交易当事一方涉及境外主体或者企业重组标的涉及境外资产的，则该企业重组即为跨境重组，但财税〔2009〕59号文并未明确跨境重组的具体概念，也未明确跨境重组交易特殊性税务处理需要满足的一般要件，所以将外商投资企业合并分立认定为跨境重组交易且认为其不满足财税〔2009〕59号文第七条规定要件的不得适用特殊性税务处理并没有政策依据。

2. 第七条规范的类型

财税〔2009〕59号文第七条规范了三种类型的跨境重组交易，但其规范的主要重组方式为涉及中国境内与境外之间（包括港澳台地区）的"股权和资产收购交易"。财税〔2009〕59号文第一条明确企业重组类型包括企业法律形式改变、债务重组、股权收购、资产收购、合并和分立六种类型，而第七条规范的跨境企业重组类型是跨境的"股权收购"和"资产收购"，所以对于除"股权收购"和"资产收购"之外的其他跨境重组类型并不受到第七条所规定要件的限制。

3. 2013年第72号公告中的合并分立

2013年第72号公告第一条规定"《通知》第七条第（一）项规定的情形包括因境外企业分立、合并导致中国居民企业股权被转让的情形"。此处的境外企业分立、合并与外商投资企业分立、合并的概念并不相同。其一，发生分立、合并的主体不同，2013年第72号公告中的分立、合并主体是境外企业，是依据其他国家或地区的法律成立的企业；而外商投资企业分立、合并的主体是依据我国有关外商投资企业的法律法规成立的企业。其二，2013年第72号公告所规范的事项是指因企业分立、合并导致我国居民企业股权发生变动；外商投资企业分立、合并所导致的结果并不是企业股权的变动，而是创设了新的企业，是企业创设及灭失的行为。

所以 2013 年第 72 号公告所规范的企业分立、合并并不包括外商投资企业分立、合并交易，因此并不能以此推论出外商投资企业分立、合并重组交易需要满足第七条规范的要件。

4. 外商投资企业合并分立与第七条交易实质

财税〔2009〕59 号文第七条规范的跨境重组交易类型，其中第（一）项和第（二）项规范的跨境重组交易从本质上而言都是股权转出方持有所转让股权的方式发生了变动，而这种变动较为常见的是由直接持股转为间接持股，从法律关系而言体现为转出方持有资产的链条延长了；另外财税〔2009〕59 号文第七条规范的跨境重组交易往往导致被转让股权的企业的投资者后期税收管辖方式的变动。而外商投资企业合并、分立交易既没有延长境外投资者对合并、分立重组当事方企业的股权链条，又没有导致交易各方的税收管辖方式发生变动。

因此，外商投资企业合并分立重组交易与财税〔2009〕59 号文第七条规范的跨境重组交易在交易本质上是有差异的，不应当将外商投资企业合并分立适用特殊性税务处理简单适用财税〔2009〕59 号文第七条所规范的要件。

5. 实务中部分税务机关的观点

虽然财税〔2009〕59 号文并未就外商投资企业合并、分立重组交易是否适用第七条规定的要件作出明确规范，但实务中部分税务机关对于外商投资企业合并分立的重组交易在满足第六条规范的要件时认为即可享受特殊性税务处理。

《中国税务报》2015 年 11 月 6 日刊载了《企业借助事先裁定延迟纳税 8 000 万元》，其中涉及的案例即为外资企业吸收合并同一股东持股的另一外资企业，案例基本情况如下。

丹麦史密斯集团在山东省胶州市设立全资子公司艾法史密斯机械（青岛）有限公司（以下简称"胶州公司"），在青岛市城阳区设立了史密斯机械工业（青岛）有限公司（以下简称"城阳公司"），丹麦史密斯集团持有胶州公司和城阳公司 100% 股权。根据集团战略规划和发展需求，集团决定拟由胶州公司吸收合并城阳公司。

案例中胶州公司和城阳公司吸收合并前后各方的股权结构如图4-1-13所示。

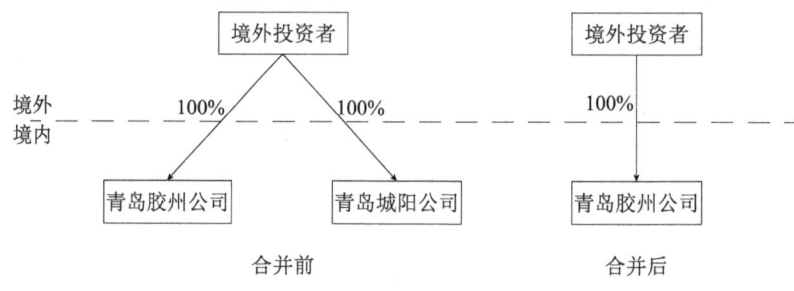

图4-1-13 吸收合并前后股权结构

对于该案例中的外商投资企业吸收合并交易事项，胶州公司向胶州市税务局提出了吸收合并城阳公司适用所得税特殊性税务处理的事先裁定申请，而青岛市税务局依照相关法律法规，为该合并事宜作出了税收事项的事先裁定，允许企业按照特殊性重组政策进行税务处理。

第二节 三角重组

一、三角重组的概念

（一）三角重组的概念

三角重组是与一般类型下的直接重组交易相对应的一种企业重组类型。企业直接重组体现的法律或协议当事方（不同于税收上的重组当事方）仅为两方，如资产收购的当事方为资产的收购方和转让方；股权收购的当事方为股权收购方和转让方；企业合并的当事方为合并企业与被合并企业；企业分立的当事方为被分立企业和分立企业。但是在三角重组交易中，除了前述的当事方外，收购方的母公司（在企业合并中为合并企业母公司、在企业分立中为被分立企业母公司）往往也是交易的当事方，具体的交易结构可见后续的分析。

企业直接重组交易中，在适用特殊性税务处理时，为了满足股东利益连续要件，收购方是以自身的股权作为支付对价的；但在三角重组交易中，用作收购对价的股权并不是作为当事方的收购公司自身的股权,而是收购公司母公司的股权。

财税〔2009〕59号文规定了企业重组适用特殊性税务处理时应当满足股东利益连续要件,同时也明确在股东利益连续要件下重组对价的股权支付包括"本企业或其控股企业的股权、股份",2010年第4号公告进一步明确"控股企业"是"由本企业直接持有股份的企业",而非本企业的母公司,所以我国当前的重组所得税制中并不存在三角重组交易类型。

(二)三角重组的交易原因

企业重组交易中,不采用直接重组模式而是采用三角重组法律架构的常见原因有如下几点。

1. 基于法律法规的要求

在一些国家或地区,规范企业重组交易的法律法规要求只有在交易发生地设立独立的法律主体并由该主体完成企业重组交易的,才可以从事并购重组交易或者享受相应的税收待遇。在这种情况下,企业重组的收购方必须基于该法律法规的要求在交易发生地设立收购子公司以完成企业重组交易。

2. 基于公司风险规避的要求

在企业收购交易中,收购方会对被收购企业进行法律、财务等诸多方面的尽职调查,以便对被收购企业的历史经营情况及法律风险进行充分的了解,但是基于信息不对称等多方面的原因,收购方无法对被收购企业存在的风险进行充分的调查和了解,在这种情况下收购方为了规避将被收购方直接纳入自身主体内产生的风险,往往会设立收购子公司,以收购子公司来完成重组交易。

3. 基于决策效率的要求

企业重组交易因对企业的经营影响较大,所以往往需要由收购方的股东会对交易进行决策,在收购方股东人数较多且股权结构较为复杂时可能会因股东会的决策效率而影响企业重组交易,当收购方通过设立收购子公司并由收购子公司完成并购重组交易时,作为收购交易主体的收购子公司的相关决策可以由收购方自身作出,此时则可以加快企业重组决策的效率。

二、三角重组的类型

常见的企业重组形式包括法律形式改变、债务重组、股权收购、资产收购、合并、分立及划转等多种类型。其中涉及收购方支付对价的重组类型是股权收购、资产收购和企业合并重组交易，所以三角重组可以分为三角股权收购、三角资产收购和三角合并。

（一）三角股权收购

1. 三角股权收购结构图

在三角股权收购重组交易中，收购方在取得被收购企业股权时，以其控股母公司的股权作为支付对价，从而实现对被收购企业的控制，典型的三角股权收购交易结构如图 4-2-1 所示。

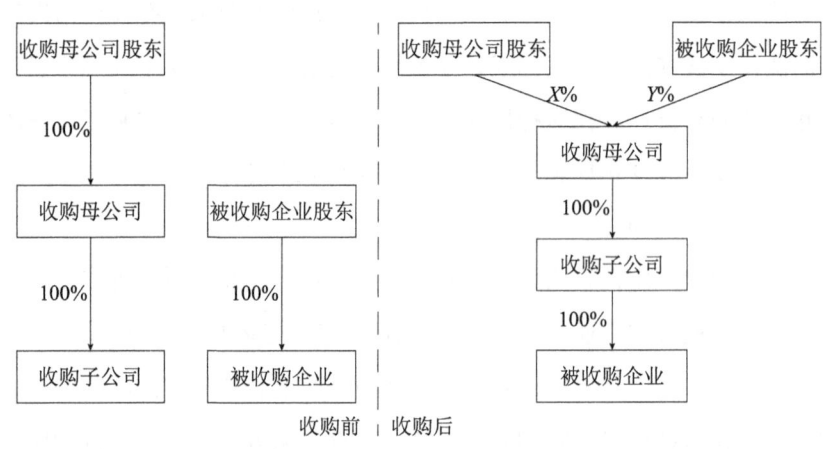

图 4-2-1　三角股权收购结构

图 4-2-1 是收购子公司收购被收购企业 100% 股权的交易结构，实务中也可能是收购部分股权。在三角股权收购交易过程中，用作支付对价的股权并非收购子公司自身的股权，而是收购母公司的股权，通过这种股权支付方式，被收购企业的股东通过持有收购母公司的股权而间接持有收购子公司的股权及被收购企业的权益，从而可以确保股东利益得以连续。

2. 三角股权收购的交易路径

对于三角股权收购交易的交易路径，有如下两种不同的解释。

路径一，股权对价预先支付子公司。

在这种交易路径中，收购母公司将其自身发行的用作收购对价的股权交付给收购子公司，然后再由收购子公司以其持有的收购母公司的股权作为支付对价从被收购企业股东手中收购其持有的被收购企业股权。

这种方式下三角股权收购交易的具体路径如图4-2-2所示。

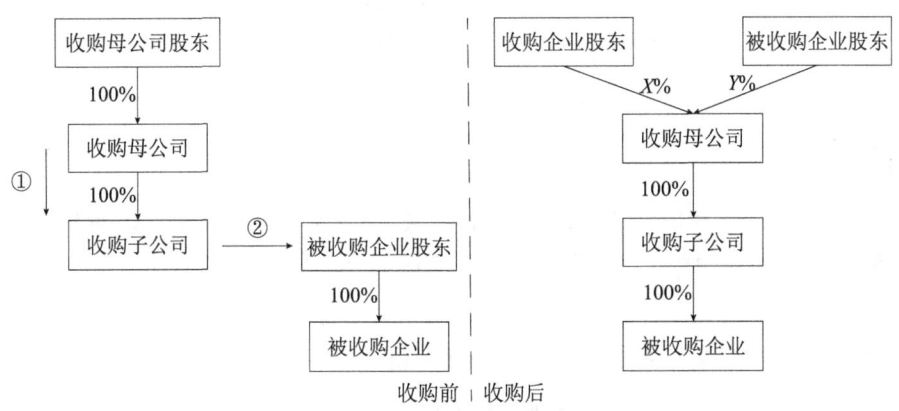

图4-2-2 三角股权收购路径（一）

注：①收购母公司将其增发的或库存的股权作为支付对价支付给收购子公司，在该步骤完成后，收购母公司对收购子公司的计税基础相应增加，而收购子公司持有收购母公司的股票可以作为收购支付对价；而收购母公司虽然增发了股票，但是其股权所对应的股东身份尚未确定。

②收购子公司将其持有的收购母公司的股权作为收购对价支付给被收购公司的股东，从而取得被收购公司的控制权，而被收购公司股东则以其持有的被收购公司的股权交换收购子公司持有的收购母公司股权。

经过上述的两个交易步骤，收购子公司取得了被收购企业的控制权，而被收购企业股东则取得了收购母公司的股权。

路径二，股权收购后投入子公司。

在这种交易路径下，先由收购母公司以自身股权作为收购对价收购被收购企业的股权，然后收购母公司将取得的被收购公司的股权对收购子公司进行增资。

这种方式下三角股权收购交易的具体路径如图4-2-3所示。

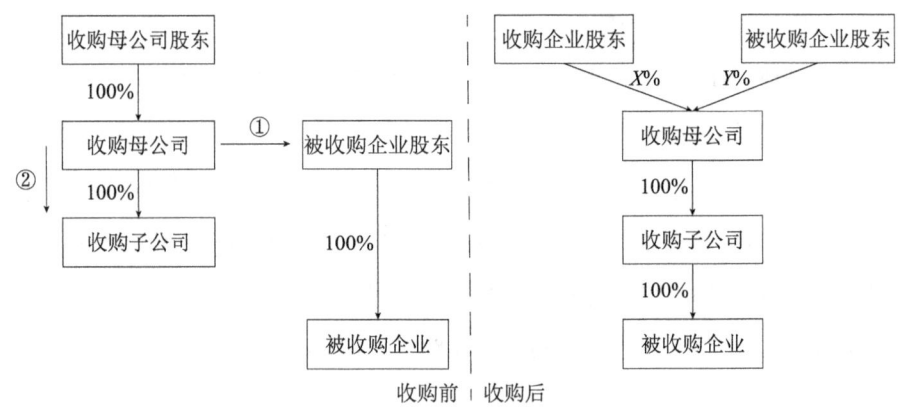

图 4-2-3 三角股权收购路径（二）

注：①收购母公司以自身的股权作为收购对价收购被收购企业股东持有的被收购企业股权，完成该步骤交易后，被收购企业股东持有收购母公司的股权；同时收购母公司持有被收购企业的股权。

②收购母公司将其持有的被收购企业股权作为出资方式投资到收购子公司，从而增加对收购子公司股权的计税基础，而收购子公司通过该交易步骤取得了被收购企业的控制权。

在上述的两个交易路径中，不同的交易路径所涉及的税收规则有所不同，在路径一中涉及股份增发的税收规则及股权收购的税收规则；而在路径二中则涉及股权收购的税收规则和非货币投资的税收规则。

（二）三角资产收购

三角资产收购与三角股权收购是相似的，只是交易标的由股权转为实质经营性资产，三角资产收购的交易结构、交易路径及涉税分析与三角股权收购是相似的，具体可见前述"三角股权收购"的相关内容。

（三）三角合并

1. 三角合并的交易结构图

三角合并是指在企业吸收合并或新设合并交易中，合并企业支付给被合并企业股东的股权并非合并企业自身的股权，而是合并企业母公司的股权。

三角合并除了常见的分为三角吸收合并和三角新设合并外，根据企业合并后合并子公司法律主体是否得以保留，还可以将三角合并分为前向三角合并和反向三角合并，其具体的交易结构图如图 4-2-4 所示。

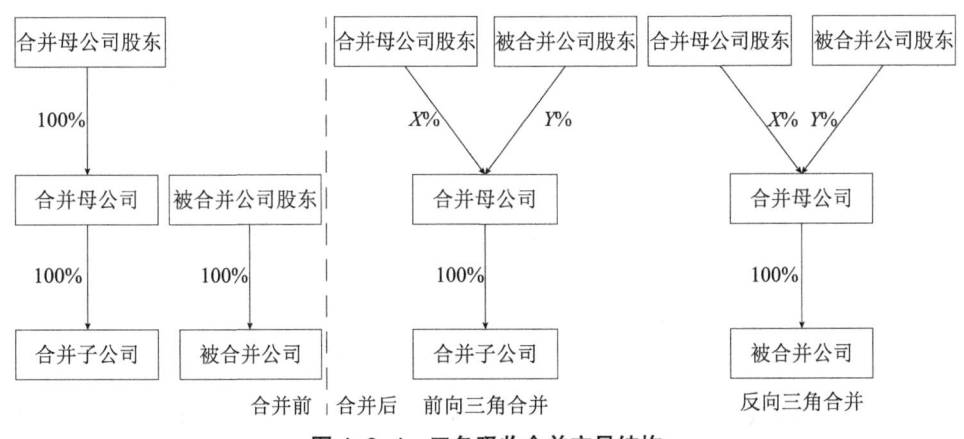

图 4-2-4　三角吸收合并交易结构

在前向三角合并中，合并子公司与被合并公司合并后，合并子公司存续，而被合并公司法律主体消灭；在反向三角合并中，作为合并方的合并子公司在合并后法律主体消灭。由于在公司合并中，合并方往往是指支付合并对价的一方，而反向三角合并中，合并方在合并后法律主体消灭，所以反向合并只适用于三角吸收合并的交易类型。

2. 三角吸收合并的交易路径

前向三角吸收合并的交易路径与前述的三角股权收购和三角资产收购的交易路径是相同的，都可以分为合并母公司在吸收合并取得被合并企业资产后再向下转移给合并子公司，以及合并母公司向合并子公司增发股份以将其增发的股份作为合并子公司取得被合并企业资产的交易对价，所以在此不再赘述。

对于反向吸收合并，由于在合并后作为合并方的合并子公司解散，所以其交易路径与前向三角合并的交易路径并不相同，具体如图 4-2-5 所示。

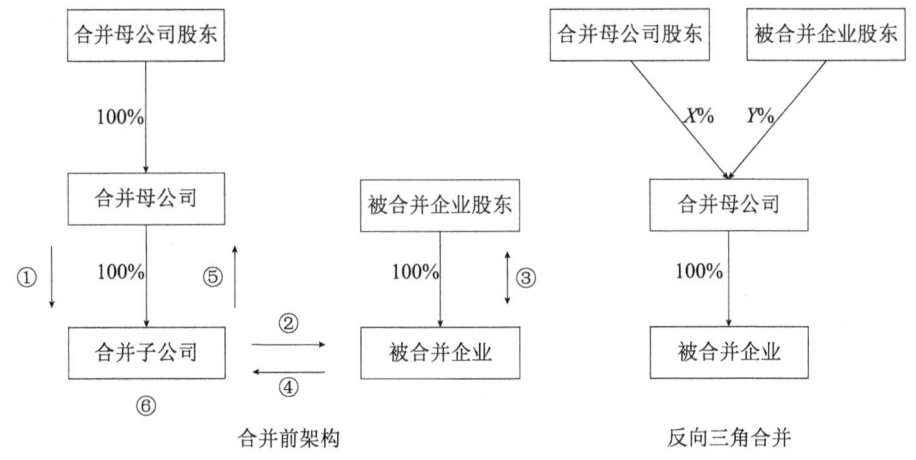

图 4-2-5 反向吸收合并交易路径

注：①与三角股权收购和三角资产收购相类似，合并母公司增发自身的股份给合并子公司用于作为企业合并的对价。

②合并子公司将取得的合并母公司股份及自身的所有资产和负债作为合并对价支付给被合并企业，以用于换取步骤④中被合并企业股东的股权；完成该交易步骤后，被合并企业持有合并子公司的所有资产和负债及合并母公司的股份。

③被合并企业将取得的合并母公司的股份作为对价交换被合并企业股东持有的被合并企业股权，在该交易步骤完成后，被合并企业股东不再持有被合并企业股权，而是持有合并母公司的股权。

④被合并企业将从股东处取得的被合并企业的股权作为步骤②中取得合并子公司合并对价的标的支付给合并子公司，在该交易步骤完成后，合并子公司仅持有被合并企业的股权。

⑤合并母公司将取得的被合并企业的股权作为对价交换合并母公司持有的合并子公司的股权；在该交易完成后，合并母公司持有被合并企业的股权，而合并子公司仅持有自身发行的股份。

⑥合并子公司在完成上述的交易步骤后，予以解散。

除了图 4-2-5 所示的交易路径外，对于反向三角吸收合并的交易路径还有一种解释为合并子公司收购被合并企业的股权，然后再完成收购子公司与被收购公司的纵向吸收合并；或者合并母公司收购被合并企业的股权后，完成合并子公司与被合并公司的横向吸收合并。对于反向三角吸收合并具体交易路径的理解除了其具体的操作方式外，还受到重组交易中各个主体所在国家或地区的公司法律的限制。

三、三角重组的所得税待遇

2010年第4号公告规定财税〔2009〕59号文中的"控股企业"是指"本企业直接持有股份的企业"。因此在我国重组所得税制中以母公司股权作为支付对价的,并不属于财税〔2009〕59号文规范的股权支付,不可以选择适用特殊性税务处理,而只能适用一般性税务处理。

第三节　附带债务的企业重组

一、当前重组所得税制的规范

虽然企业重组交易本质上是企业资产及由资产构成的业务的交易,但重组交易过程中收购方在取得被收购方资产的同时,该资产可能基于多种原因会附带一定的债务,如在资产收购交易过程中,所收购资产存在抵押贷款,在收购资产时往往会将该资产所附带的抵押贷款一并由转让方转移到受让方;在上市公司发生的资产重组交易中,其所收购或划转的标的往往是一项业务,该业务不仅包括其运营所需要的资产,还包括与该业务相关的各项债务、合约及人员等;除了上述情形外,实务中也常有资产或股权收购交易中收购方承担转让方其他债务的情况。在上述收购标的包含债务的情况下,重组交易双方是以资产价值扣除资产所承担的债务价值后的净额作为重组对价计算的,所以所附带的债务是否会影响到企业重组交易所得税待遇及会形成什么样的影响,是企业重组所得税制度需要明确的问题。

财税〔2009〕59号文第二条将企业重组交易中的支付对价分为股权支付和非股权支付,同时规定非股权支付是指企业以本企业的现金、银行存款、应收款项、本企业或其控股企业股权和股份以外的有价证券、存货、固定资产、其他资产及承担债务等作为支付的形式。由此可见财税〔2009〕59号文将企业重组过程中收购方为被收购方承担债务的支付方式视为非股权支付。

【示例4-3-1】

A公司拟通过定向增发股份的方式收购B公司持有的一项资产,该资产计税基础为600.00万元,公允价值为1 300.00万元,B公司基于经营需要将该资产抵押向银行申请贷款,贷款金额为500.00万元。A公司收购的标的包括该资产及与资产相关的银行抵押贷款,因此定向增发股份的公允价值为800.00万元。

涉税分析:

A公司收购B公司资产的公允价值为1 300.00万元,虽然A公司在交易过程中直接支付给B公司对价方式为增发的股权,但由于A公司在收购资产的同时承担了被收购资产的抵押贷款500.00万元,所以按照财税〔2009〕59号文对该资产收购交易中的收购对价进行分析时,其所收购资产的价值为1 300.00万元,其中股权支付为800.00万元,非股权支付为500.00万元。

按照上述的收购对价结构计算该资产收购交易中股权支付比例仅为61.54%(800.00÷1 300.00×100%),并非像收购协议所表现的A公司股权支付比例为100%。若按照财税〔2009〕59号文的字面理解,该资产收购业务因为股权支付比例并未达到特殊性税务处理要件的要求,所以只能适用一般性税务处理,资产转让方B公司在重组交易发生当期确认资产转让所得为700.00万元(1 300.00-600.00)。

二、债务承担引发的实务问题

由于财税〔2009〕59号文将企业重组交易中收购方所承担的债务作为非股权支付,且未区分债务性质统一将其视为转让方取得的非股权支付并影响交易中股权支付比例,从而使得很多企业重组交易因为债务的存在而无法满足特殊性税务处理中的股权支付比例要件,因此给企业正当的重组行为适用所得税特殊性税务处理造成一定的障碍。

（一）阻碍企业开展正常的重组业务

其一，资产收购过程中，收购方基于自身发展的战略目的收购转让方的实质经营性资产，所收购的标的往往不是一项单独的资产，而是构成了一项业务，该项业务包括与开展经营活动相关的货物资产、应收款项、固定资产及无形资产，同时也包括因该业务的开展或者资产的取得而形成的负债，如与业务相关的应付账款、预收账款等，该类负债并非资产收购交易过程中收购方支付的单独对价，而是构成了收购方的收购标的。若将此类负债理解成非股权支付并以此计算股权支付比例，会使得企业的重组交易因无法适用特殊性税务处理而产生大额的税金，从而给收购方造成额外的收购对价，进而使得企业正当的重组行为无法顺利进行。

其二，实务中的中小企业，特别是融资能力不好的企业会以不动产抵押的方式取得金融机构的贷款，在资产收购交易中，收购资产所附带的抵押贷款往往也是收购对象的一部分，对于该部分资产所附带的必要性的负债若视为非股权支付并影响股权支付比例，也会因无法满足特殊性税务处理的股权支付要件而阻碍企业的重组业务。

所以，实务中对于收购方所承担的债务不加区分的处理方式，在一定程度上并不利于企业通过正当资产重组行为优化企业运营。

（二）企业合并分立的差别化处理

根据前述企业合并或企业分立的交易路径可知，企业合并或分立实质上是企业资产合并或分离的行为，若被合并企业（或被分立资产）的资产负债率超过15%且将该部分负债作为合并方（分立企业）的非股权支付，则从一般意义上讲企业合并或分立因股份支付比例未能达到特殊性税务处理规定的要求，应适用一般性税务处理。但在实务中只要企业合并、分立未出现对股东的非股权支付时，则并不会考虑负债对企业合并、分立重组所得税的影响；同时通过前述章节的分析，财税〔2009〕59号文对企业合并、分立中的股份支付比例并未在企业层面考虑，而是在股东层面考虑，这与其他企业重组交易类型中对股份支付比例的考虑有所不同，形成同一因素的差异化处理，并不符合税收公平原则。

（三）资产划转的政策争议

我国规范企业重组所得税的文件主要有财税〔2009〕59号文和财税〔2014〕109号文，其中财税〔2014〕109号文规范了资产划转这一重组交易类型，并对资产划转所得税适用特殊性税务处理应当满足的要件及所得税待遇做了明确的规范。2015年第40号公告对适用特殊性税务处理的资产划转的类型及要件做了进一步的明确，第一条第（一）项规定母子公司有偿划转的要件为"100%直接控制的母子公司之间，母公司向子公司按账面净值划转其持有的股权或资产，母公司获得子公司100%的股权支付"。

对于上述的要件，一种观点认为划转资产包含负债的情况下，仍然可以适用资产划转的特殊性税务处理，其理由是：首先，无论是财税〔2014〕109号文还是2015年第40号公告均未限制资产划转中附带负债，而仅仅是要求划出方按照资产的账面净值划转资产；其次，2015年第40号公告虽然将资产划转区分为四种类型，在上述的类型中要求"母公司获得子公司100%的股权支付"，但是对于"股权支付"的概念并未予以规范，而且财税〔2014〕109号文并非财税〔2009〕59号文的下位文件，所以是否可以用财税〔2009〕59号文限定此处的股权支付概念，是存在争议的；最后，上述的"母公司获得子公司100%股权支付"可以理解为在整个资产划转交易中母公司并未获得子公司其他的非货币性资产对价即可。

所以，对于资产划转所得税特殊性税务处理要件的一种理解是：若划转的资产附带债务但子公司仅以100%股权作为支付对价的，则该资产划转重组交易仍然可以适用特殊性税务处理待遇。

（四）利用债务承担进行避税

虽然在企业重组交易中存在一种观点认为所收购资产可以附带债务，但若没有完善的债务承担税收规则，将会出现利用债务承担规则进行避税的企业重组行为。

【示例4-3-2】

A公司拟收购B公司持有的一项资产,该资产的计税基础为800.00万元,公允价值为1 300.00万元,具体的收购方案为:B公司以该资产为抵押物向银行贷款780.00万元(公允价值的60%),在资产收购交易中B公司将该资产及因该资产抵押贷款的负债一并转移给A公司,A公司发行公允价值520.00万元的自身股权作为收购对价。

涉税分析:

在本案例中,收购方A公司在取得被收购资产的同时承担因该资产抵押的债务,若认为该债务不影响股权支付比例从而对交易按照特殊性税务处理进行所得税处理,则会出现如下税收后果。

(1)B公司收购交易中从金融机构取得的抵押贷款金额780.00万元因重组交易适用特殊性税务处理而无须缴纳企业所得税;B公司取得A公司股权的公允价值为520.00万元;B公司取得A公司股权的计税基础按照被收购资产原有计税基础800.00万元确定。

(2)B公司在以后年度按照公允价值520.00万元处置取得的A公司股权,因为处置收入未超过股权计税基础而无须缴纳企业所得税。

(3)在整个交易中,B公司转让上述资产,取得现金总金额为1 300.00万元(780.00+520.00),但整个交易过程中B公司并未缴纳企业所得税,达成了被收购方按照公允价值取得了现金流入但无须缴纳企业所得税的避税目的。

三、债务承担规则的建议

由于实务中债务承担已成为企业重组中的常态,这种情况下要达到既鼓励企业开展正当重组又要防止企业通过重组进行避税的目的,本书认为可以参考一些国家或地区的做法对债务承担规则做如下方面的尝试。

（一）对承担的债务进行分类

在资产收购中，收购方在交易中承担的负债根据其与所收购资产之间的关系，可以分为与所收购资产直接相关的负债和与所收购资产不直接相关的负债。

其中与所收购资产直接相关的负债包括如下几种类型：因取得资产而产生的负债，如企业借款购买的设备，借入的款项即属于与所购买资产相关的负债；以资产担保而产生的负债，如企业以购入的设备向金融机构抵押贷款的，抵押借入的款项属于与该资产相关的负债；因企业运营而产生的负债，如企业采购原材料应付供应商的款项属于与原材料相关的负债，企业将资产对外出租而向承租方收取的押金等属于与该资产相关的负债，企业因销售产品而预收客户的款项属于与所售商品相关的负债。

与所收购资产不相关的负债是指除上述与资产直接相关的负债之外的债务。

（二）不同负债对股权支付比例的影响

在对收购方所承担的负债进行分类后，可以就该负债对计算企业重组中股权支付比例的影响作出不同的规范：若仅承担与资产直接相关的负债且收购方仅以适格股权对价作为支付方式的，在计算企业重组股权支付对价比例时可不将该部分负债作为非股权支付；若承担的负债包括与所收购资产不直接相关的负债或者只承担与所收购资产直接相关的负债但是收购方还存在适格股权对价之外的其他对价支付方式（如非货币性资产等），则将收购方所承担的所有负债（包括与资产直接相关的负债和与资产不直接相关的负债）都视为非股权支付。

在采用上述差别化处理后，在收购方只承担与收购资产直接相关的负债时可以适用特殊性税务处理，不影响企业正当的重组行为；同时也可以规避因承担与资产不直接相关债务的避税问题。

【示例 4-3-3】

A 公司拟收购 B 公司持有的一项资产，该资产的计税基础为 800.00 万元，公允价值为1 300.00万元，B公司因经营需要用该资产向银行抵押贷款300.00万元。在收购交易中A公司必须承担B公司因该资产向银行的抵押贷款，双方在确定具体的收购对价支付方式时有如下的两种方案。

（1）方案一：A公司以增发的公允价值为1 000.00万元的自身股份为支付对价；

（2）方案二：A公司以增发的公允价值为800.00万元的自身股份为支付对价，同时承担B公司与其他单位的往来款债务200.00万元。

涉税分析：

在方案一中，由于A公司承担的负债是与收购资产直接相关的负债，所以在计算资产收购交易的股权支付比例时，并不将该负债视为非股权支付。因此在方案一中，A企业股权支付比例为100%（1 300.00÷1 300.00×100%），若满足资产收购特殊性税务处理的其他要件，则该资产收购重组交易可适用特殊性税务处理。

在方案二中，由于A公司承担的负债不仅包括与收购资产直接相关的负债，同时还包括与收购资产不直接相关的负债，所以对于所有的负债在计算股权支付比例时均要视为非股权支付。因此在方案二中，A公司股权支付比例为61.54%（800.00÷1 300.00×100%），由于未能达到85%的要求，该资产收购重组交易只能适用一般性税务处理。

（三）对转让方重组损益的影响

当收购方承担与收购资产不直接相关的负债时，由于所承担的负债全部作为非股权支付，所以对重组损益的影响与一般情形下的影响是相同的，并无特殊规则。当收购方仅承担与收购资产直接相关的负债时，由于该负债并不视为非股份支付，所以在重组交易中也不确认与重组资产相关的资产转让所得或损失。

在示例4-3-2中，不同的收购方案中应当确认的资产转让所得或损失如下。

在方案一中，由于只承担了与所收购资产直接相关的负债，所以资产收购交易适用特殊性税务处理，B公司并不需要在重组交易当期确认被收购资产已实现的转让所得500.00万元（1 300.00-800.00）。

在方案二中，按照资产收购的一般性税务处理，根据财税〔2009〕59号文的规定，B公司在重组交易当期应当确认的与非股权支付相关的资产转让所得金额＝（1 300.00-800.00）×（500.00÷1 300.00）＝192.31（万元）。

（四）对取得股权支付计税基础的影响

根据财税〔2009〕59号文第六条的规定，资产收购重组交易适用特殊性税务处理的，被收购方取得收购方股权支付的计税基础，以被收购资产的原有计税基础确定。

当收购方仅承担与所收购资产直接相关的负债时，在按照上述的规则进行所得处理时，虽然该负债在计算股权支付比例时不视为非股权支付，同时也不确认与所承担负债相对应的资产转让所得，但是在确定被收购企业取得收购方股权支付的计税基础时，应当将该部分债务视为被收购方取得了非股权支付，并以此调整取得股权支付的计税基础。因为只有在这种税收规则下，被收购企业就该部分负债未确认的资产转让所得可以通过在以后处置取得的股权支付对价时再予以确认，避免因债务承担规则而使得被收购企业少确认资产转让所得。

在示例4-3-2的方案一中，根据递延纳税待遇的一般理论，B公司取得A公司增发股权的计税基础应当以被收购资产原有计税基础800.00万元为基础确定，但若直接以该金额作为取得A公司股权的计税基础，将会产生示例4-3-1所示的避税后果，为了防止企业在此情形下的避税行为，在确定B公司取得A公司股权计税基础时应当将与收购资产相关的负债视为B公司取得了非股权支付，B公司应当按照如下公式计算取得股权对价的计税基础：

取得股权对价的计税基础＝被收购资产原有计税基础＋确认的资产转让所得－确认的资产转让损失－收到的非股权支付金额 （4-3-1）

所以在示例4-3-2中B公司取得A公司股权支付的计税基础＝800.00+0-0-300.00＝500.00（万元）。

将上述负债视为非股权支付进而调整被收购方取得股权支付计税基础后，被收购方在此类资产收购重组交易的一般性税务处理和特殊性税务处理中的最终税收负担才相同，具体见表4-3-1。

表 4-3-1　承担负债税收待遇对比表　　　　　　　单位：万元

项目	一般性税务处理	特殊性税务处理——不调整计税基础	特殊性税务处理——调整计税基础
1. 重组时所得	500.00	0	0
2.1 股权公允价值	1 000.00	1 000.00	1 000.00
2.2 股权计税基础	1 000.00	800.00	500.00
2.3 股权转让时所得	0	200.00	500.00
3. 所得总额	500.00	200.00	500.00

从表 4-3-1 可以看出，若对于所承担的负债不调整取得股权的计税基础，在以后期间就会使得所承担负债部分的所得永远得不到确认，从而造成一般性税务处理和特殊性税务处理在所得确认及税收负担上的差异。

（五）超额负债的所得税处理

根据前述的分析，在收购方仅承担与收购资产直接相关的负债时，并不确认资产转让所得，同时就该负债需要调整取得股权对价的计税基础；但是当收购方所承担的负债超过所收购资产的计税基础时，负债超过资产计税基础部分的负债金额被称为超额负债；因为调整后股权对价的计税基础不能为负数，所以对于超额负债部分转让方应当在重组交易发生当期全额确认资产转让所得，同时应当调整取得收购对价的计税基础。即

取得股权对价计税基础＝被收购资产原有计税基础＋确认的资产转让所得－确认的资产转让损失－收到的非股权支付金额　　　　　　　　　　(4-3-2)

【示例 4-3-4】

A 公司拟收购 B 公司持有的经营性资产，该资产的计税基础为 300.00 万元，公允价值为 1 000.00 万元，B 公司因经营需要以该资产向银行抵押贷款 500.00 万元，在资产收购交易中，A 公司同时收购 B 公司上述经营性资产及所附带的抵押贷款，同时以增发公允价值为 500.00 万元的自身股份作为支付对价。

涉税分析：

由于A公司承担的负债是与该收购资产直接相关的，所以在计算股权支付比例时，并不将其视为非股权支付对价。在该资产收购重组交易中，A公司股权支付比例为100%，若满足资产收购特殊性税务处理其他要件的，该资产收购交易可适用特殊性税务处理。

虽然A公司承担的负债全部是与收购资产直接相关的，但是由于承担负债的金额（500.00万元）超过所收购资产的计税基础（300.00万元），对于超过资产计税基础的超额负债部分（200.00万元）应当全额确认为B公司的资产转让所得，所以B公司在该重组交易中确认的资产转让所得为200.00万元（500.00-300.00）。

B公司在确定取得A公司股权对价的计税基础时，A公司所承担的负债应当作为非股权支付，所以B公司取得A公司股权对价计税基础＝300.00+200.00-500.00＝0，即B公司取得A公司股权对价的计税基础为0。

在该案例中，就B公司而言在一般性税务处理和特性税务处理中确认的资产转让所得见表4-3-2。

表4-3-2　承担超额负债时税收待遇对比表　　　　　单位：万元

项目	一般性税务处理	特殊性税务处理
1. 重组时确认的所得	700.00	200.00
2.1 取得股权公允价值	500.00	500.00
2.2 取得股权计税基础	500.00	0
2.3 转让股权确认所得	0	500.00
3. 确认所得总额	700.00	700.00

（六）收购方取得资产计税基础

根据上述对企业重组交易中债务承担规则的介绍可知，收购方所承担的负债仅仅影响被收购企业的相关税收处理，收购方作为资产的取得者，其所承担的负债仅仅是其取得资产的一种支付方式，在所得税上并不会因为支付方式的不同而影响取得资产计税基础的确定规则，所以收购方确定其取得资产的计税基础仍然采用结转税基规则,即以所收购资产原有的计税基础确定;但转让方因债务承担确认资产转让所得或损失时,收购方应当以调整后的计税基础作为取得资产计税基础。即收购方应当按照如下公式计算取得被收购资产计税基础:

取得资产计税基础＝收购资产原有计税基础＋收购资产确认的资产转让所得－收购资产确认的资产转让损失　　　　　　　　　　　　　　（4-3-3）

在示例 4-3-2 的方案一中,虽然 A 公司在整体收购对价中承担了债务,但是由于所承担的债务是与所收购资产直接相关的债务,且 B 公司并未确认资产转让所得或损失,所以 A 公司取得 B 公司资产计税基础仍然以其原有的计税基础 800.00 万元确定。

在示例 4-3-3 中,A 公司虽然也仅承担与所收购资产直接相关的债务,但是由于超额债务的存在,使得 B 公司全额确认超额债务部分的资产转让所得,因此 A 公司确认收购资产计税基础＝ 300.00+200.00 ＝ 500.00（万元）。

第四节　重组对价分摊规则

一、重组对价的概念及构成

（一）重组对价的概念

1. 基本规定

重组对价也被称为收购对价,是指在企业重组交易中购买、换取资产的一方支付给资产转让方对价的总金额。财税〔2009〕59 号文规定在企业重组交易中支付对价的方式包括股权支付、非股权支付或者两者的组合;其中股权支付是指以本企业或其控股企业的股权、股份作为支付的形式,非股权支付是指以本企业的现金、银行存款、应收账款、本企业或其控股企业股权和股份以外的有价证券、存货、固定资产、其他资产及承担债务等作为支付的形式。

财税〔2009〕59 号文仅明确了重组对价的支付方式,但并未明确重组对价的具体构成内容;财税〔2009〕59 号文中重组对价的概念与《企业合并准则》中合并成本的概念是相似的,《企业合并准则》区分同一控制下的企业合并和非同一控制下的企业合并对合并成本的内容做了表4-4-1所示的规范。

表4-4-1　企业合并成本主要内容

同一控制下企业合并	非同一控制下企业合并
第六条　合并方在企业合并中取得的资产和负债，应当按照合并日在被合并方的账面价值计量。合并方取得的净资产账面价值与支付的合并对价账面价值（或发行股份面值总额）的差额，应当调整资本公积；资本公积不足冲减的，调整留存收益。 **第八条**　合并方为进行企业合并发生的各项直接相关费用，包括为进行企业合并而支付的审计费用、评估费用、法律服务费用等，应当于发生时计入当期损益。 为企业合并发行的债券或承担其他债务支付的手续费、佣金等，应当计入所发行债券及其他债务的初始计量金额。企业合并中发行权益性证券发生的手续费、佣金等费用，应当抵减权益性证券溢价收入，溢价收入不足冲减的，冲减留存收益	**第十一条**　购买方应当区别下列情况确定合并成本： （一）一次交换交易实现的企业合并，合并成本为购买方在购买日为取得对被购买方的控制权而付出的资产、发生或承担的负债以及发行的权益性证券的公允价值。 （二）通过多次交换交易分步实现的企业合并，合并成本为每一单项交易成本之和。 （三）购买方为进行企业合并发生的各项直接相关费用也应当计入企业合并成本。 （四）在合并合同或协议中对可能影响合并成本的未来事项作出约定的，购买日如果估计未来事项很可能发生并且对合并成本的影响金额能够可靠计量的，购买方应当将其计入合并成本

2.交易费用的所得税处理

企业重组交易中，收购方会因为重组交易而支付中介费用，如聘请证券公司（投资银行）、会计师、评估师、律师等中介机构提供服务，对于支付给中介机构的费用，应当如何进行所得税处理，财税〔2009〕59号文并未予以明确。

《企业所得税法实施条例》第二十八条要求企业发生的支出应当区分收益性支出和资本性支出。收益性支出在发生当期直接扣除；资本性支出应当分期扣除或者计入有关资产成本，不得在发生当期直接扣除；但如何区分收益性支出和资本性支出，《企业所得税法实施条例》及后续的规范性文件并未明确。国家税务总局在《关于做好2009年度企业所得税汇算清缴工作的通知》（国税函〔2010〕148号，以下简称"国税函〔2010〕148号文"）中就"有关企业所得税纳税申报口径"中提及："根据企业所得税法精神，在计算应纳税所得额及应纳所得税时，企业财务、会计处理办法与税法规定不一致的，应按照企业所得税法规定计算。企业所得税法规定不明确的，在没有明确规定之前，暂按企业财务、会计规定计算。"虽然国税函〔2010〕148号文规范的是2009年度企业所得税汇算清缴事项，但文件同时规定"在以后纳税年度企业所得税汇算清缴工作中，上述企业所得税纳税申报口径和汇算清缴工作要求未作调整或特殊规定的，按本通知规定执行"。2017年第54号公告在表A100000《中华人民共和国企业所得税年度纳税申报表（A类）》填报说明中也规定："纳税人在计算企业所得税应纳税所得额及应纳税额时，会计处理与税收规定不一致的，应当按照税收规定计算。税收规定不明确的，在没有明确规定之前，暂按国家统一会计制度计算。"

《企业合并准则》及《企业会计准则解释第4号》（财会〔2010〕15号）对企业合并交易中交易费用的会计处理做了较为详细的规范，具体见表4-4-2。

表4-4-2 交易费用的会计核算

同一控制下企业合并——《企业合并准则》	《企业会计准则解释第4号》
第八条 合并方为进行企业合并发生的各项直接相关费用，包括为进行企业合并而支付的审计费用、评估费用、法律服务费用等，应当于发生时计入当期损益。 为企业合并发行的债券或承担其他债务支付的手续费、佣金等，应当计入所发行债券及其他债务的初始计量金额。企业合并中发行权益性证券发生的手续费、佣金等费用，应当抵减权益性证券溢价收入，溢价收入不足冲减的，冲减留存收益	一、同一控制下的企业合并中，合并方发生的审计、法律服务、评估咨询等中介费用以及其他相关管理费用，应当于发生时计入当期损益。非同一控制下的企业合并中，购买方发生的上述费用，应当如何进行会计处理？ 答：非同一控制下的企业合并中，购买方为企业合并发生的审计、法律服务、评估咨询等中介费用以及其他相关管理费用，应当于发生时计入当期损益；购买方作为合并对价发行的权益性证券或债务性证券的交易费用，应当计入权益性证券或债务性证券的初始确认金额

从表4-4-2可以看出，企业合并交易过程中发生的中介费用，无论是同一控制下的企业合并还是非同一控制下的企业合并，都是于发生时计入当期损益。所以企业重组交易中发生的上述中介费用在计算企业所得税处理时也应当在发生时计入当期损益，对于发行债券或权益性证券而发生的交易费用，应当计入债务性证券或权益性证券的初始确认金额中。

3. 或有对价的所得税处理

《企业合并准则》将合并合同或协议中可能影响合并成本的未来事项导致

企业产生的预计负债计入合并成本;但《企业所得税法》第八条规定:"企业实际发生的与取得收入有关的、合理的支出,包括成本、费用、税金、损失和其他支出,准予在计算应纳税所得额时扣除。"由于预计负债对于企业而言属于尚未发生事项导致的可能的支出,所以企业重组交易中根据《企业会计准则第13号——或有事项》(财会〔2006〕3号,以下简称《或有事项准则》)确认的预计负债并不能构成企业所得税法下企业重组交易对价的一部分,不得计入重组对价的组成部分,对于该部分的支出应当在实际发生时计入当期损益。

(二)重组对价的构成

重组对价的构成是指重组交易中支付重组对价的一方在确定重组对价总金额时考虑的影响重组对价总金额的主要因素,也即重组交易对价总金额是由哪几部分构成的。重组对价的构成既不同于财税〔2009〕59号文规范的重组对价形式,也不同于《企业合并准则》第十一条规范的合并成本内容。

通常而言,企业重组交易中重组对价总金额由如下几部分构成。

1. 已确认资产、负债价值

已确认资产、负债价值是指企业重组交易中被收购方在账面上已经确认的相关资产和负债的价值,主要是指企业的金融资产、存货资产、固定资产、无形资产、短期借款、金融负债、应付职工薪酬及应付债券等资产、负债的公允价值。

2. 未确认资产、负债价值

未确认资产是指被收购方在重组交易发生前根据《企业会计准则》规定不满足确认条件而未在账面上予以确认的,但是在企业重组交易发生时依据《企业会计准则——基本准则》(财政部令第76号,以下简称《基本准则》)规定满足资产确认条件的企业拥有或者控制的资源,如企业所拥有的各项非专利技术等资产。未确认负债是指被收购方在重组交易发生前依据《企业会计准则》规定不满足负债确认条件而未在账面上予以确认的,但依据《基本准则》的规定满足负债确认条件的企业承担的现实义务,主要是企业按照《或有事项准则》确认的各项预计负债。

3. 业务体系价值

前述已确认及未确认资产、负债公允价值都是指单项资产及负债的价值，企业重组交易中收购方所收购的标的不仅仅是被收购企业的单项资产和负债，还包括与被收购资产及负债相关的其他资源，如相关的业务体系、人力资源、管理制度等，这些资产和资源的组合构成企业的业务体系或业务单元，所以重组交易对价不仅仅包括企业单项资产及负债的价值，还包括构成业务体系的其他资源的组合价值。

4. 商誉价值

一般而言，商誉是指出于某种特殊原因，如企业所处的地理位置，或者由于企业长期积累而成的良好信誉，或者由于组织得当、生产经营效益高，或者由于技术先进、掌握了生产的诀窍等原因而形成的无形资产。这种无形资产一般能为企业带来超过一般盈利水平的超额利润。在企业收购交易中，交易双方确定的收购价格超过收购交易中可辨认净资产公允价值的差额即为商誉的价值。

5. 其他价值

其他价值是指收购方在企业重组交易中实际支付的重组对价金额超过上述四部分价值金额合计的部分。其他价值的金额往往受到重组交易决策者个人的影响，所以其金额无法通过资产评估的方法确定。

上述重组对价具体构成可用图 4-4-1 表示。

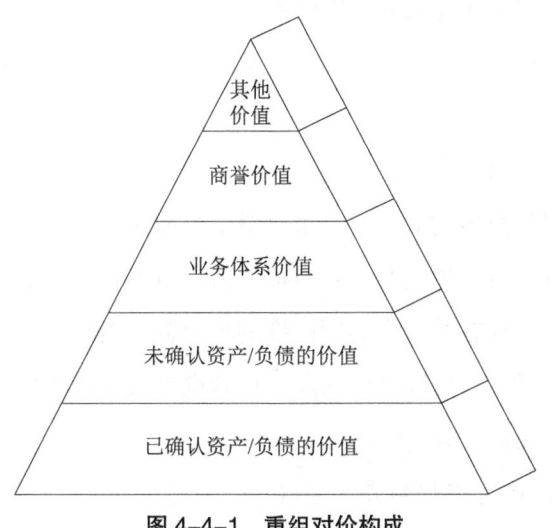

图 4-4-1　重组对价构成

二、重组对价分摊

(一) 重组对价分摊的意义

1. 重组对价分摊的内容

重组对价分摊又被称为收购对价分摊（Purchase Price Allocation，PPA），是指在收购型企业重组交易中，收购方采用某种方法将所支付的收购对价在取得的各项资产之间进行分摊。

财税〔2009〕59号文将企业重组交易所得税待遇分为一般性税务处理和特殊性税务处理。企业重组交易适用特殊性税务处理时，收购方取得被收购资产的计税基础以被收购资产原有计税基础确定，并不涉及收购对价分摊的问题；在企业重组交易适用一般性税务处理时，收购方取得被收购资产的计税基础以公允价值为基础确定，所以在一般性税务处理中会涉及重组对价分摊的问题。

重组对价分摊主要解决如下两个方面的问题。

（1）重组对价分摊的对象。

重组对价分摊的对象是指重组对价需要分摊给哪些资产，从图4-4-1可以看出，收购方支付的重组对价并不仅包括被收购方账面已确认的资产，还包括被收购方账面未确认的资产及被收购方的商誉价值，在并购实务中收购方实际支付的重组对价甚至超过了上述几部分价值金额之和。

所以重组对价分摊首先要解决的问题即是将收购方所支付的重组对价在哪些资产之间进行分摊。

（2）重组对价分摊的方法。

在确定重组对价分摊的对象后，重组对价分摊的方法是指重组对价按照什么样的方法分摊给确定的各项资产，既包括如何在图4-4-1所示的各资产类别之间进行分摊，还包括如何在某资产类别内部的单项资产之间进行分摊；前者主要是重组对价在各资产类别分摊顺序的问题，后者则是某资产类别分得的重组对价总金额在单项资产之间进行分摊的问题。

2. 重组对价分摊对被收购方的意义

重组对价分摊对被收购方而言具有重要的意义，主要表现如下。

（1）所得税的纳税义务。

企业重组交易适用一般性税务处理时，被收购方应当在重组交易发生当期确认资产转让所得或损失，而重组对价分摊是确定各单项资产处置收入的基础。《企业所得税法》对企业取得的各项所得不区分所得性质适用同样的税率，但国家针对鼓励类或扶持类项目仍然给予了税收优惠政策，当被收购企业因适用减免税政策或其他原因导致不同的业务或资产实际所得税税负率不同时，准确计算各类资产或业务所得对被收购企业确定其所得税纳税义务是十分重要的。

（2）确定增值税纳税义务。

企业重组交易中，纳税人之间涉及货物、服务、无形资产及不动产（以下统称"资产"）转移且无法适用资产重组增值税不征税待遇的，应当依法缴纳增值税。根据标的资产性质、资产购进时间等不同其所适用的增值税税率也是不同的，所以为了准确计算被收购方的增值税纳税义务，应当准确将重组对价分摊至不同的资产。

3.重组对价分摊对收购方的意义

重组对价分摊对重组交易中的收购方而言同样具有重要的意义。

（1）确定取得资产计税基础。

根据《企业所得税法》的规定，除另有规定外，企业取得的资产应当以实际成本为计税基础，而不同资产的计税基础在企业所得税前扣除的方法也有所不同，如：存货资产的计税基础在存货销售时扣除；固定资产、无形资产等长期资产计税基础在使用期限内通过分期计提折旧摊销扣除；投资资产计税基础在持有期间不得扣除，而是在转让或处置持有的投资资产时才准予扣除；商誉资产因无法与企业单独分离，只有在企业整体转让或者清算时才准予扣除。

重组对价分摊实际上也是收购方确定收购资产计税基础的一个过程，重组对价分摊到不同资产上代表了收购方所支付的对价通过不同的方式在企业所得税前得到补偿，如从收购方的角度而言，应当将重组对价尽可能多地分摊至存货等可以一次性扣除计税基础的资产，而不应当将重组对价分摊至长期资产，特别是需要在企业整体转让或清算时才可以扣除计税基础的商誉资产上。

（2）确定增值税进项税额。

如同前述重组对价分摊对被收购方增值税的影响，由于我国对不同应税货物适用的增值税税率不同,所以重组对价分摊不仅影响被收购方的增值税纳税义务,同样也影响收购方取得资产的进项税额,从而影响收购方的增值税义务。

所以如何分摊重组对价对收购方而言也是十分重要的。

(二)重组对价分摊的方法

1. 重组对价分摊的价值追求

如前面所分析的那样,重组对价分摊对收购方和被收购方都具有重要的意义,但是两者在确定重组对价分摊的具体方法上所追求的价值目标有所不同。

就企业所得税而言,在被收购方存在适用不同所得税待遇的资产或者业务时,被收购方追求将重组对价尽可能地分摊给可以适用低税负率的资产或者项目;而对收购方而言,资产计税基础扣除方法代表了其投入的成本税收抵减方式,所以其追求将重组对价尽可能地分摊给可以尽快在税前扣除的资产,少分或不分给需要通过折旧摊销等方式分期扣除的资产。

就增值税而言,收购方和被收购方所追求的目标也不相同,对被收购方而言,在重组交易对价整体确定的情况下,应当将重组对价尽可能地分摊给适用税率较低的资产或项目及非增值税应税资产或项目;而收购方则偏向于将重组对价分摊给适用税率较高的资产从而获得较高的增值税进项税额,如在将重组对价在货物和无形资产之间分摊时,被收购方偏向于将重组对价较多的分摊给适用6%税率的无形资产,而收购方则偏向于将重组对价较多的分摊给适用13%税率的货物资产。

由此可见,无论是企业所得税还是增值税,收购方和被收购方在重组对价分摊的价值追求上是相互矛盾的,因此如何将重组对价合理地分摊至重组交易中的各项资产,既是重组交易当事各方所关注的事项,也是企业重组所得税制本身应当明确的规则。

2. 企业会计准则的相关规定

《企业合并准则》及《企业会计准则解释第5号》(财会〔2012〕19号)对非同一控制下的企业合并交易中合并成本的分摊做了较为详细的规定,具体见表4-4-3。

表 4-4-3　合并成本分摊方法

项目	条款内容
资产、负债确认	**第十四条**　被购买方可辨认净资产公允价值，是指合并中取得的被购买方可辨认资产的公允价值减去负债及或有负债公允价值后的余额。被购买方各项可辨认资产、负债及或有负债，符合下列条件的，应当单独予以确认： （一）合并中取得的被购买方除无形资产以外的其他各项资产（不仅限于被购买方原已确认的资产），其所带来的经济利益很可能流入企业且公允价值能够可靠地计量的，应当单独予以确认并按照公允价值计量。 合并中取得的无形资产，其公允价值能够可靠地计量的，应当单独确认为无形资产并按照公允价值计量。 （二）合并中取得的被购买方除或有负债以外的其他各项负债，履行相关的义务很可能导致经济利益流出企业且公允价值能够可靠地计量的，应当单独予以确认并按照公允价值计量。 （三）合并中取得的被购买方或有负债，其公允价值能够可靠地计量的，应当单独确认为负债并按照公允价值计量
无形资产确认	一、非同一控制下的企业合并中，购买方应如何确认取得的被购买方拥有的但在其财务报表中未确认的无形资产？ 答：非同一控制下的企业合并中，购买方在对企业合并中取得的被购买方资产进行初始确认时，应当对被购买方拥有的但在其财务报表中未确认的无形资产进行充分辨认和合理判断，满足以下条件之一的，应确认为无形资产： （一）源于合同性权利或其他法定权利； （二）能够从被购买方中分离或者划分出来，并能单独或与相关合同、资产和负债一起，用于出售、转移、授予许可、租赁或交换
合并成本的调整	**第十六条**　企业合并发生当期的期末，因合并中取得的各项可辨认资产、负债及或有负债的公允价值或企业合并成本只能暂时确定的，购买方应当以所确定的暂时价值为基础对企业合并进行确认和计量。 购买日后 12 个月内对确认的暂时价值进行调整的，视为在购买日确认和计量
商誉确认	**第十三条**　购买方在购买日应当对合并成本进行分配，按照本准则第十四条的规定确认所取得的被购买方各项可辨认资产、负债及或有负债。 （一）购买方对合并成本大于合并中取得的被购买方可辨认净资产公允价值份额的差额，应当确认为商誉。 （二）购买方对合并成本小于合并中取得的被购买方可辨认净资产公允价值份额的差额，应当按照下列规定处理： 1. 对取得的被购买方各项可辨认资产、负债及或有负债的公允价值以及合并成本的计量进行复核； 2. 经复核后合并成本仍小于合并中取得的被购买方可辨认净资产公允价值份额的，其差额应当计入当期损益

从表 4-4-3 可以看出，《企业合并准则》对企业合并交易中资产确认及收购

对价分摊的会计处理有如下特点。

首先，购买方在确认企业合并中取得的资产及承担的债务时并不以被购买方在购买日已确认的资产和负债为基础，对购买方未确认的资产和负债只要满足确认条件的，购买方均应当予以确认。

其次，购买方确认的各项资产、负债以其在购买日的公允价值确定，属于对资产、负债价值的单独确认，而非将合并成本直接在确认的各项资产、负债之间通过特定比例进行分摊计算确定。

再次，购买方在企业合并中可以确认商誉资产，具体金额为支付的合并成本超过合并交易中取得对应的净资产公允价值份额的差额。

最后，购买方在企业合并中除了确认商誉资产外，还会确认负商誉，即支付的合并成本低于取得对应的净资产公允价值份额的差额部分，对于企业合并中的负商誉，《企业合并准则》并未将其调整为取得资产及负债的成本，而是确认为企业合并当期的损益。

3. 企业所得税法的相关规定

财税〔2009〕59号文规定，企业重组交易适用一般性税务处理时，收购方应当按照公允价值确认接受资产的计税基础，但是对于重组对价如何在取得的资产之间进行分摊并未予以明确。本书认为，对于重组对价的分摊可借鉴一些国家或地区的做法，按照如下方法进行分摊。

（1）协议有约定时。

无论是企业所得税还是增值税，重组交易当事方对重组对价分摊方法的价值追求是相冲突的，所以若重组交易中重组当事方对重组对价分摊有着明确的约定，除非该约定存在着明显的错误、侵蚀税基等避税目的，否则应当以重组当事方约定的分配方法为优先适用的方法。

（2）协议无约定时。

若重组协议中重组当事方对重组对价分摊方法没有约定的，可以采用剩余价值法进行分摊，具体是指将重组对价总金额基于一定的顺序在不同的资产类别之间进行分摊，只有当前一类资产的价值得以分摊后，剩余的价值才能在后一顺序的资产之间进行分摊。

企业重组交易中的资产类别可以分为如下四类：①现金类资产，包括库存现金和银行存款等资产；②其他金融资产，包括企业持有的各类股票（股权）投资资产、债券（债权）投资资产及其他的金融资产，具体可按照《企业会计准则第 22 号——金融工具确认和计量》（财会〔2017〕7 号）的相关规定确定；③除上述资产外的其他资产，包括企业持有的各类存货动产、不动产、知识产权等；④商誉资产。

在采用剩余价值法进行分摊时，按照每类资产公允价值总额从重组交易对价中扣除，剩余的价值逐步向下一类别的资产进行分摊，直至重组交易对价分摊完毕。

4. 重组对价分摊的其他问题

在按照上述剩余价值法对重组对价进行分摊时，还应当注意如下问题。

（1）分摊的资产内容。

按照剩余价值法将重组对价分摊给各项资产时，参与分摊的资产应当与《企业合并准则》的规定相同，不仅包括被收购方在账面已确认的资产，还包括在重组交易中取得的满足资产确认条件但被收购方在收购交易之前并未单独确认的资产。

（2）商誉的确认。

与《企业会计准则第 6 号——无形资产》（财会〔2006〕3 号）将商誉排除在无形资产范围之外不同，《企业所得税法实施条例》将商誉视为无形资产单独确认，同时明确外购商誉的成本只能在企业整体转让或者清算时才予以扣除。所以在企业重组交易中是可以单独确认商誉资产的，其确认的具体方法可以采用前述的剩余价值法，这一点与《企业合并准则》的规定是相同的。

（3）负商誉的确认。

当重组对价低于被收购净资产公允价值时，其表现方式之一是重组交易对价金额低于所收购单项资产公允价值之和，这种情况下表明被收购方存在负商誉，虽然《企业合并准则》将负商誉确认为当期损益，但由于《企业所得税法实施条例》及财税〔2009〕59 号文并未将这种情况下收购方取得的经济利益视为收入，所以在所得税上并不确认负商誉，而是根据剩余价值法在最后一类资产分摊交易对价时将剩余的重组对价按照该类资产内部各单项资产的公允价值比例在各单项资产之间进行分摊。

（三）超额对价税收处理

超额对价是企业重组交易中收购方实际支付的重组对价超过被收购资产（或净资产）公允价值的部分；从重组对价构成角度而言超额对价是指被收购方商誉价值与其他价值之和；从重组对价分摊而言超额对价是指重组对价分摊给企业重组交易中前三类资产后剩余的重组对价金额。

1.超额对价的税收处理规则

企业重组交易中存在超额对价时，对于超额对价如何进行税收处理，财税〔2009〕59号文及其他税收规范性文件均未予以明确。实务中有两种不同的观点。观点一认为超额对价应当分配给重组交易中的各项资产，具体是指将重组对价中的超额溢价在取得的存在溢价的各项资产之间按照各资产的公允价值比例进行分摊，以包含超额对价分摊后的金额作为各项资产的公允价值，并以此确定被收购方各项资产的纳税义务及收购方取得资产的计税基础。观点二认为企业重组交易中各项资产的公允价值在复核后不应当进行调整，将超额对价确认为商誉价值，即对被收购方而言作为转让商誉的价值，对收购方而言作为取得商誉的价值。

本书认为，当企业重组交易存在超额对价时，按照观点二的方式进行税收处理较为恰当，主要理由如下。

第一，企业重组交易的对象并非企业的单项资产之和，而是以这些资产为基础构成的业务单元，重组对价的金额也并非简单地由所收购的单项资产价值之和决定，在重组对价中包含了除单项资产之外的其他资源的价值，其中就包括被收购企业商誉的价值。

第二，财税〔2009〕59号文规定企业重组交易适用一般性税务处理时，收购企业取得资产的计税基础以其公允价值为基础确定，但财税〔2009〕59号文并未对公允价值的概念及其确定方法作出规范。

《企业会计准则第39号——公允价值计量》（财会〔2014〕6号）规定，公允价值，是指市场参与者在计量日发生的有序交易中，出售一项资产所能收到或者转移一项负债所需支付的价格；并对各类资产公允价值的计算方法做了规范，并无以总对价分摊方式确定资产公允价值的方法，因此对于超额对价不应当分摊至各单项资产以确定单项资产的公允价值。

第三，对被收购方而言，重组对价分摊的意义之一是确定被收购方所得税和增值税纳税义务。《企业所得税法实施条例》和财税〔2016〕36号文都将"商誉"单独作为"无形资产"予以确认，财税〔2016〕36号文针对不同的应税服务适用不同的增值税税率，所以确定"商誉"价值金额本身即是确定被收购方增值税纳税义务的内容之一。

第四，对收购方而言，重组对价分摊的意义之一是确定取得重组资产计税基础。《企业所得税法实施条例》将"商誉"作为无形资产确认，而且《中华人民共和国企业所得税法实施条例》立法起草小组编著的《中华人民共和国企业所得税法实施条例释义及适用指南》在对第六十七条的释义中也明确"商誉可以是由企业自己建立的，也可以是从外界购入的。但是，只有外购的商誉，才能确认入账。通常在一个企业购买另一个企业时，经双方协商确定买价后，买方与卖方可辨认净资产公允价值的差额即为商誉"。所以收购方在所得税上也是需要单独确认"商誉"资产的。

综上，当企业重组交易中存在超额对价时，收购方和被收购方都应当对超额对价单独予以确认并进行相应的税收处理。

2. 超额对价的增值税处理

超额对价实质上是被收购企业"商誉"的价值，财税〔2016〕36号文规定，企业销售商誉适用6%的增值税税率。但对于企业重组交易中的超额对价是否应当按照"商誉"征收增值税也有两种不同的观点。一种观点认为虽然财税〔2016〕36号文对企业资产重组中的部分征税对象适用不征收增值税的待遇，但也仅限于交易中的不动产和土地使用权，对除土地使用权之外的其他无形资产应当征收增值税，所以对企业重组交易中的超额对价应当按照"商誉"征收增值税；而且增值税属于链条税，重组一方缴纳的增值税在另一方可以抵扣，并不会造成整体税负的增加。另一种观点则认为，对企业重组交易中的超额对价不应当征收增值税。

本书认为,由于财税〔2016〕36号文明确了企业转让商誉应当缴纳增值税,这里的商誉并不以企业账面确认为要件,所以在财政部和国家税务总局明确规定不征税之前,企业重组交易中的商誉转让应当按照"销售无形资产"缴纳增值税。

3. 超额对价所得税处理

《企业所得税法》第六条规定,企业以货币形式和非货币形式从各种来源取得的收入,为收入总额。所以对企业重组交易中的超额对价并入被收购方的应纳税所得额缴纳企业所得税并无争议。

在股权收购重组交易中,若被收购方为自然人的,根据2014年第67号公告的规定,股权转让收入是指转让方因股权转让而获得的现金、实物、有价证券和其他形式的经济利益。所以对于超额对价也应当并入个人股权转让收入计算缴纳个人所得税。

(四)重组对价分摊示例

【示例4-4-1】

A企业拟收购B企业从事皮革生产的业务单元,包括与皮革业务相关的各项营运资产、不动产、知识产权及与其相关联的生产人员、技术人员等,在收购基准日该业务单元的资产见表4-4-4,该业务单元在基准日并无负债。A企业以现金5 500.00万元作为收购对价,并已办理完毕相关的资产交接手续和人员合同的转移,双方在收购协议中并未约定重组对价分摊方法。

表4-4-4 收购资产基本情况表   单位:万元

资产类别	账面价值	计税基础	公允价值
应收账款	200.00	200.00	200.00
预付账款	450.00	450.00	450.00
存货	600.00	550.00	800.00
土地使用权	1 200.00	1 000.00	1 500.00

续表

资产类别	账面价值	计税基础	公允价值
房屋建筑物	800.00	750.00	900.00
专利权	480.00	400.00	650.00
非专利技术	0	0	500.00
合计	3 730.00	3 350.00	5 000.00

1. 重组对价分摊对象

A企业收购的对象不仅包括B企业已在账面上确认的各单项资产，还包括B企业未在账面确认但已满足资产确认条件的非专利技术。所以重组对价不仅应分配给B企业已确认的资产，对B企业在重组日前未确认但在重组交易日可以单独确认的资产也应当参与重组对价的分摊。

2. 重组对价分摊方法

由于交易双方并未在重组协议中约定重组对价分摊方法，所以应当采用剩余价值法对重组对价进行分摊，具体分摊过程见表4-4-5。

表4-4-5　剩余价值法分摊重组对价　　　　　单位：万元

资产类别	资产内容	公允价值	分摊金额	剩余价值
第一类资产	货币资金	0	0	5 500.00
第二类资产	应收账款	200.00	200.00	5 300.00
	预付账款	450.00	450.00	4 850.00
第三类资产	存货	800.00	800.00	4 050.00
	土地使用权	1 500.00	1 500.00	2 550.00
	房屋建筑物	900.00	900.00	1 650.00
	专利权	650.00	650.00	1 000.00
	非专利技术	500.00	500.00	500.00
第四类资产	商誉		500.00	0

3. 超额对价分摊方法

在示例4-4-1中，A企业支付的重组对价总金额为5 500.00万元，所收购资产公允价值之和为5 000.00万元，所以该企业重组交易存在超额对价500.00万元。对于该超额对价应当单独确认为A企业收购B企业皮革业务时的商誉价值，而不应当将其再按照各资产公允价值的比例分配至单项资产。

4. 各方所得税处理

由于示例中收购方支付重组对价的方式为现金支付，不符合特殊性税务处理中股权支付比例要件，若不考虑增值税的影响，交易各方应当按照一般性税务处理进行所得税纳税申报，具体如下。

（1）A企业所得税处理。

首先，A企业在重组交易中应当确认B企业未在财务报表中确认的非专利技术资产和商誉资产；其次，A企业取得各项资产的计税基础以该资产的公允价值5 000.00万元确定；最后，重组交易中的超额对价500.00万元应当确认为A企业取得的商誉资产的价值。

（2）B企业所得税处理。

首先，B企业在会计上确认的资产处置收益为1 770.00万元（5 500.00-3 730.00），在所得税上确认的资产处置收益为2 150.00万元（5 500.00-3 350.00），两者之间的差异380.00万元（2 150.00-1 770.00）在当年度所得税汇算清缴时应调整增加应纳税所得额；其次，对专利权的转让所得，若满足技术转让税收优惠条件的，可以适用技术转让所得的税收优惠待遇；最后，对于超额对价也应当确认为当期的资产转让所得。

5. B企业增值税处理

示例中B企业在资产重组交易中，将皮革业务运营的资产及与其相关的债权、负债和劳动力一并转让给A企业，根据2011年第13号公告和财税〔2016〕36号文的规定，其中涉及应收账款、预付账款、存货、土地使用权和房屋建筑物转移的行为不征收增值税，但对于其中专利权、非专利技术和商誉转让应当按照"销售无形资产"缴纳增值税。

三、资产转让损益分摊

企业重组适用一般性税务处理时会涉及重组对价的分摊，当企业重组适用特殊性税务处理时，由于收购方取得资产的计税基础不以其公允价值确定，所以不会直接涉及重组对价分摊，但会涉及资产转让损益的分摊。所谓资产转让损益分摊是指如何将被收购方按照财税〔2009〕59号文第六条第（六）项确认的非股权支付对应的资产转让所得或损失分摊至重组资产。

（一）资产转让损益分摊的意义

根据财税〔2009〕59号文第六条第（六）项的规定，企业重组交易适用特殊性税务处理时，被收购企业对交易中股权支付暂不确认有关资产的转让所得或损失，其非股权支付仍应在交易当期确认相应的资产转让所得或损失，并调整相应资产的计税基础；收购方取得被收购资产的计税基础以被收购资产原有计税基础确定。即收购方应当按照如下公式确定取得资产的计税基础：

取得资产的计税基础＝该资产在被收购方原有的调整后计税基础＋资产转让所得分摊至该资产的金额－资产转让损失分摊至该资产的金额 （4-4-1）

从上述公式可以看出，企业重组适用特殊性税务处理时，虽然被收购方仅确认了非股权支付部分对应的资产转让所得或损失，但如同企业重组一般性税务处理中重组对价分摊对收购方和被收购方的意义一样，资产转让损益分摊对重组交易双方也有着重要的意义。

其一，对被收购方而言，当被收购方存在适用不同税率或者税收待遇的资产或业务时，如何将整体的资产转让所得或损失分摊至相应的资产对被收购方整体税收成本有着重要的影响。

其二，对收购方而言，由于取得被收购方资产的计税基础受到资产转让损益分摊的影响，而不同资产计税基础在所得税前扣除的方式不同，所以如何分摊被收购方的资产转让损益，对收购方而言也是十分重要的。

（二）资产转让损益分摊的方法

财税〔2009〕59号文明确了重组交易中非股权支付对应的资产转让所得或损失的计算方法，但并没有明确如何将上述的资产转让损益分摊至重组交易中的单项资产。本书认为，从财税〔2009〕59号文关于资产转让损益计算的方法看，对资产转让损益的分摊有两种较为合理的方法。

1. 非股权支付比例法

非股权支付比例法是指根据非股权金额占重组交易总金额的比例确认各单项资产转让损益的方法，严格而言其并非对资产转让损益总额分摊的一种方法，而是计算单项资产转让损益的方法。具体方法如下。

第一步，按照重组对价分摊的方法将重组交易总对价分摊至重组交易中各资产，并以此计算出各单项资产已实现的资产转让所得或损失。

第二步，根据非股权支付金额与被转让资产公允价值计算出非股权支付比例，具体公式为

非股权支付比例＝非股权支付金额 ÷ 被转让资产公允价值　　　（4-4-2）

第三步，计算各资产当期应确认的资产转让所得或损失，计算公式为

单项资产确认的转让所得或损失＝该资产已实现的资产转让所得或损失 × 非股权支付比例　　　（4-4-3）

第四步，根据计算出的单项资产转让所得或损失计算该资产调整后的计税基础，并作为该资产在收购方的计税基础，具体为

单项资产调整后计税基础＝该资产原有的计税基础＋该资产确认的资产转让所得 - 该资产确认的资产转让损失　　　（4-4-4）

【示例4-4-2】

案例基本情况与示例4-4-1相同，其中A企业以增发公允价值为5 000.00万元的普通股和500.00万元的现金作为交易支付对价。

涉税分析：

该案例中，收购方在重组交易中股权支付比例为90.91%（5 000.00 ÷ 5 500.00×100%），超过特殊性税务处理要求的85%比例要件，在满足特殊性税务处理的其他要件时，该重组交易可适用特殊性税务处理。

根据财税〔2009〕59号文的规定，B企业在重组交易中应确认的非股权支付对应的资产转让所得金额为

非股权支付对应的资产转让所得＝（5 500.00-3 350.00）×（500.00 ÷

5 500.00）= 195.45（万元）。

采用非股权支付比例法对于上述资产转让所得进行分摊时，非股权支付比例 = 500.00÷5 500.00×100% = 9.09%，在该方法下计算各单项资产转让所得的过程见表4-4-6。

表4-4-6　非股权支付比例法计算资产转让所得或损失　　　单位：万元

资产	计税基础	公允价值	分摊重组对价①	非股权支付比例	应确认所得/损失②	调整后计税基础③
应收账款	200.00	200.00	200.00	9.09%	0	200.00
预付账款	450.00	450.00	450.00	9.09%	0.00	450.00
存货	550.00	800.00	800.00	9.09%	22.73	572.73
土地使用权	1 000.00	1 500.00	1 500.00	9.09%	45.45	1 045.45
房屋建筑物	750.00	900.00	900.00	9.09%	13.64	763.64
专利权	400.00	650.00	650.00	9.09%	22.73	422.73
非专利技术	0	500.00	500.00	9.09%	45.45	45.45
商誉	0	500.00	500.00	9.09%	45.45	45.45
合计	3 350.00	5 500.00	5 500.00	9.09%	195.45	3 545.45

注：①各资产分摊的重组对价金额按照前述剩余价值法计算确定。

②单项资产应确认的资产转让所得=（资产公允价值-资产计税基础）×非股权支付比例。
如土地使用权应确认的资产转让所得=（1 500.00-1 000.00）×9.09% = 45.45（万元）。

③单项资产调整后计税基础=资产原有计税基础+确认的资产转让所得-确认的资产转让损失。
例如，土地使用权调整后计税基础=1 000.00+45.45-0 = 1 045.45（万元）。

在示例中，被转让资产原有计税基础金额为3 350.00万元，非股权支付确认的资产转让所得总金额为195.45万元，所以被转让资产调整后计税基础为3 545.45万元（3 350.00+195.45），与表4-4-6中各单项资产调整后计税基础的合计金额相等。

通过表4-4-6的计算过程可以看出，非股权支付比例法假定重组交易中所有单项资产的非股权支付比例是相同的，所以每一项资产都按照相同的比例确认已实现的资产转让所得或损失。

2. 转让损益比例分摊法

转让损益比例法与非股权支付比例法对资产转让损益分摊的假设是不同的，在转让损益比例法下，不考虑各单项资产对价中股权支付和非股权支付的比例，而是将确认的非股权支付对应的资产转让所得或损失总金额在已实现资产转让所得或损失的资产中按照特定比例进行分摊，具体分摊的比例为单项资产已实现的资产转让所得或损失占已实现的资产转让所得或损失的总金额的比例，具体过程如下。

第一步，按照财税〔2009〕59号文第六条第（六）项的规定计算出重组交易中已确认的资产转让所得或损失的总金额。

第二步，按照剩余价值法将重组对价分摊至各单项资产，并计算出各单项资产已实现的资产转让所得或损失。

第三步，计算资产转让损益分摊比例，并以该分摊比例计算对应资产应分摊的资产转让所得或损失的金额。具体计算公式为

资产转让损益分摊比例＝该资产已实现的资产转让所得或损失÷资产转让所得或损失的总金额　　　　　　　　　　　　　　　　　　　　　（4-4-5）

应分摊的资产转让所得或损失＝资产转让所得或损失的总金额 × 该资产对应的资产转让损益分摊比例　　　　　　　　　　　　　　　　　　（4-4-6）

第四步，根据上述步骤计算的各资产金额计算各资产调整后计税基础，并作为该资产在收购方的计税基础：

资产调整后计税基础＝资产原有计税基础＋该资产分摊的资产转让所得－该资产分摊的资产转让损失　　　　　　　　　　　　　　　　　　　（4-4-7）

【示例4-4-3】

案例基本情况与示例4-4-2相同。

涉税分析：

采用转让损益比例分摊法计算各单项资产应确认的资产转让所得或损失时，具体的计算过程见表4-4-7。

表 4-4-7　转让损益比例分摊法计算资产转让损益　　　　单位：万元

资产	计税基础	公允价值	已实现所得/损失①	转让损益比例②	应确认所得/损失③	调整后计税基础④
应收账款	200.00	200.00	0	0	0	200.00
预付账款	450.00	450.00	0	0	0	450.00
存货	550.00	800.00	250.00	11.64%	22.73	572.73
土地使用权	1 000.00	1 500.00	500.00	23.25%	45.45	1 045.45
房屋建筑物	750.00	900.00	150.00	6.97%	13.64	763.64
专利权	400.00	650.00	250.00	11.64%	22.73	422.73
非专利技术	0	500.00	500.00	23.25%	45.45	45.45
商誉	0	500.00	500.00	23.25%	45.45	45.45
合计	3 350.00	5 500.00	2 150.00	100.00%	195.45	3 545.45

注：①资产已实现的所得或损失＝资产的公允价值－资产的计税基础。

②转让损益分摊比例＝单项资产已实现资产转让损益÷已实现的资产转让损益总金额。

例如，土地使用权转让损益分摊比例＝500.00÷2 150.00×100%＝23.25%。

③单项资产应确认的资产转让所得或损失＝已确认的资产转让所得或损失的总金额×该资产的转让损益分摊比例。

例如，土地使用权应确认的资产转让所得＝195.45×23.25%＝45.45（万元）。

④资产调整后计税基础＝资产原计税基础＋已确认的资产转让所得－已确认的资产转让损失

如土地使用权调整后计税基础＝1 000.00+45.45－0＝1 045.45（万元）。

通过表 4-4-7 所示的结果可以看出，虽然转让损益比例分摊法与非股权支付比例法对已确认的资产转让损益总金额分摊至各资产的计算过程不同，但是最终的金额是相同的，实务中采用哪一种方法可由企业根据实际情况确定。

第五节　公司制改制涉税分析

一、公司制改制的概念和类型

（一）公司制改制的概念

与第一章关于企业重组概念分析相类似，我国公司法律法规及税收法律法规并未对公司制改制的概念作出定义,由于本书并非对公司制改制的理论研究,所以仅仅以相关法律法规及规范性文件对公司制改制相关的概念进行分析。

1. 公司法中的概念

目前有效的《公司法》中并无公司制改制的相关内容,但是《公司法》（1993年版）在第七条规定"国有企业改建为公司,必须依照法律、行政法规规定的条件和要求,转换经营机制,有步骤地清产核资、界定产权,清理债权债务,评估资产,建立规范的内部管理机构"。修改后的《公司法》仅对有限责任公司与股份有限公司之间的类型转换做了规范。表4-5-1列示了相关法律法规中与公司制改制相关的内容。

表4-5-1 《公司法》等法律法规中公司制改制的相关内容

文件	类型	主要内容
《公司法》	国有企业改建为公司	**第七条** 国有企业改建为公司,必须依照法律、行政法规规定的条件和要求,转换经营机制,有步骤地清产核资、界定产权,清理债权债务,评估资产,建立规范的内部管理机构。 ——《公司法》（1993年版） **第十七条** 非公司企业按《公司法》改制为公司、有限责任公司变更为股份有限公司时,折合的实收股本总额不得高于公司净资产额。 ——《公司注册资本登记管理规定》（2005年版,2022年3月1日废止）
《公司法》	公司形式变更	**第十二条** 有限责任公司变更为股份有限公司,应当符合本法规定的股份有限公司的条件。股份有限公司变更为有限责任公司,应当符合本法规定的有限责任公司的条件。 有限责任公司变更为股份有限公司的,或者股份有限公司变更为有限责任公司的,公司变更前的债权、债务由变更后的公司承继。 **第一百零八条** 有限责任公司变更为股份有限公司时,折合的实收股本总额不得高于公司净资产额。有限责任公司变更为股份有限公司,为增加注册资本公开发行股份时,应当依法办理
《国有资产法》	企业改制	**第三十九条** 本法所称企业改制是指: （一）国有独资企业改为国有独资公司; （二）国有独资企业、国有独资公司改为国有资本控股公司或者非国有资本控股公司; （三）国有资本控股公司改为非国有资本控股公司

续表

文件	类型	主要内容
《国家工商行政管理总局关于印发〈关于国有企业改革中登记管理若干问题的实施意见〉的通知》（工商企字〔1998〕第88号）	国有企业整体改建	二、国有企业改建为公司（指依《公司法》设立的有限责任公司或股份有限公司，下同），主要应是改建为多个投资主体的有限责任公司和股份有限公司。改建为国有独资公司的，应由经国务院或省级人民政府授权投资的机构或授权的部门作为公司的股东。 三、国有企业整体改建为公司，应由原国有企业投资人或新的投资人作为该公司股东或发起人，原国有企业自身不得作为该公司股东或发起人
	国有企业部分改建	三、国有企业以其部分资产改建为公司（部分改建）是企业的一种投资行为。国有企业对外投资按《国务院批转财政部关于加强国有企业财产监督意见的通知》（国发〔1997〕9号）的有关规定执行，投资后剩余自有资金不得低于法定注册资金最低限额，且应与企业经营规模、经营范围和经营方式相适应。其投资或与其他投资者共同投资设立的公司，按新设立公司登记注册
《财政部关于印发〈企业公司制改建有关国有资本管理与财务处理的暂行规定〉》（财企〔2002〕313号，以下简称"财企〔2002〕313号文"）	整体改建	第九条 企业实行公司制改建，不得将国有资本低价折股或者低价转让给经营者及其他职工个人。 企业实行整体改建的，改建企业的国有资本应当按照评估结果全部折算为国有股份，由原企业国有资本持有单位持有，并将改建企业全部资产转入公司制企业
	分立式改建	第九条 企业实行分立式改建的，应当按照转入公司制企业的资产、负债经过评估后的净资产折合为国有股份，并可以由原企业国有资本持有单位持有，也可以由存续企业持有。分立后没有纳入改建范围的资产，按照本规定第十四条进行处理
	合并式改建	第九条 企业实行合并式改建的，经过评估后的净资产折合的国有股份，合并前各方如果属于同一投资主体，应当由原共同的国有资本持有单位一并持有；如果分属不同投资主体，应当由合并前各方原国有资本持有单位分别持有。企业合并后没有纳入改建范围的资产，按照本规定第十四条进行处理
《企业改制若干规定》	整体公司制改造	第四条 国有企业依公司法整体改造为国有独资有限责任公司的，原企业的债务，由改造后的有限责任公司承担。 第五条 企业通过增资扩股或者转让部分产权，实现他人对企业的参股，将企业整体改造为有限责任公司或者股份有限公司的，原企业债务由改造后的新设公司承担

续表

文件	类型	主要内容
《企业改制若干规定》	部分公司制改造	**第六条** 企业以其部分财产和相应债务与他人组建新公司，对所转移的债务债权人认可的，由新组建的公司承担民事责任；对所转移的债务未通知债权人或者虽通知债权人，而债权人不予认可的，由原企业承担民事责任。 **第七条** 企业以其优质财产与他人组建新公司，而将债务留在原企业，债权人以新设公司和原企业作为共同被告提起诉讼主张债权的，新设公司应当在所接收的财产范围内与原企业共同承担连带责任
	股份合作制改造	**第八条** 由企业职工买断企业产权，将原企业改造为股份合作制的，原企业的债务，由改造后的股份合作制企业承担。 **第九条** 企业向其职工转让部分产权，由企业与职工共同组建股份合作制企业的，原企业的债务由改造后的股份合作制企业承担。 **第十条** 企业通过其职工投资增资扩股，将原企业改造为股份合作制企业的，原企业的债务由改造后的股份合作制企业承担
《市场主体登记实施细则》	公司变更类型	**第三十七条** 公司变更类型，应当按照拟变更公司类型的设立条件，在规定的期限内申请变更登记，并提交有关材料
	非公司企业法人改制为公司	**第三十七条** 非公司企业法人申请改制为公司，应当按照拟变更的公司类型设立条件，在规定期限内申请变更登记，并提交有关材料
	个体工商户转变组织形式	**第三十七条** 个体工商户申请转变为企业组织形式，应当按照拟变更的企业类型设立条件申请登记

从表4-5-1可以看出，在《公司法》及其相关的法律法规中，并无公司制改制的统一概念：《公司法》（1993年版）对国有企业改建为公司的相关事宜做了规范，修订后的《公司法》并未再对此部分内容作出规范。财政部将《公司法》规范的国有企业改建分为整体改建、分立式改建和合并式改建三种类型。最高人民法院民事审判第二庭编著的《关于企业改制司法解释条文精释及案例解析》中将企业公司制改造分为国有企业改制为国有独资公司、企业整体改制为公司和企业部分改制为公司三种类型；认为企业改制是在保障原企业存续前提下的企业形态的变更，而不是将原企业破产清算之后设立新的企业，企业通过增资扩股，吸

收新股东投资入股组成公司，或者通过转让部分产权，吸收合并组成公司；企业之所以选择改制，而不是选择将原企业解散后再重新设立新公司，就是因为要在原企业的基础上，明晰产权关系，改变投资结构，建立现代企业制度；企业部分改制为公司，是指企业将其部分财产和相应债务从企业总资产中剥离，与其他民事主体共同组建有限责任公司或者股份有限公司，同时原企业法人资格仍然存在的法律行为。《市场主体登记实施细则》将企业的改建分为公司类型变更、非公司制企业法人改制为公司和个体工商户转变为企业组织形式三种类型。

上述关于企业改制的相关规范可归纳如图 4-5-1 所示。

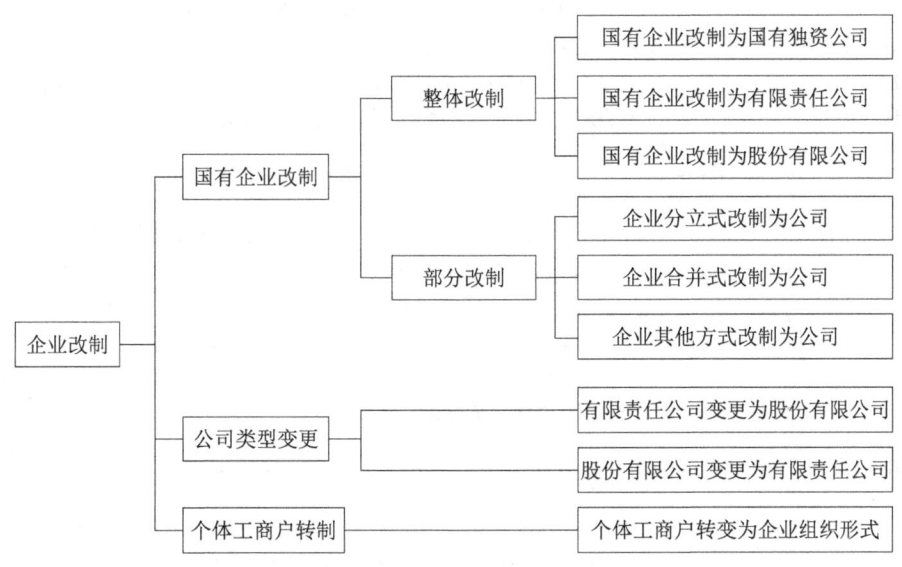

图 4-5-1　企业改制类型

2.税收规范性文件中的概念

在税收法律法规中也无与公司制改制相关的概念，反而在不同税种的税收规范性文件中都有提及公司制改制的相关内容，但也未对公司制改制的概念予以明确，与其相关的主要内容见表 4-5-2。

表 4-5-2　税收规范性文件中的公司制改制内容

税种	文件	主要内容
企业所得税	《国家税务总局关于印发〈企业改组改制中若干所得税业务问题的暂行规定〉的通知》（国税发〔1998〕97号，2010年11月29日废止）	规范如下企业改组改制类型的所得税相关问题： （一）企业合并、兼并的税务问题； （二）企业分立的税务处理； （三）股权重组的税务处理； （四）资产转让、受让的税务处理
企业所得税	财税〔2009〕59号文	一、本通知所称企业重组，是指企业在日常经营活动以外发生的法律结构或经济结构重大改变的交易，包括企业法律形式改变、债务重组、股权收购、资产收购、合并、分立等。 （一）企业法律形式改变，是指企业注册名称、住所以及企业组织形式等的简单改变，但符合本通知规定其他重组的类型除外
企业所得税	2017年第34号公告	一、全民所有制企业改制为国有独资公司或者国有全资子公司，属于财税〔2009〕59号文件第四条规定的"企业发生其他法律形式简单改变"的，可依照以下规定进行企业所得税处理：改制中资产评估增值不计入应纳税所得额；资产的计税基础按其原有计税基础确定；资产增值部分的折旧或者摊销不得在税前扣除
土地增值税	2023年第51号公告	一、企业按照《中华人民共和国公司法》有关规定整体改制，包括非公司制企业改制为有限责任公司或股份有限公司，有限责任公司变更为股份有限公司，股份有限公司变更为有限责任公司，对改制前的企业将国有土地使用权、地上的建筑物及其附着物（以下称房地产）转移、变更到改制后的企业，暂不征收土地增值税。 本公告所称整体改制是指不改变原企业的投资主体，并承继原企业权利、义务的行为。 八、本公告所称不改变原企业投资主体、投资主体相同，是指企业改制重组前后出资人不发生变动，出资人的出资比例可以发生变动

续表

税种	文件	主要内容
契税	财税〔2003〕184号文	一、企业公司制改造 非公司制企业，按照《中华人民共和国公司法》的规定，整体改建为有限责任公司（含国有独资公司）或股份有限公司，或者有限责任公司整体改建为股份有限公司的，对改建后的公司承受原企业土地、房屋权属，免征契税。 非公司制国有独资企业或国有独资有限责任公司，以其部分资产与他人组建新公司，且该国有独资企业（公司）在新设公司中所占股份超过50%的，对新设公司承受该国有独资企业（公司）的土地、房屋权属，免征契税
	《国家税务总局关于企业改制重组契税政策有关问题解释的通知》（国税函〔2006〕844号，以下简称"国税函〔2006〕844号文"）	一、184号文件第一条第一款中规定的"整体改建"，是指改建后的企业承继原企业全部权利和义务的改制行为。 二、184号文件第二、三、四条中所谓"企业"，是指法人企业
	2023年第49号公告	一、企业改制 企业按照《中华人民共和国公司法》有关规定整体改制，包括非公司制企业改制为有限责任公司或股份有限公司，有限责任公司变更为股份有限公司，股份有限公司变更为有限责任公司，原企业投资主体存续并在改制（变更）后的公司中所持股权（股份）比例超过75%，且改制（变更）后公司承继原企业权利、义务的，对改制（变更）后公司承受原企业土地、房屋权属，免征契税。 二、事业单位改制 事业单位按照国家有关规定改制为企业，原投资主体存续并在改制后企业中出资（股权、股份）比例超过50%的，对改制后企业承受原事业单位土地、房屋权属，免征契税。 十、有关用语含义 本公告所称企业、公司，是指依照我国有关法律法规设立并在中国境内注册的企业、公司。 本公告所称投资主体存续，企业改制重组的，是指原改制重组企业的出资人必须存在于改制重组后的企业；事业单位改制的，是指履行国有资产出资人职责的单位必须存在于改制后的企业。出资人的出资比例可以发生变动

续表

税种	文件	主要内容
印花税	2024年第14号公告	四、关于政策适用的范围 （一）本公告所称企业改制，具体包括非公司制企业改制为有限责任公司或者股份有限公司，有限责任公司变更为股份有限公司，股份有限公司变更为有限责任公司。同时，原企业投资主体存续并在改制（变更）后的公司中所持股权（股份）比例超过75%，且改制（变更）后公司承继原企业权利、义务。 （二）本公告所称企业重组，包括合并、分立、其他资产或股权出资和划转、债务重组等。 合并，是指两个或两个以上的公司，依照法律规定、合同约定，合并为一个公司，且原投资主体存续。母公司与其全资子公司相互吸收合并的，适用该款规定。 分立，是指公司依照法律规定、合同约定分立为两个或两个以上与原公司投资主体相同的公司。 （四）本公告所称事业单位改制，是指事业单位按照国家有关规定改制为企业，原出资人（包括履行国有资产出资人职责的单位）存续并在改制后的企业中出资（股权、股份）比例超过50%。

从表4-5-2可以看出，税收法律法规中也未对公司制改制的概念予以明确，并且在不同税种的税收规范性文件中关于公司制改制的内容也有所不同。

在企业所得税中，公司制改制概念的内涵逐渐缩小，但公司制改制的概念仍然较为模糊，在最初的公司改组改制下，公司改制的概念与企业重组的概念是较为接近的；在财税〔2009〕59号文中，仅使用了"企业法律形式改变"的概念，其中提及"企业组织形式的简单改变"，但对于其具体的内容和方式并未予以明确；根据国有企业改制的具体原因和性质，企业所得税又将国有企业改制分为一般的国有企业改制和国有企业改制上市两种类型。

在土地增值税中，税收规范性文件将公司制改制限定于整体改制，即改制后公司"不改变原企业投资主体"；具体又分为非公司制企业整体改制为有限责任公司或股份有限公司、有限责任公司整体改制为股份有限公司和股份有限公司整体改制为有限责任公司三种情形；但是文件并未对"企业、公司"的概念作出明确，也未明确"非公司制企业"的概念。

与土地增值税的公司制改制内容相比，契税的税收规范性文件对公司制改制的内容有如下特点：首先，契税的税收规范性文件将公司制改制分为企业公司制改制和事业单位公司制改制，在适用主体上有所扩展；其次，根据国税函〔2006〕844号文对财税〔2003〕184号文中"企业"的解释，企业改制中的企业并不仅限于法人企业，而应当包括非法人企业；最后，契税的税收优惠政策并不要求改制后公司"不改变原企业的投资主体"，而仅是对原企业（或事业单位）投资主体在改制后公司中的出资（股权、股份）比例有所要求，所以适用于引入新投资者的整体改制和部分改制，在适用类型上也有所扩展。

在印花税中，将企业改制限定为非公司制企业改制为有限责任公司或者股份有限公司、有限责任公司变更为股份有限公司及股份有限公司变更为有限责任公司三种类型，其具体的内涵与契税中企业改制的内涵相近。

税收规范性文件中的公司制改制相关内容可以归纳为图4-5-2所示的类型。

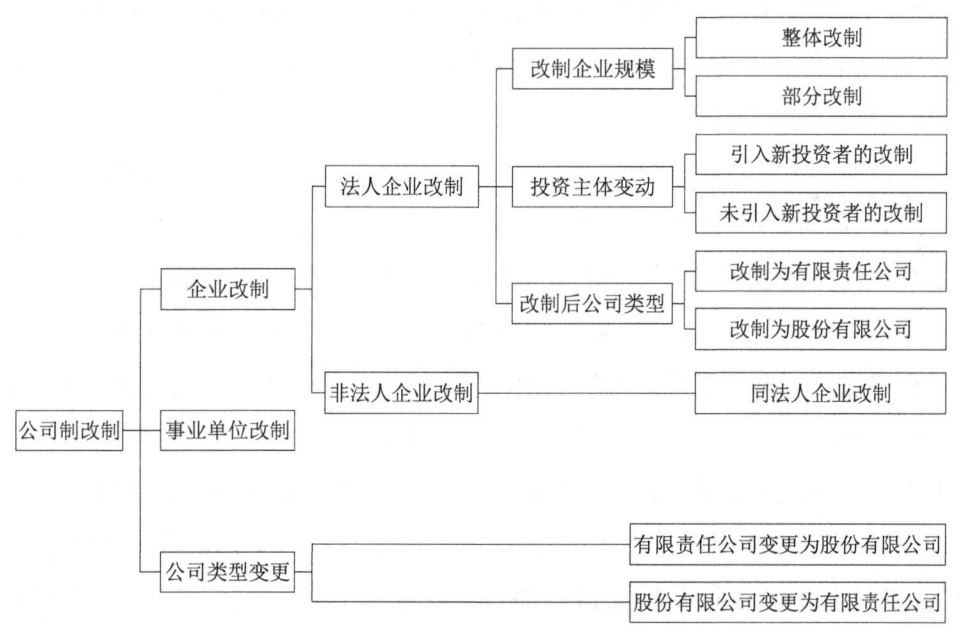

图4-5-2　税收规范性文件中公司制改制类型

虽然根据各税收规范性文件可将公司制改制的类型归纳为图4-5-2所示的类型，但这种归类仍然有如下不足：第一，图4-5-2所示的类型仅仅是公司制改制类型的列举,但对于各类型的具体概念和判断标准,在税收规范性文件中并未予以明确;第二,图中各类型的公司制改制模式,并非适用于所有的税种,在具体税种的应用中仍然需要结合具体的税收规范性文件予以确定。

(二)公司制改制的类型

1. 按改制主体分类

《市场主体登记管理条例》规定,在我国境内以营利为目的的市场主体(不包括市场主体的分支机构)类型主要包括:①公司;②非公司企业法人;③个人独资企业;④合伙企业;⑤农民专业合作社(联合社);⑥个体工商户;⑦外国公司分支机构;⑧法律、行政法规规定的其他市场主体。其中企业性质的市场主体包括有限责任公司、股份有限公司、非公司企业法人、个人独资企业、合伙企业五种类型,这些不同类型的市场主体之间可以互相转换,而这种转换既可能是企业类型的变更行为,也可能是企业类型的注销、设立行为。除《市场主体登记管理条例》登记的市场主体外,我国的民商事主体还包括事业单位,民办非企业单位(如非营利性的医疗机构、非营利性的养老服务机构等)等社会服务机构,所以公司制改制不仅包括企业改制为公司,还有事业单位改制为公司和民办非企业单位改制为公司的情形。其中,事业单位改制是指事业单位依据国家的规定改制为企业,如依据《中共中央 国务院关于分类推进事业单位改革的指导意见》(中发〔2011〕5号,以下简称"中发〔2011〕5号文"),《国务院办公厅关于印发文化体制改革中经营性文化事业单位转制为企业和进一步支持文化企业发展两个规定的通知》(国办发〔2014〕15号)等的规定,从事生产经营活动的事业单位和经营性文化事业单位转制为企业;民办非企业单位改制是指民办非企业单位依据相关法律法规改制为营利性的企业,如非营利医疗机构根据《国务院办公厅转发发展改革委 卫生部等部门关于进一步鼓励和引导社会资本举办医疗机构意见的通知》(国办发〔2010〕58号,以下简称"国办发〔2010〕58号文")的规定转变为营利性医疗机构。

通过对比图4-5-1和图4-5-2可以发现,《公司法》规范的公司制改制类型和税收规范性文件所规范的公司制改制类型既有重合又有互补的地方,由于本书并非对公司制改制概念和类型进行理论研究和分析的书籍，所以在概念和类型的分析上以税收规范性文件为主，同时考虑各类型改制的法律规范。由于公司部分改制行为的税收往往可以通过其他的重组交易类型（如股权收购、资产收购、合并、分立、债务重组等）或者资本交易类型（如非货币性资产投资）的税收规则予以规范，所以在该部分内容中对于公司制改制以企业整体改制为主，结合实务中遇到的类型，本书将公司制改制分为图4-5-3所示的类型。

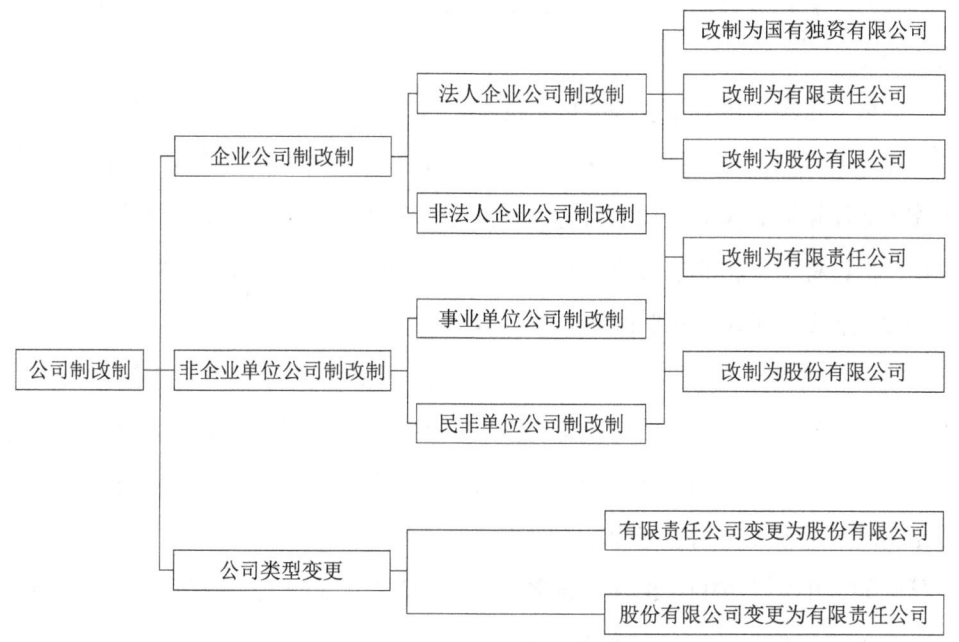

图4-5-3 公司制改制类型

（1）企业公司制改制。

企业公司制改制是指企业性质的单位按照《公司法》的规定改制为有限责任公司或股份有限公司，企业具体包括非公司企业法人、个人独资企业和合伙企业，所以根据改制企业是否具有法人资格可以将其分为法人企业公司制改制和非法人企业公司制改制，其中非公司企业法人包括依据《中华人民共和国企业法人登记管理条例》（1988年6月3日国务院令第1号发布，2019年3月2日《国务院关于修改部分行政法规的决定》修订，已被《市场主体登记管理条例》废止）登记的具有法人资格的如下类型的企业：①全民所有制企业；②集体所有制企业；③联营企业；④在中华人民共和国境内设立的中外合资经营企业、中外合作经营企业和外资企业；⑤私营企业；⑥依法需要办理企业法人登记的其他企业。

根据改制后公司类型的不同，可以将其分为改制为国有独资公司、改制为有限责任公司和改制为股份有限公司三种类型。根据《公司法》的规定，国有独资公司是国家出资公司的一种，具体是指国家单独出资、由国务院或者地方人民政府授权本级人民政府国有资产监督管理机构履行出资人职责的有限责任公司；所以改制为国有独资公司的企业类型只能是国有企业，而且应当是国家出资的国有独资企业。

根据《市场主体登记管理条例》的规定，非法人企业无法直接改制为《公司法》规定的有限责任公司或股份有限公司，实务中改制为公司的行为实际上是非法人企业注销同时设立公司的行为，但部分税种并不以法人为单位征收，因此在税收分析过程中，将非法人企业改制为公司的，也在本部分进行分析。

（2）非企业单位公司制改制。

非企业单位公司制改制，是指事业单位、民办非企业单位等依据相关法律法规改制为有限责任公司或者股份有限公司的行为，但是这种公司制改制与非公司企业法人改制为公司不同，前者属于公司类型的变更，而非企业单位改制为公司，实质上是新设公司的行为。

例如，中发〔2011〕5号文规定："在清理规范基础上，按照社会功能将现有事业单位划分为承担行政职能、从事生产经营活动和从事公益服务三个类别。对承担行政职能的，逐步将其行政职能划归行政机构或转为行政机构；对从事生产经营活动的，逐步将其转为企业；对从事公益服务的，继续将其保留在事业单位序列、强化其公益属性。周密制定从事生产经营活动事业单位转企改制工作方案，按照有关规定进行资产清查、财务审计、资产评估，核实债权债务，界定和核实资产，由同级财政部门依法核定国家资本金。转制单位要按规定注销事业单位法人，核销事业编制，进行国有资产产权登记和工商登记，并依法与在职职工签订劳动合同，建立或接续社会保险关系。事业单位转企改制后，要按照现代企业制度要求，深化内部改革，转变管理机制，并依照政企分开、政资分开的原则，逐步与原行政主管部门脱钩，其国有资产管理除国家另有规定外，由履行国有资产出资人职责的机构负责。"

国办发〔2010〕58号文规定："社会资本举办的非营利性医疗机构原则上不得转变为营利性医疗机构，确需转变的，需经原审批部门批准并依法办理相关手续；社会资本举办的营利性医疗机构转换为非营利性医疗机构，可提出申请并依法办理变更手续。变更后，按规定分别执行国家有关价格和税收政策。"

（3）公司类型变更。

公司类型变更是指《公司法》规定的不同类型的公司之间的转换，具体包括有限责任公司转变为股份有限公司和股份有限公司转变为有限责任公司两种类型。《公司法》第一百零八条规定："有限责任公司变更为股份有限公司时，折合的实收股本总额不得高于公司净资产额。有限责任公司变更为股份有限公司，为增加注册资本公开发行股份时，应当依法办理。"

2. 按改制后主体分类

除了图4-5-3所示的公司制改制类型分类外，根据改制后公司的市场主体变化调整，还可以将公司制改制分为图4-5-4所示的类型。

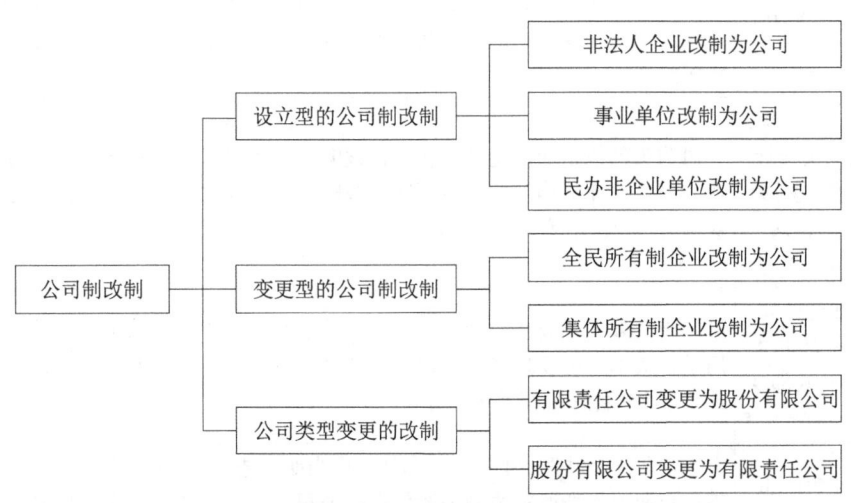

图4-5-4　公司制改制类型

上述设立型的公司制改制是指改制后的公司需要按照《公司法》和《市场主体登记管理条例》的规定办理设立登记，改制后的公司主体是新设立的，而非改制前主体的存续；变更型的公司制改制是指改制后的公司仅需要按照《市场主体登记管理条例》的规定办理变更登记，改制后的主体在法人资格上是改制前主体的存续，改制过程中并不存在新设公司的行为；公司类型变更的改制是指按照《公司法》的规定，有限责任公司和股份有限公司之间相互转换类型的一种公司制改制方式。

二、公司制改制的会计处理

（一）相关规范

《企业会计准则》并未单独规范企业公司制改制的会计确认、计量、记录和报告原则和事项，财政部发布的与企业改制相关的会计核算规范及资产评估的法律法规主要见表4-5-3。

表4-5-3　公司制改制的会计核算和资产评估主要规范

文件	主要内容
《企业会计制度》（财会〔2000〕25号）	第十一条　企业的各项财产在取得时应当按照实际成本计量。其后，各项财产如果发生减值，应当按照本制度规定计提相应的减值准备。除法律、行政法规和国家统一的会计制度另有规定者外，企业一律不得自行调整其账面价值
《关于股份有限公司有关会计问题解答》（财会字〔1998〕16号）	公司购买其他企业的全部股权时，被购买企业保留法人资格的，被购买企业应当按照评估确认的价值调账；被购买企业丧失法人资格的，公司应按被购买企业评估确认后的价值入账
《企业会计准则——基本准则》（财政部令第33号）	第四十三条　企业在对会计要素进行计量时，一般应当采用历史成本，采用重置成本、可变现净值、现值、公允价值计量的，应当保证所确定的会计要素金额能够取得并可靠计量
《企业会计准则解释第1号》（财会〔2007〕14号）	十、企业改制过程中的资产、负债，应当如何进行确认和计量？ 答：企业引入新股东改制为股份有限公司，相关资产、负债应当按照公允价值计量，并以改制时确定的公允价值为基础持续核算的结果并入控股股东的合并财务报表。改制企业的控股股东在确认对股份有限公司的长期股权投资时，初始投资成本为投出资产的公允价值及相关费用之和

续表

文件	主要内容
《企业会计准则实施问题专家工作组意见》（2008年1月21日）	四、问：国有企业进行公司制改建的，有关资产、负债的价值如何确定？ 答：国有企业经批准进行公司制改建为股份有限公司的，应当按照《企业会计准则解释第1号》（财会〔2007〕14号）的规定，采用公允价值计量相关资产、负债。国有企业经批准改建为有限责任公司的，比照上述原则处理
《企业会计准则解释第2号》（财会〔2008〕11号）	二、企业或其子公司进行公司制改制的，相关资产、负债的账面价值应当如何调整？ 答：企业进行公司制改制的，应以经评估确认的资产、负债价值作为认定成本，该成本与其账面价值的差额，应当调整所有者权益；企业的子公司进行公司制改制的，母公司通常应当按照《企业会计准则解释第1号》的相关规定确定对子公司长期股权投资的成本，该成本与长期股权投资账面价值的差额，应当调整所有者权益
《企业会计准则讲解（2010）》	第二十一章　企业合并 在同一控制下的企业合并中，被合并方同时进行改制并对资产负债进行评估调账的，应以评估调账后的账面价值并入合并方。 非同一控制下的企业合并中，购买方通过企业合并取得被购买方100%股权的，被购买方可以按照合并中确定的可辨认资产、负债的公允价值调整其账面价值。除此之外，其他情况下被购买方不应因企业合并改记有关资产、负债的账面价值
《公司法》	第四十八条　股东可以用货币出资，也可以用实物、知识产权、土地使用权、股权、债权等可以用货币估价并可以依法转让的非货币财产作价出资；但是，法律、行政法规规定不得作为出资的财产除外。 对作为出资的非货币财产应当评估作价，核实财产，不得高估或者低估作价。法律、行政法规对评估作价有规定的，从其规定
《国有资产法》	第四十二条　企业改制应当按照规定进行清产核资、财务审计、资产评估，准确界定和核实资产，客观、公正地确定资产的价值。 企业改制涉及以企业的实物、知识产权、土地使用权等非货币财产折算为国有资本出资或者股份的，应当按照规定对折价财产进行评估，以评估确认价格作为确定国有资本出资额或者股份数额的依据。不得将财产低价折股或者有其他损害出资人权益的行为

续表

文件	主要内容
《国有资产评估管理办法》（国务院令第732号）	**第三条** 国有资产占有单位（以下简称占有单位）有下列情形之一的，应当进行资产评估： （一）资产拍卖、转让； （二）企业兼并、出售、联营、股份经营； （三）与外国公司、企业和其他经济组织或者个人开办外商投资企业； （四）企业清算； （五）依照国家有关规定需要进行资产评估的其他情形
《企业国有资产评估管理暂行办法》（国有资产监督管理委员会令第12号）	**第六条** 企业有下列行为之一的，应当对相关资产进行评估： （一）整体或者部分改建为有限责任公司或者股份有限公司；（二）以非货币资产对外投资；（三）合并、分立、破产、解散；（四）非上市公司国有股东股权比例变动；（五）产权转让；（六）资产转让、置换；（七）整体资产或者部分资产租赁给非国有单位；（八）以非货币资产偿还债务；（九）资产涉讼；（十）收购非国有单位的资产；（十一）接受非国有单位以非货币资产出资；（十二）接受非国有单位以非货币资产抵债；（十三）法律、行政法规规定的其他需要进行资产评估的事项
《国务院办公厅转发国务院国有资产监督管理委员会关于规范国有企业改制工作意见的通知》（国办发〔2003〕96号）	国有企业改制，必须依照《国有资产评估管理办法》（国务院令第91号）聘请具备资格的资产评估事务所进行资产和土地使用权评估
财企〔2002〕313号文	**第七条** 企业实行公司制改建，国有资本持有单位应当按照国家有关规定委托具有相应资格的评估机构，对改建企业所涉及的全部资产，应当按照《国有资产评估管理办法》（1991年11月16日国务院令第91号）、《国有资产评估管理若干问题的规定》（2001年12月31日财政部令第14号）等有关规定进行评估
《国务院办公厅关于印发中央企业公司制改制工作实施方案的通知》（国办发〔2017〕69号）	二、规范操作 （三）确定注册资本。改制为国有独资公司或国有及国有控股企业全资子公司，可以上一年度经审计的净资产值作为工商变更登记时确定注册资本的依据，待公司章程规定的出资认缴期限届满前进行资产评估。改制为股权多元化企业，要按照有关规定履行清产核资、财务审计、资产评估、进场交易等各项程序，并以资产评估值作为认缴出资的依据

续表

文件	主要内容
《首发注册管理办法》	**第十条** 发行人是依法设立且持续经营三年以上的股份有限公司，具备健全且运行良好的组织机构，相关机构和人员能够依法履行职责。 有限责任公司按原账面净资产值折股整体变更为股份有限公司的，持续经营时间可以从有限责任公司成立之日起计算

（二）会计核算规则

根据表 4-5-3 关于企业改制会计核算和资产评估的规范，除法律、行政法规和国家统一会计制度另有规定外，企业不应当对其所拥有资产、负债的账面价值进行调整，实务中需要按评估后价值进行核算的情形主要包括：

（1）新设企业的会计核算。

（2）非公司制国有企业改制为公司制企业。

（3）非同一控制下企业合并取得被购买方 100% 股权。

（4）有限责任公司整体改制为股份有限公司且业绩不连续计算时。

本书结合企业公司制改制的类型，将上述的会计核算主要规则分为如下三种。

1. 设立型的公司制改制

设立型的公司制改制包括非法人企业改制为公司、事业单位改制为公司和民办非企业单位改制为公司等类型，此种类型下，改制后的公司需要按照《市场主体登记管理条例》的规定进行设立登记，其本质是改制前的企业或非企业单位投资者以其持有的改制企业或单位的净资产投资设立公司，根据《公司法》关于公司设立过程中非货币性资产出资的规定，需要对改制企业或者单位的各项资产、负债进行评估，改制后的公司应当以根据股东投资协议中约定的资产公允价值为初始成本进行会计核算，对于改制主体净资产的价值超过改制后公司实收资本的部分，计入资本公积。

在这种改制类型下，由于改制后的公司为新设立的公司，所以应当重新设置账簿对公司取得的各项资产、负债进行核算。

2. 变更型的公司制改制

对于非公司制国有企业按照《公司法》的规定改制为国有独资公司、有限责任公司或者股份有限公司,对改制过程中无论是否引入新股东,根据《企业会计准则解释第 1 号》和《企业会计准则解释第 2 号》的规定,就改制企业而言,应以经评估确认的资产、负债价值作为认定成本,该成本与其账面价值的差额,应当调整所有者权益;对改制企业股东而言,其所持有的改制企业长期股权投资的初始投资成本应当以投出资产的公允价值及相关费用之和确定。

除国有企业改制为公司外,其他的非公司制企业法人改制为公司的,相关的法律法规并没有强制规定要进行资产评估,所以对于其改制为公司制企业的,是否需要进行评估及根据资产评估结果调整相应资产、负债账面价值,需要根据具体的情况进行判断。

《市场主体登记管理条例》及其实施细则规定,非公司制企业法人申请改制为公司,应当按照拟变更的公司类型设立条件,在规定期限内申请变更登记,并提交有关材料。所以非公司制企业法人改制为公司的,改制前的法人主体并未消灭,改制后的公司也并非新设立的,因此在需要按照评估结果调整资产、负债账面价值时,其账簿的设置上有两种方法:一种方法是将原有的账簿予以注销,重新设置账簿进行会计核算;另一种方法是不设置新的账簿,而只是在原有账簿的基础上针对金额发生变化的资产、负债进行重新核算,其最终的净差额调整所有者权益,计入资本公积会计科目。

3. 公司类型变更下的改制

有限责任公司与股份有限公司按照《公司法》的规定相互之间变更公司类型,与非公司制企业法人整体改制为公司有所不同。第一,非公司制企业法人改制为公司制企业,虽然属于市场主体类型的变更,但是在改制过程中需要对资产进行评估;公司类型变更是否需要进行资产评估,法律法规并没有明确的规定,对于 IPO 企业而言,由于《首发注册管理办法》规定"有限责任公司按原账面净资产值折股整体变更为股份有限公司的,持续经营时间可以从有限责任公司成立之日起计算",所以 IPO 企业在进行股份制改造时往往并不调整原有资产、负债的账面价值。第二,非公司制企业改制为公司过程中可能会引入新的股东从而导致股权结构发生变化;公司类型变更只是公司类型的改变,变更前后的股东及其持股比例并不发生变化。第三,非公司制企业改制为公司时,改制前企业的部分非经营性资产或与主业不相关的资产，可以依法予以剥离；公司类型变更中，变更前公司的所有资产、负债都需要纳入变更后的公司中。

公司类型变更，仅仅是公司类型的变化，变更前公司的各项资产、负债、人员和义务均整体进入变更后的公司，变更前公司的各项债权、债务也由变更后的公司承继；从经济实质上看，变更后的公司是变更前公司这一会计主体的延续，而不是一个新设的会计主体；变更对会计的影响也仅仅是股东权益的内部结构发生了变化，属于股东权益的内部结转，总额保持不变。所以在公司类型变更中，往往不需要对资产、负债进行评估，与非公司制企业改制为公司相同，变更后的公司可以设置新的账簿进行核算，也可以在原有账簿上进行核算，但对于企业所有者权益需要按照变更后的公司注册资本及实收资本（或实收股本）进行核算，如有限责任公司整体变更为股份有限公司时，应当按照如下方式进行核算：

借：实收资本（有限责任公司实收资本）
　　资本公积（资本溢价）
　　资本公积（其他资本公积）
　　盈余公积（法定盈余公积）
　　盈余公积（任意盈余公积）
　　未分配利润（有限责任公司累积未分配的利润）
　贷：股本（变更后股份有限公司股本）
　　资本公积（股本溢价）

三、公司制改制企业的涉税处理

（一）改制企业的所得税处理

1. 整体改制的所得税处理

2008年1月1日起，企业所得税以法人为纳税人，所以对于公司制改制企业的企业所得税涉税处理需要根据改制前企业的组织形式与改制后企业的组织形式进行分析，具体分为如下三种情形。

（1）设立型的公司制改制。

设立型的公司制改制，主要包括非法人企业转变为公司、事业单位改制为公司和民办非企业单位改制为公司等。对于设立型的公司制改制，由于改制后的公司为新设立的主体，改制前的主体无论其是否属于法人单位，都需要依据相关的法律法规进行清算并办理注销，只是对清算后剩余资产的归属问题在法律法规上有所区别。

对于非法人企业转变为公司的，根据《企业所得税法》第一条规定，个人独资企业、合伙企业不适用企业所得税法，所以对于改制企业并不涉及企业所得税，其具体的所得税处理应当按照《财政部 国家税务总局关于印发〈关于个人独资企业和合伙企业投资者征收个人所得税的规定〉的通知》（财税〔2000〕91号）和《财政部 国家税务总局关于合伙企业合伙人所得税问题的通知》（财税〔2008〕159号）的规定进行所得税处理。

对于非企业单位改制为公司时，改制单位是否可以适用财税〔2009〕59号文有关企业法律形式改变的特殊性税务处理，在现有的税收规范性文件中并未予以明确，本书认为改制单位不可以适用财税〔2009〕59号文的特殊性税务处理，而应当适用财税〔2009〕60号文关于企业清算的所得税规则，具体原因如下。

第一，非企业单位改制为公司的，需要符合《公司法》关于公司设立的条件，并且需要按照《市场注册登记管理条例》的规定进行设立登记，所以在经济实质上是企业设立的行为，并非财税〔2009〕59号文规定的"其他法律形式简单改变"。

事业单位改制为公司的，虽然在改制流程上与国有企业公司制改制相类似，但是其法律主体并未延续，属于公司设立的行为；其他社会服务机构改制为公司时，根据相关的法律法规，社会服务机构应当办理注销登记，同时办理改制后公司的设立登记，也属于公司设立的行为。

第二，财税〔2009〕60号文规定，下列企业应进行清算的所得税处理：①按《公司法》《企业破产法》等规定需要进行清算的企业；②企业重组中需要按清算处理的企业。

虽然财税〔2009〕60号文并未明确非企业单位的清算应当按照企业清算的所

得税处理，但是根据《企业所得税法》的规定，"在中华人民共和国境内，企业和其他取得收入的组织（以下统称企业）为企业所得税的纳税人"，所以非企业单位也属于企业所得税的纳税人，财税〔2009〕60号文中的"企业"并非仅仅指"营利性"的企业，而应当是指作为企业所得税纳税人的企业；根据前述关于设立型公司制改制的分析，非企业单位改制为公司的，都需要依法办理注销进行清算，所以这种情况下的公司制改制属于财税〔2009〕60号文中的"需要进行清算的企业"类型，应当按照企业清算的所得税规则进行处理。

（2）变更型的公司制改制。

变更型的公司制改制是指国有企业整体改制为国有独资公司、有限责任公司或者股份有限公司。对于变更型的公司制改制，本书认为属于财税〔2009〕59号文的"企业法律形式改变"中的"企业组织形式改变"，除另有规定外，可以适用财税〔2009〕59号文规定的特殊性税务处理。主要理由如下。

第一，变更型的公司制改制主要是非公司企业法人改制为公司，改制前后的企业均是营利性的组织，并且也都是法人组织，只是其设立所适用的法律法规有所不同。

第二，变更型的公司制改制，在改制过程中虽然需要对改制前的企业履行清产核资、资产评估、审计等一系列行为，但是并不需要对改制前的企业进行清算，并且依据《市场主体登记管理条例实施细则》的规定，只需要办理工商变更登记即可，无须办理设立登记，所以法人主体资格是延续的，纳税人主体并未发生变动。

第三，国家税务总局在《关于〈国家税务总局关于全民所有制企业公司制改制企业所得税处理问题的公告〉的解读》（以下简称"2017年第34号公告解读"）中提及："（公告）明确了改制中资产评估增值不计入应纳税所得额。由于改制前后，资产权属未发生变化，也没有发生实际交易，资产评估增值不计入当期所得，可以有效减轻改制企业的负担。本公告仅指由一个全民所有制企业整体改制为一个公司的形式。全民所有制企业改制为国有独资公司或者国有全资子公司，改制前后股东没有变化，财产权属没有变化，都是100%国家所有，满足法律形式的简单改变。"由此可以得知财税〔2009〕59号文的"法律形式简单改变"

本质应当是改制前后股东利益和财产权属均未发生变化;而变更型的公司制改制满足这一本质特征。

(3)公司类型变更的改制。

这里的公司类型变更是指根据《公司法》的规定,有限责任公司变更为股份有限公司或者股份有限公司变更为有限责任公司,不包括为公开发行目的的整体变更。

公司类型变更与前述变更型的公司制改制是相似的,都是一种类型的公司整体变更为另一种类型的公司,在变更前后,公司的股东没有发生变化,公司的财产权属也没有发生变化,在变更过程中并没有发生实际交易,所以符合财税〔2009〕59号文的"法律形式简单改变"的本质要件,可以适用财税〔2009〕59号文规定的特殊性税务处理。

2.部分改制的所得税处理

部分改制是指企业以部分资产与其他主体联合设立有限责任公司或者股份有限公司,或者企业在改制的同时引入其他投资者,如全民所有制企业改制为有限责任公司或者股份有限公司,在改制过程中引入了其他的投资者。根据部分改制后公司的不同,可以将部分改制分为新设类型的部分改制和变更类型的部分改制。

对于新设类型的部分改制其所得税处理与前述设立型的公司制改制相同,都是改制前的企业以其所拥有的资产与其他主体联合设立有限责任公司或股份有限公司,对于被改制的企业而言应当适用财税〔2009〕60号文规定的企业清算的所得税处理规则。

对于变更型的部分改制,变更前后企业的法人主体是延续的,只是在改制过程中引入了新的投资者,对这种类型公司制改制的所得税处理,实务中有两种不同的观点。

一种观点认为,这种改制的经济实质是被改制的企业以其净资产与改制过程中引入的新股东设立新的企业,在改制过程中存在被改制企业或其投资者与引入的新股东之间的交易,属于新设型的公司制改制,所以应当适用新设型公司制改制的所得税处理;同时 2017 年第 34 号公告解读中也提出"本公告仅指由一个全民所有制企业整体改制为一个公司的形式。改制为国有控股公司等其他情形的,则不适用本《公告》"。所以对于部分公司制改制的企业所得税应当按照企业清算的规则进行所得税处理。

另一种观点认为，部分改制可以分解为整体改制和引入投资者两个交易过程，其中整体改制可以适用特殊性税务处理，而引入投资者的行为可以根据交易的事实适用非货币性资产投资的税收待遇，也可以适用其他重组的税收待遇，所以不能直接适用一般性税务处理，而应当根据实际情况判定其所得税待遇。

本书认为，对于变更型的部分改制，在改制交易过程中确实存在多个交易步骤，而每一个交易步骤也存在着多种所得税处理规则，但是就交易整体而言，其实质是被改制企业以其净资产与新投资者进行了交易，这个过程不同于被改制企业的整体改制，所以在税收政策没有明确给予其特殊性税务处理的待遇之前，应当适用一般性税务处理。

（二）改制企业的增值税处理

企业公司制改制过程中可能会涉及增值税应税货物的转移，对于这种转移是否需要缴纳增值税，本书结合公司制改制类型及现有的税收规范性文件进行分析。

1. 纳税主体不变的改制

纳税主体不变的改制是指在公司制改制前后，纳税人的主体不发生变更的公司制改制模式。

《中华人民共和国税务登记管理办法》（2003年12月17日国家税务总局令第7号公布，国家税务总局令第48号修正，以下简称《税务登记管理办法》）对纳税人的设立登记、变更登记和注销登记等事项做了规范，根据其规定，下述的公司制改制应当在改制后办理税务变更登记：①变更型的公司制改制；②公司类型变更的改制。

对于这种类型的公司制改制，由于变更前后纳税人主体并未发生变动，在改制过程中纳税人的财产权属并未发生变化，而增值税是对纳税人销售应税货物或劳务而征收的税种，所以对于纳税主体不变的公司制改制不涉及增值税应税行为，不应当征收增值税。

2. 纳税主体变动的改制

纳税主体变动的公司制改制是指在改制过程中涉及纳税主体的新设和注销，主要包括如下公司制改制：①非法人企业改制为公司；②非企业单位改制为公司。

对于这种情形下的公司制改制，主要的增值税政策见表4-5-4。

表4-5-4 企业改制增值税主要涉税政策

文件	主要内容
2011年第13号公告	纳税人在资产重组过程中，通过合并、分立、出售、置换等方式，将全部或者部分实物资产以及与其相关联的债权、负债和劳动力一并转让给其他单位和个人，不属于增值税的征税范围，其中涉及的货物转让，不征收增值税
2012年第55号公告	增值税一般纳税人（以下称"原纳税人"）在资产重组过程中，将全部资产、负债和劳动力一并转让给其他增值税一般纳税人（以下称"新纳税人"），并按程序办理注销税务登记的，其在办理注销登记前尚未抵扣的进项税额可结转至新纳税人处继续抵扣
2013年第66号公告	纳税人在资产重组过程中，通过合并、分立、出售、置换等方式，将全部或者部分实物资产以及与其相关联的债权、负债经多次转让后，最终的受让方与劳动力接收方为同一单位和个人的，仍适用《国家税务总局关于纳税人资产重组有关增值税问题的公告》（国家税务总局公告2011年第13号）的相关规定，其中货物的多次转让行为均不征收增值税。资产的出让方需将资产重组方案等文件资料报其主管税务机关
财税〔2016〕36号文	在资产重组过程中，通过合并、分立、出售、置换等方式，将全部或者部分实物资产以及与其相关联的债权、负债和劳动力一并转让给其他单位和个人，其中涉及的不动产、土地使用权转让行为（不征收增值税）

正如资产收购重组章节的分析，上述税收规范性文件中的增值税不征税待遇不仅限于企业合并、分立、出售、置换四种交易类型，也同样适用于其他满足重组要件的交易类型。公司制改制过程中纳税主体发生变动时，若能够满足上述"全部或者部分实物资产以及与其相关联的债权、负债和劳动力一并转让给其他单位和个人"要件的，其中涉及的货物、不动产、土地使用权等的转让行为，不征收增值税；与其相关的其他涉税事项分析可见前述内容。

（三）改制企业的土地增值税处理

企业公司制改制过程中若涉及房地产转移的，还会涉及改制企业的土地增值税，2023年第51号公告规定："企业按照《中华人民共和国公司法》有关规定整体改制，包括非公司制企业改制为有限责任公司或股份有限公司，有限责任公司变更为股份有限公司，股份有限公司变更为有限责任公司，对改制前的企业将国有土地使用权、地上的建筑物及其附着物（以下称房地产）转移、变更到改制后的企业，暂不征收土地增值税。本公告所称整体改制是指不改变原企业的投资主体，并承继原企业权利、义务的行为。本公告所称不改变原企业投资主体，是指企业改制重组前后出资人不发生变动，出资人的出资比例可以发生变动。"

根据改制前企业主体性质的不同，将企业改制过程中土地增值税的涉税待遇分为如下四种类型。

1. 非公司法人企业整体改制

根据2023年第51号公告的规定，非公司制法人企业整体改制为公司的，对改制前企业将房地产转移、变更到改制后的企业，暂不征收土地增值税，其中整体改制具有如下特征。

第一，此处的整体改制要求改制前后企业的出资人不发生变动，所以对企业通过引入外部投资者进行的改制行为，不适用暂不征收土地增值税的待遇。

第二，企业整体改制后，虽然出资人不发生变动，但是出资人的出资比例可以发生变动，即改制前企业的投资者可以在改制过程中相互之间转让股权或者重新约定改制后公司企业的出资比例。

2. 非法人企业整体改制

2023年第51号公告中的企业整体改制，是否包括非法人企业，如个人独资企业、合伙企业，实务中有不同的观点：一种观点认为2023年第51号公告中的企业应当是指法人企业，因为非法人企业改制为公司实质是公司设立的行为，并非改制行为；另一种观点认为2023年第51号公告中的企业包括非法人企业。

本书认为，非法人企业改制为公司企业满足2023年第51号公告整体改制特征的，可以适用公告规定的暂不征收土地增值税待遇，主要理由如下。

首先，土地增值税是一种财产行为税，与企业所得税以法人为纳税主体不同，所以非法人企业变更为公司企业，虽然是公司新设的行为，但并不必然需要缴纳土地增值税。

其次，2023年第51号公告并未明确"企业"这一概念的具体定义，而同样规范企业改制契税待遇的2023年第49号公告则明确"公告所称企业、公司，是指依照我国有关法律法规设立并在中国境内注册的企业、公司"，并未限定改制企业必须为法人企业。

再次，首次规范企业改制契税待遇的财税〔2003〕184号文件也同样适用"公司制企业改制"的概念，而国税函〔2006〕844号文对财税〔2003〕184号文的相关概念解释时仅明确"企业股权重组、企业合并、企业分立"中的企业为"法人企业"，而对于"企业公司制改造"并未限定于"法人企业"。

最后，2023年第51号公告虽然没有明确定义整体改制的概念，但是对整体改制概念的基本特征做了规范，明确整体改制具有"不改变原企业的投资主体，并承继原企业权利、义务"和"改制重组前后出资人不发生变动"这两个特征，若非法人企业改制为公司制企业能够满足上述特征的，可以适用暂不征收土地增值税的待遇。

3. 非企业单位整体改制

对于非企业单位整体改制为公司时将不动产转移至改制后公司的过程中是否需要缴纳土地增值税，在实务中也有可以适用和不可以适用两种观点。尽管从鼓励企业改制重组的立法价值取向考虑，非企业单位整体改制为公司企业，若满足2023年第51号公告规范的整体改制要件时，应当允许适用公告规定的暂不征收土地增值税待遇，但是本书认为，在没有税收法律法规明确其可以适用整体改制土地增值税的待遇之前，对非企业单位整体改制为公司的行为不可以适用2023年第51号公告的暂不征收土地增值税待遇，主要理由如下。

首先，和企业所得税的纳税主体以法人为主不同，《土地增值税暂行条例实施细则》是将企业单位和事业单位作为并列主体列举的，所以2023年第51号公告中的企业不应当包括事业单位。

其次，同样规范企业改制重组契税待遇的2023年第49号公告将事业单位改制单独作为一种改制重组类型规范，这从另一个方面也可以说明企业改制重组不同于事业单位改制重组。

最后，2023年第51号公告要求整体改制不改变原企业的投资主体，而非企业单位，特别是民办非企业单位等社会服务机构并不存在投资者，所以无法满足公告规定的整体改制特征。

4. 公司类型变更的改制

根据 2023 年第 51 号公告的规定，有限责任公司变更为股份有限公司或者股份有限公司变更为有限责任公司属于企业整体改制，可以适用公告规定的暂不征收土地增值税的待遇。

（四）改制后公司的契税处理

在公司制改制过程中，改制后的公司取得改制前主体的不动产是否需要缴纳契税，2023 年第 49 号公告对此做了详细的规范，具体见表 4-5-5。

表 4-5-5　公司制改制契税的税收待遇

类型	主要内容
企业改制	企业按照《中华人民共和国公司法》有关规定整体改制，包括非公司制企业改制为有限责任公司或股份有限公司，有限责任公司变更为股份有限公司，股份有限公司变更为有限责任公司，原企业投资主体存续并在改制（变更）后的公司中所持股权（股份）比例超过 75%，且改制（变更）后公司承继原企业权利、义务的，对改制（变更）后公司承受原企业土地、房屋权属，免征契税。 本公告所称企业、公司，是指依照我国有关法律法规设立并在中国境内注册的企业、公司。 本公告所称投资主体存续，企业改制重组的，是指原改制重组企业的出资人必须存在于改制重组后的企业。出资人的出资比例可以发生变动
事业单位改制	事业单位按照国家有关规定改制为企业，原投资主体存续并在改制后企业中出资（股权、股份）比例超过 50% 的，对改制后企业承受原事业单位土地、房屋权属，免征契税。 本公告所称企业、公司，是指依照我国有关法律法规设立并在中国境内注册的企业、公司。 本公告所称投资主体存续，事业单位改制的，是指履行国有资产出资人职责的单位必须存在于改制后的企业。出资人的出资比例可以发生变动

从表 4-4-5 可知，企业改制的契税涉税政策与企业改制的土地增值税涉税政策是相似的，不同改制类型的涉税分析可见土地增值税的相关内容，同时两者也存在如下方面的差异。

第一，公司制改制的契税涉税政策明确了事业单位改制的具体内容及其税收待遇，但土地增值税的涉税政策则没有与之相关的内容。

第二，公司制改制的土地增值税涉税政策仅限于企业整体改制，即改制前后企业的投资者不发生变化；而公司制改制的契税涉税政策不仅适用于整体改制，也适用于部分改制，但是对改制前企业或事业单位的投资主体在改制后公司中的持股比例有所限制，其中企业改制要求持股比例不低于75%，事业单位改制则要求不低于50%。

（五）改制后公司的印花税处理

在公司制改制过程中，涉及印花税的内容主要是改制后公司营业账簿印花税、改制前企业已签订合同的印花税及在改制过程中涉及相关产权转移书据的印花税。对此2024年第14号公告对上述问题进行了明确，具体见表4-5-6。

表4-5-6　企业改制及事业单位改制印花税政策

税目	具体内容
营业账簿	（一）企业改制重组以及事业单位改制过程中成立的新企业，其新启用营业账簿记载的实收资本（股本）、资本公积合计金额，原已缴纳印花税的部分不再缴纳印花税，未缴纳印花税的部分和以后新增加的部分应当按规定缴纳印花税。 （二）企业改制重组以及事业单位改制过程中，经评估增加的实收资本（股本）、资本公积合计金额，应当按规定缴纳印花税
应税合同	企业改制重组以及事业单位改制前立但尚未履行完毕的各类应税合同，由改制重组后的主体承继原合同权利和义务且未变更原合同计税依据的，改制重组前已缴纳印花税的，不再缴纳印花税
产权转移书据	对企业改制以及事业单位改制书立的产权转移书据，免征印花税
相关概念	（一）企业改制，具体包括非公司制企业改制为有限责任公司或者股份有限公司，有限责任公司变更为股份有限公司，股份有限公司变更为有限责任公司。同时，原企业投资主体存续并在改制（变更）后的公司中所持股权（股份）比例超过75%，且改制（变更）后公司承继原企业权利、义务。 投资主体存续，是指原改制、重组企业出资人必须存在于改制、重组后的企业，出资人的出资比例可以发生变动。 （二）事业单位改制，是指事业单位按照国家有关规定改制为企业，原出资人（包括履行国有资产出资人职责的单位）存续并在改制后的企业中出资（股权、股份）比例超过50%

可见，印花税中的企业改制和事业单位改制与契税中企业改制和印花税改制的概念是相似的，都要求改制前的出资人存续并在改制后的企业中满足持股比例的要求，对于改制后企业营业账簿印花税、应税合同印花税及产权转移书据印花税都给予了免征的待遇，具体如下。

1.营业账簿的印花税

可免征印花税的营业账簿需要满足如下要件：首先，仅限于在企业改制和事业单位改制过程中成立的新企业，对于新企业的具体分析可见"企业合并"重组交易中的分析；其次，仅限于原已缴纳印花税的实收资本（股本）、资本公积合计金额部分，对于在企业改制和事业单位改制过程中新增加的实收资本（股本）、资本公积合计金额，应当按规定缴纳印花税；最后，若在改制过程中并未按照账面价值进行改制，而以评估价值完成改制并且增加了改制后企业的实收资本（股本）、资本公积合计金额的，对于增加的部分也应当按规定缴纳印花税。

2.应税合同的印花税

对于改制前企业或者事业单位已书立但尚未履行完毕的各类应税合同，仅仅在改制过程中变更了合同履行主体，此类应税合同可免于征收印花税。

3.产权转移书据的印花税

企业改制和事业单位改制过程中书立的产权转移书据，免征印花税，此处需要注意的是，这里免征印花税的产权转移书据并不仅限于土地使用权、房屋等建筑物和构筑物所有权、股权，而是包括其他应税的产权转移书据。

四、公司制改制企业股东的涉税处理

在公司制改制过程中，除了企业层面的涉税问题之外，对于改制企业的股东也会涉及其在改制过程中的所得税问题，根据公司制改制类型的不同，其税收待遇也有所不同。

（一）公司类型变更中股东涉税分析

对于公司类型变更中股东的所得税处理，主要是变更企业以资本公积或者未

分配利润转增股本的涉税问题，对于其具体的涉税分析可见作者在《企业IPO资本运营税收政策与实务案例分析》一书中关于企业整体改制涉税的分析。

（二）法人企业整体改制中股东涉税分析

法人企业整体改制是指非公司制法人企业改制为有限责任公司或者股份有限公司，根据前述的分析，法人企业整体改制是企业类型的改变，企业的法人主体是存续的，所以在法人企业整体改制过程中股东的涉税问题与公司类型变更中股东的涉税问题是相同的。

（三）集体企业改制中股东取得量化资产的涉税分析

量化资产是指集体企业在进行股份制改造时，把归属于企业的资产在经过清产核资、资产评估和产权界定的基础上，将一部分资产依据一定的方案，分解成为员工个人所持股份的一种行为。

集体企业进行改制时，员工取得的量化资产是否需要缴纳个人所得税及如何缴纳个人所得税，《国家税务总局关于企业改组改制过程中个人取得的量化资产征收个人所得税问题的通知》（国税发〔2000〕60号，以下简称"国税发〔2000〕60号文"）对其做了详细的规定。

1. 取得量化资产时的所得税处理

集体企业职工在改制时取得的量化资产主要表现为职工个人取得的改制后企业的股份，根据职工个人对该股份是否拥有所有权可将其分为不拥有所有权的量化资产和拥有所有权的量化资产。其中不拥有所有权的量化资产是指职工个人取得的量化资产并没有所有权，而只是作为其从改制后企业取得分红的依据，对于该资产员工不可以转让也不可以继承，不得作为个人的资产；拥有所有权的量化资产是指员工个人对改制过程中取得的量化资产拥有"占有、使用、收益和处分"等完整的权能。

对于职工个人取得的仅作为分红依据的不拥有所有权的企业量化资产，不作为其实际取得的所得，所以国税发〔2000〕60号文规定职工个人取得的此类量化资产不征收个人所得税。

对于职工个人取得的拥有所有权的量化资产，从经济实质上而言个人取得量化资产的公允价值与为取得该资产而支付的费用之间的差额为个人取得的所得，但为了鼓励集体企业的改组改制，国税发〔2000〕60号文给予其递延纳税处理，即职工个人在取得量化资产时不征收个人所得税，而是待职工个人转让量化资产时再确认该资产的所得，具体为："对职工个人以股份形式取得的拥有所有权的企业量化资产，暂缓征收个人所得税；待个人将股份转让时，就其转让收入额，减除个人取得该股份时实际支付的费用支出和合理转让费用后的余额，按'财产转让所得'项目计征个人所得税。"

2. 取得分红的所得税处理

根据国税发〔2000〕60号文的规定："对职工个人以股份形式取得的企业量化资产参与企业分配而获得的股息、红利，应按'利息、股息、红利'项目征收个人所得税。"

第六节　国有企业改制上市

国有企业改制上市本质上仍然是对国有企业的改制，但基于其改制目的的特殊性，财政部和国家税务总局自2015年起对国有企业改制上市过程中资产评估增值的企业所得税处理问题给予了特殊的所得税政策，主要的税收规范性文件包括《财政部　国家税务总局关于企业改制上市资产评估增值企业所得税处理政策的通知》（财税〔2015〕65号，以下简称"财税〔2015〕65号文"，已于2018年12月31日到期），《财政部　国家税务总局关于企业改制上市资产评估增值企业所得税处理政策的通知》（财税〔2019〕62号，以下简称"财税〔2019〕62号文"，已于2023年12月31日到期）。本书在该部分对国有企业改制上市的涉税政策进行简单的介绍。

一、国有企业改制上市的要件

根据财税〔2019〕62号文的规定，企业适用上述国有企业改制上市所得税特殊税收待遇，应当同时满足如下三个要件。

（一）主体要件

适用国有企业改制上市税收待遇的主体只能是国有企业，根据财税〔2019〕62号文的规定，国有企业是指纳入中央或地方国有资产监督管理范围的国有独资企业或国有独资有限责任公司。

依据《公司法》的规定，国有独资公司是国家出资公司中的一种类型，具体是指国家单独出资、由国务院或者地方人民政府授权本级人民政府国有资产监督管理机构履行出资人职责的有限责任公司。国有独资企业一般是指传统的全民所有制企业。

（二）行为要件

根据财税〔2019〕62号文的规定，可以适用国有企业改制上市特殊税收待遇的情形，仅限于国有企业的如下两种行为。

1. 国有企业改制上市

财税〔2019〕62号文第一条第（一）项规定，国有企业改制上市过程中发生的资产评估增值，可以适用文件规范的特殊性税务处理。

对于国有企业改制上市，财税〔2019〕62号文第二条第（二）项做了具体的规范，包括以下三种情形。

（1）国有企业以评估增值资产，出资设立拟上市的股份有限公司。这一行为从本质上而言属于国有企业以非货币性资产出资设立公司，只是被投资企业性质属于拟上市的股份有限公司，对于出资设立有限责任公司或者其他股份有限公司的行为不属于文件规范的国有企业改制上市。

（2）国有企业将评估增值资产，注入已上市的股份有限公司。这一行为从国有企业角度看属于以非货币性资产向已上市公司进行投资的行为，从已上市公司角度看属于资产收购的行为。

（3）国有企业依法变更拟上市的股份有限公司。这一行为从形式上看属于国有企业改制，但与一般情形下的国有企业改制是不同的，其一，被改制企业不仅仅包括非公司制的国有企业，还包括公司制的国有企业；其二，改制后的企业为拟上市的股份有限公司。

2.公司制改制

财税〔2019〕62号文第一条第（二）项规定，国有企业100%控股（控制）的非公司制企业、单位，改制为公司制企业时也可以适用文件规范的国有企业改制上市的特殊税收待遇。

此处的公司制改制与上一节所分析的公司制改制相比，在改制主体上具有如下特征：首先，改制的主体既包括非公司制的企业，也包括非企业单位；其次，上述的主体必须是受到国有企业100%控股（控制）的主体；最后，此处的国有企业根据财税〔2019〕62号文的规定，是指纳入中央或地方国有资产监督管理范围的国有独资企业或国有独资有限责任公司。

（三）目的要件

目的要件是指适用财税〔2019〕62号文规范的国有企业改制上市特殊性税务待遇的国有企业改制应当基于上市目的，具体如下。

1.改制上市的判定要件

对国有企业改制上市的，财税〔2019〕62号文第二条第（二）项列举了"国有企业改制上市"的三种情形，除了"国有企业将评估增值资产注入已上市股份有限公司"的要件较为明确外，对于"国有企业以评估增值资产出资设立拟上市的股份有限公司"和"国有企业依法变更为拟上市的股份有限公司"两种情形中的"拟上市股份有限公司"的判定标准是什么，文件并没有明确。是以企业自身内部的改制文件为判断标准，还是以主管部门的审批或者备案文件为标准？是否必须以既定的期限内上市成功为要件？这些问题在文件中都没有明确。

2.公司制改制的目的要件

财税〔2019〕62号文第一条第（二）项规定，国有企业100%控股（控制）的非公司制企业、单位，在改制为公司制企业时也可以适用文件规定的特殊性税收待遇。

对于公司制改制行为是否需要满足"改制上市"目的要件，在文件中并未予以明确,本书认为,由于文件规范的事项主要是"国有企业改制上市过程中资产评估增值有关企业所得税",公司制改制行为适用文件的特殊性税收待遇时,也需要满足目的要件,但分为如下两种情形。

一种情形是国有企业改制上市过程中的公司制改制,具体是指国有企业作为改制上市的主体,在"制改上市"的同时将其100%控股(控制)的非公司制企业、单位改制为公司制企业,这种情况下目的要件适用于国有企业。

另一种情形是作为投资者的国有企业并非改制上市主体,而是将其控制的其他主体作为拟上市主体,包括将公司制改制后的股份有限公司作为上市主体,在这种情形下,目的要件适用于公司制改制的企业。

所以,无论哪一种情形下的公司制改制,都需要满足目的要件,否则应当适用上一节公司制改制的税收待遇。

二、国有企业改制上市税收待遇

(一)一般性税收待遇

这里的一般税收待遇与财税〔2009〕59号文规范的企业重组一般性税务处理不同,是指国有企业改制上市行为不能适用财税〔2019〕62号文所规范的特殊性税收待遇时所应当适用的税收待遇。

根据财税〔2019〕62号文的规定,国有企业改制上市实质上包括了国有企业的非货币性资产投资、资产收购和整体改制三种行为,国有企业改制上市不能同时满足前述的要件时,应当在分析改制上市行为的基础上分别适用所对应的税收待遇,在上一节就公司制改制的税收待遇做了分析,本部分仅就国有企业改制上市的一般性税收待遇做如表4-6-1所示的分析。

表 4-6-1　国有企业改制上市一般性税收待遇表

项目	以评估增值资产出资设立拟上市股份有限公司	将评估增值资产注入已上市股份有限公司	依法变更为拟上市的股份有限公司
主要规范性文件	《财政部 国家税务总局关于非货币性资产投资企业所得税政策问题的通知》（财税〔2014〕116号）	《财政部 国家税务总局关于企业重组业务企业所得税处理若干问题的通知》（财税〔2009〕59号）	《国家税务总局关于贯彻落实企业所得税法若干税收问题的通知》（国税函〔2010〕79号）
资产评估增值的所得税	（一）应一次性计入确认收入的年度计算缴纳企业所得税。 （二）也可以在不超过5年期限内，分期均匀计入相应年度的应纳税所得额，按规定计算缴纳企业所得税	（一）一般性税务处理：在重组交易当期确认应纳税所得额。 （二）特殊性税务处理：股权支付部分在重组交易当期不确认应纳税所得额；非股权支付部分应当在交易当期确认资产转让所得	（一）以留存收益转增股本的，可以作为股东取得的股息、红利收入，作为免税收入。 （二）以股权（票）溢价所形成的资本公积转为股本，不作为股东取得的股息、红利收入
取得资产的计税基础	取得资产的计税基础，按照非货币性资产的公允价值确定	（一）一般性税务处理：取得资产的计税基础按照资产的公允价值确定。 （二）特殊性税务处理：取得资产的计税基础按照资产的原有计税基础确定	取得资产的计税基础，按照资产的原有计税基础确定

对于国有企业改制上市中上述行为的具体税务分析，可见本书相应章节的具体内容。

（二）特殊性税收待遇

财税〔2015〕65号文和财税〔2019〕62号文规定，满足特定要件的国有企业改制上市，可以按如下方式进行所得税处理。

1. 资产评估增值所得

对于改制过程中发生的资产评估增值部分应当缴纳的企业所得，根据取得对价的不同做如下所得税处理。

取得股权对价的部分，资产评估增值部分应缴纳的企业所得税可以不征收入库，作为国家投资直接转增该改制后企业的国有资本金（含资本公积）；取得现金及其他非股权对价的部分，应当按照规定缴纳企业所得税。

其中，资产评估增值是指按同一口径计算的评估减值冲抵评估增值后的余额。

2.资产计税基础

经确认的评估增值资产，可按评估价值入账并按有关规定计算折旧或摊销，在计算应纳税所得额时允许扣除。

第五章 企业重组实务案例分析

第一节 资产收购——TY科技股份公司

一、企业基本情况

TY科技股份有限公司（以下简称"TY科技股份公司"）前身为TY材料科技有限公司（以下简称"TY有限公司"），TY有限公司成立于2010年11月2日，主营业务是宽禁带半导体（第三代半导体）碳化硅衬底材料的研发、生产和销售，产品可应用于微波电子、电力电子等领域。TY有限公司于2020年11月17日经全体股东一致同意整体变更设立为股份有限公司；TY科技股份公司经上海证券交易所科创板股票上市委员会审议通过，并经证监会同意注册，于2022年1月12日在上海证券交易所科创板上市交易。

二、企业重组基本情况

根据TY科技股份公司《招股说明书》及《法律意见书》披露，TY科技股份公司在IPO过程中曾就其子公司TY晶体材料有限公司（以下简称"TY晶体有限公司"）实施企业重组交易。

TY晶体有限公司成立于2011年12月12日，已于2020年12月31日注销，TY晶体有限公司注销前为TY有限公司全资子公司，注册资本为6 880.70万元，实收资本为6 880.70万元。TY晶体有限公司设立时注册资本为1 000.00万元，

TY 有限公司以货币资金出资 304.236 361 万元，以实物（机器设备）出资 695.743 639 万元。后经过多次增资后注册资本变更为 6 880.70 万元，全部由 TY 有限公司 100% 持有。

在 TY 有限公司后续发展引入外部投资者的洽谈过程中，投资者提出希望 TY 有限公司以轻资产模式运营，即其希望投资主体资产范围不包含厂房及土地，生产经营所需的厂房采用租赁方式即可。彼时 TY 有限公司生产经营所用的土地厂房在 TY 晶体有限公司名下，故 TY 有限公司决定通过将 TY 晶体有限公司股权剥离方式将所有土地厂房从外部投资人拟投资主体（TY 有限公司）中剥离，后续采用租赁方式由 TY 有限公司承租 TY 晶体有限公司的厂房用以生产经营。因此，2018 年 12 月 26 日，TY 有限公司将其持有的 TY 晶体有限公司 100% 股权转让予自然人戴某和郭某（戴某和郭某均系代 TY 科技股份公司实际控制人张某持股），该次变更完成后，TY 晶体有限公司的股权结构见表 5-1-1。

表 5-1-1 TY 晶体股权出资明细表

序号	股东姓名	认缴出资额 / 万元	持股比例 /%
1	戴某	5 504.56	80.00
2	郭某	1 376.14	20.00
合计		6 880.70	100.00

2020 年 8 月，在 TY 有限公司 IPO 过程中为解决生产经营所需的厂房土地的独立性问题及 TY 有限公司租赁 TY 晶体有限公司厂房产生的持续关联交易问题，同时为进一步明确经营主体、理顺拟上市主体架构，TY 有限公司股东会决议收回 TY 晶体有限公司 100% 股权。该次变更完成后，TY 晶体的股权结构见表 5-1-2。

表 5-1-2 TY 晶体变更后股权明细表

序号	股东姓名	认缴出资额 / 万元	持股比例 /%
1	TY 有限	6 880.70	100.00
合计		6 880.70	100.00

为进一步提升管理运营效率，TY 晶体有限公司将其现有的全部资产（包括

但不限于土地、房产、其他固定资产等），业务，人员并入 TY 科技股份公司，TY 晶体有限公司予以清算注销。2020 年 12 月 31 日，主管行政审批服务局向 TY 晶体有限公司核发《准予注销登记通知书》，核准 TY 晶体有限公司注销登记。

三、涉税分析

（一）重组行为

根据上述 TY 有限公司在 IPO 过程中对 TY 晶体有限公司的股权及资产交易的描述及分析，TY 有限公司在 2020 年实施了股权收购、资产收购及 TY 晶体有限公司注销清算的重组方式。

股权收购是指 2020 年 8 月 17 日，TY 晶体有限公司的股东戴某、郭某与 TY 有限公司签订的将 TY 晶体有限公司 100% 股权转让给 TY 有限公司的交易。

资产收购是指 2020 年 8 月 27 日，TY 有限公司作出股东决定，同意 TY 晶体有限公司将其持有的资产（包括但不限于土地、房屋、其他固定资产等），业务，人员转让给 TY 有限公司。

企业清算是指 TY 晶体有限公司将其所持有的资产、业务、人员转让给 TY 有限公司后办理注销登记的事项。

上述三个事项时间间隔仅为 10 天，所以 TY 有限公司实施上述一系列重组的主要目的是确保 TY 有限公司在申报 IPO 过程中生产经营所需资产的完整性及独立性。

（二）股权收购的涉税分析

1. 涉税信息披露

TY 有限公司 2020 年 8 月 17 日从 TY 晶体有限公司的股东处取得了 TY 晶体有限公司 100% 的股权，符合财税〔2009〕59 号文中股权收购的概念。

根据《招股说明书》的披露，由于戴某、郭某持有 TY 晶体有限公司股权是为张某代持，此次 TY 有限公司收购 TY 晶体有限公司 100% 股权是对代持股权的还原，为确认代持股权的真实性并保证代持股权得以合法还原，股权实际持有人张某向相关人民法院提起了确权之诉，鉴于张某与戴某、郭某之间就代持股权情况及其真实归属并不存在任何争议或纠纷，因而各方以调解方式确认了代持股权的真实情况；由于股权转让对价为 6 893.11 万元，与 2018 年戴某、郭某收购 TY 晶体有限公司股权的价格相一致，故不存在涉及股权转让相关的税费。

2. 个人所得税涉税分析

在 TY 有限公司披露的股权收购交易中，被收购方为自然人股东，因此应当适用 2014 年第 67 号公告的规定，2014 年第 67 号公告对自然人股权转让收入确认、股权转让收入明显偏低的情形及其正当理由及明显偏低时股权转让收入核定的方法做了详细的规范。

2014 年第 67 号公告第十二条第（二）项规定，申报的股权转让收入低于初始投资成本或低于取得该股权所支付的价款及相关税费的，视为股权转让收入明显偏低。案例中 TY 晶体有限公司的股东将其持有的股权按照原收购价格转让，属于该条款所列举的价格明显偏低的情形。

2014 年第 67 号公告第十三条对价格明显偏低的正当理由也做了详细说明，其中与该案例相近的条款为："（三）相关法律、政府文件或企业章程规定，并有相关资料充分证明转让价格合理且真实的本企业员工持有的不能对外转让股权的内部转让；（四）股权转让双方能够提供有效证据证明其合理性的其他合理情形。"

就该案例中，对于其是否属于上述情形，应当根据企业所提供的资料予以确定，但是本书认为，该案例中的股权代持还原与一般意义上的股权代持还原并不相同，一般情形下股权代持还原是由名义股东将其持有的股权转让给实际股东，就该案例中应当由名义股东戴某、郭某将其持有的股权转让给实际投资人张某，但在实际转让中并未将股权转让给张某，而是转让给张某实际控制的企业 TY 有限公司，因此并不属于 2014 年第 67 号规范的正当理由。

（三）资产收购的涉税分析

1. 涉税信息披露

《招股说明书》披露，2020 年 8 月 27 日 TY 晶体有限公司与 TY 有限公司签订的是相关资产转让合同，而并非公司解散的相关决议，所以 TY 有限公司并非通过直接解散 TY 晶体有限公司的方式取得资产，而是先由 TY 晶体有限公司将其持有的资产转让给 TY 有限公司后，TY 晶体有限公司再予以注销清算。对于 TY 晶体有限公司将其持有的资产、业务、人员转让给 TY 有限公司的行为，根据《招股说明书》的描述，TY 晶体有限公司资产转让涉及的增值税、土地增值税、印花税及契税均已足额缴纳。

2.资产收购涉税分析

如上所述，TY 有限公司收购 TY 晶体有限公司资产过程中涉及的增值税已全额缴纳，但是根据《招股说明书》披露，TY 有限公司在此次资产收购过程中不仅仅收购 TY 晶体有限公司持有的资产，还包括其所有的业务、人员，所以根据 2011 年第 13 号公告和财税〔2016〕36 号文的规定：企业通过合并、分立、出售、置换等方式，将全部或者部分实物资产以及与其相关联的债权、负债和劳动力一并转让给其他单位和个人，其中涉及的货物转让、不动产、土地使用权转让行为，不属于增值税的征税范围，不征收增值税。

因此对于 TY 有限公司收购 TY 晶体有限公司上述资产的行为不属于增值税的征税范围，不应当征收增值税。

（四）企业清算的涉税分析

TY 晶体有限公司将其资产、业务和人员转让给 TY 有限公司后即办理注销，对于 TY 晶体注销过程涉及的所得税应适用财税〔2009〕60 号文的相关规定，由于 TY 晶体有限公司已经将全部资产转让给 TY 有限公司，所以在清算过程中不存在处置资产的相关事项，只是将其剩余资产分配给投资者，对于 TY 有限公司从 TY 晶体有限公司清算后的剩余资产中取得的所得，根据财税〔2009〕60 号文的规定，被清算企业的股东分得的剩余资产的金额，其中相当于被清算企业累计未分配利润和累计盈余公积中按该股东所占股份比例计算的部分，应确认为股息所得；剩余资产减除股息所得后的余额，超过或低于股东投资成本的部分，应确认为股东的投资转让所得或损失。

第二节　组合重组——WK智造股份公司

一、企业基本情况

WK智造股份有限公司（以下简称"WK智造股份公司"）前身为WK智造电气有限公司（以下简称"WK有限公司"），是由WK集团有限公司（以下简称"WK集团公司"）于2016年10月14日设立的有限责任公司，公司主要从事配电开关控制设备的研发、生产与销售，产品主要包括电气机柜、环网柜设备、IE/IT机柜三大类。WK有限公司于2019年7月12日整体变更设立WK智造股份公司，WK智造股份公司首次公开发行人民币普通股的申请获证监会核准，于2022年3月10日在上海证券交易所上市。

二、企业重组基本情况

根据WK智造股份公司《招股说明书》披露，WK集团公司由于成立时间较早、历史沿革较为复杂，且WK集团公司设立时工商登记为集体（合作企业），历史上存在股份合作制企业变更为有限责任公司等情况，后续需要进行一系列核查和确权等工作较为耗时耗力，加之计划以WK集团公司作为投资控股型平台方便日后资本运作，因此WK集团公司于2016年10月出资设立WK有限公司。2017年至2018年，经过数次资产划转、股权转让，WK集团公司将其体系内配电开关控制设备业务相关的资产、人员等转移至WK有限公司体系，其自身成为一个控股型的集团公司。

（一）企业重组的基本路径和方式

WK集团公司在重组前的股权结构及该次企业重组的主要路径和方式如图5-2-1所示。

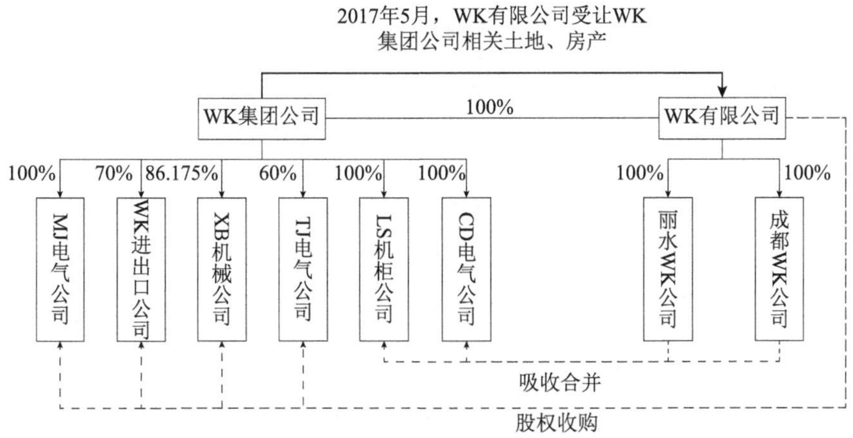

2017年5月，WK有限公司受让WK集团公司相关土地、房产

图 5-2-1 重组前的股权结构及重组路径

WK集团公司、WK有限公司及其各下属子公司之间的重组路径和作价见表5-2-1。

表 5-2-1 重组交易路径表

序号	时间	重组方式	定价依据
吸收合并			
1	2017年3月	丽水WK公司吸收合并LS机柜公司	零对价
2	2017年3月	成都WK公司吸收合并CD电气公司	零对价
资产划转			
1	2017年5月	WK有限公司受让WK集团公司相关土地、房产	无偿划转
股权收购			
1	2017年2月	WK有限公司受让MJ电气公司100%股权	无偿划转
2	2017年9月	WK有限公司受让WK进出口公司70%股权	参照账面净值产定价
2	2018年9月	WK有限公司受让WK进出口公司30%股权	参照账面净值产协商确定
3	2018年12月	WK有限公司受让XB机械公司86.175%股权	评估作价
4	2018年12月	WK有限公司受让TJ电气公司60%股权	无偿划转
4	2020年5月	WK智造股份公司受让TJ电气公司40%股权	评估作价

WK集团公司、WK有限公司及下属子公司在完成上述资产重组后的股权结构如图5-2-2所示。

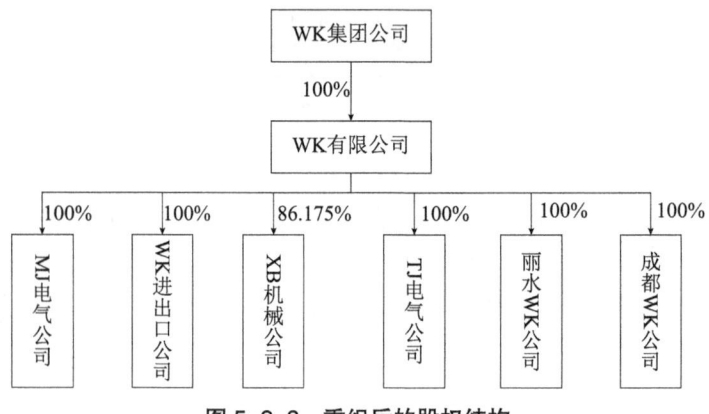

图 5-2-2 重组后的股权结构

（二）吸收合并

1. 丽水 WK 公司吸收合并 LS 机柜公司

LS 机柜公司成立于 2013 年 7 月，由 WK 集团公司 100% 持股，注册资本为 2 020.00 万元；丽水 WK 公司由 WK 有限公司于 2016 年 10 月出资设立，注册资本为 100.00 万元，合并前后双方的股权关系如图 5-2-3 所示。

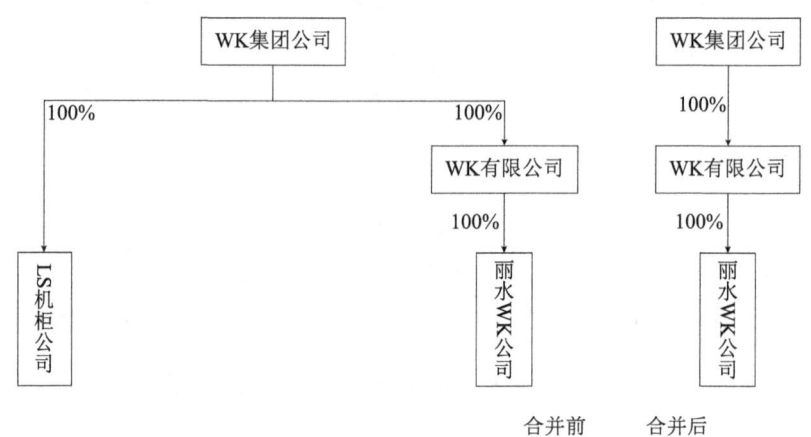

图 5-2-3 吸收合并前后股权结构

根据《招股说明书》披露，上述吸收合并的具体时间及事项如下。

2016 年 11 月 12 日，丽水 WK 公司与 LS 机柜公司签订《吸收合并协议》，对合并方案、合并完成时间，合并双方的债权、债务承继安排，双方的权利和义务及职工安置方案进行了约定。同日，LS 机柜公司股东和丽水 WK 公司股东分别作出决定，同意 LS 机柜公司与丽水 WK 公司签订的合并协议。

2016 年 11 月 15 日，丽水 WK 公司与 LS 机柜公司刊登了合并公告，通知丽水 WK 公司和 LS 机柜公司的债权债务人关于该次合并的相关信息。

2016 年 12 月 31 日，LS 机柜公司股东 WK 集团公司作出同意公司解散的决议。

2017 年 1 月 5 日，丽水 WK 公司与 LS 机柜公司签订《吸收合并协议之补充协议》，对合并基准日后至合并日期间的事宜进行约定。

2017 年 3 月 23 日，丽水 WK 公司和 LS 机柜公司分别出具《债务清偿或债务担保的说明》，承诺该次吸收合并后将继续履行该次吸收合并前已存在的所有债务的清偿义务。

2017 年 3 月 28 日，LS 机柜公司正式注销。吸收合并后，LS 机柜公司的所有债权、债务、人员、业务和资产均由丽水 WK 公司承接。同日，丽水 WK 公司就该次吸收合并事项完成工商登记变更并取得《营业执照》。

该次吸收合并中的相关税务事项如下。

2017 年 1 月 12 日，LS 机柜公司经主管国家税务机关登记取得《清税证明》；2017 年 3 月 21 日，LS 机柜公司经主管地方税务局取得《清税证明》。

根据主管税务机关出具的《情况说明》，该次吸收合并适用特殊性税务处理的相关规定。

2. 成都 WK 公司吸收合并 CD 电气公司

CD 电气公司成立于 2009 年 9 月，由 WK 集团公司 100% 持股，注册资本为 3 000.00 万元。成都 WK 公司由 WK 有限公司于 2016 年 11 月出资设立，注册资本为 100.00 万元。

成都 WK 公司吸收合并 CD 电气公司前后的股权结构如图 5-2-4 所示。

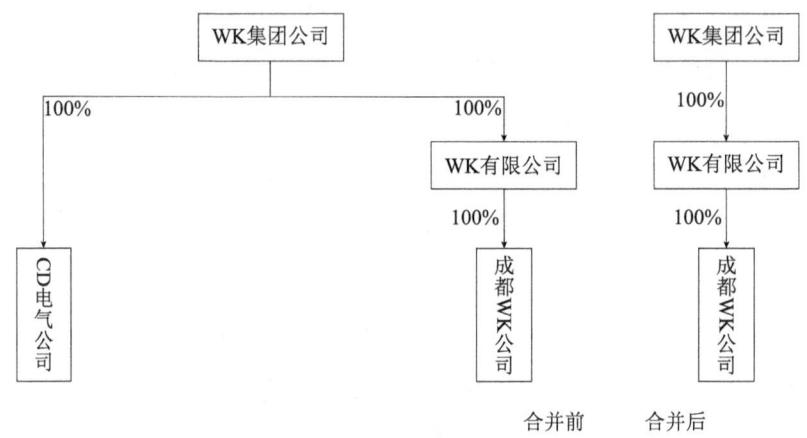

图 5-2-4　吸收合并前后股权结构

吸收合并的具体时间和事项如下。

2016年11月9日，成都WK公司股东和CD电气公司股东分别作出决定，同意成都WK公司吸收合并CD电气公司，成都WK公司存续，CD电气公司解散并依法办理注销，合并后，CD电气公司的所有资产及债权债务由成都WK公司承继。

2016年11月16日，成都WK公司与CD电气公司刊登了合并公告，通知成都WK公司和CD电气公司的债权债务人关于该次合并的相关信息。

2017年1月31日，成都WK公司与CD电气公司签订了《关于成都WK公司吸收合并CD电气公司协议》，对合并方案、合并日期，被合并方的所有财产权利义务的承受及职工安置方案进行了约定。同日，成都WK公司出具《债务清偿或担保说明》，确认截至2017年1月1日公告期届满45天相关债权人对公司吸收合并无异议，公司合并后，合并各方的债权、债务由合并后存续的成都WK公司承继。

2017年3月18日，WK有限公司作出股东决定，同意双方签订的合并协议，同意按合并协议将CD电气公司的财产依法进行转移，同意合并后公司注册资本变更为3 100.00万元，并确认公司出具的《债务清偿或债务担保的说明》等。吸收合并后，CD电气公司的所有债权、债务、人员、业务和资产均由成都WK公司承继。

2017年3月23日,成都WK公司完成工商登记变更并取得《营业执照》。吸收合并过程中的相关涉税事项如下。

2017年3月9日,CD电气公司取得主管地方税务局出具的《清税证明》。2017年3月13日,CD电气公司取得主管国家税务局出具的《清税证明》。

根据主管国家税务局于2017年1月3日出具的《税务事项通知书》,同意该次吸收合并所得税按特殊重组税务处理。

(三)资产划转

2017年5月3日,WK集团公司召开股东会并作出决议,同意将其拥有的编号为(2017)LQ市不动产权第0011号不动产按账面价值无偿划转至WK有限公司。WK有限公司无偿受让的不动产基本情况见表5-2-2。

表5-2-2 划转不动产基本信息表

事项	具体内容
权证编号	(2017)LQ市不动产权第0011号
坐落	LQ市工业园区
用途	工业用地／工业
面积	土地使用权面积4 170.44m^2;房屋建筑面积8 373.55m^2

2017年5月18日,WK有限公司取得上述不动产的产权证。

根据《招股说明书》披露,上述资产划转过程中涉及的税收事项如下。

2017年5月10日,WK有限公司取得了主管地方税务局出具的《企业集团内部资产无偿规划转征免税证明单》,证明根据现行契税条例和财税〔2015〕37号文,该次资产无偿划转免征契税。

2017年5月12日,WK集团公司完成缴纳资产转让增值税。

根据主管税务机关出具的《情况说明》,该次资产划转适用资产划转特殊性税务处理。

根据主管税务机关出具的《情况说明》,对WK集团公司该次资产划转暂不征收土地增值税。

（四）股权收购

1. WK 有限公司受让 MJ 电气公司 100% 股权

MJ 电气公司成立于 2010 年 9 月 25 日，原系 WK 集团公司、木某共同出资设立，设立时注册资本为 18 890.00 万元。在该次股权转让前，MJ 电气公司的注册资本为 18 890.00 万元，由 WK 集团公司 100% 持股。

该次股权收购前后 WK 有限公司和 MJ 电气公司的持股关系如图 5-2-5 所示。

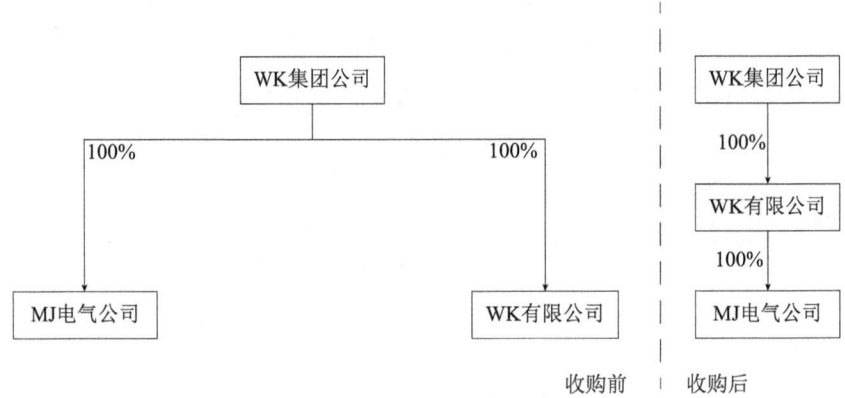

图 5-2-5　股权收购前后架构

该次股权收购的相关事项如下。

2016 年 11 月 30 日，MJ 电气公司召开股东会并作出决议，股东 WK 集团公司将其拥有的 100% 股权无偿转让给 WK 有限公司。

2017 年 1 月 1 日，WK 集团公司与 WK 有限公司签署了《股权转让协议书》，经协商一致，WK 集团公司将其拥有的 MJ 电气公司 100% 股权无偿转让给 WK 有限公司。

2017 年 2 月 15 日，MJ 电气公司完成工商登记变更并取得《营业执照》。

根据主管税务机关出具的《情况说明》，该次股权划转适用股权划转特殊性税务处理。

2. WK 有限公司分次受让 WK 进出口公司 100% 股权

WK 进出口公司成立于 2013 年 10 月 9 日，原来是由 WK 集团公司、高某共同出资设立，设立时注册资本为 200.00 万元人民币。该次股权转让前，其注册资本为人民币 200.00 万元，其中 WK 集团公司持股比例为 70.00%，高某持股比例为 30.00%。在经过两次的股权转让后，WK 进出口公司成为 WK 有限公司的全资子公司。

该次股权收购前后的股权结构如图 5-2-6 所示。

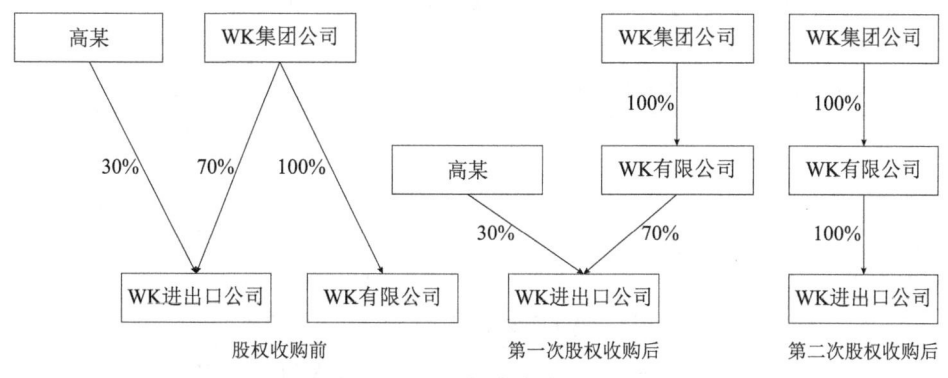

图 5-2-6 股权收购前后架构

WK 有限公司分两次收购 WK 进出口公司 100% 股权的事项主要如下。

2017 年 9 月 11 日，WK 进出口公司召开股东会，同意股东 WK 集团公司将 70% 股权（对应出资额 140.00 万元）以 140.00 万元转让给 WK 有限公司，股东高某自愿放弃优先受让权。该次转让系同一控制下转让，且截至转让前 WK 进出口公司账面净资产与实收资本较为接近，因此按照原始出资定价。

同日，WK 集团公司与 WK 有限公司签订了《股权转让协议书》，WK 集团公司将 WK 进出口公司 70% 股权（转让价格为 140.00 万元人民币）转让给 WK 有限公司。

2017 年 9 月 18 日，WK 进出口公司就此次股权转让办理了工商变更登记并取得《营业执照》。

2017 年 9 月 29 日，WK 有限公司向 WK 集团公司支付了 140.00 万元股权转让价款。

2018 年 9 月，WK 有限公司以人民币 240.00 万元收购了高某持有的 WK 进出口公司 30% 的股权，该次股权转让方高某已依法纳税。

3. WK 有限公司受让 XB 机械公司 86.175% 股权

XB 机械公司成立于 2014 年 3 月 6 日，是由 WK 集团公司、XD 包材有限公司及其他 6 位自然人股东共同出资设立，设立时注册资本为 4 500.00 万元。经过历次股权变动后，该次股权转让前，XB 机械公司注册资本为 10 000.00 万元，其中 WK 集团公司持股比例为 86.175%，其他 10 个自然人股东共持有 13.825%。

在股权收购前后，交易各方的股权结构如图 5-2-7 所示。

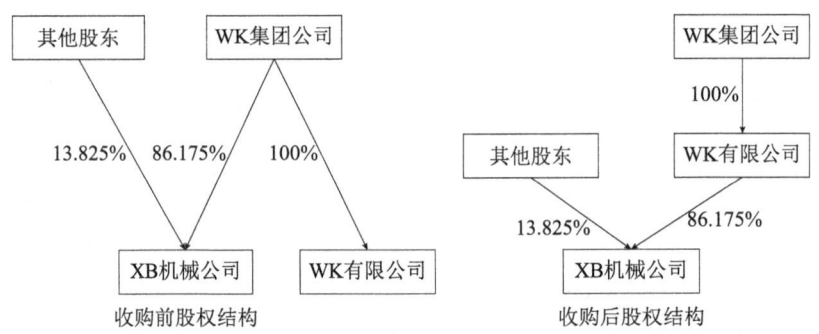

图 5-2-7　股权收购前后架构

与该次股权收购相关的交易或事项主要如下。

该次股权转让的作价依据为资产评估公司于 2018 年 12 月 18 日出具的《WK 有限公司拟股权收购涉及的 XB 机械公司股东全部权益价值评估项目资产评估报告》，根据该评估报告，XB 机械公司股东全部权益的评估价值为 20 654 101.93 元。

2018 年 12 月 27 日，XB 机械公司召开股东会并作出决议，同意股东 WK 集团公司将其持有的 86.175%（对应出资额 8 617.50 万元）股权以人民币 17 798 672.34 元的转让价格转让给 WK 有限公司，其他股东同意放弃优先购买权。

同日，WK 集团公司与 WK 有限公司签署《股权转让协议》。

2018 年 12 月 28 日，XB 机械公司就该次股权转让办理了工商变更登记并取得《营业执照》。

同日，WK 有限公司向 WK 集团公司支付了 1 779.87 万元股权转让款。

因该次股权转让的价格低于原始出资金额，转让方 WK 集团公司无须缴纳企业所得税。

4. WK 有限公司分次受让 TJ 电气公司 100% 股权

TJ 电气公司成立于 2006 年 12 月 5 日，是由 WK 集团公司、香港 WK 国际投资有限公司共同出资设立，设立时的注册资本为 2 000.00 万美元。经过历次股权变动，该次股权转让前，其注册资本为 2 000.00 万美元，其中 WK 集团公司持股比例为 60%，KY 集团公司持股比例 40%。

该次股权收购交易在分次收购前后股权结构如图 5-2-8 所示。

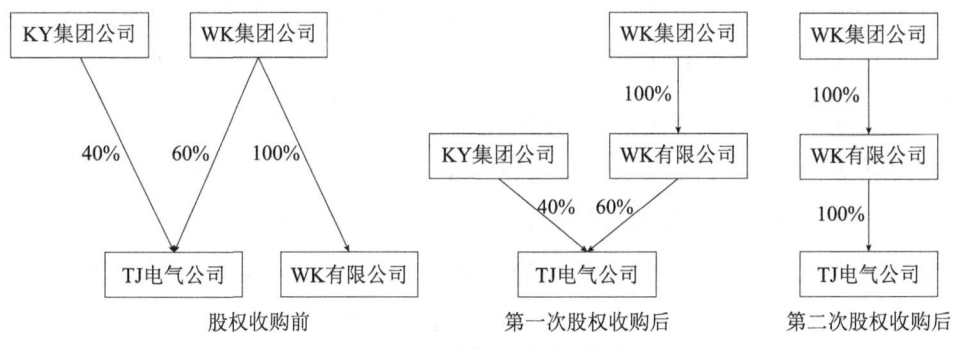

图 5-2-8　股权收购前后架构

第一次收购 60% 股权的主要交易如下。

2018 年 12 月 18 日，TJ 电气公司召开董事会并作出决议，同意 WK 集团公司将其持有的 TJ 电气公司 60% 股权（对应认缴注册资本 1 200.00 万美元）转让给 WK 有限公司。

同日，WK 集团公司与 WK 有限公司签署《股权转让协议》，约定 WK 有限公司无须向 WK 集团公司支付股权转让价款；TJ 电气公司少数股东 KY 集团公司出具《放弃优先受让股权的声明》，确认相关股权转让事宜，并放弃上述股权的优先受让权。

2018 年 12 月 21 日，TJ 电气公司完成工商登记变更并取得《营业执照》。

根据主管税务机关出具的《情况说明》，该次股权划转适用股权划转特殊性税务处理。

第二次 40% 股权收购的主要交易如下。

2020 年 3 月 23 日，WK 有限公司召开第一届董事会第三次会议，会议通过了《关于收购 TJ 电气公司的议案》，公司董事会同意收购外方股东 KY 集团公司持有的 TJ 电气公司 40% 股权，收购价格以 TJ 电气公司 2019 年 7 月 31 日作为评估基准日经评估的净资产值为定价依据。根据评估报告，TJ 电气公司股东全部权益的评估值为 248 400 421.37 元。

2020 年 4 月 7 日，WK 智造股份公司 2020 年第一次临时股东大会审议通过上述议案。

2020 年 4 月 26 日，TJ 电气公司召开董事会，同意外方股东 KY 集团公司将其持有的 TJ 电气公司 40% 的股权及相应权利义务转让给 WK 智造股份公司。同日，双方签署《股权转让协议》，约定该次股权转让作价人民币 9 936.00 万元。

2020 年 5 月 19 日，TJ 电气公司取得市场监督管理局下发的《营业执照》，TJ 电气公司变更为境内法人独资公司，注册资本为 14 318.51 万元。

2020 年 6 月 24 日，WK 智造股份公司向 KY 集团公司支付了全额股份转让款，同时为 KY 集团公司代扣代缴了非居民企业所得税。

三、企业重组涉税分析

通过上述 WK 智造股份公司《招股说明书》对企业重组交易情况的披露，WK 智造股份公司在 IPO 过程中为了调整其股权和业务结构，先后经历了两次吸收合并、一次资产划转和三次股权收购，而且对其中的吸收合并、资产划转和部分的股权收购适用了所得税特殊性税务处理的税收待遇。

（一）企业重组的涉税披露

WK 智造股份公司在其《补充法律意见书（一）》中对历次股权收购、转让的涉税和缴税情况披露见表 5-2-3。

表 5-2-3 企业重组涉税事项披露明细表

序号	时间	重组方式	涉税情况	缴税情况
1	2017年3月	丽水WK公司吸收合并LS机柜公司	涉及印花税，不涉及企业所得税（适用特殊性税务处理）①，免征增值税、土地增值税、契税	已足额缴纳
2	2017年3月	成都WK公司吸收合并CD电气公司	涉及印花税，不涉及企业所得税（适用特殊性税务处理）②，免征增值税、土地增值税、契税	已足额缴纳
3	2017年5月	WK有限公司受让WK集团公司土地、房产	涉及增值税，免征契税③，不涉及土地增值税④	已足额缴纳
4	2017年1月	WK有限公司受让MJ电气公司100%股权	涉及印花税，不涉及企业所得税（适用特殊性税务处理）⑤	已足额缴纳
5	2017年9月	WK有限公司受让WK进出口公司70%股权	涉及印花税，不涉及企业所得税（按照注册资本转让）	已足额缴纳
6	2018年9月	WK有限公司受让WK进出口公司30%股权	涉及印花税、个人所得税	已足额缴纳
7	2018年12月	WK有限公司受让XB机械公司86.175%股权	涉及印花税，不涉及企业所得税（转让价格低于注册资本）	已足额缴纳
8	2018年12月	WK有限公司受让TJ电气公司60%股权	涉及印花税，不涉及企业所得税（适用特殊性税务处理）⑥	已足额缴纳
9	2020年5月	WK有限公司受让TJ电气公司40%股权	涉及非居民企业所得税，印花税	已足额缴纳

注：①《补充法律意见书（一）》披露：根据国家税务总局LS市税务局出具的《情况说明》：2016年11月，丽水WK公司合并LS机柜公司。LS机柜公司由WK集团公司100%控股，丽水WK公司由WK有限公司100%控股，WK有限公司由WK集团公司100%控股。合并行为适用企业重组所得税特殊性税务处理相关规定。丽水WK公司将该事项申报主管税务机关备案，情况属实。

②《补充法律意见书（一）》披露：根据主管税务机关出具的《税务事项通知书》：

事由：成都WK公司准备吸收合并另一户企业CD电气公司，向主管税务机关提请享受企业重组所得税特殊重组税务处理备案。

依据：财税〔2009〕59号文、2015年第48号公告。

通知内容：经过审核企业按照2015年第48号公告提供的备案资料，同意企业本次重组业务所得税按特殊重组税务处理。企业在办理2016年度企业所得税年度申报的时候，向税务机关报送《企业重组所得税特殊性税务处理报告表及附表》。合并重组一方涉及注销的，应在尚未办理注销税务登记税务手续时进行申报。

③《补充法律意见书（一）》披露：根据国家税务总局 LQ 市税务局出具的《情况说明》：2017 年 5 月，WK 集团公司将其编号为（2017）LQ 市不动产权第 0011 号不动产按账面净值无偿划转至其全资子公司 WK 有限公司，于 2017 年 5 月 12 日在原 LQ 市地方税务局办理申报并缴纳税款。原 LQ 市地方税务局为 WK 集团公司出具了企业集团内部资产无偿划转免税证明单，证明 WK 集团公司该项资产划转业务符合财税〔2015〕37 号文的规定，免征契税。

结合 WK 集团公司股东决定、WK 有限公司章程及工商变更登记情况、划转业务开具发票、双方会计处理资料，以及包含划转业务商业目的、双方账务处理说明及不改变实质经营承诺的书面报告等资料，该项资产划转业务符合财税〔2014〕109 号文及 2015 年第 40 号公告文件规定，适用资产划转特殊性税务处理。

④《补充法律意见书（二）》披露：不涉及土地增值税的主要依据为：《土地增值税暂行条例实施细则》："条例第二条所称的转让国有土地使用权、地上的建筑物及其附着物取得收入，是指以出售或者其他方式有偿转让房地产的行为。不包括以继承、赠与方式无偿转让房地产的行为。"国家税务总局 LQ 市税务局出具《情况说明》，确认 WK 集团公司在此次不动产划转中未取得收入，暂不征收土地增值税。

⑤《补充法律意见书（一）》披露：根据国家税务总局 LQ 市税务局出具的《情况说明》：2017 年，WK 集团公司将其持有的 MJ 电气公司 100% 股权按账面净值无偿划转至其全资子公司 WK 有限公司，后于 2019 年 8 月更名为 WK 智造股份公司。

结合 WK 集团公司股东决定、WK 智造股份公司章程及工商变更登记情况、双方会计处理资料，以及包含划转业务商业目的、双方账务处理说明及不改变实质经营承诺的书面报告等资料，该项资产划转业务符合财税〔2014〕109 号文及 2015 年第 40 号公告文件规定，适用股权划转特殊性税务处理。

⑥《补充法律意见书（一）》披露：根据国家税务总局 LQ 市税务局出具的《情况说明》：2018 年 12 月，WK 集团公司将其持有的 TJ 电气公司 60% 股权按账面净值无偿划转至其全资子公司 WK 有限公司，后于 2019 年 8 月更名为万控智造股份公司。

结合 WK 集团公司股东决定、WK 智造股份公司章程及工商变更登记情况、双方会计处理资料，以及包含划转业务商业目的、双方账务处理说明及不改变实质经营承诺的书面报告等资料，该项资产划转业务符合财税〔2014〕109 号文及 2015 年第 40 号公告文件规定，适用股权划转特殊性税务处理。

（二）吸收合并的税收分析

WK 有限公司的上述重组交易中，丽水 WK 公司吸收合并 LS 机柜公司和成都 WK 公司吸收合并 CD 电气公司属于企业合并的重组类型。

1. 重组类型

由于在合并后丽水 WK 公司和成都 WK 公司法律主体保留，而 LS 机柜公司和 CD 电气公司法律主体予以注销，所以该合并属于吸收合并。

由于在吸收合并前后，合并方和被合并方均受到 WK 集团公司 100% 的最终控制，根据合并方在吸收合并中是否给予被合并企业股东股权支付对价，吸收合并后的股权结构分为图 5-2-9 所示的两种类型；根据该案例中合并前后的股权结构可知，被合并企业的股东并未获得合并企业支付的对价，所以该合并属于财税〔2009〕59 号文中规范的同一控制下且不需要支付对价的企业合并。

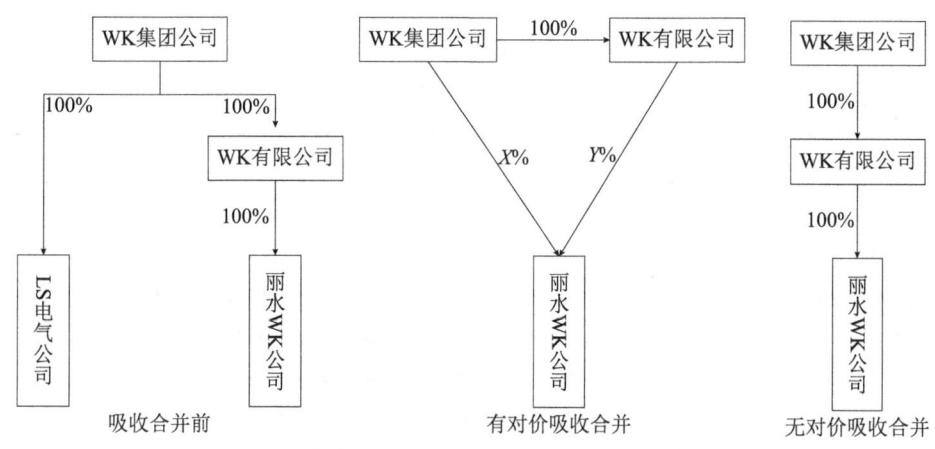

图 5-2-9　吸收合并前后架构

2.特殊性税务处理要件分析

企业合并适用特殊性税务处理的，应当满足财税〔2009〕59 号文第五条、第六条规定的要件，该案例中各项要件的具体分析见表 5-2-4。

表 5-2-4　特殊性税务处理要件对照表

财税〔2009〕59 号文要件	案例情况
具有合理商业目的，且不以减少、免除或者推迟缴纳税款为主要目的	新设 WK 有限公司作为上市主体，WK 集团公司将其体系内配电柜开关控制设备业务相关的资产、人员转移至 WK 有限公司体系内。具有合理商业目的
合并的资产比例符合本通知规定	被合并方所有的资产及债权债务均由合并方承继。合并资产的比例符合规定
企业合并后的连续 12 个月内不改变重组资产原来的实质性经营活动	合并方的主营业务范围涵盖被合并方原有的主营业务

续表

财税〔2009〕59号文要件	案例情况
被合并企业股东在企业合并发生时取得的股权支付金额不低于其交易支付总额的85%，以及同一控制下且不需要支付对价的企业合并	虽然吸收合并后公司的注册资本为原有合并方与被合并方注册资本之和，但被合并方股东在此次吸收合并中并未获取任何对价，因此属于同一控制下且不需要支付对价的企业合并 合并前的控制时间不满足2010年第4号公告的规定①
企业合并中取得股权支付的原主要股东，在重组后连续12个月内，不得转让所取得的股权	合并前后均受同一方的控制，且其合并目的为搭建上市主体，所以可满足该要件

注：①虽然该吸收合并属于同一控制下且不需要支付对价的企业合并，但是根据2010年第4号公告第二十一条的规定：“《通知》第六条第（四）项规定的同一控制，是指参与合并的企业在合并前后均受同一方或相同的多方最终控制，且该控制并非暂时性的。在企业合并前，参与合并各方受最终控制方的控制在12个月以上，企业合并后所形成的主体在最终控制方的控制时间也应达到连续12个月。”根据2015年第48号公告附件《企业重组所得税特殊性税务处理申报资料一览表》对企业合并提供资料的要求：“企业合并当事各方的股权关系说明，若属同一控制下且不需支付对价的合并，还需提供在企业合并前，参与合并各方受最终控制方的控制在12个月以上的证明材料。”

该案例中被合并方受WK集团公司100%直接持股；合并方通过受WK有限公司100%直接持股而受到WK集团公司100%间接持股；所以合并方与被合并方都受到WK集团公司的最终控制。被合并方在设立后一直受到WK集团公司100%持股，所以其受控制时间在12个月以上，但是作为合并方的丽水WK公司成立时间为2016年10月，吸收合并发生时间为2016年11月，完成吸收合并工商登记的时间为2017年3月；合并方成都WK公司的成立时间为2016年11月，吸收合并发生的时间为2016年11月，完成吸收合并工商登记的时间为2017年3月。因此，合并方在合并交易发生时受最终控制方控制的时间不足12个月。

虽然该案例中作为合并方的企业在合并前受最终控制方的时间不足12个月，不符合2010年第4号公告对同一控制要件的解释，但本书认为，2010年第4号公告对同一控制下企业合并要求满足合并前12个月控制要件，主要是为了满足股东利益连续要件，在该案例中，由于吸收合并方为最终控制方新设立的企业，自设立初始即与被合并方受相同一方的控制，实质上是可以满足股东利益连续要件的，尽管其在合并交易发生时受最终控制方控制的时间不足12个月，但是由于合并企业并非以收购方式取得，而是以新设方式成立，所以应允许合并企业享受企业重组所得税特殊性税务处理的税收待遇。

3. 其他税种的税收分析

企业合并交易过程中，除涉及前述的企业所得税外，还涉及印花税、增值税、土地增值税、契税。在该案例中涉及的增值税、土地增值税、契税的税收待遇分别见表 5-2-5。

表 5-2-5 吸收合并其他税种分析

税种	征免依据	案例情况
增值税	2011 年第 13 号公告："纳税人在资产重组过程中，通过合并、分立、出售、置换等方式，将全部或者部分实物资产以及与其相关联的债权、负债和劳动力一并转让给其他单位和个人，不属于增值税的征税范围，其中涉及的货物转让，不征收增值税。"	被合并方的相关资产、债权、负债和劳动力一并由合并方承继。 所以满足不征收增值税的要件
土地增值税	财税〔2015〕5 号文："按照法律规定或者合同约定，两个或两个以上企业合并为一个企业，且原企业投资主体存续的，对原企业将国有土地、房屋权属转移、变更到合并后的企业，暂不征土地增值税。"	合并方与被合并方依法合并。 对投资主体存续，财税〔2018〕57 号规范为"是指原企业出资人必须存在于改制重组后的企业，出资人的出资比例可以发生变动"。该案例在合并完成后，被合并企业的投资者 WK 集团公司并未直接存在于合并后企业，而是通过持有合并企业股东的股权间接存在于合并后的企业。 本书认为，该企业合并不能满足暂不征收土地增值税的要件
契税	财税〔2015〕37 号文："两个或两个以上的公司，依照法律规定、合同约定，合并为一个公司，且原投资主体存续的，对合并后公司承受原合并各方土地、房屋权属，免征契税。" 投资主体存续，是指原企业、事业单位的出资人必须存在于改制重组后的企业，出资人的出资比例可以发生变动	合并方与被合并方依法合并。 投资主体存续要件同土地增值税。 本书认为，该企业合并不能满足免征契税的要件

（三）资产划转的税收分析

1. 所得税特殊性税务处理要件分析

WK 集团公司将其持有的不动产划转至 WK 有限公司的过程，属于财税〔2014〕109 号文中的"资产划转"。根据财税〔2014〕109 号文的规定，该案例资产划转适用特殊性税务处理的要件对比分析见表 5-2-6。

表 5-2-6　资产划转特殊性税务处理要件对照表

财税〔2014〕109 号文要件	案例情况
居民企业之间资产划转	划出方 WK 集团公司和划入方 WK 有限公司均为在我国依法设立的公司，属于居民企业，满足该要件
100% 直接控制	WK 集团公司直接持有 WK 有限公司 100% 的股权，满足该要件
按账面净值划转	WK 集团公司召开股东会并作出决议，将不动产按账面净值无偿规划至 WK 有限公司，满足该要件
具有合理商业目的，不以减少、免除或者推迟缴纳税款为主要目的	该次资产划转的主要目的是以 WK 有限公司为上市主体，将相应的资产、业务转入 WK 有限公司，所以满足该要件
资产划转后连续 12 个月不改变被划转资产原来实质经营性活动	划转资产为不动产，为 WK 有限公司所需资产，且划转前后均为自用，满足该要件
划出方和划入方企业均未在会计上确认损益	未披露

根据表 5-2-6，若资产的划入方和划出方均未在会计上确认损益的，该资产划转交易满足财税〔2014〕109 号文规定的特殊性税务处理的要件要求，可以适用特殊性税务处理。

2.资产划转的类型

由于 WK 集团公司直接持有 WK 有限 100% 股权，且该次资产划转过程中，WK 有限公司的注册资本及实收资本并未增加，所以根据 2015 年第 40 号公告的规定，该次的资产划转属于：100% 直接控制的母子公司之间，母公司向子公司按账面净值划转其持有的股权或资产，母公司没有获得任何股权或非股权支付，即母公司向子公司的无偿划转。

3.划转双方的所得税处理

根据财税〔2014〕109 号文和 2015 年第 40 号公告的规定，母公司对子公司无偿划转资产交易，划入方和划出方应按表 5-2-7 所示的规则进行所得税处理。

表 5-2-7　母对子无偿划转所得税处理表

当事方	所得税处理
划出方——母公司	（一）对于划出的不动产不在划转交易当期确认资产处置的损益。 （二）由于该案例中划转属于母对子的无偿划转，财税〔2014〕109 号文和 2015 年第 40 号公告均未对母对子无偿划转情形的所得税待遇作出明确的规定，因此在实务中会出现计税基础丢失的涉税争议
划入方——子公司	（一）WK 有限公司取得 WK 集团公司划转的资产应当按照接受投资进行处理，即对所划入的资产并不作为收益进行处理。 （二）对于接受的划入资产计税基础应当以划入资产原有的计税基础确定

4.资产划转的其他税收处理

由于该次划转的资产主要是不动产，所以在资产划转交易中除了企业所得税外，还存在增值税、土地增值税和契税的征免问题，其具体的税收政策及案例适用情况分析见表 5-2-8。

表 5-2-8　资产划转其他税种分析

税种	征免依据	案例情况
增值税	财税〔2016〕36 号文："在资产重组过程中，通过合并、分立、出售、置换等方式，将全部或者部分实物资产以及与其相关联的债权、负债和劳动力一并转让给其他单位和个人，其中涉及的不动产、土地使用权转让行为（不征收增值税）。"	因为该案例中仅是资产的划转，不满足不征税的要件，应当依法缴纳所划转资产的增值税。根据财税〔2016〕36 号文第四十四条的规定应按照如下方法确定处置不动产的销售额： （一）按照纳税人最近时期销售同类服务、无形资产或者不动产的平均价格确定； （二）按照其他纳税人最近时期销售同类服务、无形资产或者不动产的平均价格确定； （三）按照组成计税价格确定

续表

税种	征免依据	案例情况
土地增值税	《土地增值税暂行条例实施细则》规定："条例第二条所称的转让国有土地使用权、地上的建筑物及其附着物并取得收入，是指以出售或者其他方式有偿转让房地产的行为。不包括以继承、赠与方式无偿转让房地产的行为。" 财税字〔1995〕48号文规定："细则所称的'赠与'是指如下情况： "（一）房产所有人、土地使用权所有人将房屋产权、土地使用权赠与直系亲属或承担直接赡养义务人的。 "（二）房产所有人、土地使用权所有人通过中国境内非营利的社会团体、国家机关将房屋产权、土地使用权赠与教育、民政和其他社会福利、公益事业的。"	本书认为，是否可以适用"无偿转让"而不征收土地增值税，应当与主管税务机关进行充分的沟通①
契税	财税〔2015〕37号文："同一投资主体内部所属企业之间土地、房屋权属的划转，包括母公司与其全资子公司之间，同一公司所属全资子公司之间，同一自然人与其设立的个人独资企业、一人有限公司之间土地、房屋权属的划转，免征契税。"	划出方WK集团公司与划入方WK有限公司是母公司与全资子公司的关系。所以该无偿划转满足免征契税的要件

注：①由于土地增值税是对企业"有偿"转让房地产征收的一种税，对于"无偿"行为不应当征收土地增值税，但是根据《土地增值税暂行条例实施细则》的规定，不征收土地增值税的无偿行为仅限于"继承""赠与"等无偿行为，并且"赠与"的范围又通过财税字〔1995〕48号文予以规范，所以对于其他的无偿行为（包括无偿划转）是否可以不予征收土地增值税，在实务中是存在争议的，对于这一政策的理解和适用应当与主管税务机关进行沟通。

（四）股权划转的税收分析

1. 收购MJ电气公司和TJ电气公司股权的涉税

WK智造股份公司在《招股说明书》及《补充法律意见书》中将WK有限公司收购MJ电气公司和TJ电气公司的重组方式作为股权收购，但是根据交易内容具体分析，由于WK有限公司收购MJ电气公司100%股权和TJ电气公司60%股权时是以无偿受让方式取得的，并且该交易企业所得税适用了特殊性税务处理待遇，财税〔2009〕59号文规定股权收购支付方式包括股权支付和非股权支付，并不包括无偿的股权收购，因此该交易应为股权无偿划转的企业重组交易，即WK集团公司将其持有的MJ电气公司100%股权和TJ电气公司60%的股权无偿划转至其100%直接控股的WK有限公司。

2.所得税特殊税务处理分析

与前述资产划转所得税特殊性税务处理要件分析相类似，WK集团公司该项无偿划转可以适用企业所得税特殊性税务处理待遇，并且交易双方的所得税处理与前述资产划转相类似。

（五）股权收购的税收分析

财税〔2009〕59号文规定："股权收购，是指一家企业（以下称为收购企业）购买另一家企业（以下称为被收购企业）的股权，以实现对被收购企业控制的交易。"所以WK有限公司上述重组交易中WK有限公司收购WK进出口公司和XB机械公司的行为属于股权收购。

根据财税〔2009〕59号文和2015年第48号公告对股权收购所得税特殊性税务处理要件的规定，WK有限公司上述股权收购交易要件分析见表5-2-9。

表5-2-9　股权收购特殊性税务处理要件对比分析表

特殊性税务处理要件	收购WK进出口公司	收购XB机械公司
具有合理的商业目的，且不以减少、免除或者推迟缴纳税款为主要目的	WK集团公司设立WK有限公司作为上市主体，通过股权收购将其原有的业务转移至上市主体，具有合理商业目的。满足该要件	
收购企业购买的股权不低于被收购企业全部股权的50%	收购WK进出口公司70%的股权，满足该要件	收购XB机械公司86.175%股权，满足该要件
重组后连续12个月内不改变重组资产原来的实质性经营活动	并未改变被收购企业实质性经营活动，满足该要件	
股权支付金额不低于其交易支付总额的85%	现金支付对价，不满足该要件	
企业重组中取得股权支付的原主要股东，在重组后连续12个月内，不得转让所取得的股权	由于不存在股权支付，所以不满足该要件	

从表 5-2-9 的分析可知，由于 WK 有限公司收购 WK 进出口公司和 XB 机械公司股权交易中，股权支付比例不满足特殊性税务处理要件的要求，因此整个交易应当适用所得税一般性税务处理。

第三节 股权收购——ZL 科技股份公司

一、企业基本情况

ZL 科技股份有限公司（以下简称"ZL 科技股份公司"）前身为 ZL 微波技术有限公司（以下简称"ZL 有限公司"），是由田某、乔某等共同出资于 2015 年 9 月 11 日设立的有限责任公司，是一家专注于集成电路芯片和微系统的研发、生产和销售，并围绕相关产品提供技术服务的公司。ZL 有限公司于 2020 年 9 月 29 日整体变更设立 ZL 科技股份公司；ZL 科技股份公司首次公开发行人民币普通股的申请已获证监会核准，于 2022 年 1 月 27 日在上海证券交易所科创板上市。

二、企业重组基本情况

（一）企业重组基本情况

根据 ZL 科技股份公司《招股说明书》披露，ZL 有限公司在 2018 年 12 月通过股权置换的方式收购了 CX 科技有限公司（以下简称"CX 科技公司"）和 HX 集成电路科技有限公司（以下简称"HX 科技公司"）100% 股权，该次收购完成后，CX 科技公司和 HX 科技公司成为 ZL 有限公司的全资子公司。

CX 科技公司成立于 2016 年 3 月 3 日，其主营业务为射频收发芯片、高速高精度 ADC/DAC 芯片的研发、生产和销售；HX 科技公司成立于 2015 年 2 月 6 日，其主营业务为高可靠性电源芯片的研发、生产和销售。由于 CX 科技公司和 HX 科技公司与 ZL 有限公司的主营业务具有相关性，出于完善业务布局、推进业务整合的考虑，ZL 有限公司于 2018 年 12 月以股权置换方式收购了 CX 科技公司与 HX 科技公司 100% 的股权。

在该次股权收购之前 CX 科技公司的股权结构如图 5-3-1 所示。

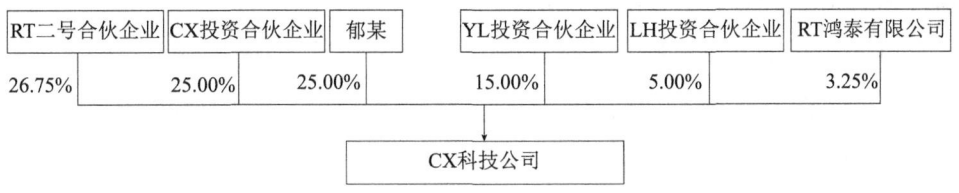

图 5-3-1　CX 科技公司股权结构

该次股权收购前 HX 科技公司的股权结构如图 5-3-2 所示。

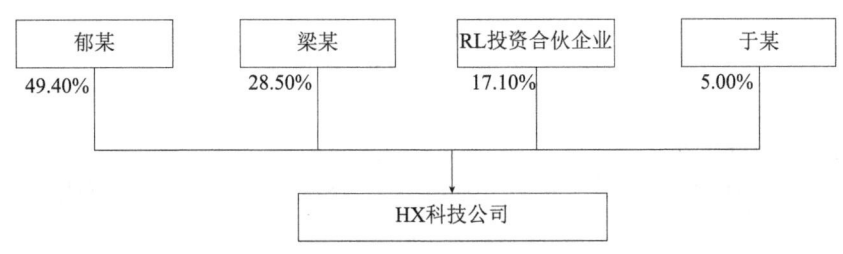

图 5-3-2　HX 科技公司股权结构

（二）企业重组的路径

2018 年 11 月 23 日，ZL 有限公司与 CX 科技公司、HX 科技公司的股东签订了《增资协议》，约定 CX 科技公司原股东以 CX 科技公司 100% 的股权按评估价值作价 2 746.66 万元认缴 ZL 有限公司新增注册资本 477.10 万元，HX 科技公司原股东以 HX 科技公司 100% 的股权按评估价值作价 2 479.62 万元认缴 ZL 有限公司新增注册资本 433.75 万元。

2018 年 11 月 30 日，ZL 有限公司召开股东会，同意公司增加注册资本，新增注册资本 910.85 万元由原股东及新增股东以股权作价出资方式认缴。

2018 年 12 月 1 日，HX 科技公司召开股东会，审议同意郁某、梁某、于某及 RL 投资合伙企业将其持有的 HX 科技公司全部股权转让给 ZL 有限公司，同日，上述股东分别与 ZL 有限公司签署了股权转让协议。

2018 年 12 月 6 日，CX 科技公司召开股东会，审议同意郁某、RT 鸿泰有限公司、LH 投资合伙企业、RT 二号合伙企业、CX 投资合伙企业及 YL 投资合伙企业将其持有的全部 CX 科技公司股权转让给 ZL 有限公司，同日，上述股东分别与 ZL 有限公司签署了股权转让协议。

2018 年 12 月 7 日，该次重组过程中 CX 科技公司和 HX 科技公司的原股东就用作出资的 CX 科技公司和 HX 科技公司股权办理了工商变更登记手续，相关股权已经变更至 ZL 有限公司名下。

该次增资系公司以股权置换方式取得 CX 科技公司和 HX 科技公司之全部股权，具体的交易路径如图 5-3-3 和图 5-3-4 所示。

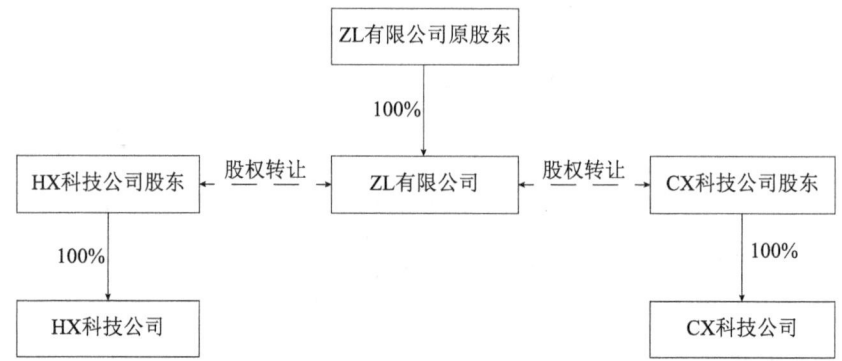

图 5-3-3　重组前的股权结构及重组路径

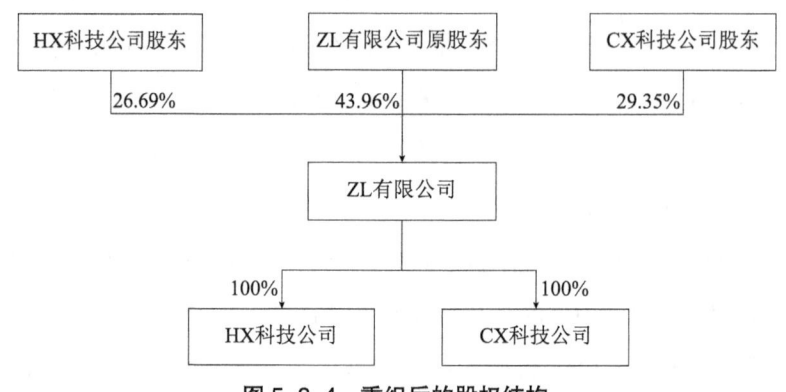

图 5-3-4　重组后的股权结构

（三）企业重组对价分析

根据《招股说明书》的披露，该次收购作价系以 CX 科技公司、HX 科技公司经评估的全部股东权益的评估值确定。CX 科技公司、HX 科技公司在股权收购中各个股东的转让出资额及转让对价见表 5-3-1。

表 5-3-1　股权收购对价明细表

序号	转让主体	转让方	转让出资额 / 万元	转让价格 / 万元	每元注册资本对应价格 / 万元
1	HX 科技公司	梁某	900.00	711.82	0.79
2		于某	157.89	124.88	0.79
3		RL 投资合伙企业	540.00	427.09	0.79
4		郁某	1560.00	1 233.82	0.79
5	CX 科技公司	RT 二号合伙企业	246.67	734.73	2.98
6		RT 鸿泰有限公司	30.00	89.27	2.98
7		CX 投资合伙企业	230.56	686.67	2.98
8		郁某	230.56	686.67	2.98
9		YL 投资合伙企业	138.34	412.00	2.98
10		LH 投资合伙企业	46.12	137.33	2.98

三、企业重组涉税分析

（一）重组交易类型分析

财税〔2009〕59 号文规定："股权收购，是指一家企业（以下称为收购企业）购买另一家企业（以下称为被收购企业）的股权，以实现对被收购企业控制的交易。"在 ZL 有限公司的重组案例中，ZL 有限公司在重组后取得 CX 科技公司和 HX 科技公司 100% 的股权，所以该次企业重组交易类型为股权收购。

（二）重组所得税待遇分析

财税〔2009〕59 号文根据股权收购重组交易满足要件的不同将其所得税待遇分为一般性税务处理和特殊性税务处理，其中特殊性税务处理应当满足财税〔2009〕59 号文第五条规定的一般性要件和第六条关于股权收购的特定要件，该案例中关于股权收购特殊性税务处理要件的分析见表 5-3-2。

表 5-3-2 特殊性税务处理要件对照表

财税〔2009〕59 号文要件	案例情况
具有合理商业目的，且不以减少、免除或者推迟缴纳税款为主要目的	此次股权收购的主要目的是完善产业布局、推进业务整合，符合该要件
收购企业购买的股权不低于被收购企业全部股权的 50%	ZL 有限公司收购 CX 科技公司和 HX 科技公司 100% 股权，符合该要件
股权收购后的连续 12 个月内不改变重组资产原来的实质性经营活动	股权收购连续 12 个月并未转让股权，也未改变被收购企业原有的实质性经营活动，所以符合该要件
收购企业在该股权收购发生时的股权支付金额不低于其交易支付总额的 85%	股权收购中，ZL 有限公司股权支付比例为 100%，符合该要件
股权收购中取得股权支付的原主要股东，在重组后连续 12 个月内，不得转让所取得的股权	根据《招股说明书》的披露，在该次股权收购交易中，被收购方主要股东在重组后的 12 个月内并未转让取得的 ZL 有限公司股权，所以符合该要件

从表 5-3-2 的分析可知，ZL 有限公司收购 CX 科技公司和 HX 科技公司 100% 股权的交易符合财税〔2009〕59 号文规范的特殊性税务处理要件，重组交易当事各方可按照企业重组所得税特殊性税务处理的规定进行所得税处理。

（三）法人股东的所得税分析

该次股权收购重组交易中 CX 科技公司的股东 RT 鸿泰有限公司为法人投资者，根据财税〔2009〕59 号文的规范，其所得税处理如下。

（1）RT 鸿泰有限公司被收购股权的计税基础为 30.00 万元，取得股权支付对价的公允价值为 89.27 万元，实现的股权转让所得为 69.27 万元，在适用特殊性税务处理时，RT 鸿泰有限公司在收购交易发生当期不确认该资产转让所得。

（2）RT 鸿泰有限公司取得 ZL 有限公司股权的计税基础以其所转让股权的原计税基础确定，即以 30.00 万元作为取得 ZL 有限公司股权的计税基础。

（四）自然人股东的所得税分析

2015 年第 48 号公告规定，股权收购中转让方可以是自然人，对于自然人作为企业重组当事方的，应按个人所得税的相关规定进行税务处理。ZL 有限公司收购 CX 科技公司和 HX 科技公司股权交易中，自然人股东梁某、于某和郁某作为自然人股东，应按照个人所得税的相关规定进行处理。

根据 2014 年第 67 号公告的规定，上述各自然人股东确认的股权转让所得见表 5-3-3。

表 5-3-3　股权转让所得计算表

股东	股权转让收入/万元	计税基础①/万元	交易税费②/万元	股权转让所得/万元
梁某	711.82	660.00	0.36	51.46
于某	124.88	500.51	0.06	−375.69
郁某–HX 科技公司	1 233.82	1 560.00	0.62	−326.80
郁某–CX 科技公司	686.67	230.57	0.34	455.76

注：①计税基础根据《招股说明书》披露信息整理，其中梁某持有的股权系于 2018 年 8 月 18 日自原股东何某处收购取得；于某持有的股权系其于 2018 年 6 月 15 日以货币资金增资 157.89 万元，增资价格为 3.17 元 / 注册资本，由此计算其投资金额为 500.51 万元；郁某持有 HX 科技公司股权除增资外还存在以股权转让方式取得，但未披露其股权转让的价格；郁某持有 CX 科技公司股权系增资方式取得。

②交易税费是指股权转让缴纳的印花税。

从表 5-3-3 可知，在股权收购过程中，股东梁某转让 HX 科技公司股权及郁某转让 CX 科技公司股权取得的所得应当依法缴纳个人所得税；同时根据财税〔2015〕41 号文和《国家税务总局关于个人非货币性资产投资有关个人所得税征管问题的公告》（国家税务总局公告 2015 年第 20 号，以下简称"2015 年第 20 号公告"）的规定，个人以非货币性资产投资一次性缴税有困难的，可合理确定分期缴纳计划并报主管税务机关备案后，自发生非货币性资产投资行为之日起不超过 5 个公历年度内（含）分期缴纳个人所得税。

所以梁某、郁某两位股东应当缴纳的个人所得税，可以自行确定分期缴税计划，并于 2018 年 12 月 7 日起在不超过 5 个公历年度内分期缴纳个人所得税。

（五）合伙企业投资者的所得税分析

该次股权收购交易中，持有被收购企业股权的股东除了法人股东、自然人股东外，还存在合伙企业股东，如上述的 RL 投资合伙企业、RT 二号合伙企业、CX 投资合伙企业、YL 投资合伙企业及 LH 投资合伙企业等。

根据《招股说明书》的信息披露，各合伙企业计算的股权转让所得见表 5-3-4。

表 5-3-4　合伙企业股权转让所得计算

股东	股权转让收入/万元	计税基础①/万元	交易税费②/万元	股权转让所得/万元
RL 投资合伙企业	427.09	540.00	0.21	-113.12
RT 二号合伙企业	734.73	4 341.21③	0.37	-3 606.85
CX 投资合伙企业	686.67	230.56	0.34	455.77
LY 投资合伙企业	412.00	1 950.00④	0.21	-1 538.21
LH 投资合伙企业	137.33	650.00⑤	0.07	-512.74

注：①各合伙企业持有被收购企业股权的计税基础系根据《招股说明书》披露的信息整理计算所得。

②交易税费是指股权转让过程中各主体应当缴纳的印花税。

③RT 二号合伙企业的计税基础比较大主要是其在 2017 年 6 月 26 日和 2017 年 8 月 2 日两次以货币资金 3 312.76 万元认缴 CX 科技新增注册资本 235.01 万元。

④LY 投资合伙企业于 2017 年 12 月 5 日以 1 300.00 万元自 RT 二号合伙企业受让其持有 CX 科技公司 10% 股权，同日以 650.00 万元自郝某处受让其持有 CX 科技公司 5% 的股权。

⑤LH 投资合伙企业于 2018 年 4 月 16 日以 650.00 万元自 RT 二号合伙企业受让其持有 CX 科技公司 5% 的股权。

如表 5-3-4 所示，在股权收购交易中仅 CX 投资合伙企业取得了股权转让所得，由于 CX 投资合伙企业既不是企业所得税的纳税主体，也不是财税〔2015〕41 号文的纳税人身份，所以无法适用财税〔2009〕59 号文的递延纳税待遇，也无法就其应缴纳的所得税予以分期缴纳。

《财政部 国家税务总局关于合伙企业合伙人所得税问题的通知》(财税〔2008〕

159号）规定："合伙企业以每一个合伙人为纳税义务人，合伙企业的合伙人是自然人的，缴纳个人所得税；合伙人是法人和其他组织的，缴纳企业所得税。"所以 ZL 有限公司上述股权收购交易，股权转让方为合伙企业的，应当由合伙企业的合伙人缴纳企业所得税或者个人所得税，且其合伙人不能适用财税〔2009〕59 号文的递延纳税待遇或者财税〔2015〕41 号文的分期缴税待遇。

第四节　资产收购——FW 科技股份公司

一、企业基本情况

FW 纳米科技股份有限公司（以下简称"FW 科技股份公司"）前身为 FW 纳米科技有限公司（以下简称"FW 有限公司"），是由 RJ 五金工具有限公司（以下简称"RJ 五金公司"）于 2016 年 8 月 16 日投资设立的有限责任公司，公司致力于研究和发展适应复杂应用环境的纳米材料技术，主要从事高性能、多功能纳米薄膜的研发和设备，于 2020 年 12 月 25 日整体变更设立股份有限公司。FW 科技股份公司首次公开发行人民币普通股的申请经证监会核准，于 2022 年 8 月 2 日在上海证券交易所科创板上市。

二、企业重组的基本情况

FW 有限公司在 IPO 过程中，为整合与控股股东存在相同或相似业务，避免同业竞争及减少关联交易，进行了同一控制下的业务重组：FW 有限公司收购 RJ 五金公司的业务及资产、人员；通过在美国设立子公司 FW 美国公司收购 FW Tech（特拉华）的相关业务及资产、人员。本部分就 FW 有限公司收购 RJ 五金公司交易的相关涉税事项进行分析。

（一）收购的目

在重组之前，RJ 五金公司主要从事 PECVD 镀膜设备、汽车维保工具及设备的研发、生产和销售业务，FW 有限公司从 RJ 五金公司采购 PECVD 镀膜设备。为符合 FW 有限公司业务独立性及减少关联交易的要求，FW 有限公司收购 RJ 五金公司 PECVD 镀膜设备相关业务及所涉及的资产、人员、知识产权。

（二）重组的审批程序及重组协议

2020 年 5 月 20 日，WF 有限公司股东 FW Tech（香港）作出股东决定，同意 FW 有限公司收购 RJ 五金公司的 PECVD 镀膜设备相关业务。同日，RJ 五金公司股东 RJ Industries Limited 作出股东决定，同意向 FW 有限公司出售 RJ 五金公司与 PECVD 镀膜设备相关业务。

2020 年 5 月 20 日，FW 有限公司与 RJ 五金公司签订《FW 纳米科技有限公司与 RJ 五金工具有限公司之重组协议》（以下简称《重组协议》），约定 RJ 五金公司将与 PECVD 镀膜设备业务及相关的资产、人员一并转移至 FW 有限公司。2020 年 5 月 31 日，FW 有限公司与 RJ 五金公司签订《资产交割及人员劳动关系转移确认书》，明确了存货、固定资产和知识产权的具体交割范围，同时约定 RJ 五金公司从事 PECVD 镀膜设备业务的生产、研发和部分管理人员劳动关系从 RJ 五金公司转移至 FW 有限公司。2020 年 10 月 19 日，FW 有限公司与 RJ 五金公司签订《FW 纳米科技有限公司与 RJ 五金工具有限公司之重组协议之补充协议》，约定该次业务重组的交易对价为 3 165.01 万元。

（三）重组标的及其评估

根据《补充法律意见书（一）》的披露，FW 有限公司收购 RJ 五金公司资产的范围主要为 RJ 五金的存货资产（包括原材料、在产品、委托加工物资、产成品）及机器设备资产。

2020 年 10 月 19 日，资产评估机构出具了《FW 纳米科技有限公司拟收购资产涉及的 RJ 五金工具有限公司资产及负债价值评估项目资产评估报告》，评估基准日为 2020 年 5 月 31 日，经评估，RJ 五金公司拟转入 FW 有限公司所涉及的资产的评估价值为 3 165.01 万元，具体见表 5-4-1。

表 5-4-1　收购资产评估表

资产项目	账面价值/万元	评估价值/万元	交易价格/万元	支付方式
应收账款	9 087.93	10 470.34	—	—
预付账款	356.87	356.87	—	—
其他应收款	866.56	918.61	—	—
存货	1 809.88	3 052.91	3 052.91	现金
流动资产合计	12 121.25	14 798.74	3 052.91	
固定资产	64.33	112.10	112.10	现金
递延所得税资产	230.62	230.62	—	
非流动资产合计	294.95	342.72	112.10	
资产总计	12 416.20	15 141.46	3 165.01	—

(四) 交易履行情况

1. 资产转移

2020年5月31日,FW有限公司与RJ五金公司签订《资产交割及人员劳动关系转移确认书》,明确了存货、固定资产的具体交割范围。截至2020年5月31日,RJ五金公司已将该次交易所涉及存货、固定资产全部交付给FW有限公司,由FW有限公司验收入库并使用。

2. 知识产权转移

2020年5月31日,FW有限公司与RJ五金公司签订《资产交割及人员劳动关系转移确认书》《软件著作权转让合同》和《专利权或专利申请权转让合同》,约定具体知识产权交割内容。同日,RJ五金公司已经向FW有限公司移交了PECVD镀膜设备相关业务所涉及的专利及软件著作权相关资料,双方启动权利人变更登记手续。截至2020年11月30日,上述知识产权的权利人均已变更为FW有限公司。

3. 人员转移

2020年5月31日,FW有限公司与RJ五金公司签订《资产交割及人员劳动关系转移确认书》,约定RJ五金公司从事PECVD镀膜设备业务的资产、研发及部分管理人员劳动关系需从 RJ 五金公司转移至 FW 有限公司。截至 2020 年 6 月 1 日，上述人员的劳动关系已全部转移至 FW 有限公司。

4. 业务转移

销售方面，重组前 RJ 五金公司的 PECVD 镀膜设备均向 FW 有限公司和 FW Tech（特拉华）销售，因此重组时 FW 有限公司无须承接 RJ 五金公司与其他第三方关于 PECVD 镀膜设备的销售合同。采购方面，截至 2020 年 5 月 31 日，RJ 五金公司 PECVD 镀膜设备业务尚未履行完毕（供应商未发货）的采购合同主要通过补充签订三方协议的方式由 FW 有限公司承接。

自重组基准日起，RJ 五金公司不再从事 PECVD 镀膜设备研发、生产和销售活动，PECVD 镀膜设备相关业务转移至 FW 有限公司进行。

5. 重组价款的支付

截至 2020 年 12 月 31 日，FW 有限公司已经支付全部重组交易对价。

三、企业重组的涉税分析

（一）企业所得税分析

FW 有限公司收购 RJ 五金公司 PECVD 镀膜业务设备的交易，虽然收购标的属于"实质经营性资产"，但是其收购实质性经营资产的比例仅占 RJ 五金公司资产总额的 20.90%（3 165.01÷15 141.46×100%），并且其收购对价为货币支付。所以无论是收购资产的比例还是收购对价支付方式均不满足财税〔2009〕59 号文中资产收购特殊性税务处理要件，因此该交易所得税应当适用一般性税务处理。

若不考虑流转税的影响，同时假定所收购资产的计税基础与其账面价值相同，RJ 五金公司在重组交易当期确认的资产转让所得为 1 290.80 万元（3 165.01–1 874.21）。

（二）增值税分析

根据 2011 年第 13 号公告和财税〔2016〕36 号文的规定，纳税人在资产重组过程中，通过合并、分立、出售、置换等方式，将全部或者部分实物资产及与其相关联的债权、负债和劳动力一并转让给其他单位和个人，不属于增值税的征税范围，其中涉及的货物、不动产、土地使用权转让行为，不征收增值税。

1. 货物和固定资产的增值税

RJ 五金公司此次转让的资产包括业务所需的存货、固定资产及相应的专利权和著作权，一并转让的还包括业务所需的人员，根据《招股说明书》的披露，RJ 五金公司在重组过程中相应的应收账款、预付账款均已结清，但是未能披露相应债务的转移情况，所以若在转移过程中与所转移的存货相关的债务并未一并转移至 FW 有限公司的，则无法适用上述的不征税政策。

2. 专利权的增值税

2011 年第 13 号公告和财税〔2016〕36 号文对于企业重组交易不征增值税的范围仅限于货物、不动产和土地使用权，对于无形资产中的专利权和著作权并不在列举的不征税范围之内。财税〔2016〕36 号文第十四条规定，单位或者个人向其他单位或者个人无偿转让无形资产或者不动产的应当视同销售无形资产；《营业税改征增值税试点过渡政策的规定》第二十六条规定，纳税人提供技术转让免征增值税。

本书认为，纳税人将技术有偿转让的行为可以适用免征增值税的税收待遇，对于视同销售的行为同样也可以适用免征增值税待遇，所以对于 RJ 五金公司在重组交易中将专利无偿转移给 FW 有限公司的行为，若已完成所在地省级科技主管部门认定并持有认定文件的，可以免征该专利技术的增值税。

3. 软件著作权增值税

根据前述对专利技术涉及增值税的分析可知，RJ 五金公司的软件著作权已转移给 FW 有限公司，并且该次重组交易并未对所转移的软件著作权作价，因此对于 RJ 五金公司在该次重组过程中无偿转移给 FW 有限公司软件著作权的行为，存在被税务机关按照视同销售行为征收增值税的涉税风险。

第五节　股权收购——FY 生物股份公司

一、企业基本情况

FY 生物股份有限公司（以下简称"FY 生物股份公司"）前身为 FY 生物有限责任公司（以下简称"FY 有限公司"），是由 ZH 投资公司和 BJ 化学制药厂共同出资于 1999 年 2 月 3 日设立的有限责任公司，是一家主要从事药品制剂及医疗器械的研发、生产和销售的医药生产企业，经过历次股权变动后，FY 有限公司的控股股东变更为 HC 控股集团有限公司（以下简称"HC 控股公司"）。FY 有限公司于 2019 年 5 月 31 日整体变更设立 FY 生物股份公司，FY 生物股份公司首次公开发行人民币普通股的申请已获证监会核准，于 2022 年 6 月 30 日在上海证券交易所上市。

二、企业重组基本情况

（一）重组目的

为了解决同业竞争问题，2018 年 FY 有限公司收购了控股股东 HC 控股公司控制的与 FY 有限公司具有相似业务的安徽 FY 生物有限公司（以下简称"安徽 FY 公司"）和浙江 FY 药业有限公司（以下简称"浙江 FY 公司"）的股权。

（二）重组前后的股权结构

2018 年 7 月，HC 控股公司、RH 投资合伙企业（有限合伙）（以下简称"宣城 RH 合伙企业"）与 FY 有限公司签署《关于 FY 生物有限公司股权出资（转让）合同》，各方同意 HC 控股公司、宣城 RH 合伙企业以其所持有的安徽 FY 公司股权经评估后向 FY 有限公司增资，HC 控股公司、宣城 RH 合伙企业据此持有 FY 有限公司相应股权。同日，HC 控股公司、海宁 ZJ 管理合伙企业（有限合伙）（以下简称"海宁 ZJ 合伙企业"）与 FY 有限公司签署《关于 FY 生物有限公司股权出资（转让）合同》，各方同意 HC 控股公司、海宁 ZJ 合伙企业以其所持有的浙江FY公司股权经评估后向FY有限公司增资，HC控股公司、海宁ZJ合伙企业据此持有FY有限公司相应股权。

该次股权收购前后，FY有限公司的股权结构如图5-5-1和图5-5-2所示。

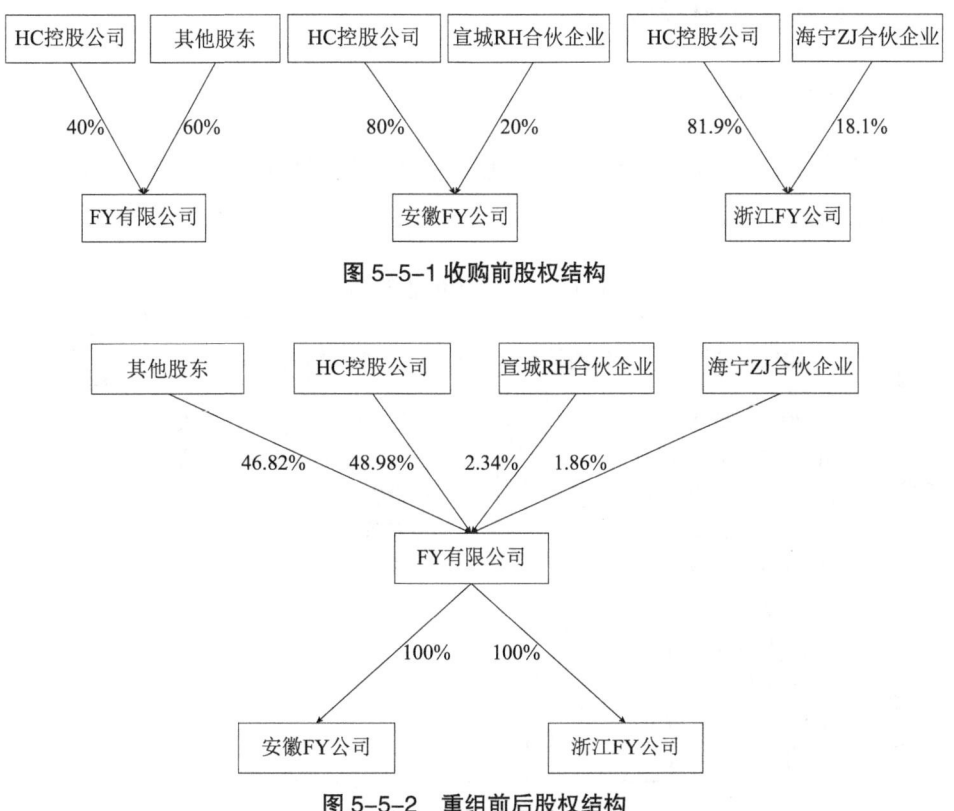

图5-5-1 收购前股权结构

图5-5-2 重组前后股权结构

（三）重组作价及审批

对该次收购，资产评估公司分别对FY有限公司、安徽FY公司及浙江FY公司截至2017年9月30日的全部权益采用资产基础法和收益法两种方法进行评估，并最终采用收益法评估结论作为其股东全部权益的评估值。经评估，FY有限公司100%股权评估值为209 762.36万元；安徽FY公司的100%股权评估值为31 432.16万元；浙江FY公司的100%股权评估值为27 576.06万元。各方以此为依据确定重组后各投资方在FY有限公司的股权比例。

2018年7月，FY有限公司召开2018年第三次临时股东会，决议同意上述增资方案，并于2018年8月就安徽FY公司、浙江FY公司完成工商变更手续。

三、企业重组涉税分析

（一）涉税披露

FY生物股份公司在《补充法律意见书》中披露了该次重组交易中的涉税事项，具体见表5-5-1。

表5-5-1　企业重组税收待遇明细表

重组对象	股权变动情况	价格及定价依据	税费缴纳情况	股权变动背景及原因
安徽FY公司	HC控股公司及宣城RH合伙企业分别以其所持有的全部安徽FY公司股权向FY有限公司增资	以评估值为作价依据，全部股权作价314 321 600元	宣城RH合伙企业自然人合伙人已进行非货币性资产投资分期缴纳个人所得税备案，计划于2022年12月31日缴纳所得税	构建上市主体架构
浙江FY公司	HC控股公司及海宁ZJ合伙企业分别以其所持有的全部浙江FY公司股权向FY有限公司增资	以评估值为作价依据，全部股权作价275 750 600元	已缴纳税费	构建上市主体架构

（二）涉税分析

FY生物股份公司在其《招股说明书》及《补充法律意见书》中对FY有限公司收购安徽FY公司和浙江FY公司的100%股权的相关税收事项进行了披露。由于安徽FY公司和浙江FY公司的股东为HC控股公司、宣城RH合伙企业及海宁ZJ合伙企业，从其性质上分为法人股东和合伙企业股东，所以需要就不同股东的所得税待遇分别进行分析。

1. HC控股公司

HC控股公司在该次股权收购过程中作为被收购企业股东，其税收待遇可适用财税〔2009〕59号文的相关规定，依据财税〔2009〕59号文关于股权收购所得税特殊性税务处理要件的规定，该次股权收购交易所得税特殊性税务处理要件对比分析内容见表5-5-2。

表5-5-2 股权收购特殊性税务处理要件对比表

财税〔2009〕59号文	案例情况
具有合理商业目的，且不以减少、免除或者推迟缴纳税款为主要目的	该次股权收购的主要目的是构建上市主体架构以及避免同业竞争，符合该要件
收购企业购买的股权不低于被收购企业全部股权的50%	FY有限公司收购安徽FY公司和浙江FY公司股权比例为100%，符合该要件
股权收购后的连续12个月内不改变重组资产原来的实质性经营活动	股权收购连续12个月并未转让股权，也未改变被收购企业原有的实质性经营活动，符合该要件
收购企业在该股权收购发生时的股权支付金额不低于其交易支付总额的85%	股权收购中，FY有限公司股权支付比例为100%，符合该要件
股权收购中取得股权支付的原主要股东，在重组后连续12个月内，不得转让所取得的股权	根据《招股说明书》的披露，在该次股权收购交易中，HC控股公司、宣城RH合伙企业及海宁ZJ合伙企业在取得FY有限公司股权支付后的12个月内并未转让，符合该要件

根据表5-5-2的分析，HC控股公司在该次股权收购过程中的所得税可以适用特殊性税务处理，具体税收处理见表5-5-3。

表5-5-3 特殊性税务处理待遇表

主体	税收待遇内容
HC控股公司	（一）对于该次股权转让过程中实现的股权转让所得，可不在交易发生当期确认，而是待以后处置取得的股权支付对价时予以确认 （二）HC控股公司取得FY有限公司股权的计税基础并不以评估值确认，而是以HC控股公司持有的原安徽FY公司和浙江FY公司股权的计税基础确定
FY有限公司	FY有限公司取得安徽FY公司和浙江FY公司股权的计税基础不以其公允价值确定，而是以其在原股东HC控股公司的计税基础确定

根据FY生物股份公司《招股说明书》披露，浙江FY公司在该次重组交易中涉及的税款均已缴纳；而安徽FY公司在该次重组过程中仅披露了合伙企业投资者涉及的自然人合伙人的税收待遇，对于作为法人股东的HC控股公司的税收待遇则并未予以披露。

2. 海宁 ZJ 合伙企业和宣城 RH 合伙企业

海宁 ZJ 合伙企业和宣城 RH 合伙企业法律主体为依法设立的合伙企业,依据财税〔2008〕159 号文的规定,合伙企业自身并非所得税的纳税主体,应当由其合伙人分别缴纳企业所得税或个人所得税。在该案例中海宁 ZJ 合伙企业和宣城 RH 合伙企业的合伙人均为自然人,所以应当就其在该次企业重组中取得的所得缴纳个人所得税。

2015 年第 48 号公告明确了企业重组中的当事人为个人的应当按个人所得税的相关规定进行税务处理,但是对于重组当事方为合伙企业时,其如何进行所得税处理并未予以明确。根据 FY 生物股份公司《招股说明书》的披露,在该次企业重组交易中,同为合伙企业的海宁 ZJ 合伙企业和宣城 RH 合伙企业的个人所得税待遇却有所不同,宣城 RH 合伙企业的个人合伙人适用财税〔2015〕41 号文的分期缴税待遇,而海宁 ZJ 合伙企业的个人合伙人则在当期缴纳了个人所得税。

第六节 反向吸收合并——LY 技术股份公司

一、企业基本情况

LY 技术股份有限公司(以下简称"LY 技术股份公司")前身为 LY 技术集团有限责任公司(以下简称"LY 有限公司"),是由姚某、杨某等 6 人作为发起人共同出资于 2002 年 8 月 13 日设立的有限责任公司,是一家以光技术创新为基础,从事机器视觉及光通信业务的企业。LY 有限公司于 2020 年 9 月 28 日整体变更设立 LY 技术股份公司,LY 技术股份公司 IPO 申请已获证监会核准,于 2022 年 7 月 6 日在上海证券交易所科创板上市。

LY 技术股份公司在《招股说明书》中对 LY 有限公司 IPO 过程中发生的反向吸收合并的重组交易及其涉税事项进行了披露。

二、企业重组基本情况

（一）合并双方基本情况

根据《招股说明书》的披露，为了进一步优化公司的股权结构，减少持股层级，使公司更好地适应未来资本市场的发展，LY 有限公司对其控股股东 LY 投资控股有限责任公司（以下简称"LY 控股公司"）进行了吸收合并，吸收合并后 LY 有限公司存续，被吸收合并方 LY 控股公司注销。

该次反向吸收合并中，合并方为 LY 有限公司，其注册资本及实收资本为 5 524.17 万元，经营范围如基本情况所述，股权结构如图 5-6-1 所示。

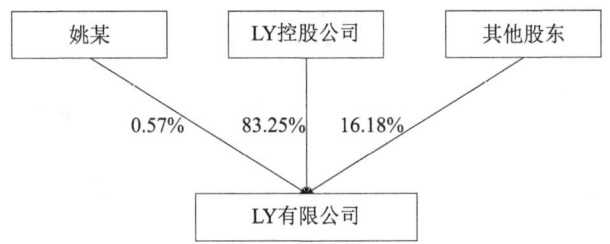

图 5-6-1　合并前 LY 有限公司股权结构

该次重组中被合并方为 LY 控股公司，LY 控股公司为姚某、杨某、王某、卢某、张某、印某、赵某设立的持股平台，除持有 LY 有限公司股权外未从事其他经营活动。LY 控股公司在吸收合并日的注册资本为 1 000.00 万元，股权结构如图 5-6-2 所示。

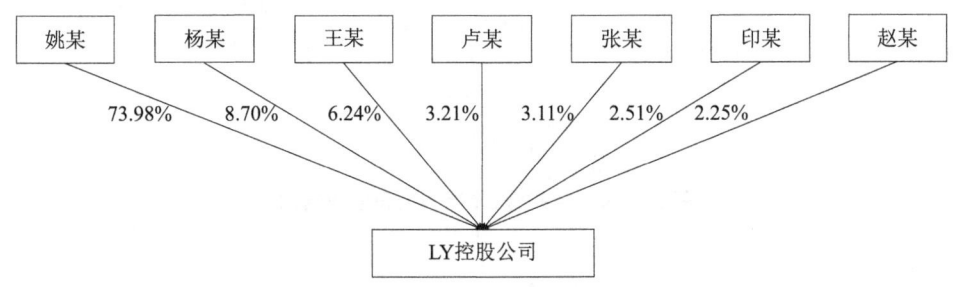

图 5-6-2　合并前 LY 控股公司股权结构

（二）合并的具体路径

该次重组采用的是反向吸收合并，即由作为控股子公司的 LY 有限公司吸收合并作为控股股东的 LY 控股公司，由于其收购的模式为"子公司吸收合并母公司"，所以在方向上属于"反向吸收合并"，其合并的具体方式如图 5-6-3 所示。

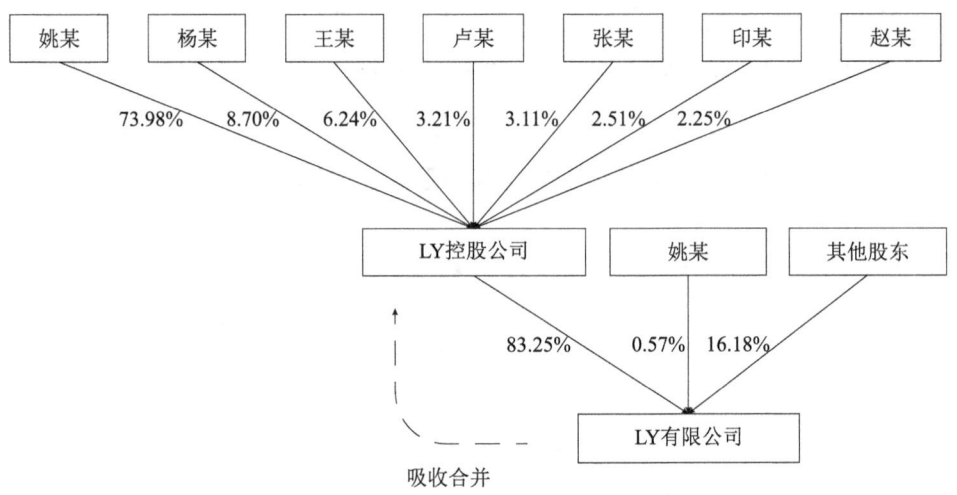

图 5-6-3 吸收合并路径

在吸收合并完成后，LY 控股公司的股东由原有的对 LY 有限公司间接持股转为直接持股，其股权结构如图 5-6-4 所示。

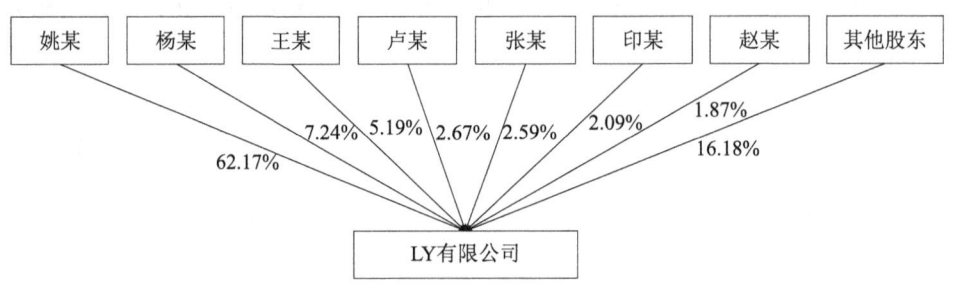

图 5-6-4 合并后 LY 有限公司股权结构

（三）合并前后的注册资本

1. 合并后注册资本的确定

根据《国家工商行政管理总局关于做好公司合并分立登记支持企业兼并重组

的意见》(工商企字〔2011〕226号)第二条第五款的规定:"因合并而存续或者新设的公司,其注册资本、实收资本数额由合并协议约定,但不得高于合并前各公司的注册资本之和、实收资本之和。合并各方之间存在投资关系的,计算合并前各公司的注册资本之和、实收资本之和时,应当扣除投资所对应的注册资本、实收资本数额。"因被吸收合并方LY控股公司的注册资本为1 000.00万元,且LY控股公司持有LY有限公司4 598.86万元注册资本,需要在计算合并后注册资本时予以扣除,故LY有限公司反相关吸收合并LY控股公司后注册资本不得高于1 925.31万元(1 000.00+5 524.17-4 598.86)。

合并前后各股东所对应的出资额见表5-6-1。

表5-6-1 吸收合并前后注册资本明细表

序号	股东	合并前		合并后	
		LY控股公司/万元	LY有限公司/万元	LY有限公司/万元	持股比例/%
1	LY控股公司	—	4 598.86	—	—
2	姚某	739.80	31.90	1 196.88	62.17
3	DC创通有限公司	—	414.31	144.40	7.50
4	杨某	87.00	—	139.45	7.24
5	王某	62.40	—	100.02	5.19
6	卢某	32.10	—	51.45	2.67
7	张某	31.10	—	49.85	2.59
8	宁波LJ合伙企业	—	140.63	49.01	2.55
9	宁波LG合伙企业	—	117.75	41.04	2.13
10	宁波LS合伙企业	—	115.97	40.42	2.10
11	印某	25.10	—	40.23	2.09
12	宁波LC合伙企业	—	104.75	36.51	1.90
13	赵某	22.50	—	36.06	1.87
合计		1 000.00	5 524.17	1 925.31	100.00

由于合并前LY有限公司注册资本及实收资本为5 524.17万元,其中扣除LY控股公司的注册资本及实收资本后的金额为925.31万元,所以合并后的注册资

本不应当超过 LY 控股公司注册资本 1 000.00 万元和 LY 有限公司注册资本中扣除 LY 控股公司持股外的其他注册资本 925.31 万元之和，即 1 925.31 万元，LY 有限公司将公司合并后的注册资本确定为 1 925.31 万元并未违反工商行政管理的要求。

2. 合并后各股东投资额的计算

在 LY 有限公司反向吸收合并过程中，其注册资本在合并后发生了变化，LY 有限公司原股东持有的股权比例不发生变化，LY 控股公司的股东在合并后持有 LY 有限公司的股权比例按如下方式计算：

各股东合并中取得 LY 有限公司的股权比例＝LY 控股公司持有 LY 有限的股权比例 × 各股东持有 LY 控股公司的股权比例　　　　　　（5-6-1）

如原股东姚某在合并后的 LY 有限公司持股比例为

姚某合并后持股比例＝合并中取得 LY 有限公司持股比例＋原持股比例

＝LY 控股公司持有 LY 有限公司比例 × 姚某持有 LY 控股公司比例＋姚某原持有 LY 有限公司股权比例

＝（4 598.86÷5 524.17）×（739.80÷1 000.00）×100%+0.57%

＝62.16%

由此计算姚某在合并后的注册资本中的投资额为 1 196.77 万元（1 925.31×62.16%）。

（四）合并的相关程序

对该次反向吸收合并交易，2019 年 12 月 1 日，LY 有限公司召开股东会并作出决议，同意前述反向吸收合并安排；同意增加新股东杨某、王某、卢某、张某、印某、赵某；同意公司注册资本变为 1 925.31 万元；同意修改公司章程。

2019 年 12 月 4 日，LY 有限公司和 LY 控股公司登载了《吸收合并公告》；根据《LY 技术集团有限责任公司债务清偿或担保情况说明》，截至 2019 年 8 月 31 日，LY 有限公司已向要求清偿债务的债权人清偿了债务，未清偿的债务，由 LY 有限公司继续负责清偿。

2020 年 3 月 23 日主管市场监督管理局核发了《注销核准通知书》，准予 LY

控股公司注销。

2020年3月31日，LY有限公司取得主管市场监督管理局换发的《营业执照》。

（五）合并后的股权转让

在LY有限公司完成该次反向吸收合并后，姚某发生了若干次的股权转让，具体情况见表5-6-2。

表5-6-2　姚某股权转让明细表

序号	时间①	转让方	受让方	转让注册资本/万元	转让比例②
1	2020年9月17日	姚某	君度SZ合伙企业	481.33	0.25%
2	2020年9月17日		君度XY合伙企业	1 925.31	1.00%
		合计		2 406.64	1.25%
3	2020年9月27日	宁波LJ合伙企业	姚某	193.577 8	0.10%
4	2020年9月27日	宁波LG合伙企业		19.357 8	0.01%
5	2020年9月27日	宁波LS合伙企业		561.375 0	0.29%
6	2020年9月27日	宁波LC合伙企业		561.375 0	0.29%
		合计		1 335.685 6	0.69%

注：①股权转让的时间以签订《股权转让协议》后取得主管市场监督管理局换发《备案通知书》的时间为准。

②在计算姚某所转让股份对应的持股比例时，以LY有限公司反向吸收LY控股公司后的注册资本及实收资本金额1 925.31万元为基础。

三、企业重组涉税分析

（一）涉税披露

对于LY有限公司反向吸收合并LY控股公司的企业重组交易，在其《律师工作报告》中对其涉税事项做了如下披露。

该次反向吸收合并完成后，姚某从中获得的LY有限公司股权比例为61.59%

（该次吸收合并前LY控股公司持有LY有限公司的股权比例×该次吸收合并前姚某持有LY控股公司的股权比例）。2020年7月，LY技术股份公司引入投资方深圳YZ合伙企业和湖北XM合伙企业之后，姚某因该次吸收合并获得支付的股权比例被稀释为约57.29%（保留两位小数）。

根据财税〔2009〕59号文第五条第五项的规定："企业重组同时符合下列条件的，适用特殊性税务处理规定：（五）企业重组中取得股权支付的原主要股东，在重组后连续12个月内，不得转让所取得的股权。"为满足特殊性税务处理条件，原主要股东姚某在该次吸收合并完成后连续12个月内不得对外转让所取得的股权，也即姚某所持LY有限公司的持股比例在引入投资方深圳YZ合伙企业和湖北XM合伙企业之前不得低于61.59%，在引入投资方深圳YZ合伙企业和湖北XM合伙企业之后不得低于57.29%。

由于在2020年9月姚某将其持有的公司481.33万元出资转让给君度SZ合伙企业，将其持有的公司1 925.31万元的出资转让给君度XY合伙企业，转让出资比例为增资前的1.25%，所以在2020年9月17日至9月27日之间，根据工商调档中的章程等文件，姚某持股比例存在低于57.29%的情形。2020年9月8日，宁波LJ合伙企业、宁波LG合伙企业、宁波LS合伙企业、宁波LC合伙企业将LY有限公司合计增资前的0.69%的股权转让给姚某，致使姚某的持股比例为57.31%，又高于57.29%。

2020年9月17日主管市场监督管理局备案登记显示姚某持有LY技术股份公司股份56.67%，低于57.29%，2020年9月27日主管市场监督管理局备案登记显示，姚某持有LY有限公司股权57.31%，高于57.29%。所以仅从工商变更登记来看，姚某在9月17日至9月27日之间持有比例存在低于其反向吸收合并获得的股权比例的情形。

截至2021年12月31日，主管税务机关已对LY技术股份公司填报的包含企业重组所得税特殊性税务处理报告表的企业所得税年度纳税申报表完成审核；同时，本所律师经访谈HY技术股份公司主管税务机关工作人员，确认重组12个月后，原主要股东所持有的从LY控股公司分拆出来的股权，不因对外直接转让减少即可。

就吸收合并事项，LY 技术股份公司实际控制人姚某、杨某已出具书面承诺，在 LY 技术股份公司首次公开发行后，如因 LY 有限公司反向吸收合并 LY 控股公司相关事宜，而受到有权机构处罚并导致 LY 技术股份公司受到损失的，承诺人将在该等损失确定后的三十日内向 LY 技术股份公司作出补偿。

（二）涉税分析

从上述反向吸收合并交易基本情况及其涉税情况的披露可知，LY 有限公司在 IPO 过程中反向吸收合并其控股股东 LY 控股公司，在吸收合并过程中 LY 控股公司的原股东将持有的 LY 控股公司的股权置换为 LY 有限公司的股权。但是在重组完成后 12 个月内，取得 LY 有限公司股权支付的原主要股东姚某曾转让其获得的股权支付，但是在转让后又受让了其他主体持有的 LY 有限公司的股权，最终致使该主要股东姚某持有的股权比例并未低于其在反向吸收合并中获得的股权支付比例。

对于该反向吸收合并是否可以适用特殊性税务处理，对比财税〔2009〕59 号文的一般要件作如表 5-6-3 所示的分析。

表 5-6-3　吸收合并特殊性税务处理要件对比表

财税〔2009〕59 号文要件	案例情况
具有合理商业目的，且不以减少、免除或者推迟缴纳税款为主要目的	该次反向吸收合并的主要目的是进一步优化公司的股权结构，减少持股层级，使公司更好地适应未来资本市场的发展，符合该要件
企业股东在该企业合并发生时取得的股权支付金额不低于其交易支付总额的 85%，以及同一控制下且不需要支付对价的企业合并	在该企业合并中，合并方支付的股权支付比例为 100%，符合该要件[①]
企业合并后的连续 12 个月内不改变重组资产原来的实质性经营活动	被合并方为持股主体，除持有 LY 技术股份公司股权外，无其他资产，可以符合该要件
合并中取得股权支付的原主要股东，在企业合并后连续 12 个月内，不得转让所取得的股权	在合并完成后的 12 个月内转让了取得的股权支付[②]

注：①该次反向吸收合并为控股子公司吸收合并控股母公司，在吸收合并过程中被合并方的股东取得了合并方的股权支付，所以其股权支付比例为 100%。

②依 LY 有限公司增资前的持股比例计算，姚某在反向吸收合并中取得 LY 有限公司 61.59% 的

股权比例,原直接持有 0.57% 的股权比例;在 2020 年 9 月份,姚某将其持有的增资前 1.25% 的 LY 有限公司股权转让给君度 SZ 合伙企业和君度 XY 合伙企业,扣除其原来持有的 0.57% 股权,该次股权转让导致其在反向吸收合并中取得股权中的 0.68% 的股权被转让,占其取得股权支付的比例为 1.1%(0.68÷61.59×100%)。

本书认为,由于姚某在吸收合并后的 12 个月内通过股权转让的方式处置了在吸收合并中取得的股权支付,虽然处置比例仅为 1.1%,但是已不再满足财税〔2009〕59 号文第五条有关股东利益连续要件的要求。虽然在后期通过受让其他方持有的 LY 有限公司的股权,导致其在吸收合并完成的 12 个月后的持股比例并未降低,但是财税〔2009〕59 号文所要求的是"在重组后连续 12 个月内,不得转让所取得的股权"而非"重组后连续 12 个月后,持有的股份金额不低于重组中获得的股份支付金额"。

第七节 跨境重组——CL 科技股份公司

一、企业基本情况

CL 环保科技股份有限公司(以下简称"CL 科技股份公司")前身为 CL 环保科技有限公司(以下简称"CL 有限公司"),是由宋某、朱某和邢某作为发起人共同出资于 2017 年 7 月 31 日设立的有限责任公司,公司主营业务为危废无害化处置和危废资源综合利用。CL 有限公司于 2020 年 12 月 3 日整体变更设立 CL 科技股份公司,CL 科技股份公司 IPO 注册的申请获证监会核准,于 2022 年 8 月 25 日在上海证券交易所科创板上市。

二、企业重组基本情况

根据 CL 科技股份公司《招股说明书》披露,CL 有限公司在 IPO 过程中发生的重大资产重组交易之一即 2018 年 TH 环保资源有限公司(以下简称"TH 环保公司")100% 股权置入 CL 有限公司。

该次重组基于历史合作情况,双方主要考虑到 CL 有限公司实际控制人拥有产业资源、团队培养、技术研发、风险管控及客户开发等核心能力而 TH 环保公司的投资者 JJ 发展有限公司(香港注册的有限责任公司,以下简称"JJ 发展公司")并不具备,同时结合双方的利益诉求,包括 CL 有限公司实际控制人拥有国内危废产业资源及整合能力,有助于打造国内危废行业龙头企业;对于 JJ 发展公司而言,其投资 TH 环保公司除与 CL 有限公司合并外,没有更好的退出渠道,因此双方均认为最终的重组方案有利于 CL 有限公司健康稳定的发展,满足各方诉求,实现互利共赢,该次重组具有商业合理性。

根据当时有效的财税〔2017〕88 号文,JJ 发展公司以其自 TH 环保公司分得的利润进行直接投资,暂不征收预提所得税。因此,TH 环保公司与 CL 有限公司重组的交易分为两步:第一步:JJ 发展公司以其自 TH 环保公司分得的利润向 CL 有限公司直接投资;第二步:JJ 发展公司以其持有的 TH 环保公司 100% 的股权对 CL 有限公司进行增资。

(一)利润投资

在 JJ 发展公司以其自 TH 环保公司分得的利润进行投资前,CL 有限公司的股权结构见表 5-7-1。

表 5-7-1 分配利润增资前的股权结构

序号	股东名称	认缴出资额/万元	认缴出资比例/%
1	JX 环保科技合伙企业(有限合伙)	1 505.00	30.10
2	WY 环保科技合伙企业(有限合伙)	2 068.50	41.37
3	JY 环保科技合伙企业(有限合伙)	1 426.50	28.53
	合计	5 000.00	100.00

2018 年 7 月 9 日,CL 有限公司召开股东会议,同意将公司的注册资本由 5 000.00 万元增加至 6 433.93 万元;JJ 发展公司以其自 TH 环保公司取得的利润分配所得 23 081.65 万元用于认购该次新增注册资本,其中 1 433.93 万元计入注册资本,21 647.72 万元计入资本公积;该次增资后,公司性质变更为中外合资企业,其股权结构见表 5-7-2。

表 5-7-2　分配利润增资后的股权结构

序号	股东名称	认缴出资额/万元	认缴出资比例/%
1	JX 环保科技合伙企业（有限合伙）	1 505.00	23.39
2	WY 环保科技合伙企业（有限合伙）	2 068.50	32.15
3	JY 环保科技合伙企业（有限合伙）	1 426.50	22.17
4	JJ 发展公司	1 433.93	22.29
	合计	6 433.93	100.00

在 JJ 发展公司以自 HT 环保公司分配利润对 CL 有限公司进行投资前后，CL 有限公司的股权结构如图 5-7-1 所示。

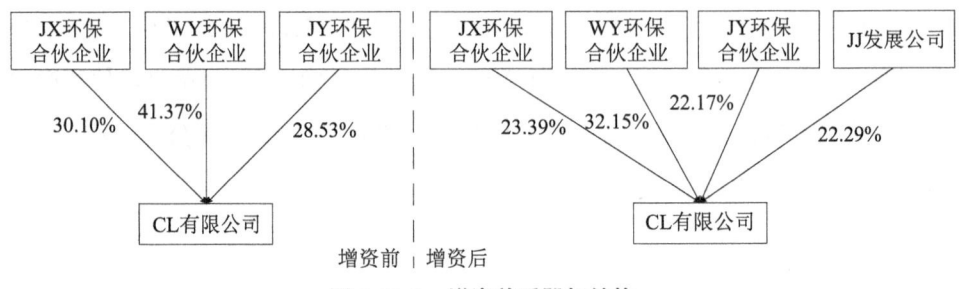

图 5-7-1　增资前后股权结构

（二）股权收购

2018 年 11 月 1 日，CL 有限公司召开董事会会议，同意 CL 有限公司的注册资本由 6 433.93 万元增加至 7 353.00 万元，新增的注册资本 919.07 万元由 JJ 发展公司以其所持 TH 环保公司 100% 股权认购。

根据资产评估机构出具的《评估报告》，截至 2017 年 12 月 31 日，TH 环保公司经评估的净资产值为人民币 14 794.04 万元。TH 环保公司 100% 股权作价 14 794.04 万元，其中 919.07 万元计入注册资本，13 874.97 万元计入资本公积。

该次增资后，CL 有限公司的股权结构见表 5-7-3。

表 5-7-3　股权收购后的股权结构

序号	股东名称	认缴出资额/万元	认缴出资比例/%
1	JX 环保科技合伙企业（有限合伙）	1 505.00	20.47

续表

序号	股东名称	认缴出资额/万元	认缴出资比例/%
2	WY 环保科技合伙企业（有限合伙）	2 068.50	28.13
3	JY 环保科技合伙企业（有限合伙）	1 426.50	19.40
4	JJ 发展公司	2 353.00	32.00
	合计	7 353.00	100.00

在经历上述两个步骤后，CL 有限公司在重组前后的股权结构如图 5-7-2 所示。

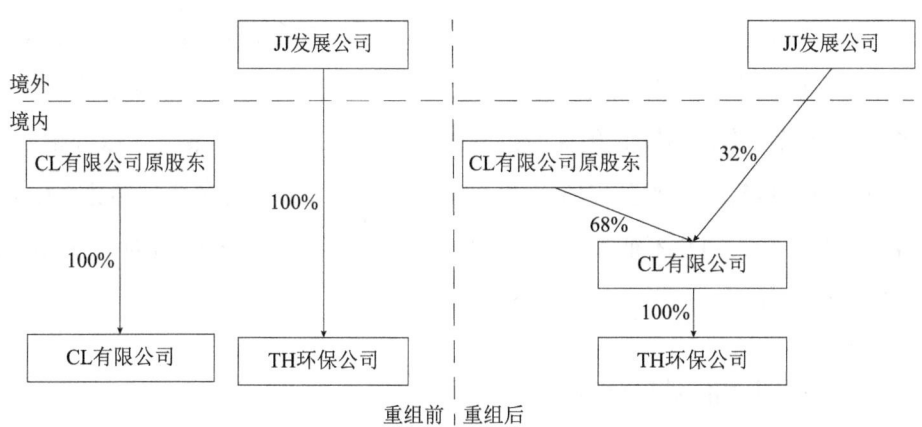

图 5-7-2　企业重组前后股权结构

三、企业重组涉税分析

（一）涉税披露

《招股说明书》及《法律意见书》并未对 CL 有限公司与 JJ 发展公司该次资产重组的涉税事项进行披露，根据其披露的将企业重组分为两个交易步骤主要是考虑了财税〔2017〕88 号文的内容，可以推知 CL 有限公司该次企业重组交易中第一步利用了非居民企业预提所得税暂不征收的税收待遇；除此之外，对企业重组交易中的相关涉税事项并未进行披露。

（二）以分配利润投资涉税分析

JJ 发展公司以 TH 环保公司分配的利润进行投资发生于 2018 年 7 月，财税〔2018〕102 号文发布于 2018 年 9 月 29 日，开始执行的时间为 2018 年 1 月 1 日，所以 JJ 发展公司以分配的利润直接进行投资适用财税〔2018〕102 号文及《国家税务总局关于扩大境外投资者以分配利润直接投资暂不征收预提所得税政策适用范围有关问题的公告》（国家税务总局公告 2018 年第 53 号，以下简称"2018 年第 53 号公告"）的规定。

财税〔2018〕102 号文规定，境外投资者以分配的利润新增或转增中国境内居民企业实收资本或资本公积的，属于以分得的利润进行的直接投资，在满足其他条件时可以享受暂不征收预提所得税的待遇，即：在 JJ 发展公司以分配的利润进行投资时可暂不征收预提所得税，而是待 JJ 发展公司通过股权转让、回购、清算等方式实际收回暂不征收预提所得税政策待遇的直接投资时再向税务部门申报补缴递延的税款。

（三）股权收购的涉税分析

JJ 发展公司以其持有的 TH 环保公司的股权对 CL 有限公司进行增资的行为满足财税〔2009〕59 号文中股权收购的概念。根据财税〔2009〕59 号文第五条、第六条及财税〔2014〕109 号文的规定，对 CL 有限公司该次股权收购交易适用特殊性税务处理的要件分析见表 5-7-4。

表 5-7-4　股权收购特殊性税务处理一般要件对照表

财税〔2009〕59 号文要件	案例情况
具有合理商业目的，且不以减少、免除或者推迟缴纳税款为主要目的	重组方案有利于 CL 有限公司健康稳定发展，满足各方诉求，实现互利共赢，该次重组具有商业合理性
收购企业购买的股权不低于被收购企业全部股权的 50%	CL 有限公司收购 TH 环保公司 100% 的股权，符合该要件
股权收购后的连续 12 个月内不改变重组资产原来的实质性经营活动	股权收购连续 12 个月并未转让股权，也未改变被收购企业原有的实质性经营活动，符合该要件

续表

财税〔2009〕59号文要件	案例情况
收购企业在该股权收购发生时的股权支付金额不低于其交易支付总额的85%	股权收购中，CL有限公司股权支付比例为100%，符合该要件
股权收购中取得股权支付的原主要股东，在重组后连续12个月内，不得转让所取得的股权。根据《招股说明书》的披露，在该次股权收购交易中，JJ发展公司在取得CL有限公司股权支付后的12个月内并未转让，符合该要件	

从表5-7-4可知，该次股权收购交易中，交易的各项要件均符合财税〔2009〕59号文第五条、第六条对股权收购重组交易特殊性税务处理要件的规定。由于被收购企业TH环保公司的股东JJ发展公司为香港的企业，所以该股权收购交易除满足第五条、第六条规定的要件外，还应当满足财税〔2009〕59号文第七条规定的跨境重组要件。

财税〔2009〕59号文第七条第（二）项规定："企业发生涉及中国境内与境外之间（包括港澳台地区）的股权和资产收购交易，除应符合本通知第五条规定的条件外，还应同时符合下列条件，才可选择适用特殊性税务处理规定：非居民企业向与其具有100%直接控股关系的居民企业转让其拥有的另一居民企业股权。"

该次股权收购交易中，JJ发展公司在重组后持有CL有限公司32%的股权，并不满足财税〔2009〕59号文第七条第（二）项中的"具有100%直接控股关系"的要件，因此该次股权收购交易不能适用特殊性税务处理，即JJ发展公司在股权收购重组交易中，应当确认所处置的TH环保公司股权的所得并应当按照2017年第37号公告的规定进行相应的纳税申报。

第八节　企业分立——BF电气股份公司

一、企业基本情况

BF电气股份有限公司（以下简称"BF电气股份公司"）前身为YC绝缘材料

有限公司（以下简称"YC 绝缘公司"），后更名为 XDL 机电有限公司（以下简称"XDL 机电公司"），是由骆某、尤某作为发起人共同出资于 2007 年 3 月 7 日设立的有限责任公司，公司主营业务为电气绝缘材料等高分子复合材料的研发、生产和销售。XDL 机电公司于 2018 年 6 月 29 日整体变更设立 BF 电气股份公司，BF 电气股份公司 IPO 申请获证监会核准，于 2022 年 9 月 30 日在深圳证券交易所上市。

二、企业分立基本情况

BF 电气股份公司在其《招股说明书》及《补充法律意见书》中披露了 BF 电气股份公司 IPO 过程中收购 SD 电气绝缘有限责任公司（以下简称"SD 绝缘公司"）70% 股权的重组过程，在该过程中 SD 绝缘公司曾进行了多次的企业重组，在重组完成后 BF 电气股份公司收购了 SD 绝缘公司 70% 的股权，其具体的重组过程如下。

（一）分立前的架构

SD 绝缘公司为上市公司 SD 新材料科技股份有限公司（以下简称"SD 新材公司"）100% 控股的子公司，其股权结构如图 5-8-1 所示。

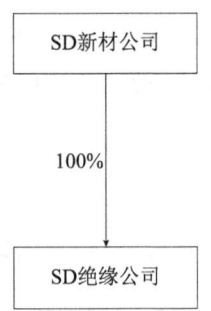

图 5-8-1　SD 绝缘公司股权结构

2018 年 9 月 29 日，SD 新材公司召开第八届董事会第六次（临时）会议，审议通过了关于挂牌转让全资子公司 SD 绝缘公司 90% 股权的议案，决定将其所持有的SD绝缘公司90%的股权通过公开挂牌的方式对外转让。

SD绝缘公司所生产的云母带是ZY机电科技有限公司（以下简称"ZY机电公司"）的原材料，ZY机电公司基于整合产业链的考虑在知悉上述情况后有意取得SD绝缘公司的经营性资产，LK经济开发区产业发展有限公司（以下简称"LK产业公司"）则有意取得SD绝缘公司土地及厂房等附着物。2018年11月，经县人民政府专题会议审议，同意LK产业公司与ZY机电公司组成联合体，共同收购SD绝缘公司90%的股权，生产设备和流动资产由ZY机电公司取得，土地及厂房等附着物由LK产业公司取得，并初步形成了分立重组方案。

2018年12月21日，ZY机电公司与LK产业公司联合摘牌，其中ZY机电公司认购股份比例为57.65%，认购价格为11 719.09万元；LK产业公司认购股权比例为32.35%，认购价格为6 577.27万元。此次股权收购后SD绝缘公司的股权结构如图5-8-2所示。

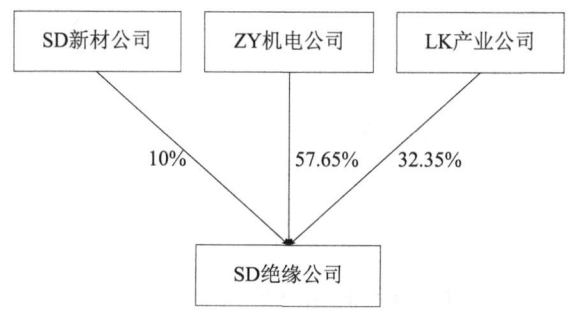

图 5-8-2　分立前 SD 绝缘股权结构

（二）SD 绝缘公司派生分立

根据ZY机电公司和LK产业公司签署的《联合摘牌协议书》及县人民政府专题会议纪要，ZY机电公司和LK产业公司在联合摘牌时已约定，LK产业公司取得SD绝缘公司的房产和土地，ZY机电公司取得生产设备和流动资产等。

2019年9月12日，SD绝缘公司召开股东会，决议同意以2018年12月31日为分立基准日，将SD绝缘公司分立为SD绝缘公司（存续）和LY科技有限公司（以下简称"LY科技公司"），注册资本分别为11 370.00万元和4 831.00

万元。

根据会计师事务所出具的《资产清查专项审计报告》，截至 2018 年 12 月 31 日，SD 绝缘公司的总资产为 246 327 869.03 元，负债总额为 72 023 042.69 元，所有者权益为 174 304 826.34 元。根据分立方案，LY 科技公司负责承接 SD 绝缘公司土地和房产，账面价值为 4 831.83 万元，净资产 4 831.83 万元；SD 绝缘公司（存续）负责承接 SD 绝缘公司剩余的资产及债权债务，净资产 12 598.65 万元。

2019 年 11 月 20 日，SD 绝缘公司完成了该次分立的工商变更手续，分立后，SD 绝缘公司和 LY 科技公司的股权结构如图 5-8-3 所示。

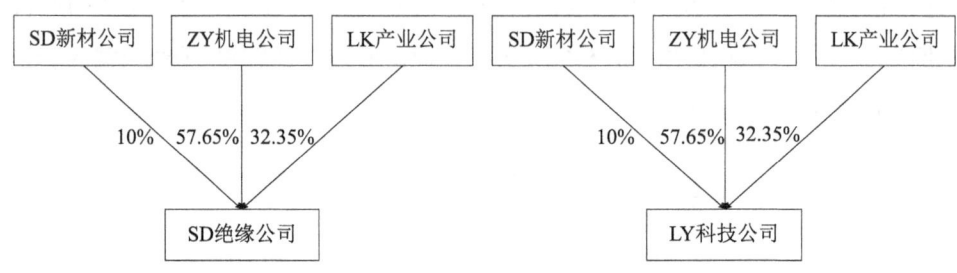

图 5-8-3　分立后股权结构

（三）股权置换

2020 年 2 月 28 日，SD 绝缘公司召开股东会，决议同意 LK 产业公司以持有的 SD 绝缘公司 32.35% 股权，与 ZY 机电公司持有的 LY 科技公司 57.65% 股权进行置换。

同日，ZY 机电公司与 LK 产业公司签署股权置换协议，约定股权置换事宜，股权置换的价值系根据评估结果确定，根据资产评估公司出具的评估报告，截至 2019 年 12 月 31 日，SD 绝缘公司净资产评估值为 12 459.81 万元，LK 产业公司持有 SD 绝缘公司 32.35% 股权的评估值为 4 031.21 万元。截至 2019 年 12 月 31 日，LY 科技公司净资产评估值为 6 985.48 万元，ZY 机电公司持有 LY 科技公司 57.65% 股权的评估值为 4 026.87 万元，经双方协商一致，对上述股权进行置换，并由 ZY 机电公司向 LK 产业公司支付股权置换差价 4.34 万元。2020 年 3 月 2 日，

SD 绝缘公司完成该次股权置换工商变更。该次股权置换前后，SD 绝缘公司和 LY 科技公司的股权结构如图 5-8-4 和图 5-8-5 所示。

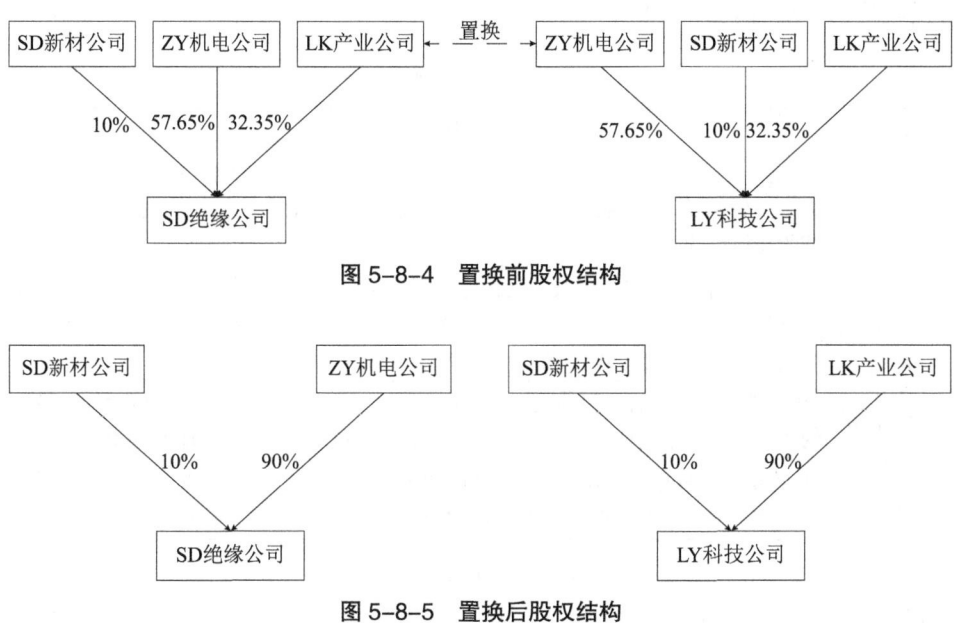

图 5-8-4　置换前股权结构

图 5-8-5　置换后股权结构

三、企业重组涉税分析

从 BF 电气股份公司《招股说明书》披露的信息可知，ZY 机电公司和 LK 产业公司所进行的关于 SD 绝缘公司存续分立及股权置换，最终目的是实现在最初摘牌取得 SD 绝缘公司 90% 股权时所对应的资产的分割，即 ZY 机电公司取得 SD 绝缘公司的生产设备和流动资产等经营性资产，而 LK 产业公司取得 SD 绝缘公司的土地及厂房等资产。

《招股说明书》和《法律意见书》均未对 SD 绝缘公司上述重组交易涉税事项进行披露。本书对其分立和股权置换交易中的涉税事宜分析如下。

（一）存续分立的涉税分析

存续分立交易中，新设的 LY 科技公司取得的资产主要为土地和厂房，所以企业分立过程中涉及企业所得税、增值税、土地增值税、契税和印花税，其具体的税收待遇分析见表 5-8-1。

表 5-8-1　企业分立税收待遇分析表

税种	税收待遇
增值税	若在分立过程中能够满足与所分立土地和厂房资产相关联的债权、负债和劳动力一并转移给 LY 科技公司，则可以适用财税〔2016〕36 号文关于资产重组不征收增值税的政策
企业所得税	由于分立新设公司 LY 科技公司的主要股东 ZY 机电公司（持股 57.65%）在分立后不满 12 个月将其持有的 LY 科技公司股权转让，所以不满足财税〔2009〕59 号文的特殊性税务处理要件①
土地增值税	SD 绝缘公司分立后公司的投资者与原投资主体相同，符合财税〔2018〕57 号文的要件，分立中土地和厂房转移至 LY 科技公司时可暂不征土地增值税
契税	SD 绝缘公司分立后公司的投资者与原投资主体相同，符合财税〔2018〕17 号文的要件，分立中 LY 科技公司承受原公司土地、厂房权属，免征契税

注：①财税〔2009〕59 号文对企业重组适用特殊性税务处理时要求"企业重组中取得股权支付的原主要股东，在重组后连续 12 个月内，不得转让所取得的股权"。但文件对"转让"行为并未界定具体形式，所以若 ZY 机电公司后续股权置换交易被认定为"转让"行为，则企业分立交易不满足企业重组特殊性税务处理的要件。

（二）股权支付的涉税分析

SD 绝缘公司存续分立完成后，LK 产业公司以持有的 SD 绝缘公司 32.35% 股权，与 ZY 机电公司持有的 LY 科技公司 57.65% 股权进行了置换，该交易从 LK 产业公司的角度而言，可被视为"股权收购"交易，即 LK 产业公司收购 ZY 机电公司持有的 LY 科技公司 57.65% 的股权，其支付方式为 LK 产业公司持有的 SD 绝缘公司 32.35% 的股权。

由于股权收购交易中收购比例满足财税〔2014〕109 号文要求的"收购企业购买的股权不低于被收购企业全部股权的 50%"；2010 年第 4 号公告规定"控股企业，是指由本企业直接持有股份的企业"，所以 LK 产业公司支付对价满足"股权支付"要件。该次股权收购交易中 LK 产业公司以其持有的 SD 绝缘公司股权作为支付对价形式满足财税〔2009〕59号文中的股权支付要件。

第九节　涉外股权收购——HS科技股份公司

一、企业基本情况

HS科技股份有限公司（以下简称"HS科技股份公司"）前身为HS钢塑制品有限公司（后更名为HS科技有限公司，以下简称"HS钢塑公司"），成立于2004年6月18日，是一家专注于休闲运动和健身器材系列产品研发、设计、生产和销售的企业。HS科技股份公司IPO申请获证监会核准，于2022年10月19日在深圳证券交易所上市。

二、股权收购基本情况

根据HS科技股份公司《招股说明书》和《法律意见书》的披露，2017年HS钢塑公司以股权支付作为收购对价收购DG钢塑制品有限公司（以下简称"DG钢塑公司"）和HS健身器材有限公司（以下简称"HS健身公司"）100%的股权，从而将DG钢塑公司和HS健身公司变为HS科技股份公司100%控股子公司。

（一）收购的背景

该次收购前，HS钢塑公司、DG钢塑公司和HS健身公司的股东均为HS健康产业发展有限公司（以下简称"HS发展公司"）及LJU INVESTMENT LLC（以下简称"LJU公司"），且HS发展公司和LJU公司持有三家公司的股权比例完全相同。当时HS钢塑公司主营健身器材和蹦床制造及销售业务，DG钢塑公司主营健身器材制造及销售业务，HS健身公司主营蹦床制造及销售业务，三家公司的业务存在高度相关性。HS钢塑公司出于业务整合和上市安排的考虑，实施了该次收购。

在该次重组交易前交易各方的股权结构见表5-9-1。

表 5-9-1 交易各方股东持股明细表

主体	注册资本 / 万元	HS 发展公司 /%	J.LU 公司 /%
HS 钢塑公司	1 008.00	70.79	29.21
DG 钢塑公司	215.00	70.79	29.21
HS 健身公司	1 000.00	70.79	29.21

（二）收购的合法性

在该次收购中，HS 钢塑公司以自身增发股份的方式作为支付对价，所以从被收购方股东而言，该交易又属于以持有的 DG 钢塑公司和 HS 健身公司 100% 股权对发行人增资。

根据当时适用的《公司法》（2013 年修订）第二十七条："股东可以用货币出资，也可以用实物、知识产权、土地使用权等可以用货币估价并可以依法转让的非货币财产作价出资；但是，法律、行政法规规定不得作为出资的财产除外。对作为出资的非货币财产应当评估作价，核实财产，不得高估或者低估作价。法律、行政法规对评估作价有规定的，从其规定。"第二百一十七条："外商投资的有限责任公司和股份有限公司适用本法；有关外商投资的法律另有规定的，适用其规定。"

当时适用的《中华人民共和国外资企业法实施细则》（国务院令第 301 号）第二十五条规定："外国投资者可以用可自由兑换的外币出资，也可以用机器设备、工业产权、专有技术等作价出资。经审批机关批准，外国投资者也可以用其从中国境内举办的其他外商投资企业获得的人民币利润出资。"

根据当时适用的《商务部关于涉及外商投资企业股权出资的暂行规定》（商务部令 2015 年第 2 号，已被商务部令 2019 年第 3 号废止）第四条："用作出资的股权应当权属清晰、权能完整，依法可以转让；股权企业为外商投资企业的，该企业应依法批准设立，符合外商投资产业政策。属于以下情形的，股权不得用于出资：（一）股权已被设立质权；（二）股权已被依法冻结；（三）股权企业章程（合同）约定不得转让的股权；（四）房地产企业、外商投资性公司、外商投资创业（股权）投资企业的股权；（五）法律、行政法规或者国务院决定规定股权转让应当报经批准而未经批准；（六）法律、行政法规或者国务院决定规定不得转让的其他情形。"第六条："用作出资的股权应当经依法设立的境内评估机构评估。"第七条："股权出资人与被投资企业的股东或其他投资者可在股权评估的基础上协商确定股权作价金额、股权出资金额。"

所以 HS 发展公司和 L.JU 公司以其持有的其他境内公司的股权对发行人增资，其出资方式符合当时有效的法律法规。

（三）收购的审批程序

为了完成该次股权收购交易，交易各方依据法律法规和内部决策的程序履行了如下内外部程序。

1. 内部审议程序

2017 年 12 月 12 日，HS 钢塑公司董事会作出以下决议：同意 HS 钢塑公司以股权作为支付对价收购 DG 钢塑公司和 HS 健身公司 100% 股权，即 HS 发展公司以其持有的 DG 钢塑公司 70.79% 股权和 HS 健身公司 70.79% 股权，L.JU 公司以其持有的 DG 钢塑公司 29.21% 股权和 HS 健身公司 29.21% 股权，共同认购 HS 钢塑公司新增注册资本 1 215.00 万美元。同意 DG 钢塑公司和 HS 健身公司以 2017 年 9 月 30 日为基准日的评估结果。同意 HS 钢塑公司的投资总额由 2 000.00 万美元增加至 4 383.00 万美元，HS 钢塑公司的注册资本由 1 008.00 万美元增加至 2 223.00 万美元，该次新增注册资本 1 215.00 万美元；其中，HS 发展公司以股权出资 860.098 5 万美元，L.JU 公司以股权出资 354.901 5 万美元。

2017 年 12 月 12 日，DG 钢塑公司董事会作出决议，同意公司股东以其持有的 DG 钢塑公司股权增资 HS 钢塑公司；DG 钢塑公司的企业性质变更为有限责任公司（法人独资）；变更后，HS 钢塑公司持有 DG 钢塑公司 100% 股权。

2017 年 12 月 12 日，HS 健身公司董事会作出决议，同意公司股东 HS 发展公司将其持有的 HS 健身公司 70.79% 股权转让给 HS 钢塑公司，L.JU 公司将其持有的 HS 健身公司 29.21% 股权转让给 HS 钢塑公司；HS 健身公司的企业性质变更为有限责任公司（非自然人投资或控股的法人独资）；变更后，HS 钢塑公司持有 HS 健身公司 100% 股权。

2.审计程序

为了完成该次收购,会计师事务所对 DG 塑公司、HS 健身公司进行了审计并出具了审计报告,具体情况如下。

2017 年 11 月 23 日,会计师事务所出具《DG 钢塑制品有限公司审计报告》,经审计,截至 2017 年 9 月 30 日,DG 钢塑公司的净资产为 21 852 176.92 元。

2017 年 11 月 23 日,会计师事务所出具《HS 健身器材有限公司审计报告》,经审计,截至 2017 年 9 月 30 日,HS 健身公司的净资产为 72 759 557.28 元。

3.评估程序

根据资产评估公司于 2017 年 12 月 12 日出具的《DG 钢塑制品有限公司拟以股权出资项目涉及的其股东全部权益价值资产评估报告》,该次评估目的为股权出资,评估对象为 DG 钢塑公司股东全部权益价值;截至评估基准日 2017 年 9 月 30 日,DG 钢塑公司股东全部权益评估值为 3 424.49 万元。

根据资产评估公司于 2017 年 12 月 12 日出具的《HS 健身器材有限公司拟以股权出资项目涉及的其股东全部权益价值资产评估报告》,该次评估目的为股权出资,评估对象为 HS 健身公司股东全部权益价值;截至评估基准日 2017 年 9 月 30 日,HS 健身公司股东全部权益评估值为 9 059.59 万元。

4.股权转让协议签署

2017 年 12 月 12 日,HS 钢塑公司与 HS 发展公司、LJU 公司签订《股权转让协议》,约定如下:HS 钢塑公司从 HS 发展公司、LJU 公司处受让 DG 钢塑公司合计 100% 的股权;交易价格以 DG 钢塑公司截至 2017 年 9 月 30 日的评估值为依据,标的股权交易价格合计 3 300 万元。

2017 年 12 月 12 日,HS 钢塑公司与 HS 发展公司、LJU 公司签订《股权转让协议》,约定如下:HS 钢塑公司从 HS 发展公司、LJU 公司处受让 HS 健身公司合计 100% 的股权;交易价格以 HS 健身公司截至 2017 年 9 月 30 日的评估值为依据,标的股权交易价格合计 8 800 万元。

5.工商及商务部门变更备案情况

2017 年 12 月 20 日,HS 钢塑公司就该次变更在主管市场监督管理局办理完毕工商变更登记手续。2017 年 12 月 22 日,HS 钢塑公司就该次变更取得主管商务局出具的《外商投资企业变更备案回执》。

2017年12月20日,DG钢塑公司就该次变更在主管市场监督管理局办理完毕工商变更登记手续。

2017年12月25日,HS健身公司就该次变更在主管市场监督管理局办理完毕工商变更登记手续。

(四)重组前后股权结构图

HS钢塑公司在收购DG钢塑公司和HS健身公司前后的股权结构如图5-9-1所示。

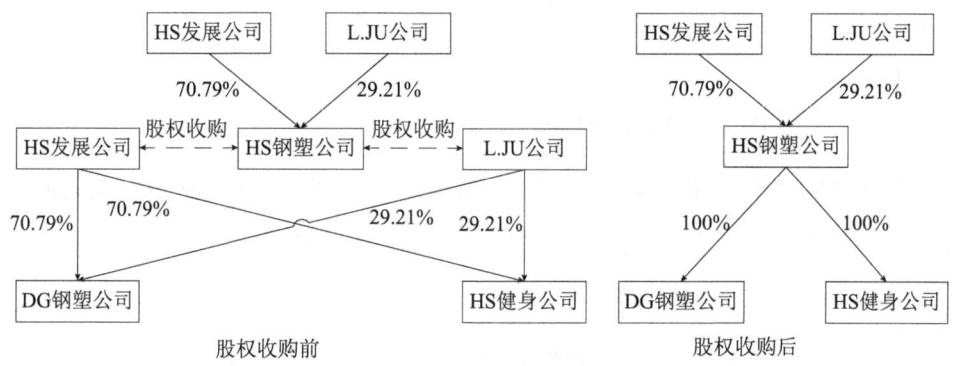

图5-9-1 企业重组前后股权结构

DG钢塑公司和HS健身公司在重组交易完成后成为HS钢塑公司100%控股的子公司。

三、股权收购涉税披露

《法律意见书》对HS钢塑公司收购DG钢塑公司和HS健身公司股权的重组涉税做了如下披露。

针对该次收购,2018年5月20日,主管国家税务局出具了《中华人民共和国税收完税证明》,HS钢塑公司代LJU公司代扣代缴企业所得税345 974.08元人民币,LJU公司按照评估溢价金额的10%缴纳企业所得税。HS发展公司适用特殊性税务处理,未缴纳企业所得税。

四、股权收购涉税分析

财税〔2009〕59号文第二条规定:"股权收购,是指一家企业(以下称为收购企业)购买另一家企业(以下称为被收购企业)的股权,以实现对被收购企业控制的交易。收购企业支付对价的形式包括股权支付、非股权支付或两者的组合。"

在HS钢塑公司的重组交易中,HS钢塑公司通过收购HS发展公司和LJU公司持有的DG钢塑公司和HS健身公司100%股权,从而实现对DG钢塑公司和HS健身公司的控制,此重组交易类型为股权收购交易,且HS钢塑公司的支付对价的方式为100%的股权支付。

(一)所得税特殊性税务处理要件分析

财税〔2009〕59号文第五条和第六条第(二)项对股权收购重组交易所得税适用特殊性税务处理的要件进行了规范,对比HS钢塑公司的股权收购重组交易,其要件对比分析见表5-9-2。

表5-9-2 股权收购特殊性税务处理要件对比表

财税〔2009〕59号文要件	案例情况
具有合理商业目的,且不以减少、免除或者推迟缴纳税款为主要目的	HS钢塑公司出于业务整合和上市安排的考虑,实施了该次收购,符合该要件
收购企业购买的股权不低于被收购企业全部股权的50%	HS钢塑公司收购DG钢塑公司和HS健身公司100%股权,符合该要件
股权收购后的连续12个月内不改变重组资产原来的实质性经营活动	股权收购连续12个月并未转让股权,也未改变被收购企业原有的实质性经营活动,符合该要件
收购企业在该股权收购发生时的股权支付金额不低于其交易支付总额的85%	股权收购中,HS钢塑公司股权支付比例为100%,符合该要件
股权收购中取得股权支付的原主要股东,在重组后连续12个月内,不得转让所取得的股权	根据《招股说明书》的披露,在该次股权收购交易中,HS发展公司和LJU公司在取得HS钢塑公司股权支付后的12个月内并未转让,符合该要件

通过表 5-9-2 的分析，HS 钢塑公司该次股权收购交易满足企业所得税特殊性税务处理的要件，所以在无其他规定的限制下，交易当事方可选择适用特殊性税务处理。

（二）L.JU 公司的所得税处理

1. L.JU 公司是否可适用特殊性税务处理

根据表 5-9-2 的分析，HS 钢塑公司收购 DG 钢塑公司和 HS 健身公司的重组交易满足适用特殊性税务处理的要件，当事各方可依据财税〔2009〕59 号文选择适用特殊性税务处理，但是由于 LJU 公司为设立在美国的非居民企业，其所得税选择适用特殊性税务处理除了需要满足前述要件外，还应当满足财税〔2009〕59 号文第七条的规定。财税〔2009〕59 号文第七条规定，企业发生涉及中国境内与境外之间（包括港澳台地区）的股权和资产收购交易，除应当符合前述的条件外，还需要满足"非居民企业向与其具有 100% 直接控股关系的居民企业转让其拥有的另一居民企业股权"。

在该案例中，L.JU 公司将其持有的境内居民企业 DG 钢塑公司和 HS 健身公司的股权转让给境内的居民企业 HS 钢塑公司，由于 L.JU 公司持有 HS 钢塑公司股权的比例仅为 29.21%，不满足"具有 100% 直接控制关系"的要求，所以 L.JU 公司在该次股权收购重组交易中不能适用特殊性税务处理。

2. L.JU 公司的所得税处理

由于 L.JU 公司在股权收购交易中无法适用特殊性税务处理，根据《企业所得税法》第十九条、2017 年第 37 号公告的相关规定，其所得税处理如下。

其一，L.JU 公司应当将股权转让收入减除所转让股权的计税基础后的余额确认为股权转让所得，适用 10% 的税率计算缴纳预提所得，由作为收购方的 HS 钢塑公司代扣代缴。

其二，L.JU 公司取得 HS 钢塑公司股权的计税基础应当以其公允价值确定。

（三）HS 发展公司的所得税处理

1. HS 发展公司是否可适用特殊性税务处理

财税〔2009〕59 号文将企业重组的税收待遇根据其要件的不同分为一般性税

务处理和特殊性税务处理，2010年第4号公告规定："同一重组业务的当事各方应采取一致税务处理原则，即统一按一般性或特殊性税务处理。"由于作为重组当事一方的LJU公司无法适用特殊性税务处理，那么HS发展公司是否可以适用特殊性税务处理？

本书认为，企业重组的一致性税务处理是指在当事各方均满足特殊性税务处理时，应当都选择适用一般性税务处理或者都选择适用特殊性税务处理，而不能一方选择适用特殊性税务处理而另一方选择适用一般性税务处理。在该案例中，交易当事方是作为收购方的HS钢塑公司和作为被收购方的HS发展公司和LJU公司，由于交易本身满足特殊性税务处理待遇，所以交易双方可选择适用特殊性税务处理，但是由于LJU公司为非居民企业，其适用特殊性税务处理除了要满足前述的一般性要件外，还需要满足特定的要件；LJU公司因为无法满足特定的要件而不能选择适用特殊性税务处理。但LJU公司作为转让方的一方无法适用特殊性税务处理并不影响同样作为转让方的其他方选择适用特殊性税务处理待遇，这一点在2015年第48号公告中对自然人作为重组当事方的税收待遇可以证明。

因此，HS发展公司可以适用特殊性税务处理。

2. HS发展公司的所得税处理

HS发展公司在该次股权收购交易中将其持有的DG钢塑公司和HS健身公司70.79%股权转让给HS钢塑公司并取得HS钢塑公司增发的股权，在股权收购适用特殊性税务处理时，应按如下规则进行所得税处理。

（1）股权处置损益。

HS发展公司持有DG钢塑公司70.79%股权对应的持股金额为152.20万美元，评估价值为2 424.29万元；持有HS健身公司70.79%股权对应的持股金额为700.90万美元，评估价值为6 413.28万元。在特殊性税务处理下，HS发展公司在重组交易发生当期不确认其股权处置所得，而是待HS发展公司处置其获得的股权支付对价时再予以确认。

（2）取得HS钢塑公司股权的计税基础。

在股权收购交易适用特殊性税务处理时，HS发展公司不确认其股权处置所得，所以其取得的 HS 钢塑公司增发的作为收购对价的股权，应以 HS 发展公司持有 DG 钢塑公司和 HS 健身公司股权的原计税基础确定，而非以取得股权的公允价值确定。

第十节　股权收购一般性税务处理——DX 医疗股份公司

一、企业基本情况

DX 医疗科技股份有限公司（以下简称"DX 医疗股份公司"）前身为 DX 医疗器材有限公司（以下简称"DX 有限公司"），成立于 2001 年 2 月 21 日，是一家从事外科手术医疗器械研发、生产和销售的企业，2015 年 7 月 16 日整体变更设立股份有限公司。DX 医疗股份公司 2015 年 12 月 4 日在全国股转系统挂牌，2020 年 11 月 20 日终止在股转系统挂牌；DX 医疗股份公司 IPO 的注册申请经证监会核准，于 2022 年 11 月 30 日在深圳证券交易所上市交易。

二、股权收购基本情况

（一）收购的背景及目的

在实施一系列重组前，DX 医疗股份公司主要从事国内外品牌的医疗器械产品代理，经过多年的经营和发展，积累了优质的客户资源和销售渠道，于是公司积极谋求行业内纵深发展，由医疗器械销售端向上游生产端延伸，通过新设和并购等方式收购了多家医疗器械生产企业。为了实现向研发、生产和销售为一体的综合型医疗器械企业的转变，发行人开始进入外科手术吻合器领域。ZH 精密有限公司（以下简称"ZH 精密公司"）成立于 2008 年 5 月 8 日，主要从事吻合器等医疗器械零部件、组件的研发、生产和销售，与 DX 医疗股份公司的主营业务有较强的互补性；并且在该次收购之前 ZH 精密公司的高管和核心技术人员分别持有 DX 医疗股份公司 30% 的股权，属于 DX 医疗股份公司的关联方，在报告期内为 DX 医疗股份公司第一大供应商，年度关联交易金额较大。

2019年DX医疗股份公司谋求收购ZH精密公司100%股权，在重组完成后DX医疗股份公司可达到在吻合器业务领域实现向上游零配件延伸的目的，同时也可以减少DX医疗股份公司的关联交易金额，进一步提升DX医疗股份公司业务的独立性。

（二）收购履行的决策程序

根据《招股说明书》披露，DX医疗股份公司该次股权收购履行了如下内外部决策程序。

2019年6月19日，DX医疗股份公司召开第二次董事会第七次会议，审议通过了《关于公司发行股份及支付现金购买资产暨重大资产重组的议案》《关于公司发行股份募集配套资金的议案》《关于公司发行股份及支付现金购买资产构成关联交易的议案》等相关议案。

同日，ZH精密公司股东会作出决议，同意DX医疗股份公司收购江某、王某、张某、丁某及吴某合计持有的ZH精密公司100%的股权。交易对方同意将其持有的ZH精密公司股权转让给DX医疗股份公司，并同意放弃其享有的该次交易涉及的优先购买权。

2019年11月18日，DX医疗股份公司召开2019年第四次临时股东大会，审议通过了该次发行股份及支付现金购买资产并募集配套资金暨关联交易之重大资产重组相关议案，拟通过发行股份及支付现金购买资产的方式，向上述交易对方购买ZH精密公司100%股权。

2019年11月22日，ZH精密公司完成工商变更手续，并领取了主管行政审批局核发的《营业执照》。

（三）收购前后股权结构

根据《招股说明书》披露信息，该次股权收购前后的交易结构如图5-10-1所示。

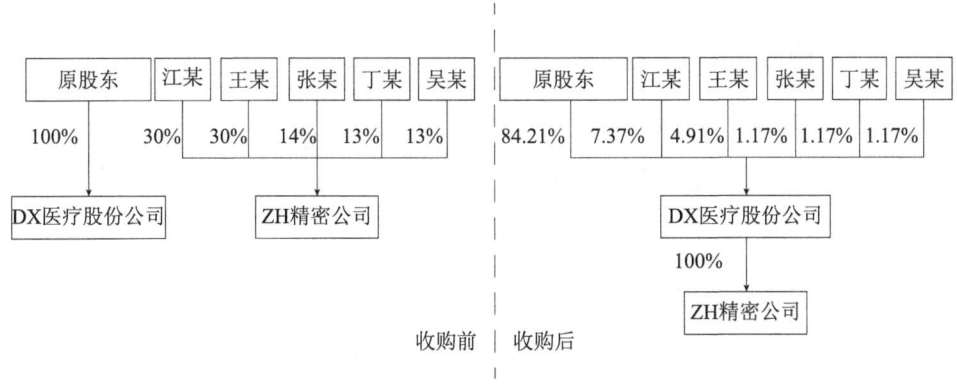

图 5-10-1 股权收购前后架构

注：由于江某和王某在收购前已经持有 DX 医疗股份公司的股份，收购后二人的持股比例以包含收购前已持有的股份合计数量计算。

（四）该次收购定价及对价结构

根据资产评估机构出具的《DX 医疗科技股份有限公司拟发行股份及支付现金购买资产涉及的 ZH 精密有限公司股东全部权益价值评估报告》，ZH 精密公司在评估基准日 2018 年 12 月 31 日，股东全部权益价值的评估值为 39 900.00 万元。

以资产评估结果为依据，经发行人与交易对方协商确定 ZH 精密公司 100% 股权的交易价格为 39 800.00 万元。其中，公司以 18.00 元/股的价格向交易对方发行 850.00 万股，用以支付交易对价 15 300.00 万元，并以现金支付交易对价 24 500.00 万元。具体的交易对价支付情况见表 5-10-1。

表 5-10-1 股权收购交易对价构成表　　　　　　　　　　　单位：元

交易对方	转让前持股比例	发行股份支付对价		现金支付对价部分	总支付对价
		发行股份	对价金额		
江某	30.00%	3 750 000.00	67 500 000.00	51 900 000.00	119 400 000.00
王某	30.00%	2 500 000.00	45 000 000.00	74 400 000.00	119 400 000.00
张某	14.00%	750 000.00	13 500 000.00	42 220 000.00	55 720 000.00
丁某	13.00%	750 000.00	13 500 000.00	38 240 000.00	51 740 000.00
吴某	13.00%	750 000.00	13 500 000.00	38 240 000.00	51 740 000.00
合计	100.00%	8 500 000.00	153 000 000.00	245 000 000.00	398 000 000.00

（五）收购对价支付情况

根据协议约定，该次收购对价分三期支付，截至披露日交易对价已全部支付完毕，交易对方个人所得税税款均已由发行人代扣代缴。现金对价的资金来源为公司自有资金和股权融资获得的资金，具体的支付情况见表 5-10-2。

表 5-10-2　收购对价支付情况表　　　　　　　　　　　单位：元

交易对方	收购对价支付情况			
	第一期	第二期	第三期	
	股份对价	现金对价	现金对价	现金对价
江某	67 500 000.00	16 080 000.00	23 880 000.00	11 940 000.00
王某	45 000 000.00	38 580 000.00	23 880 000.00	11 940 000.00
张某	13 500 000.00	25 504 000.00	11 144 000.00	5 572 000.00
丁某	13 500 000.00	22 718 000.00	10 348 000.00	5 174 000.00
吴某	13 500 000.00	22 718 000.00	10 348 000.00	5 174 000.00
合计	153 000 000.00	125 600 000.00	79 600 000.00	39 800 000.00

上述股权收购对价具体支付的时间及金额见表 5-10-3。

表 5-10-3　股权收购对价支付金额明细表

序号	实际	应支付金额/万元	扣缴个人所得税/万元	实际支付金额/万元
1	2019 年 12 月 9 日	15 300.00①	0	15 300.00
2	2019 年 12 月 23 日	12 560.00	7 110.00	5 450.00
3	2020 年 6 月 28 日	7 960.00	750.00	7 210.00
4	2021 年 5 月 28 日	3 980.00	0	3 980.00
	合计	39 800.00	7 860.00	31 940.00

注：①第一期股权收购价款支付是在公司取得股转公司出具的《股份登记函》后，公司向交易对方合计发行 850.00 万股，以每股 18.00 元计算合计支付股份对价 15 300.00 万元。

（六）被收购企业资产及商誉确认

根据《法律意见书》披露，DX 医疗股份公司收购 ZH 精密公司时，被收购企业净资产的评估情况见表5-10-4。

表5-10-4 被收购企业资产评估表　　　　　　　　单位：万元

项目	购买日账面价值	购买日公允价值
资产：	14 331.29	22 053.77
货币资金	1 825.29	1 825.29
应收账款	4 178.35	4 178.35
应收款项融资	230.00	230.00
预付款项	104.76	104.76
其他应收款	195.85	195.85
存货	2 874.74	2 874.74
固定资产	2 970.82	2 970.82
在建工程	422.10	422.10
无形资产	1 355.82	9 078.30
长期待摊费用	87.01	87.01
递延所得税资产	58.26	58.26
其他非流动资产	28.30	28.30
负债：	3 461.25	4 619.62
应付账款	2 396.97	2 396.97
预收款项	2.91	2.91
应付职工薪酬	704.68	704.68
应交税费	170.93	170.93
其他应付款	5.58	5.58
其他流动负债	180.17	180.17
递延所得税负债	—	1 158.37
净资产	10 870.05	17 434.16
减：少数股东权益	—	—
取得的净资产	10 870.05	17 434.16

被收购企业在购买日无形资产公允价值较账面价值增加7 722.48万元，主要系对其持有的41项专利权和3项商标进行评估确认，专利权和商标在评估基准日2018年12月31日的评估值为7 722.00万元。

DX 医疗股份公司收购 ZH 精密公司 100% 股权的购买日为 2019 年 12 月 31 日，合并成本为 39 800.00 万元，购买日 ZH 精密公司可辨认净资产的公允价值为 17 434.16 万元，DX 医疗股份公司将合并成本扣除购买日取得被收购企业可辨认净资产公允价值后的余额 22 365.84 万元确认为商誉，其中核心商誉为 21 207.47 万元，因收购时资产评估增值确认递延所得税负债形成的非核心商誉为 1 158.37 万元。

三、股权收购涉税分析

该次股权收购交易中，DX 医疗股份公司取得被收购企业 ZH 精密公司 100% 股权，从而取得对被收购企业的控制，符合财税〔2009〕59 号文股权收购的概念。

（一）所得税待遇

在该次股权收购交易中，收购总对价金额为 39 800.00 万元，其中股权支付金额为 15 300.00 万元，股权支付比例仅为 38.44%，不符合股权收购所得税特殊性税务处理中的股权支付比例要件，收购交易应当适用一般性税务处理。

（二）转让方所得税

1. 应纳个人所得税

由于股权收购中的转让方均为自然人，根据 2015 年第 48 号公告的规定："当事各方中的自然人应按个人所得税的相关规定进行税务处理。"

在该股权收购过程中，被收购方的自然人将其持有的 ZH 精密公司股权转让给 DX 医疗股份公司并取得了 DX 医疗股份公司支付的股权及现金对价，对于自然人股东的所得税处理既可以适用 2014 年第 67 号公告的规定，也可以适用财税〔2015〕41 号文的相关规定。

根据上述文件的规定，个人转让股权或者以股权进行非货币性投资的，应纳税所得额应按如下公式计算：

应纳税所得额＝股权转让收入－股权转让原值－相关税费　　　（5-10-1）

根据《招股说明书》披露，DX 医疗股份公司收购 ZH 精密公司 100% 股权的对价为 39 800.00 万元，转让方持有股权的计税基础为 500.00 万元，若不考虑交易过程中印花税的影响，各转让方应纳税所得额及应纳个人所得税额的计算见表 5-10-5。

表 5-10-5　转让方个人所得税计算表　　　　　　　　单位：万元

转让方	股权转让收入	股权原值	应纳税所得额	应纳税额
江某	11 940.00	150.00	11 790.00	2 358.00
王某	11 940.00	150.00	11 790.00	2 358.00
张某	5 572.00	70.00	5 502.00	1 100.40
丁某	5 174.00	65.00	5 109.00	1 021.80
吴某	5 174.00	65.00	5 109.00	1 021.80
合计	39 800.00	500.00	39 300.00	7 860.00

通过表 5-10-5 可知，转让方在该次股权收购交易中应缴纳的个人所得税总金额为 7 860.00 万元，应当由作为股权收购方的 DX 医疗股份公司代扣代缴。

2. 转让方实际缴纳个人所得税

根据《招股说明书》披露，DX 医疗股份公司在收购价款支付过程中实际扣缴的个人所得税金额为 7 860.00 万元，其中 2019 年 12 月 23 日扣缴 7 110.00 万元，2020 年 6 月 28 日扣缴 750.00 万元，合计扣缴个人所得税款 7 860.00 万元。

3. 转让方取得股权对价的计税基础

转让方取得 DX 医疗股份公司作为收购对价的股权支付，应当以该股权的公允价值作为其计税基础，即收购方应当以 15 300.00 万元作为其取得股权的计税基础。

（三）收购企业所得税

根据财税〔2009〕59 号文第四条第（三）项的规定，股权收购适用一般性税务处理的，收购企业取得被收购股权的计税基础应当以该股权的公允价值确定，所以 DX 医疗股份公司取得 ZH 精密公司 100% 股权的计税基础为 39 800.00

万元。

(四) 被收购企业所得税

根据财税〔2009〕59 号文第四条第(三)项的规定,股权收购适用一般性税务处理,被收购企业的相关所得税事项原则上保持不变。所以对于 ZH 精密公司其原有的所得税事项在收购后应当保持不变,包括其持有资产的计税基础也仍然以原有的计税基础确定,并不能以该次股权收购过程中的公允价值确定,同时在收购过程中确认的 41 项专利权和 3 项商标也不得在账面上确认其相应的成本摊销扣除。

(五) 转让方个人所得税缴纳问题

转让方持有的 ZH 精密公司股权被 DX 医疗股份公司收购,转让方应当缴纳的个人所得税既可以适用 2014 年第 67 号公告关于个人股权转让的规定,也可以适用财税〔2015〕41 号文关于个人非货币性资产投资的税收规定,两者对于个人将其持有的被投资企业的股权转让或投资给其他单位的,个人所得税的征管差别见表 5-10-6。

表 5-10-6 股权转让/非货币投资个人所得税对比表

项目	2014 年第 67 号公告	财税〔2015〕41 号文
所得性质	按照"财产转让所得"项目缴纳个人所得税	按照"财产转让所得"项目计算缴纳个人所得税
应纳税所得额	以股权转让收入减除股权原值和合理费用后的余额为应纳税所得额	非货币性资产转让收入减除该资产原值及合理税费后的余额为应纳税所得额
征收方式	以股权转让方为纳税人,以受让方为扣缴义务人	纳税人自行缴纳

续表

项目	2014年第67号公告	财税〔2015〕41号文
纳税申报	具有下列情形之一的，扣缴义务人、纳税人应当依法在次月15日内向主管税务机关申报纳税： （一）受让方已支付或部分支付股权转让价款的； （二）股权转让协议已签订生效的； （三）受让方已经实际履行股东职责或者享受股东权益的； （四）国家有关部门判决、登记或公告生效的； （五）本办法第三条第四至第七项行为已完成的； （六）税务机关认定的其他有证据表明股权已发生转移的情形	（一）个人应在发生非货币性资产投资行为的次月15日内向主管税务机关申报纳税； （二）纳税人一次性缴税有困难的，可合理确定分期缴纳计划并报主管税务机关备案后，自发生上述应税行为之日起不超过5个公历年度内（含）分期缴纳个人所得税； （三）个人以非货币性资产投资交易过程中取得现金补价的，现金部分应优先用于缴税；现金不足以缴纳的部分，可分期缴纳

2014年第67号公告和财税〔2015〕41号文对个人所得税中适用的"所得项目"和"应纳税所得额"的计算是相同的，但是在税收征管方式上有所不同，适用股权转让税收政策时，转让方的个人所得税由受让方代扣代缴；而适用非货币性资产投资的税收政策时，转让方的个人所得税由作为投资方的个人自行申报缴纳。根据《招股说明书》披露，在股权收购过程中，转让方应当缴纳的个人所得税已由发行人分别于2019年12月23日和2020年6月28日代扣代缴，合计7 860.00万元。

第十一节　集团内架构调整——FLD科技股份公司

一、企业基本情况

FLD科技发展股份有限公司（以下简称"FLD科技股份公司"）前身为FLD科技发展有限公司（以下简称"FLD有限公司"），由SH投资有限公司（以下简称"SH投资公司"）于2017年12月26日投资设立，是一家泛半导体（半导体、显示面板等）领域设备精密洗净服务提供商。FLD有限公司于2020年5月14日整体变更设立股份有限公司，FLD科技股份公司IPO申请获证监会核准，于

2022年12月30日在深圳证券交易所上市。

二、重组基本情况

（一）重组前后股权架构

在该次重组前，收购企业FLD有限公司和被收购方FLD科技（大连）有限公司（以下简称"大连FLD科技公司"）、FLD科技（天津）有限公司（以下简称"天津FLD科技公司"）、四川FLD科技有限公司（以下简称"四川FLD科技公司"）和上海FLD科技有限公司（以下简称"上海FLD科技公司"）都是由SH投资公司100%控股的企业

为避免同业竞争、减少关联交易、增强上市主体业务独立性和可持续经营能力，2019年10月，SH投资公司作出股东决定，确定FLD有限公司为拟上市主体，将SH投资公司所持有的四家洗净业务全资子公司股权全部转让给后者；该次重组交易完成后大连FLD科技公司、天津FLD科技公司、四川FLD科技公司和上海FLD科技公司成为FLD有限公司的100%控股子公司，重组前后的股权结构如图5-11-1所示。

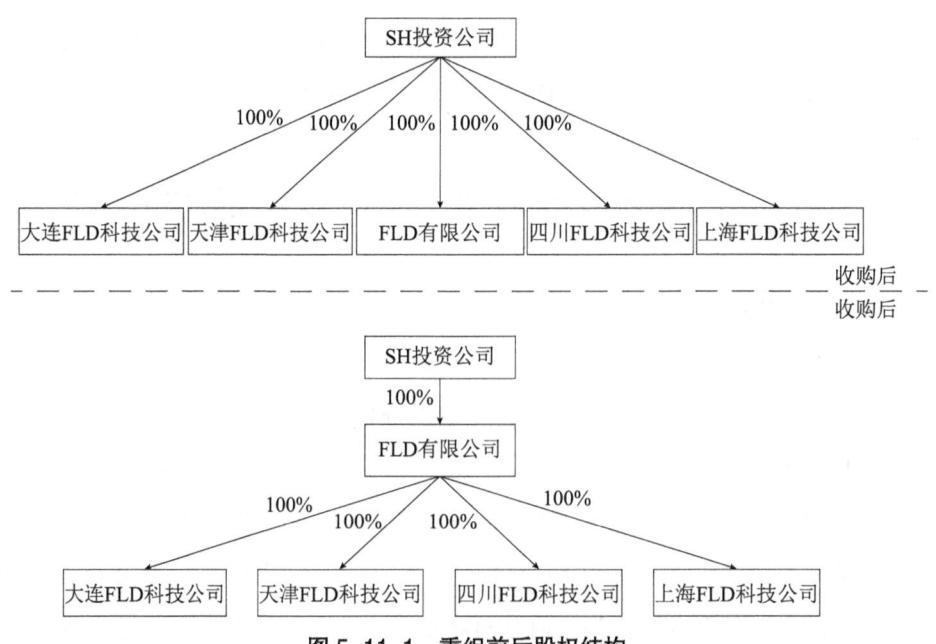

图5-11-1　重组前后股权结构

（二）此次重组的主要流程

在该次重组交易过程中，交易各方的主要流程如下。

2019年10月，SH投资公司作出股东决定，将所持有的四家洗净业务全资子公司股权全部转让给FLD有限公司，同月，SH投资公司和FLD有限公司签订股权转让合同。

2019年10月23日，主管市场监督管理局核准了大连FLD科技公司的工商变更登记手续；2019年10月25日，主管市场监督管理局核准了天津FLD科技公司的工商变更登记手续；2019年10月28日，主管市场监督管理局核准了上海FLD科技公司的工商变更登记手续；2019年10月29日，主管市场监督管理局核准了四川FLD科技公司的工商变更手续。

截至2019年12月31日，SH投资公司已收到FLD有限公司的股权转让款合计19 043.55万元，FLD有限公司已全额支付股权收购价款。

截至2019年12月31日，重大资产重组相关的股权转让、主要固定资产及无形资产转让、人员安排及调整、业务及组织结构调整等事项均已完成，重组事项涉及的款项支付及工商变更登记均已完成。SH投资公司和FLD有限公司签署了《重大资产重组交接单》，确认相关重大资产重组事项已于2019年12月31日前完成。

（三）被收购企业基本情况

该次重组交易中，被收购企业的基本情况如下。

天津FLD科技公司由SH投资公司于2011年6月2日投资设立，收购前的注册资本及实收资本为2 000.00万元。

四川FLD科技公司由SH投资公司于2015年6月10日投资设立，设立时的注册资本为2 000.00万元，2016年1月21日注册资本及实收资本由SH投资公司增加至3 000.00万元；2019年8月23日注册资本及实收资本由SH投资公司增加至4 000.00万元。

大连FLD科技公司由SH投资公司于2016年12月28日投资设立，设立时的注册资本及实收资本为2 000.00万元。

上海FLD科技公司由SH投资公司于2019年10月20日投资设立，收购前的注册资本及实收资本为 3 000.00 万元。

（四）重组对价基本情况

根据《招股说明书》披露，该次重组对价以被收购企业在重组基准日 2019 年 8 月 31 日经审计的净资产总额为依据确定，具体见表 5-11-1。

表 5-11-1 收购对价明细表

序号	被转让标的	受让股权比例	受让价格/万元	定价依据
1	大连 FLD 科技公司	100%	2 638.32	以大连 FLD 科技公司截至 2019 年 8 月 31 日经审计的净资产总额为依据
2	天津 FLD 科技公司	100%	3 136.51	以天津 FLD 科技公司截至 2019 年 8 月 31 日经审计的净资产总额为依据
3	四川 FLD 科技公司	100%	10 268.72	以四川 FLD 科技公司截至 2019 年 8 月 31 日经审计的净资产总额为依据
4	上海 FLD 科技公司	100%	3 000.00	因上海 FLD 科技公司尚未运营，转让价格以上海 FLD 科技公司实收资本金额为依据
合计			19 043.55	

（五）企业重组对 IPO 的影响

根据《首次公开发行股票并上市管理办法》的要求，发行人最近 3 年内主营业务没有发生重大变化；《证券期货法律适用意见第 3 号——〈首次公开发行股票并上市管理办法〉第十二条发行人最近 3 年内主营业务没有发生重大变化的适用意见》对其做了进一步的规范；发行人《招股说明书》就该次资产重组对企业 IPO 的影响也做了如下披露。

大连 FLD 科技公司、天津 FLD 科技公司、四川 FLD 科技公司、上海 FLD 科技公司和 FLD 有限公司均由 SH 投资公司 100% 出资设立，是 SH 投资公司的全资子公司。大连 FLD 科技公司、天津 FLD 科技公司、四川 FLD 科技公司自报告期初（即 2018 年 1 月 1 日）起与发行人同受 SH 投资公司控制；上海 FLD 科技公司于 2019 年 6 月 24 日新设，自成立之日起即与发行人同受 SH 投资公司的控制。此外，四家子公司从事的主营业务与发行人相同，均为泛半导体涉及精密清洗服务，因此发行人收购四家子公司系发行人对同一控制下相同、类似或相近业务进行重组，不会导致发行人主营业务发生重大变化，是企业集团为实现主营业务整体发行上市、降低管理成本、发挥业务协同优势、提高企业规模经济效应而实施的市场行为；有利于避免同业竞争、减少关联交易、优化公司治理、确保规范运作。

由于被重组方重组前一个会计年度末的资产总额合计占发行人相应项目的190.77%，因此，发行人需要在重组后运行一个会计年度后才可申请发行，具体情况见表5-11-2。

表5-11-2 被收购企业关键指标明细表

序号	被转让标的	2018年度/2018年12月31日	金额/万元	占比
1	天津FLD科技公司	资产总额	5 070.44	46.70%
		营业收入	4 155.35	—
		利润总额	1 248.80	—
2	四川FLD科技公司	资产总额	11 013.50	101.44%
		营业收入	6 953.79	—
		利润总额	1 719.19	—
3	大连FLD科技公司	资产总额	4 628.49	42.63%
		营业收入	2 742.56	—
		利润总额	336.27	—

三、重组涉税分析

（一）所得税待遇

该次重组交易中，收购方取得被收购企业100%的股权，实现了对被收购企业的控制，所以属于股权收购重组交易，由于收购对价100%以货币资金支付，所以并不满足股权收购特殊性税务处理中股权支付比例要件，该次股权收购应当适用企业所得税一般性税务处理。

（二）转让方所得税

在股权收购适用一般性税务处理待遇时，转让方应当在交易发生当期确认股权转让所得,根据《招股说明书》披露的信息,转让方 SH 投资公司在该次股权收购交易中应当确认的各个被收购企业股权转让所得金额见表 5-11-3。

表 5-11-3 股权转让所得计算表　　　　　　　　单位:万元

序号	被转让企业	股权转让收入	股权计税基础	股权转让所得
1	大连 FLD 科技公司	2 638.32	2 000.00	638.32
2	天津 FLD 科技公司	3 136.51	2 000.00	1 136.51
3	四川 FLD 科技公司	10 268.72	4 000.00	6 268.72
4	上海 FLD 科技公司	3 000.00	3 000.00	0
合计		19 043.55	11 000.00	8 043.55

若不考虑转让方 SH 投资公司当年度的其他所得或亏损及股权转让环节的印花税的影响,SH 投资公司在当年度因此次重组交易确认的应纳税所得额为 8 043.55 万元,应缴纳的企业所得税金额为 2 010.89 万元。

(三)收购方企业所得税

收购方取得被收购企业股权的计税基础应当以其公允价值确定,即取得大连 FLD 科技公司股权的计税基础为 2 638.32 万元;取得天津 FLD 科技公司股权的计税基础为 3 136.51 万元;取得四川 FLD 科技公司股权的计税基础为 10 268.72 万元;取得上海 FLD 科技公司股权的计税基础为 3 000.00 万元。

(四)被收购企业所得税

在股权收购适用一般性税务处理时,被收购企业相关所得税事项应当保持不变,包括被收购企业所持有资产的计税基础和可结转弥补的亏损等事项。

四、集团架构调整的税收规划

(一)股权收购的涉税问题

该案例中 SH 投资公司对集团股权架构的调整采用了股权收购的交易模式,但是由于股权收购交易过程中支付对价方式均为非股权支付,所以整个企业重组交易适用一般性税务处理，在整个重组交易过程中转让方应当确认资产转让所得8 043.55 万元，若转让方无可结转弥补的亏损，则转让方应当缴纳企业所得税金额为 2 010.89 万元。

（二）先分后转的税收规划

根据国税函〔2010〕79 号文的规定："企业在计算股权转让所得时，不得扣除被投资企业未分配利润等股东留存收益中按该项股权所可能分配的金额。"根据《企业所得税法》及其实施条例的规定，符合条件的居民企业之间的股息红利属于免税所得，可免征企业所得税。所以 SH 投资公司取得被收购企业分配的股息红利符合《企业所得税法》的免税所得概念，属于免税收入。

根据《招股说明书》披露的被收购企业基本情况，被收购企业注册资本均由 SH 投资公司以现金缴纳，该次股权收购对价均是以被收购企业在基准日经审计的净资产总额为依据确定，所以收购对价由两部分构成：实收资本和留存收益。若 SH 投资公司在转让被收购企业股权前将该企业账面未分配利润做分配的，SH 投资公司取得分配部分可免征企业所得税，从而降低重组交易整体的企业所得税。根据《公司法》的规定，企业税后利润中的法定盈余公积不可用于利润分配，若被收购企业净资产中不存在其他不可分配的部分，则被收购企业整体可用于分配的利润总金额为 8 043.55 ×（1-10%）= 7 239.20（万元），该部分所得可免于缴纳企业所得税 1 809.80 万元。

所以若将被收购企业可供分配利润先进行分配再转让股权的，可减少转让方缴纳的企业所得税金额为 1 809.80 万元。

（三）支付对价方式的税收规划

若在股权收购交易中，收购方支付重组对价的方式不采用现金支付，而是以自身的股权作为支付对价的，在满足其他要件的情况下，企业重组交易可适用特殊性税务处理，收购方可避免即期确认重组交易的收益，从而避免在重组交易当期缴纳企业所得税。

（四）企业重组方式的对比及选择

企业在 IPO 过程中除了因外部扩张而发生并购重组外，也会因多种原因对集团内企业的架构进行调整，如为了对现有的业务进行整合、为了避免集团内企业与 IPO 企业的同业竞争、为了减少企业之间的关联交易。在选择企业重组交易方式时需要考虑税收成本对企业的影响，在可达到企业重组交易目的的情况下采用税收成本最低的交易方式。

该案例中，采用直接的股权收购交易且转让方存在足够的可弥补亏损时，可在取得现金的情况下降低重组交易整体的税收负担，若转让方没有足够的可弥补亏损，则会产生高昂的税收成本；股权收购交易采用股权支付对价也同样可以实现重组目的，但转让方并不能取得现金，此时可以采取先将被收购企业账面留存收益进行分配后再转让的方式，如此在取得现金的同时可降低交易整体的税收负担。因此在 IPO 过程中如何选择重组交易的方式是需要考虑多方面的因素后确定的。

第十二节　跨境重组——LY 电子股份公司

一、企业基本情况

LY 电子股份有限公司（以下简称"LY 电子股份公司"）前身为 LY 电子有限公司（以下简称"LY 有限公司"），是由 LY 国际有限公司（以下简称"LY 国际公司"）于 2000 年 3 月 13 日投资设立的外商投资企业。LY 有限公司于 2020 年 12 月 9 日整体变更设立股份有限公司，LY 电子股份公司 IPO 申请获证监会核准，于 2022 年 10 月 31 日在深圳证券交易所上市。

二、跨境重组基本情况

（一）企业重组的背景

LY 有限公司的主营业务为导电布胶带、导电泡棉等电磁屏蔽材料及绝缘材料的研发、生产、销售，产品主要是模切件，也有少部分以成卷材料的形式出售。FY 电子材料有限公司（以下简称"FY 电子公司"）的主营业务为导电布的研发、生产、销售，定位主要为集团内企业提供上游原材料，也有少部分导电布产品对外销售。CY 电子有限公司（以下简称"CY 电子公司"）的主营业务为导电布胶带、导电泡棉等电磁屏蔽材料及绝缘材料的研发、生产、销售，产品主要是模切件，也有少部分以成卷材料的形式出售。因此 FY 电子公司的产品是 LY 有限公司的原材料之一，CY 电子公司与 LY 有限公司业务相同，主要区别在于二者定位分别在西南地区和华东、华南地区市场。

为避免同业竞争，减少关联交易，2020 年发行人进行了同一控制下的资产重组，收购 LY 国际公司持有的 FY 电子公司 100% 股权、CY 电子公司 100% 股权和萨摩亚 OB DEVELOPMENT LIMITED（以下简称"萨摩亚 OB 公司"）的 100% 股权，收购 DX 投资控股股份有限公司（以下简称"DX 控股公司"）持有的萨摩亚 LY 国际股份有限公司（以下简称"萨摩亚 LY 公司"）的 100% 股权。

（二）企业重组主要内容

从《招股说明书》披露的重组前后的股权结构图可知，该次重组的主要内容包括如下三个部分。

LY 国际公司将其 100% 直接控股的境内子公司进行了架构重整，将 FY 电子公司和 CY 电子公司股权架构下沉一级，变为 LY 有限公司的子公司；其主要的方式是 LY 国际公司以其持有的 FY 电子公司和 CY 电子公司的股权对 LY 有限公司进行增资。

DX 控股公司将其境外的股权架构进行了调整，将萨摩亚 LY 公司调整为 LY 有限公司的子公司，且对于境外各个主体通过设立香港 OB 国际股份公司（以下简称"香港 OB 公司"）作为持股主体整合了境外的企业；其主要方式是 DX 控股公司将其持有的萨摩亚 LY 公司 100% 的股权转让给香港 OB 公司、LY 国际公司将其持有的萨摩亚 OB 公司 100% 的股权转让给香港 OB 公司。

该次重组主要是为了整合集团内的相关业务、避免同业竞争、减少和规范发行人与相关主体的关联交易；交易发生前后，LY 有限公司主营业务未发生重大变化，交易完成后，LY有限公司整合了DX控股公司控制下的全部电磁屏蔽材料相关业务，消除了与DX控股公司控制下的其他企业的同业竞争关系。

（三）重组前后股权架构图

该案例中，相关主体在重组前后的股权结构如图5-12-1和图5-12-2所示。

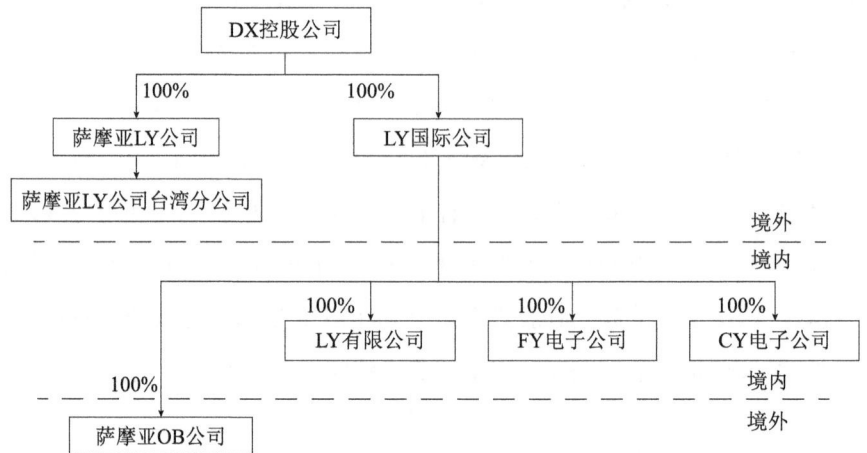

图5-12-1　重组前股权结构

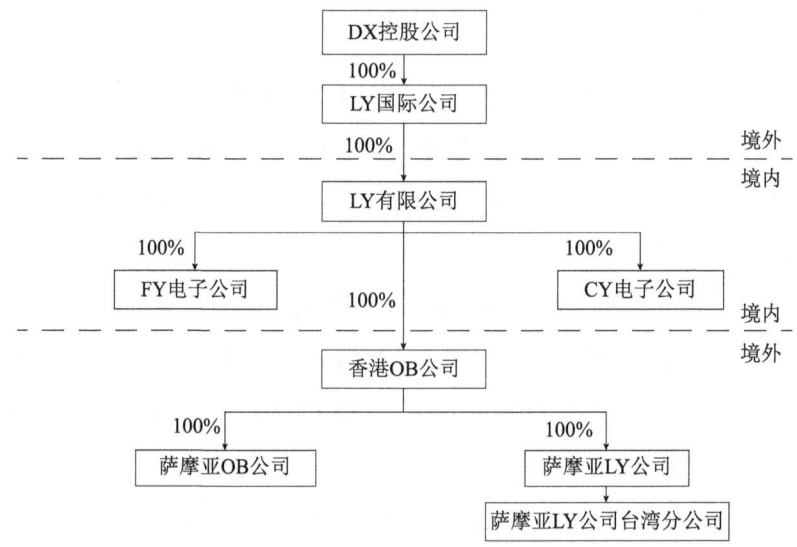

图5-12-2　重组后股权结构

（四）企业重组的主要流程

1. LY 国际公司对 LY 有限公司的增资

2020 年 7 月 15 日，LY 国际公司作出股东决定，同意 LY 有限公司注册资本由 1 200 000 美元增加至 1 808 709 美元，增加的 608 709 美元注册资本由 LY 国际公司以其持有的 FY 电子公司 100% 股权出资 363 662 美元、以其持有的 CY 电子公司 100% 股权出资 245 047 美元。

2020 年 7 月 15 日，CY 电子公司的股东 LY 国际公司作出股东决定，同意将 CY 电子公司 100% 的股权转让给 LY 有限公司，以 CY 电子公司截至 2019 年 12 月 31 日的净资产评估值 4 941.78 万元为依据，确定 CY 电子公司 100% 股权的价值为 4 941.78 万元，该次转让的对价为 LY 有限公司 24.504 7 万美元的注册资本。

2020 年 7 月 14 日，FY 电子公司的股东 LY 国际公司作出股东决定，同意将 FY 电子公司 100% 的股权转让给 LY 有限公司，以 FY 电子公司截至 2019 年 12 月 31 日的净资产评估值 7 333.85 万元为依据，确定 FY 电子公司 100% 股权的价值为 7 333.85 万元，该次转让的对价为 LY 有限公司 36.366 2 万美元的注册资本。

2020 年 8 月 28 日，主管市场监督管理局核准了上述变更事项，公司取得了新的《营业执照》。

2. 香港 OB 公司的股权收购

2020 年 3 月 19 日，DX 控股公司召开第二届第六次董事会，审议通过了《组织架构变更案》，同意拟对集团的组织架构进行调整。

2020 年 12 月 17 日，LY 有限公司作出总经理决定，同意子公司香港 OB 公司以 79.50 万元的价格收购萨摩亚 OB 公司 100% 的股权、以 69.90 万元的价格收购萨摩亚 LY 公司 100% 的股权。

2020 年 12 月 17 日，萨摩亚 OB 公司的股东 LY 国际公司作出股东决定，同意将其持有的萨摩亚 OB 公司 100% 的股权转让给香港 OB 公司，根据资产评估机构出具的《资产评估报告》，以 2019 年 12 月 31 日为基准日，以市场价值为价值类型，萨摩亚 OB 公司净资产账面价值为 77.03 万元，净资产评估值为 79.50 万元，确定股权转让价格为 79.50 万元。

2020年12月17日，萨摩亚LY公司的股东DX控股公司作出股东决定，同意将其持有的萨摩亚LY公司100%的股权转让给香港OB公司，根据资产评估机构出具的《资产评估报告》，以2019年12月31日为基准日，萨摩亚LY公司净资产账面价值为68.03万元，净资产评估值为69.90万元，确定股权转让价格为69.90万元。

2020年12月17日，上述有关各方分别签署了《股权转让协议》。

2020年12月15日及2020年12月22日，萨摩亚OB公司、萨摩亚LY公司分别完成了股东变更登记。

三、企业重组涉税披露

发行人律师在《补充法律意见书（一）》中披露了该次企业重组的涉税情况。

（一）收购FY电子公司和CY电子公司的涉税披露

根据财税〔2009〕59号文第五条的规定："企业重组同时符合下列条件的，适用特殊性税务处理规定：具有合理的商业目的，且不以减少、免除或者推迟缴纳税款为主要目的；被收购、合并或分立部分的资产或股权比例符合本通知规定的比例；企业重组后的连续12个月内不改变重组资产原来的实质性经营活动；重组交易对价中涉及股权支付金额符合本通知规定比例；企业重组中取得股权支付的原主要股东，在重组后连续12个月内，不得转让所取得的股权。"

根据财税〔2009〕59号文第六条的规定："企业重组符合本通知第五条规定条件的，交易各方对其交易中的股权支付部分，可以按以下规定进行特殊性税务处理……（二）股权收购，收购企业购买的股权不低于被收购企业全部股权的75%，且收购企业在该股权收购发生时的股权支付金额不低于其交易支付总额的85%，可以选择按以下规定处理：被收购企业的股东取得收购企业股权的计税基础，以被收购股权的原有计税基础确定；收购企业取得被收购企业股权的计税基础，以被收购股权的原有计税基础确定；收购企业、被收购企业的原有各项资产和负债的计税基础和其他相关所得税事项保持不变。"

根据财税〔2009〕59号文第七条的规定："企业发生涉及中国境内与境外之间（包括港澳台地区）的股权和资产收购交易，除应符合本通知第五条规定的条件外，还应同时符合下列条件，才可选择适用特殊性税务处理规定……（二）非居民企业向与其具有100%直接控股关系的居民企业转让其拥有的另一居民企业股权。"

根据财税〔2014〕109号文，将财税〔2009〕59号文件第六条第（二）项中有关"股权收购，收购企业购买的股权不低于被收购企业全部股权的75%"规定调整为"股权收购，收购企业购买的股权不低于被收购企业全部股权的50%"。

根据上述规定，发行人收购FY电子公司和CY电子公司100%股权符合特殊性税务处理的相关要求，具体分析如下。

（1）具有合理的商业目的。该次收购前，FY电子公司、CY电子公司与发行人同属于傅某、张某控制的企业，该次收购旨在优化公司治理结构，避免同业竞争、减少关联交易，确保规范运作，具有合理的商业目的，且未以减少、免除或者推迟缴纳税款为主要目的。

（2）该次收购中，发行人以股权支付方式收购LY国际公司所持FY电子公司和CY电子公司100%股权，符合收购企业购买的股权不低于被收购企业全部股权50%的要求，且符合收购企业在该股权收购发生时的股权支付金额不低于其交易支付总额85%的要求。

（3）自收购完成日至今，FY电子公司和CY电子公司的主营业务未发生变更，符合企业重组后的连续12个月内不改变重组资产原来的实质性经营活动的要求。

（4）自收购完成日至今，LY国际公司未转让所取得的公司股权，符合企业重组中取得股权支付的主要股东未转让所取得的股权的要求。

（5）LY国际公司将其持有的境内居民企业FY电子公司和CY电子公司的股权换取另一居民企业发行人的股权。收购时，发行人是LY国际公司100%控制的子公司，符合非居民企业向居民企业转让股权适用特殊性税务处理规定。

发行人已向主管税务机关进行非居民企业股权转让适用特殊性税务处理的备案，并于2020年9月11日获得受理，税务机关对发行人提交的《非居民企业股权转让适用特殊性税务处理备案表》予以盖章确认。

因此，LY 国际公司出让 FY 电子公司和 CY 电子公司股权符合前述通知中关于特殊性税务处理的相关要求，不涉及税款缴纳情况。

（二）收购萨摩亚相关主体的涉税披露

1. 在我国的纳税义务

《企业所得税法》第三条规定："非居民企业在中国境内未设立机构、场所的，或者虽设立机构、场所但取得的所得与其所设机构、场所没有实际联系的，应当就其来源于中国境内的所得缴纳企业所得税。"《企业所得税法实施条例》第七条规定："企业所得税法第三条所称来源于中国境内、境外的所得，按照以下原则确定：……权益性投资资产转让所得按照被投资企业所在地确定……"根据前述规定，由于 DX 控股公司、LY 国际公司为非居民企业，萨摩亚 OB 公司、萨摩亚 LY 公司为在萨摩亚注册成立的公司，DX 控股公司、LY 国际公司向发行人子公司转让萨摩亚 OB 公司、萨摩亚 LY 公司股权所得不属于非居民企业来源于中国境内的所得，因此，前述股权转让无须代 LY 国际公司及 DX 控股公司代扣代缴企业所得税

2. 在其他国家或地区的纳税义务

（1）萨摩亚 OB 公司原股东是注册在中国香港的公司 LY 国际公司，根据香港税务法规，香港公司转让其股权，不需要缴纳利得税。

（2）萨摩亚 LY 公司原股东是注册地为开曼群岛的公司 DX 控股公司，根据开曼群岛税务方面的法律规定，DX 控股公司向香港 OB 公司转让萨摩亚 LY 公司 100% 的股权，不需要缴纳所得税。

四、涉税分析

（一）FY 电子公司和 CY 电子公司重组涉税分析

1. 特殊性税务处理要件分析

财税〔2009〕59 号文第七条规定："企业发生涉及中国境内与境外之间（包括港澳台地区）的股权和资产收购交易，除应符合本通知第五条规定的条件外，

还应同时符合下列条件，才可选择适用特殊性税务处理规定：（二）非居民企业向与其具有100%直接控股关系的居民企业转让其拥有的另一居民企业股权。"

在企业重组交易中LY国际公司将其持有的FY电子公司和CY电子公司股权用于对LY有限公司增资前后的股权结构如图5-12-3所示。

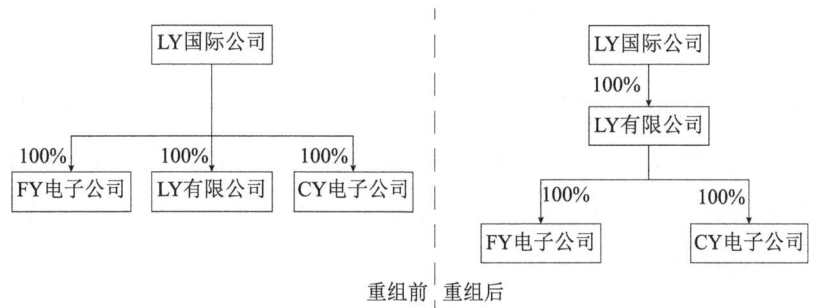

图5-12-3　重组前后股权结构

根据财税〔2009〕59号文对跨境重组交易适用特殊性税务处理要件的规定，该案例的具体情况分析见表5-12-1。

表5-12-1　特殊性税务处理要件对比分析表

财税〔2009〕59号文要件	案例情况
具有合理商业目的，且不以减少、免除或者推迟缴纳税款为主要目的	该次重组的主要目的是避免同业竞争，减少关联交易，并非以税收为主要目的，符合该要件
收购企业购买的股权不低于被收购企业全部股权的50%	该次重组LY有限公司取得了FY电子公司和CY电子公司100%股权，符合该要件
股权收购后的连续12个月内不改变重组资产原来的实质性经营活动	股权收购连续12个月并未转让股权，也未改变被收购企业原有的实质性经营活动，符合该要件
收购企业在该股权收购发生时的股权支付金额不低于其交易支付总额的85%	股权收购中，LY有限公司股权支付比例为100%，符合该要件
股权收购中取得股权支付的原主要股东，在重组后连续12个月内，不得转让所取得的股权	根据《招股说明书》的披露，在该次股权收购交易中，LY国际公司取得LY有限公司股权支付后的12个月内并未转让，符合该要件
向与其具有100%直接控股关系的居民企业转让其拥有的另一居民企业股权	LY国际公司直接持有LY有限公司100%股权，满足持股比例和方式的要件。LY有限公司、FY电子公司、CY电子公司均为居民企业，符合交易各方纳税主体的要件

所以，LY 国际公司以其持有的 FY 电子公司、CY 电子公司 100% 股权对 LY 有限公司增资，符合财税〔2009〕59 号文关于企业重组所得税适用特殊性税务处理的要件，该次重组可适用特殊性税务处理。

2. 交易各方的所得税处理

根据财税〔2009〕59 号文的规定，该次企业重组中交易各方的所得税处理方式如下。

首先，根据《招股说明书》披露，重组基准日 FY 电子公司 100% 股权的评估价值为 7 333.85 万元，CY 电子公司 100% 股权的评估价值为 4 941.78 万元。在特殊性税务处理下，LY 国际公司在重组交易发生当期可不确认处置 FY 电子公司、CY 电子公司股权的收益。

其次，LY 国际公司取得 LY 有限公司增发股权的计税基础并不以其公允价值确定，而应当以其持有的 FY 电子公司和 CY 电子公司原来的计税基础确定。

最后，LY 有限公司取得 FY 电子公司和 CY 电子公司股权的计税基础应当以其原有的计税基础确定。

（二）转让萨摩亚股权涉税分析

根据发行人《招股说明书》披露，重组萨摩亚 OB 公司、萨摩亚 LY 公司的主要方式是由发行人新设立的全资子公司香港 OB 公司以现金方式收购萨摩亚 OB 公司、萨摩亚 LY 公司的股权，其交易前后的股权结构如图 5-12-4 所示。

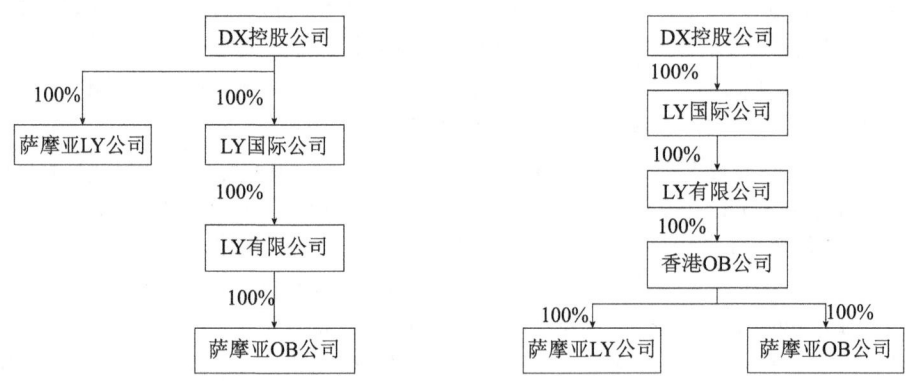

图 5-12-4　重组前后股权结构

1. 设立香港 OB 公司涉税分析

LY 有限公司在香港设立其 100% 控股的子公司香港 OB 公司并非应税事件，无须缴纳企业所得税，但根据《国家税务总局关于居民企业报告境外投资和所得信息有关问题的公告》（国家税务总局公告 2014 年第 38 号）的规定，应当在办理企业所得税预缴申报时向主管税务机关填报《居民企业参股外国企业信息报告表》。

2. 收购萨摩亚公司涉税分析

LY 有限公司在设立香港 OB 公司后以香港 OB 公司为主体收购萨摩亚 LY 公司和萨摩亚 OB 公司股权，转让方为 DX 控股公司和 LY 国际公司，其中 DX 控股公司注册地为开曼群岛，LY 国际公司注册地为香港地区。

根据《企业所得税法》第二条的规定，DX 控股公司和 LY 国际公司是在我国境内未设立机构、场所的非居民企业，其仅就来源于我国境内的所得在我国缴纳企业所得税；根据《企业所得税法实施条例》第七条的规定，权益性投资资产转让所得按照被投资企业所在地确定所得来源地。由于萨摩亚 LY 公司和萨摩亚 OB 公司的注册地均为萨摩亚，因此 DX 控股公司和 LY 国际公司取得的股权转让所得并非源于中国境内的所得，在我国无须缴纳企业所得税。

第十三节 业务合并中的资产重组——ZR 股份公司

一、企业基本情况

ZR 集团股份有限公司（以下简称"ZR 股份公司"）前身为 ZR 集团有限公司（以下简称"ZR 有限公司"），是由 ZJB 印刷实业有限公司和香港 RM 实业有限公司于 1990 年 4 月 25 日投资设立的中外合资企业。ZR 有限公司于 2016 年 11 月 29 日整体变更设立股份有限公司，ZR 股份公司 IPO 申请获证监会核准，于 2022 年 10 月 26 日在深圳证券交易所创业板上市。

二、企业重组基本情况

《招股说明书》披露了 ZR 股份公司子公司天津 ZR 科技有限公司（以下简称"ZR 天津公司"）与同一控制下的关联方天津 ZR 印刷材料有限公司（以下简称"ZR 印刷公司"）实施的业务合并及 ZR 印刷公司股东通过转让股权方式处置不动产的相关事项。

（一）企业重组前后的股权关系

根据《招股说明书》披露，经过历次股权变动后，ZR 有限公司的股东为 ZR（香港）集团有限公司[以下简称"ZR 集团（香港）公司"]，ZR 印刷公司的股东为 ZR 集团（香港）公司和 JS（亚洲）有限公司[以下简称"JS（亚洲）公司"]，发行人历史沿革中发生的上述业务合并及资产处置前后的股权结构如图 5-13-1 所示。

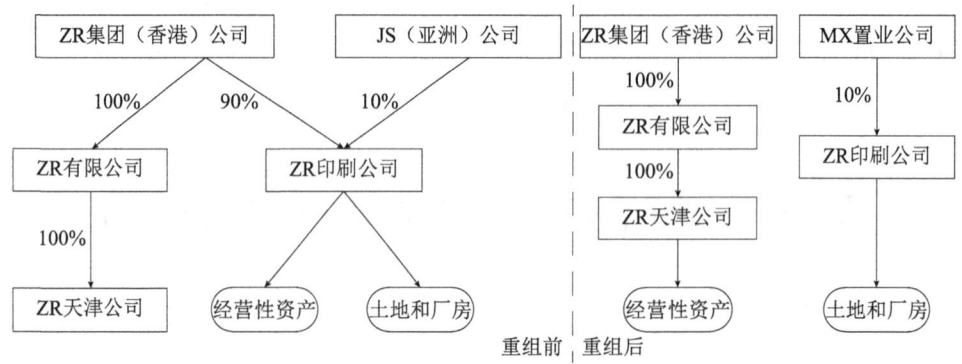

图 5-13-1　企业重组前后结构

根据图 5-13-1 所示的重组前后的结构图可知，在该次企业重组交易中，ZR 集团（香港）公司和 JS（亚洲）公司通过两次的重组交易，实现了自身的资产处置：第一步是资产收购（也被称为业务合并，下同），由 ZR 天津公司收购 ZR 印刷公司的经营性资产，实现将该部分资产予以剥离的目的；第二步是股权收购，由 MX 置业有限公司（以下简称"MX 置业公司"）收购 ZR 印刷公司 100% 的股权，从而实现收购 ZR 印刷公司名下土地和厂房的目的。

(二)业务合并基本情况

1. 业务合并的主要内容

根据《招股说明书》披露,该次业务合并主要是 ZR 天津公司收购 ZR 印刷公司的实质性经营资产,与之相关的主要内容见表 5-13-1。

表 5-13-1　业务合并的主要内容

事项	主要内容
业务合并的原因	(一)业务拓展需要 随着华北地区的业务规模扩大,ZR 印刷公司原有厂房已不能满足业务发展需要,ZR 天津公司从 2013 年开始新建厂房。ZR 集团(香港)公司计划通过 ZR 有限公司的全资子公司 ZR 天津公司承接 ZR 印刷公司的所有资产和业务,并将 ZR 印刷公司的厂房及剩余资产通过股权转让方式进行出售。 (二)减少关联交易、消除同业竞争 合并前,ZR 印刷公司的控股股东为 ZR 集团(香港)公司;ZR 天津公司是以 ZR 集团(香港)公司为控股股东的 ZR 有限公司的全资子公司。ZR 天津公司与 ZR 印刷公司的业务合并属于同一控制下的业务合并,为了减少关联交易和同业竞争,ZR 天津公司逐步完成了对 ZR 印刷公司的业务承接和资产收购。 所以在合并前 ZR 天津公司与 ZR 印刷公司为同一控制下的两家公司,ZR 天津公司与 ZR 印刷公司的交易属于关联交易,ZR 天津公司与 ZR 印刷公司之间存在着同业竞争的问题,为了减少关联交易和消除同业竞争,进一步增强发行人的独立性,提高华北地区整体业务的协同性,ZR 天津公司对 ZR 印刷公司实施了业务合并
业务合并的主要内容	2016 年 2 月,发行人股东 ZR 集团(香港)公司作出决定,同意发行人全资子公司 ZR 天津公司购买 ZR 印刷公司与纸质印刷包装业务相关的实质经营性资产、负债(包括机器设备、电子设备、存货,与经营相关的应收、应付款项,有关商标、专利、软件著作权等除土地以外的无形资产);同意 ZR 天津公司承接 ZR 印刷公司人员,并与 ZR 印刷公司相关人员重新签订《劳动合同》
业务合并的法定程序	(一)股东决定 2016 年 2 月,ZR 有限公司股东 ZR 集团(香港)公司作出股东决定,同意全资子公司 ZR 天津公司购买 ZR 印刷公司与纸质印刷包装业务相关的实质经营性资产、负债;同意 ZR 天津公司承接 ZR 印刷公司人员,并与 ZR 印刷公司相关人员重新签订《劳动合同》。 (二)资产评估 2016 年 2 月 22 日,资产评估机构以 2015 年 12 月 31 日为评估基准日对 ZR 印刷公司相关资产进行了评估。

事项	主要内容
业务合并的法定程序	（三）签订协议 ZR 天津公司与 ZR 印刷公司分别于 2016 年 3 月、2016 年 9 月及 2016 年 12 月签订《资产重组协议》《资产重组补充协议（一）》和《资产重组补充协议（二）》，逐步承接 ZR 印刷公司的相关经营性资产、负债及人员。 （四）发行人审议关联交易 2018 年 5 月，发行人第一届董事会第九次会议通过了关于《审议公司报告期内关联交易》的议案，董事会对 2016 年 ZR 天津公司收购 ZR 印刷公司相关资产的交易事项作出了确认。2018 年 6 月召开的 2017 年年度股东大会通过了关于《审议公司报告期内关联交易》的议案
业务合并的完成情况	截至 2016 年 12 月 31 日，ZR 天津公司已经完成了对 ZR 印刷公司全部经营性资产、负债的收购，并且办妥了全部资产移交与专利变更登记手续，相关人员与业务亦全部转入 ZR 天津公司

2.合并对价及其构成

该次业务合并中 ZR 天津公司收购 ZR 印刷公司的实质性经营资产，包括机器设备、电子设备、存货，与经营相关的应收、应付款项，有关商标、专利、软件著作权等除土地以外的无形资产及 ZR 印刷公司的相关人员，其所收购的标的资产及交易价格见表 5-13-2。

表 5-13-2　业务合并对价明细表

协议内容	交易内容	交易价格/元	定价依据
2016.03.01 《资产重组协议》	印刷机等机器设备及电子设备	64 289 908.00①	资产评估机构的《评估报告》
2016.03.01 《资产重组协议》	16 项专利	—	无偿转让
2016.09.01 《资产重组补充协议（一）》	2016 年新购进的机器设备等	3 741 020.50	截至 2016 年 6 月 30 日、8 月 31 日账面价值
2016.12.01 《资产重组补充协议（二）》	纸张、油墨、在制品等存货	28 238 278.78	截至 2016 年 11 月 30 日的账面价值
2016.12.31 《资产重组补充协议（二）》	受让应收账款	2 053 706.38	按照 2016 年 11 月 30 日账面价值
2016.12.01 《资产重组补充协议（二）》	承担应付款项	37 95 010.49	按照 2016 年 11 月 30 日账面价值

注：①经评估，截至 2015 年 12 月 31 日，与该次经营性资产收购相关的机器设备、电子设备账面价值为 72 683 685.81 元，评估价值为 64 305 820.00 元，增值率为 –11.53%。ZR 天津公司与 ZR 印刷公司经协商参考评估值以 64 289 908.00 元对与纸质印刷包装业务相关的主要设备予以转让。

（三）股权收购基本情况

截至 2016 年 12 月 31 日，ZR 天津公司完成对 ZR 印刷公司全部经营性资产、负债的收购后，ZR 印刷公司已经没有经营业务，主要资产为土地使用权和厂房；MX 置业公司主营业务为房地产开发与经营，拟向 ZR 集团（香港）公司和 JS（亚洲）公司收购 ZR 印刷公司的土地使用权和厂房，故 ZR 集团（香港）公司和 JS（亚洲）公司通过向 MX 置业公司转让所持有 ZR 印刷公司 100% 股权的方式转让 ZR 印刷公司名下的土地使用权和厂房。

2017 年 10 月 12 日，经股东会决议，双方股东一致同意外方股东 ZR 集团（香港）公司将其持有的 ZR 印刷公司 90.00% 的股权转让给 MX 置业公司，转让价格为 10 441.31 万元；外方股东 JS（亚洲）公司将其持有 ZR 印刷公司 10.00% 的股权转让给 MX 置业公司，转让价格为 1 160.15 万元。

三、业务合并涉税分析

（一）业务合并的增值税涉税分析

1. ZR 印刷公司是否应当缴纳增值税

在该案例中，ZR 天津公司收购了 ZR 印刷公司的经营性资产，实现了承接 ZR 印刷公司的所有资产和业务，收购标的包括与纸质印刷包装业务相关的经营性资产、负债，同时承接了 ZR 印刷公司的人员。根据 2011 年第 13 号公告、财税〔2016〕36 号文的规定，纳税人在资产重组过程中，通过合并、分立、出售、置换等方式，将全部或者部分实物资产及与其相关联的债权、负债和劳动力一并转让给其他单位和各个人，不属于增值税的征税范围，其中涉及的货物、不动产、土地使用权转让，不征收增值税。

所以 ZR 印刷公司将其经营性资产转让给 ZR 天津公司的行为并非增值税的

应税行为，对其中的设备、存货等货物的转移不征收增值税。

2.分次交割是否影响其不征税行为

财税〔2009〕59号文规定"企业在重组发生前后连续12个月内分步对其资产、股权进行交易，应根据实质重于形式原则将上述交易作为一项企业重组交易进行处理"；2013年第66号公告规定"纳税人在资产重组过程中，通过合并、分立、出售、置换等方式，将全部或者部分实物资产以及与其相关联的债权、负债经多次转让后，最终的受让方与劳动力接收方为同一单位和个人的，仍适用《国家税务总局关于纳税人资产重组有关增值税问题的公告》（国家税务总局公告2011年第13号）的相关规定"。

ZR天津公司合并ZR印刷公司的整体过程中分别通过不同的协议对合并标的进行了约定，并且经历的周期较长，但其并不适用上述财税〔2009〕59号文和2013年第66号公告规定的相关规定，即ZR印刷公司的多次资产重组交易可以适用增值税不征税的待遇。

其一，为了鼓励纳税人的正当重组行为及为了防止纳税人利用企业重组从事避税行为，财税〔2009〕59号文首次明确了企业重组行为中的分步骤交易原则，即需要将纳税人在一定时期内的多个交易行为合并考虑从而确定其税收后果，但《增值税暂行条例》及财税〔2016〕36号文并未在增值税中提出分步交易的具体内容，所以只要ZR天津公司合并ZR印刷公司构成一项"一揽子"交易，对于其分阶段实施的不同资产交割或者负债及人员的转移，并不影响其增值税的待遇。

其二，2013年第66号公告虽然提出了类似财税〔2009〕59号文的分步交易原则，但其并非指交易双方分多个步骤进行交易，而是指在资产重组一方与相关的资产、负债和劳动力接受方之外还存在其他第三方，而且其他第三方可能因整体的重组计划暂时性地接收了重组过程中的"资产或负债或人员"，从而使得整个重组交易涉及两个以上的主体。在该案例中，重组交易的主体始终是ZR天津公司和ZR印刷公司，因此并不适用2013年第66号公告的规定。

3.专利无偿转让是否应当视同销售

2011年第13号公告和财税〔2016〕36号文关于企业重组增值税的规定中，

其适用的标的包括"货物""不动产"和"土地使用权",并不包括"专利等无形资产",同时财税〔2016〕36号文附件一《营业税改征增值税试点实施办法》第十四条规定"单位或者个体工商户向其他单位或者个人无偿转让无形资产或者不动产"应视同销售无形资产,但用于公益事业或者以社会公众为对象的除外。

所以ZR天津公司与ZR印刷公司签订的《资产重组协议》约定16项专利为无偿转让,应当按照视同销售行为征收增值税。

4. ZR印刷公司如何开具增值税发票

ZR天津公司业务合并ZR印刷公司实质经营性资产符合"不征收增值税"的资产重组要件,根据2016年第53号公告及《国家税务总局关于全面推开营业税改征增值税有关税收征收管理事项的公告》(国家税务总局公告2016年第23号)附件《商品和服务税收分类与编码(试行)》,ZR印刷公司可开具如下编码的不征税发票:"607:资产重组涉及的不动产;608:资产重组涉及的土地使用权;616:资产重组涉及的动产。"

(二)业务合并的企业所得税涉税分析

财税〔2009〕59号文规定,资产收购,受让企业收购的资产不低于转让企业全部资产的50%,且受让企业在该资产收购发生时股权支付金额不低于其交易支付总额的85%,可以选择特殊性税务处理。

该案例中,ZR天津公司支付收购对价全部为货币,不满足财税〔2009〕59号文特殊性税务处理中"股权支付金额不低于其交易支付总额的85%"的要件,因此在该次资产收购重组交易中,ZR印刷公司不可以适用企业重组所得税特殊性税务处理规定,而应当适用一般性税务处理,即:被收购方ZR印刷公司应在重组交易发生当期确认资产转让所得或损失;收购方ZR天津公司取得资产的计税基础应以公允价值为基础确定;ZR印刷公司的相关所得税事项原则上保持不变,若ZR印刷公司存在未弥补亏损的,由ZR印刷公司自行结转弥补。

四、股权收购涉税分析

（一）股权收购的企业所得税涉税分析

财税〔2009〕59号文规定，股权收购，收购企业购买的股权不低于被收购企业全部股权的50%，且收购企业在该股权收购发生时股权支付金额不低于其交易支付总额的85%，可以选择特殊性税务处理。

在该案例中，MX置业公司收购了ZR印刷公司100%的股权，满足股权收购特殊性税务处理的"股权收购比例"要件，但是由于MX置业公司支付对价方式全部为货币资金，不满足"股权收购发生时的股权支付金额不低于其交易支付总额的85%"的要件，因此股权收购交易不适用特殊性税务处理，应当适用一般性税务处理，即：被收购方ZR集团（香港）公司和JS（亚洲）公司对转让价格超过其所持有股权计税基础的部分确认为股权转让所得；收购方MX置业公司取得ZR印刷公司股权的计税基础以收购对价总金额11 601.46万元确定。

（二）资产处置的土地增值税涉税分析

根据《招股说明书》和《补充法律意见书》的披露，在ZR天津公司收购ZR印刷公司经营性资产后，ZR印刷公司主要资产为土地和厂房，故ZR集团（香港）公司和JS（亚洲）公司通过向MX置业公司转让所持有ZR印刷公司100%股权的方式转让ZR印刷公司名下的土地使用权和厂房。

对于以转让股权的方式转让不动产，是否需要缴纳土地增值税如前述章节所述，存在被税务机关认定为"实质是房地产交易行为"，从而依照《土地增值税暂行条例》的规定征收土地增值税的风险。

参考文献

[1] 财政部会计司编写组. 企业会计准则讲解 2010[M]. 北京：人民出版社，2010.

[2] 中国证券监督管理委员会会计部. 上市公司执行企业会计准则案例解析 (2020)[M]. 北京：中国财政经济出版社，2020.

[3] 中华人民共和国财政部. 股份支付准则应用案例 [EB/OL]. (2021–05–18)[2023–11–10]. http://kjs.mof.gov.cn/zt/kjzzss/srzzzq/gfzfyyal/202105/t20210518_3704086.htm.

[4] 施天涛. 公司法论 [M]. 3版. 北京：法律出版社，2015.

[5] 雷霆. 公司法实务应用全书 [M]. 2版. 北京：法律出版社，2018.

[6] 徐强胜，王少禹. 公司法原理精要与实务指南 [M]. 北京：人民法院出版社，2008.

[7] 孔令政. 公司分配法律制度研究 [M]. 北京：法律出版社，2021.

[8] 张国峰. 企业上市尽职调查与疑难问题剖析 [M]. 北京：法律出版社，2013.

[9] 赫琳琳. 信托所得课税法律问题研究 [M]. 北京：法律出版社，2013.

[10] 高健智. 境外融资——20家企业上市路径解读 [M]. 北京：清华大学出版社，2017.

[11] 高金平. 特殊行业和特定业务的税务与会计 [M]. 北京：中国财政经济出版社，2017.

[12] 高金平. 资产重组的会计与税务问题 [M]. 北京：中国财政经济出版社，2014.

[13] 雷霆. 资本交易税务疑难问题解析与实务指引 [M]. 北京：中国法治出版社，2016.

[14] 林德木. 企业重组所得税制度研究 [M]. 北京：中国税务出版社, 2016.

[15] 郭垂平, 王瑞琪, 林文辉. 中国企业并购重组税收指南 [M]. 北京：中国财政经济出版社, 2013.

[16] 康盛律师事务所. 国有企业混合所有制改革政策法规全书 [M]. 北京：法律出版社, 2019.

[17] 佟杉杉. 国有资产交易法律实务与疑难问题 [M]. 北京：法律出版社, 2023.